기독교문서선교회(Christian Literature Center: 약칭 CLC)는 1941년 영국 콜체스터에서 켄 아담스에 의해 시작되었으며 국제 본부는 미국 필라델피아에 있습니다.
국제 CLC는 59개 나라에서 180개의 본부를 두고, 약 650여 명의 선교사들이 이동도서차량 40대를 이용하여 문서 보급에 힘쓰고 있으며 이메일 주문을 통해 130여 국으로 책을 공급하고 있습니다. 한국 CLC는 청교도적 복음주의 신학과 신앙 서적을 출판하는 문서선교기관으로서, 한 영혼이라도 구원되길 소망하면서 주님이 오시는 그날까지 최선을 다할 것입니다.

추천사 1

윤 성 호 목사
물가에심기운교회 담임

  이 책의 역자는 추천사를 부탁할 때 이름 석 자면 누구나 알만한 이에게 하지 않고, 기독교 역사라는 시간과 공간을 공유했던 사실이 중요하다며 필자에게 부탁했습니다. 필자는 이 책을 옮긴 최상준 교수의 교회사 강의를 통해 지나간 역사의 두터운 실타래를 오늘의 현장에서 속도감 있게 잘 풀어내는 것이 얼마나 중요한가 알게 되었습니다. 이 책은 마치 수많은 사람처럼 세상에 꼭 태어나야만 하는 이유가 있다고 생각합니다.
  이 책의 원저자들은 다음과 같이 말했습니다.

> 이 책은 모든 이가 꼭 알아야 할 역사적 공헌도가 있는 131명에 관한 기록의 책이다. 왜냐하면, 이들은 역사에 기여를 했고, 그들의 본래 관심이 모든 사람이 알아야 할 것이었기에 그렇다. 이들 모두는 우리들에게 가르쳐 줄 그 무엇이 있기 때문이다.

  온 세상이 꼭 알아야만 할 131명의 기록을 우리 말로 옮기며 역자는 다음과 같이 영적 거인도 못 알아보는 근시안의 교정을 촉구합니다.

> 이 시대에는 영적 거인이 없다, 본받을 만한 인물이 없다고 저마다 한 소리들을 하지만, 여기에 나온 '영적 거인들'만이라도 제대로 읽어보고 그러한 생각부터 고쳐 잡을 수 있다면 엄청난 변화의 시작이 가능할 것 같다.

"역사는 분실된 조각들이 많은 거대한 조각 그림 맞추는 것"이라는 말이 있듯이, 이 책은 그 조각들을 충실하게 이어내는 노력을 충분하게 보여 줍니다. 그리하여 이 책을 읽는 독자들로 하여금 지나간 일들에 대하여 보다 더 많은 내용을 쉽게 가슴에 와 닿을 수 있게 해주었습니다. 또한, 이 책은 "신화와 역사를 분리해 내려고 했고, 핵심 연도와 인용을 포함시키며, 자료에 정확을 기하려고 노력했다"는 점을 잘 보여 주고 있습니다.

이 지점에서 역자는 "여기 실린 131명의 디테일은 정말 대단하다. 이 책의 짧지만 요점 정리 같은 디테일은 번역자를 계속 궁금하게 만들어 주었다"라고 지적할 만큼 이 책은 역사적 기록에 대한 정확성을 갖추었다고 생각합니다. 이와 같은 사실적 정확성을 우리 말로 옮긴 역자는 신학 이전에 정치학을 전공했고, 10년 가까이 오래 동안 루터교 독일계 신학 교수님들의 강의 통역을 하였기에 이러한 역자의 역량이 우리 독자들에게 보다 더 전달이 잘 되는 번역을 했다고 여겨집니다.

이 책은 역사적 사실에 대한 기록적인 내용들로서 이론과 실천을 접목시킨 사례집과 같습니다. 흔히 지식이 많은 사람의 결정적인 취약점은 행동력이 없다는 것입니다. 그러나 이 책에 기록된 인물들은 한결같이 진리의 실천을 위해 자신을 던진 분들입니다.

그러므로, 이 책을 면밀하게 읽어나가다 보면 어쩔 수 없이 실천과 지식의 균형 있는 내용들을 흡수할 수밖에 없습니다. 역사에 대한 판단과 평가는 다양하겠으나, 몇몇 위대한 역사가의 입장을 보면 구분이 지어집니다.

먼저 랑케(Ranke)는 역사에 대하여 "단지 그것이 실제로 어떠했는가를 보여 주는 것이 역사가의 고유한 목표"라고 주장을 했지만, 크로체(Croce)는 다음과 같이 말합니다.

> 모든 역사는 현재의 눈을 통해 과거를 바라보는 것이므로, 역사가의 주요한 임무는 기록하는 것이 아니라 평가하는 것이다.
> 왜냐하면, 만일 역사가가 평가를 하지 않는다면, 많은 역사적 내용 중에 무엇이 기록할만한 가치가 있는지 없는지를 어떻게 알 수 있겠는가?

한편, 아우구스티누스는 다음과 같이 말합니다.

어느 것이 옳은 관점인가를 묻는 것은 아무런 의미가 없다. 각각의 관점은 그것을 선택한 사람에게 가능한, 유일한 관점이 될 수 있기 때문이다.

이와 같이, 역사적 사실들을 대하는 여러 관점이 있습니다. 이러한 상황에서 일반인들은 과거 역사의 사실들로부터 아무것도 요구하지 않고 역사를 대하는 면들이 다분하다고 생각합니다. 그러나 지나간 역사에 대해 일반 독자들이라 할지라도 나름 평가를 곁들여 읽어야만 하는 이유가 있습니다. 그것은 일반적으로 자신이 주장하고 싶은 내용들이 과거 어느 시점에 있었던 일들과 비교와 가늠을 해 볼 수가 있기 때문입니다.

일선에서 이러한 역사적 관점의 책을 접하는 목회자로서, 이런 질문을 갖게 합니다.

"하나님이 이 책을 왜 이 시기에 출간이 되도록 허락을 하셨을까?"

그러면서 모든 일은 범사에 때가 있는 것이기 때문에, 이 책의 내용은 지금 시기에 읽기 알맞은 책이라고 받아들이게 합니다.

끝으로, 추천자가 바라는 것은 이 책이 오랫동안 독자들의 사랑을 받는 것입니다. 『펠로폰네소스 전쟁사』(*Thucydidis historiae*)와 같은 역사서는 2,000년이 넘는 세월을 살아남았지만, 많은 역사적 관점의 연구서, 이론서, 비평서 등은 생명이 그리 길지 않다는 것도 사실입니다. 지금은 뛰어난 책이라도 전문 연구서 외에는 그 생명이 길지 않습니다. 그러나 이 책은 쉽게 잊혀지지 않고 계속 읽혀지는 책이 되기를 바랍니다.

추천사 2

최 성 훈 박사
한세대학교 신학부 및 신학대학원 교수

개교 이후 삼류 대학에 불과했던 시카고대학교(University of Chicago)가 오늘날 명문 대학의 반열에 오른 비결은 인문학을 중심으로 사고 역량에 초점을 맞추었기 때문이다. 추천자 역시 시카고대학교의 신학교(Divinity School) 재학 중에 기독교의 역사 과목만 다섯 과목을 수강하며 기독교는 물론 서구 역사에 있어서 획을 그은 수많은 인물의 삶과 사상을 통해 크나큰 도전을 받았다.

비록, 그리스도의 유일한 신성에 대한 논쟁으로 지도 교수님과 결별하고 전공도 종교철학(종교윤리학)에서 실천신학으로 바꾸고 복음주의 신학교로 옮겨 박사 과정을 마쳤지만 시카고대학교에서 접한 인물들은 추천자 연구 역량의 중요한 기반이 되었으며, 이 책을 대하며 독자들에게도 신앙 생활의 중요한 기반이 되리라는 설레임이 일었다.

『131명의 기독교 인물사』는 빌리 그래함 목사가 설립한 잡지사인 「Christian Today」의 편집국장을 역임한 마크 갤리(Mark Galli) 목사와 윤리학을 전공한 신학자 테드 올슨(Ted Olsen)의 손길을 통해 신학자, 변증가, 설교자 등 기독교 역사에 있어서 중요한 인물들뿐만 아니라 오늘의 사상을 이해하는 데 필수적인 중요한 문필가, 예술가, 정치인, 학자들을 망라하고 있다.

더욱이 정치학 박사 출신의 신학자로서 정치, 경제, 사회, 문화 등에 있어서 시대를 통찰하는 혜안과 합리적인 성품 및 목회자의 인격을 갖추신 최상준 교수님께서 이 책을 번역하셨다는 사실은 독자들에게 신뢰를 주기에 부족함이 없다. 번역자는 오랜 이민 목회를 통해 국문과 영문 양자의 문체에 있어서 탁월한 역량을 바탕으로 물 흐르듯 글을 써내려 가는 검증된 신학자이며, 원고에 충실하면서도 단어, 문장, 문단 사이를 넘나들며 이를 우리나라의 독자들이 이해하기 쉽도록 부드러운 필체로 배려하는 친절한 번역가이다.

한국 교회의 독자들이 이 책을 통해 131명의 기독교 인물을 만나고, 그 만남이 새로운 출발점이 되어 더 많은 만남으로 이어지기를 기대하며 이 책을 적극 추천한다.

추천사 3

제임스 패커(James I. Packer) 박사
밴쿠버 리젠트대학교 교수

헨리 포드(Henry Ford)가 "역사는 눈가림"이라고 말했을 때 그는 틀림없이 자신은 지혜롭게 말한다고 생각했을 것이다. 그러나 그의 격언 자체가 가장 순수한 형태의 속임수로서 전형적인 예에 속한다. 역사의 전개와 성격은 둘 다 우리를 가르치기 위한 거대한 규모를 지니고 있다. 역사를 공부하는 것은 우리의 판단을 성숙시켜주며 오늘의 편견에 맹목적으로 굴복하지 않도록 우리를 자유롭게 해준다.

만약 우리가 역사로부터 아무것도 배우지 못한다면, 우리는 우리 자신에게 실수를 반복하는 것이나 다름없다. 이것이 크리스천 역사에서 최고의 진리이다. 이것은 하나님의 말씀이 하나님의 종들의 삶을 통해 세상 속에서 하나님을 위해 사는 것의 가능성을 설정할 때 서로 부딪친다는 것을 보여 준다.

마크 갈리(Mark Galli)와 테드 올슨(Ted Olsen)이 편집자로 있는 저명한 학술지인 「크리스천 히스토리」(Christian History)의 독자들은 내가 말한 의미를 정확히 알 것이다. 그리고 이 학술지의 독자가 아닌, 지금 이 책을 읽는 사람들도 곧 내가 말한 의미를 알게 될 것이다.

이 책에는 불명확한 설명이 없고, 이 책에서 엄선된 131명은 생생하게 책 속에 살아있을 것이다. 그리고 우리의 형제, 자매들이 그들의 업적에서 교훈을 얻는 것은 껌을 씹는 것보다 더 즐거운 일이 될 것이다. 만일 당신이 역사를 좋아한다면 이 책은 틀림없이 당신을 위한 것이다. 이 책을 쓴 저자들은 충실하게 그 임무를 다했다.

131명의 기독교 인물사

131 Christians Everyone Should Know
The Best of Bests Changed World
edited by Mark Galli & Ted Olsen
Translated by Sangjoon Choi

Copyright ⓒ 2000 Editors by Mark Galli and Ted Olsen
Originally published in English under the title
131 Christians Everyone Should Know
by B&H Publishing Group,
27 Ninth Avenue North, Nashville, TN 37234-0188 U.S.A.
All rights reserved.

Translated and printed by permission of B&H Publishing Group.
Korean Edition Copyright ⓒ 2021 by Christian Literature Center, Seoul, Korea.

131명의 기독교 인물사
세상을 바꾼 위대한 크리스천

2021년 11월 10일 초판 발행

엮 은 이	|	마크 갈리·테드 올슨
옮 긴 이	|	최상준
편 집	|	양희준
디 자 인	|	박성숙, 서민정
펴 낸 곳	|	(사)기독교문서선교회
등 록	|	제16-25호(1980.1.18.)
주 소	|	서울특별시 서초구 방배로 68
전 화	|	02-586-8761~3(본사) 031-942-8761(영업부)
팩 스	|	02-523-0131(본사) 031-942-8763(영업부)
이 메 일	|	clckor@gmail.com
홈페이지	|	www.clcbook.com
송금계좌	|	기업은행 073-000308-04-020 (사)기독교문서선교회
일련번호	|	2021-111

ISBN 978-89-341-2364-4 (93230)

이 책의 저작권은 저자와 (사)기독교문서선교회가 소유합니다. 신저작권법에 의하여 한국 내에서 보호받는 저작물이므로 무단 전재와 무단 복제를 금합니다.

세상을 바꾼 위대한 크리스천

131명의
기독교 인물사

마크 갈리 · 테드 올슨 편집 | 최 상 준 옮김

CLC

차례

추천사 1 **윤성호 목사**_물가에심기운교회 담임   1
추천사 2 **최성훈 박사**_한세대학교 신학부 및 신학대학원 교수   4
추천사 3 **제임스 패커**(J.I. Packer) **박사**_밴쿠버 리젠트대학교 교수   6
시대별 교회 역사의 중요한 사건   17
서문   25

제1부 | 신학자   27

1. 아타나시우스   28
2. 히포의 어거스틴   32
3. 다마스커스의 존   38
4. 안셀름   42
5. 토마스 아퀴나스   46
6. 마틴 루터   50
7. 존 칼빈   56
8. 제이콥 알미니우스   62
9. 조나단 에드워즈   65
10. 칼 바르트   69

제2부 | 전도자와 변증론자   74

11. 저스틴 마터   75
12. 알렉산드리아의 클레멘트   79
13. 그레고리 타우마투르구스   83
14. 파두아의 안토니   85
15. 블레이즈 파스칼   88

16. 조지 휫필드	92
17. 찰스 피니	97
18. 드와잇 L. 무디	102
19. 빌리 선데이	107
20. 빌리 그래함	111

제3부 | 목사와 설교자 — 117

21. 밀라노의 암브로스	118
22. 요한 크리소스톰	122
23. 리차드 백스터	127
24. 존 뉴턴	130
25. 찰스 시므온	134
26. 라이먼 비처	137
27. 토마스 찰머스	140
28. 존 넬슨 다비	143
29. 찰스 스펄전	147
30. 해리 에머슨 포스딕	151

제4부 | 음악가, 예술가 그리고 작가 — 155

31. 렘브란트 하르먼손 판 레인	156
32. 요한 세바스찬 바흐	159
33. 조지 프리데릭 헨델	163
34. 존 번연	168
35. 해리엇 비처 스토	172
36. 표도르 도스토옙스키	177
37. 조지 맥도널드	182
38. G. K. 체스터톤	186
39. 도로시 세이어스	190
40. C. S. 루이스	195

제5부 | 시인   202

41. 단테 알리기에리   203
42. 지오프리 초서   206
43. 존 던   210
44. 조지 허버트   214
45. 존 밀턴   218
46. 앤 브래드스트릿   222
47. 아이작 왓츠   226
48. 찰스 웨슬리   230
49. 패니 크로스비   235
50. T. S. 엘리엇   239

제6부 | 교단 창시자   244

51. 메노 시몬스   245
52. 존 낙스   250
53. 존 스마이쓰   255
54. 조지 폭스   258
55. 니콜라우스 폰 진젠돌프   261
56. 요한 웨슬리   265
57. 프랜시스 애쉬버리   270
58. 리차드 알렌   273
59. 윌리엄 밀러   276
60. 알렉산더 캠벨   281
61. 에이미 샘플 맥피어슨   285

제7부 | 세상을 움직이고 흔든 운동가   290

62. 누루시아의 베네딕트   291
63. 클레르보의 버나드   295
64. 도미니크   300

65. 아시시의 프란체스코	304
66. 존 위클리프	309
67. 잔 다르크	313
68. 울리히 쯔빙글리	317
69. 로욜라의 이그나티우스	321
70. 뵈비 팔머	326
71. 쇠렌 키에르케고르	330

제8부 | 선교사 — 335

72. 패트릭	336
73. 콜롬바노	342
74 & 75. 키릴과 메소디우스	345
76. 프란시스 사비에르	347
77. 마테오 리치	351
78. 존 엘리엇	355
79. 윌리엄 캐리	358
80. 데이비드 리빙스턴	362
81. 허드슨 테일러	367

제9부 | 내지 탐험가 — 372

82. 이집트의 안토니우스	373
83. 빙엔의 힐데가르트	377
84. 시에나의 카테리나	380
85. 토마스 아 켐피스	384
86. 아빌라의 테레사	388
87. 십자가의 요한	392
88. 로렌스 형제	396
89. 윌리엄 로우	400
90. 앤드류 머레이	403
91. 오스왈드 챔버스	406

제10부 | 행동주의자　　　　　　　　　　409

　92. 존 울먼　　　　　　　　　　　410
　93. 윌리엄 윌버포스　　　　　　　413
　94. 엘리자베스 프라이　　　　　　418
　95. 소저너 트루스　　　　　　　　421
　96. 샤프츠베리 경(안토니 애쉴리 쿠퍼)　425
　97. 윌리엄 글래드스톤　　　　　　428
　98. 해리엇 터브먼　　　　　　　　431
　99. 캐서린 부스　　　　　　　　　434
　100. 윌리엄 부스　　　　　　　　438
　101. 월터 라우션부시　　　　　　442

제11부 | 통치자　　　　　　　　　　446

　102. 콘스탄틴　　　　　　　　　　447
　103. 테오도시우스 1세　　　　　　452
　104 & 105. 유스티니아누스 1세, 테오도라 1세　455
　106. 레오 1세　　　　　　　　　　459
　107. 그레고리 대제　　　　　　　462
　108. 샤를마뉴　　　　　　　　　　466
　109. 인노첸시오 3세　　　　　　　471
　110. 루이 9세　　　　　　　　　　475
　111. 헨리 8세　　　　　　　　　　478

제12부 | 학자 및 과학자　　　　　　　482

　112. 오리겐　　　　　　　　　　　483
　113. 가이사랴의 유세비우스　　　487
　114. 제롬　　　　　　　　　　　　490
　115. 베다 베네라빌리스　　　　　495
　116. 에라스무스　　　　　　　　498

117. 니콜라스 코페르니쿠스 503
118. 윌리엄 틴데일 506
119. 존 폭스 510
120. 프란시스 베이컨 513
121. 갈릴레오 갈릴레이 516

제13부 | 순교자 520

122. 안디옥의 이그나티우스 521
123. 폴리캅 524
124. 퍼페투아 527
125. 보니파시오 531
126. 토마스 베켓 535
127. 얀 후스 538
128. 토마스 크랜머 543
129 & 130. 휴 레티머와 니콜라스 리들리 548
131. 디트리히 본회퍼 551

역자 후기 556
색인 558

일러두기

일부 인물들은 이전에 「크리스천 히스토리」(*Christian History*)에 실렸었으며 칼빈 크로우(Kelvin Crow), 캐이티 뮬헌(Kathy Mulhern), 윌리넘 마틴(William Martin), 매리 앤 제프리스(Mary Ann Jeffreys) 등이 쓴 글들의 초고이다. 그렇지만 대부분 글은 편집자나 저자들이 직접 쓴 것이며, 어떤 착오가 있다면 이들의 책임이다.

시대별 교회 역사의 중요한 사건

예수 및 사도 시대

30   예수 십자가, 오순절
35   스데반 순교, 바울의 회심
46   바울 선교 여행 시작
48   예루살렘 공의회
57   바울의 로마서
64   로마 대화재, 네로 박해 시작
65   베드로와 바울 처형

초기 기독교 시대

70   티아투스에 의한 예루살렘 파괴
110   안디옥의 이그나시우스 순교
150   저스틴 마터 첫 변증서 펴냄
155   폴리캅 순교
172   몬타누스주의 운동 시작
180   이레네우스 『이단들에 대항하여』 저술
196   터툴리안 저술 시작
215   오리겐 저술 시작
230   처음으로 알려진 일반 교회 건립
248   카르타고에서 키프리안 주교로 선출
250   데시우스 로마 제국 전역에서 박해 명령
270   안토니 고독한 수도사 생활 시작
303   디오클레시안 황제 아래 '대박해' 시작

기독교 제국 시대

- 312 도나티스트 분열 시작
- 313 밀라노 칙령
- 323 유세비우스『교회사』완성
- 325 니케아 첫 공의회
- 341 고딕 성경 번역가 우필라스 주교가 되다
- 358 대 바실 수도적 공동체 설립
- 367 아타나시우스 편지 신약 정경 규정
- 381 기독교 로마 제국의 국교가 됨
- 381 콘스탄티노플 첫 공의회
- 386 어거스틴 기독교로 개종
- 390 암브로즈 황제에 거역
- 398 크리소스톰 콘스탄티노플 주교로 서품
- 405 제롬 라틴어 성경 벌게잇 완성
- 410 서고트족 로마 약탈
- 431 에베소 공의회
- 432 패트릭 아일랜드 선교 시작
- 440 레오 대제 로마 주교로 서품
- 445 발렌티니안 칙령 로마의 우위권 강화
- 451 칼케돈 공의회
- 500 디오니소스를 모방한 아레오파기트의 저술들이 나오다
- 524 보디우스『철학의 위안』완성
- 529 유스티니안 황제 법령 출간
- 540 베네딕트수도회『규율』저술
- 563 콜룸바 아이오나에 선교 공동체 설립

기독교 중세 시대

- 590 그레고리 대제 교황으로 선출
- 597 켄트의 에셀버트 개종
- 622 무하마드의 하지라, 이슬람의 출발
- 663 휫비 총회

716	보니파스 독일로 선교 시작
726	동방 교회에 성상 논란 시작
731	베데의 『교회사』 출간
732	투르 전투
750	당대의 콘스탄틴 증여 문서 나옴
754	피핀 3세의 공여 교황 영토국 설립을 돕다
781	알퀸 샤를마뉴의 자문관 되다
787	성상 논란에 대해 제2차 니케아 공의회에서 해소
800	샤를마뉴 신성 로마 제국 황제로 대관
843	베르둔 조약 카롤링거 제국을 나눔
861	포티우스를 둘러싼 동서 갈등 시작
862	시릴과 메소디우스 슬라브 족에게 선교 시작
909	클뤼니수도원 설립
988	러시아의 기독교화
1054	동서 기독교 분열
1077	서임에 대해 황제 교황에 굴복
1093	안셀름 켄터베리 대주교 취임
1095	클레르몽 공의회에서 시작된 제1차 십자군
1115	버나드 클레르보 수도원 설립
1122	웜스 협약 서품 논란 종식
1141	빙겐의 힐데가르드 저술 시작
1150	파리 및 옥스퍼드대학교 설립
1173	발덴시안 운동 시작
1208	아시시의 프란시스 재산 포기
1215	마그나 카르타(대헌장)
1215	이노센트 3세 제4차 라테란 공의회 소집
1220	도미니크수도회 설립
1232	그레고리 9세 최초의 종교 재판관 임명
1272	토마스 아퀴나스의 『신학대전』
1302	'우남 상탐'(Unam Sanctam)으로 교황의 최고 권위 선포
1309	아비뇽에 교황청의 바벨론 유수 시작
1321	단테 『신곡』 완성
1370	시에나의 캐서린 『편지』 시작

1373 놀위치의 줄리안 받은 계시 공개
1378 교황권의 대분열 시작
1380 위클리프 영어 성경 번역 감독
1414 콘스탄스 공의회 시작
1415 얀 후스 화형
1418 토마스 아 켐피스 『그리스도를 본받아』 저술
1431 잔 다르크 화형
1453 콘스탄티노플 함락으로 동방 로마 제국 멸망
1456 구텐베르크 첫 인쇄된 성경 제작
1479 스페인의 종교 재판소 설립
1488 히브리어 구약성경 최초 완성
1497 사보나롤라 파문
1506 로마에서 성 베드로 성당 새로 시작
1512 미켈란젤로 시스틴 성당 벽화 완성
1516 에라스무스 희랍어 신약 출간

종교 개혁 시대

1517 마틴 루터 95개조 게시
1518 율리히 쯔빙글리 취리히로 들어오다
1521 웜스 의회
1524 농민반란 발발
1525 윌리엄 틴데일의 신약 발간
1525 재세례파 운동 시작
1527 슐레이테임 신앙고백
1529 말부르크 회의
1530 아우구스부르크 신앙고백
1534 수장령, 헨리 8세 영국 교회 수장
1536 존 칼빈 『기독교강요』 첫 판 출간
1536 메노 시몬스 재세례주의자로 세례 받음
1540 이그나시우스 로욜라 예수회 조직 허락 받음
1545 트리엔트 공의회 시작
1549 공동기도서 나옴

1549   자비에르 일본으로 선교 시작
1555   아우구스부르크 평화 회의
1555   라티머와 리들리 화형
1559   존 낙스 마지막으로 스코틀랜드로 귀국
1563   39개조 내용 처음으로 나옴
1563   존 폭스의 『순교자 열전』 나옴
1565   아빌라의 테레사 『완전으로의 길』 저술
1572   신앙 공동 합의서
1582   마테오 리치와 동료 중국으로 선교 시작
1589   모스크바 독립 공국으로
1598   낭트 칙령(1685 조치 취소)
1609   존 스마이쓰 자신과 첫번 침례교도들을 세례
1611   킹 제임스 성경 나오디
1618   도르트 교회 회의 시작
1618   30년 종교전쟁 시작
1620   메이플라워호 맹약
1633   갈릴레오 자신의 이론 포기 강요 받다
1636   하버드대학교 설립
1636   로저 윌리암스 로드 아일랜드주의 프로비던스에서 개척
1647   조지 폭스 설교 시작
1646   웨스트민스터 신앙고백 초안 작성
1648   웨스트팔리아 조약으로 30년 전쟁 종식

이성과 부흥의 시대

1649   캠브리지 플랫폼
1653   크롬웰 호국경으로 임명 받음
1654   블레이즈 파스칼 분명한 회심 경험
1667   존 밀턴의 『실낙원』
1668   렘브란트 『돌아온 탕자』를 그리다
1675   스페너의 『경건한 열망』
1678   존 번연 『천로역정』 쓰다
1682   윌리엄 펜, 펜실바니아 창설

1687	뉴턴 『수학의 원리』 출판
1689	영국에서의 관용령
1707	J. S. 바흐 첫 작품 발표
1707	아이작 왓츠 찬송 및 영적 찬송 발표
1729	조나단 에드워즈 뉴쓰햄프톤에서 목사 되다
1732	첫 모라비안 선교사들 나감
1735	조지 휫필드 개종
1738	존 & 찰스 웨슬리 복음주의적 전환
1740	1차 대각성운동 절정
1742	헨델의 <메시아> 첫 작품 올림
1759	볼테르의 『콩디드』
1771	프랜시스 애쉬버리 미국으로 파송
1773	예수회 1814년까지 활동 못함
1779	존 뉴턴 & 윌리엄 쿠퍼 <오직 찬송> 냄
1780	로버트 라이커스 주일 학교 시작
1781	칸트 『순수 이성 비판』 출간

진보의 시대

1789	프랑스 대혁명 발발
1789	권리장전
1793	윌리엄 캐리 인도로 출발
1793	이성의 축제(프랑스에서의 반기독교 운동)
1799	슐라이어마흐 『종교에 대한 강의』 출간
1801	나폴레옹과 피우스 7세 사이의 화의
1804	영국과 해외 성서공회 결성
1806	사무엘 밀스 '건초더미 기도회' 이끔
1807	윌리엄 윌버포스 노예 무역 폐지 성공
1810	미국 해외선교회
1811	알렉산더 캠벨 회복 운동 시작
1816	리차드 알렌 새 AME 교회 감독으로 선출
1816	아도니람 저드슨 선교 여행 시작
1817	엘리자벳 프라이 뉴게이트 감옥에서 구호 조직

1819	채닝, 유니테리안교회 시작
1827	J. N. 다비 플리머쓰 형제단 세움
1833	존 키블 옥스퍼드운동 설교 시작
1834	조지 뮬러 성경지식학교 개교
1835	찰스 피니의 부흥 강의
1840	데이비드 리빙스톤 아프리카로 항해
1844	첫 재림파 교회 시작
1844	쇠렌 키에르케고르 『철학적 단편』 저술
1845	존 헨리 뉴만 로마가톨릭교회로 개종
1845	뵈베 팔머 『거룩의 길』 저술
1848	마르크스 『공산당 선언』 출간
1851	헤리엇 비쳐 스토위 『톰 아저씨네 오두막』 펴냄
1854	마리아 무결 잉태 교리 형성
1854	찰스 스펄젼 뉴 파크 스트릿 교회 목사 되다
1855	D. L. 무디 회심
1857	뉴욕에서 기도회 시작
1859	다윈 『종의 기원』 펴냄
1859	일본, 외국 선교에 다시 개방
1860	미국 남북전쟁 시작
1864	교황 피우스 9세 『과오 목록』 발표
1865	허드슨 테일러 중국내지선교회 설립
1870	제1차 바티칸 공의회 '교황 무오설' 선포
1878	윌리엄 & 캐서린 부쓰 구세군 창설
1879	프란시스 윌라드 WCTU 총재
1880	아브라함 카이퍼 자유대학 시작
1885	베를린 의회 아프리카 독립 교회들 촉진
1885	웰하우젠의 문서 가정설
1886	학생자원봉사운동 시작
1895	프로이드 심리 분석 첫 작업
1886	성경 공부 부흥회 이끌다
1901	팔햄의 성경 학교에서 방언
1906	아주사 거리 부흥
1906	슈바이처 『역사적 예수 탐구』

1908   연방교회 공의회 형성
1910   에딘버러 국제선교대회 시작
1910   『근본주의자』 출간
1912   교회의 사회적 신조 채택

이데올로기의 시대

1914   제1차 세계대전 시작
1919   칼 바르트 『로마서 주석』 저술
1924   첫 기독교 방송
1931   C. S. 루이스 예수 안에서의 신앙 발견
1934   위클리프 성경번역회 설립
1938   유대인 학살 시작
1939   제2차 세계대전 시작
1940   첫 크리스천 TV 방송
1941   볼트만 비신화화 주창
1941   니버 『자연과 인간의 숙명』
1942   전국복음주의협회 형성
1945   원자탄. 히로시마 투하
1947   사해문서 발견
1948   세계교회협의회 조직
1949   빌리 그래함 로스엔젤레스 집회 인도
1950   중국에서 선교사 추방
1950   마리아 승천 교리 채택
1950   마더 테레사 자선선교회 설립
1951   감옥으로부터의 디트리히 본회퍼 편지와 기도
1960   베넷트 사임, 은사 갱신 운동 발전
1962   제2차 바티칸 공의회 시작
1963   마틴 루터 킹 주니어 워싱턴 행진 시작
1966   중국 문화 대혁명
1968   메델린 회의 해방신학 발전
1974   세계복음화 로잔 회의
1979   요한 바오로 2세 폴란드 첫 방문
1989   베를린 장벽 붕괴

서문

마크 갈리 · 테드 올슨
「크리스천 히스토리」 편집자

비록, 당신이 많은 역사책을 읽는다 해도 그 내용을 다 알지 못하기에 역사는 전기(傳記)라고 일컬어진다. 역사에서 너무 많은 이야기, 인용, 일화 등이 분석, 통계, 대규모 사회 운동, 연대표 등으로 대체되며 엄청나게 쌓여왔기에 사람들은 역사가 지루하다고 여긴다.

그렇지만 우리는 지루하지 않다. 이것은 우리의 본래 일이기 때문이다. 이 일은 역사 잡지를 일반 독자들을 위해 출판하는 일이다. 독자들은 우리에게 지속적으로 간단한 질문을 한다.

"역사가 흥미로운 이유가 뭐죠?"

대부분 이 질문에 대한 답은 역사를 만든 사람들에게 있다. 이들에게 있었던 중요한 날들은 숫자일 뿐이다. 여기에서 우리는 131명의 흥미롭고 중요한 사람들을 발표했다.

왜 정확히 131명인가?

우리는 먼저 어떤 크리스천들이 시대에 부름을 받아 그 부름을 실천했는지를 결정해야 했고, 그 다음에는 10명씩(한 케이스는 11명) 각각의 부름에 가장 중요하고 가장 흥미로운 반응을 했던 이들을 골랐다. 대부분 우리의 선택은 어렵지 않게 타당성이 있었으나 몇몇은 자의적이라는 것을 인정한다. 책의 부피(공간상의) 때문에도 몇몇 중요한 인물을 제외하여야 했다. 시인 W.H. 오든(W. H. Auden), 오순절 설교자 윌리엄 세이무어(William Seymour), 신학자는 라인홀드 니버(Reinhold Niebuhr)가 그런 이들이다. 그러나 우리의 개인적인 열망은 보다 덜 알려진 다마스커스의 존(John of Damascus)과 재림파 윌리엄 밀러(William Miller)와 같은 이들을 포함하는 데 영향을 끼쳤다.

여기에 나오는 몇몇은 그들의 시대와 상황 때문에 그들의 온전한 신앙을 이해하는 데 제한이 있었음을 인정한다. 그러나 우리는 우리 자신에게도 같은 한계를 보기 때문에, 우리가 "누가 크리스천인지" 결정하는 데 있어서 개인적인 감정으로 오류를 범한 것은 당연한 것처럼 보인다.

이것은 우리가 여기에 나오는 131명의 크리스천을 우리가 단지 흠모해서나 혹은 그들과 우리가 동의하는 면이 있어 골랐다는 의미가 아니다. 이 책은 모든 이가 꼭 알아야 할 131명에 관한 책이다. 왜냐하면, 이들은 역사에 기여했고 그들의 본래 관심이 모든 사람이 알아야 할 것이었기에 그렇다. 우리가 그들을 반드시 따라야 한다는 것은 아니다. 물론 이들 모두는 우리에게 가르쳐 줄 교훈이 있다.

우리는 이 책 전체를 통해 필요한 부분에는 신화와 역사를 분리하려고 했고, 핵심 연도와 인용을 포함하며 자료에 정확을 기하려고 노력했기에 추가적인 연구를 시작할 때 이 책이 잘못된 출발점은 아닐 것이다. 그러나 이 책은 주로 크리스천 유산에 대한 깊은 이해를 가지길 원하는 사람들을 위해 고안되었으니 즐기기를 바란다.

제1부

신학자

1. 아타나시우스
2. 히포의 어거스틴
3. 다마스커스의 존
4. 안셀름
5. 토마스 아퀴나스
6. 마틴 루터
7. 존 칼빈
8. 제이콥 알미니우스
9. 조나단 에드워즈
10. 칼 바르트

1. 아타나시우스
다섯 번이나 정통을 지키기 위해 유배

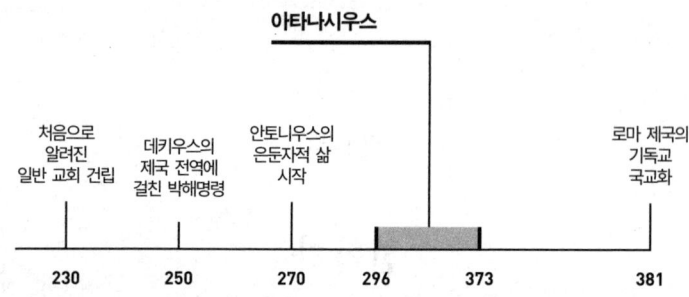

> 약탈자 같이 인자가 말씀을 통해 하나님을 빼앗은 적은 한 번도 없었다.

'검은 난쟁이'란 이름은 그의 적들이 그에게 붙여준 명찰이었다. 이 키가 작고 검은 피부의 애굽 출신 주교는 적들이 많았다. 로마 황제들로부터 5번이나 유배형을 받아 알렉산드리아 주교로서 지낸 45년 동안 17년이나 유배 생활을 해야 했다. 그러나 그의 말년에는 결국 그의 적들이 교회의 가르침으로부터 유배를 당했으며, 아타나시우스(Athanasius)의 가르침은 이후 교회의 미래를 형성하게 되었다.

정통에 대한 도전

아리안주의(Arianism)의 끈질긴 주장의 대부분은 사실 이단이라는데 그 문제가 있었다. 이 문제의 발단은 아타나시우스가 알렉산드리아의 주교 알렉산더를 보좌할 때 일어났다.

알렉산더 주교가 삼위일체에 대해 지나치게 철학적으로 작은 부분까지 설교할 때, 리비아에서 온 그 교회의 장로(사제이기도 했음)였던 아리우스가 다음과 같은 주장을 펴면서 일어났다.

> 만일 성부가 아들을 낳았다면, 태어난 그 아들은 실재하기 시작한 것이고, 이것을 따라가 본다면 아들이 존재하지 않았을 시간도 존재하는 것이다.

이 논란은 쟁점이 되었고, 알렉산더와 아타나시우스는 아리우스에 대항하여 그의 주장은 삼위일체를 부인하는 것이라고 공박했다. 즉 이들은 그리스도는 하나님과 비슷한 형태로 난 것이 아니라, 하나님과 같은 형태라고 주장하였다.

아타나시우스는 이 일이 신학적으로 머리카락을 나누는 일 같다고 보지 않았다. 문제는 구원을 어떻게 보느냐에 달려 있었다. 그는 온전히 인간인 분만이 인간의 죄를 속죄할 수 있으며, 온전히 하나님인 분만이 우리를 구원할 수 있다고 보았다. 아타나시우스는 신약의 구원 논리는 그리스도의 이중적 속성(인성과 신성)을 가정한다고 보았다.

아타나시우스가 서명한(아마도 그가 직접 쓴 것 같은) 알렉산더의 회람 편지는 아리안 이단의 결과들을 공격하였다.

그 이단적 주장은 다음과 같다.

> 아들은 그렇다면 피조물이고 만들어진 존재이며, 아버지와 본질이 같지도 않을 것이다. 그는 진실할 수도 없고 아버지의 말씀을 그대로 드러내는 것도 아니다. 그는 진실한 지혜일 수도 없다. 그는 단지 만들어지고 지어진 자 중 하나일 뿐이고 용어들에 의한 말씀과 지혜일 따름이다. 본질상 그는 모든 피조물과 다를 바 없이 바뀌거나 형태를 달리할 수 있는 존재이다.

이와 같은 논란들은 제국 전체에 번져나갔고, 당대 기독교인들은 아리안주의자들이 말하는 거듭 강조하는 핵심 주장들을 들을 수 있었다. 그것은 "아들(인자)이 없었던 때가 있었다"는 것이다. 즉 인자는 없다가 만들어진 존재라는 것이다. 한 역사가는 당시 모든 도시에 "주교들은 주교들대로, 일반인들은 일반인들 대로 마치 공중에서 떼를 지어 몰려다니며 싸우는 모기떼 같았다"고 기록한다.

이러한 분쟁의 시끄러운 소리가 새로이 개종한 콘스탄틴 대제의 귀에도 들어갔다. 그는 신학적 진실보다는 교회의 일치에 더 관심이 있었다. 그는 주교들에게 "분열은 전쟁보다 더 나쁘다"고 말했고, 이 문제를 해결하기 위해 주교 회의를 소집하였다.

약 1,800명의 주교가 초청되었으나 300여 명이 참석하여 논쟁하고 싸운 후 결국 니케아 신조의 초기 형태를 만들어 내었다. 알렉산더 주교가 이끄는 이 공의회에서 아리우스를 이단으로 정죄하여 추방하였으며 그의 글을 소지하는 것만으로도 중대한 잘못으로 규정되었다. 콘스탄틴은 교회가 평화를 되찾은 것에 만족하였다. 아타나시우스의 "성육신에 관하여"(*On the Incarnation*)란 논문은 니케아에서의 정통파를 위한 기초를 놓았다. 그는 '그리스도의 고상한 챔피언'으로 추앙되었다. 키가 작았던 아타나시우스는 아리안 주의가 패배당했다는 것에 단순히 기뻐하였다. 그러나 그게 끝난 게 아니었다.

유배를 가야 했던 주교 아타나시우스

몇 달이 지나지 않아 아리우스의 지지자들은 아리우스의 유배형을 끝내 달라고 콘스탄틴 황제에게 요청하였다. 아리우스는 심지어 개별적으로 니케아 신조에 서명까지 할 수 있었고, 황제는 알렉산더 주교의 후임으로 임명받은 아타나시우스에게 이단 아리우스를 교회의 친구 자리로 회복시키라고 명하였다.

아타나시우스가 이와 같은 황제의 명령을 거부하자, 그의 적들은 거짓된 혐의들(살인, 불법 과세, 마술, 반역 등의 죄목들)을 붙여 그를 몰아갔고 콘스탄틴 황제는 특히 반역죄를 붙여 그를 트리에르(Trier), 지금의 룩셈부르크에 가까운 독일의 한 도시로 귀양 보냈다.

콘스탄틴은 2년 뒤 죽었고, 아타나시우스는 알렉산드리아로 돌아올 수 있었다. 그렇지만 그가 알렉산드리아를 비운 사이, 아리우스주의는 주도권을 잡았고 교회 지도자들은 그를 적대하여 그를 몰아내었다. 아타나시우스는 하는 수 없이 로마에 있던 줄리우스 1세 교황에게로 도망갔다가 346년 돌아올 수 있었다. 그러나 정치의 무상함은 그를 3번이나 더 추방하였고, 366년에 고향으로 돌아올 수 있었다. 이제 그의 나이도 70세에 가까웠다.

귀양 기간 아타나시우스는 대부분 시간을 정통을 수호하는 저작에 몰두하였고, 이교도들과 유대의 반대파에 대해서도 다루었다. 그가 남긴 저작 중 가장 오래된 것으로 남아 있는 것 중 하나는 『안토니우스의 생애』(*Life of St Antony*)였는데 이 작품을 통하여 수도원주의의 기독교적 이상을 세우는 데 기여하였다.

그는 이 책을 통해 안토니우스가 악마들과 대적한 엄청난 이야기들을 담고 있다.내용은 다음과 같다.

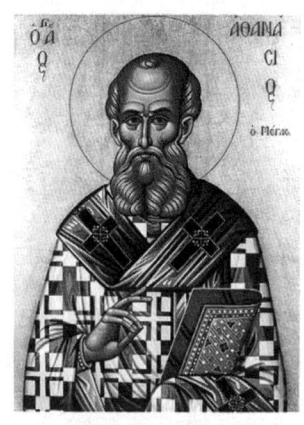

아타나시우스

> 그에 관해 들은 이(엄청난) 이야기들을 의심치 말라. 이러한 이야기들은 안토니우스에 관한 몇몇 이야기에 불과한 것임을 생각해 두라

실제 아타나시우스는 안토니우스를 개인적으로 알았기에 이 성인에 관한 역사적 전기물은 믿을 만했다. 이 작품은 초기에 베스트셀러가 되었고, 많은 이들에게 깊은 감명을 주었으며, 심지어 이교도들마저 회심하게 되는 계기가 되었는데 어거스틴이 가장 유명한 예이다.

알렉산드리아에 완전히 돌아온 아타나시우스는 첫해 교구에 성축일 편지들이라 불리는 연례 편지들을 보내기 시작했고 이 편지들은 사순절이나 교회 절기 날짜를 정하는데 필요했고, 그 외 일반적인 교회 관심사들을 논의하는 데 사용되었다. 이 편지에서 그는 신약에 들어가야 할 책들의 목록을 적기도 하였다.

그는 "여기 경건한 27권의(신약) 책들만 들어가야 한다"고 쓰면서 "누구도 여기 27권 이외의 것을 보태거나 빼서는 안 된다"고 하였다. 비록, 기타 책들이(신약을 이루는) 범위에 들어가야 한다는 제안이 있긴 했지만 결국 교회가 최종적으로 신약 27권을 확정시켜 오늘날에도 쓰고 있는 것은 아타나시우스가 정리한 이 27권의 목록이었다.

2. 히포의 어거스틴
중세의 건축가

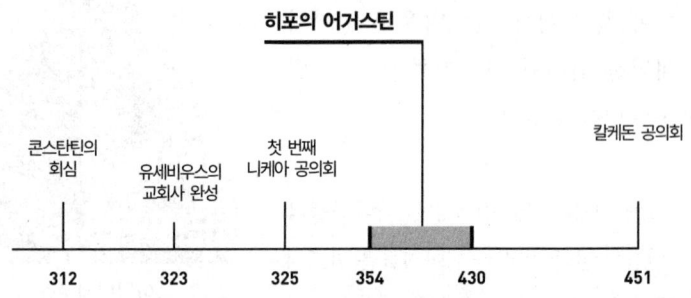

> 인간은 두 종류로 나뉜다. 사람에 따라 사는 사람과 하나님에 따라 사는 사람이 그것이다. 도시도 그렇다. 도시도 두 도시가 있다. 지상 도시 로마와 그 로마를 능가하는 천성의 도시가 있으며, 거기에는 승리 대신 진리가 있다.

야만인들이 제국으로 밀려들어 이제까지의 로마인들의 삶이 전례 없이 흔들렸다. 교회들도 내부 이단으로부터 공격을 받았다. 문화, 문명, 교회의 가능한 파괴는 가끔 있는 악몽이 아니라 이제는 즉각적인 위협이 되었다. 이 위협에 어거스틴(Augustine)은 지혜롭게 대답하였고 그의 대답은 성경 다음으로 교회의 가장 중요한 저작이 되었다.

섹스와 재미

북아프리카 조그만 도시에서 태어난 어거스틴은 로마 제국을 압도하는 종교적 차이들을 알았다. 그의 아버지는 고대 퓨닉(Punic) 신들을 섬기는 이교도였고, 그의 어머니는 질투심이 많았던 크리스천이었다. 그러나 그가 성인이 되어가면서 종교보다는 섹스나 재미난 일들(먹으려고 이웃의 배나무밭에 들어가 배를 훔친 것이 아니라 돼지들에게 배를 던지며 노는 장난 등)에 더 재미를 붙였다.

17살이 되면서 촌뜨기에 불과했던 그는 당대 보석 같은 도시 카르타고에 있는 학교로 갔다. 거기서 뒤처졌던 이 시골 녀석은 공부하는 데 매료되었고 이름을 드러내기 시작하였다. 그는 키케로와 마니교의 글을 탐닉하면서 어머니의 종교(기독교)의 흔적들을 벗겨냈다.

공부를 마친 그는 고향 타게스테에 돌아와 수사학을 가르쳤으며, 마니교도 곁들였다(마니교 철학은 페르시아 사람 '마니'의 가르침에 근거하는데 기독교를 이중적으로 타락시켰다. 이 가르침은 빛과 어둠으로 되어있는 세상은 끊임없이 싸우며 인류를 이 싸움으로 끌어들인다고 가르친다). 어거스틴은 자신의 관점을 어머니 모니카로부터 숨기려고 애썼으나 결국 어머니는 알아채게 되고 그를 집에서 내쫓았다.

그러나 아들이 크리스천이 될 것을 꿈꿔왔던 모니카는 아들을 위해 계속 기도하며 회심을 탄원하며 아들이 가르치던 카르타고로 따라왔다. 어거스틴이 로마에서 교수직을 제안받았을 때 모니카는 아들에게 로마로 가지 말라고 호소했다. 어거스틴은 어머니에게 자신은 카르타고에 있을 테니 집으로 가서 편안히 잠을 주무시라고 했다. 어머니가 떠나자 어거스틴은 로마로 향하는 배에 올랐다.

어둠이 무너졌다

로마에서 1년을 지낸 후 어거스틴은 수사학 교수가 되기 위해 밀라노로 옮겼다. 거기서 그는 암브로스 주교의 감동적인 설교를 듣기 위해 그곳 성당에 출석하기 시작했다. 그는 계속 그 교회에 나갔는데 암브로스의 설교를 듣기 위해서였다. 그는 이어 로마의 이교도들의 철학과 밀라노 크리스천들의 철학 모두를 포괄하는 신(新)플라톤주의를 택하면서 마니교를 버렸다.

모니카는 결국 아들을 위해 적절한 아내를 찾아냈다. 그렇지만 어거스틴은 깊이

히포의 어거스틴

사랑하던 첩이 있었고, 그로부터 얻은 아들도 있어서 결혼할 수는 없었다. 그 결혼은 그를 사회적으로나 정치적으로 망쳐버릴 수가 있기 때문이었다.

첩을 버려야 하는 감정적 압박에다 새로운 철학으로 옮겨가기도 해서 어거스틴은 자기 자신과 싸울 수밖에 없었다. 오랫동안 그는 육신의 정욕을 극복하기 위해 애썼으나 아무것도 도움이 되지 못했다. 아주 작은 죄가 의미를 가질 정도였다. 훗날 그는 글에서 어릴 적 배를 훔친 일을 적으며 "우리의 진정한 즐거움은 금지된 그 무엇을 하는 데 있었다. 내 안에 있던 악은 잘못된 것들이었으나 나는 그것을 즐겼다"고 고백했다.

어느 오후 어거스틴은 밀라노의 한 정원을 걷다가 그 같은 일들에 대해 번민에 싸여 씨름하고 있었다. 갑자기 그는 지나던 어린아이들이 "책을 집어 들어 읽으라"는 반복적인 노래를 듣게 되었다.

그때 탁자 위에는 읽고 있었던 바울의 서신 집이 있어 그것을 집어 들어 눈에 들어오는 대로 읽기 시작했다.

> 낮에와 같이 단정히 행하고 방탕과 술 취하지 말며 음란과 호색하지 말며 쟁투와 시기하지 말고 오직 주 예수 그리스도로 옷 입고 정욕을 위하여 육신의 일을 도모하지 말라(롬 13:13-14).

나중에 어거스틴은 이 말씀을 "더 이상 읽지 않았다. 그럴 필요가 없었다. 이 문장의 끝에서 즉시 한 줄기 고요한 빛이 내 심장으로 스며들었고 모든 의심의 어둠은 사라져 버렸다"고 적었다.

수도사에서 주교로

어거스틴의 회심은 그의 일생에 충격파를 드리웠다. 그는 이제 수사학 교수직을 사임하였고 자신이 회심하였다고 암브로스 주교에게 편지를 보냈고 카시아쿰에 있는 한 시골집으로 친구들과 어머니와 함께 돌아갔다. 거기서 그는 여전히 신플라톤주의의 입장에서 철학과 다른 책들을 논의하고 있었다. 반년 뒤 그는 암브로스로부터 세례를 받기 위해 밀라노로 돌아갔고 세례 후 아프리카의 고향 타가스테로 돌아가서 작가와 사상가로 살아가려고 했다 (정치적 소요로 길어질 수밖에 없었던 여정). 이 귀향길에서 어머니와 아들 그리고 가장 사랑했던 친구 하나를 잃었다. 이들의 죽음으로 어거스틴은 좀 더 깊고 적극적인 삶을 살게 했고, 타게스테에 금욕적 평신도 공동체를 만들어 기도와 성경 읽기에 시간을 쏟기로 하였다.

391년 어거스틴은 수도원을 세우기 위해 히포 지역으로 가게 되었는데 그보다 먼저 그의 명성이 먼저 갔다. 어느 일요일 그 지역에 유명한 평신도가 와 있다는 것을 안 히포의 주교 발레리우스는 자신의 설교를 중단하고 사제를 급히 세워야 할 필요성을 촉구하였다. 청중들은 어거스틴을 주목하고 그를 안수하도록 앞으로 밀었다.

그 자신의 의지와 어긋나게 어거스틴은 그 자리에서 사제가 되었다. 평신도 청중들은 그가 실망의 눈물을 흘리는 것을 보고 사제보다는 주교가 되길 원하는 것이라고 여겨 그에게 기다리면 좋은 일이 있을 것이라 달랬다.

발레리우스는 그 지역 언어인 퓨닉어를 하지 못했고 곧 그 지역 언어를 구사할 수 있었던 갓 사제가 된 어거스틴에게 가르치고 설교하는 일을 곧장 넘겼다. 발레리우스가 죽은 후 5년 안에 어거스틴은 히포의 주교가 되었다.

천 년 동안의 정통 챔피언

교회를 안팎으로부터의 도전으로부터 지켜내는 일은 새로이 주교가 그에게 큰 과제가 되었다. 당시 북아프리카의 교회는 혼란에 휩싸여 있었다. 비록, 마니교가 이미 빠져나간 뒤이긴 하나, 그래도 거기에 따르는 이들이 상당히 있었다. 마니교의 장점과 약점 모두를 익히 알고 있었던 어거스틴은 마니교를 몰아내기 위해 안간힘을 다했다. 공중목욕탕에서 어거스틴은 카르타고의 학교 동급생이었고 마니교의 주요 인사였던 포츄나투스(Fortunatus)와 논쟁을 벌였고 마니교를 이단으로 즉각 몰았고 포츄나투스는 마을에서 떠나게 되었다.

북아프리카 교회의 분열과 분파를 가져왔던 도나티즘은 다소 다루기 쉬웠다. 이들 도나투스파는 로마가톨릭교회가 로마 제국 아래에서 타협했고, 교회 지도자들은 초기 박해 때 교회를 배교하였다고 보았다. 어거스틴은 가톨릭주의는 사도적 교회의 합당한 계속이라고 변호하였다. 그는 "구름은 천둥과 함께 흘러가며, 주의 집은 이 땅에 세워지게 되어 있으며, 진흙

탕에 앉아 있는 개구리들이 '우리만이 유일한 크리스천'이라고 계속 쉰 목청으로 짖어댄다"고 날카롭게 비판하였다.

411년 제국의 책임자가 카르타고에서 회의를 소집하여 이 문제에 대하여 완전한 매듭을 짓고자 할 때 정점에 이르렀다. 여기서 어거스틴은 도나티스파들의 주장을 눌렀고, 그 회의 주관자는 도나티스파들이 더 이상 나서지 못하게 결정하였다.

그렇지만 교회가 기뻐할 때는 아니었다. 410년에 알라릭 장군이 이끄는 야만족들이 로마를 침공하였고 많은 로마의 상류 계급은 목숨을 부지하기 위해 로마 제국에 남아 있는 몇 안 되는 피난지인 북아프리카로 몰려들었다. 이제 어거스틴은 새로운 도전에 다시 직면해야 했다. 즉 로마 제국의 멸망이 로마를 섬기던 신들로부터 눈을 다른 데로 돌림으로 발생했다는 주장에 대항하여 기독교를 방어해야 했다.

광범위한 반기독교적 주장에 대한 어거스틴의 기독교 방어는 12년간에 걸친 22권으로 이루어진 『신의 도성』(The City of God)이었다. 그는 로마는 과거에 저지른 죄로 무너지는 것이지, 새로운 신앙(기독교)으로 무너지는 것이 아니라 주장했다.

이 방대한 작품으로 평생 품어왔던 원죄사상이 구체화되었고, 중세의 사상이 다듬어졌다.

> 인간은 두 종류이다. 인간을 따라 사는 사람들과 하나님을 좇아 사는 사람들 두 갈래로 나뉜다. 이것을 두 도시라고도 부를 수 있다. 천상의 도시는 지상의 도시 로마를 압도한다. 그곳에는 승리 대신 진리가 있다.

어거스틴은 또 펠라기안주의(Pelagianism)에 맞서 싸워야 했다. 이것은 도나투스파들이 저물어 갈 때 영국의 수도승 펠라기우스에 의해 인기를 얻었다. 펠라기우스는 원죄를 부정하고, 그 대신 인간이 죄로 기우는 성향은 그 자신의 자유로운 선택으로 생긴다고 주장했다. 펠라기우스는 이 논리에 따라 하나님의 은혜의 필요는 없고, 각 개인이 하나님의 뜻에 맞게 마음을 정하면 된다는 것이다.

이에 교회는 417년 펠라기우스를 파문하였으나 그의 주장은 젊은 줄리안의 에클라눔에 의해 계승되었다. 쥴리안은 어거스틴의 사상적 특징과 자신의 신학을 같이 내걸었다. 로마의 속물근성으로 쥴리안은 어거스틴과 어거스틴의 아프리카 하층민 출신 친구들이 로마 기독교를 인수하였다고 힐난하였다. 어거스틴은 그의 생애 마지막 10년을 그와 싸웠다.

429년 반달족(Vandals)이 거의 아무런 저항도 없는 북아프리카를 침공하였고, 어거스틴은 몇 안 되는 도성에서 넘쳐나는 피난민들과 같이 있었다. 침공 3개월째가 되던 때 76세의 어거스틴은 침략자들이 쏜 화살에 의해서가 아니라, 열병으로 눈을 감았다. 기적적으로 어거스틴의 저작들은 반달족의 성(城) 점령에도 살아남았고, 그의 신학은 그 이후 1천 년 동안 중세 교회가 지어지는 데 대들보 역할을 했다.

3. 다마스커스의 존
성상(性狀)에 민감했던 아랍인

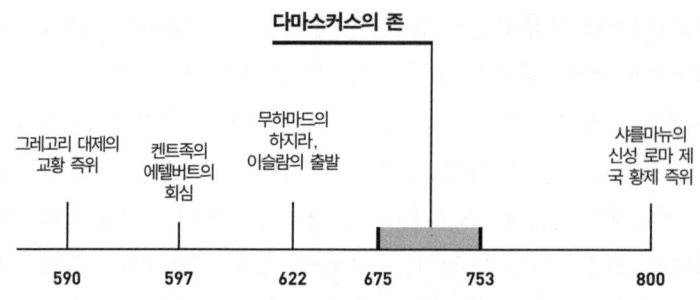

> 나는 물체를 섬기지는 않는다. 나는 물체의 하나님을 믿는데 그 하나님은 나를 위해 물체가 되셨고 물체에 거주하기 위해 인간을 지으셨고, 물체를 통해 나의 구원을 이루어 내셨다. 나는 나의 구원을 위해 일한 그 물체를 경배하는 일을 멈추지 않을 것이다. 나는 비록 하나님으로서가 아니지만 그 물체를 존경한다.

동방정교회(정통 교회)를 방문하는 이들은 숭배(경배, 예배)하는 많은 낯선 종류의 물체를 보게 된다. 향의 사용이나 비잔틴 성가 찬양 그리고 예배하는 동안 계속 서 있는 관행 등이 그것이다. 그러나 아마도 가장 혼란스러운 것이 이콘(icon, 이후로는 성상이라 하겠다)들인데 특히 정교회 신자들이 성상 앞에서 절하고 입을 맞추기도 한다.

이러한 행위들은 우상 숭배일까?

8-9세기에 바로 이러한 질문들이 당시 기독교 세계를 뜨겁게 달구었고 세계적인 공의회 7차례 중 2차례나 열어야 할 만큼 시선을 끌었다. 바로 이와 같은 논란 속에서 가장 강력하게 성상 사용 관행을 옹호했던 인물이 바로 이슬람 제국의 심장부였던 다마스커스(다메섹)의 존(John of Damascus)이었다.

화산처럼 끓어오르던 제국 내의 갈등

존은 다메섹에서 부유한 아랍계 기독교인 가정에서 아버지 존 몬수르 아래 태어났다. 그의 아버지와 같이 그는 이슬람 칼리프 법정에서 높은 지위를 차지하고 있었다. 725년경 그는 그 지위를 그만두고 베들레헴 근방의 마르 사바에서 수도승을 거쳐 사제가 되었다. 비교적 한적한 자리에 있던 그가 비교적 나이가 상당히 들었던 시점인 51살 무렵 그는 오랫동안 교회사에 남을 업적을 나타내기 시작했다. 726년 당시 황제 레오 3세는 성상 숭배를 금지하였다.

성상 갈등은 수십 년간 이미 끓어오르던 중이었고, 문제는 절하거나 입을 맞추는 데 있지 않았다. 핵심 쟁점은 성상에 존경을 표시하는 행위가 문화적으로 받아들여질 만한 것인가 하는 데 있었다. 여기에 의문들은 더 깊이 내려갔다.

기독교인들은 예수나 성경에 나오는 인물들에 대하여 그림을 그리는 것이 전적으로 허용될 수 있는가?

이슬람이 지중해 지역으로 번져 나갈 때 그들은 성상을 철저히 배격하여 성상 같은 형상들을 제거해야 한다는 압박을 느끼고 있었다.

성상에 대한 주된 위협은 이슬람의 칼리프에게서 나온 것이 아니라 비잔틴 제국의 심장부에서 나왔다.

소아시아(지금의 터키)에서 온 몇몇 주교는 성경은 특히 십계명 중 제2계명의 성상 같은 형상들을 금지한다고 믿었다.

> 너희는 나를 위하여 새긴 우상을 만들지 말고, 또 위로 하늘에 있는 것이나 아래로 땅에 있는 것이나, 땅 아래 물 속에 있는 것의 아무 형상이든지 만들지 말며, 그것들에 절하지 말며, 그것들을 섬기지 말라.

이들 주교의 주장은 비잔틴 황제 레오 3세를 확신시켰고, 그는 제국 내의 백성들에게 성상을 버리라고 했다. 그러나 자연재해가 그의 성상 금지에 대한 접근을 바꾸었다. 726년 무서운 화산이 에게해(Aegean Sea) 가운데에서 솟구쳤고 수도였던 콘스탄티노플을 공포로 몰아넣었다. 화산 폭발 후 바닷물은 쓰나미같이 해안을 삼켰고, 화산재는 태양을 가릴 정도였다. 레오 황제는 하나님이 성상 숭배에 대해 노하셨다고 믿어 성상 사용을 금지하였다.

다마스커스의 존

730년 레오는 성상, 모자이크, 동상 같은 모든 종교적 형상을 파괴하라고 명하였고, 이에 따라 성상 파괴자들(희랍어로는 '형상을 부수는 자들')은 제국 안의 모든 성상을 파괴하는 광분에 빠졌다.

성지(예루살렘)에서 먼 곳에 있던 존은 3가지 방법으로 성상 파괴에 도전했다.

첫째, 성상은 숭배되어서는 안되며 존숭받아야 한다고 주장했다(차이는 결정적으로 중요했다. 서방에서 사람들은 성서를 읽고, 아끼고, 존경을 담아 다루지만 숭배하지는 않는다).

존은 이것을 다음과 같이 설명했다.

가끔 의심할 바 없이 우리 마음속에 주님의 수난과 그리스도의 십자가 고난의 형상을 보지 못할 때 그리스도의 구원의 고난은 단지 기억하는 것이 되고 말며 우리는 믿음에서 넘어지며 물체를 예배하는 것이 아니라 상상한 것을 예배하게 된다. 복음이 만들어진 물체를 예배하지 않을 뿐 아니라 십자가란 물체도 예배하지 않고 단지 이들(물체들이) 상징하는 것만 예배하게 된다.

둘째, 존은 대 바실(Basil the Great) 같은 초기 교부들의 다음 글로부터 성상 숭배 지지를 끌어왔다.

성상 숭배는 성상 원형 숭배로 이어진다.

즉 실제 성상은 표현된 헌신 예배를 위한 출발점이 된다는 것이며 이 예배를 받으시는 분은 보이지 않는 세계에 있게 된다.

셋째, 존은 하나님의 아들이 육신으로 태어나신 것과 함께 그리스도를 그림과 나무에 옮겨 그리고 새기는 것은 성육신의 신앙을 드러내는 것이라 보았다. 보이지 않는 하나님이 보이게 되었을 때 예수님이나 성경의 다른 인물들을 보이는 그림으로 표현하는 것은 신성 모독이 아니라고 주장했다. 예수 성상을 그리는 것은 실제 신앙 고백이고 이단만이 부인한다고 보았다.

> 나는 물체를 섬기지는 않는다. 나는 물체의 하나님을 믿는데 그 하나님은 나를 위해 물체가 되셨고 물체에 거주하기 위해 인간을 지으셨고, 물체를 통해 나의 구원을 이루어 내셨다. 나는 나의 구원을 위해 일한 그 물체를 경배하는 일을 멈추지 않을 것이다. 나는 비록 하나님으로서가 아니지만, 그 물체를 존경한다.

전체 교회를 위한 동방 신학자

성상 숭배 논란은 계속되었고 존은 예루살렘 남동쪽 18마일 떨어진 언덕에 있는 마 사바(Mar Saba) 수도원에서 남은 삶을 보냈다. 그곳에서 그는 신학적 논문들과 찬송을 지었다. 그는 동방정교회의 찬송가 작가 중 으뜸가는 인물 중 하나로 인정되고 있다. 그의 가장 중요한 신학적 작품, 『지혜의 샘』(*Fount of Wisdom*)은 동방 신학의 요약이다.

전통에 의하면, 그의 동료 수도사들은 이러한 차원 높은 글들이 주의를 흩어놓을 뿐 아니라 교만한 것이라고 불평했다고 한다. 그래서 존은 한때 상류층으로 있었던 다메섹 길거리에 나가 바구니에 담아온 물건들을 팔기도 했다. 성상 숭배에 대한 더 심한 분열과 피바람(존이 죽은 10년 뒤 10만 명이나 되는 기독교인들이 이 싸움으로 다치거나 죽었다)이 있었으며 결국은 성상은 동방 교회 예배를 이루는 중요한 요소로 오늘까지 남게 되었다.

그의 다른 저작들은 토마스 아퀴나스 같은 서방 신학자들에게도 영향을 주었다. 1890년 존은 바티칸에 의해 교회의 박사가 되었으며 21세기에도 그의 저작들은 특히 동방 신학에서 새로운 신학적 성찰을 주는 근거가 되고 있다.

4. 안셀름
엄청난 정신을 소유했으나 망설이는 주교

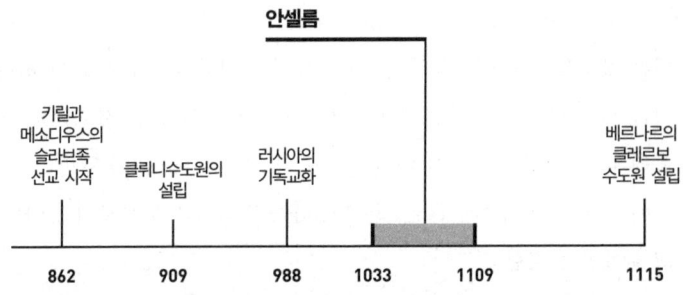

> 하나님에서 인간이 되신 분(예수님) 외에는 누구도 인간이 구원받게 되는 만족을 줄 수 없다.

중세 시대 주교로 선출된 이들은 자신들의 겸손을 드러내는 그 어떤 행동을 보여야 했다. 노르망디 출신의 이탈리아 수도사 안셀름(Anselm)이 캔터베리 대주교로 선출되었을 때 그 역시 그렇게 했다. 교구에서 일하던 사람들이 안셀름이 움켜쥔 주먹을 펼쳐 보려고 했으나 완강했다. 안셀름에게 대주교가 된다는 것은 공부하는 것에 불과하였다. 그의 공부 본능은 실제 옳았다고 증명되었다. 그는 오늘날 위대한 주교로 기억되기보다는 중세 시대 가장 위대한 사상가로 기억되고 있기 때문이다.

고위직에 발탁되다

학자의 삶과 교회 고위직(주교)을 맡는 갈등은 그의 초기 때부터 일어났다. 그의 아버지, 군들프(Gundulf)는 아들이 정치에 나가길 원하여 지방 수도원에 들어가는 것을 막았다. 그 지역 수도원장이 아버지의 동의 없이 들어오려는 15세 안셀름을 받기를 거절했을 때, 안셀름은 아프게 해달라고 기도했고 아파서 죽음의 위험에 이르게 되면 수도원에 들어갈 수 있다고 생각했다. 실제 그는 몹시 아프게 되었지만, 여전히 수도원에 들어가는 것은 허락되지 않았다.

유럽에서 수년간 떠돌면서 마음을 다독였던 안셀름은 유명한 학자 란프랑크(Landfranc) 밑에 들어가 공부하기 위해 노르만디 지방의 벡(Bec)에 자리 잡았다. 여기서 그는 이름 없이 조용히 수도 생활을 하겠다고 여겼는데 그만큼 란프랑크의 명성이 그가 장차 이루어 낼 일들보다 앞섰다고 여겼기 때문이다.

그러나 안셀름은 두드러졌다. 3년 뒤 란프랑크는 캔터베리 주교가 되기 위해 그 수도원을 떠났고 안셀름이 그 자리에 대신 들어가게 되었다. 그는 신학적 신비에 대해 읽고 되뇌고 있었다. 그의 리더십 아래 그 수도원은 학문적 우수성으로 유명하게 되었다. 수도원을 이끄는 행정적인 임무는 그가 원하던 학문적 부름과 맞지 않아 그는 그런 행정적 업무들로부터 자신을 빼달라고 지방 주교에게 요청했으나 주교는 되레 더 높은 고위직을 준비하라고 그에게 말했다.

하나님의 증거

수도원이 있던 벡에서 그는 처음으로 지적 기여를 하게 되었는데 하나님의 존재를 증명하려는 노력이었다. 그는 자기의 유명한 목적론적 논증을 저술 『프로슬로지온』(*Proslogion*, 가톨릭에 관한 모든 것)에 담아냈다. 그는 "생각할 수 있는 것보다 그 어느 것도 하나님 보다 클 수는 없다"고 주장했다. 우리는 존재하는 것 외의 그 어떤 것도 생각할 수 없는데 그 이유는 어느 작은 신이라도 단지 생각으로만 존재하는 것보다 더 크기 때문이다. 그의 논증은 쓰이자마자 쟁점이 되었고, 20세기에 이르러서도 철학자들에게 영향을 주고 있다.

안셀름은 신앙과 이성의 관계에 대해 깊이 생각했고, 그의 결론은 신앙은 앎(지식)의 선행 요건이 된다는 것이었다(*credo ut intelligam*, 이해하기 위해 나는 믿는다). 그는 이성을 경멸하지는 않았다. 실제 그는 이성을 그의 모든 저작에 활용하였고 단순히 이해는 믿음을 끌어내지는 못한다고 믿었으며, 믿음을 벗어난 지식 얻기는 믿기 어려운 것이라고 보았다.

왕과 대결

1066년 노르만족은 잉글랜드를 침공했고 정복자 윌리엄(William the Conqueror)은 벡 수도원에 영국 땅을 떼어주었다. 침공 뒤 안셀름은 프랑스를 건너 영국에 3번이나 부름을 받아 갔었고, 그곳 성직자들에게 감명을 받았다. 1089년 라프랑크가 죽었을 때 영국의 성직자들은 윌리엄 2세에게 안셀름을 대주교로 임명하도록 압박했다(통상 캔터베리 주교직은 교황의 전권이나, 실제로는 영국 왕이 지명했다).

안셀름은 영국 최고 성직자가 되는 자리를 망설였고, 윌리엄 2세도 정치적 이유로 지명을 하지 않아 주교직은 4년 동안 공석이었다. 그러던 어느 날 왕이 심하게 병이 들어 지옥을 두려워하게 되고 안셀름의 거듭된 사양에도 불구하고 안셀름을 주교로 임명하였다.

안셀름은 왕에게 즉각적으로 압박을 가했다. 즉 그는 영적인 일에서는 주교가 최고지위를 갖는다는 것을 왕에게 인정하라고 압박하였다. 그러면서 왕이 캔터베리에 속한 땅을 돌려주지 않는 한, 왕을 위한 사제로서의 어떤 일도 거절하겠다고 말했다. 그는 다만 당시 영국 왕과 세력 다툼을 하고 있었던 로마 교황 우르반 2세에게 충성하였다.

윌리엄 루프스(William Rufus)라고도 불렸던 왕은 안셀름의 요청에 응하긴 했지만, 병이 낫자 약속을 저버렸다. 심지어 안셀름이 로마를 방문하는 것도 허락하지 않았다. 루프스가 세 번이나 로마 방문을 허락지 않자 안셀름은 왕을 축복한 후 영국을 떠나버렸다.

귀양지에서의 생산적 활동

이제 안셀름은 짐을 덜었다고 느꼈다. 그는 캔터베리에서의 지위를 싫어했다. 그는 분쟁에 휘말리는 것을 피했고 불화를 중재하려는 일을 요청받을 때는 몸이 아팠다. 반면, 수도사 그 누구든 그에게 신학적 질문을 하며 그에게 다가왔을 때는 그는 즉각 집중했고, 대답을 했고, 그의 영은 살아났다. 그러했기에 귀양이나 다름없었던 그때 그는 교황에게 자신을 놓아달라고 요청하였으나 교황은 안셀름의 신학적 지성이 필요하다고 대답하였다.

귀양 중 안셀름은 『왜 하나님은 인간이 되셨나?』(cur deus homo)를 썼고, 이 글은 중세 속죄에 관한 가장 영향력 있었던 논문이 되었다. 그는 여기서 "속죄 이론"(satisfaction theory)을 주장하였다. 오리겐이나 니사의 그레고리 같은 초기 신학자들은 "속전 이론"(ransom theory)을 주창한 바 있었다. 여기에 의하면, 인간은 죄에 의해 사로잡혔고 사탄에 의해 죽음을

안셀름

맞게 되었으나 그리스도는 자기의 죽음과 부활로 포로 석방을 위한 비용을 지불하였고 사탄의 권세 사슬을 부술 수가 있게 되었다는 것이다.

대신 안셀름은 하나님 외에 그 무엇에 빚을 지게 된 것은 사탄이 아니라고 주장하였다. 아담 안에서 모든 인간은 하나님의 거룩에 어긋나는 죄를 짓게 되었다. 더 나아가 인간은 유한하고 죄성으로 인하여 적합한 보상을 할 만하지 못한 무력한 존재라고 말한다.

이 상태는 오직 그리스도에 의해서만 가능해졌다.

> 하나님에서 인간이 되신 분(예수님) 외에는 누구도 인간이 구원받게 되는 만족을 줄 수 없다.

1100년 헨리 1세가 왕이 되면서 안셀름은 캔터베리로 다시 부름을 받았다. 그러나 왕이 주교들이 왕을 찾아뵙도록 요구하자 안셀름은 이를 거절했고 그렇게 왕을 찾아간 주교들은 축성(祝聖)하지 않았다. 왕과의 갈등이 6년이나 갔지만 결국 안셀름이 이겼다.

그의 생애 마지막 2년 동안 그는 상대적인 평화 가운데 공부할 수 있었다. 종려주일, 그는 죽음의 침상에서 수도사들에게 자신은 이제 죽을 준비가 되었다고 말했다. 그러나 그는 죽기 전에 인간 영혼의 기원에 대한 어거스틴의 질문을 해결하려고 하였다.

"내가 하지 않는다면 누가 이 일을 할 수 있을지 모르겠다"고 말한뒤 결국, 성 주간 화요일 아침 그는 죽음을 맞았다.

5. 토마스 아퀴나스
뛰어난 '바보 황소'

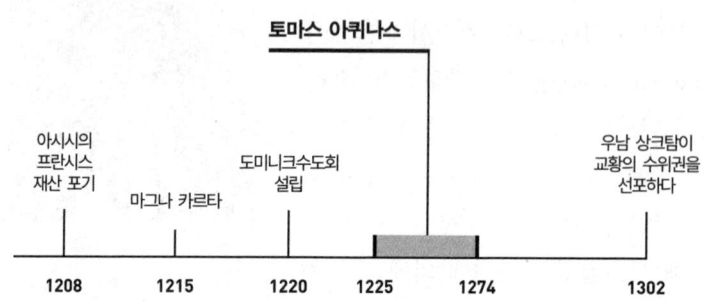

> 인간이 의심과 불확실성 없이 하나님의 지식을 가지기 위해서는, 신성한 진리를 위해 믿음의 방법으로 그것들을 전달받아야 하고, 거짓말을 할 수 없으신 하나님에 의해 말이 전달되어야 한다.

누구도 토마스 아퀴나스(Thomas Aquinas)가 그의 생김새 때문에 유명해졌다고 말하지는 않는다. 그는 지나치게 비대했고, 수종병(dropsy)을 앓았고, 한쪽 눈은 너무 커서 다른 한쪽 눈과 너무 비교되었다. 그는 또한 특별히 역동적이지도, 카리스마를 가진 인물도 아니었다. 대부분의 시간 그는 내향적이고 조용했고, 어쩌다 말을 했다 하면 종종 대화를 계속하지 못했다. 그의 대학 동급생들도 그를 "바보 황소"로 불렀다. 그러나 오늘날 그는 중세 최고의 신학자로 인정받고 있고, "천사들의 박사"로 불린다.

미래 신학자에 대한 유혹들

토마스 아퀴나스는 이탈리아 성 아퀴노의 룬들프 백작(Count Lundulf)과 그의 아내 씨어도어(Theodora) 사이에서 태어났다. 5살이 되었을 때 땅딸막한 어린 소년 토마스는 몬테 카시노(베네딕트에 의해 7세기에 세워진 마을) 근처의 수도원으로 보내졌다. 14살에 토마스는 나폴리대학교로 갔고, 거기서 도미니크 교단의 교사가 그에게 도미니크수도회의 공부 중심의 새 길에 들어서도록 영향을 주었다.

그의 가족은 이를 극렬히 반대하였는데 그가 가난하게 살아야 하는 탁발승의 길보다는 영향력 있고 잘 살 수 있는 안정된 수도원장이나 주교가 되길 원했기 때문이다. 이에 토마스의 형제들은 그를 납치하여 15개월이나 그를 가두어 버렸다. 그의 가족들은 그에게 창녀를 붙여 유혹하기도 했고, 나폴리 주교직 자리를 매수하려고 하였다. 그러나 모든 시도는 실패로 돌아갔고 토마스는 중세 신학 수업의 중심지인 파리로 갔다. 거기서 그는 유명한 스승 알버트 대공(Albert the Great) 밑에 들어갔다.

이성과의 씨름

중세 유럽에서 모든 배움은 교회의 눈 아래에서 이루어졌고, 신학은 여러 학문 중 최고의 자리를 차지하였다. 비기독교 철학자들, 희랍 철학의 거봉 아리스토텔레스, 무슬림이었던 에버로스(Averroes), 유대교의 대학자 마이모니데스(Maimonides) 등 조차도 성경과 함께 공부하였다. 학자들은 특히 아리스토텔레스에게 매료되었는데 그의 저작들은 수 세기 동안 알려지지 않았다. 아리스토텔레스는 성경을 통해서가 아니라 관찰과 이성에 의해 전체 우주를 설명하려고 했다.

이성에 대한 강조는 전통적인 기독교 신념을 저해하는 위협이 되었다. 크리스천들은 이해는 단지 하나님의 계시를 통해서만 가능하다고 믿었기에 우주를 이해할 수 있는 것은 오직 하나님의 진리를 계시하도록 하나님이 택한 이들만이 가능하다고 믿었다.

새로 발견한 철학들의 가르침에 의한 명백한 지식과 신적 지식이 어떻게 조화될 수 있었겠는가?

토마스는 이것을 탐구하기를 원했기에 기독교에 받아들여질 만한 아리스토텔레스의 저작들로부터 찾아보기로 하였다. 아리스토텔레스의 사상은 토마스를 삼켰고, 어느 이야기에 따르면 프랑스의 루이 9세(나중에 성 루이가 된)와 식사를 하는 자리에서 다른 참석자들이 대화에 열중하고 있을 때 그만이 생각 속에 허공만 응시하다가 갑자기 식탁을 주먹으로 치며 "아, 마니교를 부술 수 있는 논쟁이 여기 있구나" 하며 소리를 질렀다고 한다.

토마스 아퀴나스

방대한 『신학대전』(Summa Theologica, 신학적 지식의 요약)을 시작하며 토마스는 적었다.

성스러운 신학에서는 모든 것이 하나님의 관점에서 다루어진다.

토마스는 비록 이들 관계가 서로 모순되지 않는다고 강조하였지만, 철학과 신학 그리고 이성과 계시를 구분하려 하였다. 이들은 모두 지식의 원천이며 모두 하나님에게서 온 것이다.

토마스에 의하면, 이성은 아리스토텔레스를 따라 느낄 수 있는 데이터(우리가 보고, 느끼고, 듣고, 냄새 맡고, 만지는)에 기반을 두고 있다. 계시는 이 기반에서 더 나아가는 것이다.

이성은 하나님 안에서 믿도록 우리를 이끌 수는 있으나 다른 신학자들이 이미 제안한 바 있는 계시만이 실제 있는 하나님, 성경의 삼위 하나님을 우리에게 보여 줄 수 있다.

인간이 의심과 불확실 없이 하나님에 관해 알려면 이전에도 그리하셨지만, 거짓말을 할 수 없으신 하나님 자신에 의해서만(인간에게 믿음이란 방법에 의해서) 신적 지식이 이들 인간에게 전달되는 것이 필요하다.

달리 말하면 자연을 보는 그 누군가는 그 자연을 보며 지각이 뛰어난 창조주가 존재한다고 말할 수 있다는 것이다. 그러나 그 창조주가 선하거나 역사 속에서 일한다든가 하는 생각을 가지지는 못한다. 더욱이 기독교와 무관한 그 누군가가 어떤 '자연적 덕목들'을 실천할 수는 있으나, 오직 믿는 자만이 기독교의 참된 덕목인 믿음, 소망, 사랑을 실천할 수 있다는 것이다.

지푸라기 책들

토마스의 책들(*Summa Contra Gentiles*, 무슬림들에게 나가는 선교사들의 지침서로 그 안에는 찬송가가 여러 편 있는 책을 포함하여)은 이전에도 그리고 그의 사후에도 공격을 받았다. 1277년 파리의 주교는 토마스를 공식적으로 비판하려 했으나 로마의 귀족들이 그것을 막았다. 비록, 토마스가 1325년 시성(諡聖) 되긴 했으나 그의 가르침이 뛰어난 것이고 개신교를 막아낼 주요 보루가 되는 것으로 칭송된 것은 200년이 지나서였다. 토마스의 저술들이 큰 역할을 한 트리엔트 공의회가 끝나고 4년 뒤, 토마스는 "교회의 박사"로 선언되었다.

1879년 교황 칙서 『에떼르니 빠뜨리스』(*Aeterni Patris*, 영원한 성부의)는 토마스주의(Thomism, 아퀴나스의 신학)를 교리의 진술한 표현이며 모든 신학도가 반드시 배워야 한다고 했다. 오늘날에는 개신교나 가톨릭 신학자들이 다 같이 그의 저술을 연구하고 있다. 그렇지만 토마스는 기뻐하지 않을 것이다. 그의 생애 마지막이 가까워질 때 그는 한 이상을 통하여 그가 저술하는 펜을 떨어뜨리도록 하는 장면을 보게 되었다.

그 이전에도 다년간 그는 이상을 경험하긴 했으나 이번은 무언가 달랐다. 그의 비서들은 그에게 계속 펜을 들어 저술을 하도록 간청하였으나 토마스는 "난 할 수 없어. 내가 쓴 것은 지푸라기일 뿐이라고 내게 알려주었어"라고 대답하였다. 기독교회의 작품 중 가장 영향력 있는 작품 중 하나인 그의 『신학대전』은 3개월 뒤 그가 죽었을 때 미완성으로 남게 되었다.

6. 마틴 루터
열정적인 개혁가

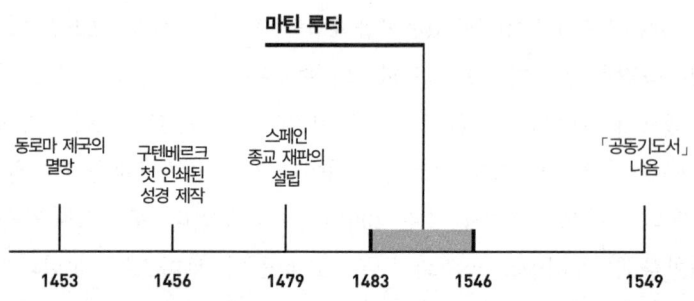

> 마침내 밤낮으로 묵상 중에 하나님의 자비하심으로 나는 하나님의 의를 이해하기 시작하였는데, 그 하나님의 의는 믿음이라 불리는 것에 의한 하나님의 선물을 통한 의로운 삶이라는 것이다. 여기서 나는 완전히 다시 태어난 것 같았고, 이미 열려 있었던 천국의 문에 들어선 같았다.

16세기 세상은 마틴 루터(Martin Luther)라는 한 인물에 의해 나누어졌다. 가톨릭 세상에서 마틴 루터는 '인간의 탈을 쓴 마귀'였고, 처음에는 루터의 신학에 의심했던 그 누군가는 "그만이 홀로 옳았다"고 선언했다. 그때로부터 500년이 지난 지금 시대에, 루터에 대한 판결은 거의 전원 일치로 좋은 쪽이다. 가톨릭이나 개신교 양쪽에서 루터는 그가 한 일에서 옳았을 뿐 아니라 서구 역사를 좋은 방향으로 틀었다고 인정받는다.

천둥 속에서의 회심

루터는 지금 베를린에서 남서쪽 120마일 정도 떨어진 아이슬레벤에서 어머니 마가렛과 아버지 한스 루터(Hans Luder, 당시 그 지방에서는 루더라고 발음했다) 사이에서 태어났다. 자라기는 만스펠트에서였고 거기서 아버지는 그 지방 구리 광산에서 일했다. 한스는 마르틴을 라틴학교에 보냈는데 그는 13살에 법학을 공부하기 위해 에르푸르트대학교로 갔다. 거기서 그는 대학이 규정하는 한 최단 시간 안에 학사와 석사 학위를 취득하였다.

그는 공개 토론을 잘하여 '철학자'란 별명을 얻기도 했다.

1505년, 루터의 삶에 극적인 전환이 있었다. 21살 루터는 에르푸르트로 가는 길에서 심한 천둥을 만났고, 벼락이 그의 곁 땅바닥에 내리쳤다. 루터는 "날 도우소서 성 안나여. 수도사가 되겠습니다!"라고 비명을 질렀다. 외골수 루터는 그가 한 이 서원을 지켰다. 그는 그가 가진 모든 것을 내버렸고 수도사의 삶에 들어섰다.

영적 돌파

루터는 수도사로서 매우 성공적이었다. 기도, 금식, 금욕적 생활 실천(잠을 안 자기, 담요 없이 뼈가 시린 추위 견뎌내기, 몸에 채찍질하기 등)에 몰두했다. 나중에 그가 회상하기를 "만일 어느 누가 수도사의 삶을 통해 천국에 들어갈 수 있다고 말한다면 바로 내가 해당할 것"이라고 할 정도였다. 비록, 그가 하나님을 이런 방법들로 전적으로 사랑하려고 했으나 위안은 없었다.

그는 하나님의 진노를 점점 무서워하였다.

> 영원한 것이 이같이 지나가는 홍수 같은 것에 의해 감동된다면 영혼은 영원한 처벌을 제외하고는 느끼거나 마실 뿐이다.

초기 시절 루터는 종교 개혁의 성구가 된 로마서 1:17을 읽을 때마다 그의 눈은 이 '믿음'이란 단어에 이끌린 것이 아니라, '의'란 단어에 이끌렸고 이미 의롭게 된 자가 결국 믿음에 의해 살게 된다는 것을 깨달았다. 이 본문으로 의인은 믿음으로 말미암아 살리라는 것이 명확해졌다.

루터는 다음과 같이 말했다.

> 나는 관습과 선생들이 자주 쓰는 '하나님의 의'란 말을 미워했다. 그것은 하나님은 의로우셔서 불의한 죄인들을 처벌하신다는 가르침이었다.

젊은 루터는 그 자신이 의롭지 못하다는 걸 알았기에 믿음으로 살 수 없었다. 그러던 중, 그는 성경 연구로 박사를 취득하게 되었고 비텐베르크

대학교의 교수가 되었다.

1513년과 1514년 시편 강의와 로마서 연구를 통하여 그는 고민이 되었던 이 문제를 헤쳐나갈 길을 찾게 되었다.

> 마침내 밤낮으로 묵상 중에 하나님의 자비하심으로 나는 하나님의 의를 이해하기 시작하였는데, 그 하나님의 의는 믿음이라 불리는 것에 의한 하나님의 선물을 통한 의로운 삶이라는 것이다. 여기서 나는 완전히 다시 태어난 것 같았고, 이미 열려 있었던 천국의 문에 들어선 것 같았다.

이 새로운 깨달음은 다른 것으로도 다가왔다. 루터에게 교회는 더 이상 사도적 계승에 의한 제도가 아니었다. 그 대신 교회는 믿음을 가진 이들의 공동체였다. 구원은 성사(sacraments)를 드리는 것으로 오는 것이 아니라, 믿음으로 온다. 하나님을 찾을 만한 충분한 선한 불꽃을 인간은 가지고 있다는 것은 신학의 기초가 아니라 '바보들'이 가르치는 것일 뿐이다.

겸손은 더 이상 은혜를 얻어낼 만한 덕목이 아니라, 은혜의 선물에 대한 필요한 반응이다. 믿음은 교회의 가르침에 동의하는 데 있지 않고 하나님의 약속과 그리스도의 행하심을 신뢰하는 것이다. 루터의 가슴과 정신에 일어난 이 혁명이 유럽 전체에 역사하게 되는 일이 그리 오래 걸리지 않았다.

"내가 여기 서 있나이다"

마틴 루터

요한 테슬이 면죄부를 팔면서 행해오던 일들을 루터가 설교를 통해 공개적으로 반대하던 때는 1517년 제성절(모든 죽은 이를 추모하는 날) 전날이었다. 교회가 준비해왔고 개인들이 사들였던 문서들(면죄부)은 구매자 자신들을 위해서 혹은 이미 죽은 그 누군가를 위해 사들인 것으로, 이는 죄로 인한 처벌로부터 구제받는다는 내용을 담고 있었다.

테즐은 "면죄부 구매 동전이 동전함 안으로 떨어질 때, 연옥에 있던 영혼은 천국을 향해 솟아오른다!"라고 설교(판매)하고 다녔다.

루터는 교회의 이와 같은 면죄부 거래에 의문을 품고 자신이 썼던 95개 조항에 대한 공개적 토론을 요청했다. 그러나 공개 토론 대신 95개조는 독일 전역으로 번져나가며 개혁을 요구하게 되었고, 이제 문제는 면죄부에 있는 것이 아니라 교회의 권위에 대한 문제로 비화되었다. 문제는 다음과 같았다.

교황은 면죄부를 발행할 권한을 갖고 있다는 것인가?

상황들은 빠르게 진전되었다. 1519년 라이프찌히에서의 토론에서 루터는 "아주 단순한 평신도라도 성경으로 무장되어 있다면" 교황이나 교회 공의회(당시 교회 공의회는 교황의 자문 보조 기관에 불과했다)보다는 낫다고 선언하였고, 이에 루터는 파문을 위협받았다. 루터는 이 파문 위협에 3가지 중요한 논문(독일 귀족에게 고함, 바벨론 유수, 크리스천의 자유에 관하여)으로 대답하였다.

논문의 중요 내용은 다음과 같다.

첫째, 그는 모든 크리스천은 사제들(만인 제사장)이라고 말하며, 당시 지배자들에게 교회 개혁의 대의에 나서라고 촉구하였다.

둘째, 당시 로마가톨릭교회가 해오던 7개의 성사를 2개(세례와 성찬)로 축소했다.

셋째, 크리스천은 법(특히 교회가 만들어 놓은 법들)로부터 자유로울 뿐 아니라 이웃들에게 사랑으로 서로 연결되어 있다고 말했다.

1521년 그는 독일의 웜스에서 신성 로마 제국의 황제 찰스 5세 앞에 출두하라는 요청을 받게 된다. 루터는 여기에 또 다른 토론의 준비를 한 후 도착하였다. 곧 루터는 이 출두가 재판이라는 것을 알았고 여기서 그의 견해들을 취소하라는 요청을 받게 된다.

루터는 이에 대해 다음과 같이 말했다.

> 나는 성경이나 혹은 성경과 더불어 공개적이고 분명하고 납득할 만한 명확한 근거가 있지 않는 한, 나의 견해를 취소할 수도 없고 취소하지도 않을 것이다.

왜냐하면, 이는 내 양심에 어긋나기에 안전하지도 않고 현명하지도 않을 것이기 때문이다.

이어 그는 "여기에 나는 서 있습니다. 나는 더 이상 달리 어쩔 도리가 없습니다. 하나님이여 나를 도우소서! 아멘"이라 덧붙였다.

이에 루터를 '유죄 확정된 이단'이라고 하는 황제 칙서가 내려졌고, 루터는 발트부르크 성으로 피신하여 그곳에서 10개월 동안 지내게 된다.

병든 한 인간의 성취

1522년 초봄, 루터는 필립 멜랑히톤 같은 이들의 도움을 받아 비텐베르크로 돌아와 이제 본격적인 개혁 운동을 이끌어 나가게 된다. 그 이후로 그는 친구와 적으로 나누어지는 더 많은 분쟁으로 말려들게 되었다. 1524-25년 농민 반란이 일어났을 때 루터는 그 농민들을 비난하며 힘을 가진 제후들에게 이들을 제압하도록 촉구하였다.

루터는 수도원에서 도망쳐 나온 캐서린 폰 보라 수녀와 결혼하였고 많은 이에게 구설수가 되었다. 더욱이 루터 자신에게는 '내 베개 옆에 누워 있던 돼지 꼬리'와 함께 아침에 일어나는 충격이었다. 그는 동료 개혁가들, 특히 스위스 개혁가 율리히 쯔빙글리를 조롱하면서 상스러운 말을 쓰기도 했다.

실제 그는 점차 나이가 들어가면서 성질이 고약해져 험한 말들을 하기도 했는데 그중에 유대인들이나 교황이나 신학적인 적들에게 대한 말들은 옮겨 적기에도 민망할 정도이다. 그런데도 그가 남긴 성취들은 쌓여갔다. 성경을 독일어로 번역한 일(이 일은 문학적으로, 성서적으로 기념비로 남아있다), <내 주는 강한 성이요> 찬송을 지은 일, 루터교도들 뿐만 아니라 다른 많은 이를 이끌어 주는 대교리와 및 소교리 문답서 출판 등이 그러하다.

그의 만년은 대부분 병치레와 강행군(1531년에 6개월이나 아팠고 지쳐 있었음에도 불구하고 180회나 설교했고, 150편의 글들을 썼고, 구약을 번역해 냈고, 여러 차례 지방을 다녀오는 등)으로 이어졌다. 그러나 결국 1546년 그는 고갈되었다.

루터가 남긴 것은 광대하고 적절히 요약할 수 없다. 모든 개신교 개혁가(칼빈, 쯔빙글리, 낙스, 크렌머 등) 및 개신교의 교파(루터교, 개혁파, 영국성공회, 재침례파)도 루터에 의해 그 어떤 식으로든 영향을 받았다. 좀 더 크게 본다면 그의 개혁은 중세를 끝장내고 근대라는 새 시대를 열어젖힌 힘을 분출했다.

루터 자신에 의해서건 남들이 그에 관해 쓴 책들이건, 그에 관한 책들을 보관한 도서관 숫자 면에서건, 나사렛 예수에 관한 것만 제외하고는 가장 많다고 전해지기도 한다. 그만큼 이런 얘기들을 확인하기는 쉽지 않지만, 그렇게 들리는 것이 사실이라고 믿어지는 것을 이해할 수는 있다.

7. 존 칼빈
개혁 신앙의 아버지

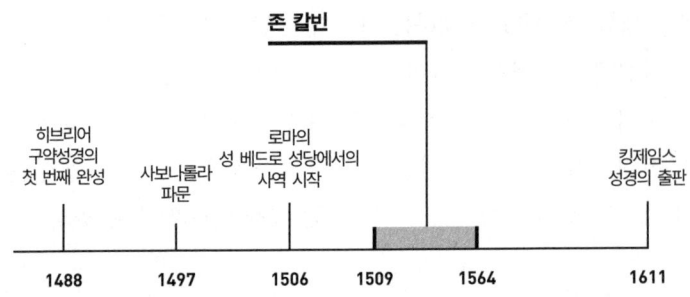

> 나는 『기독교 강요』를 쓰는 일에 매달렸는데 특히 내 조국 사람들인 프랑스인들을 위해 그랬다. 왜냐하면, 나는 많은 사람이 그리스도에 대해 배고파했고, 목말라 했지만, 그에 관해 참된 지식을 얻는 이들이 많지 않았기 때문이다.

자기 가족 중 형제와 자매, 친구 2명과 함께 존 칼빈(John Calvin)은 로마 가톨릭인 프랑스를 떠나 스트라스부르크란 자유 도시로 피신 갔다. 그때가 1536년 여름이었다. 칼빈은 그 당시 복음적인 신앙으로 개종한 상태였고, 개신교 관점을 정교히 다듬은 『기독교 강요』(The Institutes of the Christian Religion)를 갓 펴낸 상황이었다. 그는 쫓기는 사람이었다.

『기독교 강요』를 썼다는 칼빈이 제네바의 한 여관에 왔다는 말이 재빨리 그 지방 목사인 윌리엄 파렐에게 들렸다. 파렐은 흥분되었다. 그도 그럴 것이 제네바에서 그는 개신교 교회를 새로이 만들어 나가려고 고군분투하고 있었기 때문이었다. 파렐은 그 여관으로 달려가 칼빈을 만나 당신이 만일 여기 머물게 된다면 그것은 바로 하나님의 뜻이라고 설득했다.

칼빈은 단지 하룻밤만 머물려고 여기 온 것이라며 자신은 학자이지 목회자가 아니라 했다. 파렐은 난처하고 낙망한 나머지 만일 당신이 이 제네바에 머물지 않는다면 하나님은 당신의 모든 학문을 저주하실 것이라고 무서운 말을 쏟아냈다.

양심이 부드러운 칼빈은 나중 그 당시를 이렇게 회상했다.

나는 마치 하나님이 하늘로부터 강하신 손으로 나의 갈 길을 막으시는 것 같이 느꼈으며 나는 이후의 여정을 계속할 수가 없었다.

오늘까지 칼빈의 이름은 좋든 나쁘든 제네바란 도시와 연결되어 있다. 그리고 하나님의 선택에 대한 칼빈의 믿음은 교회에 대한 그의 신학적 유산이 되었다.

경건의 총합

칼빈은 1509년 프랑스 노용에서 태어났다. 그의 아버지는 변호사로서 아들을 위해 교회 안에서 장래를 키워주려고 했고, 1520년대 중반 칼빈은 상당한 학자가 되어 있었다. 그는 라틴어를 유창하게 했으며, 철학에도 뛰어나 파리에서 신학을 집중적으로 공부하기에 충분한 자질을 갖추고 있었다.

그러던 중 갑자기 그의 아버지는 마음을 바꾸어 아들 칼빈이 법률을 공부하여 법 분야에서 업적을 이루기를 바랬고, 칼빈은 5-6년간 오를레앙대학교에서 좋아하지 않던 법률 공부를 했으나 법률 공부에도 뛰어났다. 이 기간에 그는 르네상스 인문주의에 몰두하였고, 희랍어를 익혔으며, 고전을 광범위하게 읽어 나갔으며, 플라톤에 대해서도 공부할 수 있었다. 저술에도 취향을 가져 이미 22살에 세네카의 『사면』(*ClementiDea*)에 대한 주석을 썼다.

그때 루터의 가르침이 프랑스에도 들려왔고, 그 자신은 조용하고 뚜렷하지 않은 성품을 지녔으나 그의 삶은 갑자기 바뀌어 나갔다.

하나님은 상당 기간 고집이 셌던 나를 가르치실 만하도록 다듬으셨다. 왜냐하면, 당시 나는 교황제도의 미신들에 강하게 이끌려 있었기에 나를 깊은 수렁으로부터 끌어낼 수 있었던 것이 많지 않았기 때문이었다. 그리고 진정한 경건에 대한 단순한 이끌림을 받은 것만으로도 비록 나 자신이 모든 것을 포기하지는 않았다 할지라도 그 이후 나는 학문 연구에 매진할 수 있도록 불을 붙일 수 있었다.

그는 '루터교도'라고 찍히게 되었고 박해가 파리에서 있었을 때(그때는 그가 가르치는 일을 위해 파리에 와 있었다) 그는 박해를 피해 바젤로 피신했다. 그곳에서 그는 서구 역사에서 그 어떤 저술보다 큰 영향을 준 『기독교 강요』의 첫판을 써나갔다.

이 책은 복음적인 신앙(경건에 관한 모든 것과 구원의 교리에 관해 알기를 원하는 모두를 위한)에 대해 무언가 알기를 원하는 이들을 위한 기본 지침서로 쓰이기로 되어있었다.

나중에 칼빈은 이렇게 섰다.

> 나는 『기독교 강요』를 쓰는 일에 매달렸는데 특히 내 조국 사람들인 프랑스인들을 위해 그랬다. 왜냐하면, 나는 많은 사람이 그리스도에 대해 배고 파했고 목말라 했지만, 그에 관해 참된 지식을 얻는 이들이 많지 않았기 때문이다.

『기독교 강요』에서 칼빈은 교회, 성례전, 칭의(의롭게 되는 것), 기독교인의 자유 그리고 정치적 정부 등에 대한 주제로 자기의 생각을 정리해 나갔다. 그의 독특하고도 포괄적인 주제는 하나님의 주권에 관한 것이었다. 그는 원죄는 사람들로부터 자유 의지를 빼앗아 가버렸으며, 하나님의 선제적 행동(선택)에 의해서만 누구든 믿음을 가질 수 있으며 이와 같은 경험으로 구원의 확신을 하게 된다고 가르쳤다.

『기독교 강요』의 초판 및 증보판에서 칼빈은 이중 예정 혹은 선택 교리를 발전시켰다. 더 중요한 것은 은혜의 무오류성을 옹호하였는데, 이로 인하여 선택받은 자들은 그 선택에서 탈락할 수 없는 은혜를 받았다는 것이다. 이것은 칼빈이 새 신자가 된 이들을 위로하기 위한 목회적 시도가 되었다.

중세 가톨릭 시대 신자들은 자신들의 영적 운명에 염려가 많았기에 자신들의 구원을 확증하기 위해 더 많은 선행을 하도록 요청받았다. 칼빈은 일단 신자가 된 이들은 영생에 관해 그리스도에 의해 선택받았다는 것을 이해하게 되어있으며, 그는 결단코 구원에 대해 더 이상 의심하는 어려움을 겪지 않는다고 가르쳤다.

그는 다음과 같이 말했다.

그가 만일 자신을 구원으로부터 떨어져 나가는 위험에서 벗어나 있는 자라는 것을 안다면, 그는 최종적인 견인이라는 흔들릴 수 없는 희망을 얻게 되어 있다.

하나님의 도시

프랑스로부터 박해를 피해 달아난 칼빈은 파렐의 간청으로 제네바에 머물게 되었다. 그렇지만 18개월 정도가 되었을 때 칼빈과 파렐은 그곳 시의회와 불협화음을 갖게 되면서 제네바에서 추방되었다. 칼빈은 스트라스르크로 다시 가게 되었고 거기서 3년을 목회하며 재세례파 목사의 아내였다가 과부가 되어 두 아이를 둔 이델렛 드 뷰르(Idellete de Bure)와 결혼하게 된다.

1541년 칼빈의 명성은 퍼져 나갔다. 그는 3권의 다른 책들을 썼고, 『기독교 강요』 수정판을 냈다(물론 『기독교 강요』는 그 뒤 1550년, 1559년 증보판이 나와 모두 80장 분량의 책으로 늘어났다). 그는 당대 지도적인 개혁가들이었던 마틴 부쳐, 필립 멜랑히톤 등과 긴밀한 우의를 가졌다. 그는 제네바의 시 당국자들로부터 돌아와 달라는 부탁을 받고 돌아와 남은 날 동안 제네바를 신정 사회로 만드는 일에 진력했다.

칼빈은 교회는 성경에 나온 원칙을 신실하게 반영해야 한다고 믿었다. 그의 『교회 법령』(Ecclesiastical Ordinances)에서 칼빈은 신약은 목회에 4가지 직분을 명한다고 주장하였다. 이 네 직분은 목사, 교사(가르치는 직분자), 장로, 집사를 말한다. 이 직분에 따라 제네바는 조직되었다.

목사들은 예배를 인도하며 설교하고, 성례전을 집전하며, 회중들의 영인 복지를 돌보는 일을 한다고 보았다. 제네바시에 있던 3개 교구 교회에서 주일 2번 예배와 교리를 가르치는 수업이 열렸다. 주중에는 격일로 예배가 있었는데 나중에는 매일 예배가 있었다. 성찬식은 분기별로 있었다.

박사들 혹은 교사들은 통상적으로 월요일, 수요일, 금요일에 성경의 구약과 신약을 라틴어로 가르쳤는데 이 수업을 듣는 이들은 주로 나이가 있는 학생들과 목사들이었고 누구나 참석할 수 있었다.

각 교구마다 장로들은 영적인 일들을 감독했고 만일 누군가가 술을 더 먹는 일이 잦아진다든가, 아내를 때린다든가, 부부가 아닌 이들이 서로 자주 만나는 일이 눈에 띈다든가 하면 형제의 도리로 먼저 타이른다. 그런데도 그런 일들이 멈추지 않는다면 시의 집행 부서인 치리 법정에 보고하여 위반자를 소환하게 된다. 이들에게 파문을 내리는 일은 마지막 방법이며 당사자가 회개할 때까지 효력을 갖게 된다.

그리고 사회 복지는 집사들의 일이었는데 이들은 병원 운영위원회, 사회 치안 책임자, 구제 기관 책임자 등의 역할을 맡았다. 이들 집사는 일을 잘하여 제네바에는 거지들이 없었다.

이와 같은 제도들은 여러 해 동안 잘 운영되어 1554년 존 낙스가 제네바를 방문했을 때 친구에게 이 시는 "사도 시대 이후 지상에서 그리스도의 가장 완벽한 학교"라고 말할 정도였다.

비공식적인 권위주의

존 칼빈

칼빈은 주일마다 2번 설교와 격주로 매일 설교하는 일을 감당했다. 설교하지 않을 때는 그는 한 주에 3번 구약 교수가 되어 강의했다. 매주 목요일마다 모였던 시 치리 법정에 정규적으로 나갔다. 그리고 각종 위원회에 나갔거나 집사들의 일에 대해 끊임없이 자문 요청을 받는 등의 일들을 감당했다.

그는 제네바의 지배자나 독재자가 결코 아니었다. 그는 제네바 시의회로부터 임명받아 일했고 봉급도 받았다. 시의회에 의해 어떤 때이고 해임될 수도 있었다(1538년 그랬듯이). 그는 제네바에서 외국인이었고 죽기 얼마 전까지 제네바 시민으로 귀화하지도 않았었다. 그렇지만 그는 제네바의 도덕적 권위 그 자체였다. 그 권위는 그를 뒷받침한다고 믿었던 신적 권위에 의해 자신은 성경의 메시지를 선포하고, 하나님의 대사라는 신념에 의해서 나왔다. 그렇게 함으로써 그의 활동 영역은 제네바시의 헌법에서부터 하수도와 난방 기구 등에 이르기까지 이어지게 되었다.

1553년 마이클 세르베투스(Michael Servetus)를 처형하였다는 악명 높은 일에 그가 관여했다는 것은 공식적인 것이 아니다. 세르베투스는 삼위일체를 부인했다(당시 1500년대에는 이 죄목은 전 유럽에서 사형에 해당하였다)는 죄목으로 로마가톨릭교회로부터 도망하여 제네바에 왔다. 제네바시 당국은 그에 대해 로마가톨릭교회 이상으로 인내하지 않았으며 칼빈의 전적인 동의도 있어 세르베투스를 처형하였다.

칼빈은 이제 자신의 몸의 한계를 넘어서까지 혹사하였다. 교회까지 수백 야드도 걷지를 못하여 설교하기 위해 그는 의자에 실려 가야 했다. 강의실에 가기 위해 추운 겨울 밖에 나가지 말라고 의사들이 말렸어도 칼빈은 기어이 자기 침실에까지 청중들을 가득 불러들여 강의했다. 좀 쉬라는 이들에게 칼빈은 대답하곤 했다.

"뭐라? 주께서 오실 때 내가 한가한 것을 보시게 할 참인가?"

그의 병고는 가끔 맞닥뜨렸던 반대가 심해질수록 깊어갔다. 사람들은 그가 설교할 때 큰기침 소리를 냄으로 그의 목소리가 잠기도록 방해하기도 했다. 어떤 이들은 교회 밖에서 총을 쏘기도 했고 그를 향하여 개를 풀어놓기도 했다. 그를 죽이겠다는 익명의 위협도 받았다.

칼빈의 인내는 점차 고갈되어 갔다. 그 자신이 환자였지만 그는 가끔 자신에 대해 너무나 동정적이 아니었다. 그는 이해나 친절도 거의 없었고, 농담(유머)은 분명히 없었다. 칼빈의 몸은 결국 1564년 완전히 마모되었다. 그러나 그의 영향력은 절대 그렇지 않았다. 교회 밖에서 그의 사상은 비난도 받았지만(당신이 어떻게 생각하느냐에 달렸지만) 자본주의, 개인주의 그리고 민주주의의 발전에 그의 공적은 인정받았다. 교회 안에서 그는 복음주의자 조지 휫필드나 신학자 칼 바르트 같은 대표적인 지도자들뿐 아니라, 청교도 사상 같은 전체적인 운동에도 큰 영향을 끼쳤다.

오늘까지 '장로교회' 혹은 '개혁교회'(심지어는 일부 침례교 단체에도)의 이름에도 지역 교회를 넘어서 전 세계에 이르기까지 그의 유산은 계속 이어지고 있다.

8. 제이콥 알미니우스
평화주의적 반칼빈파

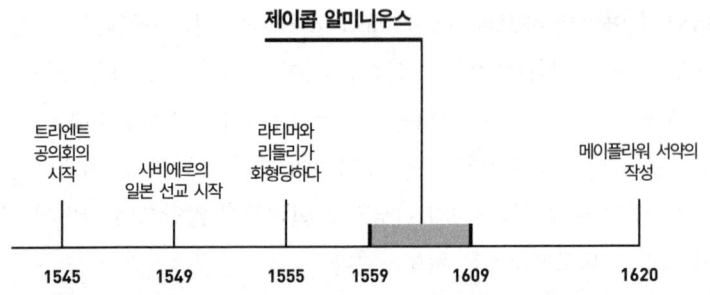

> 그 교사는 신적 은총에 관한 한 가능한 만큼 나의 가장 높은 찬동을 얻어낸다.

제이콥 알미니우스(Jacob Arminius)가 네덜란드의 오우데워터에서 태어난 해는 존 칼빈이 자신의 개혁 사상을 전파하기 위해 제네바 아카데미를 세우려고 바쁜 일을 하던 때였다. 같은 시기, 가이도 드 브레스는 『벨직 고백서』(the Belgic Confession) 첫판을 썼는데 이 고백서는 네덜란드의 칼빈주의의 기본적인 교리서가 되었다. 알미니우스가 자라면서 칼빈의 가르침에 대한 논란은 스페인이 지배하던 지역에서 물의를 일으켰다. 그가 14살 되던 해 네덜란드의 왕 윌리암 더 사일런트(William the Silent)는 칼빈주의자였다. 알미니우스가 죽었을 때는 신학적 지형은 다시 바뀌어 알미니우스의 반칼빈주의 신학이 유럽에 급속히 번져나갔다.

평화주의적인 개혁가

알미니우스는 20대 초반에 칼빈주의에 대해(특히, 은혜와 예정에 관해서) 질문을 시작했으나 칼빈이 세운 제네바 아카데미에서는 자신의 관점으로 싸웠다. 그곳에서 그는 칼빈의 후계자 씨어도어 베자(Theodore Beza) 밑에서 공부했는데 생각이 맞지 않아 조용히 그 학교를 떠났다. 제네바 당국자들은 알미니우스가 프랑스 인문주의자 피터 라무스를 옹호하자 화를 내었고, 이에 알미니우스는 바젤로 떠났다. 바젤에서 그는 박사 학위를 제안받지만, 자신은 아직 나이가 어리고(당시 24세 혹은 25세) 어린 나이에 그런 학위를 받게 되면 그 학위에 불명예가 된다고 거절하였다. 암스테르담에서 목사로서 로마서를 공부하면서 그는 칼빈주의에 확고히 반대하게 되었다. 그는 믿음은 선택의 원인이 된다고 믿었다.

하나님이 믿는 자를 의롭게 하시고 입양하는 것을 결정하며 그들에게 영생을 주시며 믿지 않는 자들과 회개하지 않는 자들을 정죄하신다는 것은 그리스도 안에서 하나님의 영원하고도 은혜로운 법령이다. 그 교사는 신적 은총에 관한 한 가능한 만큼 나의 가장 높은 찬동을 얻어낸다.

신적 은총은 은혜의 원인을 끌어내어 하나님의 정의에 해를 입히거나 악한 자유 의지를 빼앗아 갈 수도 없다.

1606년 라이덴대학교에서 신학 교수로 있으면서 알미니우스는 "크리스천 사이에서 종교적 이견을 화해시키기"란 제목의 연설을 하였다.

종교적 이견은 불일치에서 가장 나쁜 것이다. 왜냐하면, 그것은 제단 그 자체를 쓰러뜨리기 때문이다. 그것은 또한 모든 사람을 삼켜버리고, 그렇게 되면 누구나 어느 편을 택하게 되거나 제3자의 입장이 되거나 하게 된다.

그렇다 해도 그는 칼빈주의가 주장하는 결정론에 마음이 계속 불편하여 이 갈등을 해소하기 위해 국가적인 교회 회의를 소집하자고 주장하고 여기서 칼빈주의의 2개의 주요한 문서들인 『벨직 고백서』와 『하이델베르크 문답서』 (the Heidelberg Catechism)를 검토하자고 했다. 그 회의는 결국 알미니우스가 죽은 후 9년이 되어서야 열리긴 했다(그는 죽기까지 네덜란드 개혁교회와 좋은 관계를 유지했다). 그리고 8년 뒤에야 오늘날 알미니안 신학이라 불리는 주요 주제들을 정교하게 담

제이콥 알미니우스

고 있고 발전시킨 항의서(Remonstrance)가 나왔다.

그 핵심 내용은 그리스도는 모든 이를 위해 돌아가셨으며(칼빈주의의에서는 선택받은 자만을 위한 것) 개인은 은혜에 저항할 수 있으며 구원을 잃을 수도 있다는 것이다. 알미니안주의는 그 이후 감리교 창시자 요한 웨슬리 같은 교회 역사의 주요 인물들에게 영향을 주었다.

9. 조나단 에드워즈
미국의 가장 위대한 신학자

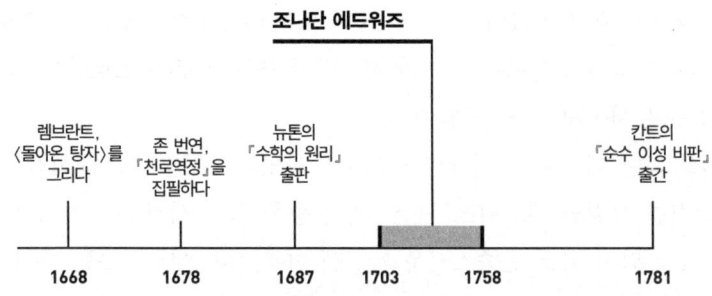

> 나는 먼지처럼 하나님 앞에서 낮게 누워 있길 바란다. 나는 아무것도 아니며, 하나님은 모든 것이며 나는 어린아이에 불과하다.

14살에 조나단 에드워즈(Jonathan Edwards)는 벌써 예일대학교의 학생이었다. 그는 철학자 존 로크의 사상을 읽으면서 "가장 욕심 많은 수전노가 새로이 발견한 보물 더미에서 양손에 은과 금을 가득 쥔 것보다" 더 큰 즐거움을 느꼈다고한다. 그는 또한 엄청난 영적 감수성을 지닌 청년이었다.

17살에 고심의 기간이 지난 후, 신적 아름다움 속에서 거룩이 넘치도록 찾아왔다고 말했다.

> 나는 먼지처럼 하나님 앞에서 낮게 누워있길 바란다. 나는 아무것도 아니며, 하나님은 모든 것이며 나는 어린아이에 불과하다.

그의 가슴은 설레고 뛰었다. 지성과 경건의 합치는 에드워즈의 일생을 규정지었다.

뜨겁지 않은 부흥사

에드워즈는 코네티컷주의 이스트 윈저에서 태어났고, 1722년 석사 학위를 예일대에서 받았다. 그는 1729년 메사추세츠주의 노스햄프톤에 있는 교구 교회의 담임목사가 되기 전 2년간 조부 솔로몬 스토다드(Solomon Stoddard) 목사 아래 있었던 일에 감사했다.

20살 되던 때 그는 사라 피에르폰트를 만났는데 4년 동안 내성적이면서도 강렬한 성격의 에드워즈가 구애하며 종종 힘든 시기도 있었으나 결국 결혼하게 되어 서로 만족스러운 가정을 이루었다. 에드워즈는 자신의 이 결합을 "흔치 않은 결합"이라 했고, 창세기 2:21-25 설교에서 "아담이 깊은 잠에서 깨어났을 때 하나님은 아담에게 그의 심장 가장 가까운 곳에서부터 여인을 데려다 주었다"고 말했다. 에드워즈 부부는 11명의 자녀를 낳았다.

1734년 에드워즈의 이신칭의(以信得義) 설교는 다른 헌신의 불을 붙였다. 영적 부흥이 그의 교구에 일어난 것이다. 12월에는 6명이 갑작스러운 회심을 경험했고, 봄이 오자 한 주에 30명씩 회심했다. 이와 같은 일은 에드워즈 목사가 현란한 설교를 해서가 아니었다.

당시의 한 참석자는 회상한다.

> 그는 설교단에서 거의 몸짓이나 움직이지도 않았다. 그는 자기의 스타일을 좀 멋지게 해 보이려고 하거나 상상을 돋우거나 매료되게 하려고 덧칠하지도 않았다. 다만 그는 자신이 말하는 논지를 압도하는 무게와 감정의 긴박감을 확신했다.

에드워즈는 그의 『하나님의 놀라운 일에 대한 신실한 이야기』(*A Faithful Narrative of the Surprising Work of God*, 1727)에서 이와 같은 관찰을 조심스럽게 담아놓았다. 그리고 그의 가장 효과적인 설교는 『이신칭의』(*Justification by Faith*, 1738)란 이름으로 출판된 책에 담았는데 이 책은 미국과 영국에서 널리 읽혔다. 이와 같은 일들은 몇 년 뒤(1739-1741) 일어난 대각성운동에 불을 붙이는 데 도움이 되었는데 대각성운동 기간 동안 영국의 조지 휫필드(George Whitefield)에 의해 수천 명이 감동을 받았다.

횟필드는 에드워즈의 책을 읽고 미국에 와 에드워즈를 만났을 때 이 점을 지적하기도 했다. "회중들은 놀랄 만큼 녹아들었고 전체 회중들은 예배 시간 중 상당 시간 동안 눈물에 젖었었다"고 회상하였는데 여기서 '전체 회중' 중에는 에드워즈도 포함되어 있었다.

대각성운동 기간 동안 에드워즈는 아마도 미국 역사에서 가장 유명한 설교가 된 "진노하시는 하나님의 손 안에 든 죄인들"이라는 설교를 했는

조나단 에드워즈

데, 이 설교 이후 에드워즈는 감정적이고 심판을 말하는 부흥사로 잘못 알려졌는데 실상은 그 자신은 어떤 설교를 할 때도 무표정이었다.

그의 무표정한 스타일에도 불구하고 에드워즈는 참된 종교(신앙)는 이성에 뿌리박고 있는 것이 아니라 감정적 정서에 있다고 주장하였다. 그는 대각성운동과 특히 심리적이고 영적인 분별에서 탁월한 작품인 『종교적 감정(정서)에 관한 논문』(*Treatise on Religious Affections*, 1746년)과 『뉴 잉글랜드에서의 현재 부흥하는 종교에 관한 몇 가지 생각』(*Some Thoughts Concerning the Present Revival of Religion in New England*, 여기서 그는 자기 부인의 영적 각성에 관한 기록도 포함하였다) 등에서의 감정적 고양을 옹호했다.

시편 찬송만이 회중교회에서 유일하게 들을 수 있는 음악이었던 시절, 에드워즈는 크리스천 찬송가로 찬송을 하는 것을 격려했는데 특히 아이작 왓츠(Isaac Watts)의 찬송이 그러했다.

뉴턴과 성경

에드워즈는 개인적 회심을 아주 중요하게 보아 회심 체험의 설명을 해야 하는 개인적 신앙 고백을 한 이들에게만 성찬을 주어야 한다고 주장하였다. 이러한 생각은 조부의 정책을 뒤집는 것이었고, 자신의 회중(성도들)마저

소외시켜서 마침내 자신의 교회 회중들로부터 1750년 쫓겨나게 되었다.

그 이후 몇 년 동안 그는 메사추세츠주의 스톡브릿지에서 인디언 선교사 목사였고, 다른 신학적 논문들도 썼는데 그중 "의지의 자유"(Freedom of the Will, 1754)는 신적 주권을 변호하는 뛰어난 글이었다.

이 글에서 그는 다음과 같이 말했다.

> 우리는 우리가 원하는 어떤 것도 할 수는 있지만, 성령께서 주시는 신적 자유의 비전이 없이는 하나님의 뜻을 행하기를 원치 않을 것이다.

뉴턴식의 물리학적 성경에서의 계몽에 매료된 에드워즈는 하나님의 섭리는 문자적으로 원자의 힘을 묶는 힘이라고 믿었는데 이 우주는 하나님이 한순간도 붙들어 주시지 않는다면 무너지고 사라지고 말 것이라는 것이다. 성경은 그리스도가 "그의 능력의 말씀으로 만물을 붙드신다"(히 1:3)는 그의 생각을 확증시켜 준다고 보았다. 이러한 생각들은 그가 한평생 새벽 4시에 일어나 하루 13시간씩 공부한 습관의 열매이다.

뉴저지대학교(훗날 프린스턴대학교가 됨)는 에드워즈를 1758년 학장으로 불렀는데 그는 이 대학에 도착하자마자 새로운 천연두 접종의 부작용으로 사망하였다. 이때 그의 나이가 55세였다. 그는 작은 유산을 남긴 것이 아니었다. 그는 미국의 가장 위대한 신학자(몇몇은 라인홀드 니버라고 말할지도 모르지만)로 여겨지고 있다.

10. 칼 바르트
용감한 신학자

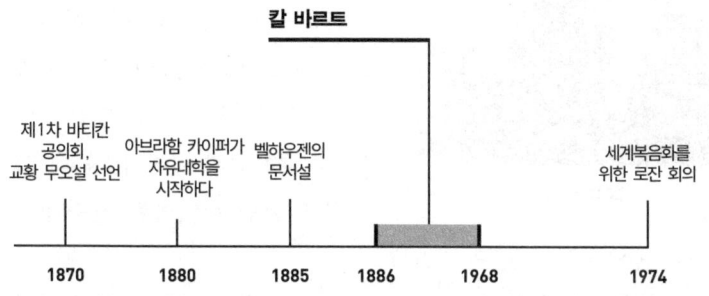

> 신앙은 신성한 신 앞에서 경외심을 갖는 것이다. 이것은 하나님과 인간, 하나님과 세계 사이의 질적 차이를 아는 하나님의 사랑이다.

칼 바르트(Karl Barth)는 다음과 같이 말한다.

> 복음은 다른 진리 가운데 하나의 진리가 아니다. 대신 이 복음은 모든 진리에 대항하여 의문 부호를 남긴다.

그뿐만 아니라 그는 일생 동안 예수의 이름 안에서 모든 형태의 진리에 대하여 의문 부호를 남겨 놓았다. 이렇게 함으로써 그는 현대 신학의 방향에 대하여 적지 않은 일을 했다.

자유주의를 놀라게 하면서

바르트는 충분히 평범한 삶을 시작했다. 스위스 바젤에서 베른과 아나 사르토리우스에서 신약과 초대 교회사 교수였던 프릿츠 바르트(Fritz Barth)의 아들로 태어났다. 그는 당시 최고의 대학들에서 공부했는데 베른, 베를린, 튀빙겐, 마부르크 등지에서 대학을 다녔다. 베를린에서는 당대 유명한 자유주의자들 밑에 있었는데 역사학자였던 아돌프 폰 하르낙(Adolph von Harnack) 같은 학자 밑에 있었다. 이들 대부분은 낙관적 기독교를 가르쳤는

칼 바르트

데 이것은 그리스도와 십자가를 하나님의 부성과 인간의 형제애로서 집중하지 않는 것이었다.

1909-1911년 동안 제네바에서 바르트는 주로 노동자들이 사는 스위스의 한 교구 목사로 임명을 받았으며, 1913년 넬 호프만과 결혼하였는데 그의 부인은 뛰어난 바이올린 연주가였다 (이들 부부는 딸 하나와 네 아들을 낳았다).

목회를 하면서 바르트는 독일이 점차 전쟁을 준비하기 위해 군비를 강화한다면서 자신을 가르쳤던 교수도 이에 찬동한다고 주의를 주었다. 자유주의 신학의 도덕적 약점에 실망한 나머지 바르트는 성경 공부에 뛰어들었는데 특히 바울의 로마서를 파고들었다.

또한, 모라비안 설교가 프레드릭 블룸하르트(Frederick Blumhardt)를 만나고 돌아오면서 그리스도의 부활 승리에 압도적인 확신을 가지게 되었고 이는 훗날 그의 신학에 지대한 영향을 주었다.

『로마서 주석』(Commentary on the Epistle to the Romans, 1919)을 내면서 그는 자유주의 신학이 침묵해 왔던 주제들에 대해 목소리를 냈다. 자유주의 신학은 하나님을 사람들이 만든 제도와 가치들을 뒷받침해 주는 후견자라고 보면서 사람들이 하나님을 길들여 왔다고 보았다.

그 대신 바르트는 '위기'에 관해 글을 쓰며 그 '위기'는 하나님의 심판이며 그 심판 아래 세상의 모든 것이 서 있다고 썼다. 그는 하나님의 절대 주권에 대한 주제를 다듬었는데, 이는 예수 그리스도 안에서 그의 계시를 시작하게 된 완전한 자유라는 것이다.

바르트는 변증학적으로, 역설로 복음의 급진성을 보도록 독자들에게 충격을 가했다.

신앙은 신성한 신 앞에서 경외심을 갖는 것이다. 이것은 하나님과 인간, 하나님과 세계 사이의 질적 차이를 아는 하나님의 사랑이다.

많은 수정판을 거친 그의 저서 6권 중 5권이 1922년 나왔는데 이는 신학계를 뒤흔들었다.

바르트는 훗날 회상한다.

> 나의 지난 길을 돌아볼 때마다 나 자신이 교회의 종각으로 올라가는 어두운 계단을 오르며 그 계단의 난간을 붙들며 몸을 가누려 했으나 종은 울리지 못하고 결국 종치는 밧줄만 붙잡을 뿐이었다.

자유주의 신학자들은 그의 신학에 놀라며 한숨지었고 격렬히 그를 공격하였다. 그러나 바르트는 자유주의에 도덕적 상처를 입혔다.

그의 신학은 '변증법적 신학' 또는 '위기 신학'으로 알려졌는데 개신교 신학에 신정통주의라는 흐름을 시작하였다.

1921년 바르트는 괴팅겐대학교에서 개혁신학 교수로 임명되었고, 그 뒤 뮌스터대학교에서 신학부장으로(1925), 본대학교에서도(1930) 각각 일했다. 그는 19세기 개신교 신학을 비판하는 발표를 하였고 안셀름(Anselm)에 대한 기념비적 연구도 발표하였다.

1931년 그는 자기의 방대한 『기독교 교의학』(*Church Dogmatics*)의 첫 권을 시작하였고, 해를 거듭하며 수업에서 한 강의로 발전되어 나갔다. 비록, 미완성이었긴 하나 이 책은 책마다 500-700페이지가 되는 총 4권 분량에 12개 분야로 나왔다. 1930, 40, 50년대의 많은 목사는 자유주의의 해독제에 갈급해 있던 차에 바르트의 책이 나올 때마다 기다렸다.

파시스트 우상 숭배자

바르트는 자유주의들과만 싸운 것이 아니라 그의 극단적인 결론들 일부에 도전한 이들과도 결탁하였다. 에밀 브루너가 하나님은 성경 안에서만 나타내시는 게 아니라 자연에서 나타내신 바 된다(비록, 구원하는 방식으로는 아니지만)고 제안하자, 바르트는 1934년 『그렇지 않다! 에밀 브루너에 대한 답변』(*No! An Answer to Emil Brunner*)이란 논문으로 대답했다. 바르트는 그와 같은 '자연 신학'은 종교적 혼합주의와 히틀러의 민족주의적 사회주의를 지지했던 독일 크리스천들의 반유대주의에 뿌리내리고 있다고 믿었다.

이때 그는 독일 교회의 갈등에 빠져들었고 '피와 땅'을 주장하는 이념과 나치의 독일 크리스천 교회를 세우려는 시도에 격렬하게 반발하는 이른바 고백 교회의 창시자이기도 했다.

1934년 바르멘 선언이 나왔는데 이 선언을 바르트가 주로 썼으며 그는 여기서 히틀러의 진리와 국가사회주의와 예수 그리스도의 계시를 대치시켰다.

> 예수 그리스도는 하나님의 말씀이다. 우리는 비록 교회가 하나님의 계시보다 하나님의 말씀과 심지어 다른 사건들과 권력들, 인물들 그리고 진리들에서 멀어져 있는 이 선언의 출처를 인정할지라도, 거짓된 교리를 배격한다.

바르트가 히틀러 총통에 대한 무조건적 충성 선서를 거절하자 그는 대학으로부터 파면당했다. 그렇지만 그는 고향 스위스 바젤에서 신학 주임교수로 제안을 받아 그곳에서 고백 교회, 유대인들 그리고 곳곳에서 박해받는 이들의 대의를 이끌어 나가는 일을 계속했다.

칼 바르트 목사

전쟁 뒤 바르트는 세례(비록, 개혁파 신학자이지만 유아 세례를 반대했다), 해석학, 루돌프 불트만(그는 성경의 역사적 본성을 부인하고 대신 성경을 신화로 보아 신화가 영적 근심을 치유해 준다고 믿었다)의 비신화화 프로그램 문제 등에 뛰어들었다. 또한, 그는 바젤의 교도소를 정규적으로 방문하여 죄수들에게 "포로된 이들을 구원하기"란 설교를 하였는데 이와 같은 일은 그의 복음주의적 열정과 사회적 관심사를 통합시키고자 했던 그의 삶을 특징적으로 보여 준다.

1962년 미국으로 향하는 여정에서 그의 저서 안에 있는 수백만 단어들에 대하여 한마디로 요약해 달라는 질문을 받은 그는 "예수 날 사랑하심 난 아네 성경에 써 있네"라는 말로 대답하였다.

바르트는 신학자들에게 성경을 진지하게 보도록 거듭 촉구하긴 했으나, 미국의 복음주의자들은 바르트에 대해 회의적으로 보았는데 그 이유는 바르트가 성경의 말씀들이 '무오류'(잘못이 없다)라고 인정(유대인들만이 무오류라고 본다)하기를 거부하기 때문이라는 것이다. 그리고 또 다른 이들은 바르트의 신학이 하나님의 초월성(몇몇 이전의 바르트 신학자가 "신의 죽음"을 주창하기 시작했을 정도로)이 지나치게 강조된다고 보아 그의 신학을 포기하기도 하였다. 그렇다 하더라도 바르트는 20세기 가장 중요한 신학자로 여전히 남아 있다.

제2부

전도자와 변증론자

11. 저스틴 마터
12. 알렉산드리아의 클레멘트
13. 그레고리 타우마투르구스
14. 파두아의 안토니
15. 블레이즈 파스칼
16. 조지 휫필드
17. 찰스 피니
18. 드와잇 L. 무디
19. 빌리 선데이
20. 빌리 그래함

11. 저스틴 마터
참된 철학의 수호자

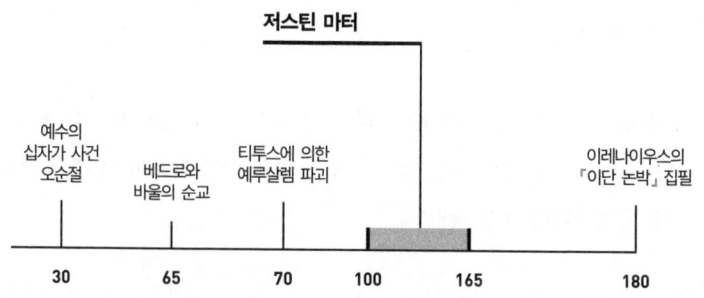

> 나는 선지자들과 사랑에 빠진다. 이들은 그리스도를 사랑했다. 나는 그들이 모든 말을 생각해 보며 이 철학만이 참되고 유익하다는 것을 찾았다.

저스틴 마터(Justin Martyr)이 로마에서 그가 가진 신앙 때문에 체포되었을 때, 책임자는 그에게 다른 신들에게 제사를 바침으로 그의 신앙을 포기하라 요청하자 그는 "온전한 정신을 가진 자는 진정한 신념을 거짓으로 바꾸지 않는다"고 대답하였다. 이 대답이 저스틴에게 쉬운 대답이 된 것은 당연한데 왜냐면 그는 성인이 된 이후 대부분의 시간을 거짓으로부터 참을 구별해 내는 일에 바쳤기 때문이다.

영혼 안의 불

저스틴은 로마 도시 플라비아 니아폴리스(사마리아에 있는 고대 세겜)에서 태어났다. 이교도 부모 밑에서 자란 그는 자기 시대의 철학 안에서 생의 의미를 찾았으나 실망만 가져올 뿐이었다.

그의 첫 스승은 "하나님에 대해서는 아무것도 모르며 그 자신이 필요한 지조차도 알지 못하는" 스토아파 선생이었다. 그는 거기서 돌아다니며 강의 수업료에 더 신경을 쓰는 순회 철학자를 따르기도 했다. 이어 피타고라스파 선생을 따르기도 했는데 필수 과목으로 음악, 천문학, 기하학 등을 이수하도록 했는데 진도가 너무 느렸다. 결국, 플라톤 철학도 배웠는데 이는 지적으로는 요구가 상당하였으나 그의 가슴에 있던 지적 배고픔을 달래줄 수는 없었다.

그러다가 결국, 130년경 저스틴은 한 노인을 만난 후 드디어 회심하게 되며 그의 삶은 바뀌게 되었다.

> 불 하나가 내 영혼을 밝혔다. 나는 선지자들과 사랑에 빠진다. 이들은 그리스도를 사랑했다. 나는 그들의 모든 말을 생각해 보며 이 철학만이 참되고 유익하다는 것을 찾았다.

저스틴은 철학자들의 옷을 계속 입고 신앙과 이성을 화해시켜 보려 했다. 그의 가르치는 목회는 먼저 에베소(132년 경)로 가게 했고, 그곳에서 유대인 트리포(Trypho)와 성경의 참된 해석에 대해 다투었다.

트리포와의 대화는 3가지 요점을 가르치고 있다.

첫째, 구약은 새로운 것의 자리를 마련해 주기 위하여 지나가고 있다.
둘째, 로고스는 구약의 하나님이다.
셋째, 이방인이야말로 새로운 이스라엘이다.

그 뒤 저스틴은 로마로 옮겨 크리스천 학교를 세웠으며 2권의 담대한 변증서를 썼다(변증이란 희랍어 apologia에서 왔는데 이는 방어란 의미). 저스틴의 첫 변증서는 안토니우스 피우스 황제를 위한 것으로 155년 발간되어 신앙을 설명하려 했다.

여기서 그는 크리스천은 제국에 위협이 되는 게 아니기에 기독교는 합법적인 종교가 되어야 한다고 주장했다. "부당하게 미움을 당하거나 모욕을 당하는 모든 나라의 사람을 대신하여" 그는 이 변증을 하였다.

저스틴은 다음과 같이 말한다.

> 크리스천은 실제로 황제의 가장 좋은 조력자요 동지들로서 선한 질서를 만들며 악한 자들이 아님을 확신하며 하나님으로부터 숨겨질 수 있으며 모든 이는 자신의 행동에 따라 영원한 처벌을 받거나 구원을 받는다.

그는 더 나아가 기독교는 이교도주의보다 더 우월하며, 그리스도는 예언의 실현이며, 이교도주의란 것도 참된 종교의 모방일 뿐이라고 보았다.

예배의 모습

저스틴의 변증서는 현대의 독자들에게 큰 관심을 끌어왔는데 그 이유는 이 책이 초기 기독교 예배를 상세히 보여 주고 있기 때문이다(믿지 않는 이들에게 기독교는 이상한 것이 아니라는 것을 보여 주기 위해 쓰였기에).

여기서 가장 유명한 장면은 다음과 같다.

'주일이라 부르는 날' 기독교인들은 자신들이 사는 도시나 시골 지역의 같은 장소에 모인다. 거기서 그들은 사도들의 회고문이나 선지자들의 글을 시간이 가능한 대로 많이 읽는다.
그리고 읽고 난 후에는 회중의 대표가 훈계하며 좋은 것을 본받도록 권한다. 다음에는 모두 일어나 기도를 올린다. 기도를 마치면 빵과 포도주와 물이 제공되며 그 대표가 같은 방식으로 힘껏 기도를 올리며 감사를 드린다.
사람들은 "아멘"이라 화답한다.
여기서 나뉘는 것(빵, 포도주 등)은 각 사람에게 분배되며, 참석지 못한 이들에게도 집사들이 가서 나눠준다. 여유가 있거나 드리길 원하는 이들은 자신의 선택에 따라

저스틴 마터

물질을 드리며 이것은 모여 대표에 맡겨진다.
그러면 그는 고아와 과부, 병이나 다른 이유로 필요한 이들, 구역에 속한 이들, 여행 중인 낯선 이들 등에게 필요에 따라 나눠진다.
대표는 모든 필요한 사람의 보호자가 된다.

저스틴의 두 번째 변증서는 마르쿠스 아우렐리우스(Marcus Aurelius)가 161년 황제가 된 직후 쓰인 것으로 저스틴은 여기에서 기독교 신앙만이 진정 합리적이라는 것을 보여 주려 했다. 그는 로고스(말씀)는 진리를 가르치며 악마의 권세로부터 사람들을 건져내기 위해(구속) 사람이 되었다고 가르쳤다.

4년 뒤, 저스틴과 그의 제자들은 신앙 때문에 체포되었는데 제국의 관리가 죽음을 위협하자 저스틴은 "만일 우리가 우리 주 예수 그리스도 때문에 처벌을 받는다면 우리는 구원받게 되리라"고 대답했다.

이에 이들 모두는 끌려 나와 참수되었다. 그는 자기 생명을 '참된 철학'을 위해 드렸기에 "순교자 저스틴"이란 별명을 얻게 되었다.

12. 알렉산드리아의 클레멘트
지식인들을 위한 신학자

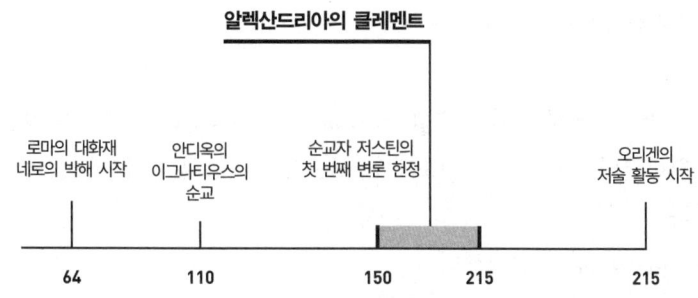

> 우리 눈을 가리는 안개 같이 퍼져있는 무지와 어둠을 제거하자. 그리고 참된 신에 대한 비전을 갖자.

뉴 에이지(New Age)란 사상은 모든 게 새로운 것(New)이 아니며, 20세기에서야 이 종교적 가르침을 크리스천들이 처음으로 접하는 게 아니다. 뉴 에이지의 초기 형태는 영지주의(Gnostocism)로서, 2-3세기에 유행하였었고 이에 대해 가장 효과적인 반응을 보였던 이가 알렉산드리아의 클레멘트(Clement of Alexandria)였다.

새로운 철학

클레멘트는 아테네에 사는 이교도 부모 밑에서 '티투스 플라비우스 클레멘스'(Titus Flavius Clemens)란 이름으로 태어났다. 성인이 된 후에는 그리스, 이탈리아 남부, 시리아, 팔레스틴 그리고 당시 거주자만 1백만 명이나 살던 알렉산드리아 등지에서 스승들을 찾아다녔다. 알렉산드리아에서 그는 당시 과학적 방식 아래 기독교를 가르치던 판테누스(Pantaenus) 문하에 들어갔다.

190년경, 클레멘트는 자기가 학교를 열었는데 여기서는 수년간 회의 방식의 순환 방식으로 운영되었다. 그는 당대의 문화와 철학의 관심사에 대한 새(New) 철학을 가르쳤다. 철학은 모두 새로운 게 아니었으나 기독교는 새로운 것이었고 클레멘트의 가르침도 새로운 것이었다.

그는 자기의 생각을 3권의 책에 담았다.

우리 눈을 가리는 안개 같이 퍼져있는 무지와 어둠을 제거하자. 그리고 참된 신에 대한 비전을 갖자.

『그리스인들에게 대한 권면』(Exhortation to the Greeks)은 세례받지 않은 이들을 위한 철학 입문서였다. 여기서 그는 기독 신앙의 합리성을 보여 주고자 했다.
그는 다음과 같이 권면했다.

그렇다면 멀어지라. 다른 것을 잊게 만드는 진리와 함께 멀어지라

『교사』(Instructor)란 책에서는 교사(교사란 로고스 또는 그리스도)가 가르치는 특별한 의무나 윤리를 정리했다.

우리의 훈육에서 교육자는 말씀(로고스 또는 그리스도)이며 그로부터 절제와 겸손을 배우며, 자유, 인간, 탁월함 등에 관한 사랑을 배운다.

그의 『잡제』(Miscellanies)는 고등 철학, 윤리, '크리스천 영지주의자들'을 영지(그노시스)로 이끌어 주는 과목 등의 다채로운 가르침을 모아놓은 것이다.

이해와 분별을 할 수 있는 사람은 영지의 사람이다. 그의 일은 악이 없는 상태, 두려움에서 마지못해서 하는 선한 행위가 없는 것, 또는 약속된 그 무엇 때문에 무엇을 더하는 것이 없는 것을 말한다. 그런 사람은 사랑에서 선을 행하며, 자신의 탁월함을 위해 행하며 이런 것이야말로 영지주의자의 선택이다.

신비스럽게 들릴지 모르겠지만, 클레멘트는 그의 시대의 문학가들에게 다가가려고 힘썼고, 영지주의는 유행하고 있었다. 그는 사람들이 알아들을 수 있는 말로 기독교 신앙을 제시하려 했다.

부(富)의 문제

클레멘트는 모든 시간을 이교도들에게만 쏟아부은 게 아니었고, 교회를 돕기에도 힘썼다. 역사에 남는 명설교 중의 하나도 그의 것이었다. 그 설교에서 그는 교회 역사에서 계속 발생하는 문제로서 그 당시에도 크리스천들이 처음으로 부딪히는 문제에 대해 풀어보려 했다. 그 문제는 바로 예수님의 부자 청년의 비유 관점에서 부유한 크리스천들은 그들의 부를 어떻게 해야 하는가 하

알렉산드리아의 클레멘트

는 문제였다. 클레멘트는 토론을 하기도 했으나 그 뒤로는 통하던 방식으로 이 문제를 다루었다.

그는 이렇게 보았다.

> 소유란 것은 영혼 안에서의 소유도 있고, 영혼 밖에 있는 것의 소유도 있으며, 영혼 밖의 소유는 영혼이 그 소유(부)를 잘 쓰면 좋은 것이고, 잘 못 쓰면 둘 다(소유와 영혼) 포기하라고 예수가 우리에게 요구하는 것이 아닌가?

이 질문의 대답이다.

> 주님은 영혼 밖의 물질의 사용을 허용하시는데, 이것은 생활하기 위한 것을 버리라는 것이 아니라 나쁘게 쓰이는 것을 버리라는 것이다. 그리고 나쁘게 쓰이는 것들은 영혼에 해로운 것이며 제어하기 어려운 정욕이다.

다른 말로 하면 소유 자체에 문제가 있는 것이 아니라, 소유에 대한 우리의 태도(탐욕 같은)에 달려있다는 것이다. 클레멘트는 또한 초기 크리스천들이 우상 숭배에 해당된다 하여 그림 등을 걸어놓기를 꺼리던 때, 예배에 시각 예술을 활용할 것을 옹호하였다. 클레멘트는 크리스천들은 이교

도 신들이나, 칼, 활, 포도주 잔, 성적 부도덕을 부채질하는 것 등을 그려서는 안 된다고 결론지었다.
그 대신 제안했다.

> 우리의 상징은 비둘기나 물고기 또는 바람에 앞서가는 배, 음악가의 현(絃), 배의 닻 등으로 하자. 만일 어부라면 사도들을, 어린아이라면 물에서 건져내는 것을 그리자.

더하여 초기 크리스천 찬송 중의 하나 <구세주 그리스도 찬송>도 클레멘트의 『교사』에 수록되어 있다. 영어 가사(1844)로서 초기에 편성된 것이 오늘날에는 <어린 양 목자>로 많은 찬송가의 형태로 불리워지고 있다.
3절로 된 이 찬송은 그리스어 원전을 번역한 것으로서 알렉산드리아 교회의 찬양 생활을 잘 보여 주고 있다.

> 굴레를 씌우지 않은 어린 말
> 벗어나지 않는 새들의 날개
> 배들의 든든한 평형추
> 왕의 양들을 위한 목자!
> 단순하게 사는 어린아이들을 모으라
> 그들이 거룩을 부르게 하라
> 그들의 악을 모르는 입술로 진지함으로 송축하게 하라
> 그리스도가 그의 어린이들을 인도하신다!

알렉산드리아 일대에서의 그의 목회는 셉티미우스 세베루스 황제의 재위 하는 동안 박해가 일어나 203년 갑작스레 중단되었다. 클레멘트는 도시로부터 도망하도록 밀려 카파도키아에 정착하여 거기서 215년에 사망했다. 그러나 그의 생명은 끝났지만, 그의 영향력이 끝난 것은 아니었다. 전승에 따르면, 그는 다음 세대 엄청난 영향을 미친 오리겐의 스승이었다.

13. 그레고리 타우마투르구스
놀라운 사역자

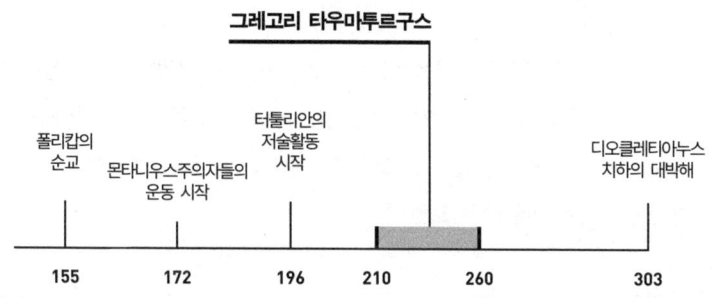

> 그레고리는 하나님의 교회를 비춘 크고 환한 등불이었다 (대 바실)

오늘날의 부모들은 그들의 자녀들이 대학에 진학하고 나서 집에 돌아올 때는 다소 이상한 새 종교로 돌아선다는 점을 걱정한다. 바로 이러한 걱정이 1,700년 전 폰투스의 그레고리(Gregory, 태어날 때는 씨어도어)에게 일어났다. 그레고리에게 이상하고 새로운 종교는 기독교였다.

네오케사리아(지금의 터키)의 한 부유한 이교도 집안에서 태어난 그레고리는 법과 그리스 로마 고전들을 익혔다. 그 후 그와 동생은 팔레스틴 지방의 가이사랴로 공부를 더 하라고 보내졌고 거기서 이들 형제는 위대한 사상가 오리겐이 세운 학교에 등록했다. 그곳에서 그레고리는 이교도 철학을 배우게 되었고, 그의 스승은 그와 그의 동생 아테노도러스를 기독교를 믿게 했다.

그레고리가 집으로 돌아올 때 그는 그를 기다리고 있던 크리스천 17명이 모여있는 공동체를 만나고 되었고, 머지않아 그는 주교로 임명받았다. 비록, 그의 훈련은 가상의 신학 공부였으나, 그의 목회 사역은 신앙의 실제적인 적용에 더 관심을 보였다. 그의 목회적 능력은 그의 양들이 곧 기적이라 할 만큼 놀라웠고, 이로 인하여 그의 별명은 '놀라운 사역자'가 되었다.

한 전설에 의하면, 두 형제가 어느 호수의 소유권을 놓고 다투게 되어 그레고리에게 중재해 달라는 요청이 있었다고 한다. 그레고리는 이때 그 호수를 둘로 나누어 서로 호수 하나씩 갖도록 했다고 한다.

또 다른 전설 같은 이야기는 산 하나 전체를 움직였다고도 한다.

동방정교회의 성인인 대 바실(Great Basil)은 그레고리에 대해 이렇게 말한다.

> 그레고리는 하나님의 교회를 비춘 크고 환한 등불이었다. 그는 성령의 서로 돕는 은사를 갖고 있었으며, 예수의 이름으로 강물의 흐름을 바꾸는 마귀에 대항하는 엄청난 능력을 보였고, 미래를 예언하는 능력으로 다른 선지자들과 같은 반열에 이르렀다.

바실은 결론짓기를 그의 친구들이나 적들까지도 그레고리를 '또 다른 모세'라고 일컫는다고 했다. 전설이든 아니든, 그레고리의 리더십은 폰투스 시의 대다수 시민을 기독교로 귀속시켰으므로 대단했음은 분명하다.

마리아의 도움

교리적 갈등은 그레고리가 거짓 가르침을 정죄한 여러 교회 공의회에 참가하게 만들었다. 비록, 신학적 저술보다는 실제적인 목회자에 더 가까웠긴 했으나, 그레고리의 저술들은 삼위일체 교리의 강력한 방어가 되었다. 동방 교회 전통에 의하면, 그의 주요 저서였던 『신앙의 논술』(The Exposition of Faith)은 그에게 처음 현현한 것으로 기록된 성모 마리아의 중보로 사도 요한 같은 비전이 주어졌다 한다.

공동체에서의 그의 목회 사역에도 불구하고 데키우스 황제의 250년 박해 때 많은 신자가 달아났다. 그 자신도 인근 산으로 따르던 많은 신자와 더불어 대피하였다. 또 다른 전승에 의하면, 그의 적들이 그와 집사들이 숨어있는 장소를 수색하면서 이들이 있는 장소에 이르자 그곳에 있던 크리스천들이 나무로 바뀌었다고도 한다.

박해가 끝나자 그레고리는 네오체사레아로 돌아오긴 했으나 역병으로 이미 많은 신자를 잃은 후였다. 그 뒤 고트족들이 그의 고향 도시를 공격해 왔고 그가 죽음을 맞았을 때는 그의 회중이 17명으로 줄어들었다고 하는데 17명이란 숫자는 그가 주교가 되었을 때 있었던 성도의 숫자였다.

14. 파두아의 안토니
이단들을 향한 망치

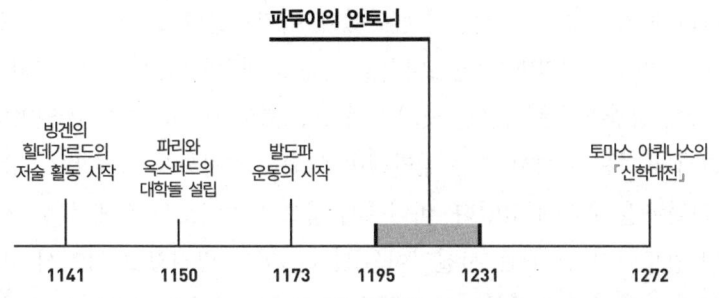

> 거룩한 신학을 규범에 나온 데로 '기도와 헌신의 영'을 꺼뜨리지 않는 형제들에게 가르친 일에 난 기쁘다(아씨시의 프란시스).

안토니(Antony)의 스승 아씨시의 프란시스(Francis of Assisi)는 공부(학문)에 상당한 회의를 하고 있었으나 그에게 새로 온 한 제자가 뛰어난 정신을 갖고 있었고 이러한 재능을 낭비하는 것은 수치라는 것을 재빨리 간파했다.

> 나 프란시스 형제는 나의 주교 안토니 형제에게 건강이 있길 바란다. 거룩한 신학을 규범에 나온 데로 '기도와 헌신의 영'을 꺼뜨리지 않는 형제들에게 가르친 일에 난 기쁘다.

이와 같이 스승으로부터의 축복을 받은 안토니는 가르치고 설교하는 일로 나아가 당대 가장 인기 있고, 효과적인 설교자가 되었다.

죽기까지

포르투갈의 리스본에서 태어나 '페르난도'(Fernando)로 세례받은 그는 15살에 어거스틴 수도원에 몸을 담았다. 1220년 몇몇 성스러운 유물이 그 도시에 왔는데 그중에는 모로코에서 순교한 프란시스수도회 회원의 시신들도 왔으며 그 중 몇은 안토니가 그 이름을 직접 아는 사이였다. 그는 그리스도를 위해 죽을 수도 있다는 사실에 전율한 나머지 그 도성에 있는 프란시스 수도원으로 서둘러 갔다.

"내가 만일 모로코에 가서 이 형제들 같이 된다면 나는 기꺼이 이들과 합류하리라"라며, 그곳에 가기를 탄원했다. 어거스틴수도회에서 나와 프란시스 수도원에 들어가면서 안토니라고 이름을 바꾸었다. 몇 달이 지나지 않아, 그는 영광스러운 죽음을 맞기 위해 모로코로 배를 타고 가고 있었다.

그러나 가는 길에서 그는 말라리아로 죽음 직전까지 가게 되어 유럽으로 되돌아갈 수밖에 없었다. 바다에서 집으로 돌아오는 길에 심한 폭풍이 일어 안토니가 탄 배는 시칠리아(이탈리아)까지 밀려갔고 거기서 아씨시(이탈리아)로 가서 프란시스의 말씀을 들으려고 떠나려던 참에 프란시스수도회 회원들과 만나게 되었다.

다음 해에 안토니는 프란시스 사역 농장에서 침묵 기도와 일을 하는 등 단순한 생활을 하며 살았다. 그는 빨래하고, 텃밭을 가꾸며, 식탁을 정리하고, 설거지하는 등의 일을 했다. 1222년, 그는 어느 안수식에 참석하게 되었는데 그날 오기로 한 설교자가 참석하지 못하게 되어 안토니가 설교를 맡았다. 처음에는 느리고 불확실했으나, 설교가 마칠 무렵에는 참석자 모두가 그의 능력과 비상함에 탄복했다. 프란시스의 허락을 받아 다른 프란시스수도회 회원들을 가르치기까지 시간은 한참 걸렸다.

가난한 이들을 위한 설교자

그 다음 수년 동안 안토니는 여러 행정직을 맡았지만, 길에서 가르치거나 설교하는 일도 멈추지 않았다. 그는 엄청나게 인기가 있었으며 어떤 때에는 3만 명이나 되는 군중들이 모여들기도 했다. 그가 설교하러 마을로 들어서면 가게들은 문을 닫고 시장도 장사를 중단할 정도였다.

그의 메시지는 종종 가난한 이들을 압제하는 부자들을 공격하기도 했으며 고리대금을 붙여 갈취하는 이들을 질타하기도 하였다. 그는 또한 교회 지도자들에게도 이러한 사실들을 안다면 가난한 이들을 보호하는 게 아니라고 콕 집어 비판하기도 했다.

안토니가 두 번째로 많이 다룬 주제는 이단이었다. 그는 카타리파로 불리던 이단들의 온상이었던 프랑스 남부와 북이탈리아 지방의 이단들을 개종시키는 데 대단한 성공을 거두어 그는 "이단들을 향한 망치"로 불렸다. 그가 이단들에 대해 이처럼 논박할 수 있었던 것은 그가 성경에 대해 놀라울 만큼 해박하였기 때문이었다.

"그는 참으로 언약의 방패였고, 성경의 보물이었다"라고 그레고리 교황이 칭찬하면서 만일 세상에 있는 성경이 모두 없어져 버린다면 안토니가 다시 쓸 수도 있을 것이라고도 덧붙였다.

기적의 사역자

안토니를 이처럼 끌어당긴 상당 부분은 그가 기적을 일으킨 데에도 기인한다. 중세에는 전설들이 횡행했다. 그 중 하나는 그가 물고기들에게 설교할라치면 물고기들이 그의 설교를 들으려고 물 밖으로 머리를 내밀었다는 것이다. 또 다른 전설은 그가 설교를 너무 잘하여 "많은 이들이 모였고 저마다 다른 언어를 했으나 그들이 모두 자기들 언어로 안토니가 말하는 걸 잘 알아들었다"는 것이다.

1230년 안토니는 파두아에 정착하였는데 그 시는 곧 그의 설교를 들으러 오는 이들로 가득 차 숙박 시설과 음식들이 동날 정도였다. 그렇다 해도 그의 설교는 엄청난 효과를 거두어 채무자들은 감옥에서 풀려났고, 서로 간의 관계들은 고쳐졌고, 모든 이들이 더욱 나은 삶을 살기로 다짐했다.

안토니의 삶은 결국 과도한 사역으로 소진하여 그는 36살에 부름을 받았으며 죽은 지 6개월 만에 시성(諡聖)되었다.

15. 블레이즈 파스칼
과학과 영적 세계 양면에서의 천재

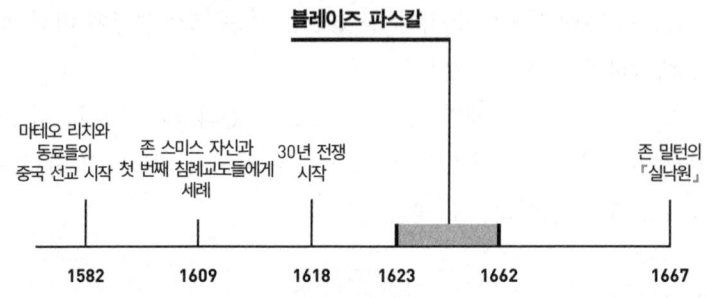

> 심령은 심령 그 자신만의 이성을 갖고 있으나 그 이성은 심령을 전혀 모른다.

하나님이 누구에게 필요한가?

인간은 그 하나님이 필요하여 가질 수는 있다. 그래서 이성이 요구되고 그 이성을 다루는 철학이 17세기 프랑스의 상상력을 사로잡았다. 이와 같은 상황에서 볼테르와 데카르트 등은 이성이 완전히 지배하는 세계관을 만들어 내려고 힘썼다. 프랑스의 수학자이자 물리학자였던 블레이즈 파스칼(Blaise Pascal)은 계몽주의 시대 전성기에 자랐으나 이성은 부적합하다는 것을 찾아냈다.

그는 다음과 같이 말했다.

> 이성의 마지막 발자국은 이성 저 너머에 있는 끝을 알 수 없는 몇몇이 있다는 것을 인식하는 것이다. 심령은 그 자신만의 이성을 갖고 있으나 그 이성은 심령을 전혀 모른다.

그의 이 말은 합리주의를 비판하는 주요한 선언이 되었으며, 오늘날에도 기독교 신앙을 방어하는 출발점으로 우리에게 영향을 주고 있다.

과학의 천재

파스칼의 어머니는 그가 3살 때 돌아가셨고, 그 뒤 아버지는 가족을 클레르몽페랑에서부터 파리로 옮겨 파스칼과 여동생을 집에서 가르쳤다.

10살에 파스칼은 이미 수학 및 물리학의 근본적인 실험을 하고 있었다. 세금 징수원이었던 아버지를 돕기 위해 첫 계산 기기(혹자는 그것을 최초의 컴퓨터라고도 부른다)를 발명하였다.

블레이즈 파스칼

19살에 이것을 만들어 낸 그는 이미 과학자로서의 이름을 얻었고 풍부하고 다양한 과학적 경력을 시작하였다. 그는 갈릴레오(Galileo)와 토리첼리(Torricelli, 거리를 재는 척도의 원리를 찾아낸)의 이론들을 실험하여 그의 유명한 수력 법칙(액체의 표면에 가해지는 압력은 액체의 모든 곳에 동일하게 전파된다는)을 끌어냈다.

그는 진공 상태, 공기의 무게와 밀도, 대수적 삼각형 등에 관한 주요 논문들을 냈다. 그는 수력을 끌어올리는 양력기를 만들어 냈고, 손목시계도 만들어 냈고, 파리의 버스 노선을 처음으로 그려낸 것으로도 잘 알려져 있다. 파스칼 자신은 자신의 다양한 재능에 혼란스러워했다고 한다.

밤의 불

파스칼은 그러면서도 줄곧 유럽을 휩쓸고 있었던 혁명이었던 영적 세계를 탐구하고 있었다. 경건주의가 독일에서 번창하고 있었고, 웨슬리주의의 경건주의는 영국을, 프랑스의 가톨릭교회는 얀센주의(어거스틴주의의 한 형태로서 구원을 위해서 공적을 쌓는 것보다 예정설과 신적 은총을 가르쳤던)의 영향을 받고 있었다.

1646년 파스칼은 얀센주의자들과 접촉을 하게 되어 여동생 제클린에게도 전했는데 여동생은 얀센주의의 본산인 포르루아얄(Port-Royal) 수녀원에 들어가게 되었다. 파스칼은 계속 하나님과 세상이란 두 세계 사이에서의 영적인 갈등을 이어갔다.

그러던 1654년 11월 23일 파스칼은 '확실한 회심'의 경험을 십자가 환상을 통해서 하게 되었다.

> 밤 10시 30분부터 자정 12시 30분 정도까지 … 불 … 철학자들이나 박식한 사람들이 아닌, 아브라함과 이삭과 야곱의 하나님. 틀림없다. 틀림없다. 느낌, 기쁨, 평화.

그는 자신의 이 경험을 갱지에 적어 놓았고('기억'으로 부르는) 평생 이 종이를 자신의 외투 안에다 박아놓고 지니고 다녔다. 그리고 그 이후 그는 비록 독신 수도사 길을 걷진 않았으나, 평생 여동생이 있는 포르루아얄과 관련을 맺고 살았다.

그리스도를 위한 열정

그의 가장 위대한 업적은 불어로 쓴 산문일 뿐만 아니라 뛰어나게 기독 신앙을 방어한 작품인 『프로빈셜 편지들』(*Les Provinciales*)였다. 이 걸작은 18편의 에세이를 담고 있는데 뛰어난 역설과 풍자로 예수회를 공격하고 얀센주의자들의 도덕으로의 회귀와 어거스틴의 신적 은총을 믿어야 한다는 필요성을 방어한 작품이다. 가톨릭에서는 이 책을 비판했으나 이 책이 준 파장을 잠재울 수는 없었다.

기독교 변증을 제시하였던 파스칼의 사상을 담은 종합본 격인 『팡세』(*Pensées*, 앞서의 책 프로빈셜 편지들을 묶은)는 그가 죽은 뒤 나왔다. 『팡세』 안에서 파스칼은 인간을 하나님 없이는 도울 자 없는 비참함과 행복 사이에 걸려 있는 존재로 묘사했다. 사람들은 이 두 세계 사이의 깊은 계곡 사이에 걸려 있으면서 방심(부주의함)으로 피해보려고 한다. 그는 이성과 과학이 인간을 하나님께로 인도할 수 있다고 하는 생각을 비난하면서 그리스도를 경험함으로써만 하나님을 알 수 있다고 주장했다.

믿음은 '심령'(hearts)을 통과해야만 하는데 이것을 그는 단지 감정과 정서만이 아니라 이성을 사용하지 않고서도 이해할 수 있는 직관으로 보았다. 그는 하나님의 은총이 이러한 일이 가능하도록 해 주신다고 믿었다.

> 논쟁 하나 없이도 하나님을 믿는 단순한 사람들을 볼 수 있다는 데 놀라지 말라. 하나님은 그들을 하나님을 사랑하도록 하고 그들 자신은 미워하도록 하신다. 하나님은 이들의 마음을 움직이시어 믿도록 하신다. 우리는 하나님이 우리 마음을 만져주시기 전까지는 '묻지마식 신앙'을 결코 믿어서는 안 된다. 하나님이 그렇게 해 주시자마자 우리는 믿게 될 것이다.

『팡세』에서 파스칼은 그의 유명한 신앙 논박을 제시했는데 그것은 도박이란 주제였다. 이성은 절대적인 확실성을 누구에게도 줄 수 없기에 모든 사람은 무언가는 반드시 믿는 위험을 감수해야 한다. 그 믿는 것이 기독 신앙일 때는 현명한 사람은 도박을 하게 되는데 만일 이기면 모든 것을 이기게 되고, 설령 그렇게 되지 않더라도 잃어버릴 것은 없다는 주장이다 (믿어서 손해 볼 게 없다).

볼테르와 다른 학자들은 파스칼을 생기 없는 괴짜로 치부했다. 생기가 있든 없든 그는 약한 몸으로 일생을 살았고, 그의 많은 병은 결국 그를 39살에 죽음으로 몰아넣었다.

16. 조지 휫필드
영국과 미국에서 선풍을 일으킨 부흥사

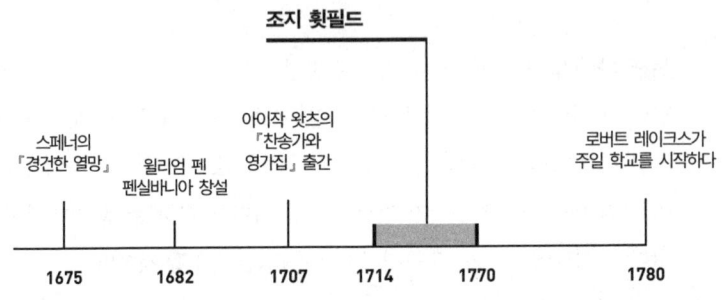

> 내가 휫필드 씨처럼 "오" 한마디라도 할 수 있다면 금화 100개를 주리라
> (배우 데이빗 가릭).

오늘날 대체로 잊혀진 조지 휫필드(George Whitefield)는 18세기 아마도 가장 유명한 기독교 인물일 것이다. 신문들은 그를 "이 시대의 경이"(marvel of the age)라고 불렀는데 그는 당대 두 대륙(영국과 미국)에서 오직 그의 언변 능력으로만 수천, 수 만 명을 움직일 수 있었던 설교가였다. 그의 생애 동안 그는 적어도 18,000회 설교를 1천만 명의 청중 앞에서 했다.

타고난 연기자

영국 글로세스터에서 소년이었을 때 휫필드는 연극 대사를 끝도 없이 읽었고 가끔 학생 연극 행사를 위한 연습 때문에 학교에 빠지기도 했다. 그는 훗날 연극 공연을 거부하기는 했으나 젊었을 적에는 공연 방식이 그의 설교에 등장하였다.

그는 더 부자 학생들에 기대는 옥스퍼드대학교 안의 펨브로크 칼리지를 졸업했는데 그곳에 다닐 동안 '메소디스트스'(방법주의자들)란 경건한 모임에 다녔다. 이들은 스스로를 '신성 클럽'이라 이름 지었는데 여기 이 모임은 웨슬리 형제들(존과 찰스)이 이끌었다. 이들의 영향 아래 휫필드는 '신생'(new birth)을 경험하였고 대서양 건너 미국 조지아에 선교사로 가기로 하였다.

항해가 연기되자 그는 영국성공회에서 부제(副祭)로 안수받아 런던 주변에서 설교하기 시작했다. 그가 설교할 때마다 군중들이 몰려들었고 그의 말을 귀담아 듣는 것을 보고 그 자신이 놀랐다.

그의 설교는 보통 설교가 아니었다. 그는 성경 인물들의 삶을 누구도 보지 못하였던 현실로 묘사했고, 설교하면서 외치거나 춤추거나 소리 지르는 등 다양한 방식을 사용했다.

조지 횟필드

그때 감동하였던 청중 중 한 사람이었던 데이비드 가릭(나중에 영국에서 가장 유명한 배우가 되었던)은 "내가 횟필드 씨처럼 '오' 한마디라도 할 수 있다면 금화 100개를 주리라"는 말을 남겼다. 영원에 대해 설교할 때는 그는 갑자기 말을 끊고 주위를 돌아보며 말했다.

> 잘 들어보세요. 천상의 성도들이 지금 할렐루야를 찬양하며 승리의 기쁜 노래로 화답하며 영원한 한 날을 보내고 있다고 저는 생각해요. 여러 형제자매여. 여러분은 이 천상의 성가대에 합류하기를 그리워하고 있지 않은지요?

횟필드는 결국 조지아로 선교를 갔으나 석 달 밖에 있지 못하였다. 다시 런던으로 돌아와 보니, 그는 많은 교회가 자신의 비전통적 방식을 거부하고 있음을 알았다. 이에 그는 옥외집회로 나갔고 즉석 설교를 했는데 거기에는 청중과 자신 사이에 설교 원고나 설교단 같은 것이 없었다.

넋을 잃은 듯한 청중들

1739년 횟필드는 미국 식민지(당시는 미국이 아직 독립하지 않은 상태였다)에 설교 여행을 떠났다. 그는 신세계에서 가장 큰 대도시였던 필라델피아를 미국 방문 설교의 첫 장소로 택하였다. 그곳에서 가장 큰 교회에 갔는데, 몰려온 8천 명의 청중을 다 수용할 수 없어 야외에서 설교를 했다. 그가 가는 곳곳마다 기록적인 청중들이 몰려왔고, 현지 주민 숫자보다 더 많은 사람이 사방에서 몰려왔다. 휫필드는 군중들이 그렇게 널리 멀리서 아주 짧은 공지 기간에도 불구하고 모여들 수 있었다는 사실에 놀랐다.

이들 청중은 영적으로도 아주 적극적이었다. 한 참석자의 기록에 의하면, 청중들은 "유명한 휫필드로부터 '거룩한 것들을' 듣기 위해 서로 팔짱을 끼거나, 밀치거나, 밟히기도 했다"고 한다.

휫필드가 설교를 시작할 때면 광적일 정도의 군중들은 넋이 나갈 정도가 되었다. 휫필드는 "심지어 런던에서조차 나는 이와 같은 넋이 나간 상태에서 생긴 엄청난 침묵을 보지 못했다"고 썼다. 비록, 웨슬리로부터 도움을 받았다 하더라도 휫필드는 자신만의 신학적 길을 걸었다.

그는 확신에 찬 칼빈주의자였다. 그의 주된 주제는 회심 경험이라 볼 수 있는 '신생'의 필요성이었다. 그는 절대 사람들에게 개종하라고 호소하지도 않았고 다만 선포하고 극화시켜 표현했을 뿐이었다.

조나단 에드워즈의 부인 사라는 다음과 같이 회상했다.

> 그(휫필드)는 미국의 설교자들이 보통 하는 정도의 교리만큼도 교리 설교를 하지 않았고 대신 심령에 가하는 목표에 집중했다. 그는 타고난 연설가이다. 내가 알기로는 어느 편견을 가진 사람은 그가 하는 것(설교)은 모두 무대 위에서 억지로 보여 주는 것이라 말할지도 모르겠으나 그를 보고, 아는 사람들은 누구도 그와 같다고 여기지 않을 것이다.

휫필드는 비록 노예 폐지론자와 거리가 있었지만, 노예를 거느리고 있던 마을들을 다니며 그의 부흥회의 한 부분이 되게 하였다. 많은 청중 중에 노예들이 늘어났고 그는 그 노예들을 대신하여 글을 썼다. 반응은 놀라워 몇몇 역사가는 그때 그가 한 일이 미국 흑인 기독교의 시작이라 보기도 한다.

휫필드가 설교한 모든 곳에서, 그는 고아원을 위한 기금을 모금했는데 그것은 1738년 그가 조지아에 잠시 머물렀을 때 설립한 고아원을 위한 것이었다. 그러나 그 고아원은 휫필드의 인생을 빚더미에 올려놓기도 했다.

그가 불꽃을 지폈던 영적 부흥회였던 '대각성운동'은 미국 역사를 만든 가장 결정적인 사건 중의 하나가 되었다. 그의 설교 일정 중 마지막 설교는 보스턴 공설 장소(Commons)에서 가진 집회였는데 그때 모였던 23,000명의 청중은 그 당시까지만 해도 가장 많은 청중이 운집한 집회였다.

제어할 수 없는 번민의 장면들

횟필드는 그 뒤 스코틀랜드로 가기로 하여 14번이나 그곳을 방문하였다. 가장 인상적인 스코틀랜드 방문은 두 번째 방문으로 그는 켐버스랭이란 작은 마을을 찾았을 때였는데 이미 그 마을에는 부흥이 진행되고 있었다.

그의 저녁 예배 설교는 수천 청중들이 모여들었고 새벽 2시까지 집회는 이어졌다.

> 제어할 수 없는 번민의 장면들이 펼쳐졌는데 마치 전쟁터와 같았다. 그곳에서는 밤새 기도 소리와 찬양 소리가 들렸다.

횟필드는 "내가 미국에서 본 그 모든 것을 압도한 것이었다"고 압축하였다. 토요일에는 그 지역의 목사들과 함께 약 2만여 청중들에게 설교하였는데 집회는 밤까지 이어졌고 그 다음 날 아침에는 천막 안에 마련해 놓은 성찬상으로 1,700명이 넘는 수찬자들이 성찬을 받았다.

그는 회상했다.

> 마을 곳곳에서 당신은 사람들이 하나님께 기도하거나 찬양하는 모습을 볼 수 있었을 것이다.

문화적 영웅

대서양을 건너는 모든 여정에서 그는 점점 인기가 있었다. 실제로 횟필드의 부흥회 집회를 둘러싼 초기의 논란(비판가들은 전에 설교자와 청중들의 과도한 감정 표현에 불평을 가졌었다)도 사라지고 전에 그의 적들은 다소 누그러진 횟필드에 대해 따뜻함을 보이기도 했다.

그의 식민지 지역에서의 집회 일정이 완료되기 전, 거의 모든 사람, 남녀 할 것 없이 어린이까지도 '위대한 순회 전도자'에 대해 최소 한 번은 들었을 것이다. 휫필드가 미국에 끼친 영향은 매우 커서 미국의 최초 문화계에서의 영웅이라고 해도 될 것이다. 휫필드 이전에 보스턴에서부터 찰스턴에 이르기까지 미국 안에서 영국의 왕족(당시는 미국은 여전히 영국 식민지)을 제외하고는 그와 견줄 만큼 이름이 알려진 이는 없다고 볼 수 있다.

휫필드의 일생에 걸친 설교단에서의 성공은 그의 개인적인 가정 생활과는 연결이 되지 않았다. 그 당시의 많은 순회 전도자와 마찬가지로 그는 결혼에 대해 의구심을 가졌고, 만일 결혼한다면 아내는 설교단의 경쟁자가 될 것이라 염려했다. 그러다 결국 나이가 많은 과부 엘리자벳 제임스와 결혼하긴 했으나, 서로 깊이 친밀함을 나누는 관계로 꽃피우지는 못했다.

1770년 55세의 휫필드는 아직도 젊은 순회 부흥사처럼 설교하면서 "나는 녹슬어 없어지기보다는 닳아버리는 편을 택하겠다"고 했다. 그는 건강의 위험 신호를 무시했는데 특히 천식과 독감이 그가 호흡하기가 극도로 어렵게 만들었다. 그의 마지막 설교는 야외에서 커다란 술통 위에 서서 행한 설교였다.

그의 설교를 들은 한 청중은 이 내용을 언론에 전했다.

> 그는 구원을 얻기 위한 비효율적 공로(선행)를 말하고 있었다. 그리고는 갑자기 천둥 같은 소리로 외쳤다. "일, 일, 사람은 일해야 천국에 간다!" 나는 즉시 모래 같은 밧줄 위에 매달려 달을 향해 올라가는 것 같다고 생각했다.

그다음 날 아침, 휫필드는 사망했다.

17. 찰스 피니
미국 부흥 운동의 아버지

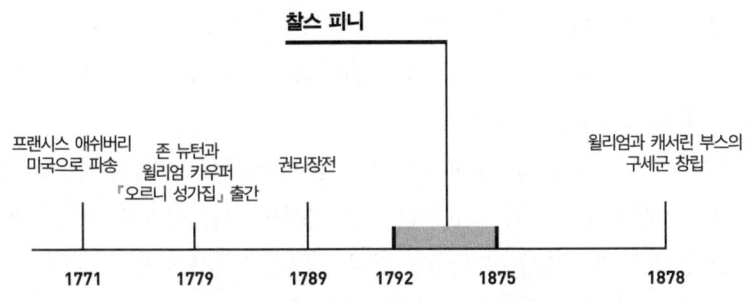

> 나는 주 예수 그리스도로부터 그의 뜻을 펼치는 일을 의뢰받았으며 당신을 의뢰할 수는 없다.

29살의 변호사 찰스 그랜디슨 피니(Charles Grandison Finney)는 그 자신의 구원 문제를 반드시 해결하고야 말겠다고 결심했다. 그래서 1821년 10월 10일 하나님을 찾겠다고 자신의 집이 있는 뉴욕의 아담스 근처에 있는 숲 속으로 들어갔다. 그는 "저는 제 마음을 하나님께 드리겠나이다. 그렇지 않다면 내려오지 않겠나이다"라고 말했다.

그리고 몇 시간이 뒤 그는 자신의 변호사 사무실로 돌아왔는데 거기서 그는 그와 비슷한 하나님과 만난 이들이 설명할 수 없노라는 말에 대해 의문을 가졌던 '강력한 감정'을 경험했다.

> 성령이 나의 몸과 영혼을 훑고 지나는 것 같았다. 나는 전기의 파장이 나를 훑고 지나는 것 같은 느낌이 들었다. 실로 그것은 액체 같은 파장의 사랑이었는데 달리 어떻게 표현할 수가 없다.

다음날 아침 피니는 자신의 법률 사무소로 돌아와 의뢰인을 만나 수임받은 일로 논쟁하려던 참이었다. 그때 그는 "나는 주 예수 그리스도로부터 그의 뜻을 펼치는 일을 의뢰를 받았으며 당신을 의뢰할 수는 없다"고 했다. 그리고는 그는 19세기 미국 부흥 운동의 주역이 되는 새로운 길을 시작했다.

화재 피해 입은 지역 안에서

코네티컷에서 태어난 피니는 뉴욕 주의 오네이다에서 자랐다. 뉴저지에서 몇 년을 가르치는 일을 한 후, 그는 어머니가 심한 병을 앓고 있어 어머니를 돕기 위해 뉴욕으로 돌아왔다. 그때 그는 법률 공부를 하여 아담스에서 판사 밑에서 법률 조수가 되었다.

회심 이후 피니는 장로교회에서 목회를 준비하여 1824년 안수를 받았다. 서부 지역 선교 사회에 고용된 그는 자신의 선교 사역을 북부 뉴욕 주의 변방 개척 지역에서 시작했다. 경직된 칼빈주의가 당시 신학계를 지배하고 있었으나 피니는 그의 청중들에게 그리스도를 열린 마음으로 공개적으로 받아들이라 설교했고, 그의 스타일도 장로교 목사들과 달랐다. 그의 메시지는 목사의 설교라기보다는 변호사의 변론 같았다.

에반스 밀즈에서, 그는 교인들이 그의 설교에 "만족한다"고 계속 말하는 데 대해 근심이 되었다. 그는 덜 만족스럽고, 보다 생산적인 메시지를 만들었다.

설교 끝에서 그는 촉구했다.

> 당신은 크리스천이 되려면 마음에 결단해야 하며 지금 즉시 하나님과 화목하기 위해서는 당신의 결심을 드려야 합니다. 결심했으면 일어나십시오.

이와 같은 도전을 전에는 들어보지 못했던 전체 회중은 의자에 그대로 앉아 있었다. "당신은 그리스도와 그의 복음을 거부하기로 이미 마음을 정했다"고 그들에게 말했고 회중들은 흩어져 돌아갔고 상당수는 화가 나 있었다.

다음 날 저녁, 피니는 사악함에 대해 설교했는데 그의 목소리는 불과도 같았고 망치나 칼과도 같았다. 그는 청중들에게 반응할 기회를 주지 않았다. 다음 날 밤, 마을 전체가 그의 설교를 들으러 나왔는데 그중에는 권총을 갖고 와 그를 죽이겠다고 작심한 이도 있었다. 교회는 난리가 났다. 수십 명이 일어나 헌신을 다짐했고 다른 이들은 바닥에 넘어져 있거나 신음하고 있거나 소리를 크게 지르고 있었다. 복음 전도사 피니는 여러 날 밤 설교를 계속하였으며 새로이 회심한 이들의 집에서나 거리에서나 심방을 했다.

그는 이 마을 저 마을을 다니며 외쳤는데, 그곳들은 "화상을 입은 지역"으로 알려졌다. 이 말은 대단한 종교적 열정을 경험한 마을들(지역)이 마치 불에 타거나 화상을 입은 것 같다 하여 붙여진 말이었다. 신문들이나, 부흥사들이나, 성직자들은 칼빈주의자들의 조용한 집회와는 전혀 다른 시끄러운 집회가 늘어나는 데 대해 신경을 쓰게 되었다.

피니의 부흥 집회는 켄터키의 케인 릿지에서 십수 년 전 있었던 집회들과

찰스 피니

비슷했는데 많은 침식자가 북동부에서 "깨어나는" 전망으로 흥분되었었다. 장로교 구파들은 피니의 칼빈 신학에 대한 변경을 혐오했다. 전통적 칼빈주의자들은 "사람은 하나님이 구원할 자를 선택하셔야 복음을 믿겠다고 나오게 된다"고 가르쳤다. 그러나 피니는 믿지 않는 것은 "할 수 없다"가 아니라 "하지 않겠다"는 것이며, 만일 그 사람이 크리스천이 되겠다 결심하면 고쳐질 수 있다고 보았다.

그러한 경직된 칼빈주의자들에 대해 피니는 "중생하지 않았으며 충분치 못하며 하나님께 대하여 가증한 일"이라 말했다. 부흥주의적인 회중교회파인 라이먼 비처는 피니가 인간의 감정을 너무 많이 허락함으로 광신에게 문을 열어주고 있다고 경계하였다. 유니테리언들은 피니가 회심자들을 얻기 위해 겁주는 책략을 쓰고 있다고 반대하였다. 교계 전체에 걸쳐 많은 이가 그가 자주 쓰는 "당신들", "지옥" 같은 단어들은 설교 강대상의 품위를 떨어뜨리는 것으로 생각했다.

새로운 방법으로

이 당시 피니는 '새로운 방법들'이란 것으로 알려지게 된 것을 개발해 나갔다. 그는 여성들이 예배나 다른 집회에 기도하는 것(여성 기도)을 허용했고, 감리교에서 사용하는 '애타하는 좌석'도 채택하였다. 이것은 구원이

자신 안에 자리 잡아야 한다는 데 대하여 특별하고도 긴급한 이들을 위해 교회의 앞자리에 이들을 위한 좌석을 마련해 두는 것을 말한다.

그는 기도도 보통 일상대화를 하는 같이 하였으며 상스러운 말도 쓰기도 했다. 이와 같은 새로운 방법들은 실제 수십 년 된 것이었지만 피니가 이를 활용함으로 대중화하였지만 그렇게 함으로 공격도 받았다.

1827년 7월 뉴 레바논 집회가 이러한 것들에 대해 점검하고, 지나치다고 잘못 보고된 것들에 대해서도 검토하기 위해 열렸다. 그러나 투표를 거듭한 끝에 결렬되고 말았다. 의심이 갈 만한 부흥회에서의 관행에 대해 정죄하는 결의가 마지막으로 진행되자 피니는 '종교(신앙)에 대해 미지근한 것들'을 정죄하는 맞제안을 했고, 분위기는 곧 팽팽해져 그 어느 것도 통과되지 못했다.

피니의 복음주의적 경력의 정점은 뉴욕주 로체스터에서 있었는데 그곳에서 피니는 1830년 9월 10일부터 1831년 3월 6일까지 98회나 설교하였다. 그때 상점 주인들은 가게 문을 닫았고 피니의 집회에 참석하라고 가게 문에 광고를 붙여놓았다. 그 당시 로체스터의 인구는 부흥회로 3분의 2가 늘어났으며, 범죄도 같은 기간 3분의 2로 줄었다고 알려졌다.

로체스터에서 피니는 뉴욕시의 제2장로교회 목사로 거의 계속된 부흥을 경험했다. 그 뒤 곧 그는 장로교회와 결별하게 되었다(주된 결별 이유는 사람들은 하나님과 더불어 완전해지는 일을 할 수 있다는 믿음이 점점 자라나게 되었기 때문이다). 1834년 그를 따르는 교인들이 그를 위해 지어준 뉴욕시의 거대한 브로드웨이 성전으로 이전했다.

그는 그곳에서 1년 밖에 못 있고 오벌린 회중교회에서 목회하고 오벌린 대학교에서 가르치기 위해 떠났다. 1851년 오벌린대학교의 총장으로 임명이 되었는데 그곳에서 사회 개혁 운동, 특히 노예 폐지 운동 등을 위한 새로운 포럼을 마련할 수 있었다.

피니는 여러 책과 논문을 펴냈다. 그는 부흥회를 어떻게 이끌어 가야 하는지에 대한 지침서인 『종교 부흥에 대한 강의』(*Lectures on Revivals of Religion*, 1835)를 통해 수천 명의 설교자에게 그들의 부흥 집회를 더욱 잘 운영해 나가도록 하는 데 크게 영향을 주었다(비판자들은 그런 부흥을 '조작된 것'이라 했다).

그의 『조직 신학에 대한 강의』(Lectures on Systematic Theology, 1846)는 그의 브랜드인 "알미니안주의로 바꾼 칼빈주의"를 가르친다. 피니는 "현대 부흥 운동의 아버지"로 일부 역사가들이 부르고 있으며 훗날 대규모 부흥 전도 집회를 이끈 드와잇 L. 무디, 빌리 선데이, 빌리 그래함 등을 위한 길을 닦았다.

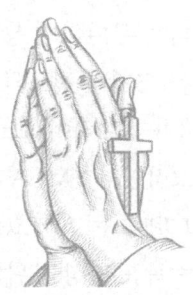

18. 드와잇 L. 무디
보통 사람으로 이끈 부흥사

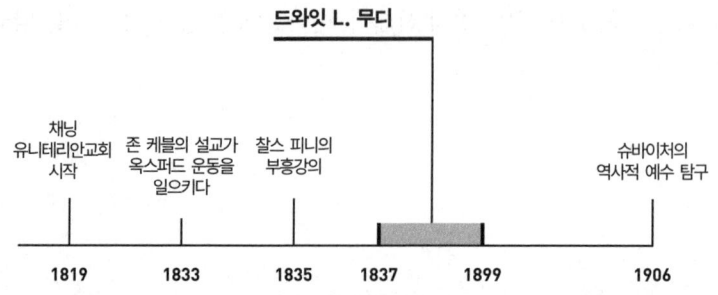

> 만일 온 세상에 복음이 전파되어야 한다면 그것은 반드시 평균적인 재능을 가진 남녀들에 의해 이루어져야 한다고 나는 확신한다.

끝없는 신체적 에너지와 자연스러운 날카로움, 자신에 찬 확신 그리고 영원한 낙관주의 등이 잘 어우러졌던 드와잇 L. 무디(Dwight L. Moody)는 도금시대(Gilded Age)로 일컬어지던 시대에 존 D. 록펠러(John D. Rockefeller)나 제이 굴드(Jay Gould) 같은 산업계의 거물도 충분히 될 수 있었을 인물이었다. 그 대신 그는 19세기 가장 위대한 복음 전도자 중 한 명(실은 가장 평범하면서도 가장 위대한)이 되었다.

YMCA로 조랑말을 타고

무디는 매사추세츠주의 노스필드에서 유니테리언 벽돌공 집안에서 태어났다. 아버지는 그가 4살 때 돌아가셨고 어머니 베스티(Betsey)에게는 9명의 아이가 남겨졌다. 어머니는 무디에게 성경을 읽으라고 권한 적도 없었고 혼자서 독학으로 초등학교 5학년 정도의 학력을 가졌을 뿐이었다.

17살이 되면서 혼자 헤쳐나가기로 하여 보스턴에 있던 삼촌의 구둣방에서 구두 파는 일을 도왔다. 그러면서 YMCA와 주일 학교에 다녔고 18살에 크리스천이 되었다. 곧 그 뒤 그는 시카고로 옮겨 거기서도 구두를 팔았고 10만 달러를 모으겠다는 목표 달성을 위해 일했다.

새로운 믿음의 입장에서 보면 무디의 인생은 천천히 동트기 시작했는데 돈을 모으는 데 시간을 쓰기보다는 가난한 이들을 돕는 일에 시간을 써야 했기 때문이다. 1858년 그는 시카고 빈민가에 노스 마켓 홀에서 주일 학교를 열었는데 이 학교가 곧 잘 되어 교회가 되었다(그때부터 6년 뒤 일리노이 거리 독립교회가 세워지게 되었고 이 교회가 지금도 유명한 무디기념교회의 전신이 되었다).

드와잇 L. 무디

1861년 그는 사회 운동 및 복음주의 활동을 위해 비즈니스 하던 일을 그만두었다. 그는 독일계와 스칸디나비아계 이민자 가정의 가난한 어린이들을 사탕을 주며 조랑말을 태워주며 모았으며 어른들은 저녁 기도회와 영어를 가르쳐주면서 모았다. 무디는 "당신이 정말 그 누군가가 하나님을 믿게 하려면 그를 사랑해야 하며 그렇게 하면 그 사람을 얻을 수 있게 된다"고 확신했다.

그곳에서 무디는 주일 학교 선생님이었던 엠마 C. 레벨(C. Revell)을 만나 결혼하여 3자녀를 두었다. 시카고의 YMCA 대표로 4년을 일하며 무디는 시 전역에 복음을 전하는 소책자를 나눠주며 매일 정오 기도회를 인도하는 등 복음 사역에 앞장섰다. 남북전쟁 중에는 "이 점(전쟁)에 있어서 나는 퀘이커(당시 퀘이커교도라 하면 퀘이커의 반전쟁 평화주의로 전투 면제가 가능했다-역자 주)"라고 하며 참전을 거부하였으나 YMCA 미국 크리스천 위원회 등을 통한 일을 하면서 북군의 전도에 힘썼다.

그는 계속 자신의 사역을 밀고 나가기 위해 부자 크리스천들의 도움을 구했고 그들로부터 많은 지원을 받았다. 그중에는 사이러스 맥코믹 이나 존 워나메이커 같은 거부들도 있었다. 이 같은 사역을 통해 그는 사회 사역과 복음 사역을 효과적으로 잘 조화시켜 나가려 노력했다.

1871년 10월 시카고에 대화재가 발생하여 무디의 개척교회와 그의 집, YMCA 등이 모두 타버렸다. 그는 교회와 YMCA를 재건하려는 자금을 모으려고 뉴욕으로 갔다. 뉴욕의 월 스트리트 걸어가고 있었을 때 그는 자신이 이제껏 한 번도 경험해 보지 못했던 '임재와 능력'을 경험했는데 그때 그는 "주님 잠시만요, 이것만으로 충분합니다!"라고 울부짖었다. 다시 시카고로 새로운 비전을 안고 돌아온 무디는 사회 사역이 아니라 하나님 나라가 세상을 바꾼다고 설교했다. 그는 이제 엄청난 에너지를 "자신의 세대 안에 세상의 복음화를 위해" 쏟아부었다.

혁신적인 복음주의

무디는 음악이 그의 복음 전도사역에 가치 있는 도구라는 것을 알고 1879년 YMCA 대회에서 노래하던 아이라 생키의 노래를 듣고는 생키가 돈을 많이 받던 정부의 직장을 그만두고 자신과 함께 전도 집회 여정에 나서게 될 것을 확신했다.

1873년 여름 무디와 생키는 영국의 섬들에 복음주의적인 영국성공회 교인들인 윌리암 펜네파더(William Pennefather)와 컷허버트 베인브릿지(Cuthbert Bainbridge) 등이 이끄는 집회로 초청을 받았으나, 이들 두 초청인은 무디와 생키가 도착하기 전 사망했다. 공식적인 지원 없이, 둘은 썬더랜드의 요크에서 집회했으며, 재로우에서는 청중들이 가장 적었다.

뉴캐슬에서 그들의 전도 집회가 회심자들을 얻으며 열매를 맺어가기 시작했으며 이때부터 이들의 인기가 올라갔다. 영국, 스코틀랜드, 아일랜드 등에서 2년 동안 무디는 미국으로 돌아올 때는 국제적으로 유명한 부흥사가 되어있었다.

그의 명성이 높아진 것에 대해 무디는 인정하였다.

> 나는 내가 나가서 설교할 때마다 나보다 뛰어난 설교가들이 많다는 것을 확실히 안다. 그런데도 내가 말할 수 있는 것은 주님이 나를 쓰신다는 것이다.

미국에서 이제 부흥회 인도 요청이 쏟아져 들어왔다. 이 집회 기간 중 무디는 전도를 위해 여러 형태의 기술적 방법을 개발하고 사용하는 데 앞장섰다. 예를 들어 전체 전도 집회 전에 주민들의 집들을 방문하며 전도하거나 모든 지방 교회와 복음주의적 지역 리더를 교단, 교파 관계없이 초교

파적인 협조를 구하였다. 지역 사회에서 자선 사업가들의 도움을 받았고 집회를 위해 중앙에 자리 잡은 큰 건물을 빌리기도 했고 복음송을 연주 혹은 부르는 사람을 내세우며 회개하기를 원하는 이들을 위한 질문할 수 있는 방을 마련해 두는 등의 다양한 방법들을 사용하였다.

유럽과 미국을 오가며 무디와 생키는 1억 명 이상의 청중들 앞에서 복음 전도 집회를 이끌었다. 1883년 영국의 케임브리지에서는 유명한 '케임브리지의 7인'이 중국에 선교사로 가기로 헌신하는 일(이들 중 중국내지선교회를 만든 허드슨 테일러도 포함)을 끌어내기도 하였다.

무디는 모든 기회를 복음 전하는 일에 사용하였다. 1893년 시카고에서 열린 세계 박람회의 운영자들은 주일에도 박람회를 열려 하였으나 많은 크리스천 리더가 주일에 열면 박람회를 보이콧하겠다고 했다. 그러나 무디는 생각이 달랐다. 무디는 "수일에도 열도록 하자. 그러면 많은 설교 장소가 생길 것이고 거기서 복음을 제시하면 많은 사람이 와서 복음을 들으려 할 것"이라 말했다. 그때 어느 하루 무디가 주도한 복음 전도 집회에는 13만 명 이상이 몰려왔다.

하나님의 군대를 훈련하기

그의 부흥 사역을 통해 무디는 도심 내 전도를 위해서는 군대처럼 성경적으로 훈련된 평신도들이 필요하다는 것을 알았다.

> 만일 온 세상에 복음이 전파되어야 한다면 그것은 반드시 평균적인 재능을 가진 남녀들에 의해 이루어져야 한다고 나는 확신한다. 대단한 재능을 가진 사람들은 결과적으로 비교적 적기 때문이기도 하다.

1879년 그는 노스필드 신학교를 여성들을 위해 설립하고, 2년 뒤에는 마운트 헐몬학교를 남학생들을 위해 세웠다.

1890년에는 무디는 노스필드에 있는 자신의 집에서 최초의 여름 성경집회를 열고 성인들과 대학생들을 초대하였다. 이러한 집회는 당시 떠오르던 세대주의와 근본주의가 자라나는 데에도 일조하였다. 어느 집회에서는 학생자원봉사운동(SVM)이 일어나 100명의 대학생이 대학 교육을 마친 후 해외 선교에 나가겠다고 서원하였다.

끝으로 1886년 무디는 '시카고복음화소사이어티무디성경공부기구'(긴 이름의 이 기관은 무디의 사망 직후 무디성경학교로 이름이 바뀜)를 세웠는데 이는 당시 성경학교 운동에서는 최초였다. 이런 사역을 통해 무디는 또 다른 사역도 시작하였는데 '종교서적행상협회'(나중에 무디출판사로 바뀜)도 세웠는데 이 기관은 말이 끄는 '복음 마차'를 사용하여 싼값에 신앙 사적들과 소책자들을 전국에 보급하는 일을 했다.

지칠 줄 모르는 일정(사망하기 한 달 전에도 그는 하루에 6번 설교했다)에도 불구하고 그는 소천 전까지 메사추세츠주에 있는 노스필드 농장 집에서 자녀들 및 손자들과 시간 갖는 것을 즐겼다.

19. 빌리 선데이
재치 있는 복음 전도자

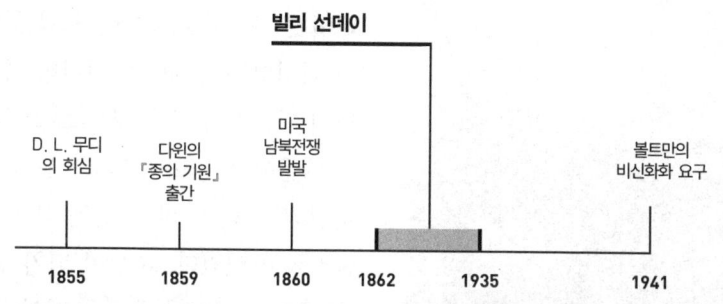

> 지금 우리는 우리가 너무 똑똑하여 마리아가 처녀로서 예수를 잉신했다는 것을 믿기 어렵고 부활을 믿기에도 너무 교육을 많이 받았다고 여긴다. 그러기에 사람들이 마귀에게 우르르 몰려간다.

중앙 수비수 빌리 선데이(Billy Sunday)는 지난 밤 파웰 경기장에서 열린 시합에서 3루타를 때렸습니다. 야구 선수가 아니라 이제는 시카고에 복음 전도자로 처음 등장한 그의 성공을 이렇게밖에 표현할 수가 없습니다.

1880년대 후반 선데이가 이제는 복음 전도자로 첫 번째 나섰을 때 그 지역 언론은 이처럼 보도하였다. 그날 그의 청중들은 약 500여 명의 남성으로 이들은 그가 설교자로서의 재능이 있는지는 몰랐으나 그를 기억하기로는 야구 경기에서 그가 손에는 모자를 쥐고 2루를 향해 질주하는 모습을 떠올렸다.

이것은 선데이를 위한 시작일 뿐이었다. 빌리 그래함 이전까지 미국의 복음 전도자 중에서, 선데이를 제외하고는 어떤 미국인 복음 전도자도 몇 백만이나 되는 청중에게 혹은 약 30만 명에 이르는 수많은 회심자를 낸 일을 한 이는 없었다.

야구에서 YMCA까지

빌리 선데이

"나는 아버지를 본 적이 없다"고 선데이는 자신의 자서전에서 썼는데 그의 아버지는 선데이가 태어난 지 5주 만에 남북전쟁 중 폐렴으로 돌아가셨기 때문이었다. 아이오와주 통나무 집에서의 그의 어린 시절은 죽음으로 둘러싸여 있었다. 10살이 되기 전 가족 중에 10명이나 죽음을 맞았다. 어머니는 너무 가난했기에 아이들을 병사들의 고아원으로 보냈다. 그가 생존할 수 있었던 것은 형의 도움과 그 형이 좋아했던 스포츠 중 특히 야구 덕분이었다.

프로 야구 선수로서의 경력은 1883년 시카고 화이트 스토킹스에서 시작했다(첫 경기에서 13타를 때렸다). 이어 그는 피츠버그 파이리츠로 옮겼고, 1890년에는 필라델피아 애슬레틱스로 옮겨 2할 6푼 1리를 때렸고 84루를 도루했다.

1886년 시카고의 퍼시픽 가든 미션에서 기독교로 개종한 이후 그는 강력하게 설교해야 한다는 것을 느꼈다. YMCA는 결국 그가 야구를 그만두고 예배드릴 때 설교해 달라고 확신시켰다(야구를 그만두고 설교자로 바꾸면 수입이 3분의 2나 줄어들게 되었다).

다른 2명의 이동 복음 전도자들과 같이 일하기로 하였고 아이오와의 가너에서 있었던 부흥회를 인도해 달라는 요청을 받았다. 그때부터 그는 설교 초청이 없었던 적이 없었는데 중서부 도시들에서 집회하였고 제1차 세계대전 후에는 보스턴, 뉴욕 등 주요 도시에서 설교를 이어갔다.

그의 성공의 타당한 이유는 그의 부인 헬렌 아멜리아 톰슨의 도움으로 가능했다. 그녀는 집회를 기획했고, 상당 부분 사전 준비를 맡았다. 부인은 그에게 보낸 편지로 빌리의 어휘력을 길러주었고 남편이 우러러볼 만한 일들을 담당했다.

정신없이 뛰어다니며 설교하는 스타일

선데이의 설교 스타일은 그 당시 시대가 허용하는 수준을 벗어난 비정통적인 스타일이었다(예를 들어 나는 당신 같은 개자식들이 내세우는 진화론 따위는 믿지 않는다. 나는 이런 것들은 멍청이들의 무개념이라 본다). 그의 이와 같은 스타일을 크리스천 리더들은 민망해했으며 공개적으로 그를 비난하기도 했다. 그렇지만 선데이는 그런 구설수를 개의치 않았다.

나는 복음을 아주 단순하게 전하려 한다. 집회에 나온 이런 사람들은 공장에서 온 사람들이며 사전을 들고 올 필요는 없다.

선데이는 짤막한 농남에 능했으며 이것을 그의 실제적이고 예화로 가득찬 설교를 결말짓기 전에 잘 사용했다.
특히 유명한 것은 아래의 예화다.

차고에 간다고 당신을 자동차 만드는 사람으로 만들어주지 않는 것 같이 교회 간다고 당신을 크리스천으로 만들어주는 것은 아니다.

그는 설교할 때 전신을 움직이며 설교했다(그 외에도 설교단 부근 다른 것도 사용했는데 의자도 설교할 때 빙빙 돌리기도 했다).
한 신문은 다음과 같이 보도했다.

선데이는 무대 위를 사방으로 정신없이 돌며 뛰어다니며 왔다 갔다 하며 설교하기에 청중들이 전례 없이 긴장하기도 하며 어리둥절하게 만들기도 한다.

그는 설교를 마무리 지을 때는 '회심의 길'로 나오라고 청중들을 교회 맨 앞으로 초청하는데 앞으로 나오는 것은 그리스도를 위한 결심을 의미하는 것이었다. 미국의 일반적인 복음주의자들과는 다르게 선데이는 그 당시의 사회적 관심사도 설교에서 다루었다.
여성 참정권을 지지하거나 어린이 노동을 금지하거나 흑인 차별이 심했던 남부지방에서의 부흥회에도 흑인들을 포함했다. 이렇게 함으로 적들이 많아지기도 했으나 로마가톨릭교회(그는 가톨릭을 크리스천 형제로 보았다)나 유대인들의 지지를 얻기도 했다. 당시 가장 격렬한 논쟁 중 하나는 진화론이었는데 그는 진화론에 동조하지는 않았지만, 창조론을 문자적으로 믿는 이들에게도 찬동하지 않는 양편의 줄타기를 잘하였다.

그렇다고 그가 자유주의자의 입장에 선 것은 결코 아니었다.

> 지금 우리는 우리가 너무 똑똑하여 마리아가 처녀로서 예수를 임신했다는 것을 믿기 어렵고 부활을 믿기에도 너무 교육을 많이 받았다고 여긴다. 그러기에 사람들이 마귀에게 우르르 몰려간다.

카드놀이, 영화관 가는 것, 당시 1920년대의 격동기에 유행하던 패션 등에도 그는 반대 관점이었다. 이는 요란하게 차려입고 거리를 활보하는 상당히 많은 여성에게는 엄청난 모독이었다.

그가 가장 많이 다룬 악덕(비행)은 술꾼들에 관한 것이었다. 실제 그의 설교는 알코올 판매 제조를 금지하는 금주법의 통과에 도구가 되었다. "악마가 뭘 할지를 알려면 술집에서 어떤 일이 벌어지고 있는지 보면 안다"고 계속 설교했다.

"지옥에서 축제가 벌어졌다면 거기에는 엄청난 맥주가 발명되었을 때였을 것이다."

제1차 세계대전 후(이 전쟁을 위해 그는 수백만 달러를 모금했다) 선데이의 영향력은 줄어들었다. 그 이유는 라디오, 영화 등 오락 산업이 설교자들로부터 청중들을 빼앗아 가버렸기 때문이다.

그런데도 그가 설교를 줄인 것은 아니었다.

> 나는 죄에 반대합니다. 내게 발이 남아 있는 한 죄를 걷어찰 것입니다. 내게 주먹이 있는 한 그와 맞붙일 것입니다. 머리가 내게 있는 한 머리로 들이받을 것입니다. 이빨이 있는 한 물어뜯을 것입니다. 내가 늙어서 주먹도 발도 이빨도 없게 되면 영광의 집으로 갈 때까지 그 죄를 지근지근 씹을 것이며 그 죄는 영벌의 세계로 갈 것입니다.

20. 빌리 그래함
수천만 명에게 향한 복음 전도자

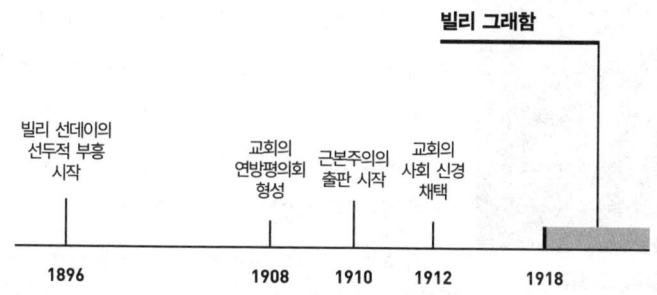

> 하나님이 미국을 흔드실 때는 온갖 박사들을 택하여 쓰시지는 않고 시골 소년을 들어 쓰실 것이고 나는 주가 그리 하시길 기도한다.

빌리 그래함(Billy Graham)이 이룩한 성취를 장황하게 설명한다는 것 자체가 이미 너무 익숙하다. 그는 8천만 명 이상의 청중들 앞에서 설교했고, 헤아릴 수 없는 청중들에게 전파로 영상으로 복음을 전했다. 약 3백만 명에 이르는 사람들이 그의 설교 말미에 있는 초청에 나왔다. 미국이 대통령들이 취임할 때나 대통령들을 묻을 때 설교자나 목사가 필요하면 그가 있었고, 미국이 위로가 필요한 끔찍한 비극을 맞았을 때 그에게로 향했다.

1950년대 이후 거의 매년 어김없이 그는 미국이나 세계에서 가장 존경받는 10명의 명단 안에 꼭 들어있었다. 그러기에 한 여성 잡지(「Ladies Home Journal」)의 조사에서 하나님 다음으로 종교에서의 성취를 이룬 부문에서 빌리 그래함을 뽑은 것은 놀랄 일도 아니다.

주목을 받기 시작할 때

노스캐롤라이나의 샬롯빌 근처에서 태어난 빌리 그래함은 밥존스대학교에 다녔으나 그곳 날씨와 그 대학 총장의 엄한 규율이 맞지 않아 그만두고 플로리다 성경학교로 친구를 따라 갔다. 거기서 그는 설교하기 시작했고 교단도 개혁장로연대교단에서 남침례교단으로 옮겼다. 학문적으

빌리 그래함

로 별반 교육을 받지 못했다고 생각하여 그는 북쪽에 있는 휘튼대학교로 갔고 그곳에서 의료선교사의 딸 루스 벨(Ruth Bell)을 만나 결혼했고 그 지역의 한 교회에서 처음이자 일생 딱 한 번 임시 담임목사를 맡은 적이 있었다.

1945년 그래함은 국제기독청년으로 알려진 역동적인 복음 운동 단체의 지역 대표가 되어 미국 전역과 영국과 유럽을 돌며 지역 목회자들에게 청년 집회를 어떻게 조직할 것인지에 대해 가르치는 일을 했다. 또한, 십 수명의 기독교 지도자들과 친밀한 관계를 맺어 대규모 세계 전도 집회를 위한 기관을 조직하고 곳곳에서 집회를 열 때마다 도움을 받았다.

그래함은 로스엔젤레스, 보스턴, 워싱턴 등의 미국 내 주요 도시들을 1949-1952년 동안 순회하며 전도 집회와 1950년 시작된 라디오 프로그램 <결단의 시간>을 통하여 그 이름과 위상이 더 알려지게 되었다.

그 뒤 그는 몇 달에 걸친 런던 집회(1954), 뉴욕 집회(1857) 등을 통하여 놀랄만한 성공을 거두었으며 유럽 대륙과 극동 지방에서의 성공적인 순회 집회,「크리스차니티 투데이」잡지 발간(1956), 미국 내 3대 TV 중 하나인 ABC에서 전국에 방영되는 TV 프로그램(1957), 개인적인 우정을 나눈 드와잇 아이젠하워(Dwight Eisenhower) 대통령과 그의 부통령이었던 리차드 닉슨(Richard Nixon) 가족과의 관계는 그를 복음주의적 기독교의 대표적인 인물로 확고히 부각시켰다.

우군에 포화 퍼붓기

그래함의 위상과 영향력이 커짐에 따라 특히 주류라고 하는 비복음주의적 크리스천들은 사이에서 그에 대한 비판도 늘어갔다. 특히 근본주의자들은 그래함이 세계기독교협의회(WCC)와 협력하고 있는 것은 모더니즘의 부패한 세력들과 타협하는 것이라 하여 비판을 쏟아냈다. 밥 존스는 그래함이 "종교를 할인하여" 팔고 다니고 있으며 "일시적 편리의 제단 위에서 복음의 핵심 주장들을 희생시키고 있다"고 비난하였다.

그래함과 강경 근본주의자들의 오랜 싸움 끝에 나온 결별은 그래함이 뉴욕의 개신교협의회로부터 초청을 받아 뉴욕의 메디슨 스퀘어 가든에서 집회를 갖기로 했다는 발표를 한 후인 1957년 결국 일어났다.

> 내 메시지에 뭔가 이상한 것이 붙어 있지 않다면 나는 그리스도의 복음을 전하기 위해서는 누가 후원을 하든 어디든 간다. 크리스천 제자도의 표식은 정통이라는 것이 아니라 사랑이다. 크리스천들은 어느 교회에도 속해 있지 않다. 단 하나의 질문은 당신 자신이 그리스도에 헌신해 있느냐는 것이다.

뉴욕에서의 전도 집회는 그래함 사역의 또 다른 중요한 발전을 보여 준 집회였다. 미국 남부에서 연좌데모와 태업 등 인종 갈등이 들끓을 때 그래함은 마틴 루터 킹 주니어(Martin Luther King Jr.) 목사와 그의 동료들을 만나 인종 문제를 논의하고 그에게 메디슨 스퀘어 가든 집회에서 기도를 인도해 달라 부탁하였다. 이러한 그의 행동은 실수가 아니었다. 이로써 그래함은 백인과 흑인 모두에게 자신은 민권운동과 뜻을 같이한다는 것을 보여 주었으며 킹 목사는 흑인들에게 그래함은 적이 아니라 동지라고 설명하였다. 그래함은 킹 목사의 저항적인 방법들에 결코 편들지는 않았으나 크리스천으로서 인종차별주의자가 된다는 것은 말이 안 되는 자가당착이라는 것을 선언하는 확고한 목소리를 내었다.

린든 존슨(Lyndon Johnson) 대통령과 리차드 닉슨 대통령 시대에 그래함은 이들 대통령과 가까웠고 자주 만났다는 것도 비판을 받았다. 비판가들은 그래함이 민권운동에 좀 더 담대히 지원을 했어야 했고, 그 뒤 반전 여론이 높았던 월남전에도 반대하는 목소리를 냈어야 했다는 것이다.

1971년, 보통 그를 지지해 왔던 「샬롯 옵저버」(Charlotte Observer)지에서 그를 지지해 오던 그래함의 동료 남부 침례교 지도자들조차도 아래와 같이 썼다.

> 너무 권력에 가깝고 세상을 너무 좋아하며 이스라엘의 왕들에게 그들이 듣기 좋아할 말만 하는 옛 선지자들 같다.

그래함은 그런데도 대통령들과의 관계와 이로부터 발생한 위상을 자신의 사역에 쓰는 것을 즐겼다. 그와 동시에 대통령들과 정치적 명사들은 그래함과의 우정을 분명히 가치 있는 정치적 자산으로 여겼다. 그 한 예로 닉슨은 그의 재선을 위한 선거 운동에서 그의 비서실장 H. R. 할데만(H. R. Haldeman)에게 2주에 한 번꼴로 그래함에게 전화하도록 지시하였다. 이것은 "선거에 큰 도움이 될 만한 주요 주에서 그래함의 지지만 있다면 그리 걱정할 필요가 없다"는 닉슨의 생각을 반영한 것이었다. 닉슨을 결국 사임으로 몰고 간 워터게이트 스캔들 후 그래함은 다소 정치성에서 물러나 정치계에 들어가는 종교적 리더들에게 유혹과 함정을 조심하라고 경고하기 시작하였다.

기독교 우파라고 알려진 운동이 1970년대 말 일어날 때 그래함은 거기에 참여하기를 거절하고 동료 크리스천 리더들에게 영적 영향력을 잃지 않으려면 "정치적 영향력을 행사하는 것을 조심하라"고 말했다.

글로벌 비전

그래함이 그 자신의 엄청난 영향력에 생각이 갈수록, 그는 복음주의가 더 한층 역동적이고 스스로 확신을 하도록 돕는 일에 한층 더 결심이 확고해졌을 뿐만 아니라 당시 기독교의 방향 설정을 돕는 일에도 확고해졌다. 이러한 결단은 그가 세운 '빌리그래함복음주의협회'(BGEA)가 주관하거나 지원하는 여러 주요 국제적인 집회에서 더욱 두드러졌다.

특히 그래함의 역할은 1966년 104개국에서 1,200명의 복음주의 지도자들이 참석한 베를린에서 있었던 복음주의에 관한 세계의회와 1974년 스위스 로잔에서 150개국에서 온 2,400여 대표들이 참석한 세계 복음화 국제 의회에서 복음주의자들 스스로 세계적인 크리스천 세력이라는 것을 느끼도록 하였다. 이와 더불어 바티칸 제2차 공의회와 WCC와의 협력도 소속 교회원들이 꿈꾸어 오던 것보다 훨씬 더 강한 국제적 운동을 펼치는 데 도움을 주었다.

그 외에도 그의 사역에 특별한 일들을 더 언급하자면 그의 사역이 철의 장막이라 불리던 공산국가들을 뚫고 들어갔다는 것이다. 1978년을 시작으로 하여 당시 소련이 지배하던 거의 모든 공산국가가 그래함을 전향적으로 초청함으로 공산국가들을 방문할 수 있었던 점은 당시 그 국가에서 가장 유명하거나 정치적으로 고분고분한 그 나라의 종교지도자들조차도 받지 못한 위상을 그래함이 갖게 만들어주었다.

그래함은 이들 공산국가에 가서 설교하였고, 이미 믿고 있던 크리스천들을 격려하였고, 공산국가의 지도자들에게 종교적 자유를 제한하는 것은 비생산적일 뿐 아니라 미국과의 외교적 관계를 해치는 것임을 설명하였다.

그래함의 가장 자랑스러운 청취는 BGEA가 후원한 암스테르담에서 있었던 두 번의 대회였을 것이다(1983, 1986). 세 번째 모임은 2000년에도 열릴 예정이었다. 암스테르담 대회는 전체 13,000명의 전임 복음주의자들이 174개국에서부터 참석하여 설교 작성, 모금, 동영상(필름 & 비디오 테이프) 제작 등에 관한 기본적인 내용을 제공하였다.

빌리 그래함의 변화를 수용하는 정신을 보여 주는 것 중의 하나는 1986년 모임 때 약 500명의 참석자가 여성이었고, 오순절주의자들이 비오순절주의자들을 능가하는 참석률을 보였다는 점이었다. 그 이후에도 연중 계속된 작은 모임들이 이어지며 세계적으로 수천 명의 복음주의자를 추가로 비슷한 내용을 훈련할 수 있었다.

이와 같은 상황에서 자주 나왔던 질문은 "과연 누가 다음 빌리 그래함이 될 수 있을까?" 하는 것이었는데, 다음 빌리 그래함은 어느 특정의 남성이나 여성이 아니라, 그의 모범에 감동된 영을 지닌 특정 수천의 무명 전도자들이어야 한다는 것이었다.

이들은 그래함이 세운 기관의 도움을 받아 준비된 손과 마음을 갖춘 이들이어야 하며, 또한 이들은 "복음 전도사로서의 일을 하라"는 그래함의 암스테르담 회의에서의 감동적인 호소에 그 가슴이 불타오른 이들이 되어야 한다는 것이다. 고령과 파킨슨병은 빌리 그래함을 막았지만, 그의 정신을 꺾을 수는 없었다.

그는 질병이 그에게 가하는 영향을 느끼기 시작하면서도 다음과 같이 말한다.

내 마음은 내게 나서라 그리고 가라고 말해 준다. 그러나 나는 그렇게 할 수가 없다. 그렇지만 내 몸에 호흡이 붙어 있는 한 나는 설교할 것이다. 나는 나에게 그만두라 하실 때까지 하나님으로부터 부름을 받았기에 나는 그만둘 수가 없다. 힘이 남아 있든지, 어떤 때가 주어지든지, 나는 살아있을 때까지 복음 전도자로서의 일에 전념할 것이다.

제3부

목사와 설교자

21. 밀라노의 암브로스
22. 요한 크리소스톰
23. 리차드 백스터
24. 존 뉴턴
25. 찰스 시므온
26. 라이먼 비처
27. 토마스 찰머스
28. 존 넬슨 다비
29. 찰스 스펄전
30. 해리 에머슨 포스딕

21. 밀라노의 암브로스
초대 교회에서 가장 은사가 많았던 주교

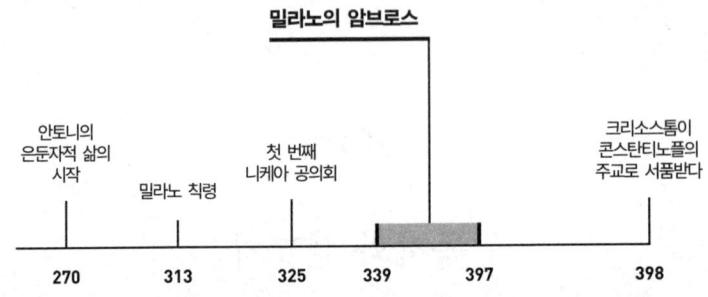

> 진리와 생명과 구속에 관해 말할 때 그리스도를 말하는 것이다.

밀라노의 주교 암브로스(Ambrose)는 아래와 같이 썼다.

> 지혜에 관해 말할 때도 그리스도에 관해 말하는 것이다. 덕에 관해 말한다 해도 그리스도에 대해 말하는 것이고, 정의(공의)에 대해 말할 때도 그리스도를 말하는 것이다. 진리와 생명과 구속에 관해 말할 때 그리스도를 말하는 것이다.

그는 성경 주석가, 정치 이론가, 유창한 라틴어 언변가, 음악가, 교사였고 이 모든 역할 속에서 그는 그리스도를 말하고 있었다.

체포당한 미래

크리스천 가정 출신의 최초 라틴교회 교부로서 암브로스는 로마 황제 아우렐리우스(Aurelius)의 로마 가문의 일족인 권문세도가 가정에서 태어났다. 교황과 이름 있던 교회 명망가들은 그가 어렸을 때 그의 부모 집을 찾았고, 서른 살이 되기 전에 그는 벌써 이탈리아 북부 주(州)의 주지사였다. 그가 주지사로 나갈 때 그 지역 행정책임자는 그에게 예언적인 충고를 한마디 던졌다.

가서 판사(판관)로서가 아니라 주교로서 일하라.

실제 주지사였을 때 그는 교회 문제들을 다루어야 했다. 정통 기독교와 아리안주의자들은 계속 싸웠다. 암브로스는 아리안파에 친구가 없었으나 양측으로부터 모두 지지를 받았다. 밀라노의 주교(아리안파 출신)가 사망하자, 암브로스는 그가 나가면 양측이 싸우는 것을 막을 수 있으리란 기대를 하고 후임자 선출 자리에 나갔다. 그런 그에게 양측이 뜻밖에도 그에게 후임 밀라노 주교가 되라고 추대를 외치는 일이 벌어졌다.

암브로스는 교회 지도자가 되는 것을 정말 원하지는 않았다, 정치적인 지도자로서의 일을 잘하고 있었다. 심지어 그는 세례조차 아직 받지도 않았다. 그러나 사람들은 발렌티안 황제에게 편지를 써 황제 인장이 찍힌 임명 칙령을 요청했고, 암브로스는 주교 일을 하겠다는 것을 동의하지 않아 가택 연금이 되었다.

만일 아리안주의자들이 암브로스를 주교로 밀면서 자신들의 주장에 호의를 얻으려 했다면 그들의 희망은 곧 꺼졌을 것이다. 새로이 주교가 된 암브로스는 정통 중의 정통주의자였고 아리안파들이 하던 일을 도맡아 처리했다. 아리안파들이 쓰던 교회들을 포기하기를 거절했고 그들을 비판하는 글들을 썼는데 그 중 『신앙에 관하여: 주의 성육신의 신비』(On the Faith, The Mystery of the Lord's Incarnation), 『성령에 관하여』(On the Holy Spirit) 등이 있다.

수사학과 법률을 훈련받았고, 그리스어(희랍어)를 배웠던 암브로스는 그리스의 최신 저작들에 관한 풍부한 지식으로 기독교인들뿐 아니라 이교도 사이에서도 널리 알려졌다. 그는 필로(Philo), 오리겐(Origen), 가이샤랴의 바실(Basil of Caesarea) 등 뿐만 아니라 신플라톤주의자 플로티누스(Plotinus)에 대해서도 설교에 인용하였으며, 그는 뛰어난 설교자로 널리 주목받았다.

그는 많은 설교 중에서 금욕주의의 덕목들에 대해서도 자세히 해설하였는데, 그의 설교가 너무 설득력이 있어 귀족들은 종종 자신들의 딸들이 그가 설교할 때 예배에 가지 말라고 하였다. 그 이유는 그의 설교를 듣고는 시집을 가지 않고 평생 엄격한 처녀로 지내게 될 것이 염려되어서다.

암브로스의 목회적 충고 중에서 아직도 널리 알려진 것이 있다.

로마에 있을 때는 로마식으로 살라. 다른 데 있으면 거기에 맞게 살라.

암브로스는 이외에도 회중 찬송을 도입하였고, 동방 멜로디를 그가 쓴 찬송에 도입함으로 밀라노 사람들의 혼을 쏙 빼어놓았다는 비난을 받기도 하였다. 그의 영향력으로 예배 중 찬송은 서방 예전에서 중요한 부분으로 자리 잡았다.

황제를 회개하도록 만듦

암브로스의 역사에 길이 남는 기여는 교회와 국가 사이의 관계에 관한 것이다. 그는 3명의 황제들과 힘겨루기를 했고 매번 이겼다. 로마 제국에서 기독교를 국교로 함으로 로마를 기독교 국가로 만든 테오도시우스 황제와의 다툼은 가장 잘 알려진 예이다. 390년 데살로니가에서 전차병 한 명이 동성애를 한다는 이유로 그 지역 관리들이 그를 감옥에 넣었다.

불행히도 그 전차병은 그 도시에서 가장 사랑받던 자 중의 한 명이어서 이로 인해 폭동이 일어났고 그 지역 주지사는 그를 풀어주라는 시민들의 요청을 거부하였다. 사태가 악화하면서 주지사와 몇 명이 이 소동 가운데 살해되었고 그 전차병은 풀려났다.

이 소식을 들은 테오도시우스(Theodosius) 황제는 격노하여 복수를 명하였다. 전차 경기를 열라고 발표하고 군중들이 전차 경기 관람을 위해 경기장에 몰려들자 경기장 문을 잠가놓고 황제의 병사들은 참가 군중들을 학살하기 시작하여 서너 시간 만에 7천 명이나 죽임을 당했다.

암브로스는 이 소식에 경악하여 분노에 찬 편지를 황제 테오도시우스에게 보내 회개하라 했다.

그렇게 많은 사람이 죽었음에도 당신에게는 슬픈 일이 아니나 나에게는 슬픈 일이기에 나는 촉구한다. 빈다. 간청한다. 충고한다. 지금 회개를 요청한다.

암브로스는 이어 황제가 제단 앞에서 엎드리기 전에는 교회에도 나오지 못하게 금지했다. 이에 황제는 순종했는데 이는 교회가 국가를 이긴 첫 번째 사례가 되었다. 이 사건으로 암브로스는 중세 시대 크리스천 황제들에게 "그리스도의 명하심 아래 교회의 아들로서" 충실히 섬기라는 개념을 세웠다. 그 후 천 년 동안 세속적 지도자나 교회의 지도자들은 사람들의 삶을 좌우할 일들에 대한 주권을 누가 갖느냐로 싸웠다.

테오도시우스의 유명한 선언은 "나는 암브로스 외에는 그 어떤 주교도 그 이름을 알 일이 없다"는 것이었고, 황제는 그를 계속 존경했고, 그의 품에서 죽음을 맞았다. 암브로스는 "나는 황제를 사랑했다고 고백하며 내 가슴 속 깊이 그의 죽음을 슬퍼한다"고 황제의 죽음을 애도했다.

2년 뒤 암브로스도 많이 아프게 되자 온 나라에서 걱정이 생겼는데 한 삭가는 "암브로스가 죽으면 이탈리아의 몰락을 보게 될 것"이라 쓸 정도였다. 397년 부활절 저녁 밀라노의 주교로 23년간 섬겼던 암브로스는 이 땅에서의 사역을 마쳤다.

암브로스와 테오도시우스와의 관련성보다 더 잘 알려진 이름은 암브로스의 학생으로서 역사를 빛낸 어거스틴이다. 회의에 빠져있었던 수사학 교수였던 어거스틴은 384년 암브로스의 유명한 설교를 들으려고 밀라노로 갔고, 4년 뒤 밀라노를 떠날 때 암브로스로부터 세례를 받았고, 그로부터 배운 철학적 기초를 활용하여 기독교 신학을 변화시켰다.

22. 요한 크리소스톰
초대 교회의 가장 위대한 설교가

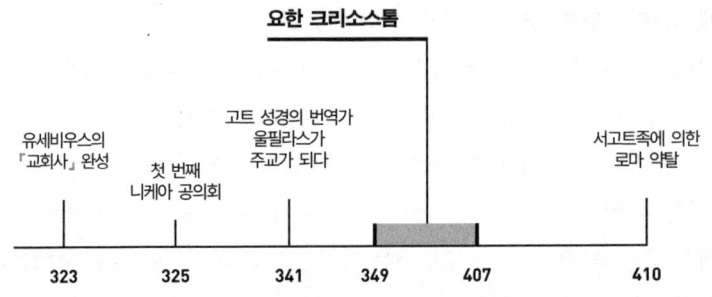

> 설교는 나를 향상시킨다. 나는 말할 때면 지루함이 사라지며, 가르칠 때는 피곤도 사라진다.

요한 크리소스톰(John Chrysostom)은 다음과 같이 설교했다.

> 부엌 찬장에 그릇 대신 옷들을 가득 쌓아놓는 것은 어리석고 누가 봐도 미친 짓이다. 하나님의 형상으로 지음을 받은 모든 인생은 하나님 앞에서 발가벗겨진 채 추위에 떨며 서게 되기에 똑바로 서 있을 수가 없을 것이다.

유려하고 타협이 없는 설교는 전형적인 그의 설교였고, 역사에 그의 이름이 남게 된 것은 "크리소스토모스, 황금의 입술"이었다. 그처럼 뛰어난 설교가였던 그가 초대 교회 최고의 설교가였긴 했으나 바로 그 설교로 그는 고통을 당하게 되었으며 이른 죽음을 맞게 되었다.

법령 문제로

요한은 초대 교회 후반기 지성계를 이끌던 도시 안디옥에서 과부가 된 경건한 어머니 안두사에게서 태어났다. 그의 스승은 리바니우스로서 그는 아테네와 콘스탄티노플 두 곳에서 교수를 지낸 유명한 이교도 수사학자였다.

당대 많은 독실한 남자처럼 교육을 마친 거미 다리 요한(키는 작았고 몸은 말랐고 팔다리는 길었다)은 은둔 수도원에 들어갔다. 그러나 그의 엄격한 금욕 생활은 너무 혹독하여 그의 건강을 해쳐(건강을 해친 결과는 일생을 따라다녔다) 일상 생활로 복귀할 수밖에 없었다. 그는 안디옥에 있는 교회에서 강사에서 집사로 다시 사제로 빠르게 역할이 바뀌었다.

이 무렵 그는 『사제에 관하여』(On the Priesthood)란 글을 썼는데 이 글은 그가 사제직에 늦게 들어간 이유를 정당화하는 내용과 목회자가 된다는 것의 위험성과 가능성에 대한 성숙한 고찰이기도 했다.

그는 다음과 같이 썼다.

> 나는 그 어느 사람도 사람들로부터 찬사를 받는 것을 좋아하지 않는 기질을 물려받지 않은 사람을 알지 못한다. 찬사받는 것을 즐긴다면 그는 자연스럽게 그걸 받으려고 원할 것이며, 받으려고 한다면 그다음 찬사받는 것을 잃게 될 때 고통과 제정신을 잃게 되는 것을 피할 수가 없게 된다.

크리소스톰이 설교를 시작하면서 주목받게 된 곳은 안디옥인데 여기서 '법령 문제'가 나중 발생했다. 388년 봄 세금을 늘린다는 발표가 나면서 안디옥에서는 반란이 일어났다. 황제의 법령으로 황제 가족의 신성이 훼손당한 것이다. 제국의 관리들은 그 도시 지도자들을 처벌하여 몇이 죽었다. 대주교 플라비안은 800마일 떨어져 있는 수도 콘스탄티노플까지 달려가 황제에게 사면을 탄원하였다.

플라비안 대주교가 없는 동안 요한은 공포에 질린 안디옥에서 설교했다.

> 지진이 일어날 때나, 기근이나 가뭄이 있었을 때 말고 진정으로 여러분 자신을 향상하십시오. 3-4일 죄 짓는 일을 그만두지 않으면 그대로 옛 생활로 돌아가고 맙니다.

8주 뒤 플라비안 대주교가 황제의 사면이라는 기쁜 소식을 갖고 돌아왔을 때 요한의 명성은 치솟았다.

그때부터 그는 설교가로 사람들이 찾았다. 그는 성경의 여러 책을 골고루 설교했으며 "다른 사도들도 좋아하지만, 누구보다 난 사도 바울을 좋아한다. 바울의 선택과 천국의 트럼펫을 좋아한다"고 선호를 밝혔다. 그는 설교에서 낙태, 매춘, 폭음, 연극, 함부로 서원하는 것 등을 비난하였다. 경마를 사랑하는 데 대해서는 불평했다.

> 나의 설교는 순전히 관습상 칭찬받는다. 그러다가 사람들은 경마로 마음을 빼앗겨 경마 선수들에게 찬사를 보내는데 고삐 풀린 열광을 그들에게 보낸다. 거기서 그들은 엄청난 집중력으로 머리를 맞대고 "이 말은 잘 달리지 못해, 이 말은 넘어졌어"라며 서로 경쟁 상대에게 투덜댄다. 이 경마 선수에게서 또 다른 경마 선수에게로 그들의 애정을 옮긴다. 누구도 내 설교를 그 이상으로 생각 못 하며 거룩하며 엄청난 신비가 바로 여기에서 성취됨에도 그것을 생각 못 한다.

그는 머리가 컸고 대머리였으며, 움푹 파인 눈이나 턱도 주저앉아 사람들은 그의 모습에서 선지자 엘리사를 연상했다. 비록, 그의 설교(30분에서 2시간 가까이)에 사람들이 많이 오긴 했어도, 요한은 가끔 낙심되었다. "내 일은 진흙이 계속 흘러내리는 곳에서 조그만 땅 한 모퉁이라도 씻어내 보려고 하는 것 같다"고 말하기도 했다. 같은 때 그는 "설교는 나를 향상한다. 나는 말할 때면 지루함이 사라지며, 가르칠 때는 피곤도 사라진다"고 말한 바 있다.

콘스탄티노플로 납치되다

398년 초 요한은 병사들에 의해 체포되어 수도로 압송되었는데 거기서 그는 강제로 콘스탄티노플의 대주교로 추대되었다. 그의 납치는 정부 관리들이 당시 기독교계의 최고 설교가였던 요한을 수도로 모셔 교회를 빛내보려고 한 나머지 계획된 납치였다. 어처구니없는 일이었으나 요한은 하나님의 섭리로 받아들였다.

수도 콘스탄티노플의 새롭고 수준 높은 교인들 앞에서, 특히 일부는 황실 가족들이 상당히 출석하는 교회에서 요한은 설교를 부드럽게 하지도 않았고 안디옥에서 설교하던 주제들을 계속하였다. 그는 부와 권력을 남용하는 데 대해 꾸짖었다. 그 자신의 생활 방식 자체가 사람들에게 말이 되었다. 즉 그는 금욕적인 생활을 했고 상당한 자신의 집에 있던 돈을 가난한 사람들을 돌보거나 병원을 짓는 일에 썼다.

요한 크리소스톰

그는 계속하여 대규모의 공적 죄들에 대해 공격했는데 연극을 비난하는 설교가 그 한 예이다.

> 연극이 끝난 후 연극에 왔던 관객들이 다 사라진 후 그 연극에서의 '수치스러운 여배우'들의 몸짓이 당신들의 영혼에 둥둥 떠다닐 것이다. 그들의 연극에서의 대사, 행위, 눈짓, 걸음걸이, 자세, 흥분, 정숙지 못한 다리 등…그리고 당신 안에서 그들은 바벨론의 용광로에 불을 붙이며 그 불길에 여러분의 가정, 여러분의 심령 안의 순결, 결혼의 행복 등이 모두 불살라질 것이다.

그의 요령도 없고 정치적인 수완도 모자란 것으로 적들이 많이 생겼는데 황실 가족들과 동료 주교들이 그의 적이 되었다. 설명을 다하기가 너무 복잡하다는 이유로 알렉산드리아의 대주교 씨오필리우스(Theophilus)는 콘스탄티노플 밖에서 공의회를 소집할 수 있었고 거기서 요한을 이단으로 몰아 요한이 대주교직에서 내려오도록 하였다. 요한은 이제 황후 유독시아와 황제 아카디우스에 의해 귀양을 가게 되었다.

요한은 한여름 소아시아의 평원 지방으로 압송되면서 이제 그의 건강은 거의 망가지기 시작하였다.

귀양길에서 충성스러운 지지자들의 만나기도 하면서 그들을 격려하는 편지를 썼다.

교회가 흩어지는 것을 보거나 가장 끔찍한 시련으로 고통받거나, 걸출한 교회의 인물들이 박해를 당하거나 고문을 받거나, 교회의 리더들이 귀양지로 끌려가거든 그 일들만 생각지 말고 그 일들이 가져올 결과를 생각해 보라. 상급이 있을지, 보상이 있을지, 경기에서 이긴 운동선수들이 받을 상과 시합에서 이긴 이들에게 주어지는 상들을 생각해 보라.

제국의 끝 흑해 동편 해안에서 요한은 몸은 그 생명을 다하고 말았다. 그로부터 34년이 지난 후 요한의 대적들도 죽음을 맞았고 요한의 유물들은 수도로 당당히 귀환하였다. 아카디우스(Arcadius)와 유독시아(Eudoxia) 황제 부부의 아들인 테오도시우스 2세(Theodosius II)는 자기 부모의 죄를 공적으로 용서해 달라고 빌었다.

요한은 후에 "교회의 박사"라는 존칭이 주어졌는데 그 이유는 그의 저작들(600편의 설교와 200편의 편지들이 남아 있다)의 가치 때문이다. 대 바실(Basil the Great), 나지안주스의 그레고리(Gregory of Nazianzus), 아타나시우스(Athanasius)와 더불어 요한은 동방의 초대 교회 교부 중에서 가장 위대한 교부 중의 한 분으로 존경받고 있다.

23. 리차드 백스터
극단적인 시대에 온건한 지도자

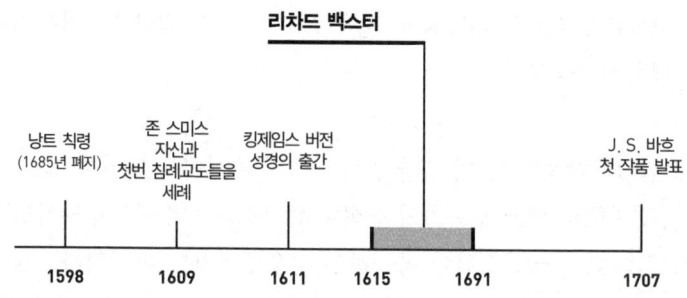

> 나는 죽어가는 이들에게 죽어가는 자로서 설교한다.

리차드 백스터(Richard Baxter)는 영국 키더민스터에서 그 지역에서(사례비로) 돋보이려고 지역 목사들보다 더 높은 사례비를 받는 일은 결코, 하지 않았다. 그래도 그는 1600년대 영국의 교회 사역자 중에서 가장 유명하다. 그는 개신교인 중에서 연합을 위한 평화를 만들어 냈지만, 그 자신은 고도로 개인주의적 사고를 하는 사상가였고 그의 생애 동안 영국에 주요 논란이 있을 때마다 중심에 서 있었던 인물이었다.

연합을 추구한 비국교도

로우톤에서 교육에 가치를 두지 않은 부모 밑에서 태어난 백스터는 거의 대부분 지식을 독학으로 이루었다. 그는 결국 수업료를 내지 않는 자유학교에서 공부하다가 영국 왕실에서도 공부하였으나 왕실 안의 바보 같은 짓거리에 신물이 났다. 이어 신학을 공부하기 위해 그곳을 떠나 23살에 영국성공회에서 안수받았다.

영국성공회 안에서 백스터는 청교도들과 공통점을 찾았다. 청교도들은 영국성공회의 감독 제도에 반대한 신생 교파였고 그때 여러 파로 나누어졌다. 백스터는 영국성공회, 장로교, 회중파, 그 외의 여러 교파 사이에서의 분쟁을 피하고자 그 나름의 최선을 다했는데 심지어 지역 목회자들에게 일부 목회적 관심사에 서로 협력하라고 확신시키기도 하였다.
그는 다음과 같은 말을 좋아했다.

> 필요한 일에는 연합을, 의심스러운 일에는 자유를 그리고 나머지 모든 일에는 사랑을 보이라.

서로 협력해야 한다는 데 대한 관심은 그가 확신이 모자라서 그런 게 아니었다. 정반대로 백스터는 그의 신학이 날카로웠으며 분리주의자도 아니었고 그렇다고 영국성공회에 복종하는 순응주의자도 아니었다. 200편이 넘는 저작 중에서 논란이 되는 것은 교리에 관한 글들이었다.

그는 사회는 사랑이 많은 아버지 아래 대가족이라고 믿었으며 극단론으로 가는 사이에서 중재하려고 애썼다. 그렇게 함으로 그는 결국 영국성공회가 지역 목회자들에게 권한을 제대로 주지 않는다는 이유로 영국성공회에서 갈라서 나온 '단순한 비국교도'라고 자신을 등록하였다(비국교도란 "영국성공회가 아니라"는 기술적 용어였다).

핍박받은 중도 온건주의자

백스터는 영국의 내란 기간 중 평화를 위해 힘을 기울였다. 그는 왕권 제를 믿었으나 그 왕권은 제한적이어야 한다고 생각했다. 그는 의회 군의 군목이었으나 영국 왕권 제를 복원시키는 일에도 도왔다. 그렇지만 온건주의자로서 백스터는(의회파와 왕권파) 두 파로부터 모두 비판의 대상이 되었다.

그는 히어포드의 주교직 제안을 받았던 1660년 감독 제도에 대해 불편을 가져 그 직책을 거절했다. 그 결과 그는 교회의 직제로부터 퇴출당하였고 키더민스터로 되돌아가는 것도 허락되지 않았을 뿐 아니라 설교도 못 하게 되었다. 1662년부터 1688년(제임스 2세가 퇴위당한 때)까지 그는 박해를 받아 감옥에 18개월 갇혀 있었고 그의 방대한 도서들을 팔도록 강요받았다.

그런데도 그는 설교를 계속하였다. "나는 다시는 설교를 할 수 없으리라 여기고 설교하며, 나는 죽어가는 이들에게 죽어가는 자로서 설교한다"고 썼다. 백스터는 많은 저술을 남긴 것으로 더 유명하다. 그의 고전적인 묵상집인 『성도의 영원한 안식』(*The Saints' Everlasting Rest*)은 그 당시 가장 널리 읽혔던 책 중 하나였다. 영국성공회의 『공동 기도서』(*Book of Common Prayer*)로부터 별도로 책을 써달라는 부탁을 받았을 때 그는 전혀 새로운 책인 『개혁된 성례전』(*Reformed Liturgy*)을 2주 만에 쓰기도 했다.

그의 『크리스천 편람』(*Christian Directory*)은 100만 단어가 그 책 안에 있으며 그의 자서전이자 목회자들을 위한 지침서인 『참된 목자』(*The Reformed Pastor*, 크리스챤다이제스트 刊)는 오늘까지도 널리 읽히고 있다.

리차드 백스터

> 복음은 내가 죽는다고 죽는 것이 아니다. 교회가 죽는 것도 아니다. 하나님을 찬양하는 것도 죽지 않는다. 말씀도 죽지 않는다. 더 낫게 자라날 것이다.

죽음을 앞둔 백스터는 적었다.

> 내가 뿌린 씨앗 중에서 몇몇은 내가 죽은 뒤 설교할 수 없는 어두운 세상에서 조금이라도 도움이 되기 위해 자라날 것이다.

24. 존 뉴턴
개혁된 노예 거래상

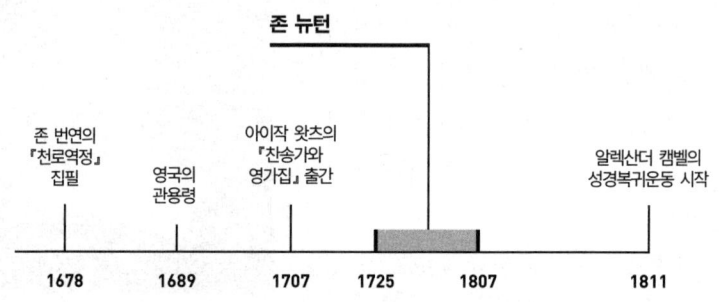

> 놀라운 주 은혜(Amazing Grace), 나 같은 비참한 자 건지신 이 얼마나 달콤한 소리인가?

역사상 아마도 가장 유명한 찬송이 이 찬송일 것이다.

> 놀라운 주 은혜 이 소리
> 나같이 비참한 자 건지신 이 소리 얼마나 달콤한가?
> 한때 난 잃었던 자였으나 이제는 발견되었네
> 한때 난 눈멀었으나 이제 난 볼 수 있네

오늘날 비록 일부 사람들은 이 노래에 나오는 "비참한 자"(wretch)라는 단어가 과장법으로나 혹은 약간 극적 분방함을 보이기 위해 쓰였을 것으로 생각하겠으나 이 찬송을 지은 저자는 분명히 그렇지 않았다. 찬송 가사 그대로였다.

노예 무역상

존 뉴턴(John Newton)은 어릴 적부터 자기에게 성경 활용법을 가르쳐 주시던 크리스천 어머니 슬하에서 자랐다. 그렇지만 그 어머니가 폐결핵으로 그가 7살 때 돌아가시자 아버지 영향 아래 키워졌다. 11살 때 뉴턴은 해군 상인 선장과 함께 6대양 해상 여행을 처음으로 나서게 되었다. 뉴턴은 한 상인의 사무실에서 첫 직업을 잃게 되는데 그 이유는 "종잡을 수 없는 행동과 참지 못하는 조급성"이었는데 이 같은 그의 행동은 그 뒤에도 이어졌다.

그는 H.M.S. 하위치라는 배에 억지로 1744년 오르기 전 10대 후반을 바다에서 보냈다. 뉴턴은 영국 해군의 규율에 반항하여 탈영하기도 했고 붙잡혀 감옥에도 갔고 고문도 받았다. 그는 결국 그의 상관이 노예선에 타라 했다고 그를 내려보냈다고 믿었다. 자유분방하게 생각하는 것을 자기 나름의 원칙을 좋아했던 뉴턴은 교만했고 반발하기 일쑤였고 도덕은 집어던져 놓고 살았다.

그는 훗날 다음과 같이 썼다.

> 나는 멋대로 죄를 지었으며 나는 죄짓기 위해 다른 사람들을 자극하고 끌어들이는 짓을 궁리하는 데 골몰했다.

그는 클로우(Clow)라는 노예 상인에게 고용되었는데 그 노예상인은 서부 아프리카에 있는 어느 섬에서 레몬 나무 농장을 갖고 있었다. 뉴턴은 그와 그의 아프리카 정부로부터 가혹한 처우를 받았다. 곧 뉴턴의 옷은 다 해어졌고 배고픔을 달래고 음식을 얻어먹기 위해 구걸을 해야 했다.

불량아 뉴턴은 1744년 리버풀에 속해 있었던 한 배였던 그레이하운드의 선장 밑에서 일을 하게 되어 집으로 돌아오는 중이었는데 그 배는 거대한 폭풍에 휘말리게 된다. 뉴턴은 그 당시 토마스 아 켐피스의 『그리스도를 본받아』(The Imitation of Christ)중에서 불확실한 삶의 연속에 관한 구절을 읽고 있었다.

그는 당시를 회상하며 잠언의 말씀도 있었다 한다.

> 내가 너를 불렀으나 너는 나를 거절하였도다. 나는 너의 재앙을 비웃노라.

그는 이 폭풍 속에서 회심하였지만, 훗날 그는 "나는 나 자신을 정말 말씀 그대로 믿는 자로 여기지 않았다"고 인정한다. 뉴턴은 그 뒤에도 선원으로 일하였고 여러 노예선의 선장이 되기도 하였는데 노예선의 크리스천 선장으로 노예 무역의 최악의 실태를 억제할 수 있기를 바랐으며 그 배의 선원들이나 짐짝 같았던 아프리카인들의 "영혼 안에 하나님의 생명을 증진하기를" 희망하였다.

어메이징 찬송

1755년 사무실에서 일하는 직장을 얻어 바다를 떠난 뉴턴은 그의 리버풀 집에서 성경 공부를 했다. 웨슬리와 조지 휫필드의 영향을 받아 다시 온건한 칼빈주의로서의 견해를 가지게 되었고 점차로 노예 무역과 거기서의 자신의 역할에 대해 혐오를 느끼게 되었다. 그리고는 그 일을 그만두고 영국성공회의 목사로 안수받아 1764년 버킹햄셔에 있는 올니에서 교구를 맡게 되었다.

존 뉴턴

뉴턴이 그곳에서 목회를 시작한 지 3년 뒤, 시인 윌리엄 쿠퍼(William Cowper)가 올니로 이사왔다. 쿠퍼는 우울증을 자주 앓고 있던 뛰어난 시인으로 그 조그만 교회의 평신도 지도자가 되었다.

1769년 뉴턴은 목요 저녁 기도회를 시작하였고 예배 때마다 그는 익숙한 선율에 입힐 찬송을 썼다. 뉴턴은 또한 쿠퍼가 이 모임을 위하여 찬송을 쓰도록 권면하여 쿠퍼가 1773년 심하게 앓을 때까지 찬송이 지어지는 일이 계속되었다. 뉴턴은 찬송 280편을 썼는데 그중 68편은 쿠퍼와 함께 쓴 찬송으로 이 찬송들은 나중에 올니 찬송으로 널리 알려지게 되었다.

이 찬송 중에서 잘 알려진 찬송들은 다음과 같다.

첫째, <놀라운 주 은혜>(*Amazing Grace*)
둘째, <영광스러운 것들이 말해졌도다>(*Glorious Things of Thee Are Spoken*)
셋째, <예수 그 이름 그 놀라운 이름>(*How Sweet the Name of Jesus Sounds*)
넷째, <주와 더 가까이 걷기 위하여>(*O for a Closer Walk with God*)

다섯째, <보혈로 채워진 샘이 있네>(*There Is a Fountain Filled with Blood*)

1787년 뉴턴은 『아프리카 노예 무역에 관한 생각들』(*Thoughts Upon the African Slave Trade*)을 썼으며, 이 글은 이 노예 무역 관행을 종식하려던 당시 영국 정치인 윌리엄 윌버포스의 노력을 도왔다.

이 부분에 관한 그의 회상은 그의 일생 떠나지 않았으며, 고령으로 약해진 그는 목회를 그만두어야 한다는 권고가 있었을 때 다음과 같이 대답했다.

나는 멈출 수 없습니다.

하나님을 모독해 왔던 이 늙은 아프리카인이 아직 말을 할 수 있는 동안은 어떻게 멈출 수 있겠습니까?

25. 찰스 시므온
복음주의적 멘토이자 모델

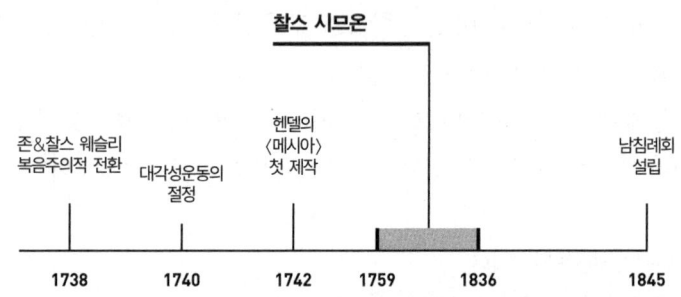

> 사순절 수요일은 자비의 희망으로 시작되었다. 목요일이 되면 그 희망은 늘어났다. 부활절이 되자 나는 이 말씀들을 가슴과 입술에 품고 일어났다. 오늘 예수 그리스도께서 다시 살아나셨다. 할렐루야 할렐루야

찰스 시므온(Charles Simeon)은 20세기의 존 스토트 같은 모델이 되었는데 케임브리지에서 시작된 그의 삶은 모델 그 자체였다. 1779년 귀족 가문 출신의 젊은 시므온은 케임브리지대학교 안의 킹스 칼리지에서 공부하였고 부활절에 반드시 참석하여 성찬을 받으라는 말을 들었다. 그때까지 그의 관심은 말타기, 게임, 패션 등에 있었던 때였다. 그때 그는 "사탄이 나처럼 그 성례식에 참석하기에 딱 맞았다"고 생각했다. 그는 자신의 양심을 분류하는 일에 열중하여 성경과 여러 신앙 서적을 읽기 시작했다.

구약에서의 속죄 제물을 읽어나가며 그는 생각했다.
"뭐라? 내 모든 유죄를 남에게 전가한다고?"
"하나님이 나를 위해 헌물을 준비했다면 나는 내 죄를 그의 머리 위에 놓을 것 아닌가?"
시므온은 즉각 그의 죄를 예수의 거룩한 머리 위에 놓을 것이다.

> 사순절 수요일은 자비의 희망으로 시작되었다. 목요일이 되면 그 희망은 늘어났다. 부활절이 되자 나는 이 말씀들을 가슴과 입술에 품고 일어났다. 오늘 예수 그리스도께서 다시 살아나셨다. 할렐루야 할렐루야.

시므온은 안수받은 후 케임브리지의 세인트 에드워즈에서 잠시 임시 목사를 거친 후 23살에 성삼위일체교회의 목사가 되었다. 시므온이 복음주의 설교 때문에 이 교구 교회의 리더들은 다른 목회자를 원했으며 자신들이 미리 잡아둔 회중석에는 다른 사람들의 앉지도 못하도록 자물쇠로 잠가버렸고 시므온의 설교를 들으러 온 이들은 복도에 서서 설교를 들어야 했다.

찰스 시므온

시므온이 복도에 의자를 놓도록 하자 교회 관리자들은 이들을 아예 내쫓아냈다. 시므온은 낙심도 되어 한번은 사표도 냈었다.

그는 다음과 같이 회상했다.

> 내가 케임브리지대학교(교회)에서 많은 조롱과 모욕의 대상이 되었을 때 나는 낙심도 되고 상처도 입은 어느 날 내 손에는 적은 성경이 들려있었고 내 눈을 잡아끈 첫 말씀은 구레네 시몬이라 이름하는 자가 있었으니 그들은 그에게 십자가를 지도록 강요했다.

대화 나누기 파티들

그 뒤 천천히 좌석들이 다시 열리고 채워지기 시작했는데 마을 사람들이 그 자리를 채워나간 게 아니라 학생들이 그의 설교를 들으려고 온 것이다. 그때 시므온은 그 당시로써는 생각지도 못했던 일을 시도했는데 바로 저녁 예배였다. 그는 학생들을 주일과 금요일 자신의 집으로 초대하여 대화 파티를 열어 어떻게 설교할지에 대해 가르쳤다. 그가 죽었을 때는 영국성공회의 모든 목회자 약 3분의 1 정도가 그로부터 한 번 이상은 강의를 들었을 정도였다.

시므온은 지칠 줄 모르는 활동가로서 복음주의 조직들을 설립하는 데 힘썼는데 예를 들어 유대인들을 위한 런던, 신앙소책자협회, 영국 및 해외 성경협회 등이 있다. 또한, 교회선교사협회의 창립자 중의 한 명이었으며, 자신의 교회 청년들을 땅 끝까지 복음을 들고 나가도록 영감을 불어넣어 주었다.

1817년 동생이 죽으면서 남긴 재산을 물려받으면서 그는 시므온 신탁이란 것을 만들어 교구 목회자로 복음주의적 성직자들을 임명할 수 있는 권리를 사들였다.

그는 평생 결혼하지 않은 독신으로 살았고, 케임브리지에 있는 유서 깊은 성삼위교회에서 사역했는데 오늘날에도 그 교회는 영국 복음주의의 중심으로 남아있다.

26. 라이먼 비처
시대와 함께 움직인 부흥사

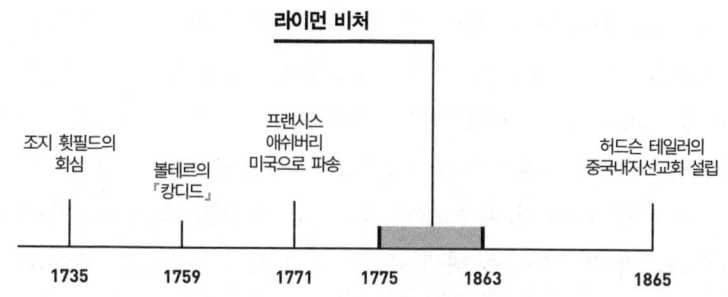

> 죄는 검고 은혜는 넘치고 의지는 자유롭다(라이먼 비처의 신학을 요약한 어느 자서전에서).

라이먼 비처(Lyman Beecher)가 예일대학교 2학년이었을 때 예일대학교 총장 티모시 드와잇(Timothy Dwight)은 당시 급속히 번져나가던 종교적 회의주의에 반대하는 운동을 펼치는 설교를 시작하였다.

성경은 하나님의 말씀인가?

이런 제하의 논쟁이 끝난 후 "모든 이교도의 두개골이 드러나 그들의 머리를 두개골이 가렸다"고 비처는 적은 바 있다. 드와잇이 설교했을 때 "추수는 지난 일이 되었고 여름도 끝났는데 우리는 아직도 구원받지 못했다"고 비처는 느꼈는데 마치 "큰 눈사태가 산 위에서부터 자신에게로 굴러내러 오고 있다고 여겼으며 걸음마다 울며" 집으로 왔다고 회상했다.

이와 같은 개인적 전환은 미국 기독교계에 일어나고 있었던 변화들을 미리 보여 준 일들이 되었는데 비처가 그 변화의 한 부분이 되었다.

실용적인 설교

코네티컷주 출신의 비처는 회중교회 성직자로 등록되어 있었지만, 첫 목회는 롱 아일랜드의 이스트 햄프톤에 있던 장로교회에서 시작했다. 이 젊은 설교자는 처음에는 낙심되어 있었다. "내 설교는 움직이지 않는 갓 같았다"며 "바위에다 대고 말하고 있었다"고 불평했다. 그러나 그가 1806년 아론 부어와 알렉산더 해밀턴이 서로 겨루었던 총싸움 사건을 인용하여 "총싸움 겨루기를 위한 치료"라는 설교를 했을 때 부흥이 일어났다.

1810년 그는 코네티컷주의 리치필드에 있던 회중교회에서 목회를 시작했는데 그의 부흥사와 사회개혁가로서의 명성은 높아갔다. 그는 기성 교회(당시 코네티컷주는 회중교회를 재정적으로 돕고 있었다)에 대한 교회의 권리를 강력히 방어했지만 회중교회는 더 이상 지원받는 기성교회가 되지 못했다. 그러자 그는 마음을 바꿔 교회가 국가 지원의 사슬을 끊어버리고 전적으로 모든 공급을 하나님께 의지하기로 했다.

다음 교회는 보스턴에 있던 하노버교회였고 그곳에서의 큰 쟁점은 유니테리안주의였는데 당시 보스턴을 휩쓸던 사조였다. 부흥사였던 비처는 즉각 정통성 수호를 위한 지속적인 운동을 했다. 일찍부터 비처의 영혼을 건지겠다는 열정은 그의 신학을 보다 실용적인 방향으로 움직였는데 그는 구도자들의 지성에도 호소하거나 어떤 이들에게는 감성에 호소하는 등의 실용적 접근을 하였다.

그의 설교는 합리주의적 성향으로 많이 기울었으며 상식, 존경스러운 회개, 모든 반대를 충족시키는 등의 용어들과 문장들을 사용하였다. 그는 설교할 때 어깨를 으쓱거리며 팔을 휘저었다(그의 자녀들이 그의 설교 몸짓 흉내를 재미있게 내기도 했다). 그는 전형적인 양키의 원형으로 간주하였는데 양키들의 으쓱대며 장난기 많은 그러면서도 논리적인 논쟁에서는 지칠 줄 모르며, 늠름하기도 하고 버릇이 없기도 한 다양한 면모를 보였다.

자유의지의 챔피언

1882년 비처는 오하이오주의 신시내티에 있는 제2장로교회 담임목사와 레인 신학교의 교목 일을 같이 맡았다. 노예 폐지 운동이 그 도시에서 열기가 뜨거워지면서 비처는 자원봉사 그룹이 노예 제도 같은 사회적 질병들을 얼마나 강력하게 치유할 수 있는지를 체험하였다.

이 일은 당연히 그가 자신의 칼빈주의적 죄에 대한 교리를 재검토하게 했고 자유의지에 대해 더욱 강조를 하게 되었다. 그의 칼빈주의는 알미니안주의자였던 찰스 피니나 새로운 학교 신학(New School Theology)으로 불리던 사조에 의해 빠르게 다시 편성되어 갔다. 그때 그의 생각을 그의 생애를 쓴 한 자서전에서는 "죄는 검고 은혜는 넘치고 의지는 자유롭다"라고 요약한다.

라이먼 비처

칼빈주의가 가미된 회중교회주의 시대에 이러한 비처의 생각은 잘 자리 잡지 못했고 그는 이단으로도 몰렸으나 나중에 이단 시비에서 벗어났다. 비처의 가장 대단한 유산이라면 그의 가족일 것이다. 그는 미국에서 그 누구보다도 뛰어난 인재를 배출한 가족의 아버지로 불린다. 그 이유는 그의 자녀 중에는 『톰 아저씨네 오두막』을 쓴 그의 딸 해리엇 비처 스토위(Harriet Beecher Stowe)와 그 당시 가장 유명한 설교자였던 아들 헨리 와드 비처(Henry Ward Beecher)도 있었다.

27. 토마스 찰머스
가난한 이들을 위해 지치지 않은 사역자

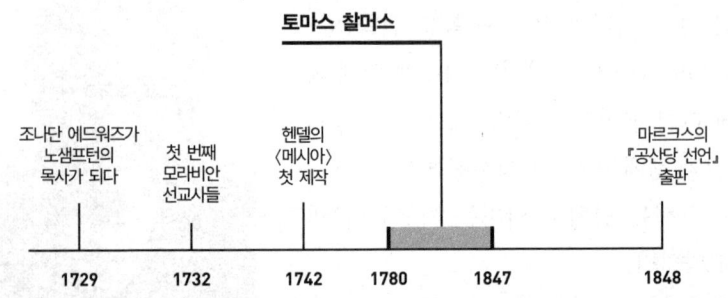

> 기독교를 가가호호 믿는 인구가 많아지려면 가장 효율적인 방법은 가족 모두와 접촉해야 한다는 것이다.

유명한 노예 폐지 운동을 펼친 윌리엄 윌버포스(William Wilberforce)는 "모든 세상은 거칠다"라고 토마스 찰머스(Thomas Chalmers)에 대해 말했고, 어느 주교는 단테의 말을 인용하여 "그 자신에게는 온화하지만, 적들에게는 무시무시한 거룩한 씨름꾼"이라고 찰머스에 대해 말한다.

이들 모두 엄청난 에너지와 열정을 지녔던 토마스 찰머스에 대해 말한다. 그의 생애는 그가 회심한 이후에는 그가 한때 수사적으로 질문해 보았던 다음과 같은 질문에 대해 마치 레이저같이 대답하는 집중을 보인 인물이다.

> 기독교를 가가호호 믿는 인구가 많아지려면 가장 효율적인 방법은 가족 모두와 접촉해야 한다는 것이다.

교구 시스템

찰머스는 스코틀랜드 피폐 해안가에 있는 안스트루써에서 태어났고 그 지역 학교에서 교육받은 뒤 12살부터 세인트 앤드류스(당시 두 번째로 가장 나이 어린 학생이었다)에서 공부했다. 1802년 그는 킬마니에서 목사가 되었고 교구 목회보다는 전국적인 지적 활동에 더 관심을 가졌다. 1805년 그

가 쓴 팸플릿에 보면 목사는 이틀 안에 자
기 할 의무는 다하고, 나머지 날들에는 방
해받지 않는 여유를 갖고 목사가 바라는
어떤 것이든지 할 수 있어야 한다고 했다.

그러나 폐결핵에 걸린 것과 겹쳐 문학
적 명성과 학문을 위한 임명에 실패한 뒤
그는 영적 위기로 내몰려 변화를 위한 회
심을 하게 된다. 그러면서 복음주의자들
과 관계를 맺으며 선교, 가정 방문 및 가
난한 이들을 구제하는 일을 열심히 하게
되었다.

토마스 찰머스

이와 함께 설교자로서의 그의 명성은 높아갔고 35살에 그는 글라스고에
있는 부촌의 교구 목회자로 청빙 받게 되는데 그곳에서 그의 격조 높은 설
교는 그를 전국적인 주목을 받게 했다. 글라스고에서 그의 열정을 불러일
으킨 것은 산업 혁명이 가져온 더러운 때와 불결함 그리고 착취 등으로 발
생한 가난한 교인들의 필요를 채워주는 일이었다.

그의 다음 목회지는 글라스고우에서 가장 가난한 교구였던 세인트 존스
였는데 그곳에서 그는 그 교구를 영적 돌봄 사역, 교육, 가난한 이들을 위한
사역 등의 중심지로 바꾸려는 그의 계획에 전적으로 자유를 얻게 되었다.
그는 모든 사람이 충분히 가까운 곳에, 교회 자리를 얻는 데 비용이 적어
야 하며(당시에는 교회 나가 앉는 자리에도 비용을 내야 했음-역자 주), 완전히 돌
봐줄 수 있을 만큼 구역 교구가 적은 교회에 다닐 수 있어야 한다고 했다.

그는 자신의 교구를 1만 개의 작은 구역으로 나누고 집사와 장로들을
이들 교인의 집을 심방 하도록 했다. 그는 정부 지원을 거절하고 스스로
구역을 돌보도록 했으며 가난한 이들을 돕는 방법들을 나누도록 했다. 찰
머스는 비현실적이라고 혹독하게 비판받았으며 그의 사역은 결국 가난한
이들을 해롭게 할 뿐이라는 논란이 있었으나 그는 자신의 실험(목회)이 성
공이라고 주장했다.

지원 부족

1823년 그는 세인트앤드류스대학교에서 도덕 철학 석좌교수가 되므로 교구 목회를 떠났다. 그는 경제학자나 정치가들이 부추긴 개인주의적 이기심에 점차 괴로웠다. 그는 산업화의 악들(가난, 뿌리 없는 삶, 문맹, 혁명의 위협)을 치유할 수 있는 유일한 치유책은 교구 시스템이며 가난한 이들을 위한 자신의 목회적 삶이 효율적이라고 믿었다.

더 나아가 찰머스는 교구 시스템은 자금이 풍부한 국가 교회로 행정적으로 움직여질 때만이 그 기능이 가능하다고 믿었다. 1834년 그는 교구 시스템을 위해 활발히 운동을 시작했는데 그가 염두에 둔 교구에는 주민이 2천 명 이내였고, 크리스천의 훈련과 협력은 복음주의적 설교를 통해 부흥되며, 스코틀랜드가 경건한 공동 번영체가 되리라는 것이었다.

혼란

찰머스는 2백 개 이상의 교회를 세웠으나 영국 정부는 그 교회들에 대한 지원을 거절했다. 찰머스와 영국 및 스코틀랜드 정부 사이의 관계는 법원에서 대형 교회의 로비를 금지하면서도 교회의 후원자가 되며(이들 교회가 스코틀랜드 국가 교회 소속이든 아니든)하고 지역 교구 목회자들을 임명할 수 있다(교구의 바람에 어긋난다 하더라도)고 동의할 때였음에도 점점 냉랭해져 갔다.

이런 상황은 성직자 3분의 1을 움직이며, 1843년 스코틀랜드 자유교회(FCS)로 들어오도록 사람들을 이끌었던(이 사태를 "혼란"이라고 보통 불렀다) 찰머스에게는 너무 큰 일이었다. 몇 년 이 안 되어 자유교회가 8백 교회를 세웠으며 5백 학교를 세워 그 땅에서 두 번째로 큰 교회(시스템)가 되었다.

그럼에도 찰머스는 자유교회가 도심지 안에서 빈곤을 해소 못 하고 무종교성(물론 당시 종교는 기독교-역자 주)이 증가하고 있는 것에 대한 자신의 무능력에 좌절했으며 그의 마지막 남은 날들을 도심 선교 조직에 쏟았다. 그는 도심 선교 사역이 자유교회의 이해관계 보다 훨씬 중요하다고 주장했다.

28. 존 넬슨 다비
세대주의의 아버지

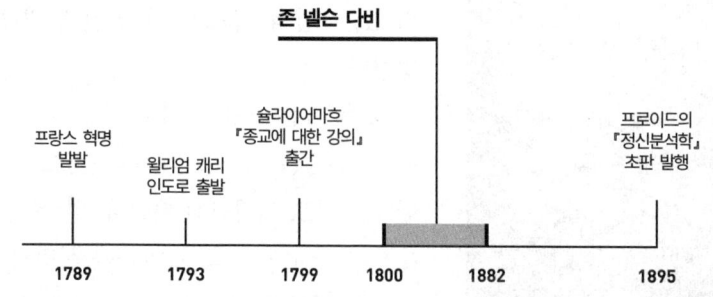

크리스천은 악으로부터 돌아서서 성경으로 향하도록 지시 받는다

"교회는 황폐한 상태"라고 아일랜드의 영국성공회 사제 존 다비(John Darby)는 적었다. 3세기 전 개신교 개혁가들의 탄식과 같은 메아리로 영국 성공회는 은혜로만 구원받는다는 개념을 잃어버렸고 교회가 해야 할 성경적 관점들을 저버렸다고 믿었다. 다비에게는 새로운 교회를 시작해야 하며 예수님의 임박한 재림을 준비해야 하는 시간이었다. 다비의 영국성공회와의 결별은 복음주의적 기독교 사상의 상당 부분에 스며든 교회와 역사를 새롭게 보도록 하는 방식이 되었다.

계속 바뀌는 직업적 소명

유명한 앵글로-아이리시 가문으로부터 런던에서 태어난 다비는 받을 수 있는 최고의 교육을 받았다. 런던의 웨스트민스터 학교에 부모가 아일랜드의 한 고성으로 이사하기 전까지 다녔다. 이후 아일랜드 더블린에 있는 트리니티대학교(아일랜드 최고의 대학-역자 주)을 졸업하며 고전 부문에서 금상을 받았으며 법률 공부도 계속하여 1822년 아일랜드 챈서리 변호사회에 들어갔다.

그렇지만 다비의 법 분야 경력은 짧게 끝났는데 가난한 아이리시 가톨릭교회 신자들을 돕겠다는 마음으로 4년 안에 그는 사제가 되어 아일랜드

존 넬슨 다비

국교회의 부교역자가 되었다. "나는 전적으로 하나님께 빚을 진 자이기에 나는 하나님의 일에 온전히 전념하기를 사모해 왔다"고 자신의 직업을 바꾼 일에 관해 설명한다.

그 후 그는 더블린 남부 산간 지역에 있는 한 교구를 맡게 되었는데 곧 그는 뛰어난 목회자로 인정받게 되었다. 한밤중이 되도록까지 교구 소속 교인들을 심방하느라 자신의 허름한 목사관으로 돌아오지 못하였다. 그러면서도 그는 기존 교회의 모습에 좌절하게 되었다. 그가 고정화된 영국성공회는 국가와 연합하여 고칠 수 없을 정도로 생명력을 잃었다고 보았다.

그는 다음과 같이 말한다.

디모데후서 3장에 전향적으로 말씀한 대로 교회는 이단적인 사상 때문에 망가질 것이며 악화할 것이다. 크리스천은 악으로부터 돌아서서 성경으로 향하도록 지시받으며 그리스도는(계 2-3장) 교회의 상태를 심판하실 자리에 앉으실 것이다.

다비는 2년 3개월도 채 안 되어 그 자리를 사임하고 '형제들'이라고 단순히 서로 부르던(기존 교회에 실망한) 크리스천들의 모임에 합류하였다. 엄격한 성경 공부 방식에 헌신한 이들은 전문적인 목회자들이 아니었다. 교단 교파를 배격하며 그들은 성령이 예배를 이끈다고 믿어 매주 다른 사람들이 서로 돌아가며 봉사하는 단순한 성찬 예배에 집중했다.

이러한 그룹 안에서는 공식적으로 누가 리더라고 하지는 않았으나(지금은 이들을 플리머스 형제단이라 부르는데 이들은 플리머스시에서 모였기 때문에 그렇게 불렸다) 다비는 그 안에서 급속히 가장 유명한 존재가 되었다. 이들 모임이 믿는 바와 행태를 소개함으로 서구 사회에 널리 퍼진 "그리스도 교회의 본성과 연합"(1828)이란 팸플릿을 그가 썼다. 이제 전에는 사제였던 다비는 서유럽국가들과 북미, 호주와 뉴질랜드 등지를 다니며 교파주의를 비판하며 새로운 교회론을 주창하였다.

세상의 종말

다비의 교회관과 역사관, 특히 그의 종말론에 믿는 이들이 나오고 이끌렸다. 그리스도가 재림하시어 가시적 교회를 세워 천 년 동안 평화가 이어지기 전 세상은 점차 악화할 것이라는 전천년설은 지난 1,500년 동안 사람들로부터 관심이 멀어졌다. 간간이 그동안 전천년설이 이어지긴 했으나 예수의 임박한 재림 예언이 빗나감으로 주로 실망스럽게 끝났다.

다비는 한편으로 새로운 전천년설을 발전시켰는데 그는 이 설을 역사는 시대 구분으로 나누어진다는 생각에서 "세대주의"라 불렀다. 나중에 세대주의자들이 세대 구분의 숫자와 이름들에 대해 옥신각신하기도 하였지만, 이들 대부분은 다비가 나눈 창조 때의 7일 같이(역사의 시대를) 7세대로 나누는 것에 동의했다.

다비는 다음과 같이 세대를 구분하였다.

첫째, 낙원
둘째, 노아
셋째, 아브라함
넷째, 이스라엘
다섯째, 이방인
여섯째, 성령
일곱째, 천년왕국

다비는 역사를 "진보하는 계시"로 보고 그의 시스템은 이 우주를 위한 하나님의 구속적 계획의 단계들을 설명하려고 했다. 이처럼 세대를 구분하는 것에 특별히 급진적인 것은 없었다. 다비의 세대주의를 구분 지은 것은 그 나름의 성경적 해석에 기인하였는데 이는 엄격한 문자주의, 이스라엘과 교회를 하나님의 구분된 두 백성으로 철저히 구분하는 것 그리고 그리스도의 재림 때 휴거의 구분(교회가 '공중에 들려 올라가는 것')이었다. 다비는 휴거 때 그리스도는 그의 성도들을 위해 오실 것이며 재림은 그의 성도들과 함께 이뤄진다고 말했다.

심한 비판에 직면

다비의 가르침이 점차 인기를 더해가면서(그리고 그가 죽은 이후 C.I. 스코필드가 다비의 사상을 넣은 스코필드 참고 성경을 1900년에 발간함으로 다비의 인기가 더했다), 다비는 플리머스 형제단과 결별하고 영국으로 돌아왔다. 예언과 교회 질서에 관한 한 회원과의 차이점에 분노한 다비는 그가 인정하고 과오를 부인했음에도 불구하고 그를 파문시켰다. 다비는 그러한 생각들을 공적으로 반박하는 것이 성만찬 상으로 나아갈 수 있는 근거가 된다고 요구했다. 베데스다 교회가 다비의 이와 같은 요구를 거절하자 다비는 그 사람들 누구라도 받아드리길 거부하였다.

결과적으로 다비의 추종자들은 예외적 형제들(다비파로 불림)이란 밀착된 단체를 만들었고, 다른 이들은 열린 형제로 불리는 보다 덜 엄격한 구성원 기준을 가진 회중교회 형태를 유지했다. 역사가들은 다비가 반대파들을 심하게 다룬 일에 대해 비판하였다.

한 평자는 다비가 영국의 동료들과 이어지도록 노력을 해 준 드와잇 무디(자유의지에 서로 의견이 엇갈렸다)마저 비난한 일을 들어 다음과 같이 평했다.

> 그가 잘못되었다고 생각하여 비난한 그의 비판은 극단적 시대에나 있었을 강력하고 놀랄 정도였고 다른 문들을 닫아버리게 되었을 것이다.

비록, 다비는 자신이 건너간 다리들을 불살라 버렸을지라도, 그의 메시지는 더 많은 추종자를 모았다. 오늘날 그의 세대주의적 전천년설은 많은 현대 근본주의자와 보수적인 복음주의자의 견해로 인정받고 있다.

29. 찰스 스펄전
19세기 최고의 설교가

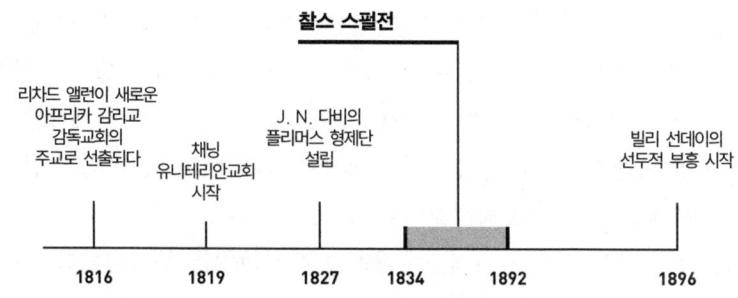

> 사람들이 내 설교를 듣도록 하는 일을 제외하고는 나는 아마도 저속할지 모르나 그렇다고 의도적으로 저속한 건은 아니다.

찰스 스펄전(Charles Spurgeon)이 1892년 1월에 죽자 런던은 온통 비통에 잠겼다. 약 6만 명이나 그의 시신이 안치된 메트로폴리탄 태버너클교회로 조문하기 위해 나왔다. 그리고 10만 명 정도가 그 교회로부터 묘지로 그를 운구하는 장례 행렬이 이어질 때 거리로 나왔다. 조기가 게양되었고 상점들과 술집들도 문을 닫았다. 이 모든 것이 빅토리아 시대의 최고 설교자가 되었던 한 목사로 인하여 일어난 일이었다.

칼빈주의적 침례교 목사

스펄전은 에섹스 지방 켈브돈에서 한 목회자 가정에서 태어났다. 그의 부친과 할아버지는 비영국성공회 목회자였으며 스펄전이 가장 어릴적 기억은 『천로역정』(Pilgrim's Progress)과 폭스의 『순교자 열전』(Book of Martyrs)에 대한 그림들을 본 일이었다.

공식 교육은 19세기 기준으로 보아서도 제한적이었다. 그는 지역 학교에 몇 년 다니긴 했으나 대학 학위는 얻지 못했다. 케임브리지에서 한때 살았기에 학자와 조교 역할을 해보기도 했고 희랍어도 배웠다. 공적 교육을 비껴가긴 했으나 그는 평생 배우는 일과 책에 높은 가치를 두었는데 특히 청교도들의 작품들을 익혔으며 그의 개인 소장 장서만도 12,000권이 넘을 정도였다.

15살에 스펄전은 침례교도가 되면서 가정에서 내려오던 전통에서 벗어났는데 이 일은 그가 우연히 들은 한 설교(눈보라가 치던 어느 날 스펄전으로 하여금 길 가던 방향에서 어느 허름한 감리교회로 이끌었던 사건)에서 그가 회심한 사건에서 비롯되었다. 이 경험은 그가 다른 일들과 더불어 유아 세례에 대한 그의 종전 생각들을 다시 생각해 보게 되는 경험이었다. 넉 달이 안 되어 그는 세례를 다시 받고 침례교회로 갔다.

그는 그 자신을 단순한 크리스천이라고 생각하기를 좋아했지만, 그의 신학은 여전히 상당히 칼빈주의적이었다.

나는 스스로 칼빈주의자라고 자처하는 데 부끄럼은 없다. 나는 침례교도란 이름을 갖는 것도 주저함이 없다. 만일 나에게 내 신조가 무엇인가 묻는다면 예수 그리스도라 대답하겠다.

선풍적인 인기를 끈 설교

찰스 스펄전

십 대였을 때부터 스펄전은 케임브리지셔 시골 지방에서 설교를 시작하였다. 그는 첫 목회지였던 워터비치 마을에서의 좌석들을 순식간에 채웠다. 동안의 얼굴을 한 그의 모습은 그의 설교의 원숙함과 잘 대조되었다. 기억력이 뛰어났고 항상 설교 개요부터 즉흥적인 설교를 이어갔다.

그의 넘치는 에너지와 설교 솜씨 그리고 잘 어우러지는 목소리는 일 년 반 만에 런던의 유서 깊은 뉴파크스트릿 교회에서 설교할 수 있게 만들었다. 232명의 교회 교인들은 그의 설교에 매우 감명받아 6개월 더 설교해 달라고 하였고, 그는 그곳으로 이사와 그 후로 런던을 떠나지 않았다.

그의 비범한 능력에 관한 말들이 돌면서 그는 런던 전역과 영국 전체로 설교하게 되었다. 영국의 어느 교회도 런던에서 선풍적인 설교를 들으려는 청중들을 모두 수용할 수 없었다. 그는 런던에서 제일 큰 대강당이 있는 엑세터, 써리, 가든스, 에그리컬츄럴 등지에서 수만 명의 청중에게 설교했다. 1861년 그의 회중들은 교회를 계속 늘려가다가 5,600명을 수용할 수 있는 새롭게 단장한 메트로폴리탄 태버너클교회로 이전하였다.

논란의 한 가운데에서

스펄전은 교계 이외의 일반 언론에도 널리 알려졌다. 그의 설교는 런던 타임스의 월요편에 실렸고, 세계적인 뉴욕타임스에도 실릴 정도였고 다른 한편으로는 전통적인 개신교로부터는 심하게 비판을 받기도 하였다. 그의 드라마 연출 같은 재능(연단을 이리저리 다니거나, 성경 이야기들을 극적으로 재현해 보이거나, 죽어가는 어린이들, 슬퍼하는 부모들, 회개하는 창녀들 등에 대한 감동 어린 이야기들로 설교를 만드는 등)으로 말미암아 많은 이가 불편을 느꼈고 "엑세터 홀의 선동가", "강단의 어릿광대"로 불리기도 했다.

스펄전은 이에 대해 다음과 같이 답했다.

> 사람들이(내 설교를) 듣도록 하는 일을 제외하고는 나는 아마도 저속할지 모르나 그렇다고 의도적으로 저속한 건은 아니다. 내가 확신하는 것은 정중한 설교자들은 이미 너무 많다는 것이다.

그의 스타일 뿐 아니라 그의 확신도 논란을 가져왔다. 그는 강력한 설교에 대해 조금도 움츠러들지 않았다.

사도행전 26:28 설교를 하면서 그는 강조했다.

> 크리스천이 거의 되기로 한 사람은 거의 용서받은 사람과 다름없으나 결국 교수형을 받았다. 거의 구출 받은 사람도 결국 나오지 못하고 집안에서 타죽게 된 것이나 다름없다. 거의 구원 받은 사람은 결국 저주받은 자가 되고 말았다.

특정 주제들(로마, 형식적 의식주의, 위선, 모더니즘)에 대해서 그는 적당한 태도를 보일 수 없었는데 특히 모더니즘에 대한 그의 견해로 논란의 중심에 서게 되었고 그 논란은 그의 목회 마지막 날들에 두드러졌다.

'다운-그레이드 논란'으로 알려진 일은 1887년 시작되었는데 스펄전이 일부 침례교 동료 목회자들이 신앙 면에서 "내려가는 중"(다운 그레이딩)이라고 공적으로 주장함으로 불거졌다. 다윈의 진화론과 성경에 대한 비평적 학풍이 거세진 19세기 말, 많은 크리스천이 이와 같은 영향을 받아 성경에 대한 이전의 이해를 재평가하게 된 시점에 터진 일이었다.

그는 이러한 논란은 해석의 차이만이 아니라 신앙의 본질에 관한 것이라고 믿었다. 그는 『창과 삽』(The Sword and the Trowel)이란 월간지에서 "우리의 싸움은 속죄의 희생을 포기하거나, 성령의 감동에 의한 성경을 부인하거나, 이신칭의에 대해 불분명하게 말하는 이들에 대한 싸움"이라고 주장했다.

이와 같은 논란은 교단과 스펄전 자신(그는 교단으로부터 제재를 받았다)에게 해를 끼치게 되었는데 평소의 지병(계속 이어지는 우울증과 통풍)도 해를 넘기는 논란이 지속하면서 더 악화하여 갔다.

스펄전의 기여는 강단을 넘어서 구제의 집들과 고아원 설립, 1855년 설립한 목사들의 대학 등으로 확장되었고 오늘날까지 이어지고 있다. 그는 1891년 6월 마지막 설교를 했고 6개월 뒤 그의 생명은 마감되었다.

30. 해리 에머슨 포스딕
자유주의의 전파자

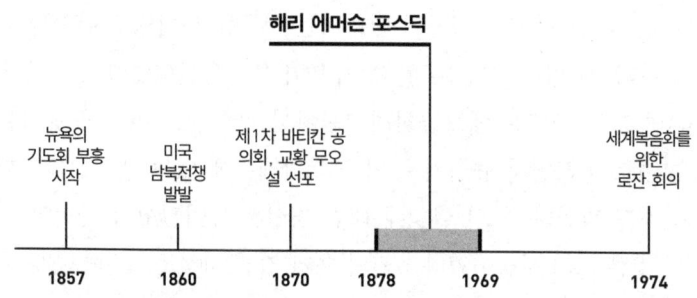

> 나는 그리스도 안에서 하나님이 인간으로 나타나셨으며, 그리스도 안에 하나님의 전능하신 활동과 우리와 모든 인간을 위해 그의 목적을 이루시기 위한 끝없는 사원들이 있다는 것을 믿는다.

7살에 '중생'하였다는 해리 에머슨 포스딕(Harry Emerson Fosdick)은 일찍부터 근본주의로 불리는 그때 막 자라기 시작한 중생 운동 외에는 다른 것 하지 않겠다고 결심했다. 포스딕은 또한 칼빈주의가 '하나님은 악마'라는 것을 만든다고 배격하고 그 대신 자신만의 영적 경험들을 믿었다. 주님은 살아있는 체험 속에서 발견되는 것이지 어떤 신조들의 목적에 따라 이뤄지는 것은 아니라고 주장했다.

포스딕은 그 시대의 가장 칭찬받는 설교가가 되는 길에 들어서면서 심리적인 면에서나 신학적인 면에서의 추락도 경험했다. 그렇지만 그는 자신의 초기 본능들에 충실했고, 미국 기독교계에 일어나고 있었던 큰 운동들을 내다보고 있었다. 한 자서전 작가가 말했듯이 그는 그 시대에 가장 영향력 있었던 종교의 해석가였다.

신학적 반역자

고등학교와 대학 시절, 포스딕은 신학계의 제시 제임스(Jesse James)로서의 명성을 쌓아가고 있었다(훗날 그는 사도신경을 다시는 외우는 일을 반복하지 않았다고 자랑했다). 콜게이트대학교에서 그는 자유주의자 윌리엄 뉴턴 클라크(William Newton Clarke) 밑에서 종교적 경험들과 이미 표현된 지적 문화적 형태들을 함께 익혔나갔다.

"우리는 경험되어지는 것들과 변화되는 범주들 사이의 차이점들을 구분해내야 한다"고 썼다. 그 이후 그는 뉴욕의 유니온신학대학교에 갔다.

1903년 그는 메디슨 에브뉴침례교회에서 안수받고 1911년 유니온대학교의 교수로 일하면서 뉴저지 주의 몬트클레어에 있는 제일침례교회에서의 목회직도 맡았다. 그의 설교에 대한 명성은 높아갔고 전국적인 관심을 받게 된 것은 그의 저술이었다. 6권의 초기 경건 서적들(그중에 『신앙의 의미』[The Meaning of Faith], 『기도의 의미』[The Meaning of Prayer]가 있다)은 수백만 권이 팔렸다.

그는 죄에 빠져 헤매는 또는 지구의 종말을 예측하는 등의 비관적인 기독교를 배격했다.

그 대신 도심지 내 극빈층 취약지역과 프랑스의 참호들(제1차 세계대전 때 그곳을 찾았다)에서 경험한 바를 바탕으로 미래에 대해 자신이 있었다.

> 나는 그리스도 안에서 하나님이 인간으로 나타나셨으며, 그리스도 안에 하나님의 전능하신 활동과 우리와 모든 인간을 위해 그의 목적을 이루시기 위한 끝없는 자원들이 있다는 것을 믿는다.

근본주의자들에게 도전

포스딕은 침례교 목사였지만 1918년부터 1925년까지 그는 뉴욕의 제일장로교회에서 목사로 일했는데 그의 뛰어난 설교는 자유주의자이든 보수주의자이든 양측 모두에 명성이 자자했다. 근본주의자들은 그가 표방하는 기독교에 대해 걱정을 높여가면서 압력은 증가하였다.

J. 그레샴 메이천(J. Gresham Machen) 같은 근본주의자 지성인은 "그(포스딕)에 대한 질문은 그가 인기를 얻고 있느냐가 아니라 그가 인기를 얻는 그것이 과연 기독교인가 하는 데 있다"고 비판했다.

1922년 5월 설교 『근본주의자들은 이길 수 있을까?』(*Shall the Fundamentalists Win?*)에서 포스딕은 근본주의적 신앙의 근간이 되는 핵심을 공격했다. 즉 처녀 마리아의 출산은 불필요하며, 성경의 무오류는 막을 수 없는 일이고, 재림 교리는 말도 안 되는 어처구니없다는 식으로 공격했다. 비록, 그는 화해의 말로 설교를 맺기는 했지만, 그 설교에서 근본주의자들을 "몹시 용납할 수 없는" 자들로 비난을 퍼부었다.

해리 에머슨 포스딕

침례교인으로서 낭시 미국 내 최고 부자였던 석유 재벌 존 D. 록펠러(John D. Rockefeller)는 그의 설교를 좋아하여 13만여 설교 복사본을 인쇄하도록 하여 미국 내 개신교 목사 모두에게 보냈다. 이제 근본주의자들과 자유주의자들 사이에 그동안 있었던 충돌이 이제는 전쟁으로 폭발했다.

장로교인 윌리엄 제닝스 브라얀은 포스딕의 '전적인 불가지론'을 뉴욕장로회와 총회에 고발하여 그를 제일장로교회로부터 쫓아내도록 노력했다. 논란은 전국에 번져 유명한 간행물들도 서로 편을 갈랐다. 포스딕은 유화적인 태도를 보이긴 했으나 신학적으로는 꼼짝도 하지 않으려 했고, 강단을 지키기 위해 장로교인이 되는 것을 거부했다. 결국, 1924년 그는 사임해야겠다고 느꼈다.

강단의 심리학자

다음 해 5월 그는 뉴욕의 파크애브뉴 침례교회의 목사가 되었고 그다음에는 2,300명을 수용할 수 있는 현대판 고딕 성당 같이 지은(록펠러 돈 덕분에) 리버사이드교회로 옮겼다. 그의 활발한 목회 마지막 16년과 은퇴 후 28년 동안 이 교회는 포스딕의 모교회였고 여기서 그의 자유주의적 가치들이 펼쳐졌으며(예를 들어 다양한 스타일로 드려지던 헌금 예배나 퀘이커 스타일에서부터 고교회 형식까지), 그 시대의 주요 쟁점에 대해 강력히 발언하는 장소이기도 했다(그는 시민적 자유의 챔피언이었는데 예를 들어 흑인들을 강단에 세워 설교하도록 하기도 했다).

포스딕은 외골수 자유주의자는 아니었다. 1935년 그는 『교회는 반드시 모더니즘을 넘어서야 한다』(*The Church Must Go Beyond Modernism*)는 설교를 통해 그의 진보적인 동료들을 충격에 빠뜨린 적이 있었다. 당시 새로이 떠오르던 칼 바르트와 라인홀드 니버의 신정통주의적 주제들을 잘 결합하여, 그는 문화를 수용하기 위해서 자주 신념을 바꾸거나, 하나님의 현실을 얼버무리거나, 개인과 사회적 죄에 대한 주제를 우습게 보는 등의 자유주의적 습관을 비난하였다.

1927년 이후 포스딕의 설교는 보스턴에서부터 시카고까지 전국의 저녁 기도 시간에 방송되었으며 2백만 명 이상이 그의 설교를 방송을 통해 청취하였다. 그의 설교 대부분은 주로 실용적이고 실험적인 기독교에 관한 내용을 다루었는데 그는 설교를 '그룹 단위로 하는 개인적인 상담'이라고 정의하기도 하였다.

개인적인 강조는 강단에서만 끝나는 것이 아니었다. 그는 개인들에 대한 상담을 많이 했으며, 그가 쓴 『진정한 사람이 되는 것에 대해』(*On Being a Real Person*)라는 책은 프로이드(Freud), 융(Jung) 그리고 그 자신의 경험(그는 신학교 다닐 때 신경쇠약을 겪었었다) 등에 영향을 받아 쓰인 것으로 새로이 떠오르던 목회 상담 분야에서 획기적인 책이었다.

한 역사가는 포스딕의 생애는 "한 시대의 조직 검사" 같았다고 말하기도 했다. 그의 사역은 2번의 세계대전과 은퇴 후에는 베트남 전쟁까지 이어졌다. 50여 권의 책과 수천 편의 설교, 논문, 강연 등으로 그는 미국 자유주의 기독교와 손에 손을 잡고 걸으며 20세기 첫 60년 동안 있었던 격동의 시대를 거쳐왔다.

제4부

음악가, 예술가 그리고 작가

31. 렘브란트 하르먼손 판 레인
32. 요한 세바스찬 바흐
33. 조지 프리데릭 헨델
34. 존 번연
35. 해리엣 비처 스토
36. 표도르 도스토옙스키
37. 조지 맥도널드
38. G. K. 체스터톤
39. 도로시 세이어스
40. C. S. 루이스

31. 렘브란트 하르먼손 판 레인
네덜란드의 영혼의 화가

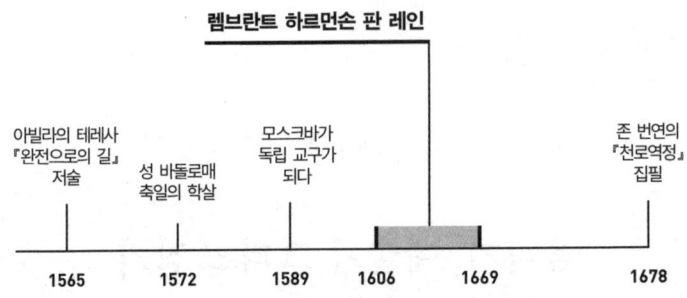

> 그는 가장 위대하고 가장 자연스러운 감정으로 그림을 그려나갔다(렘브란트의 스타일에 대한 어느 묘사에서)

　렘브란트(Rembrandt) 시대의 네덜란드의 예술가들은 자연 풍경, 정물화, 일상 생활을 멋지게 그린 장면 등으로 존경을 받았다. 그러나 이러한 주제들은 렘브란트에게는 큰 흥미를 주지 못했다. 그는 어머니가 읽어주시던 성경의 감동적인 이야기들에 더 마음이 갔다. 그와 동시대를 산 화가들도 성경의 주제들을 그리긴 했으나 렘브란트만 한 열정을 가지지는 못했다. 렘브란트는 성경 이야기에 나오는 주인공들의 감정과 그 자신의 관점들을 그림 안에 잡아넣은 것으로 유명했다.

한 예술가의 슬픔

　부유했던 방앗간 집 아들 렘브란트는 14살에 지옥의 장면을 그렸던 별반 중요치 않은 한 화가 밑에서 그림 공부를 하려고 라이덴대학교를 떠났다. 3년 뒤 그는 살던 곳을 떠나 암스테르담으로 그림 공부하러 갔고 그곳에서 평생 살게 된다.
　암스테르담에서 그는 인물들의 격정적인 반응들을 묘사하기 위해서와 밝음과 어둠을 대비시킨 명암법으로 그림에서의 주인공과의 밀도를 끌어올렸다. 그의 대부분 그림에서 빛은 어둠에서부터 나오는데 그 빛은 끝을 모를 감동적인 움직임으로 보는 이로 하여금 그 장면 속으로 빨려 들어가게 만든다. 1620년대 후반 그는 이미 유명한 화가가 되어있었다.

한 비평가는 다음과 같이 평했다.

> 라이덴의 방앗간 집 아들은 그의 시대에 조금 앞서 상당히 칭찬받았다.

1년 뒤, 오렌지 공의 비서는 렘브란트의 주인공들 정수에 파고드는 묘사를 높이 사는 열정적인 보고서를 썼다.

1634년 렘브란트는 부유하고 아름다웠던 사스키아 판 오이렌부르흐 (Saskia van Uylenburgh)와 결혼했는데 그 부인은 평생토록 렘브란트에게 영적 감동(영감)을 주었다. 렘브란트에게는 그때가 전문 화가로서의 전성기였고 초상화 주문이 밀려들었고 그의 그림은 높이 평가받았다. 그러나 렘브란트와 사스키아와의 결혼은 행복하긴 했으나 슬픔으로 가득 차기도 했다. 세 아이들이 태어났고 아들 타이투스(Titus)가 어릴 적 살아남은 것 외에는 모두 죽었다. 부인 사스키아에게 임신은 어려웠고 그도 다음 해 죽었다.

렘브란트 하르먼손 판 레인

렘브란트는 경제적으로도 어려움을 겪었다. 그는 사치하는 습관이 있기도 하여 1639년 비싼 집을 샀다가 빚더미에 앉게 되었다. 그는 자신의 이 탕진하는 모습을 인정하고 누가복음 15장에 나오는 탕자(그는 술집에서 아내와 돈을 다 날려버리는데 그 아내는 창녀로 묘사된다)로서 자신을 묘사했다. 실제 렘브란트는 성경을 그린 그림 안에 자신을 자주 묘사했다. "십자가를 끌어올리며"란 그림에서는 그 자신에게 현대적인 의상을 입혀 십자가 처형에 자신도 가담했음을 그렸다. 그는 성경의 인물들은 암스테르담에서 자기가 알고 지내던 이들과 비슷하다고 믿었기에 이들 주인공을 가장 위대하고 가장 자연스러운 감정으로 친구로 만들었다.

슬픔이 극에 달하며 빚도 늘어나던 그때 스캔들이 터졌다. 렘브란트의 여종이었던 하인리키 스토펠스(Hendrickje Stoffels)가 개혁교회 위원회에 출두하라는 소환을 받게 된다. 공식 기록에 의하면, 그녀가 임신한 것이 눈에 띄게 두드러졌으며 그녀는 "화가 렘브란트와 간음한 사실을 자백했으며, 크게 벌 받아야 하며, 참회를 권고하며, 주의 성만찬에서 제외된다"고 나와 있다. 렘브란트는 처벌을 받지는 않았으나 그가 받던 좋은 값은 이제 내려갔다.

1656년 렘브란트는 파산 신청을 하지 않을 수 없게 되어 집도, 그동안 모았던 소장품들도 잃게 되면서 곧이어 자존심만 잃게 되었다. 이젠 자기 작품들마저 팔지 못하도록 금지당했고 여종이었던 하인리키와 아들 타이투스가 설립한 자그만 회사에서 일해야 했다. 1663년 하인리키 마저 죽었고 1668년에는 아들 타이투스도 죽었다.

그다음 해 렘브란트도 죽었는데 유일하게 남은 딸에게 650점의 그림, 280점의 동판화, 1,400점의 소묘를 남겼다. 그의 마지막 작품 중에는 가장 유명한 "탕자의 귀환"도 포함되어 있었는데 이 그림은 한때 부유했으나 죄 많은 죄인이 아버지 앞에 오기 위해 집으로 돌아온 장면을 묘사한 것이었다.

32. 요한 세바스찬 바흐
5번째 복음서 저자

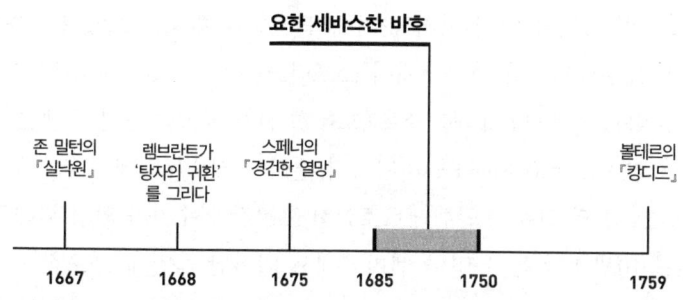

> 음악을 숭상하는 마음으로 연주하는 자리에 하나님은 항상 은혜를 베푸시는 임재로 가까이 계신다.

　요한 세바스찬 바흐(Johann Sebastian Bach)가 48세였을 때 그는 루터의 3권으로 된(독일어) 성경 번역본을 구했다. 그는 마치 오랫동안 찾던 보물을 찾은 듯이 성경을 골똘히 들여다보며 읽어나갔다. 문장들에 밑줄을 그었으며 본문과 주석이 잘못된 것을 고쳤으며, 빠진 단어가 있으면 채웠고, 성경 안의 빈 공백에는 자기 생각을 써놓기도 했다.
　역대상 25장(다윗 왕조의 음악가들) 부분에서는 "이 장은 하나님을 기쁘시게 하는 모든 음악의 진정한 기초"라고 썼다. 역대하 5:13(성전 안의 음악가들이 하나님을 찬양하는 내용)에서는 "음악을 숭상하는 마음으로 연주하는 자리에 하나님은 항상 은혜를 베푸시는 임재로 가까이 계신다"고 적었다.
　어느 학자가 말했듯이 음악가 바흐는 실로 성경과 함께 살았던 크리스천이었다. 바로크 시대의 가장 위대한 오르간 연주가이자 작곡가 그리고 서구 음악사에서 가장 많은 작품을 낸 천재라는 사실 외에도 바흐는 건반 위에서 일하게 된 신학자였기도 했다.
　바흐는 튜링지아 지방의 아이제나흐에서 7대에 걸쳐 53명의 유명한 음악가들을 배출해 낸 가문에 속한 가정에서 태어났고 학교도 거기서 다녔다(루터가 다녔던 같은 학교를). 요한 세바스찬은 첫 음악 수업은 그 도시의 음악가였던 아버지 요한 암브로시우스로부터 배웠다. 10살 때 바흐는 고아가 되면서 오르드루프의 오르간 연주가였던 형 요한 크리스토프와 함께 살면서 공부도 했다.

15살에 되자 바흐는 음악 세계에서 자신만의 세계를 세울 준비가 되었는데 그 무렵 그는 음악의 여러 분야에서 엄청난 재능을 보였다. 그는 성 미가엘의 륜부르크교회 성가대에서 소프라노(당시 여성들은 교회에서 노래하는 것이 금지되었기에 남성이 대신 소프라노를 했다)가 되었다. 3년 뒤에는 바이마르의 요한 언스트(Johann Ernst) 왕자의 챔버 오케스트라에서 바이올린을 연주하였고 몇 달 뒤에는 안쉬테트로교회 오르간 연주자가 되기 위해갔다.

1705년 10월 바흐는 유명한 덴마크에서 태어난 독일계 오르간 주자이자 작곡가였던 디트리히 벅테후드(Dietrich Buxtehude)로부터 한달 동안 공부하기 위해 초대받았다. 바흐는 그 선생님에게 완전히 마음을 빼앗겨 2개월로 체류 기간을 연장했다. 자기 교회로 다시 돌아왔을 때 바흐는 계약 위반을 했다는 이유로 심하게 비난받았는데 그 뒤 몇 주 안에 그의 새 오르간은 그 교회 회중 찬양과 풍성히 잘 어우러졌다. 바흐를 해고하기에는 그가 이미 너무 존경받는 존재가 되어있었다.

1707년 그는 이종사촌인 마리아 바바라 바흐(Maria Barbara Bach)와 결혼하여 뮬하우젠으로 갔는데 그곳의 성 블라시우스교회에서 오르간 주자가 되기 위해서였다. 여러 번의 이동과 음악적으로 유명한 자리를 거친 뒤 그는 1723년 라이프치히에 자리 잡게 되는데 그곳에서 남은 일생 지냈다.

부인 마리아는 1720년 죽었고, 바흐는 다음 해 성악가로서 자리 잡은 애나 막달레나 윌큰(Anna Magdalena Wilcken)과 결혼하여 13명의 자녀를 낳았는데 여기에 더하여 전처소생의 7명이 있었고(모두 20명의 자녀를 키워야 했다) 윌큰은 바흐의 음악을 연주자들을 위해 복사하는 일을 도왔다.

억울한 배경, 뛰어난 업적

바흐의 성 토마스교회 및 학교에서의 음악 감독과 성가대 지휘자로서의 라이프치히 체류는 항상 행복했던 게 아니었다. 그는 시의회와 끊임없이 다투었고 시의회나 시민들도 이 음악 천재를 알아보지 못했다. 그들은 바흐는 낡은 음악의 형식에 고집스럽게 집착하는 답답한 노인이라고 말했다.

그 결과 그들은 그에게 쥐꼬리만 한 급료를 지급했고 그가 죽었을 때 미망인이 된 그의 아내의 형편없는 유산마저 가로채 갔다.

역설적으로 이러한 무대 장치(배경)에서도 바흐는 영원히 남을 음악을 썼다. 한때 그는 주일마다 한 편의 칸타타(오늘날에는 작곡가가 칸타타를 일 년에 하나 내면 대단하다 한다)를 썼고, 그중 202편이 오늘날까지 남아있다. 루터교회들의 단순한 찬송들에 기초한 합창곡과 음악은 항상 성경의 내용에 밀접한 기반을 두는 것이라고 대부분은 결론짓는다. 이러한 작품 중에는 <승천 칸타타>(Ascension Cantata)와 <크리스마스 오라토리오>(Christmas Oratorio)가 있다.

요한 세바스찬 바흐

라이프치히에서 그는 또한 <B 마이너 미사>(Mass in B Minor), <사도 요한의 수난>(The Passion of St John), <마태의 수난>(The Passion of St Matthew) 같은 대작들을 작곡해냈는데 이 작품들은 모두 예배 때 사용되고 있다. <마태의 수난>은 모든 서구 문명 중에서 최고의 문화적 업적으로 일컬어지는 작품이기도 하며, 프리드리히 니체(Friedrich Nietzsche, 1844-1900) 같은 급진적인 회의주의자마저 이 음악을 듣고 "기독교에 대해 완전히 잃어버렸던 내가 여기서 복음을 그대로 듣는다"고 말할 정도였다.

바흐, 되살아나다

바흐의 죽음 이후 사람들은 그의 음악을 자신들의 귀에서 씻어낼 수 있었다고 좋아한 같이 보였다. 그는 작곡가로서가 아니라 오르간 연주자나 하프 연주자 정도로 기억되었다. 그의 음악 일부는 팔리긴 했으나 또 일부는 쓰레기를 둘둘 말아 치우는 데 쓰는 정도로 없어졌다고 알려져 있다.

비록, 몇몇 음악가(모짜르트나 베토벤 같은)는 바흐를 존경하긴 했으나, 일반 대중들은 그의 사후 80년 동안이나 외면했다. 1829년 독일의 작곡가 펠릭스 멘델스존(Felix Mendelssohn)이 <마태의 수난> 연주를 마련함으로 많은 청중이 그제서야(이 위대한 대작곡가) 바흐를 알아보기까지 말이다.

　순수한 음악면에서 바흐는 프랑스의 무용 리듬, 이탈리아 노래의 우아함, 독일의 대위법에 나타나는 까다로움 등을 모두 그의 작곡 안에 모아놓을 수 있었던 작곡가로 이제 알려져 있다. 바흐는 말로 할 수 있는 생각들을 음악으로 옮겨놓을 수 있었는데, 예를 들어 바다를 나타내는 물결이 오르내리는 같은 것을 음악적으로 표현할 수 있었다.

　그러나 바흐에게 음악은 그냥 음악이 아니었다. 그의 1,000개의 곡 중 거의 4분의 3이 예배를 위해 쓰였다. 그의 음악적 천재성, 그리스도에 대한 헌신, 그의 음악이 남긴 영향력 등을 본다면 많은 방면에서 이제는 "5번째 복음서 저자"(성경의 사복음서 저자 다음으로)로 불리고 있다.

33. 조지 프리데릭 헨델
메시아 작곡가

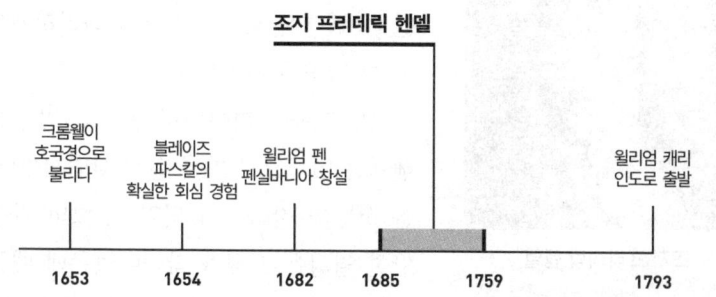

> 그와 얘기하다 보면 그는 성경 안에서 음악을 느낄 때와 시편에서의 많은 숭고한 문장을 통한 묵상이 그를 물들여 주는 데 대해 자주 기쁨을 갖는다고 말하곤 했다(존 호킨스 경).

1741년 조지 프리데릭 헨델(George Frideric Handel)은 그해 4월 런던에서 작별 공연을 하기로 예정되어 있었던 한때 위대한 오페라 작곡가였으나 그는 실패자였고, 파산했고, 몸도 아주 아팠고, 그의 경력을 망가뜨리는 음모의 피해자가 된 만신창이 상태였다. 런던의 엘리트들에게 이것은 한때 그에게 불렸던 "독일의 멍청이"라는 조롱이 그대로 통하는가 싶었다.

그렇지만 그해 여름 헨델이 <메시아>(Messiah)를 작곡하자 이 작품 하나로 그는 사람들의 주목을 한몸에 모으게 되었을 뿐 아니라 아직도 많은 이에게 '크리스천 신앙의 최고봉'이라고 일컬어지고 있다.

반대가 시작되다

헨델과 같은 나라 출신 음악가들이나 당대의 요한 바흐와는 달리(바흐와 헨델은 같은 해에 태어났지만 한 번도 실제 만난 적은 없었다), 헨델은 음악가 가정의 배경은 전혀 없었다. 그의 아버지는 현실적인 외과의사 겸 이발사로서 아들이 음악가로서의 길을 나서는 걸 매번 틀었다. 아버지의 눈에는 그의 아들은 변호사가 돼야 했었다. 비록, 그의 아버지는(결국, 아들이 9살 때

조지 프리데릭 헨델

음악을 공부하도록 허락은 했다) 헨델이 11살 때 죽었으나 실제 헨델은 1703년까지 법을 공부했다. 아버지가 돌아가신 다음 해인 12살 때 헨델은 오르간 선생을 대리하기도 했고 첫 작곡을 하기도 했다.

독일과 이탈리아에서 음악을 공부한 후 헨델은 영국으로 가서 평생 살면서 영국 왕실 성당의 작곡가가 되었다. 그의 가장 대단한 열정은 오페라 작곡이었는데 때를 잘 못 만났다. 왜냐하면, 당시 영국에서는 오페라는 급속히 인기를 잃어가고 있을 때였기 때문이었다. 당시 가장 인기 있었던 오페라는 1728년작 <거지의 오페라>(Beggar's Opera)로 이 작품은 오페라 형식 자체를 풍자적으로 깎아내리는 내용이었다. 그런데도 헨델은 1740년대까지 오페라 작곡을 계속함으로 돈을 계속 잃어만 갔다.

헨델의 친구들은 (오페라) 연주회가 텅텅 빌 것이라고 걱정했으나 헨델은 걱정하지 말라면서 텅 빌수록 음향 효과는 더 좋아질 것이라고 농담을 하기도 했다. 그런 농담조차 오래가지 못했다. 1737년 오페라 회사는 파산하게 되었고 가벼운 중풍으로 고생하게 되었기 때문이었다.

엎친 데 덮친 격으로 그가 새로이 음악적으로 매료된 오라토리오(의상, 배경 장면, 또는 극적인 행위 없이 거룩한 이야기를 오케스트라나 목소리만으로 표현하는 작품)에 몰두하면서 크게 논란이 되기도 했다. 그의 첫 오라토리오(실제로 영국에서 이런 형태로는 처음으로)는 <에스더>(Esther)였는데 교회에서 난리가 난 것이다.

성경의 이야기를 중얼거리는 식으로 말해 진다는 것이나 더욱이 하나님의 말씀이 연극 무대에서 말해 진다니!

"사탄의 의도가 이런 식으로 우리에게 다가오고 있는 것"이라고 한 목사는 질색했다. 런던의 주교는 분명히 이런 식의 반대에 동의하여 오라토리오가 공연되는 것을 중지시켰다. 헨델이 그런데도 공연을 진행해 나갔고 왕실 가족들이 공연에 왔고 공연은 성공이었지만 그래도 교회는 화가 나 있었다.

1739년 '애굽에서의 이스라엘'이란 작품의 광고가 나가면서 골수 크리스천들은 갈라졌고 공연을 방해하기도 했다. 이 모든 일은 철저한 루터교회 이었던 헨델을 화나게 했다.

그의 친구였던 존 호킨스(John Hawkins)는 다음과 같이 회상했다.

> 그는 자기 삶을 통해 신앙의 깊은 감각을 발휘했다. 그와 얘기하다 보면 그는 성경 안에서 음악을 느낄 때와 시편에서의 많은 숭고한 문장을 통한 묵상이 그를 붙들어 주는 데 대해 자주 기쁨을 갖는다고 말하곤 했다.

비록, 짜증이 나긴 했으나 또 실제로도 자주 짜증을 내기도 했던 헨델은 5개 국어로 공개적으로 욕을 쏟아내기도 했다. 청교도들의 걱정에 대해서는 "나도 성경을 매우 많이 읽었으며 내가(성경의 내용을) 고르는 것"이라고 말하기도 했다. 실제 그는 성경을 어떤 주교들만큼 알고 있다고 주장했다. 그런데도 경제적으로 그에게 별 도움이 되지는 못했다. 한때 왕실 작곡가였던 그가 이제 채무자의 감옥으로 위협받게 되었다.

<메시아>로 구출 받다

그는 채무에 시달리며 몹시 낙심되었는데 헨델에게 친구 찰스 제넨스(Charles Jennens)가 찾아왔다. 부자이자 경건했던 잉글랜드 국교도였던 그는 성경에서 그대로 옮겨온 원문과 함께 예수의 삶과 구속에 대한 오페라 대본을 썼다. 까칠했던 완벽주의자였던 그는 예수의 신성을 부인하던 이신론자들에게 도전하기 위해 대본을 썼다. 헨델은 "그 대본을 위해 작곡해야 하나?"라고 자문해 보며, 해 보겠으며 완성에 약 1년 정도 걸릴 것이라 대답해 주었다.

곧이어 더블린의 한 자선단체가 헨델에게 찾아와 자선 공연을 위한 작품 하나를 작곡해 달라 했다. 이 두 가지 일로 생긴 자금이 채무자 신세였던 헨델을 채무로부터 자유롭게 해 주는 계기가 되었으며 그는 괜찮은 비용도 수고비로 받게 되었다. 이제 기초적인 대본도 있고 동기도 생겼으니 헨델은 <메시아> 작곡을 1741년 8월 22일 시작하게 되었다.

엿새 후에 <메시아>의 첫 부분이 완성되었고, 2부도 3부도 각각 엿새가 걸렸다. 이제 마지막 공연을 위해 이제 이틀만 더 필요했다. 헨델은 혼이 빠진 사람 같이 이 곡을 썼다. 그 시간 동안 헨델은 자기 방에서 거의 나오지도 않았고 음식에 손을 거의 대지도 않았다. 결국, 총 24일 만에 그는 260쪽에 달하는 <메시아>를 작곡했는데 신체적으로도 상상하기 어려운 놀라운 성취였다.

그가 '할렐루야 합창'으로 더 널리 알려지게 된 이 곡을 마쳤을 때 그는 "나는 내 눈앞에 천국과 위대한 하나님을 직접 봤다고 생각했다"고 말했다. 이 곡의 연주는 물의를 빚긴 했어도(걸리버 여행기[Gulliver's Travels]로 유명하고 당시 성패트릭성당의 학장이었던 조나단 스위프트[Jonathan Swift]는 화를 내고 자기 성당의 음악가들이 그 연주에 참여하는 것을 처음에 막았다) 초연이 1742년 4월 13일 피셤블 거리에 있는 음악당에서 있었고 대성공이었다.

700명에 달하는 청중으로 만석을 채우고도 넘었고, 빚으로 감옥에 갔던 142명을 석방하기 위해 400 파운드를 모금했다(이 공연의 티켓은 수요가 하도 커서 남자들은 칼을 차고 들어오지 못하도록 했고, 여성들은 스커트에 당시 두르던 2미터 가량의 넓다란 테두리를 한 복장으로 입장하지 못하도록 하였기에 100명이 추가로 더 공연에 올 수 있었다. 이후 여인들의 스커트에 두르던 테두리는 즉각 공연장에서 사라졌다).

그렇지만 런던에서 <메시아> 공연 초청은 거의 1년이 걸렸다. 이 공연을 둘러싸고 신앙적 논란은 계속되었고 헨델은 광고 전단지에 신성모독적인 제목들은 내리기로 약간 타협했다. 그 대신 '새롭고 거룩한 오라토리오'라고 이름 붙였다. 논란이 있긴 했어도 할렐루야 합창의 첫 서주에 자리에서 바로 일어났던 왕을 이 곡 가까이에 오지 못하도록 하기에는 역부족이었고 왕이 이 곡 연주에 일어선 이후 이 곡이 연주될 때마다 사람들이 일어서는 전통이 세워졌다.

더블린에서는 이 곡이 극찬을 받았으나(음악적 온상도가 가장 높은 작품), 런던에서는 초연 이후 그다지 인기가 있었던 것은 아니었다. 1745년 헨델은 다시 텅빈 연주회를 가져야 했고 가난해지기 시작했다. 영국인들에게는 가면을 쓴 민족주의적 애국가로 오해된 그의 오라토리오 <유다 마카베우스>(Judas Maccabeus)가 나오기까지(그리고 <메시아>와 더불어) 헨델의 음악가로서 최고의 정상에 오르지 못했다. 죽음에 이르기까지 헨델은 메시아 공연을 30회 가졌는데, 한번은 브리스토 성당에서 공연했다.
  그 공연에 요한 웨슬리도 있었는데 웨슬리는 다음과 같이 말했다.

  나는 그 교회 회중들이 이 공연 때처럼 설교 시간에도 이처럼 진지하게 들을지 의심이 간다.

헨델은 1759년 부활절 전날 부활의 날에 만날 나의 선하신 하나님, 복되신 주님이자 구주를 만날 것을 바라며 숨을 거두었다.
  그의 임종을 지켜본 친구는 이렇게 말했다.

  살았을 때처럼 그는 죽었다. 하나님과 인간에 대한 진정한 의미의 의무를 다했고, 온 세상에 완벽한 자선을 행한 선한 크리스천으로 말이다.

34. 존 번연
감옥에서 『천로역정』을 저술한 순례자

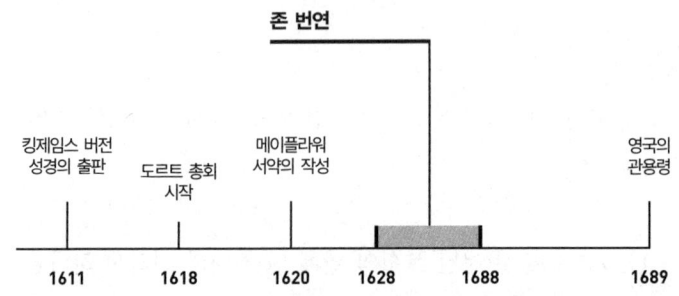

> 나는 누더기 옷을 입은 채 한 손에는 책을 그리고 그 어깨 위에는 무거운 짐을 진 한 사람을 보았다.

존 번연(John Bunyan)의 시대에는 성공한 작가들이란 거의 다 부자가 되었다. 리차드 백스터(Richard Baxter)나 존 밀턴(John Milton)은 생계를 유지할 벌이를 할 필요가 없이 글을 쓸 수가 있었다. 그러나 그의 아버지처럼 떠돌이 땜장이 번연은 영국에서 가장 유명한 작가가 되기 전까지 무일푼이나 다름없었다.

그의 부인조차 알거지 신세로서 결혼할 때 겨우 가져온 것이 청교도들의 책 두 권을 지참금처럼 갖고 왔을 뿐이었다.

> 우리는 가난할 대로 가난했는데 접시 하나와 우리 둘의 숟가락 같은 기본 살림살이조차 제대로 가지지 못할 만큼 가난했다.

번연을 영어로 쓰인 책 중에서 가장 사랑받는 책 중의 하나이며 최고판매 작가로 만들어 준 것은 모든 일이 실제 악화 일로를 걷던 때 일어났는데 그것은 바로 그가 12년이나 감옥에서 있었을 때였다.

초기의 유혹들

베드포드셔에서 태어난 번연은 21살에 결혼했다. 아내가 갖고 온 그 2권의 청교도 책들로 그는 회심의 과정에 들어섰다.

그는 천천히 춤추는 것, 종을 치는 일, 스포츠 같은 유흥을 포기하는 대신 교회를 나가기 시작했고 유혹들과 맞서 싸웠다.

> 어느 아침 나는 침대에 누워있었는데 여느 때처럼 그리스도를 팔고 그리스도로부터 떠나라는 가장 강력한 공격을 받고 있었다.
> 그 악한 자의 제안은 내 마음속에 지금도 돌아다니고 있다.
> 그리스도를 팔아라, 그를 팔아라, 그를 팔아라, 그를 팔아라, 그를 팔라고 사람이 외칠 수 있을 만큼 빠른 말로 나를 유혹했다.

번연은 서너 명의 가난한 여인들이 문가에 앉아 하나님에 관한 일들을 말하고 있는 것을 보고 크리스천들의 교제에 이끌렸다. 또한, 베드포드의 분리교회 목사 존 기포드(John Gifford)와 친구가 되었다.

이제 땜장이 번연은 교회로 들어갔고 4년 안에 평신도 설교자로서 모든 부분에서 사람들을 그의 설교로 끌어모을 수 있었다.

그는 말했다.

> 나는 족쇄에 묶여있는 이들에게 설교하기 위해 나 자신이 족쇄에 묶인 채로 나아갔으며 내 양심을 밝히고 있던 그 불을 들고 나아가 이들이 알아차리도록 설득했다.

감옥에서 뒤섞인 축복

인기 있던 설교자로서 번연이 떠오르던 시기는 찰스 2세의 복귀와 맞물린 시기였다. 분리주의자들의 예배 자유는 지난 20년 동안 가능했었으나 곧 끝났다. 영국성공회를 따르지 않는 이들은 체포되었다. 1661년 번연은 그 지방 감옥에 갇히게 되었다.

번연에게 최악의 처벌은 그의 둘째 부인(첫 부인은 1658년 사망)과 4자녀와의 생이별이었다. "이 같은 이별은 내 뼈에서 살점을 뜯어내는 같았다"고 썼다. 그는 감옥 안에서도 긴 구두끈 수백 다스(한 다스가 12개)를 만들어 가족들을 부양하기 위해 힘썼으나 선한 사람들의 자선에 주로 의지할 처지였다.

번연은 감옥 밖에서 설교를 하지 않는다면 풀어 준다는 데도 거절했다. 번연은 지방 관리들에게 이끼가 자라 자기 눈꺼풀을 덮는 것보다 하나님이 명하신 일을 하지 못하게 될 때까지 차라리 감옥에 있는 편이 낫겠다고 말했다.

그렇지만 당시 감옥 생활은 상상하는 것보다 그다지 나쁜 것만은 아니었다. 면회도 가능했고, 집에 외박도 할 수 있었고 런던으로 가끔 여행도 가능했다. 간수는 가끔 비밀리에 모인 불법 집회에서 설교할 수 있도록 번연을 봐주었다. 더 중요한 것은 감옥 생활이 그가 글을 쓰도록 동기 부여와 기회를 주었다는 점이다. 그는 1660-1672년 사이에 최소 9권의 책을 쓸 수 있었다(그 외에도 체포되기 전에 3권을 더 썼는데 두 권은 퀘이커에 반대하는 책이었고 다른 한 권은 설명서였다).

『유익한 묵상』(*Profitable Mediations*), 『크리스천의 행동』(*Christian Behavior*, 좋은 관계에 관한 지침서)과 『거룩한 성』(*TheHoly City*, 계시록 해석)은 청교도 자서전 중 최고로 꼽히는 『죄인의 괴수에게 향한 풍성한 은혜』 (*Grace Abounding to the Chief of Sinners*)에 앞서 나온 책들이다. 1667부터 1672년까지 번연은 아마도 가장 위대한 유산인 『천로역정』(*The Pilgrim's Progress*, CLC 刊) 저술에 대부분 시간을 쓴 것으로 보인다.

천로역정

찰스 2세는 1667년 결국 한발 물러서서 '면죄부 선언'을 하였는데 이로써 번연은 풀려나게 되었고, 회중교회 목사로서 허가도 받았고, 베드포드의 목사로 청빙도 받았다. 박해가 다시 일어나자 번연은 다시 6개월간 감옥에 갇혔는데 두 번째 감옥에서 나오면서 『천로역정』은 출간되었다.

"나는 누더기 옷을 입은채 한손에는 책을 그리고 그 어깨 위에는 무거운 짐을 진 한 사람을 보았다"로 시작되는 풍유적인 이야기가 펼쳐지는 이 책은 번연 자신의 회심 과정을 서술하고 있다. 청교도는 번연처럼 땜장이다. 그는 파괴의 도성에서 천성의 도성에 이르기까지 헤매며 나아가는 데 그 순례길은 죄의 짐(그의 등에 걸머진 모루) 때문에 힘들었는데 낙심의 수렁, 허영의 시장 그리고 다른 풍유적인 중간 역을 거쳐 가야 하는 여정이기 때문이다.

이 책은 즉각 사회 각계각층에 인기가 있었는데 첫 편집자 찰스 도(Charles Doe)는 1692년에 벌써 10만 부나 인쇄되었다고 적었다. 사무엘 테일러 코울리지

존 번연

(Samuel Taylor Coleridge)는 "성경처럼 기적적으로 영감을 받지 않은 한 작가에 의해 쓰여진 최고의 신학 복음서"(아퀴나스의 『신학대전』과 견주어-역자 주)라고 불렀다. 당시 성경을 갖고 있던 영국의 집집마다 이 유명한 풍유서도 갖고 있었다. 결국, 이 책은 성경을 빼고는 출판 역사상 최고의 베스트셀러가 되었다.

이 책은 번연에게 위대한 명성을 가져다주었고, 비록 그는 베드포드의 목사 일도 계속했으나, 정기적으로 런던에서 설교도 했다. 그리고 계속 책을 썼다. 최초의 영어 소설(왜냐하면, 이 책은 천로역정 만큼 풍유적이 아니었기에)로 불리우는 『나쁜 사람의 삶과 죽음』(The Life and Death of Mr Badman, 1680)도 냈고, 또 다른 풍유인 『거룩한 전쟁』(The Holy War)도 이어 나왔다. 그는 동시에 여러 교리적이고 논란이 되기도 한 작품, 한 권의 운문서, 또 한 권의 어린이 도서 등을 냈다.

59살이 되면서 번연은 영국에서 가장 유명한 작가 중 하나였고 목회 일도 계속하여 "번연 주교님"(영국성공회가 아님에도 국교회의 최고위 성직자 반열이 주교로 불림-역자 주)이란 별칭으로 불렸다. 1688년, 그는 어느 아버지와 아들 사이를 화해시켜 보려고 폭우가 쏟아지는 길을 나섰다가 병이 들어 죽었다.

35. 해리엣 비처 스토
『톰 아저씨네 오두막』의 저자

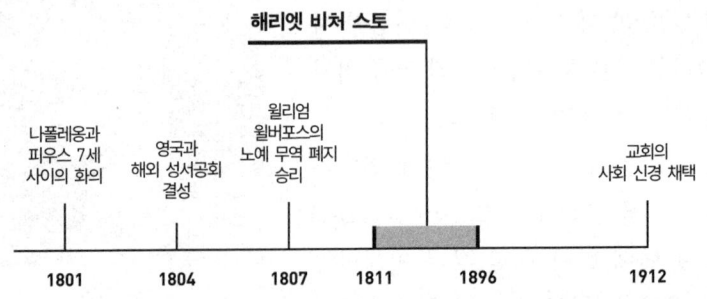

> 『톰 아저씨네 오두막』은 지금껏 나온 소설 중 아마도 가장 영향력이 큰 소설로서 말로써 지진을 일으켰고, 잉크와 종이로 바다의 거대한 밀물을 일으켰다
> (해리엣 비처 스토 비평가)

에이브러햄 링컨(Abraham Lincoln) 대통령이 해리엣 비처 스토(Harriet Beecher Stowe)를 1863년 만났을 때 "이 책을 쓰신 자그마한 여성이 이 엄청난 전쟁을 일으키셨군요"라고 말했다고 전해진다. 『톰 아저씨네 오두막』(Uncle Tom's Cabin)은 남북전쟁을 직접 일으킨 것은 아닐지 모르나 남측이나 북측이나 양측 모두를 흔든 것만은 사실이다. 이 책은 인간 영혼의 심오한 가치를 보여 주면서 노예 해방이 불가피하다는 것을 선언했다.

수잔 브레드포드(Susan Bradford)는 플로리다가 연방에서 탈퇴하자 다음과 같이 썼다.

> 만일 해리엣 비처 스토가 이 책을 쓰기 전에 죽었다면 이런 일(플로리다의 연방 탈퇴)은 결코 일어나지 않았을 것이다. …온통 거짓말 뭉치인 이 책이 이토록 나쁜 짓을 한 게 이상하지 않단 말인가?

말도 안 되는 노예 제도

해리엇은 회중교회 목사로서 유명한 부흥사이자 개혁가였던 라이만 비처 (Lyman Beecher, 이 책에 앞서 소개된 목사-역자 주)의 12자녀 중 하나로 태어났다.

해리엇의 어머니가 돌아가실 때, 라이만은 우리 가족은 교과서로서의 삶을 살았다며 다음을 말했다.

> 시온 산, 살아계신 하나님의 도성, 천상의 예루살렘, 천상의 천사들, 장자들의 총회와 교회에, 의로운 자들을 완전케 하시는 영들에게, 새 언약의 중보자 예수께로, 피 뿌림으로 아벨보다 나은 것을 말씀하시는 곳으로 당신은 오르소서.

이 소설의 단어 속에 박혀 있는 사상은 톰 아저씨네 오두막이 주창하는 답변이 안되는 논란을 불러일으킨 것은 틀림없다.

만일 한 노예가 시온성에 올라갈 수 있으며, 주 예수께로 나아갈 수 있으며, 새 예루살렘 성도들의 총회에 참석할 수 있다면, 어떻게 그 노예를 경매 시장에 내다 팔 수 있으며 백인들끼리 서로 그 노예를 거래할 수 있단 말인가?

1832년 해리엇의 아버지는 가족을 신시내티의 변방 도시로 옮겼고 거기서 레인신학교의 교장이 되었는데 곧 이 신학교가 노예 폐지 운동의 중심지가 되었다. 해리엇은 25살에 그 신학교의 성경 문학 교수였던 캘빈 엘리스 스토(Calvin Ellis Stowe)와 결혼했다.

글쓰기와 아이들 양육

아이들을 낳고 기르던 시절 해리엇은 매일 저녁 일곱 아이에게 2시간씩 책을 읽어주었으며 가정에서 조그만 학교(홈스쿨)도 했다.

그때 그녀는 자신을 이렇게 표현했다.

> 한갓 작은 여인, 가늘고 말라버린 잎담배 같고, 최고 좋은 날들을 들여다볼 짬도 없고, 지금 다 써버린 고물 같고, 맨날 아이들 키우고 집안일 하는 외에는 별생각도 나지 않는 단순 집안일에 매달리고 있다.

그러나 그녀는 집안일에 치여 사는 그런 여인이 아니었다. 글 쓸 시간을 찾았고 글을 씀으로 가정 수입에 다소 보탬이 되기도 했다. 32살에(단문 소설로) 이른 문학적 성공을 이룬 것이 그녀를 격려하긴 했지만, 여전히 글 쓰는 일과 아이 키우는 일 사이에서의 갈등으로 걱정하며 살았다. 주로 남편의 위태로운 건강 때문이기도 했지만, 궁핍과 걱정이 많았으나 계속 글을 썼고 1843년에는 『메이플라워』(The Mayflower), 『필그림 자녀들의 장면과 인물들 소묘』(Sketches of Scenes and Characters Among the Descendants of the Pilgrims) 등을 펴냈다.

남편은 아내가 다음 세대를 위한 서양의 정신을 만들어 낼 것이라고 예언하며 글을 쓰도록 촉구했다. 그 예언대로 나이 40에 그녀는 『톰 아저씨네 오두막』 또는 『비천한 사람들의 삶』(Life Among the Lowly)이란 제목의 책을 냈다. 오하이오 강 하나를 두고 노예를 소유하던 켄터키 주의 한 마을과 떨어진 신시내티 주의 한 마을에서 18년을 살았다.

처음에는 도망쳐 나온 노예들을 통해서 그리고 이어서는 친구들과 지하철도를 통해 남부에서 올라온 이들과의 접촉을 통해 그들의 삶에 대해 지식을 접할 수 있었다. 지하 철도 조직은 '도망친 노예 추적법'(재판 없이 도망간 노예들을 반드시 돌아오도록 해야 한다는 조항 전에 통과된 엄격한 처벌 조치)에 대항하여 남부에서 도망쳐 나온 노예들을 북부나 캐나다 안으로 안전하게 도망갈 수 있도록 도와주던 비밀 연결망이었다.

스토 자신도 몇몇 노예가 도망갈 수 있도록 도왔다. 그렇지만 그녀는 얼마나 더 그들을 도울 수 있을지 곰곰이 생각해 보았다. 그러던 어느 날 교회에서의 성찬 예식 중 톰의 영광스러운 죽음의 장면이 눈앞에서 번개처럼 스쳐 갔다. 그 즉시 그녀는 톰의 죽음 이전의 이야기를 엮어갔다.

백만 부 이상 팔린 베스트셀러

1850년 해리엣의 남편은 메인주에 있는 보우도인대학교의 교수가 되어 가족이 모두 메인주 브런스윅으로 이사를 갔고 스토는 『톰 아저씨네 오두막』을 수도 워싱턴 D.C에 있는 반노예 신문 「내셔날 에라」(National Era)에 연재물로 1851년 실었고, 1852년에는 40회 분량으로 냈는데 매회 연재 때마다 아슬아슬하게 끝마침으로 다음 번 내용이 궁금하도록 했다.

그녀의 이름은 이제 남부에서는 금기시되었으나 다른 곳에서는 비교할 수 없을 정도의 인기 물이 되었으며 최소 23개 언어로 번역되었다. 단행본으로 나오자 남북전쟁 이전에 벌써 1백만 부가 팔렸다. 『톰 아저씨네 오두막』을 번안한 연극도 만석 관중을 모았다. 스토는 그녀의 이야기를 『톰 아저씨네 오두막의 핵심』

해리엇 비처 스토

(*The Key to Uncle Tom's Cabin*, 1853)이라는 책으로 보완해 냈는데 여기서는 노예 제도를 반대하는 상당한 문헌들과 증언들을 모아 증보한 것이다.

이번의 출판도 남부에서 반발이 있었는데 『톰 아저씨네 오두막』에서 그리는 반노예 제도에 반대하는 비평과 출판물들이 3년 안에 30여 편이 쏟아져 나왔다. 문학적 기준에서 보면 이 소설의 상황은 억지로 꾸며낸 듯 보였으며, 소설 속의 대화들도 비현실적이었고, 노예들을 로맨틱하게 그렸다.

그런데도 스토는 말도 안 되는 노예 제도를 잔혹했던 악마 사이먼 레그리를 이겨낸 톰의 승리를 통해 그려냈다.

> 어떻게 너는 나무에 묶이길 좋아하며, 묶여있는 너 주변에 불길이 서서히 타들어 가도록 만드는 이것을 좋아할 수 있단 말인가?
> 즐겁지 않은가 너 톰아?

레그리는 소설 속에서 톰은 묻는다.

> 주인 나리, 나는 당신이 끔찍한 일을 할 수 있다는 것도 압니다. (앞으로 뻗으며 양손을 모으고) 그러나 당신이 이 몸을 죽인 후에는 당신이 더 이상 할 일이 없을 것입니다. 그리고 오, 이 일 뒤에 모든 영원한 심판이 있을 겁니다.

1896년 7월 이 땅을 떠날 때까지 스토는 거의 매년 한 권의 책을 썼지만 『톰 아저씨네 오두막』이 그녀의 유산이 되었다. 그녀를 가장 비판했던 한 비평가마저도 『톰 아저씨네 오두막』은 지금껏 나온 소설 중 아마도 가장 영향력이 큰 소설로서 말로써 지진을 일으켰고, "잉크와 종이로 바다의 거대한 밀물을 일으켰다"고 인정하지 않을 수 없었다.

그녀는 이 책 이후에도 여성 작가로서 삶을 살았으며, 소설 중 『어느 목사의 구애』(The Minister's Wooing, 1859)가 가장 잘 알려졌고 소설류와 산문 형식의 글도 나왔다. 또한, 종교적 시들을 담은 작은 책자와 생애 말년에는 그녀의 작품으로부터 일반인들이 읽을거리를 내기도 하였다.

36. 표도르 도스토옙스키
영적 깊이를 가졌던 러시아 소설가

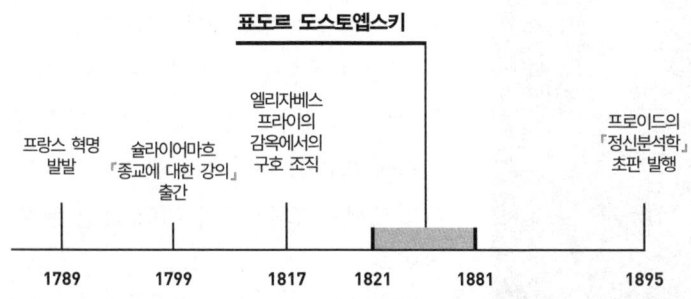

> 만일 누군가가 그리스도가 진리 밖에 있다는 것과 실제로 현실이 그리스도 밖에 있다는 것을 증명해 보인다면 나는 그 진리보다는 그리스도와 함께 남아있는 것을 택할 것이다.

사형 선고가 낭독되고, 사형 직전의 마지막 의식이 행해졌다. 29살의 표도르 도스토옙스키는 다른 죄수들과 함께 말뚝에 묶여서 이제 총성이 울리면 모든 게 끝날 준비가 되었다.

그런 순간 한 전령이 그 사형 집행장에 나타나서 황제께서 그들의 생명을 살려주기로 했노라(그렇게 끝난 것처럼 거짓 처형식은 당시 처벌의 한 부분이었다)고 말했다. 사면이 낭독되자 2명의 죄수는 영구적으로 미쳐버렸고, 또 한 명의 죄수는 서구 문학에서 가장 위대한 두 권의 소설인 『죄와 벌』(Crime and Punishment)과 『카라마조프가의 형제들』(The Brothers Karamozov)을 썼다.

이 경험은 아마도 가장 극적인 경험이긴 했지만 도스토옙스키(Dostoevskii)의 변덕스러운 생의 유일한 위기는 아니었다. 경건한 크리스천이긴 했지만, 그는 좋은 사람은 못되었다. 뛰어난 작가였으나 그의 작품들은 기술적으로는 매끄럽지 못했다. 그렇지만 인간의 심정을 꿰뚫어 보는 그의 혜안(아마도 그 자신의 심정이 그만큼 복잡했기에)은 문학에서 가장 심오한 내용을 담고 있다.

우연에 의해 잔혹하게 당한 그

표도르 도스토옙스키

도스토옙스키의 아버지는 호색가였고 잔인한 사람(그는 결국 자기 종들로부터 살해를 당했다)이었고 아들을 군대에서의 기술자로 찍어 놓았다. 그러나 도스토옙스키는 펜을 들려고 마음먹었고 1843년 학위를 받고 난 뒤 그는 작가로서의 길을 가기 위해 하던 일을 그만 두었다.

첫 소설인 『가난한 서민』(Poor Folk)은 러시아 비평가들로부터 좋은 평을 받았는데 이들은 그를 러시아에 새로운 인물이 나왔다고 칭찬했다. 가짜 처형식 후, 도스토옙스키는 '혁명적인 행위' 가담자란 이유로 4년간 형을 치르기 위해 시베리아 노동 수용소로 끌려갔다. 석방된 후 그는 잔혹했던 노동수용소에서의 경험을 바탕으로 『죽은 자의 집』(The House of the Dead)을 썼고 이 소설은 러시아 감옥 수용소 문학의 전통을 시작하게 했다.

감옥에 있었을 때 도스토옙스키는 간질을 처음 겪었는데 이 질병은 그의 평생을 괴롭혔고 그 고통을 작품 안에 그렸다. 1860년대 도스토옙스키는 두 권의 저널을 편집(그의 동생 미하일과 함께)했으며, 1864년 『지하실로부터의 수기』(Notes from the Underground)를 내면서 자신을 농노 제도 폐지와 황제 정부의 타락을 없애려던 이상주의적인 급진주의자들(사회주의자와 공산주의자)과는 거리를 두었다. 당시 러시아 사회는 농노 제도와 제국의 황제 정부가 계급 사회의 전체였는데 이들 급진주의자는 이것을 다 없애고 보다 나은 사회를 만들겠다고 했다.

문학적 성공에도 불구하고 도스토옙스키는 자기 생활을 파멸로 몰고 가기에 급급했다. 도박에 중독되어 가진 돈을 다 날렸고 돈을 빌렸던 친구들도 다 잃어버렸다. 그런데도 그는 집요하게 도박에서 딸 것이라고 믿었다. 그는 "우연의 게임에서 만일 누군가가 자기의 의지를 완벽하게 제어할 수 있다면 우연의 잔혹한 결과를 극복하는 데 실패할 리가 없을 것"이라고 쓰기도 했다.

우연은 그에게 잔혹했으며 채권자들로부터 모면해 보려던 도스토옙스키가 처한 상황과 그의 절제되지 않는 것을 착취하여 어떻게든 성사시켜 보려던 출판업자와 부당한 계약에 서명하고 말았다. 그는 정한 날짜까지 소설을 마쳐야 했고, 만일 그 날짜를 어기면 출판업자가 그의 출판물 모두에 대한 권한을 가지도록 한 부당 계약이었다.

도스토옙스키는 납품이 너무 늦었다고 보이기까지 질질 끄는 성격이었다. 이제 한 달 밖에 남지 않게 되자 결국 18살 된 속기사 애나 스밋트키나(Anna Smitkina)를 고용했다. 3주 동안 밤낮으로 베껴 쓰도록 한끝에 그는 『도박사』(The Gambler)란 제목의 원고를 업자에게 넘길 수 있었고 부당 계약으로부터 살아날 수 있었다. 애나의 훈련된 행동과 격려는 이제 차이점을 만들어 냈고 이것을 도스토옙스키도 알았다.

그의 첫 번째 결혼(아내의 죽음으로 끝났다)은 감정의 기복이 심했던 결혼 생활이었다. "우리는 함께 불행했으나 서로 사랑하는 것을 끝낼 수는 없었다. 불행하면 할수록 서로에게 더 밀착했다"고 그는 적었다. 이어 애나와의 두 번째 결혼은 그의 삶에 안정을 가져다 주었으며 재혼 이후에 그의 가장 위대한 작품들이 나오게 되었다.

혼란스러운 크리스천

그의 후기 소설들에서는 비록 기독교적 주제들이 유일한 것은 아니었어도 보다 선명하게 드러났다. 『죄와 벌』(『도박하는 사람들』을 쓰면서 거의 이 작품을 썼다)은 십계명의 한 계명인 "살인하지 말라"는 계명에 관한 작품이다. 풍부한 심리적 통찰로 도스토옙스키는 주인공 라스콜리니코프의 이야기를 펼쳐나가는데 그 주인공은 탐욕스러운 한 노파를 살해함으로써 양심의 고통으로 인한 무게에 견디지 못해 파멸에 이르게 된다는 이야기이다.

『바보 천치』(The Idiot, 1868-69)에서는 도스토옙스키는 골치 아픈 현실 세계에서 그리스도의 선을 닮은 한 인간을 표현한다. 『소유자』(The Possessed, 1872)에서는 전통적 가치에 대한 모욕을 담은 자유주의 회의주의와 가족을 팽개친 것을 비판하는 내용을 담고 있다.

『카라마조프가의 형제들』(1879-80)은 그의 마지막 작품이자(모든 소설 중에서) 가장 위대한 소설이라고도 논의되고 있는 소설이다. 신학적이고 철학적인 주제들이 네 형제의 삶을 그려 보이는 가운데 드러나는 작품이다. 이 작품에서 가장 인상적인 두 주인공은 알료샤와 이반인데 알료샤는 그리스도를 닮은 인물로서 크리스천으로서의 사랑을 실천해 보려고 몸부림치는 인물이지만, 이반은 자신의 불가지론을 격분하며 방어하려는 인물로 그려지고 있다.

'반역'이란 장에서는 이반은 하나님 아버지를 고발하는데 왜 자녀들이 고통받는 세상을 만들었느냐는 것이다. '대심문관'이란 장에서는 이반은 스페인의 종교 재판 기간에 그리스도가 이 땅에 다시 오는 이야기를 담고 있다. 대심문관은 여기서 그리스도를 최악의 이단으로 체포하는데 그 이유는 교회가 그리스도를 거절하고는 그리스도 안의 자유를 '기적, 신비, 권위'와 맞교환하려고 했다고 설명한다.

러시아정교회 신자였던 도스토옙스키는 가장 열렬하게 기독교를 비판하는 공간을 마련했긴 했으나 그리스도를 닮은 사랑을 믿는 알료샤란 인물을 통해 기독교를 확인시켜 준다.

"지옥이란 무엇인가?"

이 질문에 대한 대답으로 한 등장인물을 통해 "사랑하지 못하는 존재의 고통이 바로 지옥이다"라고 답변하게 한다.

믿는 자와 믿지 못하고 회의하는 자의 내적 전쟁은 도스토옙스키의 일생 동안 그의 영혼 안에서 벌어지던 신학적 도덕적 전쟁이었다.

톨스토이의 한 친구는 이렇게 말한다.

> 나는 도스토옙스키가 좋은 사람이었거나 행복한 사람이었다고는 생각하지 않는다. 그는 사악하기도 했고, 투기가 심했고, 악랄하기도 했고, 일생 감정과 화난 상태에서 지냈다. … 스위스에서는 내 눈앞에서 그는 자기 하인을 혐오스러울 정도로 취급했는데, 그는 대들면서 "나도 사람이에요"라고 말하기도 했다.

그 작가는(러시아의 유명 작가) 투르게네프(Turgeniev)였는데 그는 한때 도스토옙스키를 "내 평생 만난 사람 중에서 가장 악한 크리스천"이었다고 말한다.

더구나 도스토옙스키의 사회적 정치적 관점은 때로는 극단으로 치달았다. 그는 서구 사회가 이제 곧 멸망할 것이며, 러시아와 러시아정교회(그는 한때 "동방정교회 안에서만 그리스도가 살아계신다"라고 말하기도 했다)가 지상에 하나님의 왕국을 창조하게 될 것이라 믿었다.

그런데도 그의 신앙은 깊고 독실해 보였는데 다음과 같이 어딘가 표현이 사람들을 어리둥절하게 만들기도 한다.

> 만일 누군가가 그리스도가 진리 밖에 있다는 것과 실제로 현실이 그리스도 밖에 있다는 것을 증명해 보인다면 나는 그 진리보다는 그리스도와 함께 남아있는 것을 택할 것이다.

그의 삶에서의 모순들이 많았음에도 이 천재는 그의 작품들을 통해 빛나고 있으며 그 어느 소설가도 그만한 깊이와 중요한 사상으로 인물들을 제시하지는 못했다.

37. 조지 맥도널드
전설적인 빅토리아 시대의 작가

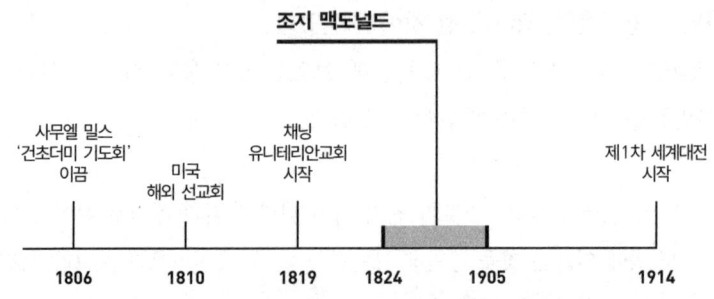

> 그의 신적 연금술로 하나님은 물을 포도주로 만드셨으며 보통 있는 것들을 통하여 신비로 빛나게 하셨다. 그렇다. 모든 음식은 감사의 성찬 예물로 바뀌었고 죽음의 이빨은 문밖으로 나가는 문이 되게 하셨다.

그의 신학에서 자리 하나를 지옥을 위해 예약해 둔 동안(비록, 영원한 예약이 아니긴 해도), 조지 맥도널드(George Macdonald)는 하나님의 승리에 넘치는 사랑에 더 매료되었다.

> 나는 어느 사람도 한 가지(그 자신의 죄에서 떠나지 않거나, 그 죄에서 벗어나지 않거나, 성부 하나님의 자녀가 되지 않거나 하는 것)를 제외하고는 어떤 죄도 정죄 받아야 할 죄는 아니라고 믿는다.

시인이자, 설교가이자, 동화 작가이기도 했던 그는 "우리 생애는 꿈이 아니고 이루어야 할 것 그리고 아마도 의지일 것이다"라고 말했다고 한다. 그의 신비에 대한 비전은 지금도 우리 주변을 둘러싸고 있으며, 우리를 기다리게 만드는 환상적인 세상은 빅토리아 시대 영국과 남북전쟁 이후 미국에서 독자들의 마음을 사로잡았었다.

대서양을 횡단한 명성

독실한 칼빈주의자였던 양친에 의해 에버딘셔의 헌틀리에서 자라난 뒤, 맥도널드는 에버딘에 있는 킹스대학교를 다녔으며, 하이버리신학대학교에서는 신학사 학위를 받았고, 1850년에는 아룬델에서 회중교회 목사가 되기도 했다. 일찍 그는 루이사 파웰(Louisa Powell)과 결혼하여 그와 길고도 행복한 결혼 생활을 영위하였다.

조지 맥도널드

스코틀랜드 사람이었던 그는 1853년 강단에서 사림을 강요받았는데 그 이유는 독일 신학에 손을 대보는 것을 좋아한다는 이유에서였다. 그것은 독일에서 일어난 신(新)고등 비평을 성경 공부에 접근하는 시도를 했다는 것이다. 그 뒤에는 다른 교회를 결코 맡지는 않았고 평생 강의하고, 설교하고, 특히 글쓰는 일을 했다.

1851년과 1857년 그는 모든 분야에서 50권이 넘는 책을 썼는데 소설, 희곡, 산문, 설교, 시, 동화 등을 망라하였다. 그 뒤에는 어른들을 위한 2권의 『판타스테스』(Phantastes, 1858), 『릴리쓰』(Lilith, 1895)를 냈는데 이들 공상물은 어떤 범주에도 들어가지 않는 작품이었다.

이 기간 동안 루이스 캐롤이 그의 좋은 친구가 되었고, 그에게 『원더랜드에서의 앨리스』(Alice in Wonderland) 첫 초고를 그의 자녀들에게 읽어주라고 주었다. 그 밖의 당대 영국 문학계의 거물들(존 러스킨[John Ruskin], 찰스 킹슬리[Charles Kingsley], 테니슨 경[Lord Tennyson], 매튜 아놀드[Matthew Arnold]도 맥도널드의 동료)가 되었고 그를 존경하는 이들이 되었다.

멕도널드가 강연차 미국을 1872년 방문했을 때는 랄프 왈도 에머슨(Ralph Waldo Emerson), 헨리 워즈워드 롱펠로(Henry Wadsworth Longfellow), 존 그린리프 위티어(John Greenleaf Whittier), 올리버 웬델 홈즈(Oliver Wendell Holmes), 마크 트웨인(Mark Twain) 같은 당대의 최고 인물들이 줄줄이 그를

맞았다. 뉴욕시에 머문 후에는 뉴욕의 큰 5번가에 있는 에브뉴교회는 이때는 거의 들어보기 어려운 목사 사례비로 일년에 20만 달러를 드리겠다고 제안하기도 했다. 맥도널드는 그 제안을 터무니없는 생각이라고 여겼다.

그의 성공에도 불구하고 보통 사람들이 겪는 고초를 면한 것은 아니었다. 가난은 그를 상당히 괴롭혔고 그의 가족은 때로 굶을 판이었다.

그의 폐는 병들었고, 폐결핵은 두 동생과 두 이복 누이동생마저 앗아갔다. 그뿐 아니라 폐결핵은 자녀들에게도 덮쳐와 4명의 자녀들이 그보다 앞서 세상을 떠났다. 그리고 74세에 중풍이 와 죽음까지 나머지 7년은 완전한 침묵기의 시간이 되고 말았다.

그럼에도 불구하고, 맥도널드는 고난은 끝내 주께로부터 구속함을 받는다고 믿었다.

실로 모든 고통과 모든 슬픔, 모든 죄는 최고 목자의 고난받으시는 돌보심 아래 있는 진리와 의의 목회자들(진리와 의의 목회자로 쓰임받고 있다-역자 주)이다.

영감 있는 작가들

맥도널드는 결국 영국성공회의 목회자가 되었으나 결코 영국성공회의 고신학(high theology)이나 고예전(high liturgy)에 인내심을 계속 가진 것은 아니었다. 영국성공회의 이와 같은 신학과 예전은 그리스도를 개인적으로 만나는데 있어 종종 방해가 된다고 보았다.

더 나아가 교회만이 아니라 모든 창조가 하나님을 드러낸다고 보았다.

그의 신적 연금술로 하나님은 물을 포도주로 만드셨으며, 보통 있는 것들을 통하여 신비로 빛나게 하셨다. 그렇다. 모든 음식은 감사의 성찬 예물로 바뀌었고, 죽음의 이빨은 문밖으로 나가는 문이 되게 하셨다.

그는 비록 작은 규모이나 그를 따르는 충성된 무리가 있었고 그의 책 『동화와 도깨비』(*The Fairy and the Goblin*, 1872), 『동화와 커디』

(*The Fairy and Curdie*, 1883) 등은 어린이들에게 아직도 읽히고는 있으나 맥도널드의 인기는 시간이 지나면서 식어갔다. 그러나 그의 시대에는 20세기 최고의 작가들(4명만 예를 들면, G. K. 체스터톤[G. K. Chesterton], J. R. R. 톨킨[J. R. R. Tolkien], 메델레인 엥겔[Madeleine L'Engle], C. S. 루이스[C. S. Lewis] 같은)에 영감을 주었다.

루이스는 다음과 같이 말했다.

> 나는 그(맥도널드)가 나의 주인이라는 사실을 한번도 숨긴 적 없다. 실제로 나는 그로부터 인용을 하지 않은 책은 한 권도 쓴 적이 없다는 생각이 들곤 한다.

38. G. K. 체스터톤
"엄청난" 산문, 시 등을 쓴 작가

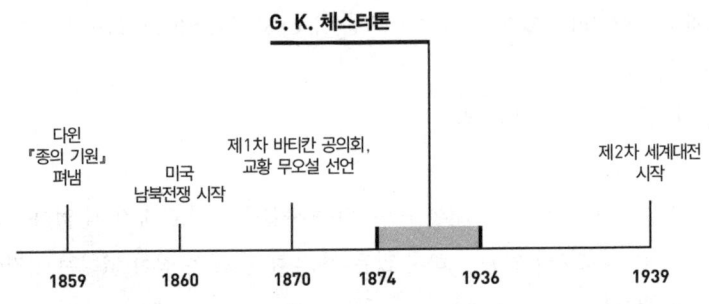

> 어느 누군들 진지한 것들에 대해 시시해질 수 있단 말인가? 하잖아지지 않는다면 그것들은 정말 엄청나다.

길버트 키이쓰 체스터톤(Gilbert Keith Chesterton)의 삶은 다른 여느 사람들의 삶과 마찬가지로 한 마디로 요약할 수는 없다. 그 누군가는 그에 관한 전기문 모든 곳에서 한 마디로 "엄청나다, 굉장하다"고까지 말한다. "그는 거의 400파운드나 나가는 몸집이었으나 한번도 움츠러뜨린 적은 없었다"고 운전사는 말하는데 한번은(몸이 너무 커) 차에서 잘 나오지 못할 정도였다. 체스터톤은 자신의 고충을 잘 알았지만 다른 주제에서도 마찬가지였듯이 유머로 잘 넘겼다. 차에서 내릴 때 차가 옆으로 따로 난 출구가 있었다면 잘 내렸을 텐데 "내가 옆길이 따로 없다"고 말한 적도 있었다. 체스터톤의 엄청난 몸체는 그의 엄청난 정신세계 안에 잘 자리잡고 있었고 비만 이상으로 엄청나다고 밖에 표현할 길 없는 사람 그 자체였다.

다음은 한 비평가의 말이다.

> 체스터톤은 에세이 작가로서도 최고였고, 시인으로서도 훌륭한 시인이었고, 유머(익살, 해학이라고 옮기는 것은 한글이나 영어 모두에도 부적합-역자 주)에서도 엄청난 다양함을 보였고, 철학에서도 심오한 철학자였고, 논란을 일으킨 면에서도 엄청난 논란을 일으켰으면서도 사랑받는 논란의 주인공이 되었으며, 정치경제학자로서도 깊은 정치적 혜안을 보였으며, 소설가로서

도 가장 유능한 소설가였고, 신학자로서도 신학적 진리를 종종 훨씬 깊이 들여다볼 수 있었던 신학자이기도 했다.

정신이 나간 듯 했던 논평가

"나는 나의 모든 비극적인 유산의 진정한 원인으로 사람들 앞에 침울하고 야만적인 아버지를 지목할 수 없음을 후회한다"고 그의 출발에 대해 쓰면서 "나는 어찌되었든 나를 만든 모든 사람을 욕하면서 진정한 현대인이 된 나의 의무를 이행할 수가 없었다"고 말한다. 런던에서 태어나 자란 체스터톤은 처음에는 화가가 되려고 했다. 실제 그는 작가로서의 길과 함께 그림도 상당히 많이 그렸다.

그러나 자라면서 정신 나간 지진아로 취급받았다. 한때는 수업 중임에도 운동장에 나가 빙빙 돌아다녔는데 토요일로 알았다는 것이다. 그의 선생님들은 그를 믿었다. 그의 정신이 나간 상태는 일생 따라다녔는데 심지어 그 시대 가장 뛰어난 천재 중 한 사람으로 일컬어질 때에도 그랬다.

한번은 아내에게 "하보로우 시장에 나와 있소, 어디에 나가 있어야 하지?"라고 전보를 친 적 있었는데 그의 아내는 "집에"라고 답을 해줬다. 그러나 이 정신 나간 듯한 천재는 대단한 역설들을 만들었고 역설 분야에서 고수였다.

예를 든다면, 다음의 역설들을 보라.

    할 만한 가치가 있는 일이면 안 좋게라도 할 가치가 있다.
    심각한 주제가 아니라면 농담해도 괜찮아!
    정통이란 말은 더 이상 맞다란 말이 아니다.
    실제 그 말은 틀렸다는 것을 뜻한다.
    악(vice)은 처녀(virgins)를 요구한다(V를 사용한 역설-역자 주).
    어느 누군들 진지한 것들에 대해 시시해 질 수 있단 말인가?
    하찮아지지 않는다면 그것들은 정말 엄청나다.

이러한 역설들은 단순히 말장난이 아니었다. 체스터톤은 역설의 넌센스를 "진리를 가장 높이 주장하는 것"이라 보았다. 비평가들은 내가 말한 것이 정말 무엇을 뜻하는지 그들이 알아낼 때까지 나의 놀라운 역설이라고 부르길 좋아하는 데 거의 전적으로 칭찬 일색이라고 인정했다.

그의 역설과 체스터톤의 70권에 이르는 책, 수백 편의 신문 칼럼, 특히 주간지에 실린 글들을 포함한 헤아릴 수 없는 작품들로 그는 "걸작이 없는 장인"으로 불리기도 하는데, 그 이유는 그의 사회 비평, 문학 비평, 신학 논문 및 기타 소설류 등에서 정상에 이를 만한 성취는 없었기 때문이다.

비록, 그의 많은 작품은 지금에 와서는 잊혀지긴 했으나 세상에 유산을 남겼다. 무하트마 간디는 독특하게 비서구적 분위기로 인도를 독립 국가로 만드는 일에 런던의 일러스트레이티드 뉴스에 실렸던 체스터톤의 에세이에 감명을 받은 적 있었다. 조지 오웰도 그의 『1984』 작품의 제목이 된 '1984'란 날자를 체스터톤의 소설에서 빌려왔다.

체스터톤의 변증적 작품들은 C. S. 루이스의 회심에 결정적이었고 체스터톤의 장난스런 문체를 루이스가 상당히 채택하였다. 시인 T. S. 엘리엇은 체스터톤이 "그 시대에 그 어느 누구보다도 현대 세계 안에 소수가 된 기독교의 존립을 유지하기 위해 큰 일을 했다"고 평했다.

체스터톤은 심지어 『정통』(Orthodoxy, 1908) 같은 작품을 쓸 때도, 『영원한 인간』(The Everlasting Man, 1933) 안에서 역사적인 이론을 쓸 때에도 그리고 『성 토마스 아퀴나스』(St. Thomas Aquinas, 1993) 같은 신학적 전기문을 쓸 때에도 모든 일을 유쾌하게 감당했다. "도랑물 같이 흐릿하게" 보이는 어떤 주제라도 "현미경으로 들여다 볼 줄 아는 자연주의자라면 그 도랑물도 상당히 재미있을 것이라고 내게 말해 주었을 것"이라 썼다.

로마에 이끌려

영국성공회 배경에서 태어나 자란 체스터톤은 로마가톨릭교회에 이끌렸다. "악과 범죄에 관한 상당히 지저분한" 질문을 요크셔의 어느 사제에게 했을 때 그는 그 사제가 악에 대해 깊이 있는 이해를 갖고 있다는 것에 놀랐다. 이 일을 계기로 그는 그 신부를 소설화하여 가장 잘 알려진 작품들인 『브라운 신부』 (*the Father Brown*)라는 탐정물 (1911-1935)을 썼다.

1922년에는 영국성공회의 본산인 캔터베리를 떠나 로마로 갔다. 그는 로마가톨릭교회가 "나와 함께 나의 밑바닥까지 같이 내려갈 수 있는" 유일한 교회라고 주장했다. 그는 일찍 개

G. K. 체스터톤

종할 수 있었겠으나 "제단 위에서 엄청난 현실에 너무 겁을 먹었었다"고 일단의 개신교 무리들에게 충격을 안겼다.

개종한 이후 교단, 교파를 주제로 몇 권의 책을 냈는데 그중에는 청교도와 종교 개혁에 대한 날카로운 공격도 들어있다. "그러나 대체적으로는 기독교와 덕과 품위에 관한 고전에서 체스터톤 보다 더 뚜렷한 챔피언은 없다"고 어느 복음주의적 개신교 학자는 평하고 있다.

자신의 전기를 쓴 직후 그는 병이 들어 사망했다. T. S. 엘리엇(장례식 조사를 썼다)에서부터 H. G. 웰스에 이르기까지 그의 오랜 친구들과 논쟁 적수들까지 슬픔을 표했다. 장례식이 끝난 후, 교황 피우스 11세는 이 뚱뚱했던 작가에게 "신앙의 수호자"라는 개신교뿐 아니라 로마가톨릭교회에서도 진정한 의미의 최고의 지위를 부여했다.

39. 도로시 세이어스
미스터리 작가이자 변증가

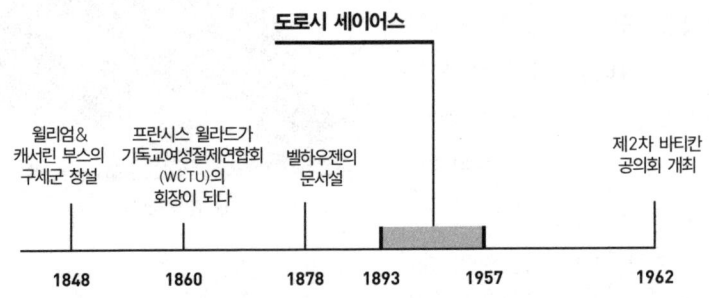

> 인간은 뭔가 적극적으로 창조하는 일을 하는 것을 제외하면 자기 자신에게 진실할 수가 없다.

도로시 세이어스(Dorothy Sayers)는 남들이 형편없다고 비판한 이야기를 요약하고 있었다.

> 공식적인 스토리의 개요는 이렇다. 하나님이 약체로 몰리고 얻어맞을 때 얘기하는 것, 그가 그려놓은 조건들과 그가 만들어놓은 사람들과 같은 사람이 된 것을 제안하였을 때 그리고 그가 만든 사람들이 그를 부숴버리고 그를 죽였을 때.

그녀가 아직 요점을 제시하지 못했다면, 도로시 세이어스는 "우리가 찾은 교조적 교리는 너무 따분하고 이 따분한 교리에서는 하나님은 피해자이자 영웅"이라고 계속 쓰고 있다. 이 기간 후 그녀는 잠시 쉰 후 또 이어갔다.

"만일 이것이 따분하다면 하늘을 두고 맹세컨대 흥분될 만한 것이라 불리울 만한 것이 무엇이 있단 말인가?"

세이어스는 기독교를 찾지도 않았고 따분한 인생을 찾지도 않았다. 열렬한 논쟁 같은 것도 통상 날카로운 유머를 동반하는 것이 세이어스에게는 흔한 일이었고 사는 것도 열정적이었다. 그녀가 어떤 일에 손을 대었든 간에 성공을 거둔 것은 별로 문제 될 일은 아니다. 기독교 변증학 부문은 그녀의 많은 열정 중 하나였는데 그 부분이 성공을 거둔 것에 우리는 감사해야 할 것이다.

미스터리 작품들을 쓴 작가

그녀는 헨리 세이어스(Henry Sayers) 목사의 외동딸로 옥스퍼드에서 태어났고, 옥스퍼드대학교 소머빌대학에서 장학금을 받았고, 1915년 현대 언어학에서 일등급 명예로 졸업했다. 학계에서 밟아 올라가야 할 길과 고립은 그녀에게 별반 흥미가 없었기에 그녀는 옥스퍼드대학교의 블렉웰스 출판사에 들어갔고 런던의 광고회사였던 벤슨스에서 카피라이터가 되었다.

그녀는 콜만 겨자를 전국적으로 광고하는 데 지대한 역할을 함으로 곧바로 대박을 터뜨렸다. 그녀는 겨자 클럽(베이컨이나 햄, 또는 든든한 국물 등을 의인화 시켜서) 같은 상상물을 찾는 회원들에게 이야깃거리를 제공함으로서 공공의 이익을 담보했다.

벤슨스에서 일할 때, 세계적으로 유명해진 탐정 소설 『피터 휨지 경』(Lord Peter Wimsey)의 첫 작품이 출판되었다. 휨지는 그의 상징물처럼 된 외짝 안경과 "한껏 멋을 낸" 분위기와 함께 스콧틀랜드 경찰 출신의 자기 친구 형사인 파커와 함께 친한 친구 사이에서의 범죄 사건들을 풀어가는 소설이다. 세이어스는 탐정류 글쓰기(최소한 한 학자는 그녀의 소설을 제인 오스틴에 비교하기도 했다)와 같은 인기 있는 분야에서 뛰어난 소설 작법을 쓴 것으로 잘 알려졌다. 모두 합하면 세이어스는 1923-37년 사이에 12권의 탐정 소설을 냈으며 그 중 몇 권은 국제적인 고전의 반열에 올랐다.

이 모든 일이 탐정류의 작품들이 여성 작가들의 영역에서는 엄두를 내지 못하던 시대에 이루어졌다. 세이어스는 그럼에도 이런 일을 해냈는데 솔직히 그때 그녀는 무일푼이었고 소설에서처럼 뭔가를 증명해 내는 것보다는 탐정류가 대단히 재미있을 것이라고 생각하여 착수한 일이었다.

그녀는 "남자들의 일인데 여자가 그것을 해냈다는 것을 보여 주기 위해 하는 것은 말도 안된다. 정말 말도 안된다"고 한때 주장한 바 있다. "뭔가 어떤 일을 해본다는 데 대한 제대로 된 이유는 그 일이 당신의 일이고, 당신이 그 일을 하고 싶어서 했기에 했다"는 것이다.

종교적인(신앙적인) 작가

도로시 세이어즈

불행히도 그녀의 사생활은 공적인 성취만큼 성공적이지 못했다. 그녀는 한 지적인 남자와 사랑에 빠졌으나 그 남자는 잠자리를 갖자는 것을 거부한 그녀를 거절해 버렸다. 그러다가 오히려 그녀는 자동차 판매원과 성적으로 빠지게 되면서 임신하게 되었다. 그로 인해 난 남자 아이(처음에는 친척에 맡겼다가)를 키우게 된 일을 1975년까지 비밀로 했었다. 아들을 낳은 후 2년 뒤 이혼한 오스왈드 안토니 플레밍(Oswald Antony Fleming)과 결혼했는데 결국 그가 그 아이를 입양했다.

얄궂게도 도덕적으로 이처럼 실패한 이후에 신앙적인 작가로서의 그녀의 삶은 꽃피웠다. 1937년 그녀는 캔터베리 축제를 위한 연극 작품을 하나 써달라는 청을 받게 되었고, 그 연극 <당신의 집을 사모하는 열심>(The Zeal of Thy House)이란 작품은 BBC의 <왕으로 태어난 남자>(The Man Born to Be King)란 라디오 연극 연재물로 이어지게 되었다. 연이어 기독교를 주제로 한 에세이들과 책들이 줄줄이 나오게 되었는데 『여기서 시작하라』(Begin Here), 『창조주의 마음』(The Mind of the Maker), 『신조인가 혼돈인가?』(Creed or Chaos?) 같은 작품들을 냈다. 이들 작품들로 그녀는 갑자기 당대의 가장 뛰어난 크리스천 변증가로 자리잡게 만들었다.

그녀는 타협 없이 해박하게 그리고 유머가 넘치는 문체로 써나갔으며, 악의 문제 같은 신학적으로 가장 풀기 어려운 난제의 경우에는 흐리멍텅한 추상에 삼켜지는 것을 거절했다.

"하나님은 왜 이 독재자를 죽도록 치시지 않는걸까?"

이 같은 질문은 <왕으로 태어난 남자>에 나오는 극중 인물 중 하나가 내뱉은 질문으로 우리와 다소 거리가 먼 질문이다.

부인, 엊그제 부인께서 근거도 없고 불친절한 욕을 내뱉은 당신을 그가 당신을 더 이상 꼼짝 못하게 얼간이로 만들어버리도록 내리치지 않는걸까요? 혹은 선의의 친구에게 내가 생각이 짧아 그런 짓을 한 내가 잘못인가요?
그리고 돈에 얽힌 사기 협잡 같은 더러운 일에 서명하기 전에 당신 손목이 팔목에서부터 썩어부러지지 않도록 왜 그가 하지 않은걸까요?

비록, 그녀는 교회를 열렬히 방어하긴 했으나, 그렇다고 그녀가 교회의 결함들이 도덕적으로나 제도적으로 문제가 되었을 때 눈을 감거나 비판을 두려워했던 건 아니었다.

그녀는 『신조인가 혼돈인가?』에서 다음과 같이 썼다.

지적인 복수에 대한 교회의 접근은 보통 그에게 술 먹지 말라거나 여가 시간을 헤프게 쓰지말라거나, 주일날 교회 나오라는 정도로 촉구하는데 그친다. 그러나 교회가 그런 이들에게 말해줘야 할 것은 이것이다. 가장 우선시 되어야 할 요구는 여러 방면에서 그가 제대로 행하도록 그의 종교가 그에게 와닿아야 한다는 것이다.

단테에게 홀린 그녀

"인간은 뭔가 적극적으로 창조하는 일을 하는 것을 제외하면 자기 자신에게 진실할 수가 없다"고 쓴 바 있었던 그녀는 창조하는 일에 그녀의 삶이 온통 이끌렸다. 51살에 그녀는 단테의 『신곡』(Divine Comedy)을 처음 집어들었는데 이내 곧 그 작품에 혼이 나간듯 끌려들어갔다.

그녀는 다음과 같이 썼다.

신곡 안의 죽은 자들의 3군데 영역(천국, 지옥, 연옥-역자 주)을 위 아래로, 아래에서 위로 헐떡이며 오르내리는 동안 나는 밥먹는 것도 거르고, 잠도, 일도, 연락도 거르면서 친구들을 돌게 만들었다.

그러는 동안 그녀가 찾아낸 것은 단테는 암울하지도 엄격하지도 않고 달콤하고 동정심이 가득한 자애심 많은 대천사이며, 그는 사람들이 그들의 책에서는 절대 암시해서는 안 될 대단히 위대하고 재미있는 작가라는 점이다.

세이어스는 마지막으로 힘써야 할 일 중 하나로 단테를 새롭게 번역하여 더욱 많은 독자가 이 위대한 작품에서 즐거움을 누리는데 도움이 되도록 할 참이었다. 그러나 그녀의 번역은 즉각 학자들로부터 비판을 받았는데 이들은 세이어스가 그녀의 전문 분야 밖에 손을 대고 있다고 생각해서였다. 그러나 그녀의 번역은 나왔고 1992년 한 전기에 의하면, "시장에서 가장 영향력 있고 인기있는 번역"이라는 평을 들었다.

세이어스의 일생 동안 T. S. 엘리엇, 찰스 윌리암스, C. S. 루이스 등이 그녀의 친구들로 간주되었으며, 사망 후에는 그녀의 미스터리를 읽는 수백만의 착실한 독자들 뿐 아니라, 신앙을 에너지와 이성으로 그리고 눈을 깜박이며 설명해 주길 바라는 수백만의 크리스천들이 있다.

40. C. S. 루이스
학자, 저자 그리고 변증가

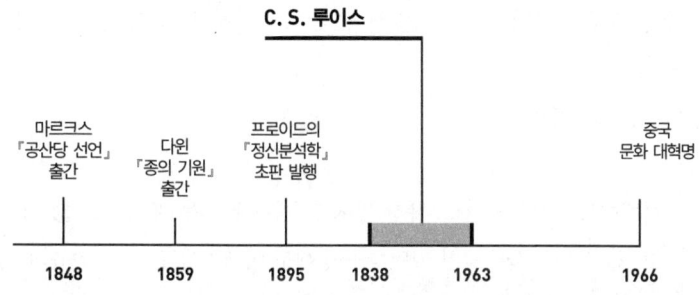

> 지성인으로서의 삶이 하나님께로 향하는 유일한 길은 아니고 가장 안전하지도 않다. 그러나 지성인으로서의 그 길을 하나의 길로서 찾아냈고, 그 길은 우리를 위한 지정된 길일지도 모른다. 물론 하나님을 찾는 길은 그 충동에서부터 순수해야 하며 사심 없이 지켜진다면 그것은 유일하고도 긴 길이 될 것이다.

나는 키 크고, 뚱뚱하고, 대머리인 편이고, 얼굴색은 벌겋고, 턱은 두 개나 되고, 검은 머리에 목소리는 가라앉고 책 읽기 위해 돋보기를 쓴다.

클리브 스테이플스 루이스(Clive Staples Lewis)는 1954년에 자신을 따르는 한 젊은이에게 글을 썼다. 이 유명한 저자가 옷 입는 데 신경을 조금이라도 썼다면 그의 바지는 꼭 다려 입어야 할 정도였고, 윗도리는 실밥이 헤어졌고, 음식이 떨어진 자리에는 얼룩이 졌고, 신발은 너덜거렸고 뒤 축은 닳았다는 것을 알아차렸을 것이다.

그러나 루이스의 친구들이 알았던 잭은 옷차림 같은 데는 개의치 않았다. 그는 그 대신 단어들의 정확한 사용이나 논쟁에 제출된 증거의 자질이나 문장의 길이에 철두철미 꼼꼼했다. 20세기 가장 위대한 작가 중의 한 명인 이 옥스퍼드의 학자는 그의 외모나 옷차림이 아니라 그의 책이나 그의 사상 때문에 기억되고 있다.

책에 파묻혀 자라나다

루이스는 아일랜드의 벨파스트에서 책 읽기를 좋아하는 개신교 가정에서 태어났다. 광범위하게 책을 읽는 취향으로 그 가정은 "끝도 없이" 책을 사들였고 읽었다.
루이스는 회상했다.

> 서재에도, 식당 방에도, 옷장 방에도, 계단에도 두 개의 큰 책꽂이가 있었고, 침실에도, 물탱크가 있던 다락방에도 어깨높이로, 모든 종류의 책이 온 집안 구석구석에 쌓여 있었다.

북부 아일랜드의 날씨는 많은 날이 그랬지만 비 오는 날이면 선반에서 책을 꺼내 그 책들이 이끄는 세계 속으로 들어가곤 했는데 그중에 코난 도일(Conan Doyle), E. 네스빗(E. Nesbit), 마크 트웨인(Mark Twain), 헨리 워즈워드 롱펠로(Henry Wadworth Longfellow) 같은 작가들의 책들이 있었다.
그의 유일한 형이었던 워렌은 1905년 기숙학교에 가기 위해 영국으로 갔지만, 잭은 다소 은둔형이 되어갔다. 그는 책과 '옷 입은 동물들'과 '무장한 기사들' 같은 상상의 세계 속에 더 많은 시간을 보냈다. 책을 더 읽었고, 더 썼고, 자신의 이야기도 보여 주었다.
1908년 암으로 어머니를 잃은 후로 더욱 숨어들었다. 잭이 10살 생일을 맞기 석 달 전 어머니는 돌아가셨고 어린 그는 어머니를 잃게 되면서 상처가 깊었다. 그가 어머니를 잃기도 했지만, 그의 아버지도 아내의 죽음으로부터 완전히 헤어나오지 못했다. 두 형제는 아버지로부터 멀어졌고 가정 생활은 결코 다시는 따뜻하거나 만족스럽지 못했다.
어머니의 죽음은 어린 잭에게는 어머니가 주신 성경책에서 만났던 하나님이 만일(어머니를 데려갈 만큼) 잔인하지 않다면 적어도 막연한 추상적 개념이라 확신하게 되었다.
1911년 혹은 1912년에 기숙사 학교의 수간호사가 영적으로 비정통적인 영향을 끼친 바람에 루이스는 기독교를 거절했고 무신론자가 되기로 다짐했다.

옥스퍼드에서의 일생

C. S. 루이스

루이스는 1917년 옥스퍼드대학교에 학생으로 들어간 이후 그 대학을 떠난 적이 없었다. 제1차 세계대전에 참전하느라 잠시 끊긴 기간은 있었으나(전쟁 중 그는 포탄 파편에 부상을 입었다), 그는 옥스퍼드에서 항상 집과 친구들을 유지했다. 옥스퍼드와의 연관은 너무도 강하여 1955-63년까지 케임브리지대학교에서 가르칠 때 옥스퍼드로 주말에 통근하여 학교 안의 익숙한 장소와 친밀했던 친구들과 떨어지지 않았다.

1919년 루이스는 첫 번 책인 『멍에 속의 영들』(Spirits in Bondage)이란 노랫말 가사들이 돌아가는 책을 클리브 헤멜톤이라 가명으로 썼다. 1924년 그는 옥스퍼드대학교(University College)의 철학 교수가 되었고, 그다음 해에는 맥달렌대학교의 펠로우(최고 지위의 연구교수-역자 주)가 되어 영어와 문학을 지도했다. 그의 두 번째 시집 『다이머』(Dymer)도 가명 아래 출판되었다.

영적 각성

루이스가 계속 책을 읽어나가며 그는 특별히 기독교 작가인 조지 맥도널드의 글을 즐겨 읽었다. 그중에서도 『판타스테스』(Phantastes)는 강하게 그의 무신론에 도전했다.

"그것이 실제 내게 한 것은 내 상상력을 개종시키고, 심지어 그(상상력이) 세례받도록 했다"고 그는 썼다. G. K. 체스터톤의 책들도 비슷하게 일했는데 특히 그의 『영원한 인간』(The Everlasting Man)이란 책이 제기한 젊은 지성인의 물질주의에 관한 심각한 질문들은 루이스에게 준 영향은 컸다.

맥도널드와 체스터톤이 루이스의 사상을 흔들어 놓고 있었다면, 친한 친구였던 오웬 바필드(Owen Barfield)는 루이스의 무신론의 논리에 대해 덤벼들었다. 바필드 자신이 무신론에서 유신론으로, 유신론에서 기독교로 전향한 바 있었고, 자주 그의 물질주의에 대해 졸라댔다. 뛰어난 동료 연구자이자 일생 친구였던 네빌 코그힐 역시 그에게는 놀랍게도 '크리스천이자 철저한 초자연주의자'였다.

케임브리지대학교 안에 맥달렌대학의 영어 교수가 되자마자 루이스는 두 명의 크리스천을 더 만나게 되었는데 이들은 휴고 다이슨(Hugo Dyson)과 J. R. R. 톨킨이였다. 이들은 루이스의 절친한 친구들이 되었는데 루이스는 이들의 명민함과 논리를 존경했다. 곧 루이스는 자신의 친구들이자 가장 좋아하는 작가들(맥도널드, 체스터톤, 존슨, 스펜서, 밀턴 같은)이 모두 기독교를 믿고 있다는 것을 알게 되었다.

1929년 이제까지의 길들이 만나게 되었고 루이스는 항복하였고 "하나님은 하나님이시며, 무릎을 꿇었고 기도했다"고 인정하기에 이른다. 2년 안에 그동안 개종하기를 꺼렸던 그는 유신론에서 기독교로 옮겼고, 영국 성공회에서 나가게 되었다.

그 직후 루이스는 그의 저술의 새로운 방향을 뚜렷이 정했다. 시인이 되기로 했던 것은 이제 접었다. 이 새로운 크리스천은 자신의 은사와 에너지를 새롭게 발견한 신앙을 반영하는 산문 조의 글들을 쓰는 데 바쳤다.

『순례자의 역주행: 기독교를 위한 풍유적 사과, 이성과 낭만주의』(The Pilgrim's Regress: An Allegorical Apology for Christianity Christianity, Reason and Romanticism, 1933)를 개종 이후 2년 안에 썼다. 이 작은 책은 그 이후 30년간 계속 기독교 변증과 제자도에 관한 책들을 출간하게 되는 길을 열었는데 그 길이 그의 평생 여가 활동(여가활동이란 표현은 그의 본업은 옥스퍼드 교수직이었기에-역자 주)이었다.

루이스가 쓴 25권의 기독교 서적들은 수백만 부가 팔렸는데 『스크루테이프 편지』(The Screwtape Letters, 1942), 『순전한 기독교』(Mere Christianity, 1952), 『나니아 연대기』(Chronicles of Narnia, 1950-56), 『위대한 이혼』(The Great Divorce, 1946) 그리고 『인간의 폐지』(Abolition of Man, 1943) 등이 있다. 이들 책은 브리테니카 백과사전에서 세계에서 가장 위대한 작품 중에 선정된 작품들이다.

비록, 그의 책들은 세계적인 이름을 얻게 해 주었으나 루이스는(본업상) 항상 최고의 학자였다. 주요 전공인 문학사와 문학 비평에 관한 글들을 계속 썼는데 『사랑의 풍유』(*The Allegory of Love*, 1936)는 그 분야에서 고전에 속하며, 『16세기 영국 문학』(*English Literature in the Sixteenth Century*, 1954) 같은 작품도 있다.

그의 지적인 성취에도 불구하고 그는 오만하지 않았다.

> 지성인으로 사는 삶이 하나님께로 향하는 유일한 길은 아니고 가장 안전하지도 않다. 그러나 지성인으로서의 그 길을 하나의 길로써 찾아냈고 그 길은 우리를 위한 지정된 길일지도 모른다. 물론 하나님을 찾는 길은 그 충동에서부터 순수해야 하며 사심이 없이 지켜진다면 그것은 유일하고도 긴 길이 될 것이다.

이름과 부

영국 전역에서 가진 설교, 대담, 라디오를 통한 신학적 견해 발표 등은 루이스의 평판을 높여주었고 책도 더 팔리게 해주었다. 이러한 새로운 환경은 연 수입이 많이 늘어난 것은 차지하고서라도 여러 변화를 가져왔다.

1920년대를 지나면서는 루이스는 적은 돈으로 살아가야 했다. 그가 학생이었을 때 그의 아버지는 생활비를 대주었지만, 잭도 여러 면으로 보충했다. 그래도 돈은 항상 말랐다. 그리고 한 친구 집을 위해 책임을 맡았을 때도 돈은 항상 정규적인 강사 급료로는 빠듯했다.

그러나 세계적인 명망을 얻어 돈은 더 이상 문제가 되지 않았어도, 루이스는 생활 수준을 높이는 것을 거절했고 그 대신 인세로 들어오는 수입을 자선기금으로 보냈다. 그는 가난한 여러 가족을 도와주었고 고아들과 가난한 신학생들을 위한 교육비를 대주었고, 자선기금과 교회 목회들을 위해 돈을 썼다.

이 땅에서의 순례길 마지막 10년 동안 루이스의 세계는 미국에서 온 부인과 그녀의 두 자녀에 의해 침해당했다. 1952년 루이스의 『위대한 이혼』과 『스크루테이프 편지』를 읽으면서 크리스천이 된 조이 데이빗만 그레샴(Joy Davidman Gresham)이 영적인 멘토를 만나러 영국에 온 것이다. 그 이후 그녀의 남편은 다른 여자를 만나며 그녀를 떠나게 되면서, 그녀는 다 큰 아이들인 데이비드(David)와 더글라스(Douglas)를 데리고 런던으로 이사했다.

그레샴은 점차 경제적으로 어렵게 되었다. 루이스를 알게 되므로 자신의 두 아들의 기숙학교 교육비를 루이스가 대주게 되었다. 자선과 공통의 문학적 관심사가 깊은 우정으로 발전하였고 사랑으로 결국 이어졌다. 1956년 루이스와 그녀는 결혼했다. 루이스의 부인이 된 조이는 그보다 16살 어리긴 했으나 나이 차이가 행복한 결혼을 막은 건 아니었다. 그러나 결혼 후 4년도 안 되어 악독한 암은 이들의 결혼 생활을 끊어놓고 말았다. 그녀는 결혼 전에도 매우 아픈 사람이었고 그 결혼을 루이스는 "죽음의 침상에서 올린 결혼"이라고 불렀다.

그래도 조이는 루이스에게 행복을 안겨주었다. 루이스는 결혼 직후 한 친구에게 다음과 같이 썼다.

> 나이 59세에 대부분 남자라면 20대에 가질 법한 행복을 누린단 게 웃기는 일이야…좋은 포도주를 아직도 갖고 있다니.

그녀 스스로 한 작가로서 잭에게 끼친 영향은 그의 최고의 책인 『우리 얼굴을 가질 때까지』(*Till We Have Faces*, 1956)에 지대했기에 그는 친한 친구에게 그 책을 그녀와 같이 썼다고 할 정도였다. 잭은 어머니의 죽음 못지않게 아내 조이의 죽음은 엄청난 타격이었다. 그의 『한 슬픔을 보며』(*A Grief Observed*)에서 그는 슬픔, 분노, 의심들을 표현했는데 이런 감정들이 그 이후 몇 년 더 갔다.

친구들로부터 당한 공격

존경받던 교수(루이스)는 그의 인생 늦은 나이에 결혼했을 뿐만 아니라, 한때 유대인이었고, 이혼도 했고, 한때 공산당원이기도 했고, 여러 개인적인 면에서 걸리는 면이 많았던 미국 여성과 결혼한 것이 흠결이 되었다. 간단히 본다면 그 결혼은 루이스의 대부분 친구나 그를 아는 이들에게는 잘 받아들여 지기 어려웠다.

루이스는 친구들과 동료들이 자신이 한 결혼을 받아주지 않는 점에 상처를 받았을 뿐 아니라 상처를 받는 그런 일이 그에게 새로운 것은 아니었다. 비록, 그가 매주 모이는 이들과의 비정규적 문학 모임이었던 잉클링스(옥스퍼드의 최고 지성인들이 20년 가까이 정규적으로 모이던 모임-역자 주)에 즐겁게 참석하긴 했어도, 루이스는 그가 지나치다 싶을 만큼의 기독교인으로서의 생활 양식 때문에 자주 공격을 받았다. 심지어 아주 친한 크리스천 친구들이었던 오웬 바필드나 J. R. R. 톨킨마저 루이스의 복음주의적 강연과 저술을 공개적으로 못마땅해 했다.

　실제 루이스의 크리스천 책들은 상당히 비호감을 불러일으켜 그의 옥스퍼드 교수직마저 사람들이 인정하지 않고 넘어가려 할 정도가 되고 말았다. 1955년에야 케임브리지대학교의 맥달렌대학에서 루이스에게 결국 명예로운 석좌 교수 자리를 주게 되므로 영문학 역사와 비평 분야에서 그의 독자적이고 중요한 기여를 인정하게 되었다.

제5부

시인

41. 단테 알리기에리
42. 지오프리 초서
43. 존 던
44. 조지 허버트
45. 존 밀턴
46. 앤 브래드스트릿
47. 아이작 왓츠
48. 찰스 웨슬리
49. 패니 크로스비
50. T. S. 엘리엇

41. 단테 알리기에리
세계적인 신적 운문 창작자

> 바르고 흠이 없는 오 양심이여, 그 양심을 찌르는 것이 작은 잘못이라고만 여긴다면 얼마나 비통한가!

50대 초반 단테(Dante)는 고향으로부터 쫓겨나 유배를 갔고, 교회 최고 지도층과 씨름했고, 고국 사람들에게 무기를 들어야 했었다. 그는 적들을 많이 만들었고 즐겁지 않았다. 그래서 그는 적들에게 많은 이가 바라던 일을 했다. 그 일이란 그들을 모두 지옥으로 떠나보내는 것이었고 심지어는 교황도 그리로 보냈다.

그러나 그의 저주에 찬 글은 그렇게 재미없는 장광설이 아니었다. 그의 글은 중세 시대 가장 뛰어난 시였는데 그 시는 고전 시대와 중세의 신념들을 그토록 심오하게 요약한 것이어서 비평가들은 그것을 신적인 시라고 하였고 이렇게 태어난 작품이 『신곡』(Divine Comedy)이다.

교황의 힘이 작용하다

단테는 플로렌스의 낮은 귀족계급의 가정에서 태어났다. 그의 가정은 약간의 지위는 있었겠으나 재산은 없었다. 더 중요한 사실은 그 가정이 교황의 지원자였다는 점이다. 단테의 모든 삶은 교황권의 챔피언들(구엘프스 가문)과 이탈리아를 지배했던 독일계 제국을 지지했던 가문(기벨라인스)과의 갈등으로 점철되었다. 한쪽이 권력을 잡으면, 다른 한쪽은 심하게 처벌

함으로 몇 년 뒤면 전복되고 마는 엎치락뒤치락하였다. 이러한 시소 타듯 하는 상황은 100년 이상 계속되었는데 단테의 어린 시절에는 그의 집안이 속했던 구엘프스 가문이 상승세를 잡고 있었다. 그는 플로렌스의 민주정치의 정점도 보았고, 구엘프 기사들을 위해 일선에서 싸웠다.

당시 공적 생활의 모든 참가자는 길드(상인 조합)에 속해 있어야 했기에 단테도 외과 의사들과 약재상 조합에 들어가 있었다. 곧 그는 그 도시에서 책임 주무관 같은 프라이어로 선출되었다. 그 공화국(플로렌틴공화국)이 정치적 소용돌이로 다시 찢기었을 때, 단테는 잘못된 편에 섰다.

즉 그의 반대파들이 주도권을 잡으면서 그는 교회에 적대했고, 사기를 쳤고, 부패한 짓을 했다는 거짓된 누명을 쓰게 되어 벌금도 내야 했고 공직에 다시는 나서지 못하게 되었다. 단테가 벌금을 내지 못하겠다고 하자 그는 화형이란 형식의 사형 선고를 받게 되었다. 이에 단테는 그 시에서 도망쳐 나왔다.

유배 생활

단테는 뒤에 아내와 자식들을 남겨둔 채 떠나야 했었고 다시 글 쓰는 데 뛰어들었다. 그는 플로렌스에서 첫 책을 썼다. 그 책은 "새 생활"이라 불리운 『라 비타 누오바』(La Vita Nuova)라는 작품으로 밋밋한 운문과 시적 표현들을 섞어놓은 것이었다. 그것이 그가 9살 때 동갑내기였던 베아트리체(Beatrice)를 잠시 만난 적 있었는데 그녀에 대한 사랑 이야기를 담은 것이었다.

단테는 그 베아트리체를 그 이후 사랑했고 심지어 그녀가 죽고 자기가 결혼했음에도 사랑했다. 유배 중 그는 이탈리아 토착어에 대한 이상을 방어하려고 글을 쓰기도 했다. 성직자들이 주로 쓰던 라틴어는 도시 사람들이 쓰던 이탈리아 토속어에 의해 잠식될 것이라 보았는데 역사는 그가 옳았다는 것을 증명했다.

1308년 룩셈부르크의 헨리가 신성 로마 제국의 황제(프랑스 교황 클레멘트 5세의 도움을 받아)가 되었는데 단테는 그가 기독교 왕국을 새로이 혁신할 것이라 믿어 유명한 『왕권정치』(De Monarchia)를 썼다. 그는 "로마 정부는 어떤 면에서든 로마 교황제에 종속되게 되어 있는데 그 이유는 어떻게든 이 땅의 없어질 행복이란 불멸의 행복을 위해 명령을 받게 되어 있다"고 본 것이다. 그렇지만 일반적으로 황제가 세상 일에서 교황의 권위를 능가했다. 지상의 왕권 통치는 보편적인 평화를 위해서 필요한 것이고, 왕의 권위는 교황으로부터 하사 되는 게 아니고 신에게서 직접 온다고 여겨졌다. 단테를 위해서는 불행히도 헨리의 왕권 통치는 땅에 붙어서 떨어질 줄 몰랐다.

절묘한 희극

이 마을 저 마을 떠돌아다니던 유랑 객 단테는 결국 1317년 무렵 라베나에 정착하게 되는데 거기서 그는 10년 전에 시작은 했지만 완성치 못했던 그의 필생의 걸작 『신곡』를 완성하게 된다. 이 작품의 요체는 죽음 이후의 여정(지옥, 연옥, 천국이란 3부분으로 나누어져 있는)을 따라가는 연대기적 기법의 풍류적 대서사시이다. 단테가 이 작품을 쓴 목적은 부패한 사회를 의롭게 만드는 데 있었고, 또 가엾이 사는 사람들을 끌어내어 비할 바 없는 행복의 상태로 인도해 주는데 있었다.

지옥에서 단테는 로마 시인 버질(Virgil)이 그를 이끌어 9개로 모아진 둥근 지옥을 둘러보는 것인데, 그 지옥에서 그들(단테와 버질)은 역사와 신화와 단테의 적들 명단에 있던 이들이 거기에 있어 만나게 된다. 연옥은 9겹으로 된 산으로 되어 있는데 거기선 단테는 자신의 결함들을 반드시 직면하면서 구속을 추구한다.

천국에 이르기 전, 그동안 그를 안내해 주었던 버질은 단테가 오래전 잃어버렸던 베아트리체와 클레르보의 버나드로 바뀌게 되며 이들과 함께 그들은 단테의 영웅들을 천상의 9개의 둥근 원형을 통과하며 만나게 된다.

단테는 이 서사시를 죽음 직전에 마치게 되는데 나오자마자 즉각 뛰어난 작품으로 인정받게 된다.

그의 묘비명은 다음과 같이 시작된다.

철학이 그녀의 빛나는 가슴 안에 소중히 간직했을지도 모를 모든 지식의 분야에서 노련했던 신학자 단테.

42. 지오프리 초서
중세 영국의 가장 위대한 이야기꾼

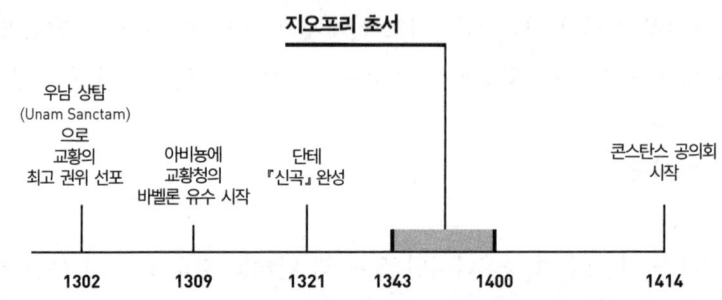

> 저는 지금 여러분에게 이 작은 책자 『캔터베리 이야기』에 귀 기울여 주시거나 읽어주시길 부탁드립니다. 이 안에 뭔가 흡족할 만한 것이 있다면 그것으로 모든 지각과 선함이 나오는 주 예수 그리스도께 감사할 것입니다.

지오프리 초서(Geoffrey Chaucer)의 첫 주요 시는 '공작 부부의 책'(Book of the Duchess)으로 그를 지원해 주었던 곤트의 존(그는 성경 번역을 했던 존 위클리프의 후원자였기도 했다)의 사망한 부인 블랑케를 위한 애가로 널리 읽혔다. 그 작품은 궁정의 사랑을 읊은 멋진 시였고, 초서를 사랑을 주제로 지상적인 사랑과 영원한 사랑의 면면들을 살핀 사랑의 시인으로 세워주었다.

초서는 그래도 감상에 빠진 변변치 못한 남자가 아니었다. 그는 몇몇 험한 구석이 있었다. 한때 프란시스수도회 수도사를 두들겨 패 벌금도 물었고, 성폭행이나 납치(이것은 확실치는 않다) 혐의를 받기도 했는데 혐의에서 끝났다. 고상함과 악랄한 현실주의의 결합은 초서의 삶을 특징지어 주었으나 그의 가장 위대한 문학적 기여는 단연 『캔터베리 이야기』(The Canterbury Tales)이다.

정치적인 시인

지오프리의 아버지 존은 런던에서 대단한 포도주 판매상이었고 왕의 부집사도 지내 당대 최고의 교육을 받았다. 책도 많이 읽었고, 프랑스어는 유창했고, 라틴어와 이탈리아어에도 능통했다. 10대 초반에 벌써 그는 궁중 가정들을 섬겼고, 10대 중반에는 프랑스에 나가 있던 왕의 군대에 소속되어 있었다. 그때 불행히도 중요한 포위 작전에 투입되었다가 실패하여 미래의 이 시인은 붙잡혀 감옥에 갔다.

석방금을 내고(왕이 그의 석방을 위해 16파운드를 지불했다) 풀려난 초서는 궁정으로 되돌아왔다. 그다음 여러 해 동안 그는 왕실 침소 시종에서부터 호위 기사의 종이 되어 왕에게 유흥을 제공하는 일을 맡았는데 특히 시를 통해 왕을 위무하는 일을 했다.

초서의 앞길은 계속 위를 향해 뻗어서 결국 상당히 부유해졌다. 그러다가 일련의 불행이 닥쳤다. 부인 필리파가 1387년 무렵 죽었고 부인이 남긴 연금도 잃게 되었다. 국왕 리차드 2세와 곤트의 존(John of Gaunt)이 권력을 잃게 되면서 초서도 해임되었다. 이뿐만이 아니었다. 빚으로 소송을 당하게 되었고 소송이 이어졌다. 그 무렵 리차드 왕의 권력을 찬탈한 자들은 의회를 장악하게 되면서 초서의 친한 친구들을 처형하기 시작했다.

이 격동의 시기에 초서는 가장 유명한 시들을 상당히 지었다. 『캔터베리 이야기』의 초기 작업을 시작했고, 『트로이룰스와 크라이세이데』(Troilus and Criseyde)를 썼는데 이 작품은 트로이 전쟁을 배경으로 해학적이나 비극적인 사랑 이야기를 담고 있다. 몇몇 학자는 이 작품을 영국 최초의 소설이라고 지목하기도 했으며 『캔터베리 이야기』 보다 심지어 더 낫다고 좋은 평가를 했다.

그런데, 그때 『트로이룰스와 크라이세이데』에 대해 적어도 한 명의 중요한 비판가가 있었는데 바로 국왕 리차드의 부인 앤 여왕이었다. 여왕은 이 시가 여성들이 남자보다 로맨스에 있어 덜 신실하다고 암시했다는 점을 문제 삼았다. 초서는 여왕의 비평을 유념하고 『착한 여인들의 전설』(Legend of Good Women)을 쓰게 되었는데 여기서는 여성들이 실제로 착한 게 아니라 악한 남자들에 의해 그저 배신당했을 뿐이라고 묘사했다.

초서는 일을 마치지 않은 채 떠났는데, 그의 제자 리드게이트에 의하면 역사에 많은 선한 여성에게 세금을 너무 많이 때린다는 이유에서였다. 곧 그때 23살밖에 안 된 리차드 2세가 왕위를 되찾게 되었고, 그의 지지자들은 보상을 받게 되었지만, 초서는 예외였다. 리차드는 초서를 궁중의 일을 보는 서기로 임명하였는데 그의 일에는 웨스트민스터 사원과 런던 탑을 돌보는 일도 포함되었다. 그러나 그는 기껏해야 그런 일에는 그저 그랬고 그의 건강을 해치게 되었다. 더하여 계속하여 도둑도 맞았고 폭행도 당했다. 지위 높은 임명을 받은 지 2년 뒤 그는 서머셋 지방 노쓰 피터슨에 있는 왕의 공원에서 숲을 돌보는 하급 직원으로 강등되었다.

길을 따라가며 나온 이야기들

여기서 다시 그의 좌천은 미래 세대를 위해서는 행운이었는데 왜냐면 그가 수년 전 시작해 놓고 아직 마치지 못했던 『캔터베리 이야기』를 위해 시간을 더 들일 수 있었기 때문이다. 이 책에서 그는 이 땅의 현실적인 이야기는 독자들을 24명의 순례자가 켄트 지방의 캔터베리에 있는 토마스 베켓 사원으로 저마다 가는 노정을 보여 준다. 이들 순례객은 흥을 돋우려 이야기하기 내기 시합을 한다.

초서는 이 순례객들을 명징하고 자세히 그려내는데 거의 페이지마다 신앙적인 주제에 색을 입혀놓고 있다. 비록, 소설류에 속한 작품이긴 하나, 『캔터베리 이야기』는 역사가들이 1300년대의 영국 생활을 들여다볼 수 있게 해주며, 중세 교회가 종교적 태도에 있어 하나의 거대한 돌덩이 같다는 관념과 맞서도록 도움을 주고 있다. 이야기 모음집인 이 책은 여러 직업을 가진 다양한 사람들을 모아주고 있다.

이들 중 더 기억날 만한 주인공으로는 배스의 아내인데 그녀는 종교적 반역도 중에서 가장 귀여운 인물로 확실히 페미니즘의 원조라고 볼 수 있으며, 면죄부를 파는 면죄부 행상꾼이자 사기꾼 그리고 교구 담당 목사로서 그는 모범 사제(존 위클리프를 근거로 한 듯)로서 같이 길을 가는 순례객들에 그의 목표를 다음과 같이 말해 준다.

당신들의 길을 더 나은 단계 천상의 예루살렘이라 불리는 그 완전하고 영광스러운 순례지로 이끌어 주기 위함이라오.

이 책은 성당으로 향하는 한 길과 되돌아 나오는 다른 두 길에서 각 순례객으로부터 나오는 두 이야기를 담고 있다. 그러나 초서는 그 목적이 달성되기 훨씬 전에 글쓰기를 중단했다. 그가 언제 정확히 절필했는지는 알려지지 않고 있으나 그의 이야기 끝에는 '철회'라는 부분이 있는데 거기서 초서는 인생의 끝 지점이 가까워지면서 자기 자신을 무대로 끌어내 그 자신의 세상이 헛된 일들에 대해 반역하고 글 쓴 일들을 사과하고 있다.

지오프리 초서

1400년 10월 지오프리 초서는 죽었고 그는 서민으로서는 대단한 영예인 웨스터민스터 사원에 묻히게 되었고, "시인들의 묘역"이라 불리는 곳에 봉분된 최초의 시인이 되었다.

43. 존 던
하나님 사랑의 시인

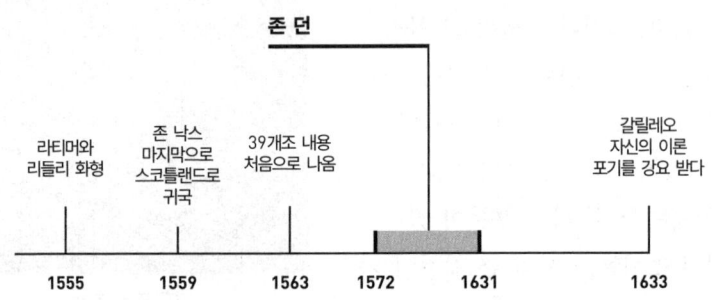

> 죽음이여 비록 사람들은 그대를 전능하고 무섭다 하지만 교만하지 말지어다. 왜냐하면 그대는 교만하지 않기 때문이다.

갓 안수받은 목사는 자신의 아내 장례식에서 설교를 통해 성경의 예레미야 애가를 인용하며 "하~. 고초를 겪는 사람이 바로 나로다"라고 탄식했다.

실로 아버지의 죽음에서부터 그 자신에 이르기까지 존 던(John Donne)은 많은 고초를 겪었다. 흑사병은 계속 런던을 휩쓸었다. 그가 런던에서 가장 큰 '성 바울 대성당'의 학장(런던의 대표적인 대성당이기에 대학급의 학장도 필요했다-역자 주)으로 있는 10년 동안 흑사병은 3차례나 지나갔는데 그때마다 수만 명의 생명을 앗아갔다.

여러 달 동안 던 자신도 이 무서운 병의 희생물이 분명히 될 것으로 생각했다. 그의 일생 그는 재정적 파멸도, 가족의 파괴도, 종교적 박해도 그리고 다른 역병들도 모두 견디어냈다. 그런데도 그는 영국의 가장 위대한 사랑의 시인 중의 한 명이 되었고 1600년대 가장 위대한 설교자 중 한 명이 되었다.

초기에는 성적인 사랑에

던은 영국에서 반가톨릭 정서가 고조되어 가던 시절 오래된 로마가톨릭 가정에서 태어났다. 두 살 때 그의 큰 삼촌은 천주교 사제라는 죄목으로 교수형을 당했고, 아버지는 4살 때 여러 가지 자연사의 원인으로 돌아가셨다. 동생 헨리는 사제를 숨겨주었다는 이유로 체포되어 감옥에서 죽었다. 옥스퍼드와 케임브리지 두 대학에서 주목받던 학생이었던 던은 스스로 그의 신앙을 이유로 학위가 거절되었다.

이와 같은 재앙들을 맞아 던의 청년 시절의 반응은 로마가톨릭교회를 거부하는 것이었다. 그렇다고 그의 가족을 박해한 개신교를 받아들이지도 않았다. 그 대신 그는 냉소적인 반발과 정직한 진리추구 사이의 줄 위로 걸어갔는데 여러 교파, 종파의 함정을 그의 첫 시집 <풍자>(Satires)에 그 목록을 적었다. 같은 시절 그는 노골적으로 성적인 생활을 살면서 영국 시 중에서 가장 노골적인 성 묘사를 한 시들을 여럿 썼다.

이 시절 던은 영국성공회로 개종하게 되며 1596년 스페인을 상대로 한 영국 해군 탐험대에 탐험가로 배를 탔다. 그리고 돌아와서는 영국 왕실의 대인장(Great Seal)을 담당하는 키퍼 경(the Lord Keeper)의 개인 비서로 임명되었고, 엘리자베스 여왕의 마지막 국회에 앉기도 했고 정치적 줄을 만들면서 계속 음란한 생활을 이어갔다. 그러다가 영국의 가장 위대한 사랑의 시인이(진짜) 사랑에 빠졌다.

그녀의 이름은 앤 모어(Ann More)였는데 그의 상관의 부인의 조카였다. 앤은 그때 17살이었고(던은 이미 서른살이었다) 둘은 비밀리에 결혼했다. 이에 앤의 아버지는 분노에 차 던을 즉각 감옥에 던져넣었고, 그의 직책도 날려버렸다. 감옥에서 던은 '존 던, 앤 던, 언단'(Undone, 끝마치지 못한 사랑)이란 뻔히 말장난이 들어간 시를 썼다.

감옥에서 빨리 나오긴 했으나 그다음 13년은 가난 속에 둘은 살았다. 가난에 더하여 앤은 아이를 열둘이나 낳았다(그중에서 다섯은 어릴 때 죽었다). 던은 또한 두통으로 시달렸고, 장이 뒤틀렸고, 통풍도 왔고, 심각한 우울증에도 빠졌다. 그 무렵 그가 가장 오래 일한 것은 에세이 홍보해 주는 일과 자살을 꾀하는 생각이었다.

그는 다음과 같이 그때 썼다.

> 어떤 고초가 나를 공격한다 해도, 나는 내 감옥의 열쇠를 내 손에 쥐고 있으며 어떤 구제 방안도 내 자신의 칼로 내 가슴으로 향하도록 하는 것만큼 빠른 것은 없다.

하나님을 사랑하는 자

이 시기 그는 또한 종교를 더 자세히 공부하기 시작했다. 두 권 중 한 권은 반가톨릭 저술로 출판된 『사이비 순교자』(Pseudo-Martyr)는 킹 제임스 1세의 총애를 받았는데 그 이유는 이 책이 로마가톨릭교회는 그들의 신앙을 저버리지 않고도 왕에게 충성 맹세를 할 수 있다고 주장했기 때문이다.

그의 시의 객체는 이제 하나님이 되었고, 하나님 사랑의 시를 전에 다른 시를 쓰던 정열과 다정다감 같이 끌어들여 써나갔다. 그는 "하나님은 사랑이시다"라고 그 이유를 댔다.

그는 솔로몬의 시들(아가)에서 시를 썼는데 그가 보기에 솔로몬은 이러했다.

> 다정다감했고, 여자를 사랑하는 데 지나치리 만큼 사랑했다. 그가 하나님을 향해 시선을 돌렸을 때 그는 그의 옛 귀절들과 언어로부터 완전히 떠난 게 아니라 그의 모든 사랑의 접근과 적용을 하나님께로 향하도록 했다.

그렇게 나온 그의 『거룩한 소넷트』(Holy Sonnets) 중의 몇몇은 다정다감한 면을 상당히 담아내고 있다.

> 내 가슴을 마구 두드려 주오. 삼위 하나님이시여 당신을 위해.
> 하지만 저를 당신은 쓰러뜨리며, 숨을 쉬게 하며, 빛나게 하며, 고칠 수 있나이다. 제가 일어서 있거들랑 저를 쓰러뜨려 주옵시고 구부려주옵소서.
> 당신의 힘은 부수고, 날려버리고, 태워버리고 그리고 나를 새롭게 하실 수 있나이다. 나를 당신께로 이끄소서. 나를 가두어 주옵소서. 나를 위해.
> 당신이 저를 사로잡아 버리는 것 외에 풀려나지 않게 하옵소서.
> 저를 덮치는 것 말고는 결코 순결한 것은 없나이다.

일부에서는 포르노 작가로 여기는 마당에 던의 친구들은 영국성공회 사제가 되라고 격려했다. 이에 그는 "내 삶의 몇몇 불규칙성이 어떤 사람에게는 너무나 잘 보인다"는 이유로 탄식하며 또다시 거부했다.

그러나 제임스 왕이 던을 교회 외에는 어느 곳에도 쓰지 않게 되자 던은 마침내 받아들이게 되었다. 그는 케임브리지대학교로부터 신학 박사를 받게 되었고, 1616년 처음으로 교구 목회직을 맡게되었다.

그다음 해 부인 앤은 죽었다. 슬픔에 빠진 그는 다시는 결혼하지 않겠다 다짐하고는 일에 몰두했다. 그의 소명을 위해 그렇게 한 것은 놀랄만한 일이 되었다. 1621년 그는 성 바울 대성당의 학장이 되었고 당대 가장 대단한 설교자가 되었다. 그의 설교 중 161편이 남아있다.

1623년 그는 심하게 앓게 되었고 그는 역병으로 죽어간다고 믿어졌다. 그런데도 읽지는 못해도 글을 쓸 수는 있었기에 유명한 『가끔씩 떠오르는 묵상』(*Devotions upon Emergent Occasions*)이란 책을 썼다. 그는 그 책에서 교회 종소리를 들으면 죽음의 선언 같이 들린다며 자기 자신의 몰락을 발표하는 것 같이 오해하기도 했다고 기록한다.

그러나 그 종소리가 다른 이들을 위한 것을 알았을 때 그는 자신이 쓴 글 중에서 가장 유명한 문장 중 하나인 다음을 쓰게 된다.

> 누구도 모든 게 그 자신의 전부인 한 섬일 수는 없다. … 그렇기에 누구를 위하여 종은 울리나를 알기 위해 나서지 말라. 종은 그대를 위하여 울리노라.

8년 뒤, 그 종소리가 이번에는 던을 위하여 울렸다. 그는 위암으로 그의 유명한 설교 『죽음의 결투』(*Death's Duel*)를 한 지 한 달이 못되어 죽었다.

비록, 던은 종종 죽음(54개의 노래와 소넷 중에서 32개가 죽음을 주제로 한 것이어서 그렇게 불릴 법도 한)에 너무 집착해 있었다는 비판도 있지만, 그의 시, 설교, 기타 글들은 분명히 종소리 저 너머에 있는 그 어떤 것에 그가 친근한지 보여 준다.

> 죽음이여 비록 사람들은 그대를 전능하고 무섭다 하지만 교만하지 말지어다.
> 왜냐하면, 그대는 교만하지 않기에…
> 짧은 잠이 지난 후 우리 영원히 잠 깨어나리.
> 그리고 더는 죽음이 없으리 죽음 너는 죽을지어다.

44. 조지 허버트
영국의 가장 위대한 신앙 시인

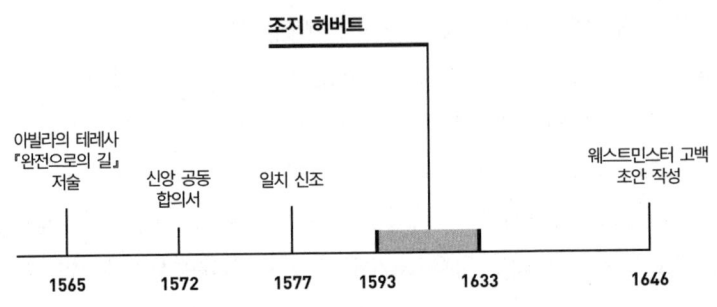

> 한 줄의 시가 한 설교가 보여 주는 그(목사를) 찾아낼지도 모른다.

　새해를 축하하는 날에 맥달렌 뉴포트 허버트(Magdalen Newport Herbert)는 그녀의 아들 조지 허버트(George Herbert)로부터 2편의 종소리(sonnette)를 받았다. 그것은 그 1년 전 윌리엄 셰익스피어가 종소리를 냈던 것과는 달랐다. 그것은 존 던이 맥달렌에게 『거룩한 소넷트』(Holy Sonnets)를 그의 후견인에 바치는 것과 비슷했다.
　조지 어머니의 친절, 그녀의 미모, 또는 다른 인품 때문만도 아니었고 그 소넷트를 위한 시점을 언급한 것도 아니었다. 그 대신 조지에게는 하나님의 사랑에 관해 쓰는 것이 여인의 사랑에 관해 쓰는 것보다 더 적합했다. 그 소넷트는 심미적이고 소명에 찬 한 시인이 영국에서 가장 뛰어난 비유를 할 수 있었던 시인 중 한 명이 되리란 것을 전조로 보여 준 것이 되었다.

거룩한 허버트 씨

　허버트 가문은 뛰어난 웰쉬의 귀족 가문(그의 형 에드워드는 영국 이신론의 아버지가 되었다)이었으나 허버트가 3살 때 아버지가 돌아가셨고, 어머니는 10명의 자녀를 길러야 했다. 그의 어머니는 조지의 형제, 자매를 집에서 가르쳤고 조지는 웨스트민스터학교에 들어가게 되었다. 그는 거기서 라틴어, 그리스어, 히브리어를 배웠다. 그 후에도 케임브리지의 트리니티대학교에 다녔고, 1620년 그 대학의 공식 연설가가 되었는데 이 자리는 그 대학에서 첫째가는 자리라고 그가 말할 정도였다. 그 자리에 들어간 그가 해야 할 일 중 한 가지는 대학의 분위기를 표현해야 했기에 더 높은 위치로 갈 수 있는 디딤돌이 되었다.

당연히 허버트는 계속 올라갔고 그의 명망도 올라갔다. 프란시스 베이컨(Francis Bacon) 경도 그의 시편 일부 번역을 허버트에게 바칠 정도였고, 영국 국회의원에 선출되기도 했다. 그러나 비극들이 잇달아 닥쳐왔다. 제임스 왕이 죽자 허버트의 후원자들도 사라졌다. 베이컨도 죽자 어머니도 돌아가셨다(모친의 장례식 설교를 존 던이 맡았다). 이윽고 역병이 터졌다.

1629년 계모의 사촌 제인 단버스(Jane Danvers)와 결혼한 그는 세상의 야심은 포기하고 거룩한 일에 들어가기 위해 준비했다. 그의 친구들이 그가 그에게는 그렇게 낮은 직업(성직)을 택하게 된 것에 대해 학교(케임브리지대학교)에 충격이라고 했으나 허버트는 다음과 같이 말하며 그들을 무시해 버렸다.

> 하늘의 왕의 집안 하인은 땅에서는 가장 고귀한 집안이어야 한다고 일반적으로 판단됐다. 비록, 지난시기의 악들이 성직자들을 낮게 평해도 나는 그 성직을 내 모든 배움을 희생해서라도 명예롭게 수행할 것이며, 이들에게 주신 하나님의 영광을 앞세우기 위해 내 부족한 능력을 다할 것이다.

허버트는 시골 지역으로 옮겼고 샐리스버리 근처의 브레머톤에서 교구 목사가 되었다. 그는 자기 돈으로 교회를 재건했고, 가난한 이들을 찾아갔고, 병든 이들과 죽어가는 이들을 위로했고, 이웃들을 화해시켰다. 그는 "거룩한 허버트 씨"로 알려졌다. 그렇지만 그는 겨우 3년만 섬길 수 있었는데 폐결핵으로 1633년 죽었다.

죽음의 침상에서 허버트는 잡은 시집을 근처에서 신앙 공동체를 세웠던 친구 니콜라스 페라르(Nicholas Ferrar)에 보냈다.

> 그에게 이 책이 어떤 실의에 빠진 가난한 영혼에게 도움이 된다고 생각되면 공개해도 좋다. 그렇지 않다면, 그가 이 작은 책을 태워버려도 좋다. 왜냐하면, 나와 이 작은 책은 하나님의 자비하심의 가장 적은 것이기에.

영적 갈등의 그림들

그 책은 그 해 『성전: 거룩한 시들과 개인적인 외침』(The Temple: Sacred Poems and Private Ejaculations)이란 제목으로 출간되었는데 영문학에서 가장 기억될 만한 몇몇 내용을 담고 있다. 그 안에 있는 몇 편의 시들은 지금 쓰이고 있는 '내 목자이신 사랑의 하나님'(The God of Love my Shepherd Is), '나의 왕 나의 하나님 나를 가르치소서'(Teach Me, My God and King), '온 세상 모든이여 모든 곳에서 찬송할지어다'(Let All the World in Every Corner Sing) 등의 찬송들이다.

허버트는 그의 시들을 "내가 내 주인이신 예수의 뜻에 나의 뜻을 복종시키기 전 나와 하나님 사이의 많은 영적 갈등을 보여 주는 그림이며 그분 안에서 이제 발견한 완전한 자유에 속하는 봉사"를 보여 준다고 설명한 바 있다.

주님, 인간이 당신의 영원한 말씀을 설교할 수 있단 말입니까?
인간은 부서지기 쉬운 형편없는 잔입니다.
그러나 당신의 성전에서 인간에게 감당하도록 하셨습니다.
이 영광스럽고 초월적인 장소에서
당신의 은혜를 통과시키는 한 창문으로
그러나 당신께서 당신의 이야기를 유리 잔 안에 담그실 때면
그 안에서 당신의 삶이 빛날 것입니다.
거룩한 목사들은 그러면 빛과 영광이 될 것입니다.
존경이 더 자라날 것이며 그가 더 이길 것입니다.
그 나머지는 물 같이 싱거울 것이고, 암울할 것이며, 여읜 것이 되고 말 것입니다.
그들이 모으고 버무려 가져온다면
교리와 삶, 색채들과 빛은 하나가 될 것입니다.
강한 것이 경외심으로 존중받아도 말한 것만이 남을 것입니다.
그들은 너울거리는 것으로 사라질 것이고
양심에서가 아니라 귀에 울리는 소리로 남을 것입니다.

허버트는 산문으로도 유명한데 『성전으로 향하는 어느 사제 혹은 시골의 그 교구 목사』(A Priest to the Temple, or the Country Parson)가 1652년 그의 사후 출간되었다.

그 안에서 그는 요약했다.

> 내가 목표로 하였을 즉 그것을 내가 할 수 있는 한 가장 높이까지 세웠을 그 과녁이 한 그루 나무를 향한 과녁이 아니라, 달을 위협할 만큼의 높이에 이르는 한 참된 목사의 틀과 인격이다.

좋은 목사가 되는 데 있어서의 핵심을 좋은 사람이 되는 데 있다고 허버트는 주장한다. 그는 목사의 개인적인 사생활에 대단히 관심을 두었는데 그 목사는 아버지 같이, 변호사나 의사나 상담가 같이 그리고 그리스도의 대리자로서 "자기 교구를 전심으로" 섬겨야 한다고 했다.

허버트는 시가 어떤 면에서 설교의 일종이라 믿었다. "한 줄의 시가 한 설교가 보여 주는 그 목사를 찾아낼 지도 모른다"는 것이다. 같은 이유로 그는 잠언들을 좋아했고 그가 설교에 사용한 많은 경귀가 오늘날에도 남아있다.

그 중의 몇은 다음과 같은 경귀들이다.

> 유리로 지어진 집은 다른 집에 돌을 던져서는 안된다.
> 둥근 눈은 불룩한 배보다 크다.
> 그가 짖는 것이 그가 무는 것보다 더 나쁘다.
> 세상의 절반 사람들은 나머지 절반 사람들이 어찌 사는지 모른다.

비록, 그는 시와 경귀 등을 짓는데 천재였지만, 그 밖의 분야에서는 중간 정도라고 생각했다.

> 이 경귀 등으로 교구 성도들은 주의를 기울여 달라는 것이며 설교의 특징은 거룩이나 설교를 하는 나는 재치 있지도 않고, 박식한 것도 아니고 유창하지도 않고 다만 거룩할 뿐이다.

45. 존 밀턴
『실낙원』을 쓴 청교도 작가

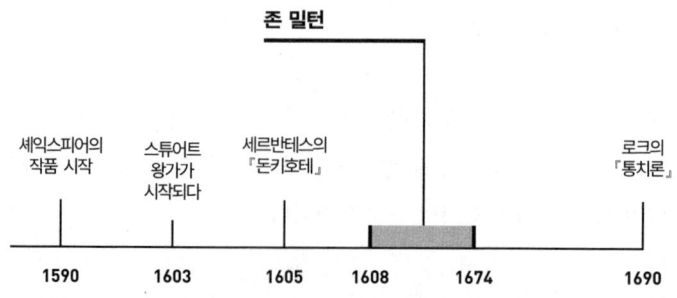

> 사람을 죽이는 자는 이성적 피조물을 죽이는 것이 되나 좋은 책 한 권을 파괴하는 자는 이성 자체를 죽이는 것이 된다.

젊었을 때 존 밀턴(John Milton)은 친구에게 이렇게 쓴 적이 있다.

　내가 지금 뭘 생각하고 있는지 묻고 있나?
　하늘의 도움으로 영원히 죽지 않는 명성을 난 생각하고 있네.

많지 않은 사람들이 이 같은 목표를 실제 이룰 수 있었으나, 밀턴은(말한대로 그 목표를) 이루었다. 윌리엄 셰익스피어(William Shakespeare) 다음으로 그는 영국의 가장 위대한 시인이자 영어로 쓴 최고의 서사시 작가로 간주되고 있다.

첫 여행에서

어린 시절에 대해 밀턴은 "나는 훌륭한 아버지를 둔 런던의 좋은 가정에서 태어났다"고 설명하고 있다. 그의 아버지는 개신교로 바꾸었기에 로마가톨릭으로부터 유산을 받지 못했다. 아버지처럼 그도 미세한 음성조절 목소리와 큰 재능을 가진 은사 받은 음악가였다. 9살 나이에 개인 교사 지도 아래 라틴어와 그리스어 문장을 쓰고 다듬을 수 있었고, 17살에 캠브리지로 공부하러 떠날 때는 불어, 이탈리아어, 히브리어도 배우기 시작했다. 열심히 공부했고 성공적이었다.

초기 전기 작가는 다음과 같이 적었다.

> 그는 케임브리지대학교에서 매우 열심인 학자였고, 모든 학업 훈련에서 큰 찬사를 들을만치 뛰어났다.

그러나 그는 논쟁을 불러일으켰던 인물이었는데 그에 대해 현대의 한 평자는 그는 "덕망 있었고 냉철했으나 자신의 결점에 무지하지는 않았다"고 말한다.

그는 '그리스도의 여성'(그는 케임리지대학교 내 크라이스트대학 회원)으로도 불렸는데 이 같은 명칭은 그가 잘 생겼고 그의 엄격한 생활에 대한 풍자 때문에 나온 것이다. 그의 엄격한 생활은 "악에서 떠난 것이었고 모든 선함에 의해 지지를 받는" 삶이었다고 밀턴이 설명한다.

밀턴은 1632년 7월 학사와 석사 학위와 함께 그 대학(케임리지)을 떠나 연로한 부모가 계시고 가족의 저택이 있는 호톤에 정착했다. 이제 그는 산문과 리듬으로 아직까지 시도하지 않은 일들을 해보려고 몰두했다. 호톤에서의 6년 동안 그는 "아버지 집에서 나는 중간중간 방해를 전혀 받지 않는 생활을 즐길 수 있었기에 그리스와 라틴어 저자들을 정독할 수 있었다"고 회상한다.

그곳에서 그는 시 '알레그로'(*L'Allegro*), '펜세로소'(*Il Penseroso*), '코무스'(*Comus*), '리시다스'(*Lycidas*)와 몇몇 소넷트를 썼다. 비록, 이들 작품들을 시험 삼아 쓴 것이라 그가 말하지만 아직도 영시에서 높은 수준이다.

1637년 30살이 가까워지면서 고독하고 낯선 생활이 귀찮아지면서 그는 대륙 여행(파리, 플로렌스, 로마, 나폴리 등)을 했다. 특히, 그는 피렌체에서 종교 재판의 수감자가 된 나이 든 갈릴레오를 방문하기도 했다.

여행 중 영국에서 내란으로 부글거린다는 소식을 듣고 여행을 중단했다.

> 나는 동족이 고국에서 자유를 위해 싸우는데 해외에서 즐거이 여행하는 것을 부끄럽게 생각했다.

선동분자로서의 세월

밀턴은 런던에 이제 정착하여 공부를 다시 했고, 팜플렛 작가로서 시끄럽고 거친 논란의 거친 바다를 헤엄쳐 나가기 시작했다. 1641년 낸 첫 팜플렛은 20년 묵은 정치 싸움에 대한 포문을 연 것으로 청교도파들을 지지하면서 다른 한편으로는 국가와 교회를 공격하였다.

1642년 봄 33살 된 밀턴은 왕족이자 대가족 출신의 17살 매리 파웰(Mary Powell)과 결혼했으나 불행한 결혼이었다. 대가족에서 온 이들은 밀턴을 보면 그는 조용하고 책에 빠져 외롭게 보였다. 한 달 뒤 그녀는 자기 집으로 돌아갔고 3년이 지난 뒤 둘은 다시 화해하긴 했다.

힘든 결혼 생활에 밀턴은 충격에 빠졌고 『이혼의 교리와 훈련』(*The Doctrine and Discipline of Divorce*)을 쓰게 되었는데 여기서 간음이 아닌 서로 맞지 않는 결혼 생활도 이혼의 근거가 된다고 주장했다. 이 주장이 담긴 팜플렛이 나가자 항의가 빗발쳤다. 정부에서도 허가 없이 출판했다는 이유로 그를 기소하려 하자, 밀턴은 『아레오파기티카』(*Areopagitica*)를 썼는데 이것은 언론의 자유를 방어하는데 있어 가장 뛰어난 글로 많은 이들이 간주한다. 여기서 그는 "사람을 죽이는 자는 이성적 피조물을 죽이는 것이 되나 좋은 책 한 권을 파괴하는 자는 이성 자체를 죽이는 것"이라 주장했다.

1649년 찰스 1세가 처형당한 직후 그는 『왕의 임기와 행정관들』(*The Tenure of Kings and Magistrates*)이란 글은 처음으로 유죄가 된 국왕을 백성들이 처형할 수 있는 권리가 있다는 것을 주장한 글이었다. 그 다음 달에 그는 외국어 담당 주무관으로 임명 받아 외국과 소통하고 새 정부의 행동을 방어하는 팜플렛을 썼다.

수년 동안, 밀턴의 눈은 고통에 시달려왔는데 1652년에는 완전한 실명이 찾아왔다. 더구나 그의 모든 정치적 이상과 희망은 영국 공동번영체(Commonwealth)가 해체되고 왕정 복고가 이루어지면서 부서지고 말았다. 밀턴의 생각에는 이 일은 전염병 같은 광기와 오도되고 학대받은 일반 대중들의 일반적인 탈퇴로 말미암았다고 보았다. 찰스 2세가 1660년 상륙하자 밀턴은 숨지 않으면 안 되었고 결국 붙잡혔고 그의 청교도 관련 팜플렛은 모두 불태워졌다.

왕실에서 힘 있는 자리에 있었던 친구들의 선한 관료들 덕분에 그는 기소를 면할 수 있었다.

승리로 마감된 끝

그 당시 그는 장님이 되었고, 쓰라린 상처를 받았고, 돈도 부족하여 허덕였다. 그러나 그는 다시 엄청난 시 작업에 매달릴 수 있게 되었다. 문학 역사에서 장님이 된 이 청교도가 그의 위대한 서사시『실낙원』(Paradise Lost)을 밤낮으로 쓰고 있었다는 장면을 연상하는 만큼 가슴 아픈 장면은 드물 것이다.

그『실낙원』은 이렇게 시작되고 있다.

> 인간의 불순종, 그 열매
> 그 금지된 나무, 반드시 없어지고 말 그 맛
> 죽음이 세상에 들어왔고 우리 모든 비애가
> 에덴을 잃어버림으로 왔도다.

그는 아침 4-5시면 일어나 히브리어 성경으로 한 장씩 들었고, 아침을 먹고 자정까지 썼다. 하루 한 시간 정도는 걸었고 다른 한 시간은 오르간이나 바이올라를 연주한 후 밤늦게까지 일했다. 저녁은 올리브나 가벼운 정도로 때웠고, 파이프 담배와 한 잔의 물을 마셨다. 1667년 그 작업은 마쳤고 세상은 그 책을 받게 되었고 영어로 된 사상과 언어의 힘은 킹 제임스 성경이나 셰익스피어의 연극만큼이나 영향을 끼쳤다.

다른 작품들도 그의 말년에 나왔는데『복락원, 다시 찾은 천국』(Paradise Regained)이었다. 이 책에서는 광야에서의 예수의 시험에 관한 이야기이며,『삼손 번민하다』(Samson Agonistes)에서는 눈이 멀었던 삼손의 최후 승리를 보여 준다. 마치 눈먼 밀턴 그 자신처럼 끝내는 승리하고 마는 최후를 그리고 있다.

46. 앤 브래드스트릿
미국의 첫째가는 시인

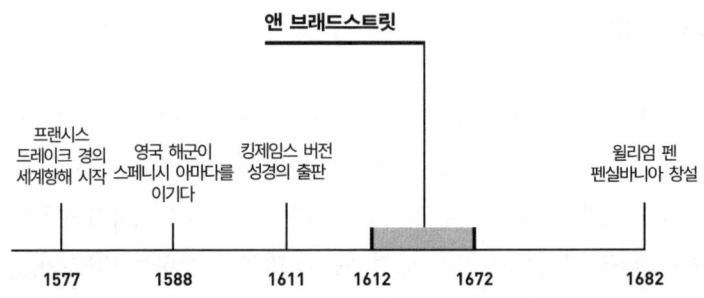

> 난 바늘 하나가 내 손보다 낫다고 매번 트집 잡는 사람들이 정말 싫다. 여성의 재치에도 불구하고(내가 여성이기에) 틀렸다고 하는 모든 조롱에 한 시인의 펜은 그러기에 든다.

우리가 앤 브래드스트릿(Anne Bradstreet)에 대해 아는 대부분은 그녀의 묵상과 시에 관한 것들이다. 시인으로서 그녀는 독실한 신앙과 경건을 인간 심령의 사모함과 결합하였으며 진정한 청교도로서 미국의 가장 위대한 시인으로 알려져 있다.

메이플라워 족보

브래드스트릿은 영국의 노쓰햄프톤에 있는 한 성에서 태어났는데 그녀의 아버지는 청교도였던 링컨 백작의 시종이었다. 그녀는 이러한 가문의 특권과 부를 누렸는데 "내가 7살 무렵 난 한때 8명의 가정 교사가 있어 언어, 음악, 댄스 등을 배웠다"고 적은 바 있다.

16살에 그녀는 케임브리지대학교를 갓 졸업하였고 그 청교도 백작 저택에서 역시 시종이었던 시몬 브래드스트릿과 결혼하였다. 2년 뒤인 1630년 존 윈스럽이 이끄는 청교도 순례자 일행과 함께 미국 메사추세츠주로 건너왔다.

이러한 갑작스러운 변화는 그녀에게 맞지 않았다.

> 나는 생활 여건을 바꿨고 결혼했고 이 땅에서 말도 생활 방식도 새로 익혀야 했기에 내 가슴은 화로 인하여 솟아올랐다.
> 그러나 그 이후 이것은 하나님이 보여 주신 길이라 확신하게 되었고 이에 순종하고 보스턴에 있는 교회에 나갔다.

그녀는 한 어머니로서(8명의 자녀를 길러야 했던) 일은 많았으나 비교적 안정된 생활을 했으며 메사세추셋의 고위층 사회에 드나들었던 남편의 아내로 충실히 살았다. 집안 살림을 하면서 시를 쓸 짬을 냈고 시동생은 이를 좋게 여겨 형수의 시를 영국에서 출판하도록 했는데 미국에서는 <근래 깨어난 열 번째 여신>(*The Tenth Muse Lately Sprung up*) 이란 제목으로 나왔다.

앤 브래드스트릿

비록, 오늘날에는 그녀가 미국에서 첫째 가는 시인으로 간주되고 있고 그녀의 시는 많은 현대인도 존경하지만, 당시에는 시를 쓴다는 이유로 비판도 꽤 받았다.

그때 심정을 이렇게 나타냈다.

> 난 바늘 하나가 내 손보다 낫다고 매번 트집 잡는 사람들이 정말 싫다.
> 여성의 재치에도 불구하고(내가 여성이기에) 틀렸다고 하는 모든 조롱에
> 한 시인의 펜은 그러기에 든다.

청교도적 열정

그래도 그녀는 시(자연, 결혼, 자녀들, 신앙 그리고 모든 것에 대해)를 썼다. 한 역사가가 말했듯이 그녀의 시는 "한 청교도가 성적인 욕망, 자녀 사랑, 선한 미래, 유머 등을 결합하였는데, 더구나 청교도 여성으로서 청교도이자

동시에 대단한 매력을 지닌 여성이 할 수 있었다"는 점을 보여 주고 있다.
'내 소중하고 사랑하는 남편'(To My Dear and Loving Husband)이란 시에서 그녀는 보다 영원한 것을 가리키며 서로 간의 사랑을 찬양한다.
이 시를 좀더 보자.

> 만일 둘이 하나가 된다면 분명코 우리가 되리라
> 남편이 아내로부터 사랑받는다면 그리되리라
> 만일 아내가 한 남편 안에서 행복하다면
> 나와 비교해 보라, 여성들이여 할 수 있는 한
> 나는 그대들의 사랑을 금광 전체보다
> 동방의 모든 부를 다 가진 것보다 더 귀하게 보리
> 내 사랑은 강물이 마를 수 없는 것 같으리
> 꼭 그래서는 아니나 그대의 사랑으로 보상이 주어지리라
> 사랑은 내가 어찌하여도 갚을 수 없는 것이리
> 천국은 내가 기도한 많은 것으로 보상해 주시리
> 우리가 살아있는 동안 사랑 안에서 애간장을 태우나
> 더 살지 않게 되면 길이 살리.

그녀의 가장 가슴 아픈 시는 1665년 어린 손자 아이가 죽었을 때 쓴 다음의 시이다.

> 잘 가거라 내 가슴 다 채웠던 어린아이야
> 잘 가거라 내 눈의 즐거움이었던 달콤했던 아이야
> 잘 가거라 한 자리를 차지했던 제법 꽃다운 영원으로 이끌려간 아이야
> 너의 운명에 한때 울부짖어야 했던 나에게
> 또는 그 날들이 이리도 빨리 끝나버린 것에 한숨을 쉴 수밖에 없는 나에게
> 너는 복된 아이로다
> 너는 이제 영원한 쉼에 앉아 있구나
> 나무들도 자라고 나면
> 자두와 사과도 익은 다음 떨어지리

옥수수와 풀들도 시절이 지나면 베어지리
강한 자도 큰 자도 내려와야 할 시간이 다가오며
작물들도 뽑혀야 하리
새싹들도 그렇게도 짧은 날로 날아가 버리리
오직 그의 손만이 자연과 우리 운명을 이끌어 가리.

　브래드스트릿의 작품들은 따분하고 내숭 떠는 청교도의 신화를 벗겨내 미국인들의 정신을 드러내 보여 주는 한 부분으로 오래 남아있다.

47. 아이작 왓츠
영국 찬송가의 아버지

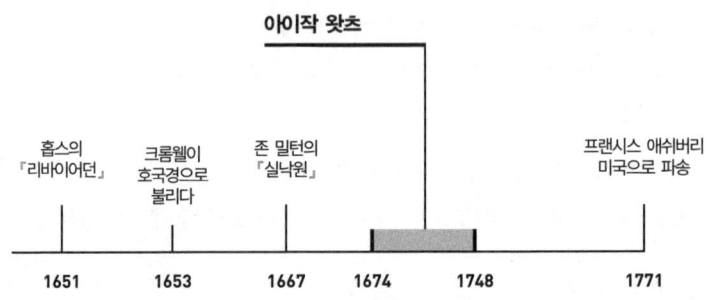

> 기쁘다 구주 오셨네. 다 함께 나와 왕을 맞으라. 모든 가슴아 그분 위해 방을 마련하라. 하늘과 온 자연 노래하라.

그의 생애 후반 아이작 왓츠(Isaac Watts)는 한때 교회 안에서 찬송하는 데 대해 이렇게 불평한 적 있었다.

> 시편이 그들의 입술 위에 있고 심지어 좋게 생각하는 사람도 그들의 내적 신앙심의 열심을 의심할 때마저도, 그 얼굴들에 가라앉아 있는 덤덤한 무관심, 태만하고 생각 없는 분위기를 본다.

그는 십대 후반부터 그런 모습들이 가슴앓이를 해왔다. 그의 불평에 지친 아버지는 그렇다면 좀 더 나은 것을 네가 써보라고 했다. 그다음 주 어른스런 아이작은 교회에 첫 찬송을 냈다. <어린 양의 영광을 보라>(Behold the Glories of the Lamb)는 이 곡은 열광적 반응을 얻었다. 이렇게 영국 찬송곡의 아버지의 길이 시작되었다.

천재의 머리

1674년 아이작이 태어나던 해 아버지는 영국성공회에 나가지 않고 비국교도에 동조했다는 혐의로 감옥에 있었다. 아버지는 결국 풀려나 일곱 아이의 아빠가 되었다. 아이작은 아버지의 용기를 존경했고 어머니가 감옥 계단에 앉아서도 아이들을 돌보며 이야기 해 주시던 것을 기억했다.

어린 아이작은 일찍부터 천재임을 보여 주었다. 라틴어를 4살 때, 그리스어는 9살에, 불어(불어는 난민으로 온 이웃들과 어울리며 배웠다)는 11살에, 히브리어는 13살에 배웠다. 그 마을의 몇몇 부유한 이는 그가 옥스퍼드나 케임브리지대학교(영국 최고의 이

아이작 왓츠

대학들은 영국성공회 소속-역자 주)에 가서 영국성공회 목회를 하는 길에 학자금을 대겠다고 했다. 그러나 아이작은 거절하고 16살에 비국교도에서 가장 앞서가던 학교에서 공부하려고 런던으로 갔고 그 학교를 졸업하고 개인 교사로 5년을 보냈다.

1702년 그는 런던에 있는 회중교회파의 마크레인 독립교회 목사가 되었는데 그 교회는 당시 런던에 있는 독립교회로서는 가장 영향력이 있던 교회였다. 그러나 그 다음 해 그는 정신병을 앓기 시작하였고 그 병은 평생 그를 괴롭혔다. 그는 목회 일을 부교역자에게 넘겨줄 수밖에 없다가 결국 1712년 사임하고 말았다.

그의 병과 눈에 띄지 않는 모습은 그의 개인적인 삶에도 타격을 입혔다. 5피트 정도의 단신에 창백하고 마른 외모는 비대칭적으로 너무 큰 머리에 눌려 있었다. 그에 관한 모든 초상화는 커다랗게 여러 겹으로 접힌 큰 가운을 입은 그를 묘사했는데 이는 화가들이 명백히 그의 소탈한 외모를 가려주려고 한 것이었다. 아마도 이와 같은 외모 때문에 엘리자벳 싱어가 그의 청혼을 거절했을지도 모른다.

한 전기 작가는 다음과 같이 적었다.

> 비록, 그녀는 보석은 좋아했지만 시신을 넣는 관 안에 담겨 있는 그를 좋아할 수는 없었다.

보통 크리스천에게 접근하다

독일계 루터교회들은 100년간 찬송을 불러왔으나 칼빈은 그를 따르는 이들에게 시편 운율만 찬송하도록 했고 영국 개신교도 칼빈을 따랐다.

왓츠가 1707년 출간한 『찬송가와 영적 노래들』(Hymns and Spiritual Songs)은 찬송 모음집이나 시편 운율집은 아니었으나 이와 같은 흐름의 결과를 모은 것이었다. 실제 여기에는 지금까지 가장 인기있는 영어 찬송의 대부분(예를 들어 '주 달려 죽으신 십자가')이 실려 있다.

왓츠는 단순한 시편 운율 찬송을 거부하지는 않았다. 다만 사람들이 찬송할 때 더욱 열정적으로 찬송하기를 원했다.

그는 다음과 같이 썼다.

> 이 찬송들은 다윗이 우리 시대에 살아 있다면 찬송들을 어떻게 지었을지를 믿게할 만큼 그런 방식으로 지어졌어야 한다.

신약 언어 안에서의 다윗의 시편 찬송이 1719년에 나왔다. 영국의 그의 동료들은 왓츠의 이와 같은 시편 번안을 인정할 수 없었다.

어떻게 <기쁘다 구주 오셨네>(Joy to the World)가 진짜 시편 98편이란 말인가?

또는 <해 있는 온 세상 예수가 다스리시네>(Jesus Shall Reign Where'er the Sun)가 시편 72편이란 말인가?

<모든 지난 세대 오 하나님이 우리 도움이시네>(O God Our Help in Ages Past)가 시편 90편이란 말인가?

왓츠는 변명하지 않았고 크리스천 삶의 다양한 경우에 쉽고 자연스럽게 맞도록 혹은 최소한 크리스천 일들에 아름다운 암시를 조금이라도 주려고 일부러 몇몇 시편을 삭제하고 다른 부분들을 크게 드러냈다고 주장했다. 더 나아가 시편 저자가 자신의 적들과 싸우는 곳에 왓츠는 성경적 욕설을 영적인 적들(죄, 사탄, 유혹 같은)에게 돌리도록 의도하였다.

결국, 그는 "믿음과 사랑이 높이 날아 숭고한 곳에 이를수록 나는 보통 크리스천들이 미치는 범위 안으로 그 표현들을 가라앉히려 했다"고 말한다. 그러한 변형적인 느슨함은 비판을 불러일으켰다.

어떤 사람은 그를 폄하하였다.

크리스천 회중들은 신적인 영감으로 지어진 시편들을 몰아냈고, 그 대신 왓츠의 환상 비행 안으로 끌어들였다.

다른 이들도 그의 새 찬송들을 '왓츠의 변덕'이라 불렀다.
그러나 교회가 분열되고, 목사가 파면되고, 다른 논쟁들도 가열된 상태에서 왓츠의 번안 찬송들은 이겨나갔다.

그는 음악적 우아함이 신앙적 경건과 함께 어우러질 수 있음을 보여줌으로 반대파들(국교에 반하는 의견을 가진 이들-역자 주)도 다른 이들에게 글을 쓰고 말할 수 있음을 가르쳐 준 첫 사람이었다.

당대의 유명한 사전 편찬자 사무엘 존슨(Samuel Johnson)이 쓴 바 있다.
시인 이상으로 왓츠는 많은 부문에서 좋은 평판을 받은 학자였기도 했는데 특히 그의 후반부 인생에서 그랬다. 그는 약 30여 편의 신학적 논문을 썼고, 심리학, 천문학, 철학 등에 관한 에세이를 썼고, 3권의 설교집, 최초의 어린이용 찬송가 그리고 여러 세대 동안 논리학 분야에서 기본 교과서가 되었던 교본도 냈다.
이 모든 성취에도 불구하고 그의 시들이 오랫동안 유산으로 남아 있으며 그의 명성을 대서양 양편(북미와 영국)에 남겨주고 있다. 미국의 벤자민 프랭클린(Benjamin Franklin)은 그의 찬송을 펴냈고, 미국 청교도 코튼 매더(Cotton Mather)도 그와 오랫동안 교류했고, 왓츠가 웨슬리의 <씨름하는 야곱>(Wrestling Jacob)은 그가 지은 모든 찬송만큼 값어치가 있다고 인정한 바 있었던 존 웨슬리도 그를 천재로 인정한 바 있다.

48. 찰스 웨슬리
모든 시대에 걸쳐 가장 위대한 찬송작가

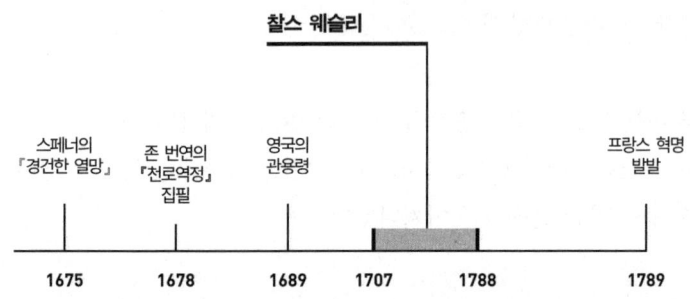

> 만 입이 내게 있으면 내 구주 찬양하리 나의 하나님 나의 왕 찬양하리 그 은혜의 승리 찬양하리.

찰스 웨슬리(Charles Wesley)는 50년 동안 하루에 평균 10줄의 시를 쓴 것으로 일컬어지고 있다. 그는 8,989편의 찬송을 지었는데 이 숫자는 세계에서 가장 위대한 찬송 작가로 여겨지고 있는 다른 후보(아이작 왓츠) 보다 10배나 더 많은 곡을 지은 분량에 해당한다.

그가 지은 찬송 몇몇만 보아도 교회에서 가장 많이 암송되고 불리고 있는 찬송들이다.

첫째, <천사 찬송하기를>(*Hark! The Herald Angels Sing*)
둘째, <어찌 그럴 수 있는지요>(*And Can It Be*)
셋째, <만 입이 내게 있으면>(*O for a Thousand Tongues to Sing*)
넷째, <모든 사랑 위에 뛰어나신 주님의 사랑>(*Love Divine, All Loves Excelling*)
다섯째, <예수 내 영혼의 사랑>(*Jesus, Lover of My Soul*)
여섯째, <오늘 구주 다시 사셨네>(*Christ the Lord Is Risen Today*)
일곱째, <그리스도의 병사들이여 일어나라>(*Soldiers of Christ, Arise*)
여덟째, <기뻐하라! 구주가 왕이시다>(*Rejoice! the Lord Is King*)

이와 같은 엄청난 성취에도 불구하고 그는 '잊힌 웨슬리'로 알려져 있다. 그의 형 존(요한 웨슬리)은 감리교를 창설한 조직의 천재였기 때문이다. 그러나 찰스의 찬송곡들이 없었다면 감리교 운동이 아마 다른 곳으로 흘러갔을지도 모른다.

한 역사가는 다음과 같이 적었다.

> 초기 감리교인들은 상당 부분 찰스의 찬송가를 통해서 그리고 요한의 설교와 팜플렛을 통해서 가르침을 받았다.

언어 학자

찰스 웨슬리는 사무엘(Samuel)과 수잔나 웨슬리(Susannah Wesley)가 낳은 19명의 자녀(그중 10명만 자라났고 나머지는 일찍 세상을 떠났다) 중에서 18번째로 태어났다. 1707년 12월 조산으로 태어나 죽은 줄 알아 포대기에 싸 몇 주 동안 눕혀 놓았다.

크면서 찰스는 매일 형제, 자매들과 함께 어머니 수잔나와 지냈는데 그녀는 그리스어, 라틴어, 불어를 알았고 아이들을 엄격하게 매일 6시간씩 가르쳤다. 그리고 찰스는 웨스트민스터학교에서 13년을 배웠는데 그 학교에서는 공식 언어가 라틴어 뿐이었다. 이후 9년을 더 옥스퍼드대학교에서 공부해 석사 학위를 받았다. 그는 옥스퍼드대학교에서 공부할 때 반 시간 만에 라틴어 시인 '버질'(*Virgil*)을 술술 읊을 수 있었다 한다.

옥스퍼드를 벗어나는 다음 행보는 그 대학의 영적인 미지근함에 맞서기 위한 것으로 신성 클럽을 조직한 것이었고 두셋이 모여 매주 성찬을 드리며 엄격히 지키는 영적 공부를 준수해 나갔다. 이 그룹(신성 클럽)의 신앙적 엄격성(아침 일찍 일어나기, 성경 공부, 감옥전도 등)으로 회원들 사이에 '메소디스트들'(감리교도, 당시에는 철저한 방식 준수자들-역자 주)이라 불렸다.

1735년 찰스는 형 요한(이제 이들 형제는 둘 다 안수받았다)과 함께 식민지 조지아(지금 미국의 조지아주, 당시에는 영국 식민지-역자 주)에서 선교사가 되었는데 요한은 험한 그곳의 선교사로, 찰스는 조지아 주지사 오글쏘프(Oglethorpe)의 비서로 각각 사역했다.

선교지에서 피격도 당하고, 나쁜 평도 받고, 병으로 아팠고, 오글쏘프로부터도 외면 당하여 찰스는 형 요한과 함께 그다음해 낙심하여 본국으로 돌아올 수밖에 없었다.

나는 미 대륙에 인디언들을 개종시키려 갔으나 그러나 누가 나를 개종시킬 것인가?

그 개종은 바로 모라비안이라 불리던 이들에 의해서 이루어졌다. 영국으로 돌아온 찰스는 영어를 모라비안 피터 뵐러(Peter Böhler)에게 가르쳤는데 그는 찰스에게(남들 선교보다) 자신의 영적 상태를 더 깊이 보도록 촉구하였다. 1738년 5월에 찰스는 병중에 마틴 루터의 갈라디아서 주석을 읽게되었다.

그리고 일기에 "나는 나를 사랑하사 자신을 내게 내어주신 분을 느끼려고 애썼고, 기다렸고, 기도했다"고 적고 난 이후 그는 곧 확신이 들었고 다음과 같이 일기에 적었다.

이제 나는 하나님과 평화를 찾게 되었고 그리스도를 사랑을 바랄 수 있게 되어 기쁘다.

이틀 뒤 그는 그의 회심을 자축하는 찬송을 쓰기 시작했다.

복음주의적 설교자

복음주의자 조지 휫필드가 앞장섬으로 요한과 찰스는 결국 "보다 더 불쾌하기로(불쾌한 설교자로 나서기로)" 하고 교회 건물 밖 옥외에서 설교를 하는 당시로서는 생각할 수 없는 일에 나서게 되었다. 찰스는 자신이 설교한 사람들의 숫자를 계산했다. 옥외집회 설교 5년간 나온 군중들을 계산해 보니 149,400명이었다.

1738년 6월 24일부터 7월 8일까지 찰스는 18세기의 코니 섬이라 불리우던 무어필드에서 두 번 만 명에게 설교했다. 캐닝톤 공원에서는 2만 명에게 설교하였고 더하여 옥스퍼드대학교에서 의롭다 함에 대하여 설교도 했다.

모험적인 이 복음 전도자 찰스는 1747년에는 웨일스로 갔는데 그때 그는 40살이 되었고 거기서 20살 샐리 그윈을 만나게 되어 곧 결혼했다. 이 결혼은 모든 이의 말을 들어봐도 행복한 결혼이었다.

찰스는 계속 다니며 설교했고 가끔은 형 요한과 마찰도 생겼는데 요한은 "난 네가 언제 어디로 가려는지 알 수기 없다"고 하는 불평 같은 마찰이었다. 1756년에 영국 전역을 도는 집회를 마지막으로 하였다. 그 이후 그의 건강으로 순회 목회를 점차 내려놓게 되었다. 그는 생애 나머지 기간에 브리스톨과 런던에 있는 감리교회에 주로 머물며 설교했다.

찰스 웨슬리

엄청난 몰두

어른이 된 이후 평생 찰스는 감리교 집회에 쓰일 찬송을 위주로 운율을 계속 썼다. 그는 53년 동안 찬송집만 56권을 냈는데 형 요한도 "뚜렷하고 완전히 성서에 기반한 것"이라 부르는 찬송 운율을 지었다.

감리교도들은 때때로 조롱도 받았으나 찰스의 찬송을 활기차게 부르는 것으로 알려지게 되었다.

당대 한 목격자의 말이다.

> 감리교의 찬송은 내가 들은 것 중 가장 아름다운 곡들이다. 그들은 바르게 독실하게 평화로운 마음과 사람을 끄는 태도로 찬송했다.

찰스 웨슬리는 찬송을 통해 크리스천이라면 누구나 입에 쉽게 기억되는 가사를 만들어 냄으로 급속히 선망을 받았다. 그다음 세기에 헨리 와드 비처는 "나는 이 땅에 왕의 자리에 앉았던 모든 왕의 명성을 갖느니 차라리 웨슬리의 찬송 '예수 내 영혼의 사랑'을 갖겠다"고 말한 바 있다.
  엄청난 부피의 『찬송 사전』(*Dictionary of Hymnology*)을 편찬한 존 줄리안은 다음과 같이 결론지었다.

> 그 양과 질 모두를 다 따져보아도 아마도 그는 모든 세대에 걸쳐 가장 위대한 찬송가 작가일 것이다.

49. 패니 크로스비
맹인이나, 많은 찬송을 지은 작가

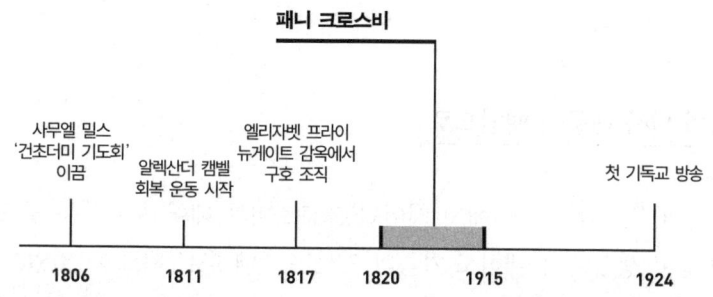

> 비록, 나는 앞은 못 보나, 오 난 얼마니 행복한 영혼인가! 나는 이 세상에서 만족하며 살기로 결심했다.

프란시스 제인 크로스비(Francis Jane Crosby)는 9천 편 이상의 찬송을 썼고, 그중 모든 기독교 교단, 교파가 쓰는 가장 잘 알려진 곡들이 포함되어 있다. 그녀는 너무 많이 찬송을 지어서 그녀가 지은 찬송곡이 다른 것들과 더불어 그녀의 이름을 덮어버리지 않도록 필명을 쓰라고 압박을 받을 정도였다.

그리고 그 무엇보다 대다수 사람에게 그녀에 관한 가장 놀라운 일은 그녀가 앞을 못 보는 맹인이었음에도 불구하고 이 모든 일을 했다는 데 있다. 어느 설교자는 다음과 같이 말한 바 있다.

> 나는 주인(주님)이 당신에게 그렇게도 많은 은사를 부어주셨을 때 시력은 주시지 않았다고 하는 것은 대단히 유감스러운 일이다.

패니 크로스비는 이 소리를 듣고 난 후 즉각 대답했다.

> 당신은 내가 태어나면서부터 한 가지 청원이 있었는데 그것은 날 때부터 맹인이었으면 좋겠단 것을 모르는가?

그녀는 생후 첫 6주만 앞을 볼 수 있었다.

내가 천국에 갔을 때 내가 기쁘게 내 눈으로 직접 볼 분은 나의 구세주이기 때문이다.

돌팔이 의사 때문에 맹인으로

뉴욕의 푸트남 카운티에서 태어난 크로스비는 태어나면서 두 달도 안 되어 병이 생겼다. 불행히도 가족의 의사는 그때 다른 데로 가 있었고, 다른 의사(의사 면허가 아직 나지 않은)가 그녀를 치료한답시고 뜨거운 겨자 습포를 어린아이의 눈에 바르라고 처방을 했다. 그녀의 병은 결국 수그러들었으나 그 치료는 그녀를 맹인으로 만들고 말았다.

그 의사가 돌팔이였음이 드러나자 그는 사라졌다. 몇 달 뒤 크로스비의 아버지는 돌아가셨고 어머니는 가족을 먹여 살리려고 하녀로 일해야 했기에 크로스비는 대부분 크리스천 할머니 손에 컸다.

시를 좋아한 것은 일찍부터였는데 8살에 쓴 첫 소절은 평생 자신을 비관하는 것을 거부한 그녀의 모습을 보여 준다.

비록, 나는 앞은 못 보나, 오, 난 얼마나 행복한 영혼인가!
나는 이 세상에서 만족하며 살기로 결심했다.
다른 이들이 누리지 못하는
내가 누리는 복은 얼마나 많은가
내가 맹인이라고 울고 한숨짓는 짓
난 할 수도, 하지도 않으리.

그녀는 시를 즐거이 쓰는 동안 성경을 열심히 암기했다. 한 주에 5장을 암기하면서 어린아이였으나 모세오경, 4복음서, 잠언, 아가, 그 외 많은 시편의 장과 절을 암기했다.

그녀의 어머니가 열심히 일한 대가로 15살이 되기 직전 크로스비는 맹인들을 위해 갓 세워진 뉴욕의 한 기관으로 보내졌고, 그곳이 그 후 23년 지낸 집이 되었다. 그 23년 동안 12년은 학생으로, 11년은 선생님으로 있었다. 처음에는 그녀 자신의 시에 몰두했고 여러 곳으로부터 글을 써달라는 청을 받았다. 한때는 교장 선생님이 일반적인 교육 대신 그러한 "(외부로부터의) 주의분산"을 피하라는 주의도 들었다. "우리는 모든 것의 주인이자 창조자이신 그분 앞에서 허비할 권한이 없다"고 그(교장)는 말했다.

여기저기 다니는 골상학자(두개골의 모양과 불규칙성을 연구함으로 그 사람의 성격과 정신 역량을 파악하는 연구자)의 일은 그 학교의 생각이었고 그 일이 다시 그녀의 열정에 불을 붙였다.

비록, 그의 공부가 과학의 조롱거리가 되었지만, 그 골상학자의 말들은 예언자 같음을 증명했다.

> 여기에 여류 시인이 있습니다. 그녀에게 모든 가능한 격려를 주십시요. 최고 좋은 책들을 읽어주시고 최고의 시들을 그녀에게 가르쳐 보십시요. 당신은 이 젊은 여성으로부터 시를 듣게 될 것입니다.

대통령들을 위한 시

그 젊은 여성으로부터 시를 듣게 되는 일은 오래가지 않았다. 23살 나이에 크로스비는 의회에서 연설하게 되었고 대통령들과 우정을 쌓게 되었다. 실제 그녀는 평생 모든 대통령을 알고 지냈고, 특히 그로버 클리블랜드(Grover Cleveland)는 대통령 선거 전에 맹인기관을 위한 장관으로 봉사한 적이 있었다.

그 맹인기관의 다른 회원으로 그 학교 학생이었던 알렉산더 벤 알스틴(Alexander van Alstine)은 크로스비와 1858년 결혼했다. 뉴욕에서 최고가는 오르간 연주자 중의 한 명으로 그는 크로스비의 많은 찬송에 곡을 붙였다. 크로스비는 비록 하프, 피아노, 기타 그리고 다는 악기들도 다룰 줄 알았지만, 정작 자신의 찬송 시에 곡을 붙인 것은 몇 개 되지 않는다.

더 자주 음악가들이 그녀에게 와 운율을 만들어 주었다. 한 예로 어느 날 음악가 윌리엄 도안이 그녀의 집을 갑자기 방문하여 곧 있을 주일 학교 대회에서 연주할 자신이 근래 쓴 곡에 시를 입혀달라 간청하였다. 문제는 그가 그 대회에 타고 갈 기차 시간이 35분 밖에 없었다는 점이었다. 그는

패니 크로스비

피아노 앞에 앉아 그 곡을 연주하였다.

"당신의 음악은 '예수의 팔에 안전하네'"라고 말하는 것 같다고 크로스비는 말하고 즉시 찬송시를 휘갈기며 적어나갔다.

"기차에서 읽으시고 어서 가세요. 당신이 늦길 원하지 않잖아요!"

그 찬송시가 바로 크로스비의 가장 유명한 찬송시 중 하나가 되었다.

비록, 그녀는 출판사에 한 주에 3곡을 보내주기로 계약하였는데 하루에 6-7편(한 편 당 1-2 달러 받았다)을 썼고, 그중 상당수가 믿을 수 없을 정도로 유명하게 되었다. 드와잇 L. 무디(Dwight L. Moody)와 아이라 데이비드 생키(Ira David Sankey)가 그들의 전도집회에서 크로스비의 음악을 쓰기 시작하면서 이 곡들은 더 주목을 받게되었다. <예수로 나의 구주 삼고>(Blessed Assurance), <내 구주 항상 날 인도하시네>(All the Way My Savior Leads Me), <하나님께만 영광>(To God Be the Glory), <오 자비하신 구세주여 날 지나치지 마소서>(Pass Me Not, O Gentle Savior), <예수의 팔에서 안전하네>(Safe in the Arms of Jesus), <멸망에서 건지시네>(Rescue the Perishing), <예수 나를 십자가로 더 가까이>(Jesus Keep Me Near the Cross) 등의 곡들이다.

그녀는 매우 복잡한 찬송시도 쓸 수 있었고 고전적 구조(심지어 그것을 편곡까지 하여)에 더 가까운 음악도 작곡할 수 있었으나 단순히 찬송시를 쓰기를 더 원했고, 감성적인 시들은 복음 전도를 위해 사용했다.

그녀는 95회 생일을 맞기 한달 전 죽을 때까지 시를 썼다.

당신은 어느 아름다운 날 작별하며 강 건너 언덕에 닿을 것이다.

그녀의 곡에 붙인 마지막 시였다.

50. T. S. 엘리엇
모더니스트 시인

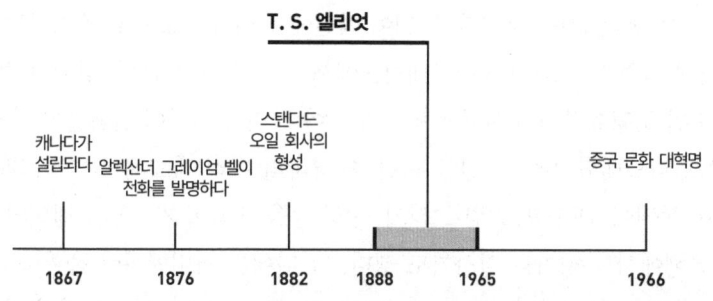

> 단 하나의 희망 혹은 단 하나의 절망은 불태운 장작더미를 곧과 쌓은 ㄱ 위에 누워 불에서 불로 구속함 받기로 되었네.

20세기에 가장 절망적인 시를 쓴 사람은 역설적이게도 오늘날에는 인기 뮤지컬 <캣츠>(Cats)에서 우스꽝스러운 대사를 제공한 사람으로 기억되고 있다. 진지하고 빛이 된 그리고 심오한 크리스천이기도 한 그는 시 분야를 제외하고도 뛰어난 문학 비평과 드라마 등으로 1948년 문학 부문에서 노벨상과 영국 최고의 공로 훈장도 받았다.

음울한 걸작

토마스 스턴스 엘리엇(Thomas Stearns Eliot)은 뼈대 있는 뉴잉글랜드 가문에서 내려온 가족으로부터 세인트루이스에서 태어났다. 그 집안에는 담배나 술을 하는 사람도 없었고, 문학을 좋아하는 가족(톰, 형, 5자매, 어머니) 모두가 야채 도매상 하는 아버지가 주위에 둘러앉아 그가 크게 읽어주시던 디킨스를 들으며 컸다. 약골이었던 톰은 어린 시절 커다란 가죽 의자 속에 웅크려 주로 책만 읽었다.

그는 뉴잉글랜드 사립학교로 보내졌고, 하버드대학교에 입학하여 미국 최고의 철학자 중 한 명이었던 철학자와 시인 조지 산타야나(George Santayanna) 같은 대가들 아래 공부하였고 3년 만에 대학을 마쳤다.

천성적으로 수줍어하였지만, 댄스와 파티 좋아한 거로도 평판을 얻기도 했고, 약체라서 권투 연습도 했다.

엘리엇은 1914년 독일로 갈 수 있는 장학금을 받아 가게 되었고, 전쟁(제1차 세계대전)을 겨우 모면할 수 있어 이번에는 영국으로 갔고 거기서는 오래 머물게 되었다. 모교인 하버드대학교에서 박사 학위(Ph.D.)를 받아야 하는데 그 학위에 필요한 구두시험에 응하지 않아 그것이 학위에 걸림돌이 되었다.

옥스퍼드대학교에서 1년을 보낸 후 영국의 여러 학교에서 역사, 라틴어, 불어, 독일어, 대수학, 그림 그리기, 수영 등을 짬짬이 가르쳤고 런던의 로이드 은행에서 은행가로 일하기도 했다. 그 뒤에는 파버앤파버 출판사(거기서 결국 책 표지에 책 소개하는 글을 주로 많이 쓰는 작가가 되기도)의 편집자가 되었다.

그동안 그는 무너져 가는 유럽 문명을 곰곰이 생각하였다. 그의 첫 번째 걸작(영시에서는 첫 번째 모더니스트 작품으로 알려진 『J. 알프레드 프루프록의 사랑의 노래』<The Love Song of J. Alfred Prufrock>)은 한 나이 든 사람이 희미한 희망과 잃어버린 기회 사이에서 시간을 흘려보내는 삶을 그린 작품이었다.

> 나는 이미 그들을 모두 알아버렸지, 그 모든 걸 알았지!
> 그들의 저녁과 아침과 오후도 모두 알아버렸지
> 커피 숟가락으로 내 삶도 휘저어보았지.

1922년 시 <황무지>(The Waste Land)가 나오면서 국제적인 주목을 받게 되었는데, 이 시는 이렇게 시작된다.

> 4월은 가장 잔인한 달. 죽어버린 땅에서 라일락을 비벼 올리며 추억과 욕정을 뒤섞고 잠든 뿌리를 봄비로 깨운다.

이 시는 제1차 세계대전 이후의 환멸과 역겨움을 표현한 것으로 겁에 질려버린 세상이 그런데도 불임의 욕정에 매달리며, 구속의 어떤 신호라도 죽기 살기로 잡아보려는 모습을 묘사하였다. 이 시는 많은 이들이 20세기 가장 영향력 있는 작품이라 한다.

불에서부터 건짐을 받아

엘리엇의 절망은 그가 단명했다는 것이다. 무신론자 버틀란드 러셀(Bertrand Russell)의 에세이 『어느 자유인의 예배』(A Free Man's Worship, 인간은 인간을 숭배해야 한다는 논지)를 읽고 난 후 엘리엇은 그 이유가 너무 얕다고 보았다. 그는 러셀의 정반대편으로 이동했고 1927년 영국성공회에 입교했다. 같은 해 그는 미국 시민권을 포

T. S. 엘리엇

기하고 영국 신민(시민이 아닌 왕의 백성이란 뜻의 신민, 헌법상으로는 왕정국가이기에-역자 주)이 되었다.

그의 신앙은 1930년 나온 『재의 수요일』(Ash Wednesday)로 더 널리 알려지게 되었는데 이 시는 진리(그 말은 어디서 찾는단 말인가? 어디에 그 말이 있을 건가? 그 말이 울려 퍼진다고? 여기엔 없고 거기엔 침묵도 충분치 않소)를 추구하는 어려움과 오래도록 갈 수 있는 신앙의 발견("난 다시는 되돌아가지 않으리"를 반복하는 절로 이루어진)을 묘사한 작품이다. 그가 기독교로 갔다는 것을 두고 식자층의 날카로운 비판이 있긴 했으나, 엘리엇은 계속 그의 시에 신앙을 담았다.

엘리엇은 그의 최고의 성취는 신앙적인 시인 <4중주>(Quartets, 1943)를 쓴 것으로 믿었다.

이 작품(4중주)은 성육신, 시간과 영원, 영적 통찰과 계시를 통한 오순절을 암시하는 데까지 이르는 주제들을 담고 있다.

> 내려앉은 비둘기가 공기를 깨뜨린다
> 백열등의 섭득한 섬광으로 그 안에서 나온 방언들은
> 죄와 허물에서 풀려난 자라 선포하네
> 단 하나의 희망 혹은 단 하나의 절망은
> 불태울 장작더미를 골라 쌓은 그 위에 누워
> 불에서 불로 구속함 받기로 되었네.

엘리엇은 『한 크리스천의 사상』(The Idea of a Christian Society, 1939)에서 다른 작품에서도 마찬가지로 비기독교인을 만들어 보려는 인간적인 시도는 합리적 문명인데 그것은 실패가 예견되어 있었다고 주장했다.

> 그 실험은 실패할 것이다. 그러나 우리는 그 문명의 붕괴를 기다리는 동안 인내해야 한다. 그동안 구속받을 시간을 벌어두라. 그렇게 하여야 그 믿음이 문명을 새롭게 하고 재건하며 자살하는 세상을 건져내 우리 앞에서 어두운 시대를 뚫고 살아있는 믿음으로 보존될 것이다.

엘리엇은 교회가 세상을 다스려야 한다고 믿지 않았고, 다만 기독교적 원칙으로 다스려져야 하는데 크리스천들이 "그 나라의 깨어있는 정신과 양심"으로 있을 때 가능하다 믿었다. 그는 1930-40년대에는 희극을 쓰는 데 집중하였는데 그 이유는 드라마가 종교(신앙)를 무의식적으로 찾는 사람들을 끌어들일 수 있다 믿었기 때문이었다.

1935년 그는 『성당에서의 살인』(Murder in the Cathedral)이란 희극을 선보였는데 이 작품은 토마스 벡커(Thomas Becker)의 순교에 기반에 희극으로 여기서 엘리엇은 신앙은 믿는 자가 그 신앙을 위해 죽을 각오가 되어있어야 살아있는 신앙이 된다고 거듭 강조한 내용이다.

이 작품 다음에 『가족의 재결합』(The Family Reunion, 1939), 『칵테일 파티』(The Cocktail Party, 1949) 등을 잇달아 내놓았는데 이들 작품은 그의 가장 위대한 희극 분야에서의 성공이었다. 그의 연극에서 그는 익살스러운 구성과 예리한 사회적 풍자로 관객들을 즐겁게 하면서도 복잡한 도덕과 종교적 주제들을 잘 다루어 나갔다.

포스트맨에게 준 글

보다 개인적으로 엘리엇의 첫 번 결혼은 재앙이었다. 그의 첫 부인은 정신병원에서 마지막을 보내야 하기 전까지 계속 불안해져 갔다. 그렇게 되면서 그는 거의 반신불수가 된 존 헤이워드(John Hayward)란 비평작가와 한 아파트에 같이 살다가 1957년 재혼했다.

엘리엇은 아이들은 좋아했고, 셜록 홈즈의 탐정 소설 팬이었고, 편지를 많이 썼고, 고양이에 대한 압운을 지었는데 그것이 『실제적인 고양이의 오랜 주머니쥐의 책』(*Old Possum's Book of Practical Cats*, 1939)으로 나왔다. 그는 영국성공회 교인으로서 그의 지역 교회에서 한때 교회 대표로 봉사하기도 했다.

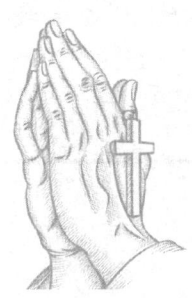

제6부

교단 창시자

51. 메노 시몬스

52. 존 낙스

53. 존 스마이쓰

54. 조지 폭스

55. 니콜라우스 폰 진젠돌프

56. 요한 웨슬리

57. 프랜시스 애쉬버리

58. 리차드 알렌

59. 윌리엄 밀러

60. 알렉산더 캠벨

61. 에이미 샘플 맥피어슨

51. 메노 시몬스
재침례파 평화주의자

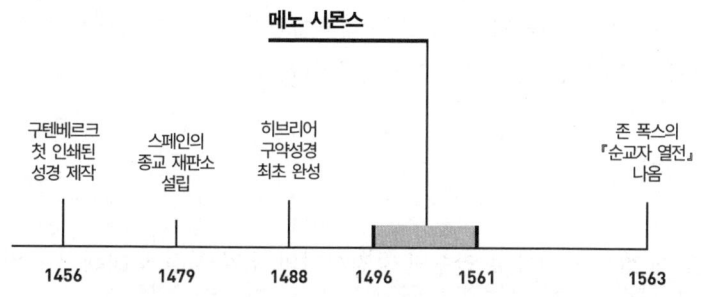

> 만일 우리 머리 되신 주께서 이 같은 고문, 괴로움, 빈곤, 고통을 당하셔야 했다면 어떻게 그의 하인들이, 그의 자녀들이, 그의 신자들이 육신을 위해 평화와 자유를 바란단 말인가?

전 사제였던 메노 시몬즈가 많은 단순하고 무지한 사람들을 이끌고 가지 않았다면 재침례교도들의 저주받은 종파의 잘못에 대해서는 의심이 없을 것이고 근절되었을 것입니다.

1541년 네델란드의 섭정에게 보내는 편지는 불평을 메노 시몬즈(Menno Simons)에게 돌리고 있다.

이 자를 체포하여 가두기 위해 저희는 거금을 제공했음에도 아직 성과는 없습니다. 그러므로 저희는 누구든지 메노 시몬즈라 불리는 이 자를 수감하도록 데려온다면 사람들을 잘못 이끈 다른 소수의 무리에 대해서는 사면을 제공한다는 약속을 하는 것이 좋은 생각이라 여겨집니다.

신성 로마 제국의 찰스 5세도 메노의 체포에 100길더(당시 네델란드의 화폐단위)에 해당하는 금을 내걸고 수배에 가담했다. 어느 네델란드 사람은 단지 메노와 같이 있었다는 혐의만으로 마차로 사지를 찢어 죽이는 극형으로 처형당하기도 했다. 그를 찾아 죽이려는 이들과 비교해 메노는 급진적이고, 폭력적이고, 천년 왕국 환상에 빠졌던 재침례교인들을 오히려 온건하고 독실하게 평화주의 운동을 하도록 이끌어 갔다. 메노는 급진적인 종교 개혁에 속한 재침례주의에 대한 첫 주창자도 아니었고 재 침례 파의 원조 해석자도 아니었다. 그는 단지 오늘날에도 그 이름 그대로 알려진 메노나이트파 운동을 이끈 지도자였을 뿐이었다.

성찬 위기

메노가 28살에 사제로 안수받기 전까지의 초기 시절에 대해서는 알려진 바는 거의 없다.

수도원 학교에서 교육받았고 목회 훈련을 받았으나 그때까지만 해도 성경에 손도 대지 않았다.

내가 만일 성경을 읽는다면 성경은 나를 잘못 이끌어가게 될까 두려웠다. 보라. 난 거의 2년 동안 얼마나 한심한 설교자였던가.

그 2년이 지난 후 그는 신앙의 위기를 겪었다. 그가 성찬 때 나눠 준 빵과 포도주가 로마가톨릭에서 가르친바 그리스도의 살과 피로 바뀌어야 하는 데(화체설) 그렇지 않았다.

그는 이 같은 가르침은 마귀가 준 것으로 생각하고 이것을 내쫓아달라 하나님께 기도했다.

그러나 나는 이 생각에서 벗어날 수 없었다. 결국, 나는 신약을 부지런히 살펴봐야 하겠다고 하였고 우리가 속았다는 것을 알았을 때 더 이상 멀리 나가지 않았다. 앞서 말한 빵 문제로 괴로웠던 내 양심은 곧 편해졌다.

성경의 권위를 믿게 되므로 메노는 복음주의적 설교자로 명성을 얻어 나가게 되었다. "모든 사람이 나를 찾았고 나를 보길 원했다. 내가 하나님의 말씀을 전했고(하나님의) 선한 동료가 되었다고 말들을 들었다"고 그는 적었지만, 그 말은 거짓말이었다. 그의 삶은 여전히 텅 비었고 도박과 술

마시는 것 같은 '우회적인 삶'으로 가득했다.

3년 뒤, 별로 알려질 일이 없었던 리우와든의 한 재침례교인이 참수형을 받으면서 메노를 또 다른 영적 위기로 몰아갔다.

그는 다음과 같이 썼다.

> 두 번째 침례를 받는다는 것이 내게 매우 이상하게 들렸었다. 나는 성경을 부지런히 살펴보았고 열심히 살펴보았는데 유아 침례에 관한 내용을 찾을 수가 없었다.

다시 그는 "나는 우리가 속았다"고 썼지만, 그의 삶이 바뀐 것은 여전히 없었다.

> 나는 모든 위선자와 다를 바 없이 영성이나 사랑 없이 주의 말씀에 관하여 상당히 많은 말만 했다.

결국, 그는 마지막 위기를 맞았다. 세상의 임박한 종말을 꿈꾸며 박해를 피하려던 3백 명에 이르는 재침례교인이 부근 마을에서 체포되어 당국자들에 의해 야만적인 방법으로 처형당하는 일이 터진 것이다. 그 죽은 이들 가운데 메노의 형인 피터도 있었다.

메노는 이 같은 상황 앞에서 쓰고 있다.

> 나는 열심 있는 어린이들이 비록 잘못이 있다 할지라도 기꺼이 자기 목숨을 내놓고 교리와 신앙을 위해 나서는 것을 보았다. 그러나 나는 여전히 편안한 것을 즐기며 그리스도의 십자가를 피하고 있다.

현실로 이것이 그에게 다가오자 그는 감정이 복받쳤고 눈물로 하나님께 부르짖으며 용서를 구했다. 9개월 뒤, 그는 로마가톨릭교회 강단에서 그 교회를 떠나기 전까지 기본적으로 재침례파 교리를 설교하였고 그 일 년 뒤에는 급진적 종교 개혁에 자신을 전적으로 바쳤다.

광신도들을 부드럽게 만들면서

메노 시몬스

그 당시 재침례교도들은 누구에게서나 환영받지 못했다. 심지어 개신교 종교 개혁가들인 마틴 루터, 존 칼빈 같은 이들마저 이들을 교황 숭배자들이나 다름없이 형편없는 "광신도들", "정신 나간 자들", "멍청이들"이라고 반대하였다. 이런 감정들은 1535년 한 전제적인 재침례교 지도자가 뮌스터시를 접수하여 끔찍한 신정 통치식 독재자로 지배하면서 로마가톨릭교회와 개신교 군대들이 그 시에 들어와 피비린내 나는 전투로 마감될 때까지 전혀 도움이 되지 못했다.

메노는 과격한 재침례교도들에 대해 다른 이들과 같이 걱정을 많이 했고, 가톨릭 사제로서 광신도 사상을 막으려고 노력했다. 동정적으로는 이들 광신도가 지식이 없이 열광에만 빠져있다는 것을 메노는 알았다. 그러자 메노는 즉시 로마가톨릭교회를 떠나 평화로운 재침례교도들을 만났는데 이들은 뮌스터에서의 생각을 강하게 반대하고 있었다. 메노는 그들과 같이했고 거기서 안수를 받았다.

그 이후 남은 날 동안 메노(그리고 아내와 자녀들도)는 이단이라는 이유로 계속되는 위험에 처한 삶을 살았다. 그는 네델란드와 독일을 계속 다녔고 글도 더 많이 썼고 재침례파의 가르침을 전파하기 위해 인쇄소도 만들었다. 그는 성경을 극단적으로(쓰인 그대로의) 문자로 받아들였고, 가끔은 율법적인 입장도 취했다. 삼위일체 교리도 한 작은 책자에서 방어하긴 했어도 성경에(문자적으로) 나오지 않는다는 이유로 이 용어를 쓰는 것을 거부하였다.

그의 글은 재침례교도들의 신학적 논문으로서 가장 정교한 글도 아니었고 첫째가는 뛰어난 것도 아니었다. 그러나 메노와 함께한 그들은 가톨릭과 개신교의 공격으로부터 자신들의 신앙을 지켜내었고, 열광적인 호전파들과도 거리를 두는 단체가 되었다. 그의 첫 번 글 중 하나인 『얀 반 리이덴의 신성모독』(the Blasphemy of Jan van Leyden)에서 메노는 칼을 숭배하는 철학에 동조하는 비그리스도적 입장에 반대하였다.

메노는 주장한다.

> 물리적인 무기로 싸우는 것은 금지되어 있다. … 이것만으로도 단지 그대가 칼로 침례를 받았는지 아니면 십자가로 침례를 받았는지 알 수 있다.

메노는 크리스천의 임무는 고난받는 것이지 싸우는 것이 아니라고 말했다.

> 만일 우리 머리 되신 주께서 이 같은 고문, 괴로움, 빈곤, 고통을 당하셔야 했다면 어떻게 그외 허인들이, 그의 자녀들이, 그의 신사들이 육신을 위해 평화와 자유를 바란단 말인가?

말년에는 메노는 또 다른 메노나이트들 사이의 내부 투쟁을 중재하느라 몰두하였는데 주로 교회에서 파문된 이들을 피해야 하느냐 여부가 문제 되었다. 그의 글 하나하나마다(40편 이상이 남아있다) 그는 바울이 고린도 사람들에게 보낸 편지(고전 3:11)를 인용하며 시작하였다.

> 이 닦아둔 토대 외에 능히 다른 토대를 닦아둘 자가 없나니 그 토대는 예수 그리스도이시다.

그는 로마가톨릭교회를 버린 25주년을 맞으며 병이 들어 66세에 결국 펜을 내려놓게 되었다. 그다음 날 그는 자연스럽게 죽음을 맞았다. 오늘까지 그의 가르침을 따르는 이들이 약 90만 명이 넘는다.

52. 존 낙스
칼로 세운 장로교회

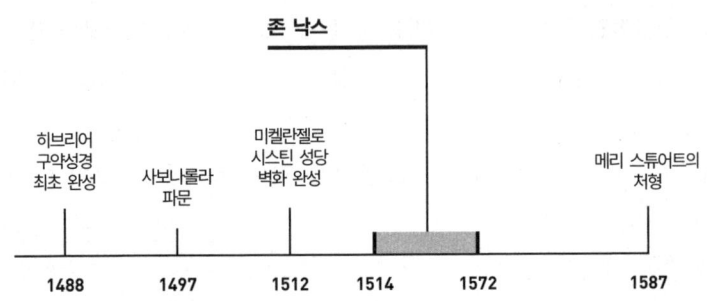

> 정의의 칼은 하나님의 것이다. 그리고 군주들과 지배자들이 그것(칼)을 쓰는 데 실패한다면 다른 이들이 쓰게 될 것이다.

그는 폭력적인 혁명을 옹호했던 크리스천 복음파의 한 목사였다. 그는 당대 가장 강력한 설교를 한 목사 중 한 명이었으나 200편의 설교 중 2편만 출간되었다. 그는 근대 스코틀랜드의 형성에 핵심 인물이었으나 그곳에는 그의 기념비가 하나만 서 있고 그의 무덤은 주차장 아래에 있다.

존 낙스(John Knox)는 실제 많은 역설적인 인물이었는데 스코틀랜드의 영혼 위에 히브리인 예레미야가 앉아있는 것과 같은 인물이었다. 불을 뿜는 듯한 언변을 쉴 새 없이 하면서 그는 우상이라고 여긴 것은 부수려고 했고 스코틀랜드의 종교를 정화하려 했다.

정당한 이유를 취하다

존 낙스는 1514년 무렵 에딘버러 남쪽에 있는 한 자그만 마을 하딩톤에서 태어났다. 1529년 경 그는 세인트앤드류스대학교에 들어가 신학을 공부했다. 그는 1536년 안수를 받았으나 공증인이 되었고 스코틀랜드의 하급 지방 귀족의 아들들을 가르치는 교사 일도 했다.

낙스가 젊은 시절 스코틀랜드에는 극적인 잠금이 펼쳐지고 있었다. 많은 이가 영토의 절반을 갖고 있었고 왕의 연간 수입보다 18배나 더 많은 수입을 올리고 있었던 로마가톨릭교회에 분노하고 있었다. 주교들과 사제들은 종종 정치적으로 임명받았고 그 중 상당수는 부도덕한 짓을 숨기지도 않았다. 세인트 앤드류스의 추기경 비튼(Beaton)은 공개적으로 첩들과 어울렸고 10명의 아이를 낳게 만든 주인공이었다.

존 낙스

스코틀랜드 지역과 유럽의 계속되는 해상 교류로 루터교회들의 글들이 밀수로 들어올 수 있었다. 로마가톨릭교회 당국자들은 이와 같은 '이단'에 대해 놀라게 되었고 이를 단압하려 했다. 그 결과 개신교 개종을 열렬히 외치던 패트릭 헤밀턴이 1528년 화형을 당했다.

1540년대 초 낙스는 개종한 개신교도들의 영향을 받았고, 토마스 귈리암(Thomas Guilliame)의 설교를 들으며 그들에 합류하게 되었다. 그리고 그는 스코틀랜드 전역을 다니던 개신교 설교자 조지 위샤트(George Wishart)의 호위병이 되었다.

1546년 비튼 추기경은 위샤트를 체포하여 심문하고 목 졸라 불태웠다. 이에 대한 반발로 16명의 개신교 귀족들이 모여 추기경이 살던 성을 급습하여 비튼을 암살하여 그의 시신을 훼손하였다. 그 성은 즉시 프랑스(가톨릭 프랑스는 스코틀랜드의 동맹국이었다) 함대에 의해 포위되었다. 비록, 낙스는 그 암살단에 가담하지는 않았으나, 그 암살을 지지하였고 포위 속에 있던 그 성에 갇힌 이들과 함께하였다.

개신교에 속한 어느 한 주일 예배에서 존 라프는 목사직의 선출에 대해 말한 후 설교자의 직분을 맡아달라고 공식으로 요청하였다. 이에 회중들은 그 요청을 확인하자 존 낙스는 떨면서 눈물을 흘렸다. 그는 처음에는 그 요청을 거절하였으나 결국 그 요청이 신적인 청빙임을 느껴 수락하였다.

그의 목회는 그리 길지 않았다. 1547년 세인트 앤드류스 성은 또다시 포위되었고 끝내 항복하고 말았다. 성안에 있던 이들의 일부는 감옥에 갔고, 낙스 같이 다른 이들은 갤리선에 노예로 보내졌다.

돌아다니는 설교자

그 갤리선에 끌려간 노예들이 풀려나기까지 19개월이 지났다. 낙스는 풀려난 뒤 5년 동안 영국에 머물렀는데 그의 설교에 대한 명성이 급속도로 꽃피웠다. 그러나 로마가톨릭교도인 메리 튜더(Mary Tudor)가 여왕이 되자 낙스는 프랑스로 도망가지 않으면 안 되었다.

낙스는 프랑스 대신 제네바로 갔고 거기서 존 칼빈 만났다. 프랑스 출신 칼빈은 낙스를 "신앙을 위해 열과 성을 다해 일하는 형제"라 불렀다. 낙스도 칼빈이 이끌던 제네바에 깊은 감명을 받아 "사도 시대 이후 그리스도의 가장 완전한 학교"라고 불렀다.

낙스는 프랑크푸르트 암 마인으로 여행을 가서 개신교 피난민들을 만나게 되면서 논란에 빠르게 휘말리게 되었다. 개신교도들은 예배 절차에 동의할 수 없었다. 논쟁은 뜨거웠고 한 그룹은 낙스와 같이 예배하던 그 건물을 뛰쳐나오고 말았다.

스코틀랜드에서 개신교도들은 더한층 노력을 기울였고 전역에 개신교 교회들이 형성되었다. "회중의 주들"이라 불리던 한 그룹은 스코틀랜드 그 땅에 개신교가 자리 잡게 만들겠다고 다짐하였다. 1555년 그들은 낙스에게 스코틀랜드로 돌아와 개혁의 임무를 이끌어달라 요청하였는데 이에 낙스는 9개월 동안 곳곳에서 설득력 있는 사역을 펼친 후 제네바로 되돌아가지 않으면 안 되었다.

펜이 불을 뿜는 듯이

다시 고국에서 멀어진 낙스는 가장 문제가 될 만한 몇몇 글을 소책자에 실어 펴냈다. 그의 『영국에 대한 경고』(Admonition to England)란 글에서 영국이 가톨릭을 다시 허락한 지도자들에 대해 신랄하게 공격했다.

『여인들의 마귀적인 연대에 대항하는 첫 트럼펫 같은 맹비난』(The First Blast of the Trumpet Against the Monstrous Regiment of Women)에서는 여성 지배자(영국의 여왕 매리 튜더 같은)는 "하나님의 면전앞에서 가장 끔찍하다"면서 "여왕은 하나님에 대항하는 배교자이자 반역자"라 공격했다. 『귀족에 대한 명칭과 스코틀랜드의 유용성』(*Appellations to the Nobility and Commonality of Scotland*)에서 그는 불의한 지배자에게 반역할 권리(사실은 의무)가 평민들에게 있음을 연결시켰다.

그는 나중에 스코틀랜드의 매리 엔(Mary Anne) 여왕에게 말했다.

> 정의의 칼은 하나님의 것이며 만일 왕이나 지배자가 그것을 제대로 사용하는 것에 실패한다면 다른 이들이 아마도 쓸 것이다.

낙스는 스코틀랜드에 1559년 돌아와 다시 가공할 만한 설교의 기술을 개신교의 호전성을 높이는데 사용했다. 도착한 지 며칠이 안되어 그는 퍼쓰에서 로마가톨릭교회의 우상 숭배에 반대하는 폭력적 설교를 함으로 폭동을 일으켰다. 제단은 파손되었고, 성상들은 부서졌으며, 종교적 시설들은 파괴되었다. 6월 낙스는 에딘버러 교회의 목사로 선출되어 촉구시키고 고무시키는 일을 계속했다.

그의 설교에서 낙스는 성경적 단락들을 조용히 부풀리는 데 반 시간 정도는 보통 썼다. 그런 다음 성경 본문을 스코틀랜드의 상황에 적용하면서 "적극적이고 활발하게" 그리고 격렬하게 설교단을 치며 설교했다. 그의 설교를 받아 적었던 한 사람은 "그는 나를 흔들어 떨도록 만들어 내가 펜을 제대로 잡고 쓸 수 없도록 했다"고 썼다.

회중교회의 주역들은 도시들을 힘으로 더 많이 접수해 나가게 되었고 마침내 1560년 버윅에서 조약을 통해 영국과 프랑스는 스코틀랜드를 떠나기로 동의했다(영국은 당시 엘리자베쓰 1세 지배하에 있었는데 개신교 스코틀랜드를 도우려 왔고, 프랑스는 스코틀랜드의 가톨릭파를 도왔다). 이제 스코틀랜드의 미래는 개신교가 될 것이 확실해졌다.

의회는 낙스와 5명의 그의 동료로 하여금 『신앙고백서』(*Confession of Faith*), 『훈육 제1서』(*First Book of Discipline*), 『일반예배서』(*The Book of Common Order*) 등을 쓰도록 했는데 이것으로 스코틀랜드의 개신교 신앙은 칼빈주의적 내용이 뚜렷한 가운데 장로교 형태를 택하게 되었다.

낙스는 에딘버러 교회의 설교자로서의 사역을 마치면서 스코틀랜드에 개신교를 발전시키는 데 도움을 주었다. 이 기간 동안 그는 『스코틀랜드 종교 개혁사』(History of the Reformation of Religion in Scotland)를 집필했다.

비록, 그는 많은 면에서 역설적인 인물이었지만, 낙스는 위대한 용기를 지닌 인물임이 분명하다.

장례식에서 열려져 있던 그의 무덤 앞에서 누군가가 말했다.

여기 그 어느 인생에게도 아부하지도 않았고 두려워 하지도 않았던 한 사람이 누워있다.

낙스가 남긴 것은 대단했다. 그의 영적 자손은 스코틀랜드에 75만명 가량되는 장로교인들과 미국에만도 3백만의 장로교인 그리고 세계 곳곳에 수백만의 장로교인들을 남겼다.

53. 존 스마이쓰
셀프 침례교도

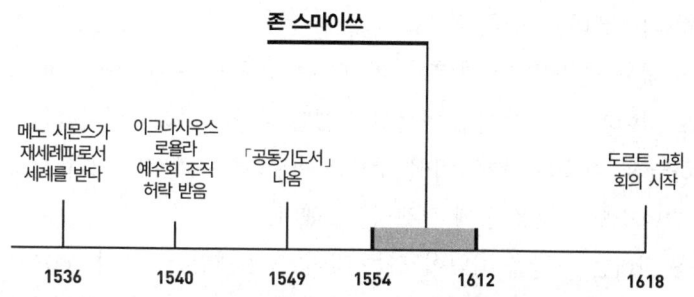

> 침례는 물로 씻는 것이 아니다. 입술로 고백하며 물로 씻는 성령의 침례이다.

그가 조국 잉글랜드로부터 암스테르담으로 귀양 갔을 때 존 스마이쓰(John Smyth)는 주위에 자신을 따르던 30여 명을 모았다. 전직 영국성공회 목사이자 케임브리지의 연구교수였던 그는 신앙고백을 한 후 스스로 침례를 행했다.

스마이쓰와 함께 침례를 행했던 이들의 이 노골적인 행동은 나쁜 소문이 되어 영국의 국가 교회(영국성공회)를 경멸했다. 암스테르담의 분리주의자 리차드 버나드(Richard Bernard)는 그에게 "셀프 침례자"라고 별명을 붙였다. 그를 따르던 이들은 그들의 신앙고백에 따라 "침례 받은 크리스천"이란 용어를 선호했지만, 이 긴 이름 대신 짧은 이름이자 비판의 의미를 담은 "셀프 침례교도"란 이름으로 불리다가 다시 더 짧게 "침례교도"라 부르게 되면서 이 이름이 굳어졌다.

충분치 않은 개혁

그의 초기 역사는 알려진 바 없으나 스마이쓰는 종교 개혁이 중단된 때(루터의 죽음, 트리엔트 종교회의로 인한 반종교 개혁 그리고 영국이 로마가톨릭교회와 결별한 일도 그가 태어나기 10년이 겨우 될까 말까 한 정도)태어났다. 그는 영국성공회 신부가 되기 위해 케임브리지대학교 안의 크라이스트대학에서 공부했으나 영국성공회에 대한 좌절감이 늘어갔을 뿐 아니라 로마에 대해서도, 루터나 칼빈, 쯔빙글리 등에 대해서도 마찬가지였다. 1600년 런던에서 그 도시에서 임명받은 설교자가 된 지 6년 후 그는 영국 영국성공회를 완전히 떠나겠다고 했다.

이어 의사 일을 몇 년 한 후 스마이쓰는 교구 또는 관구에 속한 어떤 교회에도 엮이지 않는 교회를 만들고자 했던 일단의 분리주의자들의 그룹에 가담하였다. 이들은 함께 "어떤 대가를 치르더라도 알려지거나 서로 알게 되는 그리스도의 길을 함께 걸겠다"고 했다.

처음 대가는 고국을 떠나야 하는 것이었다. 제임스 1세가 1603년 왕위에 오르면서 왕은 이들 분리주의자를 박해하기 시작했다. "나는 이들이 따르도록 만들겠다"고 맹세한 왕은 "만일 그렇지 않겠다면 그들을 이 땅으로부터 떠나도록 하겠다"고 했다.

50여 명 되는 스마이쓰 그룹은 당시 종교적 관용으로 잘 알려져 있었고 이미 분리주의자들의 망명으로 이들의 공동체가 상당 규모로 형성되어 있던 암스테르담으로 도망갔다. 그렇다 해도 스마이쓰는 이들이 완전히 하나가 된 듯한 정신을 가졌다고 여기지는 않았다. 그는 이들과 예배 때 성경 사용, 시편 찬송, 설교 낭독, 헌금 등 모든 관행에 대해 의견 차이로 다투었다(스마이쓰는 영어 번역 성경 사용을 반대하였다).

스마이쓰는 사도행전에 기록된 바대로의 교회를 세우길 원했으며 교회 안에 어떤 직제를 만드는 데에도 맞서 싸웠다. 그는 각 회중은(교회의 직책을 맡은 자들이 아니라) 하나님 다음으로 가장 높은 권위를 갖고 있다고 1607년 쓴 『가시적 교회에 관한 원리와 추론』(Principles and Inferences Concerning the Visible Church)에서 밝혔다. 그는 성경은 감독(장로라고도 불리우는)과 집사만 허락하며 이들은 전체 회중에 복종해야 한다고 믿었다. 그 다음해 그는 『분리교회들의 차이점들』(The Differences of the Churches of the Separation)에서 분리주의자들과의 불일치에 대한 출간을 계속했다.

메노나이트로서의 끝마침

스마이쓰의 암스테르담은 많은 재침례파 메노나이트의 고향이기도 했는데 이들은 개인의 신앙 고백에 근거하여 성인 침례를 다시 함으로 두 차례 침례(유아 세례 받은 경우)를 행해왔다. 이것에 대하여 스마이쓰는 결국 분리주의자들과 갈라섰다. 그는 만일 영국성공회가 반그리스도의 교회였다면 거기서의 침례는 잘못된 침례라고 믿었다.

실제 그는 『야수의 성격』(The Character of the Beast, 1609)에서 모든 기성 교회에서의 침례는 잘못된 것이며 오직 성인이 된 신자의 침례만을 믿었다.

> 침례는 물로 씻는 것이 아니며, 입술로 고백하며 물로 씻는 성령의 침례이다. 그렇다면 최소이자 마지막 침례인 물로만 받는 침례의 잘못이 없이 어떻게 성인이 참된 침례를 받을 수 있단 말인가?

그러기에 타당한 침례를 받을 수 있어야 참된 교회라고 믿었던 스마이쓰는 스스로 침례를 행하였다. "한 사람이 스스로 교회가 되는 것에 대한 정당한 사유가 있다"고 그는 셀프 침례를 정당화하며 "두 사람이 있다고 교회는 되는 것은 아니며 그 두 사람이 침례를 행해야 한다"고 했다. 그리고 스마이쓰는 36명을 침례 주었는데 그 가운데 토마스 헬위스가 포함되어 있었다. 헬위스는 나중 영국으로 돌아가 최초로 영국에 영구적인 침례교회를 세웠다.

스마이쓰가 재세례파들과 교류하면 할수록 그는 이들을 더 좋아하게 되었다. 그리고 영국성공회에서 안수받은 것과 분리주의자들의 가르침을 받아들인 것이 잘못이었다는 확신이 들면 들수록 셀프 침례에 대해 더 확신을 하게 되었다. "우리는 실수 가운데 변덕스럽다"고 썼다.

결국, 스마이쓰는 재세례파 교회의 회원이 되려고 지원했다. 헬위스는 스마이쓰와 메노나이트가 그리스도를 가르치는 것과 스마이쓰가 건강이 나빠져 파문된 교회로 추천된 목회직의 계승을 받아들이는 것만 제외하고는 거의 모든 면에서 동의하였다. 1611년 이들은 동의하였다. 스마이쓰는 1616년 죽기 전까지 재세례파들과의 회원관계를 방어하였다. 그러나 오늘날 그는 재세례파로서가 아니라 침례교도로 기억되고 있다.

54. 조지 폭스
첫 번째 친구

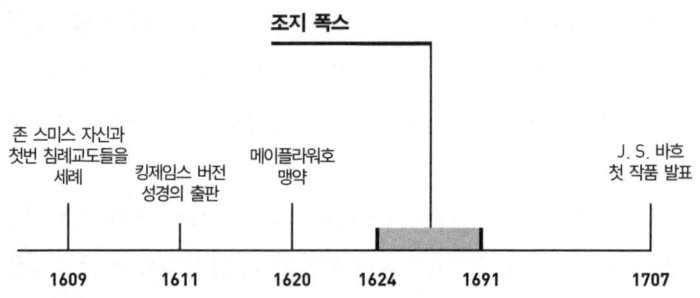

> 이 일들에서 나는 사람의 도움을 보지 못하였을뿐더러 문자적인 면에서도 도움이 된 것을 보지 못하였는데 나는 그들을 주 예수 그리스도의 관점에서 보았고 예수의 즉각적인 영과 능력을 보았는데 이는 마치 성경에 기록된 거룩한 하나님의 사람들과 같이 보았다.

어린아이였을 때 조지 폭스(George Fox)는 남들과 어딘가 다르다는 것을 알았다. 그는 그가 나이든 어르신들을 목적 없이 배회하고 술 취해 있는 가운데 "스스로 경솔히 여기며 서로 제멋대로"라고 보았다는 점 때문에 쫓겨나기도 하였다. 그는 "만일 내가 어른이 되기만 하면 그렇게 하진 않을 거야"라고 다짐했다.

어른이 되고 나서 그는 더 나아가 다른 이들이 그리스도를 만나게 하고 주에게 가치가 될만한 삶을 살도록 돕는 운동을 세우게 된다.

내적 조명

폭스는 방직공의 아들로 영국의 한 조그만 마을에서 태어났다. 그는 구두 수선공의 도제가 되긴 했으나 같이 일 배우는 도제들의 느슨한 도덕에 염증을 갖게 되어 그 일을 그만두고 영적 여정에 나서게 되었다. 그는 영국 전역을 여행하며 종교적 모임에 참석하며 빛의 조명을 구했다. 그러면서 그는 성경에 빠져들며 진리를 찾기 위해 몸부림쳤다.

그는 결국 모든 종파는 잘못이며 저들의 예배는 먹칠하는 것이라는 결론에 이르렀다. 사례비를 받기 위해 일하는 목사들은 '여행자'나 다를 바 없다는 것이었다. 찬송, 설교, 성사 의식, 신조 등은 예배에 도움이 되기는커녕 방해가 된다고 보았다.

그 대신 폭스는 '내적 조명'을 영감을 위해 찾았다. 이 내적 조명은 비록 어떤 이들에게는 그 빛이 희미할지는 모르나 모든 사람에게 있다고 그는 주장했다. 이것은 지적인 총명도, 자연적인 이유도, 도덕도 아니고, 하나님을 인식하고 받아들이게 해주는 능력이라 보았다. 이것은 또한 사람들이 성경을 이해하고 믿도록 해준다는 것이다. 그러므로 가장 먼저 그리고 가장 중요하게 내적 조명을 통하여 사람들은 하나님을 알게 된다는 것이다.

그는 다음과 같이 결론지었다.

> 이러한 것들은 사람의 도움을 받아서나 또는 문자(의문)를 통해서 본 것이 아니라, 나는 주 예수 그리스도의 빛 안에서 보게 되었으며 그의 즉각적인 영과 권능에 의해서였는데, 이는 성경을 쓴 거룩한 이들이 경험했던 것 같이 말이다.

박해와 실천

그는 처음에는 이러한 자신의 통찰을 나누는 데 주저하였으나 어느 날 그가 한 침례교도들의 모임에서 말을 해야 한다는 것을 성령이 시키신다는 것을 느꼈다. 성령의 강권하심은 점점 더 많아졌는데 그는 일기에서 정기적으로 이를 적어두었다. "하나님의 명령으로 나는 이렇게 하기로 했다"는 방식으로 썼다.

그렇지만 이러한 일이 더 나아가게 되자 삶에서 말씀이 세상으로 들어가게 되었고 세상은 부풀어 올라 점차 시끄러운 소리를 내게 되었는데 이는 마치 사나운 파도가 바다에서 일어나는 것 같았다.

많은 곳에서 폭스는 경멸을 받았으며, 모임 등에서 쫓겨나가야 했거나 두들겨 맞거나 돌팔매질을 당하거나 감옥에도 들어가야 했다. 그는 감옥에 모두 거의 6년 있었는데, 처음에 그는 어느 설교자가 "궁극적인 진리는 성경에서 찾아야 한다는 것"을 설교하고 있을 때 그 목사를 방해한 것으로 감옥에 가야 했었다. 다른 경우는 신성모독을 했었거나 정부(예를 들어 그의 평화주의로 인하여)에 대항하는 것을 꾀했다는 이유에서였다.

그래도 그는 그를 따르는 지지자들을 모을 수 있었다. 이들은 예배를 짜면서 영을 방해할 그 어떤 것도 있어서는 안 되도록 했다. 이들의 예배 순서들은 거부되었고 침묵 속에 예배는 드려졌는데 침묵 중 누군가는 발언해야 한다고 느끼면 말을 했고 소리를 내어 기도하기도 했다. 사람들은 이들을 "퀘이커들"(덜덜 떠는 자들-역자 주)이라 불렀는데 이는 그들이 영에 의해 움직여질 때 몸을 떨었기에 그랬다. 그렇지만 폭스는 퀘이커라는 말보다는 "프렌즈"(친우들)라는 말을 선호하였다.

개인주의에 맞서기 위해, 폭스는 공동체와 사랑의 중요성을 강조했다. 이들 공동체에서의 결정은 다수결 투표가 아니라, 전원합의로 결정하였다. 만일 합의가 이루어지지 않으면 결정은 나중으로 미루어두고 영의 인도를 분별할 수 있는 전체의 합의를 기다렸다.

이들 친우 회원은 또한 선서하는 것이나 십일조나 더 나은 이들에 고개 숙이는 것 등을 거부하였다(이들은 상대에게 공손히 '당신께'라고 하지 않고 익숙한 '그대들'이라 부르는 것을 주장하였다). 이들은 친우회의 창시자 폭스처럼 철저히 평화주의자들이었다.

믿음을 퍼뜨리기

폭스는 내적 조명의 복음을 전파하기 위해 해외를 넓게 여행했다. 스코틀랜드에서는 선동죄로 고소되었다. 아일랜드에도 갔고, 카리브해 지역에도 갔고, 북미에도 갔는데 북미 여행은 두 차례 하였다.

영국과 미국에서 친우회는 수십 년간 극심한 박해를 받았으나 이 모임은 계속 자랐다. 미국에서 가장 유명한 친우회 개종자는 윌리엄 펜(William Penn)으로서 그는 미국 독립 전 펜실바니아 지역의 창설자가 되었다.

친우회는 숫자로 많이 늘어난 것은 아니었으나(지금 전 세계에서 50만이 겨우 된다), 결국 이들은 다른 기독교 교파들로부터의 존경을 얻었다.

55. 니콜라우스 폰 진젠돌프
그리스도 중심적인 모라비안 형제

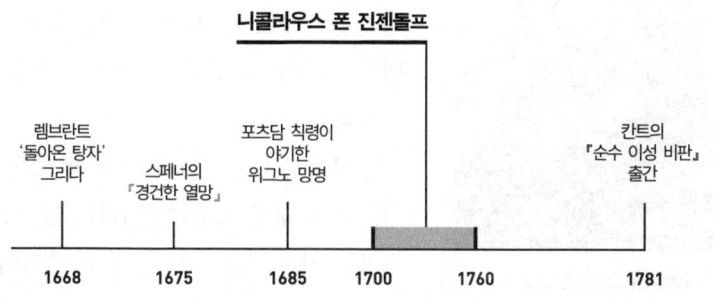

> 공동체가 없는 기독교는 있을 수 없다.

 루터가 95개조를 붙인(1517년) 뒤 거의 2백 년이 지나자 개신교는 상당수의 영혼을 잃었다. 많은 이의 마음속에 제도들과 교리는 종교 개혁으로부터 시작된 삶을 질식시켰다.
 루터교 목사였던 P. J. 스페너(P. J. Spener)는 교리보다는 기도와 성경 읽기를 통한 경건의 실천을 강화함으로 교회를 다시 부흥시켜 보려 했고 이 방법이 통했다. 경건주의가 이제 유럽 전역에서 빠르게 번져나가기 시작했고 개신교도들을 다시 일으키기 시작했는데 그중 한 대표적인 움직임이 모라비아와 보헤미아(지금의 체코슬로바키아 지방)에서의 지하 개신교 운동이었다.
 그곳에서 로마가톨릭교회가 반대파들을 짓누르고 있었기에 많은 이가 독일과 맞대고 있는 접경 개신교 지역으로 달아났다. 그중 한 가족이 작센 북부로 도망했는데 거기서 이들은 부유하고 젊은 지배자 니콜라우스 루드비피 폰 진젠돌프(Nikolaus Ludwig von Zinzendorf) 백작 소유의 땅으로 들어가 정착하였다.

부유하고 젊은 지배자

 오스트리아 귀족 가문에서 태어났고 할머니 손에서 자란 진젠돌프는 어려서부터 신학과 종교적 일에 끌렸다. 스페너의 대자(代子)로서 그는 경건

니콜라우스 폰 진젠돌프

주의 강한 전통 아래 자라났다. 그러나 백작 신분이라 그는 돌아가신 아버지의 발자취를 따라 정부의 일을 해야 했었다. 이에 따라 그는 1721년 10월 드레스덴에서 왕의 법률자문관으로 부름을 받아 그 일을 하게 되었다.

법정에서 1년이 안 되었을 때 그는 억압당하던 종교적 소수계를 위한 크리스천 공동체를 세우려는 희망을 품고 할머니로부터 버셀스도르프의 영지를 사들였다. 이 일 이후 즉각 크리스천 데이비드란 이름의 한 모라비안이 그의 집 앞에 나타나 그 땅의 첫 소작인이 되었다. 12월이 되기 전 10명의 모라비안 개신교인들이 찾아왔고 백작의 땅에 자리 잡았다. 이들은 그곳 이름을 '주님의 돌보심'이란 뜻인 헤른후트라 지었다.

1725년 5월 90명의 모라비안들이 헤른후트에 모였다. 버셀스도르프 교구 교회에서의 활기찬 설교로 이 조그만 도시의 인구는 1726년에는 300명으로 늘어났다. 진젠돌프 백작은 그때까지 독실한 루터교 신자였고 교구 교회 안에서 그곳으로 온 피난민들을 수용하려고 했다. 그의 목표는 '교회 안에서의 작은 교회들'을 이루는 것으로 한 작은 누룩으로서 활력을 주고 연합하여 한 성찬 공동체를 이루는 것이었다.

그러나 헤른후트에 모여든 사람들의 다양성으로 불협화음도 따라왔다. 그러자 진젠돌프는 가족을 이끌고 아예 헤른후트로 들어왔다. 그는 집마다 다니며 필요한 일들을 상담해 주며 영지 안에서의 규칙을 '형제와 같은 협정'으로 만들어 운영하였다. 또한, 그 영지를 지키는 사람, 사회복지사, 그 외 여러 돌보미 등을 임명하였다. 그리고 "공동체가 없는 기독교는 있을 수 없다"고 선언하였다.

점차 진지해져 나가며

1737년 7월에 보헤미아와 모라비아에서 15세기에 있었던 후싸이트(모라비아의 종교 개혁 선구자 얀 후스를 따르던 후예들-역자 주) 운동에서 운영하던 형제대학의 헌법 사본이 우연히 발견되었다. 진젠돌프는 이 대학은 "루터교가 생기기 이전의 완전한 기성 교회 그 자체"라고 놀라며 반겼다. 더 놀라운 것은 그 헌법은 그가 새롭게 채택한 '형제 협정'과 흡사했다는 점이었다.

그는 헤른후트로 급히 달려가 자신의 이 발견을 나누었고 뜨거웠던 한 성찬 예배에서 헤른후트의 모라비안들은 진젠돌프와 함께 구교회(후스 순교 당시의 교회-역자 주)를 회복하자고 다짐했다. 이제 버셀스도르프의 교구 교회는 루터교 교구 교회로서 이어는 가되, 형제들 회중의 연합체인 헤른후트가 되었으며 이들의 연합체가 훗날 모라비안 교회로 알려지게 되었다.

경건주의자들과 같이, 모라비안 교회도 기독교는 마음의 종교가 되어야 한다고 믿었는데 이것은 계몽주의 신념을 점차 받아들이는 추세에 반대하는 것이었다. 이들 모라비안들은 신앙의 경험과 교리를 넘어선 사랑을 강조하였으며 여러 교단의 차이점을 점차 더 받아들이게 되었다. 실제 진젠돌프는 '교회연합주의'란 단어를 아마도 제일 처음 쓴 교회 사람이었을 같다. 모라비안들은 또한 공동체에 특별한 중요성을 두었는데 가족의 충성도는 나이, 성별, 결혼 여부에 따라 구성된 그룹들의 '합창'에 밀려났다.

진정한 선교의 아버지

크리스티안 6세 국왕의 대관식에 참석하기 위하여 1731년 코펜하겐을 방문한 진젠돌프는 웨스트인디스 지방에서 온 안토니 울리치(Anthony Ulrich)란 개종한 노예를 만났다. 그 노예는 자신의 고국에 자신과 같이 가서 흑인 노예들과 자신의 형제, 자매들에게 복음을 전할 그 누군가를 찾고 있었다.

진젠돌프는 헤른후트로 돌아가자마자 그리로 갈 사람들을 찾기 시작했고, 2명이 즉각 가겠다고 자원함으로써 최초의 모라비안 선교사들이 되었는데 이들은 현대에 들어 최초의 개신교 선교사들이 되었으며 이는 '현대 선교의 아버지'라 일컬어지는 윌리엄 케리보다 약 60여 년 앞선 것이었다.

그 이후 20년이 못 되어 진젠돌프는 지구 곳곳으로 선교사를 내보냈다. 그린란드, 랩랜드, 조지아, 수리남, 아프리카 기니 해안, 남아프리카, 암스테르담의 유태인 거주 지역, 알제리아, 북미 원주민, 세일론, 로메니아, 콘스탄티노플 등지로 모라비안 선교사들이 나갔다.

얼핏 보아도 600명이 좀 안 되는 모라비안 공동체에서 70명이 넘는 선교사들이 나간 것이다.

1760년 헤른후트에서 진젠돌프가 죽었을 때, 모라비안들은 최소 226명의 선교사를 내보냈다. 진젠돌프의 영향력은 모라비안 교회 안에서 더욱더 넓게 느껴졌다. 그가 강조했던 "마음의 종교"는 요한 웨슬리에게 깊이 영향을 주었다. 칼 바르트가 말하듯이 진젠돌프는 현대 시대에 아마도 진정한 그리스도 중심의 유일한 인물이었다. 학자 조지 포렐(George Forell)은 진젠돌프야말로 '고상한 예수쟁이'였다고 한마디로 그를 명쾌하게 요약한다.

56. 요한 웨슬리
감리교적 경건주의자

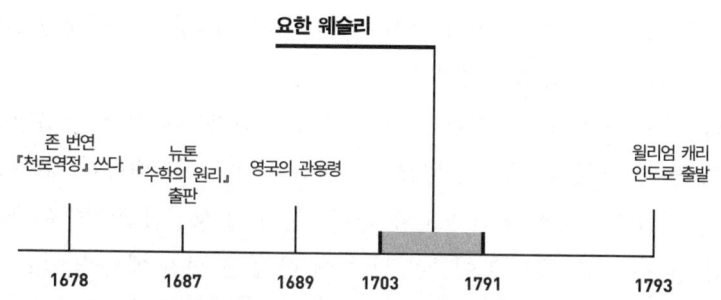

> 9시가 되기 15분 전쯤 그가 하나님은 그리스도 안에서 믿음을 통하여 마음속에서 일하신다는 것을 설명하고 있었을 때 나는 내 가슴이 이상하게 뜨거워짐을 느꼈다.

늦은 1735년 한 척의 배가 영국을 떠나 신세계를 향하고 있었다. 그 배에 한 젊은 영국성공회 신부 요한 웨슬리(John Wesley)가 타고 있었는데 그는 영국의 식민지였던(지금 미국의) 조지아 지방 사반나에서 식민 경영을 위한 목사로 초청을 받았다. 항해 중 날씨가 나빠지면서 그 배는 심각한 위험에 처하게 되었고, 그 배에서의 목사직을 맡았던 웨슬리는 목숨이 위태롭다는 것을 알았다.

그러나 그는 그 배 안에 함께 탄 일단의 독일계 모라비안들을 주목하게 되었는데 이들은 미국의 인디언들에게 복음을 전하기 위해 가는 중이었으며 이들은 전혀 두려워하지 않았다. 실제 그 폭풍 속에서도 이들 모라비안들은 조용히 찬송하고 있었다. 그 험한 뱃길의 여정이 끝난 후 웨슬리는 모라비안 지도자에게 어떻게 그런 평온함을 유지할 수 있었는가에 관해 물어보았다. 그 질문에 그 모라비안은 대답 대신 질문을 오히려 했다.

"웨슬리는 그리스도 안에서 신앙이 있었습니까?"

웨슬리는 그렇다고 대답했으나 "나는 헛말을 했다는데 두려웠다"고 훗날 회상했다. 실제 웨슬리는 그때의 경험에 혼란스러웠으나 그의 혼돈은 영혼을 되찾는 기간이 되었고 결국 그를 교회 역사상 가장 유명하고 결과적으로 회심한 경험 중 하나로 이끌어 주었다.

신앙적 양육

웨슬리는 믿음이 강한 영국성공회 집안에서 태어났다. 그의 아버지 사무엘은 영국성공회 신부였고, 어머니 수잔나는 19명의 자녀에게 신앙과 도덕 교육을 신실하게 가르쳤다.

웨슬리는 옥스퍼드대학교에 다녔고 우수한 학자가 될 자질을 증명해 보였고 곧 영국성공회 목회를 위해 안수받았다. 옥스퍼드대학교 재학 중 그는 동생 찰스가 조직한 한 모임에 들어갔는데 그 모임의 회원들은 거룩한 삶을 살기로 서약했는데 이들은 한 주에 한 번은 성찬 예식을 했고, 기도를 매일 했고, 교도소도 정규적으로 방문하였다. 이뿐 아니라 매일 오후 3시간을 성경 연구와 다른 경건 생활 자료들을 공부하는 데 바쳤다.

그 대학에서의 '신성 클럽'(이 말은 동료 학생들이 비웃으며 붙인 이름)에서부터 시작하여 웨슬리는 조지아에서 목회를 위해 가게 되었다. 그러나 그의 그곳에서의 경험은 실패로 드러났다. 그가 그곳(조지아 지방의) 사반나에서 한 여성에게 구애했으나 그 여성은 다른 남자와 결혼하고 말았다. 그가 '신성 클럽'의 훈련을 그 교회에서 시행해 보려고 하였으나 교인들이 반발하였다. 이러한 일들이 겹치면서 낙심한 웨슬리는 영국으로 돌아오고 말았다.

가슴이 이상하게 뜨거워졌다

다른 모라비안 피터 보엘러와 말을 나눈 후, 웨슬리는 자신이 구원받는 믿음이 부족하다고 결론지었다.

그는 비록 계속하여 선한 신앙인이 되려 했으나 좌절하고 말았다.

> 나는 정말 계속하여 투쟁하고 있었으나 이겨내지는 못했다. 넘어지고 다시 일어나고 그러다 다시 넘어졌다.

1738년 5월 24일, 그는 모든 것을 바꾸는 경험을 하게 되었다. 그때 사건을 그는 일기에 적었다.

저녁이 되면서 나는 앨더스게이트 거리에 있는 한 모임에 매우 내키지 않는 마음으로 갔는데 한 사람이 루터의 로마서 서문을 읽고 있었다. 9시가 되기 15분 전쯤 그가 하나님은 그리스도 안에서 믿음을 통하여 마음속에서 일하신다는 것을 설명하고 있었을 때 나는 내 가슴이 이상하게 뜨거워짐을 느꼈다. 나는 그리스도를 신뢰하며 그리스도만이 구원이시며, 구원의 확증이 내게 주어지며 그리스도는 내 죄를 모두 가져갔으며, 나를 소유하셨고, 나를 죄와 죽음의 법에서부터 구원하셨다는 것을 느꼈다.

그러면서 '신성 클럽'의 전(前) 회원이었던 조지 휫필드는 설교자로서 대단한 성공을 거두고 있었는데 특히 산업도시 브리스톨에서 그러했다. 그곳에서는 영국의 산업화가 진전되면서 억압을 받고 있었고 교회로부터도 관심을 받지 못하던 수백 명의 가난한 노동자들이 휫필드의 불같은 설교를 통하여 격정적인 회심을 경험하고 있었다. 휫필드를 간절히 필요로 하던 수많은 사람이 반응을 보였다.

웨슬리는 휫필드의 요청을 마지못해 받아들였는데 웨슬리는 휫필드의 연출가적 스타일을 신뢰하지 않았다. 웨슬리는 휫필드의 옥외 설교(그 당시에는 옥외 설교는 급진적인 혁신이었다)가 적절한지 아닌지에 대해 의구심이 들고 있었다. 또한, 그 자신도 자신의 설교가 끌어내는 청중들의 격정적인 반응에 마음이 편하지 않았다. 그러나 그처럼 차분하던 웨슬리가 곧 새로운 방법의 목회에 마음이 뜨거워진 것이다.

그의 조직적인 능력에 힘입어 웨슬리는 빠르게 이러한 옥외집회 운동의 새 지도자가 되었다. 그러나 휫필드는 확고한 칼빈주의자로서 웨슬리로서는 칼빈주의적인 예정 교리를 수용할 수 없었다. 더구나 웨슬리는 개혁파 교리에 맞서 크리스천은 자신들의 인생 안에서 전적인 성화(하나님을 사랑하는 것과 그 이웃을 사랑하는 것, 심령의 온유함과 겸비함, 악이 드러나는 모든 것을 끊어버리는 것 그리고 모든 것을 하나님의 영광을 위해 일하는 것 등)를 누릴 수 있다고 주장하였다. 이와 같은 견해 차이로 휫필드와 웨슬리는 서로 다른 길을 갔다.

'감리교도'로부터 감리교주의로

웨슬리는 새로운 교단을 세우려고 하지는 않았으나 역사적 정황들과 그의 조직적인 천재성은 영국성공회 안에 그대로 머물려고 한 그의 마음을 돌려놓게 했다. 웨슬리를 따르던 이들은 처음에는 자신들의 가정집에서 속회(societies)로 모였다. 이러한 속회가 회원들로 하여금 서로 돌보는 데 너무 규모가 커지자 웨슬리는 반회(classes)로 나뉘어 조직하였는데 여기에는 1명의 리더와 11명의 회원이 속해 있었다.

반회는 매주 함께 모여 기도하고, 성경을 읽고, 영적 생활을 의논하고, 자선을 위해 헌금을 모았다. 남자와 여자들은 각기 따로 모였으나 리더는 (남녀 구분 없이) 누구나 될 수 있었다.

이와 같은 모임들의 도덕적이고 영적인 열심이 웨슬리의 다음과 같은 금언에도 잘 나타나 있다.

> 할 수 있는 한 모든 방법을 동원할 수 있을 만큼 동원하여, 모든 장소에서 할 수 있는 만큼, 모든 시간에서도 할 수 있는 만큼, 모든 사람에게도 할 수 있는 만큼, 할 수 있는 대로 모든 선한 일을 하라.

이 운동은 빠르게 성장하였으며 비판가들은 웨슬리와 그의 추종자들을 "감리교주의자들"이라고 딱지를 자랑스레 붙여놓았다. 그렇게 이름지어 부르는 표적 딱지는 갈수록 더해갔다. 감리교주의자들은 돈을 받고 나선 깡패들이 이들 모임들에 난입하고 웨슬리의 생명을 위협하면서 폭력에 더 자주 맞딱뜨리게 되었다.

비록, 웨슬리는 자신의 순회 설교 일정을 짜면서 해당 지역의 영국성공회 예배를 방해하려 하지는 않았음에도, 브리스톨의 주교는 웨슬리의 집회를 반대하였다. 이에 웨슬리는 "세계는 나의 교구다"라고 대답하였는데 이 말은 나중에 감리교 선교사들을 위한 구호가 되었다. 웨슬리는 실제 자신의 사역을 천천히 하는 법이 없었는데 그의 목회를 통해 그는 일 년에 4천 마일을 여행했으며 일생 동안 4만 회 이상 설교했다.

웨슬리 집회를 위한 찬송 작가이자 그의 동생이었던 찰스와 같은 영국성공회의 몇몇 사제가 감리교도 사역자로 들어오긴 했으나 설교를 해야했던 부담의 대부분은 웨슬리에게 지워졌다. 웨슬리는 결국 평신도 설교자들을 쓸 수 밖에 없었는데, 이들 평신도 설교자들은 성찬을 집례하도록 허락되지는 않았으며 영국성공회의 안수 받은 목회자들을 보충하는 정도를 감당했을 뿐이다.

요한 웨슬리

웨슬리는 따르던 이들을 다시 연결하도록 만들었고, 여러 속회는 감독의 지도 아래 '연회'를 만들도록 했다. 감리교 성직자들과 평신도 설교자들의 정규적인 모임은 결국 '연차 총회'로 발전하였다.

1787년 웨슬리는 평신도 설교자를 비국교회 소속으로 등록하도록 되었다. 그러면서 대서양 건너편에서는 미국 혁명이 미국 감리교도들을 영국성공회로부터 고립시켰다. 미국에서의 독립 움직임을 지원하기 위해 웨슬리는 두 명의 평신도 설교자들을 독자적으로 안수를 주었으며 토마스 코크(Thomas Coke)를 감독으로 임명하였다. 이러한 일들과 다른 행동 등으로 감리교는 점차 영국성공회로부터 빠져나오게 되었지만 웨슬리 자신은 죽을 때까지 영국성공회를 떠나지는 않았다.

그의 천재적인 조직력을 보여 주는 한 증표로서 웨슬리가 죽었을 때 얼마나 많은 추종자가 정확히 있었는지를 보면 알게 된다. 즉 294명의 설교자들, 71,668명의 영국 감리교도들, 5개의 선교 기지에서의 19명의 선교사들, 미국에서는 198명의 설교자에 43,265명의 감리교도들이 있었다. 오늘날 감리교 교인들의 숫자는 세계적으로 약 3천만 명이 된다.

57. 프랜시스 애쉬버리
말 위에 앉은 감리교도

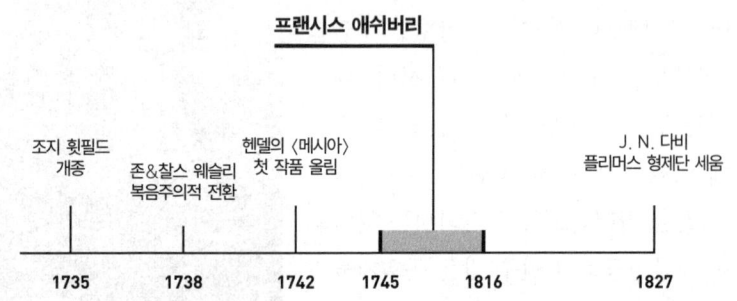

> 애쉬버리가 말을 쏟아내면 사람들은 마치 하나님의 심판대 앞으로 부름 받은 것처럼 벌떡 일어났다.

오늘날에는 그를 일 중독자(워커홀릭)이라 부를 것이다. 혹은 완전히 헌신된 사람이라 말할 것이다. 영국에서 태어난 프란시스 애쉬버리는 확실히 숫자로 표현될 수 있다. 미국에서의 사역 45년 동안 그는 말 잔등에 앉아서 혹은 마차를 타고 약 30만 마일을 다녔고 16,500회 정도의 설교를 했다. 그는 미국에서 아주 잘 알려진 인물이 되어 '미국 애쉬버리 감독'이라고만 수신자를 쓰면 그에게 우편 배달이 되었다. 그리고 그 모든 수고와 명성 덕분에 미국 감리교회를 미국 교계의 지도에 넣을 수 있었다.

갑자기 안수받음

프랜시스 애쉬버리(Francis Asbury)는 영국성공회 노동자 가정에서 태어나 12살이 되기 전에 대장간에서 도제로 일하기 위해 학교를 그만두었다. 14살이 되면서 그는 기독교 신앙을 깨우치게 되었다.

그와 그의 어머니는 감리교 모임에 나갔고 거기서 그는 곧 설교하기 시작했으며 21살에 감리교 전임 사역자로 임명받았다. 1721년 감리교 목회자들이 모였을 때 요한 웨슬리는 "미국에 있는 우리 형제들이 도와달라는 소리가 크게 들린다. 누가 미국으로 가서 이들을 도와줄 수 있는가?"라 물었다. 이에 애쉬버리가 자원했다.

1771년 10월 애쉬버리는 필라델피아에 도착하였는데 미국에는 당시 600명의 감리교인이 있었다. 도착한지 며칠이 되지 않아 그는 바로 거리로 나서 설교하기 시작하였고 너무 열심히 밀어붙여 그 해 겨울에 병이 들었다. 이것은 그에게 통상 있는 일이 되어버렸다. 그 이후 45년 동안 그는 감기, 기침, 고열, 심한 두통, 위궤양 그리고 고질적인 류마티즘 등으로 고생했는데 이로 인해

프랜시스 애쉬버리

말에서 내려와 마차를 타야만 했다. 그래도 그는 설교를 계속해 나갔다.

미국 독립 혁명 기간 중에 애쉬버리는 정치적으로 중립을 지켰다. 모국인 영국에 대한 충성 선서에 서명하고 그 선서를 저버리는 것을 피하기 위해와 미국의 군대 차출을 회피하려고 그는 몇 달 동안 숨어지내기도 했다. "나는 일부 사람들에게는 적으로 여겨졌고 폭력에 의해 구금될 수 있었고 학대당할 수도 있었다"고 적었다. 전쟁이 끝나자 그는 영국으로부터 승리한 미국인들로부터 신뢰를 받을 수 있었고 그들에게 목회를 계속할 수 있었다.

전쟁 후 요한 웨슬리는 영국인 토마스 코크를 애쉬버리의 감독으로 안수했고 코크가 애쉬버리를 볼티모어에서 1784년 있었던 유명한 '크리스마스 연회'에서 안수함으로 미국 감리교회(American Methodist Episcopal Church)가 출범하게 되었다. 크리스마스 날에 애쉬버리는 집사로 안수받았고, 그 다음날에는 장로로 그리고 12월 27일에는 감독(웨슬리의 의견에 반대하여 감독이 되었다가 나중에는 주교라는 직제를 사용했다).

코크는 "우리는 대단히 서둘렀고 짧은 시간에 많은 일을 처리했다"고 말했다. 그 이후 6개월 안에 코크는 영국으로 돌아갔고, 그 이후 애쉬버리가 미국 감리교를 맡게 되었다.

조직적인 사람

조직하는 것은 애쉬버리의 은사였다. 그는 교회의 교구를 만들었고, 교구마다 순회 강사들(교회마다 다니며 설교하며 목회하는 일을 했던 이들로 주로 시골 지역에서 일했다)이 섬기게 했다. 1700년대 후반 미국 인구의 95%가 인구 2,500명 이하의 지역에서 살았기에 이들 대부분은 교회나 성직자를 구경할 수도 없었다.

이러했기에 애쉬버리는 테네시와 캔터키 접경 지역으로 선교적 확장을 위해 밀고 나갔는데 애쉬버리와 함께 일했던 순회 강사들은 쉴새 없이 질병과 인디언들의 공격으로 위협을 받았다. 전기작가 에스라 티펠에 의하면, 애쉬버리의 설교는 예술보다 더 뜨거움이 있었고 아주 효과적이었다. 티펠은 "애쉬버리가 말을 쏟아내면 사람들은 마치 하나님의 심판대 앞으로 부름 받은 것처럼 벌떡 일어났다"고 적었다.

그 자신은 비록 학교를 중도에 그만두었으나 애쉬버리는 5개의 학교를 시작하였는데 그는 또한 주일 학교를 적극 장려하여 어린이들이 주일 학교에서 읽고, 쓰고, 수학의 기초도 배우게 했다. 애쉬버리는 그의 사역을 행정과 설교에 국한시키지 않았다.

그는 노예 제도를 미워하여 조지 워싱턴에세 반노예 제도 입법을 하라고 청원도 보냈다.

> 내 영혼은 공공 장소에서 노예를 높은 입찰가로 산 후 이들의 살갗을 벗기고 이들을 굶겼던 일부 감리교도들의 행동에 슬픔을 느낀다.

애쉬버리는 끝까지 자신을 밀어 부쳤다. 마지막 설교가 된 설교를 마친 후 그는 몸이 너무 약해져 마차로 그를 옮겨야 했다. 그가 떠날 무렵 미국 감리교는 그의 리더십 아래 튼튼한 20만 명의 교회로 자라있었다. 그의 유업은 그가 안수한 4천 명의 감리교 목사가 이어받았다. 미국 남북전쟁 무렵에는 미국 감리교는 150만 명에 이르렀다.

58. 리차드 알렌
아프리칸 감리교회(AME)의 창설자

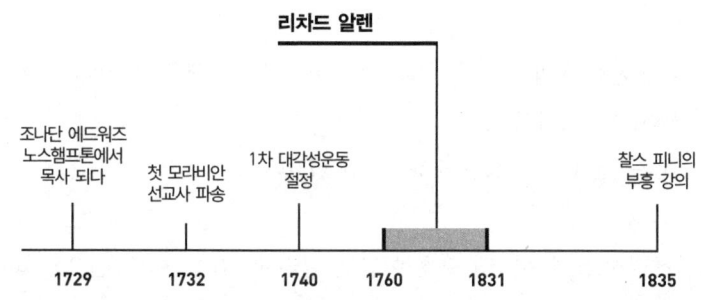

> 평범하고 단순한 복음은 어느 누구에게나 가장 잘 맞는다.

리차드 알렌(Richard Allen)과 그의 동역 조수 압살롬 존스(Absalom Jones)는 황색 열병이란 전염병이 일어났던 1793년 필라델피아에서 흑인 감리교 공동체의 리더들이었다. 흑인, 백인 가릴 것 없이 많은 사람이 죽어가고 있었다. 수백 명 이상이 그 도시를 도망 나갔다. 시 당국자들은 알렌에게 역병으로 고통당하는 이들을 간호하고 죽은 자들을 매장하는 일을 흑인 공공체가 할 수 있겠느냐고 물어왔다.

알렌과 존스는 그 요청 안에는 인종주의가 내재 되어 있었다는 것을 알았다. 흑인들에 백인들을 위해 위험하고 더러운 일을 하라는 것이었다. 그렇지만 그들은 동정심에서나 백인들에게 보여 주기 위해서도 그 일을 하겠다 동의했지만, 더 나아가서는 흑인들의 도덕적 영적 평등을 위해 나섰다.

자면서도 설교

알렌은 1760년 필라델피아에서 노예로 태어났다. 그는 17살에 개종하였고 일하던 농장과 지역 감리교회에서 설교를 시작하였으며 기회가 올 때마다 설교했다. "가끔씩 나는 자면서도 설교하거나 기도하느라 잠에서 깨어나곤 했다"고 훗날 회상하였다. 그의 주인은 알렌이 개종시킨 초기 개종자 중 한 명으로 알렌에게 너무도 감명을 받아 알렌이 자유를 얻도록 자유인 신분을 사도록 허락해 주었다.

1781년 알렌은 델라웨어와 주변 지방에서 감리교 순회 강사로 다니기 시작하였다.

> 나의 흔한 방법은 옷이 너덜너덜해지면 설교 여행을 그만두고 나가서 일하러 가는 것이었다.
> 내 손들은 나의 필요를 채우기 위해 섬겼다.

점차 프란시스 애쉬버리 같은 이름난 감리교 리더들이 알렌으로 하여금 설교할 수 있도록 자리를 만들어 주었다.

1786년 미국 안에서 감리교회 교인들의 약 10%가 흑인들이었는데 그 당시 백인들과 흑인들이 같이 예배를 드리긴 했으나 흑인들은 자유나 평등을 누릴 수는 없었다. 교회 안에서 백인들과 분리된 흑인들의 좌석은 따로 있는 것이 흔한 일이었다. 흑인들을 위한 자리에는 흔히 "니그로 좌석", "아프리칸 코너"라고 불렀다.

1780년대 후반까지도 별개의 좌석제에 대한 역사는 없었다. 그러면서 백인 리더들은 흑인 교구 사람들에게 좌석을 이용하는 것보다는 벽 주위에 의자를 둥글게 놓고 거기 앉으라고 했다. 1787년 어느 한 예배에서 일단의 흑인들이 백인들을 위해 마련해 놓았으나 따로 설명해 놓지는 않은 새로운 좌석에 앉았다. 이들 흑인이 무릎을 꿇고 기도드리고 있었을 때 한 백인 교회 감독이 이들에게 와 알렌의 조수였던 압살롬 존스를 잡고 그를 끌어내면서 "너 일어나 너는 여기서 무릎을 꿇고 있으면 안 돼"라고 고함을 질렀다.

존스는 그에게 기도가 끝날 때만이라도 기다려달라고 하였으나 그 감독은 "안돼. 넌 지금 일어나. 그렇지 않으면 도움을 불러 널 끌어낼 거야"라고 윽박질렀다. 그래도 그 그룹은 기도를 다 끝내고 일어나 나갔다.

알렌은 흑인 회중들을 위한 독자적인 교회를 세워야지 하고 생각한 때가 있었기에 이 일은 그를 벼랑으로 몰았다.

그런데도 그는 감리교회나 그 지역 감리교 연회를 떠날 마음은 없었다.

나는 유색인들에게 맞는 종파나 교단은 없으며 감리교회도 마찬가지라는 것을 확신했다. 평범하고 단순한 복음은 누구에게나 가장 잘 맞기 때문이다.

그는 훗날 이렇게 적었고 그러면서도 그는 흑인들은 자유롭게 예배드릴 한 장소가 필요하다는 것을 알았다. 비록, 감리교 지도자들은 알렌과 존스에게 대들면서 이들을 감리교 연회로부터 쫓아내겠다고 위협하였는데(1793년 전염병이 돌았을 때는 이들의 도움을 구해놓고는), 알렌은 개의치 않고 그대로 나갔고 1794년에는 대장간이었던 오래된 건물을 사들여 베델 아프리칸 감리교회를 세웠다. 프란시스 애쉬버리 감독이 그 건물 낙성식에 왔고 1799년 알렌을 집사로 안수했다.

그다음 15년 동안 백인 감리교 지도자들은 필라델피아에서 알렌의 교회 교인들이 그 교회나 관할 구역 안으로 들어오지 못하게 막았다. 그러나 1816년 첫날, 펜실바니아 대법원은 그 교회는 알렌과 그 부교역자에 속해 있다고 판시했다.

리차드 알렌

이어 한 교단이 급히 만들어졌다. 4월에 여러 흑인 감리교회의 대표들이 필라델피아에 모여 '연합 맹약'을 만들었는데 이로 인하여 독립적인 '아프리칸 감리교회'(AME)로 뭉치게 되었다. 알렌은 장로로 안수받았고, 그다음 감독으로 성별되었는 데 이로써 알렌은 미국에서 감리교회 안에서 감독의 지위를 지닌 최초의 흑인이 되었다.

볼티모어, 윌밍톤, 애틀보로, 살렘 등지의 흑인들도 알렌의 선례를 따라 독자적인 아프리카계 감리교회를 세웠다. 알렌은 필라델피아에서 AME의 모교회로서 소속 교회들의 급성장을 지켜보았는데 1820년대에 7,500명의 교인이 있었다. 이 교단은 어느 면으로 보나 19세기 흑인 기관으로서는 가장 중대한 기관이 되었고 오늘에는 6천 교회와 2백만의 교인들이 있는 교단이 되었다.

59. 윌리엄 밀러
잘못된 재림 교주

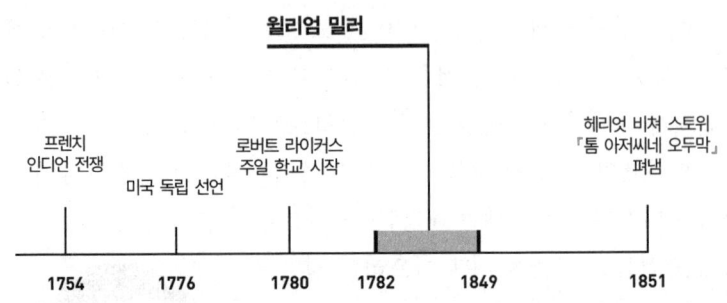

> 온 세상의 마지막이 되는 1843년이 지났습니다. 당신은 지금 겁을 먹기 시작했습니까? 아니면 예수 그리스도의 영광스러운 나타나심의 복된 소망을 안고 기다리고 있습니까?

최근 바이블 벨트 지역의 하나인 텍사스와 캘리포니아에서 전위적이고 자칭 선지자들이 세상의 종말이 왔다고 선포하는 잘 알려진 보고들을 기대하는 것은 어렵지 않다. 윌리엄 밀러(William Miller)는 추종자들이 많았고 이들을 거의 공포에 빠뜨렸는데 결국 잘못되었다. 미국 땅에서 일어난 종말 재림 케이스 중에서 가장 유명한 것은 남북전쟁 직전 북동쪽 지역에서 일어났다.

종말 선지자는 눈이 툭 튀어나온 광신도가 아니었다. 그는 사각 턱을 한 정직하고 교회를 잘 다니던 농부 윌리엄 밀러였다. 1812년 전쟁 때 대위를 지낸 바 있었던 그는 1816년 이신론을 믿는 것에서부터 개종하였다. 개종 이후 그는 흥분되어 진리를 찾기 위해 성경 탐구에 나섰다. 2년 뒤 그는 성경을 이해했다고 확신했는데 특히 다니엘서 8:14, "2,300 주야까지니 그때 성소가 정결함을 입으리라"는 말씀에 주목했다.

성전 정결이란 이 세상을 불로 깨끗게 하신다는 것이라고 밀러는 믿었는데 이는 한마디로 세상의 종말이란 것이다. 이 말씀을 해석하면서 이 선지자적 예언의 날자(기원전 457년 제임스 웃샤에 의해 놓여진)가 시작된 날로부터 햇수와 날짜들로 보아 밀러는 2,300의 날들의 끝이 1843년에 딱 떨어진다고 결론지었다.

"나는 이러하기에 엄숙한 결론에 이르렀는데 약 25년 안에 우들의 현재 모든 상태의 일들이 종말을 맞게 된다"고 선포했다.

밀러의 마케팅

밀러는 처음에 그의 비밀을 드러내는 데 주저했다. 그는 버몬트 주 접경에 있는 뉴욕 주의 로우 햄프턴에서 자랐다. 1803년 결혼하여 버몬트 포울트니로 이사 가서 거기서 농사를 지었고 단순한 보안관과 치안 법관으로 섬기기도 했다.

그러나 1828년 그는 자기가 발견한 것을 세상에 말하라는 내적 소명을 느꼈다고 말했다.

> 나는 그렇게 하지 않으려고 애썼다. 나는 주님께 "나는 말에 익숙지 못합니다. 말이 느리며 언변에도 느립니다"라고 말했다. 그러나 나는 소명의 책임으로부터 빠져나갈 수 없었다.

1831년 그는 이웃과 친구들에게 자신이 발견한 것을 나눌 용기를 얻었다. 근처 가까운 교회에서 그의 생각을 나누어달라는 부탁을 받고, 그는 한 가지 주제에 대해서는 자신 있게 말을 잘 할 수 있다는 것을 알았다. 이후 요청들이 늘어났고 밀러는 그 지역에서 다소 악명을 얻게 되었다. 그는 비록 안수를 받은 건 아니었으나 그의 신분은 설교할 수 있다는 허가를 받음으로 1833년 안정되었다.

그 이후 2번의 사건으로 밀러는 더 많은 청중 앞에 서게 되었다. 첫 번은 1838년 그가 약 1843년 『그리스도의 재림에 대한 성경과 역사의 증거』(*Evidence from Scripture and History of the Second Coming of Christ*)를 출판하게 된 일이었다. 그다음으로는 연속 강의를 위해 뉴잉글랜드 지방의 좀 더 큰 도시들로 나가게 된 일이었다. 뉴 햄프셔주 엑세터에서 그는 보스턴의 찰돈 거리에 있는 제2침례교회 목사 조슈아 V. 하임스(Joshua V. Himes)를 만났다.

하임스는 중년이 농부에 불과한 밀러를 만나자마자 그에게서 조용한 메시지에서 나오는 그 어떤 강력한 힘을 느껴 밀러와 함께 일하기로 하고 그를 위한 매니저와 공식 대리인 역을 맡았다. 하임스는 밀러에게 그림으로 천년설을 계산한 큰 도표를 보여 주며 훈련시켰고 시골에서 주로 열리는 그의 집회를 위해 큰 텐트를 구입했고, 뉴욕의 「한밤중의 부르짖음」(Midnight Cry)과 보스턴의 「시대의 징조」(Signs of the Times)라는 두 잡지를 편집했다.

밀러는 하룻밤 사이에 밀러파 운동의 주인공이 되어버렸다. 하임스와 그의 동역자들은 다른 복음전도자들도 끌어들였고 이들을 강연회 여정에 내보냈으며 집회를 조직하였고, 작은 책자, 서적, 팜플렛 등을 만들었다. 밀러는 예언한 그 두려운 해가 다가오면서 집회 군중들은 늘어났고 6개월 안에 그는 같은 주제(당신은 구세주를 만날 준비가 되었나요?)로 300회 이상 강연했다.

성난 폭도들이 이런 집회에 난입하려고 하여 밀러는 계란과 썩은 야채 세례를 받기도 했다. 그럴수록 청중은 늘어만 갔고 개종자도 증가했다. 5만 명 이상이 밀러를 믿었고, 백만 명 이상이 그의 말에 귀를 기울이는 호기심과 기대를 보였다.

종말 날자를 정하다

기대가 커지며 사람들은 주가 나타나실 날을 확실히 정해달라고 요청하기 시작했다. 밀러는 더 이상 구체적으로 나가려 하지는 않았으나 1843년 1월에 히브리 연도로 1843년 3월 21일부터 1844년 3월 21일 사이에 종말의 시간을 반드시 보게 된다고 선포했다. 그러나 그는 만일 자신의 이 추정이 다소간 정확하지 못하다는 것이 증명된다면 자신을 따르던 이들은 하나님이 정하신 시간에 그들의 들림이 곧 이루어진다는 믿음을 가져달라고 요청했다.

햇수가 가면서 긴장도 높아져 갔고 특별히 혜성이 하늘에 갑자기 나타나는 때는 더했다. 뉴욕과 필라델피아에서 대규모 집회가 있었고, 다음 번의 집회는 "만일 이 땅에서의 시간이 계속된다"는 전제 하에 있을 것이라고 발표되었다.

밀러는 1843년 대부분 날들 동안 아팠고, 그의 부하들은 밀러보다 훨씬 더 덜 조심하면서 종말 전쟁을 이어갔다. 이들에 의한 급진세력화는 이 거짓 선지자의 고통을 더해줄 뿐이었다.

1844년이 시작되면서 밀러는 당시 62살이었는데 그 직전 8주간 동안 연이은 85번의 집회 인도로 집에서 쉬고 있는 상태가 되어버렸다. 그래도 그는 종말이 가까웠다고 굳게 믿었다.

그를 조롱하던 이들을 의식하고 밀러는 '재림을 믿는 이들에게' 보낼 글을 써 몇 마디 격려해야겠다고 생각했다.

> 온 세상의 마지막이 되는 1843년이 지났습니다.
> 당신은 지금 겁을 먹기 시작했습니까?
> 아니면 예수 그리스도의 영광스런 나타나심의 복된 소망을 안고 기다리고 있습니까?
> 하나님의 복된 책에 있는 언어 인에서 너러분에게 선합니다.
> 비록, 늦을지라도 기다리라. 지체하지 않고 오리라 늦지 않으리라.
> 지금 바로 이 순간까지 저의 믿음은 이전보다 더 강합니다.

그리고 드디어 1844년 3월 21일이 왔고 아무 일도 일어나지 않았다. 한 달 뒤 밀러는 잘못을 고백했고 실망을 인정했다. 그러나 추종자 한 명은 다른 말씀(히 2:3, 레 25:9)을 지적하며 7달째 열흘에 '늦은 시간'이 반드시 있을 것이라고 설명했다.

그래서 또 1944년 10월 22일 그리스도가 오신다던 그 새날이 왔고 사람들은 '7달의 열흘'이란 구호와 함께 모여들었다. 밀러도 그 날로 결국 종말 날짜를 개종했다.

"나는 일곱번 째 달에 영광을 본다. 내 영혼아, 주님 감사합니다. 나는 집에 거의 왔습니다."

흥분이 다시 살아났고, 영원의 가장자리에 매달려 사는 이들의 숫자가 그 어느 때보다 더 늘었다.

두 번째 정한 그 날짜도 첫 번째 정했던 그 날처럼 왔다가는 지나가 버렸고, 밀러를 따랐던 대다수 추종자들은 완전 혼이 빠졌다. 많은 사람이 1849년 죽은 밀러를 향해 돌아서게 되었고 밀러는 신뢰를 잃은 채 거의 잊혀진 존재가 되고 말았다.

윌리엄 밀러

'큰 실망'이라 불리는 일에도 불구하고, 일부 재림파들은 여전히 흔들리지 않았다. 제임스 화잇트(James White)와 그의 아내 엘렌 굴드 화잇트(Ellen Gould White)가 이끄는 뉴잉글랜드의 한 그룹은 우리가 오늘날 아는 제7재림교(한국에서는 안식교)가 되었다.

다른 재림파들은 1845년 알바니에서 모여 연회를 구성하기도 하였다가 세 그룹으로 갈라지기도 하였다. 그 중 하나가 오늘날 재림 크리스천이란 그룹으로 부른다.

이들은 밀러가 종말 시간 정하기에 잘못했지만 그것은 작은 일이고, 그가 그리스도는 곧 다시 오신다는 핵심에서는 맞았다고 믿었다.

60. 알렉산더 캠벨
크리스천

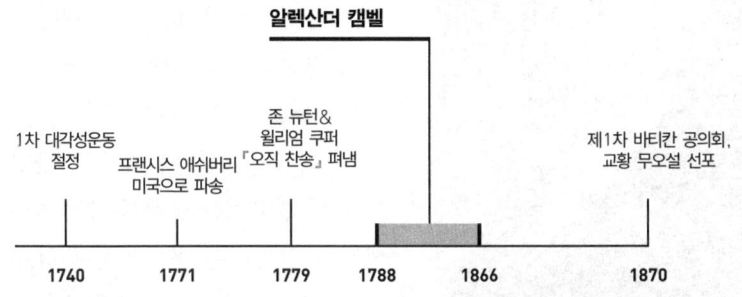

> 사도들의 증언과 함께 하는 크리스천의 연합은 힘이 충분하며 세상을 바꾸기에도 그것만으로 충분하다.

　대서양을 사이에 두고, 장로교 설교자 알렉산더 캠벨(Alexander Campbell)과 그의 아들 알렉산더는 동시에 같은 결론(미래는 장로교와 함께하지 않는다)에 이르렀다.
　왜 이 두 아일랜드계 설교자들은 이 같은 결론을 내게 되었고, 무엇에 관한 것이었고, 미국 종교 역사에서 가장 강력한 운동 중의 하나가 되어 미국 교단을 독특하게 형성하게 되었는가?

그저 크리스천이면 충분

　토마스를 위해 미국으로 배 타고 건너오는 계획이 먼저였고, 가족이 건너오는 것은 나중이었다. 그러나 캠벨 가족을 태운 배가 죄초하여 스코틀랜드에서 1년을 머물러야 했다. 거기서 19살된 알렉산더는 설교의 부르심에 응답하게 되어 글래스고우에서 공부하기 시작했다. 공부하면서 곧 그는 장로교 안에서의 신학적 소소함을 알아야 한다는 것에 역겨웠다. 어느 주일날 그는 성찬을 거부하였는데 그 일은 곧 아버지의 신앙과 결별한다는 상징적 행위가 되었다.

알렉산더 캠벨

알렉산더 가족이 결국 펜실바니아에 도착하면서 그는 아버지도 지역 장로회로부터 탈퇴했다는 것을 알게 되었다. 이유는 하나였다. 유아 세례에 대한 성경적 지지가 약하다는 것이었다. 토마스는 펜실바니아 워싱턴 카운티에서 '크리스천워싱턴협회'를 만들었다. "성경이 말씀하는 곳에 우리는 말한다. 성경이 침묵하는 곳에서는 우리도 침묵한다"고 토마스는 선언했다.

1811년 알렉산더는 장로교에서 나온 이들을 위한 불런교회를 목회하기 시작하였다. 그의 첫 아들이 태어나면서 유아 세례에 대해 다시 생각해 보게 되었는데 자기가 주는 유아 세례는 합당하지 않다고 결정하고 침례교 목사가 그를 성인 신도로서 침수하도록 했고 그 지역의 침례교에 가입하였다. 알렉산더는 중서부와 남부 지방을 말을 타고 다니며 교리와 신조를 제거한 단순한 복음을 설교했다.

1823년 그는 「크리스천 침례교」(The Christian Baptist)란 월간 잡지를 발간 편집 집필하며 다짐했다.

> 안디옥에서 처음으로 그리스도인으로 불리던 초대 교회 때의 그 당시의 종파를 제외한 어떤 종교적 종파의 주장도 받아들이지 않겠다.

이러한 나름 대로의 순수한 영의 추구는 결국 캠벨과 침례교와의 틈이 생기게 되었고 바톤 스톤과 그를 따르던 약 1만여 명의 강한 그룹과 연합하게 되어 간단히 '크리스천'으로 알려진 종파를 이루게 되었다. 이들은 초기 교회의 회복을 주창했다. 스톤의 추종자들과 캠벨을 따르던 이들(제자들이라 알려진 약 12,000명)은 1832년 통합하여 초기 기독교에 몰두하기로 한 다소 느슨하고 독립적인 조직을 형성하게 되었고 결국 크리스천 교회(그리스도의 제자)로 불리게 되었다.

오직 성경만으로

캠벨의 복음 전도적 방법은 과장하지 않더라도 다양했다. 평생 토론에 익숙했던 캠벨은 한때 인기있던 무신론자 로바트 오웬과 한 판 붙었는데 기독교의 증거에 대해 12시간을 계속 연설한 적이 있었다. 나중에 캠벨은 오웬을 찾아가 기독교 신앙을 받아들이라고 호소도 했으나 그는 캠벨의 호소에 눈물을 보이긴 했어도 끝내 꿈쩍도 안했다.

아마도 캠벨의 가장 중요한 일은 「천년의 조짐」(The Millennial Harbinger)이란 잡지를 시작하고 편집한 일일 것이다. 이 잡지는 회복 운동을 정의하고 불붙였는데 이로 말미암아 시작한 1830년 구독자가 약 22,000명에서 그가 죽은 해에는 20만 명이 넘는 잡지로 엄청난 성장을 이루었다.

1840년 캠벨은 버지니아의 베다니에 있는 베다니대학교를 설립하여 목회자들을 길러내는 교육을 하였다. 그는 신약 번역(1827)과 몇 권의 저서 등을 냈는데 그 중에는 『크리스천 시스템』(The Christian System, 1839), 『크리스천 침례』(Christan Baptism, 1854)가 있었다. 『크리스천 시스템』에서 그의 목회에 항상 따라다니던 원리들에 대해 소상히 설명했다.

그는 교단 교파주의에 몹시 시달렸다.

> 예수 그리스도의 나라에 도덕적인 황량함이 있다니!
> 예수 그리스도의 교회라 보통 불리우는 것보다 더 한 내분과 분열로 경련을 일으키는 주님의 나라가 이 땅에 언제 있었던가?
> 지금 있다는 건가?
> 또 모든 시대에 있단 말인가?

그는 성경 위에, 성경 만으로만 된 단순한 복음적 기독교로 되돌아가기 위해 전력을 다해 구했다.

신조나 고백이나 예전 그 어느 것도 아닌 오직 이것만이 크리스천의 연합을 가져올 수 있다는 것이었다.

사도들의 증언만이 크리스천들을 연합시킬 수 있는 유일하고 항상 충분하다.

그리고 이와 같은 연합이 있어야만 크리스천들은 효과적으로 전도할 수 있다고 믿었다.

사도들의 증언과 함께 하는 크리스천의 연합은 항상 충분하며 세상을 바꾸기에도 그것만으로 충분하다.

캠벨의 신약 기독교의 강조는 미국의 개척지 변경 지방에 강력히 역사하였고 그 이후로도 많은 크리스천에게도 마찬가지였다.

61. 에이미 샘플 맥피어슨
포스퀘어 현상

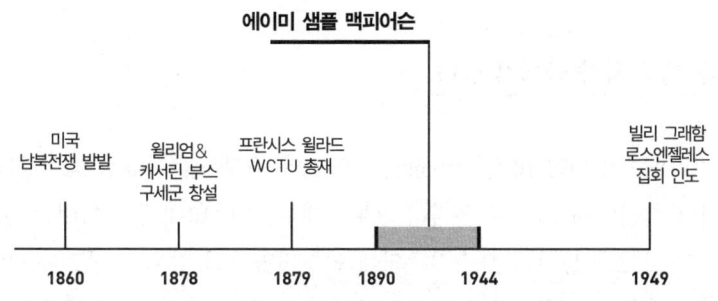

> 사람에게서 그런 언어가 나온다는 것을 들어본 적 없었다. 한 순간도 끊김이 없이 그녀는 한 시간에서 한 시간 반 가량 청중들의 넋을 빼앗은 채 말하는 것이었다(어느 기자의 집회 묘사).

1931년 23세 된 구세군의 딸은 맹장염으로 병원으로 달려갔고 생명이 경각에 달렸다. 그 무렵 서너 달 동안 이 젊은 여성은 영적 삶도 위기에 처해있다는 것을 느꼈다. 그녀는 하나님이 그녀에 대해 더 기대하고 있으시다는 깊고도 살을 에는 듯한 것을 느꼈다.

그녀의 상태는 죽음 직전에서 벗어난 후 병원의 직원이 그녀를 병실로 옮기기 전까지 악화되어 가고 있었다고 그녀는 나중에 그때를 돌아보면서 말했다. 그녀는 간호사가 "그녀는 죽어가고 있다"고 말하는 소리를 들으며 숨을 내쉬려고 몸부림치고 있었다.

그러다가 그녀는 또 다른 소리를 들을 수 있었다.

"이제 갈 수 있니?"

에이미 샘플 맥피어슨(Aimee Semple Mcpherson)은 그 소리가 영원으로 사라지거나 아니면 목회로 들어서야 한다는 것을 의미하는 것으로 이해했다. 에이미는 목회에 항복했다. 그 즉시 고통은 사라졌고, 호흡도 쉬워졌고, 곧 기력을 되찾게 되었다고 말했다.

그로부터 10년 안에 이 젊은 여성은 미국의 한 부흥사로 자리 잡았다. 오늘날에는 거의 잘 알려져 있지는 않으나 1920년대에는 그녀의 이름은 미국 주요 신문에 일주일에 3번 정도는 1면에 나올 정도였다. 오늘날에는 포스퀘어복음주의국제교회가 그녀의 전통을 잇고 있으며 역사가들은 그녀를(빌리 선데이와 더불어) 20세기 초 가장 중요한 부흥사로 여기고 있다.

복음 전도 차량 안에서 살다

에이미는 1890년 10월 감리교인 제임스와 구세군의 독실한 교인 미니 케네디의 슬하에서 캐나다 온타리오에서 태어났다. 10대에 에이미는 로버트 샘플의 설교를 통하여 오순절주의에 인도되었는데 결혼도 샘플과 하였다. 그러나 결혼 2년 뒤 남편이 죽자 그녀는 젊은 사업가 해롤드 맥퍼어슨(Harold Mcpherson)과 다시 결혼했다. 몇 년 동안 이들은 하루 하루 먹고 살았다.

이들은 성경 구절과 구호("당신은 어디서 영원을 보내실 작정입니까?" 같은) 등으로 도배하였고 복음전도지를 잔뜩 싣고 다니던 "복음"이라 부른 자동차 안에서 살았다. 그렇게 살면서 이들 부부는 서서히 군중들의 주목을 끌게 되었고 언론의 주목도 받게 되었다.

에이미와 해롤드는 가만히 이혼하였으나 에이미의 사역은 계속 확장되었다. 히브리서 13:8(예수 그리스도는 어제나 오늘이나 영원토록 같으시다)을 그녀의 주제로 삼고, 그녀는 성경 기독교의 '완전한 메뉴'가 청중들의 첫 번째 경험으로 가능하다고 설교했다.

전국 방방곡곡에서 그녀는 그리스도는 신실한 자들에게 넘치도록 풍성한 성찬을 베푸시며 이들에게는 익숙한 복음송인 "주께서 부르시면 와서 먹으라, 와서 먹으라"고 불러내신다고 설교했다.

1919년 로스엔젤레스에서부터 맥퍼어슨은 연속 집회를 시작하였는데 이로 인하여 그녀는 전국적인 명성을 얻게 되었다. 일년 안으로 미국에서 가장 큰 강연장은 군중들을 수용할 수가 없었다. 그녀는 병자들을 위해 기도해 달라는 군중들의 열렬한 요청에 나서게 되었고, '들 것으로 실려 나가는 날들'이란 말은 그녀의 군중 집회를 상징해 주던 품질 보증 마크처럼 되었다.

군중 집회를 취재하던 기자들은 그녀의 연설 솜씨에 놀라움을 감추지 못했다.

사람에게서 그런 언어가 나온다는 것을 들어본 적 없었다. 한 순간도 끊김이 없이 그녀는 한 시간에서 한 시간 반 가량 청중들의 넋을 빼앗은 채 말하는 것이었다(어느 기자의 집회 묘사).

많은 교단의 목사도 그녀가 도시 전도 집회를 하면 뒷받침을 했다. 1922년에는 그녀의 목회는 호주로 나가기도 했는데 그 이후의 여러 해외 집회 중 첫 해외 집회 사역이었다.

1923년 1월 1일 그녀는 5,300명을 수용하는 엔젤러스 성전을 봉헌했다. 그 헌당식에는 울긋불긋한 옷을 입은 집시들(이들은 그녀를 "자신들의 여왕"이라 불렀다)과 유명한 개신교 설교자들 그리고 수천명의 그녀를 존경하는 무리들이 참석했다. 교회 소유의 라디오 방송도 1924년 시작했다.

그녀가 계속하여 '포스퀘어 네 모퉁이 복음'(예수가 유일한 구세주, 위대한 의사, 성령으로 기름부음시는 분, 다시 오시는 신부)을 계속 설교하면서 그녀는 발전하는 도시 안에서 유명 인사가 되어갔다. 로즈 보울 퍼레이드(켈리포니아 파세디나에서 매년 새해 첫날 열리는 유명한 퍼레이드)에서 그녀가 세운 교회인 엔젤

에이미 샘플 맥피어슨

러스교회의 꽃차가 우승하게 되면서 그 교회는 관광객들의 유명 방문지도 되었다. 이 '자매'(그녀는 사랑스런 이 말로 알려졌다)가 당시 로스엔젤러스 중앙역이었던 유니온 역에 오거나 나가거나 하는 동정 자체가 대통령들이나 명사들의 방문보다 더 많은 군중을 끌어 모았다.

홍보가 잘 되어 널리 알려진 그녀의 설교는 근처 할리우드의 연예계를 외면했던 신실한 이들에게는 마치 무대 같은 분위기를 자아냈다. 행진, 정복(유니폼), 수상 경력의 악단 그리고 쉽게 따라부를 수 있는 음악 등은 모든 세대 사람을 끌어모았다. 배고픈 사람들에게 먹을 것을 주거나 자연재해에 대한 구호에 나서는 등의 야심찬 프로그램은 선의를 모을 수 있었다.

사람들은 어머니 같은 그녀의 자질에도 호응을 보였다. 덴버시의 홍등가에 한밤중에 들어가서 만일 이들 여성들이 자신들에게 진실하기만 하면 밝은 미래는 보장된다고 덴버의 버려진 이들에게도 약속을 해주는 등의 일을 한 것이다. 그녀는 위니펙의 창녀들에게도 자신은 이들을 사랑하며 그리스도 안에서 이들에게 희망이 있다는 확신을 심어 주었다. 샌프란시스코의 바바리 해안가에서는 사람들에게 그야말로 뛰어들었고, 피아노 앞에 앉아 <예수, 내 영혼을 사랑하시는 분>(Jesus, Lover of My Soul)이란 곡을 연주함으로 이들을 끌어모았다.

납치당했다

그녀의 치솟는 인기는 1926년 5월 멈추었다. 나중에 술회했는데 그녀는 5월 26일 화요일 오후에 납치되어 어느 오두막으로 끌려가 거기서 재소자가 되었다. 엔젤러스타임즈 지는 그날 저녁 이 자매가 수영을 나갔다가 돌아오지 못해 아마도 익사했을 것이라고 발표하였다. 그 며칠 동안 로스엔젤레스에서는 그녀에 대해 거의 얘기가 없었다. 수천 명의 사람이 그녀가 마지막으로 목격된 오션 파크 바닷가에 목적 없이 걸어다녔으며 6월 20일에는 그녀를 위해 잘 마련된 장례예배도 열렸다.

그런 후 3일 뒤 맥퍼어슨은 납치범들로부터 도망쳐 나온 이야기와 함께 그녀는 아리조나주 더글라스에 나타났다. 그녀를 잃고 슬퍼했던 군중들은 그녀의 귀환을 축하하는 성대한 환영 행사를 준비했다. 6월 26일 토요일 15만 명이 그녀가 목회하던 엔젤러스성전으로 가기 위해 도착하는 역에 마중나와 그녀를 열렬히 환영했고 이 '자매'가 잘 되기를 기원했다.

그렇지만 일부 사법 당국은 그녀의 납치 스토리에 의문을 제기하였으나 로스엔젤레스 검찰에서는 그녀에 불리한 사건으로는 인정하지 않았다. 이 사건의 관심이 1월에 있었던 스캔들로부터 결국 멀어지게 되자 이 '자매'는 즉각 전국적인 복음 전도 집회에 나섰다. 여러 달 동안 이 사건이 불러온 좋지 않은 여러 얘기는 답이 없는 질문이 되고 말았으며 그녀의 인기에 피해를 가져오고 말았다.

그래도 그녀의 사역은 계속되었다. 대공황 때 엔젤러스교회측에서는 꼭 필요한 가정에게 묻지도 않고 음식, 의류, 기타 필수품 등을 공급하였다. 맥피어슨은 다시 순회 집회에 나섰고 1944년 9월 그녀는 오크랜드 강당에서 1만 명이 모인 집회를 인도하였는데 그 다음날 신장에 이상과 그동안 복용해 오던 여러 처방약의 부작용이 발생하여 사망하였다. 맥피어슨의 장례식은 1944년 10월 9일 그녀의 54번째 생일날 치러졌다.

비록, 그녀의 인기는 1920년대 이후 계속 줄어들긴 했으나, 5만 명이 그녀의 유해 앞에 조문하였으며 그녀의 계속되는 유업은 그녀가 설립한 '포스퀘어복음주의국제교회'에 이어졌는데 이 교단에는 세계적으로 약 3만 개의 교회에 약 2백만의 교인들이 있다.

제7부

세상을 움직이고 흔든 운동가

62. 누루시아의 베네딕트

63. 클레르보의 버나드

64. 도미니크

65. 아시시의 프란체스코

66. 존 위클리프

67. 잔 다르크

68. 울리히 쯔빙글리

69. 로욜라의 이그나티우스

70. 뵈비 팔머

71. 쇠렌 키르케고르

62. 누루시아의 베네딕트
서구 수도원 운동의 아버지

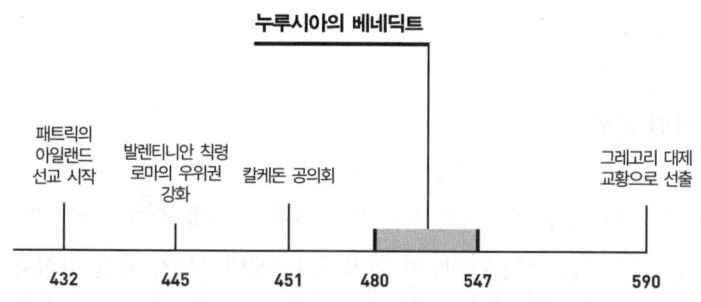

> 모두 관련된 이들의 선은 잘못을 고쳐나가고 사랑을 지켜나가기 위하여 약간의 엄격함으로 우리들을 자극할 수 있을 것이다.

베네딕트(Benedict)의 지시를 받는 삶을 살기로 한 최초의 수도사들은 베네딕트의 방식을 증오하여 자신들이 수도원장인 베네딕트를 살해하려고 계획을 꾸몄다. 이들은 포도주잔에다 독약을 넣고는 이 잔을 베네딕트에게 주었다.

그러나 베네딕트가 그 잔을 마시기 전 습관을 따라 그는 그 잔을 축사하였다. 그레고리 1세 교황(베네딕트의 자서전 작가)에 의하면, 베네딕트가 그 포도주 잔에 십자가 성호를 그리자 그 잔은 깨어졌고 포도주는 마루바닥에 쏟아졌다 한다.

그레고리에 의하면, 베네딕트는 "그 잔을 마시면 죽는다는 것을 알았다"고 하며, 베네딕트는 자기를 죽이려던 이들을 모두 불러 이들을 용서했는데 이들에게 베네딕트는 자신이 합당한 수도원장인지에 대해 처음부터 의구심을 가졌다고 상기시켜 주었다.

베네딕트는 "너희들의 길을 가라. 너희에게 맞는 다른 아버지 같은 수도원장을 구하라. 나는 이제 너희들과 함께 더 이상 머물 생각이 없다"고 결론지었다. 우리는 베네딕트가 지나칠 정도로 엄격했는지 아니면 그의 첫 번째 수도사들은 그저 고집에 센 부류였는지 모른다.

그러나 나중에 베네딕트가 다른 그룹의 수도사들을 위해 수도 생활 수칙을 만들었고, 이로 인해 절제와 온건함으로 이루어진 수도원적 생활 모델로 드러나게 되었으며 서방 세계에서 수도원 운동이 꽃피우게 된 이유가 되기도 하였다.

동정적인 훈련

그레고리에 의해 베네딕트 생애의 완전한 전기를 갖고는 있지만, 그에 대해 알려진 바는 거의 없다. 이 전기 문은 베네딕트가 행한 이적과 놀라운 일들(기적적으로 부러진 체를 수리했다든가, 바위에서 물이 나오도록 바위를 불러낸 일, 죽은 자를 일으켰다는 등)을 말해 준다. 그럼에도 그의 생애를 짜깁기 하면 윤곽이 드러난다.

베네딕트는 로마 제국이 해체될 때 태어났고, 청년 시절 이탈리아 반도는 야만족들의 끊임없는 전쟁이 벌어지던 곳이었다. 젊은 베네딕트는 그의 출생지(움브리아에 있는 누르시아)에서 로마로 갔으나 곧 영원한 도시라 부르던 로마를 버렸는데 이유는 그곳에서 본 이교도들의 행태와 부도덕을 보았기 때문이다. 그는 로마 동편 30마일 정도 떨어진 곳에 있는 수비아코의 한 동굴로 들어갔고 그 동굴에서 은자로 살면서 극심한 고생을 참아냈다.

그는 그곳에서 외부와 가능한 접촉을 거의 하지 않았는데 그를 흠모하는 한 수도사가 그에게 음식을 날라와 동굴 위에서 종이 달린 밧줄을 동굴로 늘어뜨려 음식을 주었다. 그만큼 베네딕트는 육체의 단련을 하였다.

그레고리에 의하면 베네딕트가 한번은 그가 알던 한 여인을 생각하면서 정욕에 거의 압도될 뻔했으나 그때 베네딕트는 옷을 다 벗고는 나체로 가시덤불로 달려들어갔다.

온 몸은 가시가 찔러 끔찍했고 몸의 상처들로 그의 영혼은 고침받았다. 그는 육신의 즐거움을 고통으로 바꾸었고, 몸안의 불길을 꺼뜨리기 위해 몸 밖을 태우는 극심한 시도를 하였다.

그의 거룩한 삶에 대한 명성이 아마도 기적을 행함으로써 사방으로 전해지면서 더 많은 수도사가 그에게 접근했다. 그는 한 작은 수도원장을 마지못해 맡게되었는데 앞서의 살해 모의 직후 그는 다시 고독한 은자의 생활로 돌아갔다.

다시 수도사들이 그를 찾게 되자, 오래 지나지 않아 12명의 수도사들로 하여금 수도원 하나씩 세우도록 하였다. 그러자 지방의 교역자들은 베네딕트를 시기하여 그 중 한 명은 빵에 독약을 넣었다고 그레고리가 말한다. 이에 베네딕트는 다시 옮겨가게 되었고 이번에는 약간의 제자들과 함께 다른 수도원을 세우게 되었는데 이 수도원은 로마에서 남쪽으로 약 80마일 떨어진 카시노 산 위에 세운 수도원이었다.

누루시아의 베네딕트

그의 명성은 계속 퍼져나갔고 고트족의 왕에게까지 알려져 그가 베네딕트를 만나러 찾아오기도 했다. 베네딕트가 고대 로마의 아폴로 신에게 바쳐진 그 지방의 한 교회를 찾았을 때 그는 "우상을 박살내고, 제단을 뒤집어 엎어버리고, 아예 불로 그곳을 태워버리고" 그곳을 기독교 피신처로 만들었다고 그레고리는 전한다.

더 초기의 수도원에 관한 글에서 생각을 더 얻어내어(물론 그 자신의 경험에서 나온 것이겠으나) 베네딕트는 수도사들을 위한 규칙을 만들었는데 오늘날에도 이 내용은 수도사들의 생활을 위한 균형을 갖춘 안내서라는 평을 받고 있다. 이 규칙에 따르면 가난, 정결, 순종의 서원과 함께 공동생활, 육체 노동, 공동 식사, 불필요한 잡담 금지 등을 강조했다.

동시에 베네딕트는 수도사들을 위해 용돈도 마련했는데 나이, 능력, 성향, 필요, 영적 수준 등을 고려하여 정했다. 약점들과 실패에 대해서도 솔직한 고려도 들어있으며 신체적으로 약한 이들을 위한 동정도 포함되어 있다. "이러한 규정들을 만들어 나가면서 우리는 가혹하거나 너무 짐이 되는 그 어떤 것도 정해놓지 않았다"고 베네딕트는 적어놓았다.
그러나 그렇다고 하여 그는 자유방임적인 것은 아니었다.

모든 관련된 이들의 선은 잘못을 고쳐나가고, 사랑을 지켜나가기 위하여 약간의 엄격함으로 우리들을 자극할 수 있을 것이다.

자애로움과 훈련을 결합함으로서 규칙은 베네딕트수도회 밖에서도 후기 수도원 질서를 위한 모델이 되었으며, 수도원 운동이 그 후 여러 세기에 걸쳐서도 활력을 갖게 된 이유가 되었다. 이러한 수도원 제도의 영향과 발전은 유럽의 미래를 문자 그대로 조성해 나가게 되었다.

베네딕트가 죽었을 때 그는 일반적으로 그의 쌍둥이 자매이자 그의 수도원 길을 따른 것으로 알려진 스콜라스티카(Scholastica) 옆에 묻혔다.

63. 클레르보의 버나드
중세의 개혁가이자 신비주의자

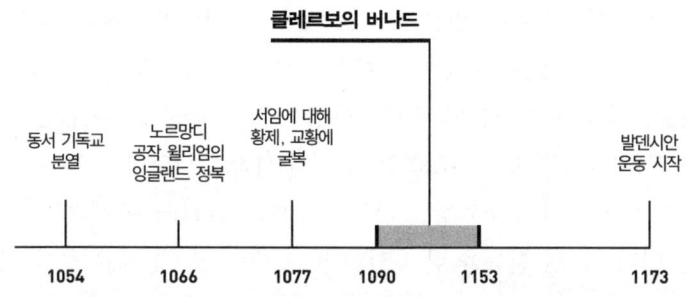

> 왜 그리고 어떻게 하나님은 사랑받으시야 하는지 내게 말해달라 하니 내 대답은 하나님 자신이 사랑받게 되어 있는 바로 그 이유라는 것입니다.

클레르보의 버나드(Bernard of Clairvaux)를 어떻게 묘사해야 하는지를 안다는 게 쉽지 않다. 그는 한편으로는 하나님 사랑에 관한 그의 유려한 글로 인하여 꿀 같은 혀를 지닌 박사이지만, 다른 한편으로는 무슬림들을 죽이라고 병사들을 독촉했던 인물이기도 했기 때문이다. 그는 겸손에 관하여 놀라운 글을 썼으나 그 다음에 권좌 가까이 가는 것을 좋아하기도 하기도 하여 다섯 명의 교황들을 지도하기도 했다.

확실한 것은, 그가 죽고 난 후 400년이 지나서도 로마가톨릭교회에서나 개신교에서 그는 널리 인용되고 있으며 양측 모두 버나드의 지지를 받고 있다고 주장한다는 사실이다. 존 칼빈(John Calvin)은 버나드를 그레고리 대제(Gregory the Great)와 1500년대 사이에 있는 주요한 증인이라고 간주했으며 오늘날에도 버나드의 작품들은 그가 만든 유명한 수도회인 시스터시안스(Cistercians)에서 뿐 아니라 다양한 남녀의 영적 생활을 지도하는 것으로도 잘 알려져 있다.

엄격한 지도자

버나드는 부르군디의 디종 교외에서 하급 귀족 가정에서 태어났다. 그의 양친들은 덕망 있는 모범을 보였으며 그의 어머니가 그에게 더 큰 영향을 주었다(어떤 이들은 히포의 어거스틴을 이끌어 준 어거스틴의 모친 모니카 다음으로 훌륭한 어머니로 추정한다). 버나드의 모친은 1107년 돌아가셨는데 이는 버나드에게 '완전한 전환으로의 긴 길목'의 시작이 되었다.

버나드는 시토의 수도원장 스티븐 하딩(Stephen Harding)의 자문을 구했고 시스터리안스란 갈등을 겪고 있던 작고 새로운 공동체로 들어가는 것을 결정했다. 이 수도회는 1098년 설립되었는데 베네딕트수도회 운동을 회복하며 보다 원시적이고 엄격한 상태로 돌아가려 했다. 버나드는 이 수도회에 받아들여졌고 그는 그의 형제들을 설득하여 들어오도록 했을 뿐 아니라 다른 25명의 설득하여 1112년 시토수도회에 들어오도록 했다.

여기서 그는 평생에 걸친 금욕적인 훈련을 시행했는데(엄격한 금식, 잠 안 자기 등) 이와 같은 훈련으로 그는 건강을 해쳤다. 그는 빈혈, 편두통, 위염, 우울증, 고혈압, 식욕 부진 등을 평생 겪었다.

수도회에 들어 간지 3년 안에 그는 클레르보에 있는 시스터리안스 수도원장으로 임명받았다. 그는 거기에서 그의 기준을 낮추어 달라는 다른 수도사들에 대해 참지 못했다. 다른 수도원에서의 식습관에 대해 그는 "요리사들은 놀라운 솜씨로 준비해 내는데도 이미 4-5 접시를 먹어치워 다음 접시를 더 기다리며 포만감에 대한 식욕이 제어되지 못하고 있다"고 탄식했다. 동시에 그는 영적 지혜의 성장을 보여 주었다.

영적 교만에 대해 그는 다음과 같이 말했다.

> 그리스인이나 로마인들이 입던 헐렁한 옷에다 금박 같은 장식을 단 사람들과 가죽옷에 아무 것도 걸치지 않았으나 여전히 겸손치 못한 이들도 있다. 이 둘을 보면 그래도 가죽옷 입은 자가 헐렁한 옷 옷을 입은 자 보다는 교만에서 훨씬 낫다.

일부 수도사들의 반대에도 불구하고 그의 리더십 아래 이 수도원은 번창했다. 1118년 클레르보는 처음으로 딸 같은 집을 세울 수 있었는데 그 뒤 70여 개의 시스터리안스의 수도원들이 버나드에 의해 세워졌다(이들 수도원들에 의해 그의 생애 동안 100개의 수도원들이 더 세워졌다).

세계적인 수도사

수도회가 커지면서 버나드의 영향력과 책임도 따라서 커졌다. 비록, 그는 고독한 수도 생활로 돌아가길 바랐으나(한때 그는 은사 생활을 했었다), 그는 자기 생애 남은 기간 동안 그는 세상 속으로 밀려들어갈 수 밖에 없었다.

버나드는 그 시대 다른 개혁가들과 좋은 관계를 유지했는데, 예를 들어 카투시안스(Carthusians)와 프리몬스트라텐시안스(Premonstratensians) 같은 이들이 그들이다. 그는 또한 템플 기사단으로 알려진 새로운 수도회 규칙을 썼는

클레르보의 버나드

데 이 규칙은 수도회의 서약을 지키기로 서원하고 성지를 군사적으로 지키기로 서원한 이들을 위한 것이었다.

영향력이 있었으나 논란도 컸던 파리의 신학자 피터 아벨라드(Peter Abelard)는 "우리가 탐구하는 데 이르기 위하여 의심하고, 그렇게 탐구함으로 진리에 이르게 된다"고 쓰면서 그리스도는 벌과금을 지불하기 위하여 죽으신 것이 아니라 단지 하나님의 사랑을 나타내기 위하여 죽으셨다고 한 것에 대해 버나드는 문제 삼았다.

버나드는 파리의 아벨라드를 그리스도의 죽음을 멸시와 조롱거리로 만든 "멸망받은 자식"이라 불렀다.

그러나 아벨라드는 즉각 반박했다.

나는 아담으로부터 내려온 자이기에 나는 죄인이 되었다. 나는 단지 그리스도의 '말과 모범적인 행동'에 의한 것이 아니라 그리스도의 피에 씻겨지기 위한 존재로 만들어졌다.

버나드의 편지와 정치적 영향력 때문에(교황 이노센트 3세는 그의 위치에 상당 부분 버나드의 공적인 지지에 힘입은 바 있다), 아벨라드의 가르침은 정죄 받았고 그는 수도원으로 들어가 은퇴하도록 강요받았다. 버나드의 비공식적인 정치적 영향력은 그의 학생이기도 한 교황 유제니우스 2세의 선출로 더욱 높아졌다. 버나드는 교황제를 높이 생각했으며 그는 교황을 "그리스도의 독특한 부사역자로서 한 사람을 지도하는 것이 아니라 만인을 지도한다"고 보았다. 그는 유제니우스에게 경고했다.

너는 온 세상을 위한 청지기로서 위탁받았지 그것을 소유하는 것이 아니다. 지배하고자 하는 욕심보다 더 위험한 독약이 없으며, 더 치명적인 칼은 없다.

결과적으로 버나드는 유제니우스에게 영향을 지나치게 주었던지 유제니우스 교황은 버나드에게 "사람들은 당신이 교황이지 내가 아니라고 말한다"고 불평한 적 있었다.

유제니우스가 2차 십자군 원정을 소집했을 때 교황은 버나드를 십자군의 소집 총책임자로 이름을 올렸다. 버나드는 유럽 전역을 다니며 "그리스도를 위하여" 십자군에 나서라고 촉구했다. 한번은 설교에서 그는 "그리스도의 일을 위해 당신들의 일을 내려놓으라고 요청하고 충고한다"고 했다. 마찰과 비효과적인 리더십으로 십자군 원정은 재앙이 되고 말았으며 당혹스러운 패퇴로 결말을 짓게 되었고 버나드의 명성은 그의 생애 마지막 4년 동안 떨어졌다. 그렇지만 그가 죽은지 20년이 조금 지난 후 그는 충분히 성자로 시호되기에 부족함이 없었다.

신비주의적인 펜

버나드는 오늘날 그의 개혁적인 열성과 십자군 설교 이상으로 신비주의적인 저술로 더 알려져 있다.

그의 가장 유명한 작품은 『하나님을 사랑하는 것』(*On Loving God*)인데 여기서 그는 시작부터 그의 목적을 밝히고 있다.

> 왜 그리고 어떻게 하나님은 사랑받으셔야 하는지 내게 말해달라 하니 내 대답은 하나님 자신이 사랑받게 되어 있는 바로 그 이유라는 것입니다.

그의 다른 위대한 저술은 『아가서 설교』(*Sermons on the Song of Songs*)로 남아 있는데 여기서 그는 86편의 설교를 통하여 영적 삶을 말하고 있는데 실은 그 내용면에서는 성경의 본문은 약간 스쳐갈 뿐이다.

한 문장은 특별히 그가 평생 하나님을 알고자 한 열정을 잘 묘사하고 있다(그리고 아마도 그를 힘들게 한 유혹이기도 했을 것이다).

> 알고자 하는 유일한 목적을 위하여 알기를 구하는 자는 수치스러운 호기심에서 그럴 뿐이다. 알려지기 위하여 알고자 하는 자는 돈이나 명예를 위해 과일을 파는 것이나 다름 없기에 이것도 수치스런 이익 취득이다. 또 어떤 이들은 봉사하거나 자선에 참여하기 위하여 알고자 하는 이들도 있다. 마지막으로 그들 자신에게 도움이 되기 위하여 알고자 하는 이들이 있는데 이것이야말로 사려가 깊은 것이라 할 수 있다.

64. 도미니크
도미니크수도회 창립자

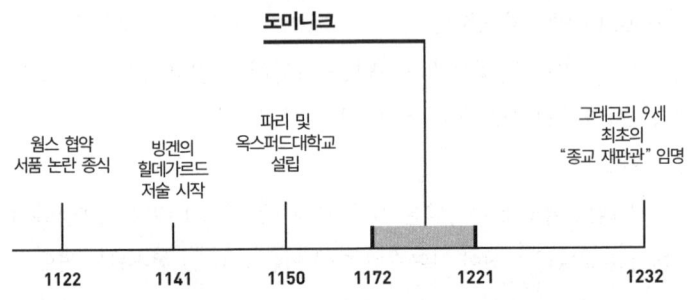

> 이단들은 겸손의 예를 통해서 그리고 외부적인 과시나 말로 하는 싸움 이상으로 쉬운 다른 덕목들로 개종한다. 그러기에 경건한 기도와 참된 겸손과 골리앗에 맞서 싸우러 나가는 맨발로 무장하자.

그것은 정말 잠깐 쉬어가는 것이었다. 스페인에서 덴마크로 가는 그의 여정에서 단지 하룻밤을 묵을 장소였다. 그러나 도미니크(Dominic)는 이미 그의 친절함으로 알려져 있었고, 그는 그 숙소의 주인과 대화를 나누고 있었다. 그 주인은 알비파주의자(알비젠시안)으로서 선과 악이란 영과 육을 각각 지배하던 두 절대적인 존재를 믿고 있던 사람이었다. 몸에 관한 한 먹는 것이라든가 세상의 물건을 가지는 것 혹은 심지어 결혼 같은 것도 기본적으로는 악한 것이라고 그 숙소의 주인은 도미니크에게 말했다.

이 젊고 작은 수도원의 원장인 도미니크는 오래된 이단에 놀랐고 그 사람의 신념을 논의하며 그 밤을 보냈다. 그다음 날이 되자 그 주인은 정통 신앙으로 돌아올 준비가 되어있었다. 그리고 이 일로 도미니크는 새로운 사명을 갖게 되었는데 그것은 알비파 사람들을 개종시키는 일이었다.

필요한 것을 채우는 일

자기 나라말로는 '도밍고 드 굿즈만'(Domingo de Guzman)이었던 도미니크는 스페인의 카스티의 한 귀족 가정에서 태어났다. 14살에 당시 흔한 일로 그는 팔린시아대학교로 보내졌고 거기서 그는 예술과 신학을 공부했다. 그는 뛰어난 학자였고 그의 책들(그에 의해 잘 주석이 붙여진)은 그의 유일한 자랑스러운 소유물이었다. 공부하는 것 이외 그가 사랑했던 것이 있었다면 그것은 남들의 필요를 채워주는 것이었다.

그는 전쟁 난민들을 돕기 위해 자신의 책들도 팔았다.

> 나는 살아있는 가족들이 굶고 있으며 필요로 하고 있을 때 죽은 가족들을 소중히 여길 수 없다.

그는 20대 중반 무렵 도미니크는 사제로 안수받았으며 9년간 교구 교회들을 위해 순회하는 사제 역할을 하였다. 1199년 그는 지방회에서 부지방회장이 되었고 그다음 그는 자기 전임자로 주교가 된 디에고 드아제베도(*Diego d'Azevedo*)의 후임이 되었다.

그것은 디에고와 함께한 여행으로서 그 여행은 덴마크의 귀족인 여성에게로 장가가는 카스티에의 왕자 결혼을 주선해 주기 위하여 가던 길이었는데 거기서 도미니크는 남 프랑스의 알비파 사람을 만난 것이다. 비록, 알비파는 그리스도를 환영하고 몸으로 천사 같이 생각했고, 그리스도의 구속 사역은 단지 진짜 교리를 가르치는 것에 있다고 믿었으나, 이들은 신약과 구약의 선지자적 부분에 대해 깊은 지식을 갖고 있었다.

그렇지만 이들은 모든 육적인 것은 악이라고 믿었기에 엄청나게 내핍한 생활을 하고 있었다. 그래서 도미니크는 교황이 파견한 사절들의 임무가 이들 알비파를 복음화하는 것이었는데 이들에게 말, 예복, 멋진 옷들과 화장품, 좋은 음식 그리고 잘 꾸며진 거처 등을 제공하는 것을 보고 깜짝 놀랐다.

만일 당신이 엄격한 금욕 생활을 하는 이들에게 접근하려 한다면 다른 방법을 써야 한다고 도미니크는 추론했다.

> 이단들은 겸손의 예를 통해서 그리고 외부적인 과시나 말로 하는 싸움 이상으로 쉬운 다른 덕목들로 개종한다. 그러기에 경건한 기도와 참된 겸손과 골리앗에 맞서 싸우러 나가는 맨발로 무장하자.

귀족 가문 출신의 도미니크는 교황청에서 쓰던 방법과는 달리 가난을 택하였다. 그는 신발을 벗고 맨발로 설교하고 맨발로 여행했다. 그는 땅바닥 대신 침대에서 자는 것을 거부하고 사순절 기간에는 완전히 빵과 물로만 살았고 더구나 자신을 채찍으로 치기까지 했다.
한 전기 작가는 쓰고 있다.

> 이들은 아마도 보여 주기 위해 그리 했을 수도 있었으나 딱딱한 마룻바닥은 진짜였고, 음식을 먹지 못한 텅 빈 뱃속도 진짜였고, 그가 받은 채찍질도 진짜였다.

비록, 반응이 압도적인 것은 아이였어도 도미니크는 많은 개종자를 얻었다. 1206년 그는 첫 도미니칸 수녀원을 열었는데 그것은 이단들로부터 개종한 여성들을 위한 호스텔이었다.
2년 뒤 역사는 나쁜 방향으로 꺾였다. 알비파에게로 가서 설교하라는 사명을 띤 교황의 특사가 그가 전도하던 이들에 의해 살해당하는 일이 일어났다. 교황 이노센트 3세는 이단들에 대해 7년 십자군 전쟁을 선포했다. 비록, 도미니크는 교회에 반대하는 데 자신을 결부시키지는 않았으나 십자군들의 학살에 대해 안타까워했다. 힘으로서가 아니라 논리와 설득이 필요하다는 것이 그의 생애 전체를 통하여 강조하던 일이었다.
성공하지 못한 십자군 전쟁의 끝나자 도미니크는 로마로 가서 1215년 라테란 종교회의에 도미니크수도회 창립 계획을 제출하였다. 처음에는 그의 제안이 가능하지 않았는데 왜냐면 교회회의는 어떤 종교적 수도회를 만드는 것도 금하고 있었기 때문이었다. 그러나 도미니크는 그의 수도회에 어거스틴의 규칙을 택함으로 다시 제안하여 1216년 호노리우스 3세로부터 공식 승인을 받아냈다.
수도회 인가를 얻기 위한 여행에서 도미니크는 교황이 직접 안내해 주는 바티칸 보물들을 볼 수 있는 개별적인 관람을 했다고 하는데 그때 이노센트 3세 교황은 "베드로는 더 이상 '금과 은은 내게 없을지라도'라고 말하지는 못할 것"이라고 사도행전 3:6을 인용하며 말했으나, 이에 가난에 일생을 바쳤던 도미니크는 "아닙니다. 그 말뿐 아니라 '일어나 걸어라'란 말도 못할 겁니다"라고 대답했다.

지성의 유산

도미니크 종단은 도미니칸스 혹은 검은 수도사들(이들의 겉옷 색깔이 검은 색이라서)이라고 알려져 있으나, 공식 명칭은 '설교자들의 수도회'였다. 이 명칭은 중요한 것을 지칭하고 있는데 즉 주교가 아닌 사제들이 설교할 수 있으며 이 종단의 주된 기능을 알려주기 때문이다.

시작하면서부터 지적 생활은 이 종단 생활에서 중요한 역할을 했다. 가장 유명한 두 명은 알베르투스 매그너스 (1200-80)와 토마스 아퀴나스(1225-74)

도미니크

였다. 프랑스로 돌아오면서 도미니크는 당시 세계 지성의 수도였던 파리로 수도회원들을 많이 파견했다. 그는 또한 다른 대학 중심지 볼로냐로도 보내었는데 그는 집마다 신학을 가르쳐야 한다고 결정했다.

이들을 내보내면서 다른 이들은 스페인과 로마로도 갔다. 도미니크의 주된 일들은 완성되었다. 3번이나 주교가 되어달라는 요청이 있었으나 그는 완강히 거절하고 자신은 다른 일에 부름을 받았다고 믿었다. 그는 맨발로 만년에 유럽 전역을 다니며 설교하며 개종자를 얻는 일에 힘썼다. 이 여정 중에 그는 병을 얻게 되었다.

그는 자신의 가장 검은 죄들(비록, 그는 결혼하지 않고 지냈으나 나이든 여성들보다 젊은 여성들과 이야기 나누는 것을 더 좋아했다)을 고백했고 그의 유산을 따르던 이들에게 나누어 주었는데 그 유산이 "그대들 가운데 자선을, 겸손을 지키며, 자발적 가난을 소유하라"는 것이었다.

그는 51세에 죽었다. 그가 처음 그 길을 나설 때 따르던 이는 6명이었으나, 죽음을 맞을 때 그의 추종자들은 수천 명이나 되었다. 이 숫자보다 더 중요한 것은 도미니크는 크리스천의 생활을 새롭게 창조했다는 것인데 그것은 크리스천들을 교육해 이들을 통하여 복음을 설교하도록 하는 것이었다.

65. 아시시의 프란체스코
프란체스코수도회의 신령한 창시자

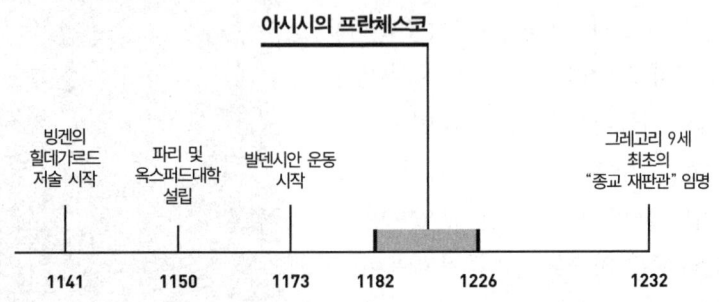

> 주님, 모든 피조물과 함께, 특별히 당신께서 우리에게 빛을 주시는 통로인 나의 형제 태양과 함께 당신을 찬양합니다.

아시시의 프란체스코(Francis of Assisi)에 대해 명확히 알기는 쉽지 않다. 우리에게 가장 먼저 떠오르는 그림은 새들에게 설교하며 늑대들을 길들이고 꽃이 가득한 들판을 거닐며 하나님의 사랑을 만끽하는 온유한 성자의 모습이다. 하지만 동시에 어떻게 이런 온순한 인물이 13세기의 유럽을 발칵 뒤집어 놓을 수 있었는지 상상하기란 쉽지 않다.

프란체스코는 사실 복잡한 인물이었는데, 그와 동시대 사람들은 그보다 산상설교를 잘한 사람은 없었다고 주장했다. 물론 그 산상설교를 처음 하셨던 분을 제외하고서는 말이다. 그 말이 진실에 가깝다면, 왜 그가 그의 시대와 그 이후 시대에 그토록 큰 인상을 남겼는지 이해하기 쉬워진다.

은둔자에서 순회 전도자로

그는 이탈리아의 아시시에서 조반니 프란체스코 베르나르돈이라는 이름을 가진 부유한 상인의 아들로 태어났다. 젊었을 때 프란체스코는 세속적이고 태평하기 그지없는 삶을 살았다. 한 전기작가는 말하기를 "프란체스코는 그의 인생을 매우 형편없이 낭비했다"라고 말했다. 나아가 그는 모든 일에 있어서 그의 친구들을 앞질렀던 사람이었다.

1202년, 그는 군사적 영광에 대한 꿈으로 가득 차서 페루자시와의 전쟁을 향해 나아갔었다. 그러나 그는 전투 중에 감옥에 갇히게 되었고 그의 아버지가 보석금을 지급하기까지 1년의 세월을 거기서 보냈다. 그 후 프란체스코는 아시시에서의 1년간 요양의 시간을 가졌는데, 그 해는 20대 초반의 프란체스코가 서서히 변모하기 시작한 해였다.

그는 병을 앓는 기간 동안 꿈과 환상을 체험했다. 어느 날 그는 아시시의 변두리에 있는 산다미아노의 허물어져 가는 교회에서 기도하던 중 십자가에서 그리스도가 "프란체스코, 내 집을 수리하러 가거라, 네가 보다시피 내 집은 완전히 황폐해져 있다"라고 말씀하시는 것을 세 번이나 들었다. 프란체스코는 이를 자신이 기도하고 있던 교회를 수리 하라는 음성으로 이해했고 (비록, 나중에 그의 추종자들은 이것이 주님의 교회를 개혁하라고 그를 부르시는 소명이었음을 이해했지만) 이에 교회 보수를 위한 돈을 모으기 위해 가산을 팔았다.

프란체스코의 아버지는 이를 눈치채고 난 뒤 격노했다. 그는 프란체스코를 지역 주교 앞으로 데려가서 그의 꼴사나운 행동을 교정하고 팔아버린 가산을 갚도록 강요했다. 면담 과정에서 프란체스코는 그의 옷을 벗고 그것을 자기 아버지 앞에 잘 개어 놓았다.

그리고 그는 아버지에게 말했다.

> 오늘까지 나는 당신을 아버지라고 불렀습니다. 하지만 이제 나는 솔직한 마음으로 말할 수 있습니다. "나의 아버지는 하늘에 계신 아버지"라고 말입니다.

프란체스코는 그 성당을 나가 "홀로 고독과 침묵 속에 거하기 위해" 은둔자가 되었다. 한 전기작가는 서술하기를 "하나님이 그에게 밝히 보이시는 비밀들을 듣기 위함"이었다고 말했다.

다른 영감도 뒤따랐다. 어느 날 그는 교회에서 "너희 전대에 금이나 은이나 동을 가지지 말고 여행을 위하여 배낭이나 두 벌 옷이나 신이나 지팡이를 가지지 말라"라는 마태복음의 메시지를 들었다. 그는 그것을 문자적으로 받아들였고 순회전도자의 삶을 시작했다. 그가 목적한 바는 철저하게 단순한 삶을 살면서 회개하기를 강력하게 경고하는 복음을 설교하는 것이었다.

한 전기 작가는 다음과 같이 쓰고 있다.

> 그는 악을 마주할 때마다 그것을 강력하게 꾸짖었고, 악에 대한 변명은 일절 거부했다. 프란체스코에게 있어서 죄악된 삶은 지지받을 것이 아니라 노골적으로 책망 받을 것에 불과했다.

프란체스코는 대중이 상상하는 것보다 더우 엄격한 사람이었다. 그는 때때로 겨울에 얼음으로 가득한 도랑에 뛰어들어서 죄악된 유혹의 자취가 떠날 때까지 거기에 머물러있었다. 여자와 대화할 때에 정욕을 피하기 위해서 시선을 하늘이나 땅에 고정시키기도 하였다.

비록, 그는 전염되는 기쁨을 주는 사람으로 알려져 있지만, 웃음이나 쓸데없는 말을 매우 싫어했다.

> 그는 그 자신이 웃지 않기를 바랐을 뿐 아니라 다른 사람이 조금이라도 웃을 수 있는 기회조차 주지 않기를 바랐다.

1209년, 그는 한 작은 형제단을 만들었다(이들은 프란체스코의 삶과 사역을 나누고자 했던 12명의 사람이었다). 그는 규율을 작성했고 그가 하는 사역의 승인을 얻고자 로마로 출발했다. 이것이 바로 최초의 프란체스코수도회가 되었고, 프란체스코는 그 수도회의 장으로 선출되었다.

여인들 역시 프란체스코의 메시지에 깊이 감화되었고, 프란체스코가 클레어라는 아시시의 부유한 여인들을 받아들였을 때, 클레어 동정회라 알려진 두 번째 프란체스코수도회가 설립되었다(프란체스코가 1221년에 설립한 세 번째 프란체스코수도회는 세속적인 삶 한복판에서 그들의 삶을 프란체스코의 규율을 따라 조정하고자 하는 이들을 위한 것이었다).

프란체스코는 이탈리아 전역을 돌아다니다가 어느 순간 지중해를 건너 이집트의 십자군 원정대를 찾아갔고 적선을 넘어 무슬림 술탄의 개종을 시도했다. 술탄은 프란체스코의 메시지에는 믿음을 갖지 못했지만 메신저인 프란체스코에게는 매우 감명을 받아 그가 안전히 되돌아갈 통로를 제공해 주었다.

죽음을 끌어안다

곧 그의 형제들(탁발 수도사라고 불리며 수적으로 급속히 성장한 이들)은 프랑스, 스페인, 독일, 영국, 헝가리, 터키로 여행을 떠나 회개와 단순명료한 복음 그리고 그리스도의 가르침에 대한 급진적인 복종의 메시지를 설교했다.

때는 바야흐로 부패가 교계를 뒤덮고 무관심이 평신도들 사이에 팽배해진 시대였다. 그러나 동시대의 한 사람이 적은 바와 같이 프란체스코수도회의 형제, 자매가 설교를 한 결과 남성과 여성, 부유한 자들과 세속적인 이들 모두가 그들의 소유를 포기하고 그리스도의 사랑을 위하여 속세를 떠났다. 요컨대 프란체스코는 유럽 도처에서 종교적 부흥을 시작한 것이었다.

하지만 수도회가 성장하자 문제들이 생겼다. 본래 작은 단체를 위해 설정되었던 규율은 커져 가고 있는 프란체스코 선교회의 거대 조직에는 적절하지 않았다. 프란체스코 자신도 자기가 이처럼 거대한 조직을 이끌어 가기엔 적합하지 않음을 인식했고, 그 결과 그는 새로운 규율과 그의 신조(어떤 의미에서는 마지막 소원이기도 한)를 적어 처음부터 지켜온 본래의 기준들을 보존하라고 형제들에게 말한 뒤 수도회의 수장 자리에서 사임했다.

프란체스코는 그의 인생 말미에 생활이 가능한 탁아소(living creche)를 대중화시켰는데, 이는 그리스도께서 탄생 가운데 경험하시기도 했던 가난을 강조하기 위함이었다. 1224년, 산꼭대기에 올랐던 프란체스코는 그의 손과 발, 옆구리에 피가 흐르는 상처를 남긴 신비로운 만남과 조우했는데, 이는 그의 첫 번째 상흔의 사례로 기록되었다.

그가 40대 중반으로 접어들자 질병은 그의 몸을 장악했고 결국에는 시력마저 모두 앗아가 버렸다. 그는 인생 말미에 그의 유명한 곡 <태양 형제의 찬가>(Canticle of Brother Sun)를 작곡했다.

이 시로부터 프란체스코는 하나님의 창조 안에서 삶을 만끽하는 사람으로서 그에게 합당한 평판을 얻게 된다.

주님. 모든 피조물과 함께, 특별히 당신께서 우리에게 빛을 주시는 통로인 나의 형제 태양과 함께 당신을 찬양합니다.

이 시에서 프란체스코는 또한 "바람 형제"와 "불 형제" 그리고 "어머니 지구 자매"를 칭송하기도 했다. 많은 사람이 잊어버리는 것은 시 말미에 있는 이 부분이다.

나의 주님!
그 누구도 피할 수 없는 우리의 자매인 육체의 죽음을 인하여 당신을 찬양합니다. 대죄로 인해 죽는 자들에게 화 있을진저. 당신의 가장 거룩한 뜻 안에서 죽음의 판결을 받게 될 사람들은 복이 있나니.

그러한 죽음은 바로 하나님의 거룩한 뜻에 온전히 자신의 삶을 전념했던 프란체스코의 죽음이었고, 그는 고작 2년이 안 되어 성인으로 추대되었다. 이는 로마가톨릭교회의 기준에 비추어 볼 때 대단히 빠른 것이었다.

프란체스코가 세상을 떠난 이후 프란체스코수도회는 계속해서 성장했다. 이 수도회의 창시자는 자신들을 위하여 집이든 장소든 그 어떤 것이든 소유하지 않을 것을 주장했지만 아이러니하게도 프란체스코수도회는 부유해졌다. 아시시에는 놀라운 규모의 바실리카가 세워졌고, 프란체스코의 유물들은 1230년에 그리로 옮겨졌다.

66. 존 위클리프
중세의 개혁가

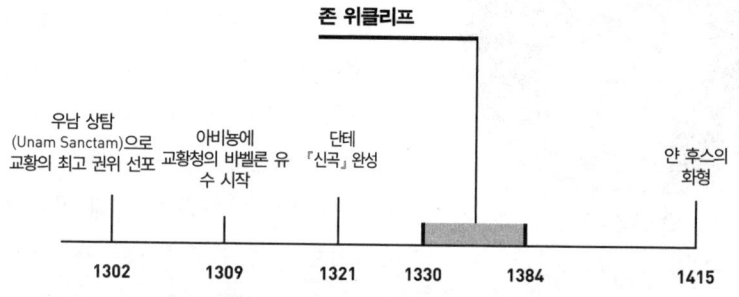

> 그리스도를 전적으로 신뢰하고 그분의 고난에 완전히 의지하라. 그분의 의가 아닌 다른 방법으로써 의롭게 되고자 하는 시도를 유의하라.

존 위클리프(John Wycliffe)는 교회에 상당한 영향을 남겼다. 그가 세상을 떠난 지 43년 후에 종교 재판소 관리들은 그의 시신을 파헤쳐서 그의 유골을 불살라 스위프트 강에 던져버렸지만, 그런데도 그들은 그를 제거할 수 없었다. 위클리프의 가르침은 비록 억압당했으나 계속해서 퍼져나갔다. 후대에 어떤 기록가는 말하였다.

> 시냇물은 에이번강으로, 에이번강은 세번 강으로 세번강은 좁은 바다로 그리고 그 좁은 바다는 큰 바다로, 위클리프의 유해를 옮겼다. 그렇기에 위클리프의 유해는 오늘날 전세계로 분산된 그의 교리를 상징하고 있다.

오류의 달인

위클리프는 런던에서 200마일 떨어진 내륙지역의 양 농장 지대에서 태어났다. 그는 1346년 옥스퍼드대학교로 떠났지만, 흑사병의 주기적 발생으로 인해 1372년까지 박사 학위를 취득하지 못했다. 그런데도 그때까지 그는 이미 옥스퍼드의 대표적인 철학자, 신학자로 여겨졌다.

존 위클리프

1374년 그는 루터워스의 교구장이 되었지만 1년 뒤 그가 링컨과 우스터의 주교직을 맡지 못한다는 사실을 알고 실망했는데, 이는 종종 교황직을 향해 나아가는 사람들이 이 자리를 거쳤기 때문이었다.

그 기간에 로마는 혹시 모를 프랑스의 공격에 대항하기 위해 자금을 마련하느라 고군분투하는 잉글랜드에 재정적 지원을 요구했다. 위클리프는 자신의 지역 영주인 가운트의 존에게 이를 수용해서는 안 된다고 의회에 전달하라 충고했다. 그는 말하기를 로마교회는 이미 충분히 부유하며, 그리스도께서는 제자들을 부함이 아니라 가난 가운데로 부르셨다고 말했다. 만일 누군가 그러한 세금을 납부해야 한다면 그것은 잉글랜드의 지방 당국이나 해야 한다고 주장했다.

이러한 의견은 위클리프로가 곤경에 빠지게 만들었고, 그는 런던으로 불려가 이단 심사까지 받게 되었다. 청문회는 양측이 서로를 향해 강하게 반론하는 동안 거의 진행되질 못했다. 얼마 안 있어 그들은 공개적인 말다툼을 벌이며 회의를 끝냈다. 3개월 뒤 교황 그레고리 11세는 5개의 칙령을 위클리프를 상대로 공포했는데 이 칙령 가운데 위클리프는 18가지 혐의로 기소되어 "오류의 달인"이라고 불렸다.

램버스 궁의 대주교 앞에서 열린 후속 청문회에서 위클리프는 이렇게 답했다.

> 나는 나의 확신을 죽기까지 변호할 준비가 되어있다. 나는 신성한 성경과 거룩한 성인들을 따라왔다.

나아가 그는 말하기를 교황과 교회가 갖는 권위는 성경 다음에 해당한다고 말했다. 위클리프의 이러한 주장은 로마와 잘 어울리지 못했지만, 잉글랜드에서 위클리프가 갖고 있던 인기와 교황직의 분열(경쟁자 교황들이 선출된 1378년의 대분열)로 인해, 그는 가택 연금에 처해졌다.

교회 분쟁

위클리프는 성경에 대해 더 깊이 연구했고, 교회의 공식적 가르침과의 분쟁에 대해서도 더 많은 글을 적었다.

그는 화체설 교리에 반대하는 글을 적으며 이와같이 말했다.

> 그리스도의 말씀을 통해 빵이 그리스도의 몸이 되는 동안, 그리스도의 몸은 빵이 되기를 멈추지 않는다.

그는 면죄부에도 도전하였다.

> 우리의 사제가 면죄부를 허락하는 것은 일반적으로 하나님의 지혜를 모독하는 것임이 분명하다.

그는 고해성사도 거절하였다.

> 사적인 죄의 고백은 … 그리스도에 의해 제정되지도 않았고 사도들이 사용한 것도 아니었다.

그는 믿음에 대한 성경적 가르침만을 반복했다.

> 그리스도를 전적으로 신뢰하고 그분의 고난에 완전히 의지하라. 그분의 의가 아닌 다른 방법으로써 의롭게 되고자 하는 시도를 유의하라.

모든 그리스도인이 성경에 접근할 수 있어야 한다는 믿음과 함께(당시에는 오직 라틴어 번역만이 존재했다) 그는 그의 좋은 친구 존 프베이(John Purvey)와 함께 성경을 영어로 번역하기 시작했다.

교회는 이에 격렬히 반대했다.

이 번역으로 인해 성경은 천박하게 되어버렸고 높은 지능을 가진 학자들에게만이 아니라 평신도들과 심지어는 글을 읽을 줄 아는 여성들까지 이에 접근할 수 있게 되었다. 하여 복음의 진주는 흩뿌려져 돼지의 발에 밟히게 되었다.

위클리프는 이렇게 답했다.

잉글랜드 사람들은 그리스도의 법을 영어를 통해 가장 잘 배울 수 있다. 모세는 하나님의 법을 그의 모국어로 들었으며 그리스도의 사도들 역시 그러하였다.

위클리프는 그의 번역이 완료되기 전에 세상을 떠났다(또한, 당국자들이 그를 이단이라고 정죄하기 전에). 그렇기에 그의 친구 프베이가 오늘날 우리가 위클리프 성서라고 불리는 형태의 성경에 공로가 큰 것으로 간주한다. 비록, 위클리프의 추종자들(그들의 본래 사상의 근거지의 이름을 따서 나중에 '롤라드'로 불리게 된 이들)은 억압받았지만, 이들은 잉글랜드의 종교 개혁이 자신들의 관점을 일반적인 견해로 인정하기까지 끈질기게 살아남아 잉글랜드의 가톨릭교회 당국자들을 당혹스럽게 했다.

67. 잔 다르크
계시를 본 전쟁터의 십 대 영웅

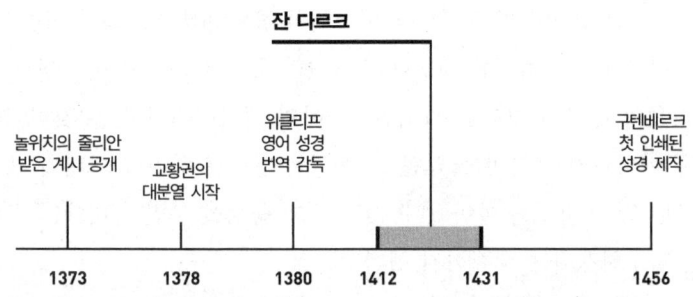

> 내가 만일 하나님이 나를 보내셨다고 말한다면, 나는 징죄 받을 것입니다. 그러나 하나님은 진실로 나를 보내셨습니다.

그녀는 성인, 이단자, 조약돌 사이의 다이아몬드 등으로 불려왔다.
하지만, 15개월 만에 서구 유럽의 역사를 바꿈으로써 한 역사가에 의해 중세의 여성들 가운데 가장 널리 알려진 사람이 된 이 문맹의 프랑스 농민 여성은 과연 누구였을까?

그녀에게 들린 음성들

잔 다르크(Joan of Arc)의 아버지는 프랑스의 작은 마을인 돔레미에서 가장 부유한 농부였다. 그녀는 그곳에서 양모를 말고 곡식을 추수하며 살았는데, 이따금씩 프랑스와 영국 사이의 오랜 갈등인 100년 전쟁(1337-1453)에 참여한 병사들과의 만남이 그녀의 이런 전형적인 삶을 방해하는 유일한 요소였다. 한번은 영국군이 마을 교회를 불태웠다. 다른 두 번은 잔이 가축 떼를 안전한 곳으로 몰아 약탈로부터 보호하기도 했다.
잔이 13살 정도 되던 해의 한여름, 그녀는 정오에 그의 아버지의 정원에서 일을 하고 있었다. 그런데 그녀는 갑자기 비추이는 밝은 빛과 함께 한 음성을 들었다. 그 음성은 그녀를 "나의 여종 잔"이라고 불렀고 그녀에게 고결한 삶을 살라고 말했다. 음성은 더욱 자주 들려왔고 그녀에게 가르침을 선사했다. 잔은 프랑스를 구하고 프랑스의 황태자(프랑스의 정당한 계승자)로 하여금 왕위에 오르도록 할 운명으로 부름 받은 것이었다. 잔은 어떻게 자신이 이런 놀라운 숙명을 감당할 수 있는지에 대해 의문을 가졌다. 그 음성은 그녀에게 대답하기를 하나님이 그녀와 함께하실 것이라고 말했다.

잔은 나중에 생각하기를 자신에게 들렸던 음성은 대천사 미가엘과 성인인 안디옥의 마가렛 그리고 알렉산드리아의 캐서린에게서 온 것이었다고 보았다. 어찌되었든 잔이 들었던 그 음성은 잔으로 하여금 그녀가 생각지도 못했던 일을 하도록 몰아갔다. 그녀는 그 음성을 부인할 바에야 차라리 죽음을 감수하겠다는 생각까지 했다.

그녀는 삼촌의 도움을 통해 지역 영주였던 로버트 드 보드리코트에게 나아갔다. 그런데 그는 "그녀를 흠씬 두들겨 패준 뒤 아버지에게로 돌려보내라"라고 단호하게 명령했다.

잔은 물러서지 않았고 거의 9개월이 지난 뒤 자기 말을 듣는 청중들에게 자신은 프랑스를 구하기 위해 하나님의 부름을 받았다고 확신 있게 말했다. 그리고는 기사들을 곁에 두고 밤중에 적진까지 넘어 300마일을 달린 뒤 황태자인 찰스에게 그녀의 계획에 대해 이야기했다.

찰스는 그녀를 받아들여야 할지 말지 확신이 서지 않았고, 그래서 잔이 수 십 명의 신하들이 가득한 70피트 길이의 홀에 들어섰을 때 황태자는 그의 왕좌에 앉아있지 않았다. 오히려 찰스는 다른 사람들과 비슷한 복장을 하고선 청중들 틈에 섞여있었다. 어떻게 알았는지 잔은 곧장 그에게로 다가갔다.

찰스는 자신에게 말을 거는 잔에게 "하지만 나는 황태자가 아니오"라고 대답했다.

그러자 잔은 "하나님의 이름으로, 친애하는 당신이 바로 황태자입니다"라고 응답했다.

찰스는 그녀를 푸아티에대학교의 성직자들에게 보냈다. 그녀가 조사를 받는 몇 주간 의심과 주저함이 뒤따랐지만 결국 그녀를 조사했던 이들이 발견한 것은 오직 겸손과 순전함과 정직함과 단순 명료함뿐이었다. 그녀는 곧 포위된 도시인 올리언스를 구하기 위해 4000명의 군대를 돕는 위치로 가게 되었다.

비록, 군대의 사령관은 아니었지만 그녀는 군대를 이끌고 올리언스를 둘러싸고 있는 여러 요새를 점령하였다. 레스 투렐레스 요새 전투 중에 잔은 부상을 입었지만(화살이 어깨를 관통함) 재빨리 전쟁에 복귀했고, 그녀의 강인함은 많은 프랑스 지휘관에게 영국군이 항복할 때까지 공격을 유지하도록 고무시켰다.

다음날 영국인들이 후퇴하는 것이 목격됐지만, 그날이 주일이었기 때문에, 잔은 추격을 허락하지 않았다. 중요한 것은 그게 아니라 올리언스가 다시 프랑스인의 손에 들어왔다는 것이었다.

몇 달 안에 랭스 마을도 되찾게 되었고 황태자는 공식적으로 프랑스의 왕으로 추대되었다(랭스는 전통적으로 왕 대관식을 위한 도시였다). 그런데 찰스는 갑자기 그의 용기를 잃어버렸다. 영국군을 파리에서 쫓아내라는 잔의 끈질긴 간청은 무시되었다. 다음 해의 출정에서 그 18세 소녀 병사는 영국군에 붙잡혔고 루앙에 있는 종교 재판에 넘겨지게 되었다.

역전된 결정

잔은 그녀의 견해에 대한 반복된 의심을 받는 가운데 거의 5개월간 수감 되어 있었고 결국 70가지 조항에 의해 이단이라 규정되었다. 당국자들은 그녀가 신적 계시의 권위를 공포하고, 미래를 예언하며, 자신의 편지를 예수님과 성모 마리아의 이름으로 보증하며(그럼으로써 그녀 자신을 예수의 이름이라 불린 기이하고 수상한 이단으로 인식하게 했다) 구원에 대한 확신을 공언하고 남성의 옷을 입은 것에 대해서 곤혹스러워했다.

잔 다르크

그리하여 그녀는 교회를 분열시키는 자로 유죄를 선고받았다(그녀는 말하기를 자신은 교회보다도 하나님과 그녀의 성인들에게 책임이 있다고 했다). 세속 당국에 의한 처형이라는 그녀의 형에 관한 선고가 읽히자 그녀는 움츠러들며 교회가 그녀에게 요구하는 것은 무엇이든 하겠다고 공언했다. 그리하여 그녀의 형 선고는 무기 징역으로 바뀌었다.

하지만 3일 뒤 그녀는 다시 남자의 옷을 입었고 이에 대한 물음을 받자 그녀는 캐서린과 마가렛의 음성이 그녀 자신의 반역을 질책했다고 대답했다. 이에 그녀는 세속 당국으로 넘겨졌다.

1431년 5월 30일 아침 9시, 19세의 잔은 시장 광장을 향해 걸어갔다. 그녀는 무릎을 꿇고 그녀의 원수들을 위해 기도하더니 준비된 장작더미 위로 올라갔다. 불길이 위로 솟구치자 잔은 십자가를 자신 앞에 올려달라고 부탁했다. 그리고 그것을 바라보며 그녀는 예수님이라는 마지막 말을 남겼다.

교회 위원회가 그녀에 대한 선고를 뒤집고 그녀의 무죄함을 선고하기까지는 25년이라는 시간이 걸렸다. 군사적 또는 정치적 정복보다도 영웅적 행위와 헌신으로 인해 더욱 기억된 잔 다르크는 1920년, 로마가톨릭교회에 의해 성인으로 추대되었다.

68. 율리히 쯔빙글리
호전적인 스위스 개혁가

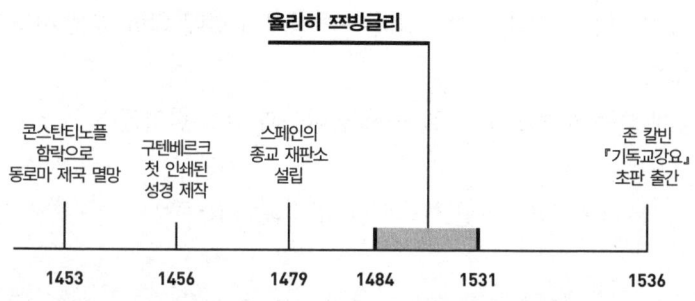

> 하나님의 영광을 위하여, 당신 자신을 하나님의 말씀과 불화한 상태로 두지 마십시오. 왜냐하면, 그것은 라인 강이 그 길을 따라 흘러가는 것처럼 끈질기게 지속될 것이기 때문입니다. 어떤 이는 잠시 동안 그것을 막을 수 있을지는 몰라도 그것을 멈추는 것이란 불가능합니다.

1523년, 율리히 쯔빙글리(Ulrich Zwingli)는 그 도시의 사제로서 취리히 시 의회 앞에 섰다. 종교 개혁의 바람은 루터가 있는 독일로부터 알프스를 넘어섰고, 쯔빙글리는 "교회의 확증 없이는 복음이 유효하지 않다고 말하는 모든 사람은 그릇되며 하나님을 욕되게 하는 것이다"라고 시작하는 67개의 명제를 주장하고 있었다.

비록, 루터의 95개조 명제에 비하면 28개가 못 미치는 숫자이지만 약 6년 전에 먼저 발표된 쯔빙글리의 명제는 더욱 설득력이 있었다. 당국에서는 그로 하여금 그리스도를 우선순위에 두고 그 다음에 교회를 두는(그의 또 다른 명제 가운데에는 "그리스도는 하나님과 우리들 사이의 유일하신 중보자이시다"라는 말이 있었다) 그의 설교를 계속할 수 있도록 허가해 주었다. 스위스의 종교 개혁은 이제 순항이 진행되고 있었고 그 초기에는 쯔빙글리가 핵심 역할을 맡아 활약할 것이었다.

그의 책임에 관한 염려

쯔빙글리는 알프스 동부에 위치한 토가부르크 계곡의 한 부유한 농부에게서 태어났다. 이곳에서 쯔빙글리는 자신의 고향에 대한 깊은 사랑을 품게 되었다.

나중에 그는 시편 23편의 한 구절을 다음과 같이 번역했다.

> 그는 나를 아름다운 알프스 가운데에서 돌보시는도다.

또한, 그는 그의 설교의 주요한 주제로서 라인강의 이미지를 사용하기도 했다.

> 하나님의 영광을 위하여, 당신 자신을 하나님의 말씀과 불화한 상태로 두지 마십시오. 왜냐하면, 그것은 라인 강이 그 길을 따라 흘러가는 것처럼 끈질기게 지속될 것이기 때문입니다. 어떤 이는 잠시 동안 그것을 막을 수 있을지는 몰라도 그것을 멈추는 것이란 불가능합니다.

그러나 쯔빙글리는 이 말씀의 위력을 발견하는 데 몇 년이 걸렸다. 바젤대학교를 1506년에 졸업한 쯔빙글리는 글라루스주의 교구 사제가 되었다. 그는 사역 시작부터 아주 진지하게 그의 사명을 감당했다.

그는 나중에 말했다.

> 비록, 나는 젊었지만 교회의 사역을 감당하는 것은 내게 기쁨보다도 두려움을 더욱 고무시켰다. 왜냐하면, 나는 나의 부주의함의 결과를 따라 멸망할 주님의 양들의 피에 대해서 그분 앞에 책임을 물어야 할 것을 분명히 알았기 때문이다.

그가 맡은 직무의 책임에 관한 그의 이러한 마음은(루터와 같이 개인적 구원에 대한 탐색보다는) 그가 성경 말씀에 대해 더욱 흥미를 갖게 했다. 대개의 성직자들이 성경에 관심을 갖지 않고 있던 시기에 쯔빙글리는 에라스무스의 라틴어 번역본 성경을 한 권 구입한 뒤, 이에 완전히 매료되었다. 그는 그리스어를 공부하기 시작했고 에라스무스의 그리스어 번역본 성경을 구매하여 긴 구절들을 암기했다. 1519년이 되자 그는 신약성경을 바탕으로 정기적인 설교를 하였다.

나아가 쯔빙글리는 그가 생각하기에 성경적이지 않아 보이는 중세 기독교 세계의 관습들에 대해 개인적으로 도전하기를 시작했다. 그는 성직자의 독신생활에 대해서 일정 시간 동안 씨름하기도 했다(심지어 그는 젊은 사제인 자신이 애인을 둔 적이 있었음을 인정하기도 했다). 1522년 그는 비밀리에 결혼했다. 같은 해 그는 전통적인 사순절 금식을 깨고(공공연히 소세지를 먹음으로써) 금식에 반대하는 글을 적기도 했다.

1523년이 되자 그는 사시 견해를 넓은 청중에게 전달할 준비가 되었고, 1월이 되자 취리히 의회 앞에서 오늘날 제1차 논쟁이라 불리는 그 일을 행했다. 제2차 논쟁은 10월에 이루어졌고, 의회의 승인을 따라 더 많은 개혁이 수행되었는데, 예수님과 마리아 그리고 성인들의 성화가 교회에서 제거된 것이 그 개혁 가운데 있었다. 이는 오직 성경이 최고의 권위를 갖는다는 것을 보여 주는 것이었다.

식사에 관한 논쟁

이후로 상황은 급박하게 돌아갔다. 1524년 그는 아내와 공식적으로 식을 올리는 가운데 사제들도 결혼할 권리가 있음을 주장했다. 1525년 그와 다른 이들은 화체설의 강조와 더불어 미사를 폐지해야 한다고 주장했고, 대신 성만찬을 상징적 기념으로 포함해 간단한 예배를 드리는 것으로 대체하고자 했다.

나중에 밝혀졌지만, 독일과 스위스 개혁운동의 연합을 막은 것은 바로 성만찬이었다. 1529년 마르부르크에서 열린 회의에서 루터와 쯔빙글리는 두 개의 운동을 하나로 만들기 위해 소집되었다. 비록, 그들은 교리의 14개 부분에서 일치를 보았지만 15번째 것에서는 어긋났는데 이는 바로 성만찬과 관련된 것이었다.

율리히 쯔빙글리

쯔빙글리의 견해에 반대하여 루터는 성만찬에서 그리스도가 문자 그대로 존재하신다고 주장했다. 쯔빙글리는 난색을 표했다. 루터는 쯔빙글리가 악마라고 말하면서 그를 한심스러운 괴짜라고 쏘아붙였다. 쯔빙글리는 자신을 "멍청이처럼" 대하는 루터에게 분개했다. 화해가 불가능하다는 것은 명백했다.

쯔빙글리는 2년 뒤 가톨릭 세력에 맞서 취리히를 방어하던 전투에서 사망했고, 종교 개혁을 독일 및 스위스에 확장하려던 계획도 끝이 났다. 그러나 취리히는 여전히 프로테스탄트로 남아 있었고, 쯔빙글리의 후계자인 하인리히 불링거의 지도 아래 이 독특한 종교 개혁의 분파는 계속해서 꽃을 피웠다.

69. 로욜라의 이그나티우스
예수 중대의 창시자(예수회)

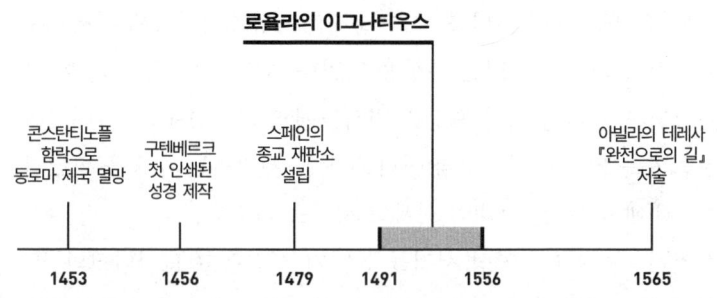

> 그는 아무런 환상을 보지 않았으면서도 많은 것을 알고 깨달았는데, 이는 신앙에 관한 것들뿐 아니라 영적인 것들도 마찬가지였다(로욜라의 이그나티우스가 자신에 대해 쓴 글).

그리스도의 영이시여. 나를 거룩하게 하소서.

로욜라의 이그나티우스(Ignatius of Loyola)가 자신의 책 『영성 수련』(*Spiritual Exercises*)을 배우는 사람들에게 권하는 기도의 첫 줄은 이렇게 시작했다. 이 책은 교회 역사상 가장 영향력 있는 묵상집 중 하나이며 로욜라가 그것을 처음으로 구상한 이래로 지금까지 약 460년 간 출간되고 읽혀온 책이다.

사실 이그나티우스가 손을 대는 것은 그것이 무엇이든지 특별해지는 것처럼 보였는데, 그가 설립한 수도회인 예수회는 가톨릭 안에서 가장 영향력 있는 수도회가 되었다. 그러나 이그나티우스의 짧은 기도는 그의 유산은 물론 그의 인격까지 요약해 주고 있다.

허영심에 심취되다

그는 로욜라의 부유한 바스크 가문에서 이니고 로페즈라는 이름으로 태어나 견습 기사가 되기 위하여 스페인 궁정으로 보내졌다. 그는 궁정에서의 삶을 열의있게 수용하여 무기를 다루는 것과 도박 그리고 궁정식 연애를 학습했다. 그는 자신이 나중에 적은 전기에서 자신을 세상적 허영심에 심취된 사람이자 명성을 얻고자 하는 크고도 허망한 욕망으로 무술을 연마하는 것을 가장 큰 기쁨으로 여겼던 사람이라 표현했다.

스페인의 도시 팜플로나를 두고 벌어진 프랑스와의 전투에서 그는 주먹만한 크기의 대포알에 맞는 부상을 입었다. 5피트 2인치 키의 이그나티우스는 그의 용기를 높이산 프랑스 병사들에 의해 로욜라로 보내졌다. 그는 오른쪽 무릎을 다시 맞추고 튀어나온 뼈를 제거하는 수술을 받았다. 그리고는 침대에서 7주를 보내며 회복의 시간을 가졌다.

이 기간 동안 그는 영성 서적들을 읽기 시작했고 도미니크와 프란체스코의 업적이 담긴 이야기들도 읽었다. 시토수도회의 한 수도사의 책에 따르면 영적인 삶은 성스러운 기사도의 한 측면으로 간주되었다. 이 부분은 인디고를 매혹시켰다. 그는 요양을 하는 동안 영적인 환상들을 받게 되어 자신의 몸이 회복될 때까지 그간의 죄를 속하는 차원에서 금욕생활을 하기로 결정하였다.

1522년 2월 인디고는 그의 가족에게 작별을 고하고 스페인 북동부의 순례지인 몬테라트를 향해 떠났다. 그는 3일간 자기 삶의 죄를 고백한 다음, 지나간 인생과의 이별을 상징하는 차원에서 성모상 근처에 자신의 칼과 단검을 걸었다.

그는 베옷을 입고 바르셀로나에서 30마일 떨어진 만레사 마을까지 걸어가 자기 생애의 결정적인 달들(1522년 3월부터 1523년 2월 중순까지)을 보냈다. 그는 걸인으로 살았고 매우 적게 먹고 마시며, 자신에게 채찍질을 하고 얼마간은 헝클어진 머리카락과 손톱을 다듬지도 않고 지냈다. 매일마다 미사에 참석하며 하루에 7시간을 기도로 보냈으며 이따금씩 만레사 외곽에 있는 동굴에서 그런 시간을 가졌다.

그는 나중에 자신을 3인칭으로 언급한 한 글에서 그가 카도너강 곁에 앉아 있다가 경험한 바를 이렇게 적었다.

> 그의 영안이 열리기 시작했으며, 아무런 환상을 보지 않았으면서도 많은 것들을 알고 깨달았는데, 이는 신앙에 관한 것들뿐 아니라 영적인 것들도 마찬가지였다.

만레사에서 그는 그의 작은 책 영성 수련의 필수적인 부분에 관한 개요를 적었다. 거룩한 땅을 향한 순례를 마친 뒤 그는 유럽으로 향했다.
그는 기록하고 있다.

> 순례 여행 후에 그가 예루살렘에 머물지 않는 것이 하나님의 뜻임을 깨달았다. 그가 해야 할 바가 무엇인지를 마음에 숙고한 뒤 영혼들을 위해 얼마간 공부하는 시간을 갖기로 결심했다.

그는 더욱 집중적이고 지속적인 12년 간의 공부를 위해 몇 년만 더 공부하면 받을 수 있는 사제직을 뒤로 미루었다. 이그나티우스는 바르셀로나에서 공부했고 그 이후에는 그를 따르는 추종자들을 얻은 알칼라에서 공부했다.
그러나 이그나티우스는 얼마 있지 않아 이단으로 몰렸고(그는 안수받지 않은 상태에서 다른 사람들로 하여금 그들의 영적 경험을 반성해보라 권했기에 교회 조직에 의해 불신을 얻은 것이었다) 투옥되어 스페인의 종교 재판부에서 심리를 받게 되었는데, 이는 앞으로 있을 종교 재판소와의 많은 만남 중 첫 번째 것이었다. 그는 무고하다고 판결받았지만 살라망카로 떠나 다시 투옥되었다(여기서도 그는 혐의가 없다고 판결받았다). 이러한 경험과 함께 그와 그의 동료들은 파리에서 공부하기 위하여 스페인을 떠났다.
그는 프랑스 수도에 오래 머무는 동안 이름을 이그나티우스로 바꾸었고 갈망하던 문학 석사 학위를 땄으며 더 많은 동료를 얻게 되었다(동료들 가운데에는 프란시스 자비에르라는 이름의 예수회 수사 중 가장 유명한 사람이 될 인물도 있었다). 1534년 그와 자기의 작은 무리는 비록 수도회를 창설하겠다고 결정한 것은 아니었지만 그들 자신을 가난과 순결 그리고 복종으로 묶기로 함께 서약하였다.

예수회

그러고 나서, 그들은 베니스로 향했고 그곳에서 이그나티우스와 그의 대부분 동료는 1537년에 사제서품을 받았다. 그 후 18개월 동안 그들은 함께 기도하며 사역을 감당했다. 한 동료는 나중에 이그나티우스에 대해 회상하기를 "그는 미사 중에 세 번을 울지 않으면 자기 자신이 위로받을 자격이 없다고 생각했다"고 말했다.

이 기간 중에 이그나티우스는 가장 결정적인 하나의 환상을 보게 된다. 어느 날 그는 기도하던 중에 그리스도께서 어깨에 십자가를 지고 계신 모습을 보았는데 아버지 하나님이 그 곁에서 그리스도께 이렇게 말씀하시는 것이었다.

"나는 네가 이 사람(이그나티우스)을 네 종으로 삼기를 바란다."

예수님은 이그나티우스에게 말씀하셨다.

"나의 뜻은 네가 우리를 섬기는 것이다."

이그나티우스는 또한 그의 무리가 "예수회"라고 불릴 것을 들었는데 이는 마치 모피 상인들이 모인 회사 같지만 오직 하나님의 뜻을 행하는데 주력할 것이었다.

1540년 그 작은 무리는 교황의 승인을 얻었고 예수회라는 이름이 지어졌다. 이들은 의사결정 방법을 결정했고 그리스도의 목소리가 되는 교황에게 복종하기로 서약했으며 이그나티우스를 수도회의 총장으로 선출했다. 그렇게 로마에서 이그나티우스의 15년간의 행정이 시작되었다.

이 수도회의 사람들은 "예수회 사람들"이라고 불렸는데, 이들의 비전과 규율은 유럽의 상상력을 사로잡았다. 얼마 가지 않아 예수회는 가오, 맥시코시티, 퀘백, 부에노스 아이레스, 보고타 등의 새로운 세계와 함께 유럽의 주요한 도시들에서 설립되기에 이르렀다. 그들은 죽어가는 사람들을 위한 호스피스를 열고, 가난한 이들을 위해 재정적 지원을 구하고, 고아원을 설립하며, 학교를 열었다.

예수회 헌법을 쓴 것은 아마 이그나티우스의 말년의 가장 중요한 사역이었을 것이다. 이그나티우스의 추종자들 가운데에는 적응력과 기동성을 높이고자 종교 생활의 전통적인 형태(성무일과를 낭송하는 것, 체벌, 참회를 위한 의복 같은 종류의 것들)를 저버리는 이들이 있었다. 예수회는 하나님의 보다 큰 영광과 영혼들의 선을 위해서라면 세상 어느 곳에서든 살아갈 수 있는 사도들의 수도회가 되어야만 했다.

이그나티우스의 가장 위대한 유산은 『영성 수련』(Spiritual Exercises)이었는데, 이는 무려 460년 동안이나 존속한 책이다. 이 책에서 제시하는 수련은 영적 감독의 안내를 따라 독자들을 4주간의 묵상과 기도의 세계로 안내하는데 이는 내개 피정 기간에 이루어지는 것이었다(그

로욜라의 이그나티우스

안에는 피정 기간이 아닌 때에 쓸 수 있는 요소도 준비되어 있다).

위대한 지식과 그리스도의 사랑을 통해 누군가의 영혼을 깨끗하게 하는 것이 첫째 주의 목적이다. 둘째 주는 그리스도를 따르고자 하는 의지를 자유롭게 하는 것이 목적이고, 셋째 주는 세속적인 것에 집착하는 마음으로부터 해방하는 것 그리고 넷째 주는 이그나티우스의 회심에서 비롯된 그의 거룩한 야망이 반영된 것으로서 영혼의 완성, 그리스도의 모방 그리고 하나님을 향한 영혼의 밀착을 목표로 한다.

이그나티우스는 교황 그레고리 15세에 의해 1622년 성인으로 추대되었고, 1922년에 교황 피오 11세에 의해 모든 영적 피정의 후원자라고 선포되기도 했다.

70. 뵈비 팔머
성결 운동의 어머니

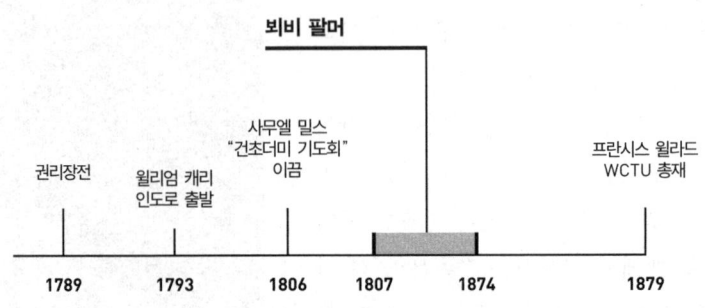

> 간절한 기도와 오랜 금식, 뜨거운 눈물은 적합할 것 같지만 무한한 사랑의 마음을 더욱 큰 구원의 의지로 옮겨놓을 수는 없다. 하나님의 때는 바로 지금이다. 질문은 내가 지금껏 누구였는지도 아니고 내가 무엇이 되고자 하는가도 아니다. 오히려 내가 지금 구원을 위하여 예수님을 전심을 다해 믿고 있는가를 물어야 한다. 만약 그렇다고 대답한다면, 나는 모든 죄로부터 구원받은 것이다.

요한 웨슬리가 감리교를 설립한 해에 회심이란 곧 얼마간의 기간이나 몇 날 동안 이어지는 강렬한 종교적 경험의 감정을 의미했다. 이것은 어떤 사람이 구원받았다는 사실을 확립해 주는 것이자 '완전한 성화' 또는 그리스도인의 완전에 있어서 절대적인 전제 조건이었다.

뵈비 팔머(Phoebe Palmer)에게 있어서는 몇 년 동안 이 사안이 바로 거리끼는 문제였다. 그녀는 1807년 12월 18일, 일주일에 두 번씩 가정 예배를 드리는 열정적인 감리교 집안에서 태어났고 단 한 번도 자신이 크리스천이 아니라고 느껴본 적이 없었다.

11살이던 시절, 그녀는 자신의 성경 여백에 다음과 같은 시를 적었다.

> 이 계시는 거룩하고 의로우며 참되구나
> 나는 이것을 이따금씩 읽지만 날날이 새로운 듯 보인다
> 하늘로부터 내려온 빛이 이 책장에 머무는 동안
> 나는 그 계시의 힘을 느끼며, 그 안에서 복을 누린다

이제로부터 나는 당신을 내 미래의 인도자로 모십니다
주님에게서 온 것이 아니라면 내 젊은 시절의 마음이 어느 것에도 움직이지 않게 하소서
그리고 늦든지 이르든지, 죽음이 나에게 찾아온다 하여도 모든 것이 형통할 것은, 오! 주님, 내가 당신의 것이기 때문입니다.

그러나 그녀는 자기의 다른 감리교 친구들이나 가족이 경험한 바와 같은(그녀가 적은 바에 따르면) 강렬한 회심을 경험한 적은 없었다.

감리교 신자로서 외과 의사였던 워터 파머(Walter Palmer)와의 첫 10년 동안의 결혼 생활 역시 파머의 이런 사안에는 도움이 되지 않았다. 그들의 결혼은 강한 결속을 가졌지만 첫 두 아이들은 태어난 시 몇 달이 되지 않아 세상을 떠나고 말았다. 피비는 자신이 하나님께 전적으로 헌신하지 않기에 하나님이 자신에게 벌을 내리신다고 생각했다.

그녀는 이렇게 적었다.

나는 정말로 그것을 필요로 했다. 그러지 않았다면 그것은 내게 주어지지 않았을 수도 있다.
비록, 그것을 배우는 것은 고통스러웠지만, 나는 그 교훈을 완전히 이해했다고 믿는다.

일 년 뒤, 그녀의 여동생이 찾아왔을 때 피비의 영적인 위기는 해결되었다. 그녀는 믿기 위해서 '기쁨으로 가득한 감정'이 필요가 없었다. 믿음 그 자체가 확신을 위한 근거가 되었다. "제단이 예물을 거룩하게 한다"라는 예수님의 말씀을 읽으면서 그녀는 만일 그녀가 "그녀 자신을 제단 위에 전적으로 드리면" 하나님이 그녀를 거룩하게 하실 것이라는 것을 믿게 되었다.

그녀는 요한 웨슬리의 완전주의를 세 단계의 과정으로 나누었다.

첫째, 자신을 전적으로 하나님께 바치는 단계
둘째, 하나님이 하나님께 바쳐진 것을 성결하게 하심을 믿는 단계
셋째, 이 사실을 다른 사람들에게 전하는 단계

그녀는 기록하고 있다.

> 나는 나의 신앙 생활의 오류가 이사와 표적을 갈망하는 데 있었음을 깨달았다.
> 나아만 장군과 마찬가지로 나는 무언가 대단한 일을 원했고 있는 그대로의 말씀을 통해 내게 말하는 성령의 세미한 음성에 흔들림 없이 의지하기를 기꺼워하지 않았다.

전국적인 기도모임

뵈비와 그녀의 여동생은 매주 화요일 오후에 여인들의 기도 모임을 시작하였다. 6년 뒤에는 한 남성 철학 교수도 이 모임에 동참하였다. 결과적으로 이 성공적인 기도 모임에서의 말씀은 전국의 유사한 모임들을 고무시켰고 다양한 교단의 신자들이 함께 기도하도록 이끌었다.

피비는 곧 그녀 자신이 미국에서 가장 크고 빠르게 성장하는 신앙 운동을 이끄는 가장 영향력 있는 여성으로서 각광받고 있음을 발견했다. 그녀의 주도 하에 포교 사역들이 시작되었고 복음 전도 집회가 열렸으며 약 25,000명으로 추정되는 미국인들이 회심하게 되었다.

그녀 자신은 다음과 같은 말과 더불어 직접 설교하기도 했다.

> 간절한 기도와 오랜 금식, 뜨거운 눈물은 적합할 것 같지만 무한한 사랑의 마음을 더욱 큰 구원의 의지로 옮겨놓을 수는 없다. 하나님의 때는 바로 지금이다. 질문은 내가 지금껏 누구였는지도 아니고 내가 무엇이 되고자 하는가도 아니다. 오히려 내가 지금 구원을 위하여 예수님을 전심을 다해 믿고 있는가를 물어야 한다. 만약 그렇다고 대답한다면, 나는 모든 죄로부터 구원받은 것이다.

팔머는 또한 사회악에 대해서도 깊은 우려를 하고 있었다. 그녀는 금주 운동의 열렬한 지지자였고 미국의 첫 도심지 선교인 뉴욕의 5대 사역 설립자 중 한 사람이었다.

그토록 젊은 나이에 종교적으로 매우 저명한 여성이 되자 그녀는 의심을 받게 되었다. 사실 그녀는 소위 여성들이 설교하는 것이 바르지 않다고 말하는 비평가들과 입장을 같이 했다.

그러나 그녀는 다음과 같이 덧붙였다.

> 이따금 여성들을 평범한 삶의 구획에서 이끌어 내어 교회나 국가의 막중한 책임을 맡게 하시는 것이 하나님의 지시이기도 하다.

이러한 전례는 구세군의 캐서린 부스(Catherine Booth), 기독교부인교풍회의 프란시스 윌라드(Frances Willard) 같은 다른 여성들에게 영감을 불러일으켰다.

비록, 그녀는 자신이 절대적인 진지함을 통해 성경을 받아들인 '성경적 크리스천'이라고 간단하게 정의했지만, 그녀의 신학은 그녀의 유산이 되었다. 웨슬리안 부흥 운동과 현대 오순절주의의 관계를 고려해 볼 때 그녀의 '제단 언약'은 나사렛교회와 구세군, 하나님의교회, 오순절성결교회와 같은 교단들이 일어나는 데 일조하였다.

뵈비 팔머

71. 쇠렌 키에르케고르
실존주의 그리스도인

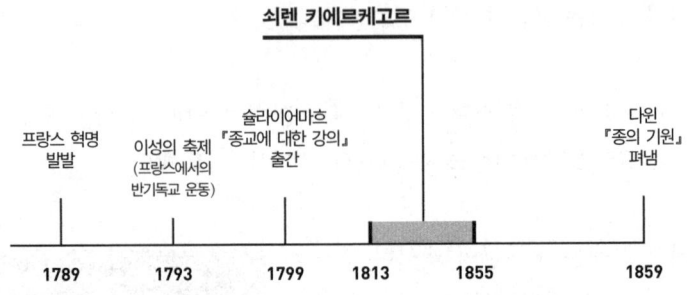

> 고통은 지상의 모든 소리를 없애버릴 수 있다. 그러나 그것은 인간 내면에 있는 영원으로부터 오는 소리를 없앨 수는 없다. 고통의 도움을 통해 모든 불필요한 소리가 잠잠하게 되면 그 소리를 들을 수 있다. 내면으로부터 오는 그 소리를.

나의 삶은 다른 사람들이 알 수도, 이해할 수도 없는 하나의 거대한 고통이다.

키에르케고르(Søren Kierkegaard)가 당시 유행하던 유럽 철학과 안일한 기독교를 휘감은 것은 바로 이 고통을 통해서였다.

저버린 사랑

키에르케고르는 코펜하겐에서 태어났는데 그의 집은 매우 엄격한 덴마크계 루터교회 가정이었다. 그는 자기 아버지로부터 우울한 기질을 물려받아서 불행한 청춘 시절을 보내며 힘겨워했다. 그의 연약하고 약간 뒤틀린 골격은 그가 사는 동안 조롱의 대상이었다. 하지만 그의 아버지는 충분히 부유했기에 키에르케고르는 직업을 유지할 필요가 없었고 오히려 작가이자 철학가로서 자유로이 삶을 살았다.

그는 루터교회의 목회를 위해 코펜하겐대학교에 다녔지만, 학위를 받기까지 10년이라는 시간이 걸렸고 안수는 받지 못했다. 그의 상상력을 붙잡은 것은 신학이 아니라 철학이었다.

또한, 그의 마음을 사로잡은 것은 레긴 올젠(Regine Olsen)이라는 여성이었다. 그들은 약혼을 했으나, 키에르케고르는 여전히 그녀를 깊이 사랑한다는 것을 인정하면서도 의심을 품고 곧 파혼했다. 그는 레긴에게 전하지 못한 인간 정신의 복잡성에 관한 특이한 의식에 짓눌려 있었다.

쇠렌 키에르케고르

그는 일기에 석기를 "나는 전년만큼 그녀를 그리워했다"라고 했다. 수년 후에는 아브라함이 이삭을 기꺼이 바칠 때의 고통스러운 결정과 자신의 상황을 비교하기도 했고, 그의 몇몇 책에서는 이것이 "그녀 때문에"라고 쓰기도 했다.

주관적인 진리

그의 첫 번째 저서인 『이것이냐 저것이냐』(Either/Or)는 레기네와의 결별을 정당화하고자 했던 그의 시도와 그의 철학의 기본 신조가 제시한 참신 하며 변증법적이고 시적인 논의의 책이었는데, 각 개인이 삶이 제시하는 선택지들 가운데 신중하고 책임감 있게 결정을 내려야 함을 이야기하고 있다.

그는 이 저작에 덧붙여 다음과 같은 철학 작품들도 발간했다.

첫째, 『두려움과 떨림』(Fear and Trembling)
둘째, 『철학적 단편』(Philosophical Fragments)
셋째, 『불안의 개념』(The Concept of Dread)
넷째, 『철학적 단편에 부치는 비학문적인 해설문』(Concluding Unscientific Postscript to the Philosophical Fragment).

그의 목표는 이상주의의 위대한 철학자 G. W. F. 헤겔(G. W. F. Hegel)의 (그가 조롱하듯 적은바) 체계에 대한 비판이었다. 그는 모든 현실을 체계화하려는 헤겔의 시도를 공격했다. 그는 말하기를 헤겔은 인간 경험의 가장 중요한 요소 중 하나인 경험 그 자체를 배제했다고 말했다. 케에르케고르는 어떤 철학적 체계도 인간의 상태를 설명할 수 없다고 생각했다. 사랑하는 사람을 잃는 것이나 죄책감 내지 두려움에 관한 감정 같은 현실 경험은 그 자체로 중요한 것이지, 그것에 대한 사고 체계가 중요한 게 아니었다.

헤겔은 보편성을 강조했지만, 키에르케고르는 결단과 참여를 주장했다. 헤겔은 모든 사람이 동의할 수 있는 객관적인 진리 이론을 추구했지만, 키에르케고르는 진리는 개인적인 차원에서 이해되고 경험된다는 의미에서 주관적인 진리를 믿었다. 그가 믿은바 실존이란 실제적이며 고통스러운 것이었으며 본질이나 개념보다 훨씬 중요한 것이었다.

그가 생각하는 진정한 인간이란 합리적인 대답을 찾을 수 없는 궁극적인 질문들과 씨름하는 사람이었다.

> 나의 삶은 난관에 봉착했으며 나는 내 실존을 혐오한다.
> 나는 어디에 있는가?
> 세계라고 불리는 이것은 과연 무엇인가?
> 이 단어는 무엇을 의미하는 것인가?
> 나를 이 가운데로 끌어들이고는 이곳에 남겨둔 그는 누구란 말인가?
> 나는 누구인가?
> 나는 어떻게 이 세계 안으로 들어왔는가?
> 왜 나는 아무런 상의도 없이 이곳에 보냄을 받았으며 이곳의 방식과 관습에 대해서 아무런 소개를 받지 못했는가?
> 어떻게 나는 이 안에서 관계하게 된 것인가?
> 이것은 내 의지로 다룰 수 있는 일이 아닌가?
> 만일 내가 이 안에 관계되도록 강제된 것이라면 이 모든 일의 감독자는 어디 있는가?
> 나의 이러한 불평을 갖고 나는 어디를 향해야 하는가?

이런 고통스러운 실존 가운데 살아가도록 이끄는 유일한 길은 바로 믿음을 통한 것이었다. 하지만 키에르케고르에게 있어 믿음이란 교리에 관한 정신적인 확신도, 긍정적인 종교적 감정도 아니었으며 불확실성 앞에서 열렬하게 하나님을 만나는 것이었다.

믿음이란 자기를 부정해야 하는 모험으로서 위험을 감수하는 것(믿음의 도약)이었다. 믿음을 선택한다는 것은 진정한 인간 실존을 마주하는 것을 의미했다. 이것이 바로 키에르케고르를 창시자로 두는 '실존주의'였다. 비록, 후대의 실존주의자들은 상당히 다른 사항들을 안건으로 두었지만 말이다.

기독교 제도권에 대한 공격

키에르케고르는 후대 저작인 『사랑의 작업』(*Works of Love*), 『그리스도인의 담화』(*Christian Discourses*), 『기독교의 실천』(*Training in Christianity*)에서 기독교의 진정한 본질을 분명히 설명하고자 시도했다.

그가 주장한바 기독교의 가장 큰 적은 바로 그가 살았던 시대의 아주 고상하고 점잖기 그지없는 기독교를 의미하는 '기독교 제도권'(Christendom)이었다. 안이한 기독교의 비극이란 사람의 실존으로 하여금 하나님 앞에서의 지속적인 모험과 도전을 멈추게 만들고 도덕과 교조적 체계만 남도록 만들었다는 것이다. '기독교 제도권'의 목적은 바로 기독교 신자가 되는 문제를 단순화시키는 것이었다.

키에르케고르는 주장하기를 이는 아무런 대가도 고난도 없는 값싼 기독교로서 이교도주의와 다를 바가 없다고 했다. 이는 마치 군대가 전진하고 큰 소음이 들리지만 실상 위협이나 고통 그리고 진짜 승리란 존재하지 않는 전투 게임과 비슷한 것이었다. 키에르케고르는 그가 살던 당시의 교회는 그저 기독교를 연기하고 있는 것이라고 간주했다.

키에르케고르는 시간이 갈수록 자신의 소명이 "기독교를 까다롭게 만드는 것"이라고 확신하게 되었다. 그가 동시대의 신자들에게 할 일이란 바로 누군가가 진정한 그리스도인이 되고자 한다면 그 믿음의 대가를 알고 값을 지불해야 한다는 사실을 상기시키는 것이었다.

그래서 그는 이렇게 힐난했다.

우리는 기독교 국가로 불린다. 하지만 이 의미와 더불어 우리 중 그 누구도 신약성경이 말하는 기독교의 특징을 갖고 있지 않다.

또한, 그는 이렇게 조롱했다.

대부분의 사람은 기독교의 계명(예를 들면, "네 이웃을 네 몸처럼 사랑하라"는 것)이 아침에 지각하지 않고자 시계를 30분 앞당겨 놓는 것과 같이 계획적으로 엄하다고 생각한다.

그는 신앙 생활조차 동반되는 고통, 죄책감, 두려운 감정 같은 부분들에 사람들이 자각하도록 함으로써 상황을 까다롭게 만들어야만 사람들이 다시 하나님의 음성을 듣게끔 도울 수 있을 것이라 믿었다.

고통은 지상의 모든 소리를 없애버릴 수 있다. … 그러나 그것은 인간 내면에 있는 영원으로부터 오는 소리를 없앨 수는 없다. 고통의 도움을 통해 모든 불필요한 소리가 잠잠하게 되어지면 그 소리를 들을 수 있다. 내면으로부터 오는 그 소리를.

그러나 키에르케고르는 단순히 고통만을 말하는 선지자는 아니었다. 그는 깊고 거의 신비주의에 가까운 신앙을 가진 사람이었고, 그의 신랄한 펜은 다음과 같은 서정적인 기도문도 적어낼 수 있었다.

저를 가르치소서. 오! 하나님, 저로 하여금 번민하지 않게 하소서.
숨막히는 생각으로 인해 저 스스로 순교자가 되지 않게 하소서.
오히려 저로 하여금 깊은 믿음 가운데 숨 쉴 수 있는 법을 가르치소서.
하늘의 계신 아버지 당신의 생각이 나의 마음에서 일어날 때 그것이 마치 깜짝 놀라 날아가는 겁에 질린 새처럼 일어나지 말게 하시고, 잠에서 기쁨 가득한 미소와 함께 깨어나는 어린 아이의 일어남 같게 하소서.

그의 철학과 마찬가지로 그 자신은 역설적인 인물이었다.

제8부

선교사

72. 패트릭

73. 콜룸바노

74 & 75. 키릴과 메소디우스

76. 프란시스 사비에르

77. 마테오 리치

78. 존 엘리엇

79. 윌리엄 캐리

80. 데이비드 리빙스턴

81. 허드슨 테일러

72. 패트릭
아일랜드의 수호성인

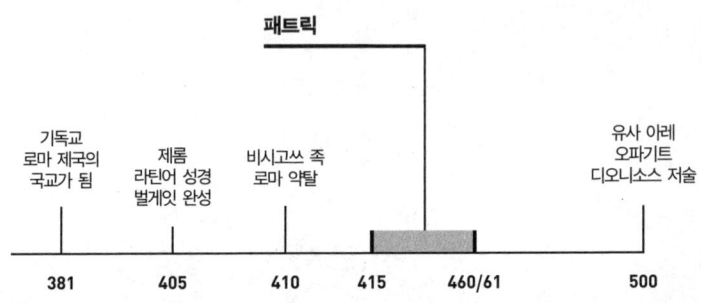

> 매일 나는 살인과 사기 또는 감금을 예상하게 된다. 그러나 나는 천국의 약속으로 인해 이중 어느 것도 두렵지 않다. 나는 나 자신을 모든 곳을 통치하시는 전능하신 하나님의 손에 맡겼다.

　패트릭(Patrick)은 아일랜드섬에서 뱀들을 몰아낸 사람(이는 사실이 아니다), 삼위일체를 설명하기 위해 토끼풀(세 잎 클로버로 알려진-역자 주)을 사용한 교사(이는 의심받는 사실이다), 뉴욕과 보스턴의 연례 행진에 등장하는 이름과 같은 사람 등으로 오늘날 기억되고 있다.
　가장 덜 알려진 것은 바로 패트릭이(언제나 자신을 '죄인'으로 언급했던) 대단한 용기를 가진 겸손한 선교사였다는 사실이다. 그가 아일랜드에서 복음 전도를 시작했을 때 그는 전체 유럽에 영향을 주는 사건을 시작했다. 이 모든 것은 그가 아일랜드 약탈자들에 의해 노예로 끌려갔을 때 시작되었다.

죄와 노예 상태로부터의 탈출

　가톨릭교도였던 영국인 패트릭은 16세 때 한 잔인한 추장 전사에게 팔렸는데, 그 전사는 자신의 대적자들 머리를 북아일랜드에 있는 그의 울타리의 뾰족한 장대 맨 위에 꽂아놓는 사람이었다. 패트릭은 그 근처 언덕에서 자기 주인의 돼지들을 돌보는 동안 길고 극심한 굶주림과 목마름 그리고 고립감을 견뎌야했다. 그때까지 명목상으로만 그리스도인이었던 패트릭은 이때 위안을 얻고자 그의 조상들이 섬긴 기독교의 하나님을 향하기 시작했다.

그는 나중에 지난 일을 떠올리며 이렇게 말했다.

> 나는 해가 떠 있는 시간 동안 계속해서 기도하곤 했다.
> 하나님의 사랑과 그분에 대한 경외감은 나를 점점 더 에워싸기 시작했다. 믿음은 자라났고, 성령님은 나를 깨우셔서 하루에 100번이나 기도하게 만드셨고, 밤에도 그보다 약간 덜 기도하게끔 이끄셨다.

그가 6년 동안의 노예 생활을 했을 때, 한 신비롭고 초자연적인 음성이 그에게 들려왔다.

"너는 곧 너의 고향 땅으로 돌아가게 될 것이다."

그래서 패트릭은 도망쳐 남동쪽 항구로 200마일을 달렸고, 그곳에서 유럽행 무역상 배에 올랐다.

고향 땅으로 돌아가다

북아일랜드에서 몇 년을 보낸 패트릭은 그의 잉글랜드에 있는 그의 가족에게로 돌아갔지만, 이는 복음 전도자로서 다시 아일랜드로 부름을 받아 돌아갈 수순일 뿐이었다.

> 나는 포클러트 숲 근처에서 살았던 사람들의 목소리와 똑같은 음성을 들은 것 같았다. 그리고 그들은 한목소리로 소리쳤다.
> "거룩한 소년 종이여. 우리는 네가 우리에게로 와서 함께 걷기를 원하노라."
> 나는 마음에 깊은 감동을 받았고 더 이상은 읽을 수가 없어 잠에서 깨어났다.

패트릭이 아일랜드의 첫 선교사였든 아니든 간에 그가 도착했을 당시 아일랜드에는 이교주의가 아직도 지배적이었다.

그는 다음과 같이 쓰고 있다.

> 나는 이방인들 가운데 거주했다. 야만인 이교도들과 우상 숭배자들 그리고 부정한 것들 가운데에서 있었다.

패트릭의 선교는 마술을 행하며 세속 학문(특히 법과 역사)에 능하고 아일랜드 왕의 고문으로 활동했던 드루이드교도들에 의해 가장 큰 도전을 받았다. 패트릭의 전기에는 "성스러운 패트릭을 죽이고자 했던" 드루이드교도들의 이야기가 가득할 정도였다.

> 매일 나는 살인과 사기 또는 감금을 예상하게 된다. 그러나 나는 천국의 약속으로 인해 이중 어느 것도 두렵지 않다. 나는 나 자신을 모든 곳을 통치하시는 전능하신 하나님의 손에 맡겼다.

패트릭은 켈트족과 마찬가지로 드루이드 교도들의 힘이 실제 하다는 것을 분명하게 확신했다. 그러나 그는 더욱 강한 힘의 소식을 가져왔다. 보호하심에 대한 간구인 유명한 로리카(혹은 '패트릭의 흉배')는 패트릭에 의해 기록된 것이 아닐 수도 있지만(최소한 오늘날의 형태로 보았을 때는 그렇다), 이는 그가 묘사한 바 '나의 몸과 영혼에 찾아드는 모든 사납고 무바비한 공격'으로부터 그를 보호하시는 하나님에 대한 패트릭의 확신을 완벽하게 표현하고 있다.

아마도 패트릭과 드루이드들 사이에 대립이 있었을 것이지만, 학자들은 그것이 이후의 이야기들이 재조명하는 바대로 극적이고 매혹적인 것이었는지에 대해서는 의심한다. 600년대 말의 한 전기 작가인 미르후는 타라에서 열린 경연에서 드루이드 교도들에게 도전하는 패트릭을 묘사했는데, 여기서 양쪽은 청중들 앞에서 기적을 행하며 서로를 능가하고자 시도하였다.

전설에 따르면 하나님이 몇몇 드루이드 교도와 군인을 멸하심으로써 패트릭이 승리했다고 전해진다.

왕은 그의 의회를 소집하여 말했다.
"죽는 것보다 믿음을 갖는 것이 내게 더 낫도다."
그리고 그날 그는 다른 사람들처럼 믿음을 갖게 되었다.

그러나 패트릭에게 있어 가장 큰 적은 바로 그가 친숙하게 알고 있던바 노예 제도라는 것이었다. 사실 그는 노예 제도의 관행에 반대하여 목소리를 낸 가장 이른 그리스도인 중 한 사람이었다. 학자들은 영국의 폭군이었던 코로티쿠스를 출교시키는 것에 관한 편지의 저자가 패트릭임에 의견을 일치시키는데, 코로티쿠스는 패트릭에 의해 개종한 사람들을 노예로 전락시킨 사람이었다.

그는 다음과 같이 말했다.

아일랜드에서 번성하고 있던 주님의 양떼를 게걸스러운 늑대들이 꿀꺽 삼켰다. 교회 전체가 외치며 그 아들 딸들을 위해 애도하고 있다.

그는 코로티쿠스의 행위에 대해 "사악하고 끔찍하며 말문이 막힌다"고 했으며, 그를 향해 회개하고 개종자들을 자유롭게 풀어주라고 말했다.
그가 코로티쿠스의 노예들을 해방하는 것에 성공했는지는 알려져 있지 않으나 그의 생전에(또는 그가 세상을 떠난지 얼마 있지 않아) 아일랜드의 모든 노예 무역은 막을 내렸다.

스스로에 대한 의심

비록, 선교사로서 그의 사역은 성공적이었지만 패트릭은 자기의식이 강했고 특히 그의 교육 배경에 관해서 그러했다.
그는 그의 고백록에서 쓰고 있다.

나는 아직도 배움에 대한 부족함을 공개하는 것에 있어 그 무엇보다 얼굴이 붉어지고 두려움이 생긴다. 왜냐하면, 나는 지식인들에게 내 마음을 설명할 수가 없기 때문이다.

그런데도 그는 하나님께 감사하다고 말한다.

> 그분은 설득력 있는 말과 삶의 모든 측면은 물론 법률을 실천하는 것에 있어서 지혜롭고 박식한 사람들 가운데에서 어리석은 나를 고무시키셨고, 이 모든 사람에 앞서 세상으로부터 멸시받은 나에게 영감을 주셨다.

패트릭은 자기 자신이 주교가 될 자격이 없다고 연거푸 말했다. 그 자신만 의심에 사로잡힌 것은 아니었다. 한때 영국에 있는 그의 교회 장로들은 그의 선교를 조사하기 위해 사절단을 보낸 적도 있었다. 이후 그의 젊은 시절의(명시되지 않은) 죄와 관련된 경솔한 시기를 포함한 많은 문제가 제기되었다. 패트릭의 고백록은 사실 이 조사에 대한 응답으로 작성된 것이었다. 패트릭은 자신의 결점들에 대해 자신이 없었지만, 그는 자기 삶에 친밀하게 개입하시는 하나님에 대해 깊이 인식하고 있었다.

그는 또 쓰고 있다.

> 나는 하나님이 나의 주권자이심을 안다. 그는 모든 일이 이루어지기도 전에 그 모든 것을 아시는 분이기 때문이다.
> 하나님은 그분의 거룩한 응답으로써 내게 많은 것에 대해 앞서 경고를 주시곤 했다.

찬란한 태양의 불꽃

아일랜드의 연대기에 따르면 패트릭은 493년, 그가 70대였을 시절에 세상을 떠났다. 그러나 우리는 그가 언제 어디서 어떻게 세상을 떠났는지 확실히 알 수 있는 바가 없다. 알마, 다운패트릭 그리고 사울 수도원에서는 모두 자신들이 그의 유해를 가졌다고 주장했다.

그의 축제일에 대해서는 일찍이 797년 3월 17일 이러한 주석과 함께 기록되어있다.

찬란한 태양의 불꽃이자 에린(아일랜드)의 순결한 사도인 패트릭이 수천의 사람들과 함께 우리의 악함에 대한 피난처가 되어 주기를.

  패트릭의 전기를 쓴 사람들의 이야기 속 허구 가운데에서 진실을 분리해 내는 것은 언제나 어려운 일일 것이다. 그러나 패트릭이 로마 문명의 경계를 넘어선 곳으로 복음을 가져간 최초의 위대한 선교사 중 한 사람이었다는 점은 역사적으로 명확하다. 전통에 따르면, 패트릭이 세상을 떠날 때까지 그의 손이 닿지 않은 곳은 아일랜드의 접근이 어려운 남부뿐이라고 한다.
  패트릭은 또한 후기 켈트 기독교인들의 모범이 되었다. 그는 지속적인 기도에 가담했었다. 그는 하나님께 넋을 잃었고 신성한 성경을 사랑했다. 그는 또한 꿈과 환상 그리고 자연에 대한 사랑 가운데 하나님의 음성을 들노록 하는 열린 마음과 함께 풍부한 시적 상상력을 가진 사람이었다.
  셀틱 수도사들 가운데 많은 사람이 패트릭의 모범을 따라서 복음을 전파하기 위해 그들의 고향을 떠나 스코틀랜드, 잉글랜드 그리고 유럽 대륙을 향해 나아갔다.

73. 콜롬바노
아일랜드의 유럽 선교사

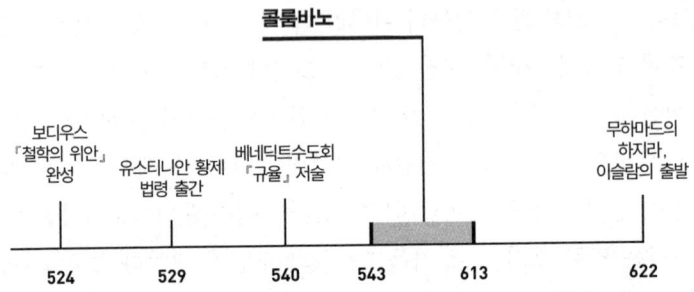

> 도망치라, 오 젊은이여 도망치라. 네가 알고 있듯 많은 사람을 타락으로 이끈 그 부패로부터 도망치라. - 한 수녀원장의 콜롬바노를 향한 주의 깊은 충고 -

잘생기고 혈기 가득한 콜롬바노(Columbanus)는 서구 유럽의 가장 성공적인 복음 전도자 중 한 사람이었다.

콜롬바노가 세상을 떠난 지 고작 28년 후에 그의 첫 번째 전기를 적었던 한 작가는 "콜롬바노는 좋은 풍채, 고운 혈색 그리고 그의 고결한 남자다움으로 인해 모든 사람들에게 사랑을 받았다"라고 적었다.

그리고 바로 그곳에 이런 문제가 있었다.

> 그는 음탕한 처녀들의 정욕을 불러일으켰는데, 특히 고운 자태와 외적 아름다움으로 시시한 사내들의 마음에 미친 욕망을 일으키는 데 익숙했던 이들에게 그랬다.

그는 젊은 사내로서 이런 헛된 '세상의 정욕'에 굴복할까 봐 지역의 한 여성 은둔자의 지도를 구했다.

> 도망치라, 오! 젊은이여 도망치라. 네가 알고 있듯 많은 사람을 타락으로 이끈 그 부패로부터 도망치라.

콜룸바노는 두려워하며 떠나 수도승의 삶을 살기 위해 짐을 꾸렸다. 그가 떠난다는 소식을 어머니에게 이야기하자 그녀는 크게 곤혹스러워했고 출입구까지 막아버렸다. 그러나 콜룸바노는 굴복하지 않았고 문턱과 어머니를 뛰어넘었다.

그렇게 그의 순회하는 삶은 시작되었다.

미소를 머금은 금욕주의

콜룸바노는 금욕주의로 명성을 떨치는 뱅거수도원의 콤갈(Comgall) 곁에서 그의 공부를 지속했다. 그는 그곳에서 크게 성장했을 뿐만 아니라 그러한 금욕주의를 수도원을 위한 두 가지 규율로써 성문화하였는데, 하나는 개개인 수도사들을 위한 것이었고 또 하나는 공동체를 위한 것이었다.

이런 규율들은 매우 혹독한 것이었는데, 가령 누군가를 때리고 싶다는 생각이 드는 사람이 있다면 그에게 필요한 것은 40일간의 완전 금식이었다. 실제로 누군가를 때리는 경우(그리고 피를 흘리게 하는 경우)에는 3년 동안의 참회를 요구했다. 심지어 그런 규율에 대해 나쁘게 말하는 것은 공동체로부터 추방을 가져오기도 했다. 그러나 콜룸바노는 그의 설교들과 서신들에서 제시하는 바 다른 면들도 보여 주었다. 교황 보니파시오 4세에게 이전의 교황 비질리오(Vigilus)를 언급하며 언어유희를 담아 보낸 편지에서 그는 이렇게 적었다.

바짝 경계(vigiliant)하십시오, 교황이여 제가 촉구하오니 바짝 경계하십시오. 제가 다시금 말하오니 바짝 경계하십시오. 왜냐하면, '바짝 경계'(Vigilant)라고 불리던 자는 그러지 못했기 때문입니다.

한편, 그레고리 대제에게 보낸 편지에서는 교황 레오의 이름을 따서 이런 언어유희를 펼쳤다.

살아 있는 개가 죽은 레오(사자)보다 낫습니다.

콜롬바노는 또한 수도승들이 <두 개의 뿔이 있는 라인강>(*two-horned Rhine*)을 노 저을 때 불렀던 활기찬 뱃노래로 인해 인정을 받았다.

비록, 그는 재치있는 사람이었지만 콜롬바노는 그의 신앙에 대해 극도로 진지한 사람이기도 했다. 40대이던 시절 그는 아브라함이 받았던 "너의 본토를 떠나라"라는 하나님의 명령을 동일하게 받고 이 말씀을 따라 뱅거를 떠났다.

그는 12명의 동료와 함께 갈리아로 떠났는데 그곳의 대다수 사람은 이교도주의로 되돌아갔다(남아있는 그리스도인들도 명목상의 신자들이거나 아리우스주의 이단자들이었다). 그는 아네그레, 룩쇠이, 퐁텐이라는 이름의 세 수도원을 연거푸 설립했는데 그 각각은 너무나도 빠르게 성장하여 새로운 수도원들이 지어져야만 할 정도였다.

더 많은 수도원을 짓기 전 그는 일부다처제를 신봉하는 왕 테우데리히와 그의 어머니 브륀힐드와 부딪쳤고 나라 밖으로 쫓겨나게 되었다. 그것은 혈기 가득한 수도사였던 그의 유일한 논쟁이 아니었다. 그는 교황들, 왕들, 주교들, 심지어는 그의 추종자들과도 불화를 빚곤 했다(그의 가장 충실한 제자 중 한 사람이었던 갈이 병에 걸려 여행을 할 수 없게되자 콜롬바노는 그가 미사를 드리는 것을 금했다. 그 금지는 골롬바노가 임종을 맞을 때까지 해제되지 않았다).

콜롬바노와 그를 따르는 사람들은 프랑스와 독일 그리고 스위스에 앞으로 일어날 일에 대해 설교하면서 대륙을 돌아다녔다. 마침내 그는 롬바르드족을 회심시키기 위하여 이탈리아 북부까지 여행하였다. 그곳에서 70대가 된 그는 첫 번째 이탈리아-아일랜드계 수도원인 보비오를 건축하는 데 참여했고, 613년 11월 23일, 그곳에서 세상을 떠났다. 그가 남긴 유산은 아주 대단하다. 그와 그의 제자들은 적어도 60개에서 100개가 넘을 것으로 보이는 수도원을 유럽 도처에 세웠기 때문이다.

74 & 75. 키릴과 메소디우스
슬라브인들의 사도

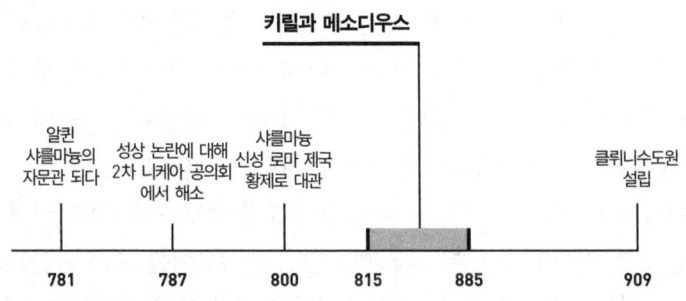

> 정교회의 미래인 슬라브어 성경 번역본의 중요성을 측량할 수 있는 사람은 없다
>
> (정교회 변증가 티모시 웨어)

모라비안 군주인 라티슬라브가 비잔틴 제국의 황제 마이클 3세에게 우리의 언어로 기독교의 진리를 설명해 주도록 선교사들을 보내 달라고 요청했을 때 보냄을 받은 사람은 키릴과 메소디우스 형제였다. 이들 형제는 예리한 사상가이자 행정가로서 이미 명성을 쌓은 이들이었다. 그들은 생을 마칠 때까지 동방정교회 역사상 가장 유명한 선교사로서의 길을 올곧이 걸어갔던 이들이었다.

예전(禮典)의 정치

그들은 콘스탄틴과 마이클이라는 이름으로 비잔틴 군대의 높은 계급 장교 가정에서 태어났고 콘스탄티노플 왕실 학교에서 교육을 받았다. 이들 형제는 각각 자수성가하여 성공적인 경력도 쌓았다. 나중에 키릴(Cyril)로 불린 콘스탄틴(Constantine)은 왕실 학교에서 철학 교수가 되었고, 마이클(Michael)은 처음에는 마케도니아의 총독으로, 나중에는 소아시아의 수도원(그가 나중에 메소디우스[Methodius]라는 이름을 얻은 곳)의 원장이 되었다.

863년, 그들이 슬라브인들 가운데에서 일하기 시작했을 때 이들은 예전 가운데 슬라브어를 사용했다. 그들은 나중에 고대 교회 슬라브어(또는 중세 불가리아어)로 알려지게 되는 성경을 번역했고, 그리스 문자를 기반으로 한 슬라브 알파벳을 발명했는데, 그 마지막 키릴 문자 형태는 지금까지도 많은 슬라브 언어의 알파벳으로 사용되고 있다.

국제 정세는 곧 그들의 자그마한 선교 사역을 중심으로 소용돌이쳤다. 독일 잘츠부르크의 대주교는 키릴과 메소디우스가 자신의 교회 영역을 침범했다고 주장했다. 로마교회를 질투한 그 대주교는 예전 가운데 슬라브어가 아닌 라틴어를 사용해야 한다고 주장하기에 이르렀다.

그리하여 868년 두 형제는 로마로 가서 교황 하드리아노 2세 앞에서 자신들을 변호했는데, 교황은 그들 편을 들어 슬라브어를 쓰는 예전을 공적으로 승인해 주었다. 비록, 키릴은 로마에서 세상을 떠났지만 메소디우스는 하드리아노의 특사이자 모든 모라비아 지방을 포함한 시르미움의 대주교로서 다시 슬라브인들에게 파송되었다.

새로운 사람들이 모라비아의 정권을 잡게 되었을 때 메소디우스는 정부에 의해 버림받았다. 그는 가톨릭 대주교의 권위를 찬탈하며 예전 가운데 불명예스러운 슬라브 언어를 사용한다는 죄목으로 피소되었다. 그는 잔혹스럽게 대우받고 투옥되었고 교황 요한 8세의 중재에 의해 겨우 풀려나게 되었다.

성공적인 망명

불행히도, 메소디우스가 세상을 떠난 뒤 교황 스테파노 5세는 요한 5세의 결정을 뒤집었고 슬라브어를 사용하는 예전을 금지하였다. 메소디우스의 후계자인 위칭은 키릴과 메소디우스의 제자들을 유배지로 몰아넣었다.

그러나 그 유배는 그들의 사역을 확장하는 촉진제 역할만 했을 뿐이었다. 정교회의 변증가 티모시 웨어는 "정교회의 미래인 슬라브어 성경 번역본의 중요성을 측량할 수 있는 사람은 없다"라고 말하였다. 슬라브어로 된 예전과 성경은 서유럽 전반으로 나아갔고 불가리아 정교회와 세르비아 정교회를 낳았다.

이들은 지금까지도 슬라브어를 통해 예전에 참여한다. 메소디우스가 세상을 떠나고 거의 한 세기만에 정교회로 전향한 러시아는 오늘날까지 그의 키릴 알파벳을 사용하고 있다.

76. 프란시스 사비에르
일본으로 간 최초의 선교사

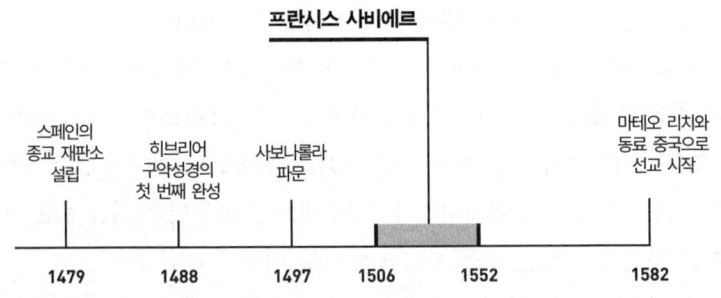

> 보잘 것 없는 일에 위대한 자가 돼라.

예수회는 설립된 지 5년 안에 종교적 열성으로 인해 이미 유명한 조직으로 알려지게 되었다. 예수회가 전하는 복음과 그들이 중부 이탈리아에서 병자들을 돌본다는 소식은 유럽 대륙 전역에 퍼졌고, 사방의 가톨릭 군주들은 너나도 예수회 교단을 구한다는 글을 썼다. 포르투갈의 왕 요한 3세가 오리엔트의 식민지를 위해 예수회 수도사 6명을 요청하자 설립자 이그나티우스 로욜라는 2명만 보낼 수 있다고 대답했다.

그런데 출발하기 직전에 두 사람 중 하나가 병에 걸렸다. 그 사람을 대체하기 위해 세워진 사람은 프란시스 사비에르(Francis Xavier)였는데 그에게는 출항 전에 오직 'Cassock'(카속, 성직자들의 의복)을 수선할 정도의 시간만 주어졌다. 이는 가장 광범위하고 성공적인 선교 활동의 시작이었다.

서구의 우연

스페인-바스크 귀족 가문의 아들인 사비에르는 유럽의 신학 중심지인 파리대학교에서 로욜라의 룸메이트였다. 두 사람은 신앙적 이상 가운데 우정과 연대감을 형성했고 다른 다섯 명과 함께 그리스도를 본받는 가운데 가난과 독신주의에 자신들을 바쳤다.

사비에르가 리스본으로 여행하는 동안 교황 바오로 3세는 공식적으로 자신과 이그나티우스의 추종자들을 예수의 협회인 수도회, 즉 예수회라고 승인했다. 요한 3세의 요청으로 사비에르는 인도의 고아라는 곳으로 보내졌는데 그곳은 동양의 포르투갈 활동지의 중심이었다.

1년간의 여정(이 여정 가운데 그는 뱃멀미로 인해 처음으로 명성을 얻게 되었다) 후에 사비에르는 환자들에게 설교하며 그들을 목회하면서 5개월을 보냈다. 그는 종을 손에 들고 아이들을 교회로 초청하는 가운데 길을 걸었다. 포르투갈 아이들이 많아지자 그는 그들에게 교리문답을 가르쳤고 그들로 하여금 자신들이 배운 것을 부모에게 나눌 지침을 주었다.

그는 "나에게 아이들을 7세까지만 맡겨 달라. 그 후로는 누구든지 그들을 맡아도 좋다"라고 말했다. 결국에는 그 선교사에 대해 수용적이지 않던 어른들도 그의 설교를 들으려고 모여들게 되었다.

그러나 사비에르는 만일 그가 포르투갈 사람들에게 복음을 전할 운명이었다면 포르투갈에 머무를 수 있었을 것으로 생각했다. 그는 다시 승선하여 인도의 남쪽 반도에 있는 진주 양식장을 향해 떠났다. 그 지역에 사는 약 2만 명의 인도인들은 고작 7년 전에 세례를 받았는데 이는 대개 기독교가 강력한 포르투갈인들의 종교였기 때문이었다. 사비에르는 복음을 전할 뿐만 아니라 이런 새로운 개종자들을 교육하기를 원했다.

하지만, 인도의 카스트 제도는 신심 어린 개종에 있어 또 다른 장애물이 되었는데, 가령 낮은 계급의 카스트에 속한 사람들은 대개 사회적으로 높아지는 수단으로 기독교로의 개종을 추구했다. 높은 카스트 계급의 사람들은 이 종교를 그들의 사회적 질서를 전복시키려는 체제로 이해했다.

이에 사비에르와 그의 동료들은 종종 박해를 받았고 사비에르 자신은 한때 화살에 맞기도 했다. 설상가상으로 들리는 소문에 의하면 그리스도인 포르투갈 병사들은 새로운 개종자들에게 아주 형편없는 본보기가 되고 있었다.

복잡한 사안들

그의 선교 여행(그는 분명히 스리랑카에 도착했었고 몇몇 사람은 그가 필리핀의 첫 번째 사도였을 수도 있다고 믿는다) 가운데 사비에르는 '한'(Han)이라는 이름의 일본 남자를 개종시켰다. 일본은 불과 5년 전에 유럽인들이 도달했던 곳이었는데, 사비에르는 '한'의 보고서를 통해 접한 일본의 정교한 문화에 크게 놀랐다.

그가 칭한바 "아직 발견되지 않은 최고의 사람들"에게 당도하고자 희망하며, 그는 '한'과 2명의 다른 일본인 그리고 2명의 예수회 수사와 함께 항해를 시작했다. 인도와 마찬가지로 그는 환영을 받았고 수천 명의 개종자가 생겨났다. 그는 부흥하는 교회의 시작을 확신한 상태로 약간의 휴식을 취하고자 인도로 돌아왔다.

그를 기다리고 있던 소식이 있었다. 예수회가 남아프리카 희망봉 동쪽의 영토를 포함한 새로운 관구를 조직하기로 했다는 것이었다. 그리고 사비에르 자신은 그 결성의 수장을 맡기로 되어 있었다. 그러나 사비에르가 진정 원했던 것은 계속해서 일본을 복음화시키는 것이었다.

사실 사비에르는 그가 일단 중국에 당도할 수 있다면 일본 사람들에게 더 많이 다가갈 수 있다고 생각했는데, 이는 그가 생각할 때 일본은 중국의 지혜를 구한다고 보았기 때문이었다.

사비에르가 포르투갈 왕에게 쓴 글이다.

> 우리에게 용기를 주는 것은 이러한 생각을 하나님이 우리 안에 불어넣으셨다는 사실이다.
> 또한, 우리는 하나님의 능력이 중국의 왕의 것보다 한없이 높다는 것을 의심하지 않는다.

하지만, 중국은 외부인들에게는 굳게 닫혀 있었고 사비에르는 그곳에 들어가고자 노력하던 가운데 열병으로 세상을 떠나게 되었다.

로마가톨릭교회의 가장 위대한 선교사

사비에르가 얼마나 많은 개종자를 낳았는가에 관해서는 역사의 경험 속 추측으로 남겨져 있다. 그 수는 높게는 100만 명까지 추측되고, 예수회에서는 70만 명을 주장하지만 현대 학자들은 그 수를 대략 3만 명 정도로 보고 있다. 어떤 이들은 사비에르가 선교에 있어 활용한 방법들(그는 개종자들이 포르투갈식 이름을 쓰고 서구의 옷을 입도록 강요했으며, 동방교회의 박해에 찬성하는 입장을 보이며 선교의 도구로서 고아 정부를 사용했다)을 비판하기도 했으나, 많은 칭송이 그를 뒤따른 것도 사실이다.

그는 주장하기를 선교사들이 자신이 복음을 전하고자 하는 곳의 문화와 관습 그리고 특별히 언어에 적응해야 한다고 했다. 그리고 이후의 다른 선교사들과 달리 사비에르는 교육을 받은 현지 성직자를 지원하기도 했다. 한동안은 박해로 인해 일본에서 그의 업적이 파괴된 것처럼 보였지만, 개신교 선교사들은 3세기 후 나가사키 지역에서 10만 명의 기독교인을 발견했다.

1622년 로마가톨릭교회는 사비에르를 성인으로 추대했고, 1927년에는 그에게 "모든 선교의 수호 성인"이라는 칭호를 주었다.

77. 마테오 리치
중국으로 간 미심쩍은 전도자

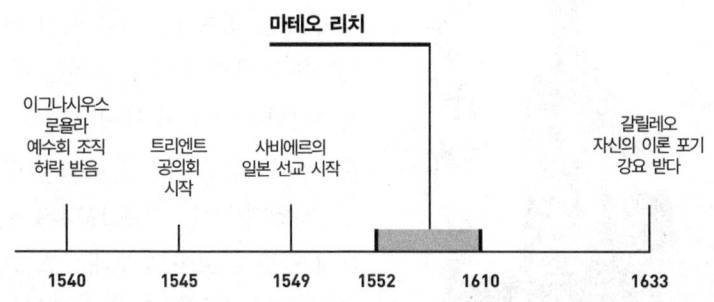

> 천국에 계신 주님보다도 낙원을 사모하는 자들은 황제에게 경의를 표하고자 북경의 황궁 앞에 엎드려 그 아름다움을 숭배하는 자들과 같다.

1579년 발리냐노라는 이름의 남자가 중국 연안의 포르투갈 교역소인 마카오에 도착했다.

장차 선교사가 되려 했던 그는 그곳 근처에 있는 본토를 바라보며 외쳤다고 전한다.

바위여, 바위여 오! 언제 열릴 것인가 바위여?

마카오의 사제들은 그에게 안간힘을 쓰지 말라고 말했다. 그들은 주장하기를 중국인들의 개종이란 완전히 불가능한 것이라고 말했다. 그러나 4년 만에 30세의 이탈리아인 예수회 신자가 지방 수도에 살며 중국인들에게 기독교 신앙을 전하게 되었다. 그의 이름은 마테오 리치(Matthew Ricci)였는데 그는 프란시스 사비에르와 더불어 극동 지방에서 가장 성공적인 선교사 중 한 사람이 될 인물이었다.

중국의 수도로 이동하다

마테오 리치

리치의 아버지는 이탈리아 귀족이었는데 그는 법률을 공부시키기 위해서 아들을 로마로 보냈다. 리치는 이 대신 예수협회(예수회)에 들어갔는데 그 밑에서 그는 선교 사역을 하고자 수학을 공부하였다. 그는 다른 13명의 사람과 함께 인도의 고아로 보내졌고 그곳에서 다음 세대의 기독교 지도자들이 될 아이들을 가르쳤다.

리치는 예수회 사람들과 계약을 할 때 더 많이 흥정을 했고 4년 뒤에는 전근 신청을 했다. 그는 마카오로 재배치되었다. 1583년 중국의 관리들은 리치가 수학과 천문학 그리고 지리학에 전문지식이 있다는 것을 듣고는 그를 그의 동료인 루기에리와 함께 초대하여 지방 수도인 차오싱에 정착하도록 했다. 점점 더 리치는 왕국의 수도인 북경과 가까워졌고, 1600년에는 황제에게 초청을 받아 그곳에 거주하게 되었다.

중국인들은 자신들의 것만이 진정한 문명이라고 간주했는데 리치는 이렇게 말하면서 그들의 주장을 수용했다.

> 극서 지방에서 온 당신들 황제의 종 리마톤은 존경심을 담아 폐하께 말씀드립니다. 나의 고향으로부터의 먼 거리에도 불구하고 당신들의 명성은 황실이 모든 백성에게 부여한 훌륭한 가르침과 놀라운 제도를 나에게 들려주었습니다.

그는 황제에게 말하길 자신은 "조금 쓸모가 있는 정도의" 사람이 되고 싶다고 말했는데, 처음에 그것은 그가 처음 도착했을 때 황제에게 주었던 두 가지 시계를 비롯한 시계 수리해 주는 것을 의미했다. 이 부분과 지도 제작에 관한 리치의 기술은 황제를 감동시켰고 그에게는 더 많은 문이 열려 10년 동안 정부의 보호와 함께 수도에 머물 수 있게 되었다.

리치는 다음과 같이 기록하고 있다.

> 이는 지존자의 전능한 손이 만든 기적이다.
> 그 기적은 우리가 북경에 거주한다는 사실에서는 물론 우리가 반박의 여지 없는 권한을 여기서 누리고 있다는 점에서 더욱 크게 나타난다.

논쟁의 여지가 있는 복음주의

기독교를 중국어로 번역하기 위해서 리치는 혁신을 일으켰다. 예를 들어 중국어는 하나님이라는 단어가 없었기에, 리치는 '하늘의 주'라는 의미의 '천주'라는 단어를 사용했다. 그는 그의 가장 초기의 교리문답 가운데 "천국에 계신 주님보다도 낙원을 사모하는 자들은 황제에게 경의를 표하고자 북경의 황궁 앞에 엎드려 그 아름다움을 숭배하는 자들과 같다" 라고 적기도 했다.

나중에 그는 천(天)이라는 단어만이 유일신론을 함축하는 의미를 중국인들에게 갖고 있었다고 결정짓기도 했다. 그는 또한 생각하기를 대개 "거룩한"이라고 번역되는 성과 같은 단어들이 숭고한 것으로 여겨지는 모든 것을 묘사함에서 광의적으로 사용되었다고 믿었다. 그래서 리치는 그 단어를 공자를 묘사할 때 사용하였다.

게다가 리치는 대개가 유교 신자들이었던 중국의 지식인들 가운데에서 발언권을 갖기 위해 그 자신이 유교 학자가 될 필요가 있다고 결정을 내렸다. 또한, 지역 전통을 존중하기 위해 그는 자신에 의해 개종한 사람들이 고대의 관습들, 예를 들면 조상 숭배를 지속하도록 허용했다.

중국에서 사회는 가족의 결속을 통해 형성되었고 조상에게 경의를 표하는 것(그들에게 향을 피우는 것)은 이러한 가족 가치를 강화하는 전통적 의식이었다. 장기간에 걸친 연구 끝에 리치는 그러한 행위는 어떤 그리스도인들이 고발하는 바와 같은 예배가 아니며 단지 이미 세상을 떠난 가족에 대한 경의의 행동이라고 결정했다.

리치의 방법은 그와 경쟁하던 수도회로부터 거의 즉각적으로 비난을 받게 되었는데 예수회의 성공을 질투한 도미니크와 프란체스코수도회가 그

주체였다. 이 사안은 중국 의례 논쟁이라고 불리게 되었다. 로마는 수도사들의 편을 드는 경향이 있었고 리치의 공적을 축소하고자 했다.

반면, 북경은 예수회의 편을 들었고 그 논쟁은 해결되지 않은 상태로 수세기 동안 번지게 되었다. 리치는 세상을 떠날 때까지 그의 사역을 지속했다. 비록, 그의 개종자들의 숫자는 상대적으로 적었지만, 그 안에는 영향력 있는 중국의 학자들과 미래의 중국 기독교 가운데 주요한 역할을 감당할 가정들을 많이 포함하고 있었다.

78. 존 엘리엇
미국 원주민들의 사도

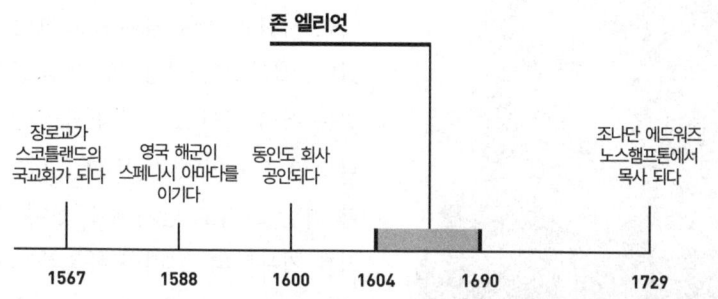

> 나는 이 복된 가정으로 왔을 때 나는 단 한 번도 보지 못했던 생생한 힘과 효능이 그 안에 있는 경건함의 능력을 보았다.

역사가들은 대개 윌리엄 캐리(William Carey)가 인도로 항해한 것과 더불어 1792년을 현대 선교 운동의 시작으로 본다. 그러나 이미 150년 전 청교도 존 엘리엇(John Eliot)은 미국 원주민들에게 복음을 전한 바 있다. 비록, 그의 사역의 장기적인 범위에서의 영향은 식민주의자들의 두려움에 의해 파괴되었다.

경건함의 힘에 의해 감동을 받다

엘리엇은 잉글랜드 하트퍼드셔의 한 부유한 가정에서 태어났다. 1622년 케임브리지대학교를 졸업한 뒤 그는 그의 회심에 주된 영향을 준 청교도 목사인 토마스 후커의 영향 아래로 들어갔다. 엘리엇이 나중에 적은 글이다.

"나는 이 복된 가정으로 왔을 때 단 한 번도 보지 못했던 생생한 힘과 효능이 그 안에 있는 경건함의 능력을 보았다."

1631년 영국성공회 지도자들이 청교도들을 압박하자 엘리엇은 메사추세츠주의 록스베리로 이주했다. 그는 그곳에서 그의 많은 영국인 친구로 구성된 교회의 목사가 되었다. 이듬해에는 앤(한나) 뭄포드와 결혼을 했다.

존 엘리엇

엘리엇의 초기 유산은 미국에서 처음으로 출판된 책인 『베이 시편집』(Bay Psalm Book)을 제작한 것이었는데 이는 시편을 운율 형태로 표현한 것이었다. 엘리엇은 전형적인 청교도였다. 그는 저녁 식사로 한가지 요리만 먹는 검소한 사람이었다. 또한, 그는 담배와 가발 그리고 남자에게 있어 긴 머리를 거부했다. 그러나 독특한 부분도 있었는데 그는 뉴잉글랜드에 사는 인디언들에 대해 깊은 관심을 가졌다.

록스베리에서 그는 알공킨족에 대해 배우기 시작했고 1647년에는 그들의 모국어로 설교하기도 했다. 또한, 번역에 착수하여 1663년 알공킨 성경 전체를 출간하기도 했는데 이는 미국에서 출판된 첫 성경이었다.

그러나 불행히도 그는 자기 시대의 산물이었다. 그는 기독교와 영국 문화를 혼돈하였다. 그는 많은 인디언의 세례를 문명의 생활, 정부, 노동에 이르는 고정된 삶의 조건들이 그들을 덮을 때까지 연기했다. 이는 다른 말로 하면, 영국인들처럼 살게 될 때까지 그들은 그리스도의 보배와 더불어 신뢰할만한 사람들이 아니라는 뜻이었다.

이것이 의미한 바는 다른 무엇보다도 남자들의 짧은 머리, 영국식 옷 입기 그리고 영국의 도시 양식을 따른 마을로 인디언들을 이동시키는 것을 의미했다. 1674년까지 그런 마을은 14개가 생겼고 "기도하는 인디언들"이라 불린 1,100명의 사람들이 그곳에 있었다.

상한 무리들을 보살피다

그 제도는 일부 인디언들에게 기독교 신앙의 기초와 사역을 위한 어느 정도의 훈련을 제공했다. 그러나 이는 또한 그들 자신의 사람들(배척하도록 요구받은 문화)과 영국의 후원자들(이들은 청교도 교회에 인디언들이 참석하는 것

자체를 용인하지 않았다)로부터 그들을 고립시키는 역할도 했다. 유혈이 낭자했던 왐파노아그족과 영국인들 사이의 필립스왕 전쟁(1675-76) 기간에 '기도하는 인디언들'은 중간 지대에 껴있었다.

비록 그들은 영국인을 지지했지만, 영국 식민주의자들은 그들의 충성심을 불신했고, 그들을 한데 모아 강제 수용소에 데려갔다.

그 전쟁은 인디언들의 신뢰를 파괴했을 뿐만 아니라 엘리엇의 앙골킨 성경 사본 거의 전부 그리고 4개를 제외한 인디언들의 마을도 무너뜨렸다. 엘리엇은 낙담하기를 거부했고 죽는 날까지 그 깨어진 인디언 무리를 보살피기를 지속했다. '기도하는 인디언들'의 마을은 18세기 초까지 지속되었다.

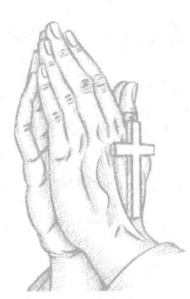

79. 윌리엄 캐리
현대 개신교 선교의 아버지

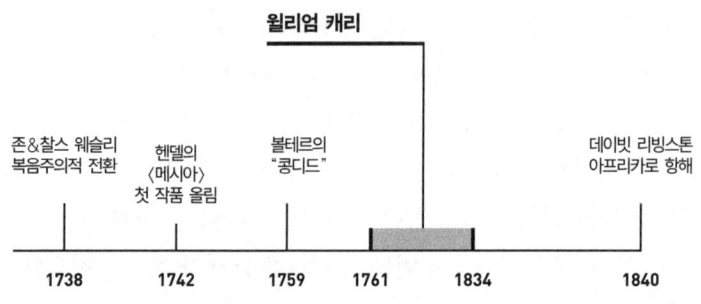

> 위대한 일을 기대하라. 위대한 일을 시도하라.

침례교 지도자들이 모인 1700년대 후반의 한 회의에서 새로이 임명된 목회자 한 사람이 해외 선교의 가치에 대해 주장하기 위해 섰다. 그런데 그는 한 나이든 목회자가 "젊은이, 자리에 앉게. 자네는 열광주의자군. 하나님이 이교도를 개종시키시고자 한다면 자네나 나와 상의하지 않으시고 그리하실 거라네"라고 말하는 소리에 방해를 받았다.

오늘날 그 나이든 목회자가 보였던 태도를 갖기란 상상하기 쉽지 않은데 이는 주로 윌리엄 캐리라는 그 젊은이의 뒤이은 노력 덕분이다.

성실한 노력가

윌리엄 캐리(William Carey)는 잉글랜드 중부 파울러퍼리의 잘 알려지지 않은 시골 마을에서 자랐다. 그는 지역 구두 가게에서 도제로 일했는데 그곳은 명목상 영국성공회 신자였던 그가 회심한 곳이었다. 그는 열광적으로 신앙을 받아들였고 많은 교육을 받지 못했음에도 그리스어 문법책을 빌려 그리스어 신약성경을 스스로 학습했다.

가게 주인이 세상을 떠나자 그는 해클턴에서 가까운 곳에서 제화업을 시작했고 그곳에서 도로시 플레킷이라는 여성을 만나 결혼했으며 곧 딸을 갖게 되었다. 그러나 그 구두 수선공의 삶은 혹독했다. 딸은 2살에 죽고 말았고 그의 벌이는 충분치 못했다. 캐리의 가족은 빈곤 속으로 빠져들었고 그가 사업을 물려받은 후에도 그곳에서 지냈다.
　다음은 그가 나중에 쓴 글이다.

　　나는 성실하게 할 수 있다.
　　나는 어떤 것을 추구하든 인내하며 할 수 있다.

　그동안 그는 히브리어와 라틴어를 더하여 그의 언어 공부를 지속했고 개혁침례교회의 설교가가 되기도 했다. 그는 또한 국제적 문제, 특히 다른 문화권의 종교적 삶에 대한 그의 일생의 관심을 계속해서 추구했다.
　캐리는 초기 모라비안 선교사들에 의해 깊은 감명을 받았고, 그의 동료 개신교 신자들의 선교에 관한 관심 결여에는 크게 실망했다. 이에 대응하여 그는 이교도들의 개종을 위한 방법을 사용하기 위한 기독교인들의 의무에 대한 조사를 적었다.
　그는 예수님의 대위임령은 모든 시기의 모든 그리스도인에게 적용된다고 주장했고 이를 무시하는 그의 동시대 신자들을 크게 꾸짖었다.

　　대다수의 사람이 안일하게 앉아 지금까지 무지와 우상 숭배 속에 빠져있는 동료 죄인들의 훨씬 중대한 문제에 대해 신경 쓰지 않고 있다.

　캐리는 거기서 멈추지 않았다.
　1792년 그는 선교 협회를 조직하였고 그 개회 모임에서 다음과 같은 요청과 함께 설교했다.

　　하나님으로부터 위대한 일을 기대하라.
　　하나님을 위해서 위대한 일을 시도하라!

　1년이 되지 않아 캐리와 일전에 의사였던 존 토마스(John Thomas) 그리고 캐리의 가족들(이때 3명의 아들과 또 다른 아이 하나가 함께 했다)은 인도를 향해 가는 배에 승선했다.

낯선 땅에서 온 낯선 사람

토마스와 캐리는 인도에서 사는 것을 너무나도 얕잡아보았고 이에 그곳에서 캐리가 보낸 초기의 삶은 비참하기 그지없었다. 토마스가 회사를 그만두자 캐리는 가족들을 부양하기 위한 일자리를 찾아 계속해서 이사를 다닐 수밖에 없었다. 질병이 가족을 괴롭혔고 외로움과 후회가 찾아왔다.
그는 또 쓰고 있다.

> 나는 낯선 땅에 있다.
> 그리스도인 친구도, 많은 가족도 없으며, 그들의 필요를 채워줄 수 있는 것도 없다.

그러나 그는 또한 희망을 붙들기도 했다.

> 그렇지만 나는 하나님을 모시고 있고 그분의 말씀은 확실하다.

그는 학자의 도움을 받아 벵골어를 배웠고 몇 주 만에 벵골어 성경 번역과 작은 모임들에서 설교하기를 시작했다. 캐리 자신이 말라리아에 걸리고 그의 다섯 살 된 아들 피터가 이질로 세상을 떠났을 때 아내 도로시에게는 너무나도 큰 고통이어서 그녀의 정신 건강은 급속도로 악화되었다. 그녀는 망상에 빠져 캐리가 간음을 했다고 비난했고 그를 칼로 위협하기도 했다. 결국, 그녀는 한 방에 갇혀 신체적으로 제지당할 수밖에 없었다.
캐리는 "이것은 실로 나에게 사망의 골짜기와 같구나"라고 적었지만 "그러나 나는 그런데도 내가 여기 있음에 기뻐한다. 그리고 하나님은 여기 계시다"라고 눈에 띄게 덧붙여 적었다.

언어의 은사

1799년 10월 상황은 마침내 변했다. 그는 캘커타에서 가까운 세람포어에 있는 덴마크인 정착촌에 초대되었다. 이제 그는 그가 합법적으로 설교할 수 있도록 허용한 덴마크 사람들의 보호 아래 있게 된 것이었다.

캐리는 인쇄업자였던 윌리엄 워드와 교사였던 조슈아와 한나 마쉬만 부부와 함께하게 되었다. 워드가 정부 인쇄 계약을 확보하고 마쉬만 부부가 학생들을 위해 학교를 열며 캐리가 캘커타에 있는 포트윌리엄대학교에서 가르치기 시작하자 선교 자금은 증가했다.

윌리엄 캐리

7년간의 선교 사역을 한 후인 1800년 12월, 캐리는 그가 처음으로 개종시킨 크리쉬나 팔이라는 사람에게 세례를 주었고 두 날 후에는 그의 첫 번째 벵골어 신약성경을 출판했다. 이 성경과 뒤따른 개정판으로 캐리와 그의 동료들은 그때까지 불안정한 방언에 불과했던 현대 벵골어 연구의 기초를 놓았다.

캐리는 계속해서 위대한 일들을 기대했다. 28년 동안 그와 그의 학자들은 인도의 주요한 언어인 벵골어, 오리아어, 마라티어, 힌디어, 아삼어, 산스크리트어 그리고 209개의 다른 언어들과 방언들로 성경 전체를 번역하였다.

그는 또한 유아 살해와 과부 화형(사티), 조력 자살의 폐지를 포함한 인도의 사회적 개혁을 추구했다. 그와 마쉬만 부부는 1818년 인도 사람들을 위한 신학교인 세람포어대학교를 설립하였는데 이는 오늘날 2500명에 가까운 학생들에게 신학적이고 자유로운 인문 교육을 제공하는 학교가 되었다.

캐리는 세상을 떠날 때까지 41년 동안을 휴가 한번 없이 인도에서 보냈다. 그의 선교는 수백만의 사람이 살고 있는 그 나라에서 700명 가량의 개종자를 낳았을 뿐이지만 그는 성경 번역과 교육 그리고 사회 개혁에 인상적인 기초를 놓았다.

그의 가장 위대한 유산은 그가 고무시킨 19세기 전 세계적인 선교운동이었다. 애도니럼 저드슨, 허드슨 테일러 그리고 데이비드 리빙스턴을 포함한 수천 명의 사람은 캐리가 보여 준 모범뿐만 아니라 "위대한 일을 기대하고 위대한 일을 시도하라"는 그의 표어 문구에도 깊은 감명을 받았다. 19세기 개신교 선교 역사는 많은 부분에서 캐리의 그 문구에 대한 확장된 해석이라고 볼 수 있다.

80. 데이비드 리빙스턴
아프리카의 선교사이자 탐험가

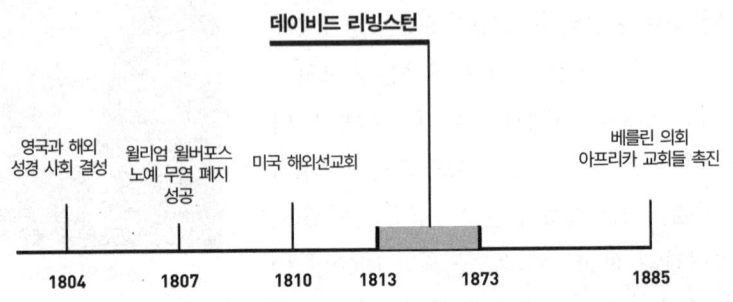

> 나는 나의 사람들을 위해 버팔로를 사냥하거나 관찰할 때 그리스도를 섬긴다. 비록, 어떤 이들은 그것이 충분히 또는 전혀 선교사답지 않다고 말할지라도 말이다.

기자 헨리 모튼 스탠리(Henry Morton Stanley)가 미리 리허설을 하면서 4개의 단어로 "리빙스턴 박사님 맞으시지요?"라고 물은 것과 더불어 데이비드 리빙스턴(David Livingstone)은 불멸의 존재가 되었다. 스탠리는 리빙스턴과 함께 5개월을 지냈고 그의 베스트셀러 『나는 어떻게 리빙스턴을 찾았는가』(How I Found Livingstone)를 쓰기 위해 잉글랜드로 떠났다. 리빙스턴은 그 사이에 말 그대로 그의 목까지 오는 늪에서 또 다시 길을 잃고 말았다. 1년 반이 안되어 그는 그의 진흙 오두막에서 침대 옆에 무릎을 꿇고 기도하는 가운데 세상을 떠났다.

모든 문명화된 세계가 눈물을 흘렸다. 그들은 그를 위해 21발의 예포를 쏘았고 웨스트민스터 사원의 성인들 가운데 영웅적인 장례식을 치러주었다. 그의 묘비에는 이렇게 적혀있다.

> 땅과 바다를 넘어 신실한 손에 의해 모셔온 사람, 데이비드 리빙스턴은 선교사이자 탐험가이며 박애주의자였다. 30년간 그는 원주민들을 복음화하며 발견되지 않은 비밀들을 탐험하고 노예 무역을 폐지하고자 하는 불굴의 삶을 살았다.

그는 마더 테레사와 닐 암스트롱 그리고 에이브러햄 링컨을 한데 뭉쳐 놓은 사람이었다.

대로를 여는 사나이

하루 14시간씩 면직물 공장에서 일하던 어린 시절이 지난 뒤 25세가 된 리빙스턴은 수업시간 및 그 자신이 직접 공부한 것을 따라 중국에 의료선교사로 갔던 이들의 매력에 사로잡혔다. 그러나 그가 훈련하는 동안 중국의 문은 아편전쟁으로 인해 굳게 닫혀 있었다. 6개월이 되지 않아 그는 로버트 모팻이라는 남아프리카의 베테랑 선교사를 만났는데 그는 "어떤 선교사도 가보지 않은 많은 마을에서 피어나는 연기"와 더불어 빛나는 아침 태양이 있는 머나먼 일터의 이야기를 통해 리빙스턴이 넋을 잃게 만들었다.

10년 동안 리빙스턴은 남부 아프리카에서 전통적 선교사가 되고자 시도했다. 그는 여러 개의 일터를 '저 너머의 지역들'에 열었고 그곳에 정착하여 교편을 잡고 정원을 관리했다. 미혼으로 4년을 보낸 뒤에 그의 선배의 딸인 메리 모팻과 결혼했다.

초반부터 리빙스턴은 쉼 없이 달리려는 기색을 보였다. 그가 개종시킨 유일한 사람이 일부다처제로 돌아가기로 결정하자 리빙스턴은 그 어느 때보다도 탐험을 해야 한다고 느꼈다. 그는 남아프리카에서의 첫 번째 시기 동안 가장 굉장하고 가장 위험한 19세기의 탐험들을 감행했다. 그가 목표한 바는 1500마일 북쪽에서부터 내륙으로 진입하여 미전도 종족에게 기독교와 문명을 가져다 주는 선교사의 길이었다. 그가 표현한 바에 따르면 '하나님의 대로'를 여는 것이었다.

그리스도를 위한 탐험가

이 초기의 여정 가운데에서부터 리빙스턴의 국제적인 기벽(奇癖)은 이미 명백했다. 그는 서양인들과 잘 어울리지 못하는 특별한 무능함이 있었다. 그는 선교사들, 동료 탐험가들, 조력자들 그리고 나중에는 그의 형제

데이비드 리빙스턴

인 찰스와도 싸웠다. 그는 몇 년간을 원한을 품고 지냈다. 그는 스코틀랜드인의 격렬함이 폭발할 때를 제외하고는 감정적으로 무딘 사람이었고 홀로 책 읽기를 즐기는 기질의 사람이었다.

그는 원주민에 대한 '식민지 정신'을 흡수하여 형편없이 옹졸한 마음을 갖는 선교사들의 태도를 거의 참아주질 못했다. 리빙스턴이 공개적으로 인종적 불관용에 대해 반대하자 아프리카의 백인들은 그의 일터를 불태우고 동물들을 약탈하며 그를 쫓아내고자 했다. 그는 또한 탐험이 그의 선교 사역을 분산시킨다고 생각했던 런던 선교협회와도 마찰이 있었다.

그러나 그가 평생의 삶 가운데 항상 자신에 대해 생각한 바가 있다.

> 뚱한 모습으로 성경을 겨드랑이에나 끼고 다니는 유형의 사람이 아니라 자기 사람들을 위해 버팔로를 사냥하거나 관찰함으로써 그리스도를 섬기는 그런 사람이었다. 비록, 어떤 이들은 그것이 충분히 또는 전혀 선교사답지 않다고 말할지라도 말이다.

비록, 백인들로부터는 찬밥 신세가 되었지만, 원주민들은 그의 평범한 접촉과 거친 부성애 그리고 그의 호기심을 사랑했다. 원주민들은 또한 그가 자신들을 총으로 보호하거나 그것을 자신들에게 공급해줄 수도 있다고 생각했다. 리빙스턴은 대부분 유럽사람보다 더욱 그들을 존중하는 태도로 말했고, 스코틀랜드의 지주들도 아프리카의 촌장을 그렇게 대했다.

어떤 탐험가들은 여행을 위해 150명에 달하는 짐꾼들을 데려가기도 했는데 리빙스턴은 30명이나 그보다 적은 인원으로 여행하였다. 대서양에서 인도양으로(세간에 의하면 유럽인으로서는 처음으로) 가는 3년간의 대 여정 가운데 리빙스턴은 1700마일에 이르는 잠베지강을 알게되었다. 나아가 그 강은 리빙스턴에게 가장 경외감을 불러일으켰던 발견인 빅토리아 폭포의 본거지이기도 했다. 리빙스턴은 그 장면은 "너무나도 아름다워서 천사들조차 그들이 나는 동안 이를 응시했을 것이다"라고 적었다.

그러나 그 아름다움에도 불구하고 잠베지는 인류의 비애가 서린 강이었다. 그 강은 포르투갈의 식민지 앙골라와 모잠비크를 연결시켰는데 이 두 곳은 브라질 노예의 주요 공급처였고 그 노예들은 차례로 쿠바와 미국으로 팔렸다.

비록, 리빙스턴은 영국 식민지를 만들고자 하는 욕망에 부분적으로 이끌렸지만 그의 주된 야심은 노예 무역을 폭로하여 그 근원을 잘라내버리는 것에 있었다. 그가 믿기로 이 업무를 수행함에 있어 가장 강력한 무기는 기독교 상업 문명이었다. 그는 비효율적인 노예 경제를 자본주의 경제로 대체하기를 소망했다. 사람이 아니라 재화를 사고 파는 것으로 말이다.

불행하게 끝나는 잠베지 탐험

영국으로 잠시 영웅적인 귀환을 한 뒤 리빙스턴은 다시 아프리카로 돌아갔는데 이번에는 빅토리아 폭포 근처에 전도시설을 수립하기 위해 브라스 앤 마호가니 증기선을 타고 잠베지 상류 1,000마일을 항해했다. 그 배는 최신식이었지만 항해하기에는 너무 취약했음이 드러났다. 배는 모래톱에서 좌초되는 일이 반복되자 형편없이 물이 샜다.

리빙스턴은 자신과 동행한 이들을 인간의 인내력을 넘어서도록 몰아세웠다. 그들이 30피트 높이의 폭포에 이르렀을 때 그는 그것이 거기에 있지 않기를 소원이라도 하듯 손을 흔들며 "저것은 저기에 있으면 안돼"라고 말했다. 이제 막 6번째 아이를 낳았던 리빙스턴의 아내는 1862년 그 강 곁에서 세상을 떠났는데 이는 그 항해에서 목숨을 잃은 사람 중 하나일 뿐이었다. 2년 뒤 증기선을 폭포 위로 밀어붙이는데 흥미가 없었던 영국 정부는 리빙스턴과 그의 선교팀을 소환했다.

1년 뒤 그는 다시 아프리카로 향했는데 이번에는 왕립지리학회와 부유한 이들이 후원하는 탐험대를 이끌기 위함이었다. 그는 "나는 단순히 지리학자로서 가는 것에 동의하지 않는다"라고 힘주어 말했으나 지리학자인 팀 질은 "그 항해에서 그의 주요한 동기가 나일강의 근원을 찾는 것이었는지 아니면 노예 무역을 폭로하고자 하는 것이었는지는 판단하기 쉽지 않다"라고 적었다. 그 당시 나일강의 근원은 엄청난 지리학적 수수께끼였다. 그러나 리빙스턴에게 더 중요했던 것은 유대교와 기독교의 아프리카에서의 뿌리를 추적함으로써 성경이 참되다는 사실을 입증할 가능성이었다.

2년간 그는 서신이나 약간의 정보도 남기지 않은 채 그야말로 실종되어 버렸다. 그는 나중에 보고하기를 너무 아파서 펜조차 들어 올릴 수 없는 지경이었으나 성경은 읽을 수 있어 내리 4번을 읽었다고 했다. 리빙스턴의 실종은 대중들의 관심을 불러일으켰는데 몇 세대 후 어밀리아 에어하트 때의 사람들에게까지 그 영향이 미칠 정도였다.

미국의 기자였던 헨리 스탠리가 리빙스턴을 찾았을 때 영국과 미국의 뉴스는 폭발적으로 증가했다. 신문은 그 유명한 만남에 대한 특집판을 발행했다. 1872년 8월 리빙스턴은 위태로운 건강 상태로 스탠리와 악수했고 그의 마지막 여행을 떠났다.

1841년 리빙스턴이 아프리카에 도착했을 때 그곳은 "어두운 대륙"과 "백인들의 무덤"이라 불리는 마치 우주 공간 같은 별스러운 곳이었다. 포르투갈, 네덜란드, 영국인들이 그 내부로 진출하고 있었지만, 아프리카 지도는 탐사되지 않은 텅 빈 지역들을 갖고 있었다. 도로도 나라도 주요 지형지물도 없었다.

리빙스턴은 남아프리카, 르완다, 앙골라, 콩고 공화국(옛 콩고)을 포함한 오늘날의 10여 개 국가를 탐험하며 지도를 다시 그릴 수 있도록 도왔다. 그는 또한 계속되는 아프리카 노예 제도의 악을 서방에 알려 결국 그것이 불법화되도록 이끌었다.

81. 허드슨 테일러
중국으로 간 믿음의 선교사

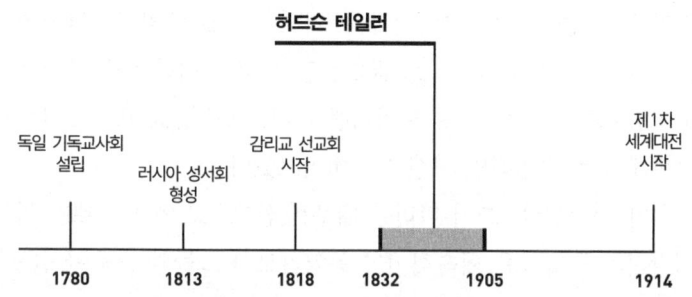

> 중국은 조용하고 안일한 사랑을 하는 남성이나 여성에 의해 정복될 곳이 아니다. 우리가 필요로 하는 남녀의 특징은 예수님과 중국 그리고 영혼들을 매 순간, 매 사에 최우선 순위에 두는 것이다. 심지어 자신의 생명 그 자체도 부차적인 것으로 두면서 말이다.

1853년 9월, 3개의 돛을 단 범선이 수척하고 강인한 눈매의 21세 선교사 허드슨 테일러(Hudson Taylor)를 태운 채 리버풀 항구를 조용히 빠져나갔다. 그가 향하고 있던 곳은 이제 막 서구 기독교인들의 의식 속으로 들어오고 있던 나라였고 10여 명 정도의 선교사만이 그곳에 상주하고 있었다. 그러나 테일러가 세상을 떠나게 되는 50년 뒤의 중국은 매년 수천 명이 자원하는 가장 활동적이고 도전적인 나라로 간주하게 된다.

급진적인 선교사

테일러는 제임스와 아멜리아 테일에게서 태어났는데 이들은 극동지역에 매료된 감리교 신자로서 새로 태어난 아이를 위해 "그가 주님을 위해 중국에서 일하도록 허락해 주십시오"라고 기도하던 부부였다. 수년 뒤 10대 허드슨은 몸을 뻗고 엎드려 간절히 기도하던 가운데 영적인 회심을 경험하게 되었는데 그는 이를 "말로 다 할 수 없는 경외감과 말로 다 할 수 없는 기쁨으로 하나님 앞에 있었던 것"으로 묘사했다.

그는 이듬해를 의술의 기초와 만다린어 학습 그리고 그 어느 때보다 깊이 성경과 기도에 몰두한 채 흥분 속에 준비하며 보냈다.

그가 탄 배는 영국과의 아편전쟁 이후로 중국이 외국인들에게 개방한 5개의 조약 항구 중 하나인 상하이였다. 거의 즉시로 테일러는(최소한 그 당시의 개신교 선교사들에게 있어서는) 급진적인 결정을 내려 중국식 옷차림을 하고(중국 남자들이 그러하듯) 땋은 머리를 했다. 그의 동료 개신교인들은 그를 수상쩍게 또는 비판적인 시선으로 바라보았다.

테일러 자신으로서는 그가 바라본 대부분 선교사로 인해 기쁘지 않았다. 그가 생각하기에 그들은 세속적이고 통역가로서 그들의 도움이 필요했던 영국의 사업가와 외교관들에게 지나치게 많은 시간을 쓰고 있었다. 테일러는 이런 것들보다 중국 내륙으로 기독교 신앙이 심어지기를 원했다. 그래서 도착한 지 몇 달이 채 되지 않았고 그곳의 언어는 여전히 도전적이었음에도 테일러는 조셉 에드킨스와 함께 내륙을 향해 출발하여 황푸강 하류를 항해하면서 중국어 성경과 소책자들을 나누어주었다.

1857년 테일러를 후원하던 중국 복음화 학회가 더 이상 선교사들을 후원할 수 없음이 드러나게 되자 테일러는 사임하고 독립 선교사가 되었다. 그는 하나님이 그의 필요를 채우실 것을 신뢰했다. 같은 해 그는 중국에 상주하고 있던 선교사의 딸인 마리아 다이어와 결혼했다. 그는 자기 사역에 계속해서 매진했고 닝보에 있는 그의 작은 교회는 21명의 성도를 가진 교회로 성장했다. 그러나 1861년 그는(아마도 간염으로) 심하게 앓았고 회복을 위해 잉글랜드로 돌려보내졌다.

도무지 쉬지를 않는 테일러는 영국에서도(이미 중국에서 시작했던) 중국어로 성경을 번역하는 일을 이어갔고 산파가 되기 위해 공부했으며 더 많은 선교사를 모집했다. 중국에 대해 거의 관심이 없는 것처럼 보이는 영국인들에 대해 우려한 그는 『중국: 그 영적인 필요와 권리』(China: Its Spiritual Need and Claims)라는 책을 썼다.

한 구절에서 그는 다음과 같이 썼다.

> 이 수많은(중국의) 사람이 지식이 없어서, 영국인들이 그토록 풍요롭게 가진 그 지식이 없어서 멸망하는데, 영국의 그리스도인 모두가 팔짱을 끼고

그저 이렇게 앉아 있을 수 있습니까?

테일러는 중국 내륙을 복음화하기 위해서는 특별한 조직이 필요하다고 확신하게 되었다. 그는 24명의 선교사를 모집하기로 계획했다. 둘씩 짝지어서 11개의 미전도 성들을 향해 보내고 남은 두 사람은 몽골로 보내고자 함이었다. 이는 베테랑 모집자들을 숨죽이게 만든 선견지명 있는 계획이었다. 이 계획을 통해 중국 선교사의 수는 25퍼센트까지 증가할 것이었다.

테일러 자신은 의심으로 괴로워했다. 그는 남녀 선교사들을 아무런 보호 없이 중국 내륙으로 보내는 것에 대해 걱정했고, 동시에 복음의 희망 없이 죽어가고 있는 수백만의 중국인들을 생각하며 절박함을 가졌다. 1865년 그는 일기에 "두 달에서 석 달을 격렬한 갈등 속에 있었고…. 정신을 잃을 것 같다고 생각했다"라고 적었다. 한 친구가 휴식을 위해 영국 남쪽 해안에 있는 브링턴으로 그를 초대했다.

해변을 거닐었던 그 자리가 바로 테일러의 어둠이 걷힌 곳이었다.

그곳에서 주님은 나의 불신을 정복하셨고 나는 이 일을 위해 나 자신을 하나님께 굴복시켰다. 나는 이 사안과 결과에 관한 모든 책임이 그분께 달려 있다고 말씀드렸다. 그분의 종으로서 내가 할 일은 그분께 복종하며 그분을 따르는 것이었다.

그가 '중국내지선교회'(CIM)라고 칭한 그의 새로운 사명은 다양한 특징들을 많이 갖고 있었는데 거기에 포함된 사항들은 다음과 같다. 이곳의 선교사들은 보장된 월급도 없었고 자금에 대해 요청도 할 수 없었다.

그들은 오로지 그들의 필요를 채우시는 하나님을 신뢰해야 했다. 더 나아가서 이곳의 선교사들은 중국식 복장을 하고 복음이 중국 내지에 전해지도록 힘써야 했다.

그의 이러한 작전과 더불어 테일러와 그의 아내 그리고 4명의 아이와 16명의 젊은 선교사들은 1년이 되지 않아 그의 지도로 중국에서 사역하고 있던 5명의 사람과 합류하기 위해 런던에서 출항했다.

조직 내의 긴장

허드슨 테일러

테일러는 그 자신과 중국 내지 선교회 선교사들에게 계속해서 엄청난 압박(그는 처음 중국으로 돌아갔을 때 날마다 200명 이상의 환자들을 보았다)을 가했고, 몇몇 선교사는 중도에 사역을 멈추기도 했다. 테일러를 포학 행위로 고발한 루이스 니콜은 해임될 수밖에 없었다. 이 사건과 다른 논쟁들의 결과로 몇몇 CIM 선교사는 다른 선교 사역지로 떠났으나, 1876년 CIM은 52명의 선교사와 더불어 중국 선교사의 5분의 1을 구성하게 되었다.

하지만 아직도 미전도 중국인들이 너무나 많아서 테일러는 또 다른 급진적인 정책을 시작하였다. 그는 미혼 여성들을 내지로 보냈는데 이는 이전의 많은 선교사에게 비난을 샀다. 그러나 테일러의 대담함은 어떤 한계도 알지 못했다. 1881년 그는 1884년 말까지 70명의 또 다른 선교사들을 하나님에게 구했고 76명을 얻었다. 1886년 말에는 또 다른 100명의 선교사를 1년 안에 주시길 구했다. 그리고 1887년 11월에 그는 사역을 위해 통과된 후보자가 102명이라고 발표했다.

그의 리더십 유형과 높은 이상은 런던과 중국의 CIM 회의 가운데 막대한 긴장을 만들었다. 런던은 테일러가 독재적이라고 여겼다. 테일러는 자신이 생각하는 사역을 위한 최선의 것을 그가 행한다고 말했고 다른 이들로부터 더 많은 헌신을 요구했다.

그는 다음과 같이 말했다.

> 중국은 조용하고 안일한 사랑을 하는 남성이나 여성에 의해 정복될 곳이 아니다. 우리가 필요로 하는 남녀의 특징은 예수님과 중국 영혼들을 매 순간, 매사에 최우선 순위에 두는 것이다. 심지어 자신의 생명 그 자체도 부차적인 것으로 두면서 말이다.

테일러의 중국과 해외(런던과 미국 그리고 캐나다에서 연설 약속과 모집)에서의 고된 업무 행보는 그가 좋지 않은 건강 상태와 닥쳐온 우울증에도 불구하고 계속되었다. 1900년에 그것은 한도를 초과했고 그는 육체적, 정신적으로 완전히 무너지고 말았다. 테일러의 비전이 높은 결과 그 자신에게 미쳤던 결과는 가족들에게도 이르렀다.

그의 아내 마리아는 33살에 세상을 떠났고, 8명의 아이 중 4명이 10살도 되기 전에 생을 마감했다(테일러는 결국 CIM 선교사인 제니 폴딩과 재혼했다). 그의 사역 윤리와 하나님에 대한 전적인 신뢰(비록, 한 번도 자금을 구하지 않았지만, 그의 CIM은 성장하고 번영했다) 사이에서 그는 수천 명의 사람에게 서구의 안락함을 포기하도록 영감을 주어 광활하고 알려지지 않은 중국 내륙에 기독교의 메시지를 가져다주었다.

비록, 그의 중국에서의 선교 사역은 1949년 공산주의의 수립으로 인해 방해를 받게 되었지만, CIM은 오늘날까지도 OMF(Over seas Missionary Fellowship)라는 이름 아래서 지속하고 있다.

제9부

내지 탐험가

82. 이집트의 안토니우스

83. 빙엔의 힐데가르트

84. 시에나의 카테리나

85. 토마스 아 켐피스

86. 아빌라의 테레사

87. 십자가의 요한

88. 로렌스 형제

89. 윌리엄 로우

90. 앤드류 머레이

91. 오스왈드 챔버스

82. 이집트의 안토니우스
가장 위대한 사막의 교부

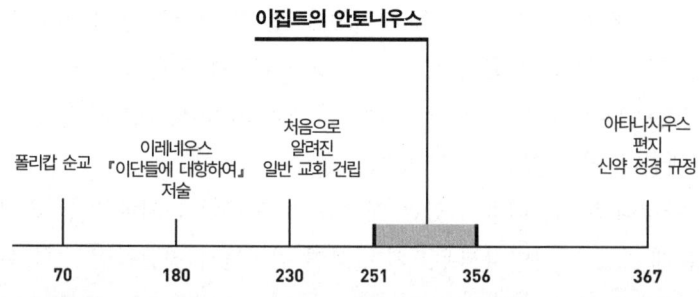

> 당신이 어느 자리에 있든지 그곳에서 너무 빨리 나아가서 말라. 인내하며 한곳에 머무르는 법을 배워보라.

부유한 가정에서 태어난 안토니우스(Antony)는 그가 자신들의 부요한 발자취를 따르기를 바라는 부모의 기대를 따라 살고자 했었다. 안토니우스의 부모는 그가 고작 20세였을 때 세상을 떠났고 그는 그들의 모든 재산을 상속받았다.

그런데 그와 동시에 안토니우스는 예수님이 부자 청년에게 "네가 만약 온전하기를 바란다면 가서 네 모든 소유를 팔아 가난한 자들에게 주라"라고 말씀하시는 마태복음서의 말씀을 듣게 되었다. 안토니우스는 자신이 바로 그 부자 청년이라고 생각했고 즉시로 예수님이 가르치신 바를 있는 그대로 행하였다.

사막으로의 도피

우리가 안토니우스에 대해 알고 있는 바는 그가 세상을 떠나고 얼마 안 되어 유명한 신학자 아타나시우스에 의해 쓰여진 성인전(성스러운 사람에 대한 칭송을 담은 전기)에 의해서가 전부이다. 그에 따르면 안토니우스는 그리스도인의 과업이 간단하면서도 어마어마한 것이라고 보았다. 마귀를 대적하고 그리스도에게 순종함으로써 '하나님을 사랑하는 사람'이 되는 바로 그것이 말이다. 안토니우스는 이 세상을 하나님의 종들이 마귀와 그의 추종자들을 대적하여 전쟁을 수행하는 싸움터라고 보았다.

그의 순결을 향한 여정은 그 자신이 마을에서 떠나는 것으로부터 시작했다. 그는 격렬한 영적 수련을 시작했다. 잠 못 이루는 밤을 기도로 보냈으며, 이틀에 한 번을 금식하고, 먹는 것이라곤 빵과 물 뿐이었다. 아타나시우스는 안토니우스가 발견한 것이 "육체의 쾌락이 약할 때 영혼의 정신은 강해진다"라는 것임을 기록했다.

곧 안토니우스는 마을이 있는 지역을 떠나 무덤 근처에 있는 은신처를 찾았는데 그곳은 아타나시우스에 따르면 귀신들과 짐승들이 그를 육체적으로 그리고 영적으로 공격하던 곳이었다. 안토니우스는 마치 경기장의 운동선수처럼 하나님의 임재에 의해 모든 귀신이 떠나갈 때까지 반복적으로 찾아오는 공격들을 견뎌냈다.

한바탕의 전쟁 후 찾아온 평안 속에서 안토니우스는 왜 자신이 이러한 싸움을 홀로 감당하도록 남겨졌냐고 하나님께 물었다. 하나님은 자신이 그 자리에 계셨지만, 그 성자가 맞서 싸우는 것을 보고자 기다리셨다고 말씀하셨다.

안토니우스는 그 무덤으로부터 다시 떠났는데 이번에는 사막의 산에 있는 로마의 버려진 요새를 은둔처로 찾기 위함이었다. 그는 그곳에 칩거하여 20년을 보내면서 침묵을 수행하고 고독한 싸움을 했다. 그가 다시 모습을 드러냈을 때 그는 전 이집트의 힘과 지혜의 상징이 되어있었다.

금욕적인 유명 인사

고독과 끊임없는 기도의 기초를 다진 안토니우스는 이제 그가 걸었던 길을 따르려는 이들에게 자신의 비밀을 나눌 준비가 되어있었다. 많은 사람이 그의 지혜에 매료되었고, 그는 이런 부분에 있어 자기 부정과 고독한 삶이 필요함을 조언했다.

『아포프테그마타 파트룸』(*Apophthegmata patrum*)이라는 사막의 교부 및 교모들로부터 기인한 교훈 모음집은 안토니우스의 지혜에 관한 다음과 같은 이야기를 소개한다.

한 형제가 세상을 뒤로하고 그의 재산을 가난한 자들에게 주었다. 그러나 그는 개인 자금으로 따로 약간의 재산을 감추어두었다.

그는 사부인 안토니우스를 보러 갔다.

그가 사부에게 이 사실을 말하자 그 나이 많은 사부는 이렇게 말했다.

> 네가 만일 수도승이 되고자 한다면 마을에 들어가서 고기를 좀 사고, 그것으로 너의 벌거벗은 몸을 두르고 그 모습으로 이리로 오라.

그 형제가 그렇게 하자 개들과 새들이 그의 몸을 물어 뜯었다. 그가 돌아오자 나이 든 사부는 자신이 시키는대로 했는지를 그에게 물었다.

그는 자신의 상처입은 몸을 보여 주었고 성 안토니우스는 이렇게 말했다.

> 세상을 뒤로 하고도 자신들을 위해 무언가를 소유하고자 하는 이들은 그들과 싸움을 벌이는 귀신들에 의해 이런 모양이 되고 말 것이다.

안토니우스는 또한 더 규모있는 교회의 도움이 되어주기도 했다. 로마 황제 디오클레티아누스가 303년 이집트의 그리스도인들을 박해하자, 사막 수도 공간에 홀로 있는 안토니우스에게 소식이 전해졌다. 그와 몇몇 다른 수도승은 알렉산드리아로 여행하여 박해받는 이들을 돌봐주었다.

그는 너무나도 존경을 받아서 당국자들조차 그가 복음을 전하고 위로하며 수감자들의 고통을 완화하도록 내버려두었다. 실제로 그는 막시민 치하에서 순교하려고 자신을 내던졌지만 거부되기도 하였다.

안토니우스가 그의 고독한 사막을 떠난 것은 오직 한 번이었다. 안토니우스가 세상을 떠날 날이 가까이 왔을 때 (이전의 알렉산드리아 부제였던) 아리우스가 그리스도는 창조되었고 그러므로 하나님과 동등하지 않다는 이단사설을 퍼뜨리기 시작했다. 많은 이집트의 신자들은 아리우스의 가르침에 의해 흔들렸다.

정통 신앙의 수호자이자 알렉산드리아 교회의 지도자였던 아타나시우스는 진리를 수호하고자 안토니우스를 이집트의 수도로 불렀다. 설교를 마친 후 그 수사는 마지막으로 세상을 뒤로 한 채 자신의 고독한 은거지로 돌아왔다. 105살이 되자 그는 자신이 세상을 떠날 때가 가까이 왔음을 알았고 두 명의 벗을 사막으로 불러 그의 임종을 기다리도록 했다.

그들은 안토니우스의 유해를 아무런 표시 없이 매장하도록 지시를 받았는데 이는 그 누구도 경의를 표하고자 하는 목적으로 그의 무덤이나 유적을 만드는 것을 못하게 하기 위함이었다. 비록, 안토니우스는 최초의 수사는 아니었지만, 그의 순결을 향한 열정은 수도원적 영성의 길을 눈부시게 빛나도록 만들었다. 아타나시우스의 전기는 베스트셀러가 되었고 수천의 사람들로 하여금 수도원 생활을 하도록 고무시켰으며 이는 서양 역사에서 가장 중요한 제도 중 하나로 발전되었다.

83. 빙엔의 힐데가르트
베네딕트수도회의 여 수도원장, 선지자이자 작가

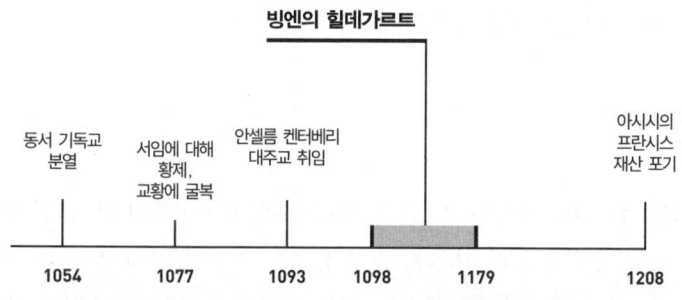

> 강렬하게 번쩍이는 맹렬한 빛이 천국의 열린 금고로부터 나와 나의 모든 머리를 통해 부어졌다. 태우지 않으면서도 뜨겁게 타오르는 불꽃처럼 그것은 내 모든 마음과 가슴에 불을 붙였다. … 그리고 불현듯 나는 깨달을 수 있었다.

빙엔의 힐데가르트

다른 여성들이 유타와 힐데가르트(Hildegard)의 삶에 동참했을 때 그들은 베네딕트수도회 수녀원을 형성했고, 유타가 세상을 떠난 1136년, 힐데가르트는 수녀원장이 되었으며 나중에는 공동체를 라인강 곁의 빙엔 가까운 곳으로 옮겼다. 그녀는 43년의 여생을 이 여성들을 돌보았다.

힐데가르트 사역에 관한 가장 초기 사본 중 하나에 있는 한 삽화는 서판을 손에 들고 앉아있는 이 수녀원장의 모습을 보여 주는데 그녀의 머리 위로는 불같은 빛이 아래로 흘러내려 그녀의 마음을 꿰뚫고 어린 시절로부터 시작하여 그녀의 삶을 조명해 주는 환상들을 가져오고 있었다.

그녀는 자신의 환상뿐만 아니라 이에 대한 그녀의 해석까지도 하나님에게서 왔다고 믿었고 이에 이를 힘과 권위를 갖고 선포하였다. 이런 모습은 통상 신비주의라고 불리지만 그녀는 이를 사적인 계시가 아닌 교회를 향한 하나님의 예언적 말씀이라고 생각했다.

예언적 패턴들

그녀는 우르바노 2세가 첫 번째 십자군 원정을 선포한 해 독일 마인츠의 한 귀족 가문에서 태어났다. 중세 유럽은 지난 세기에 영적 갱신을 경험했고 그 결과 영적인 열광주의가 곳곳에 만연해 있었다. 10명의 자녀 중 막내였던 힐데가르트가 그녀의 부모에 의해 십일조로 하나님께 바쳐진 것은 그녀가 8살이었을 때였다.

부모는 그들을 여성 은자인 유타에게 위탁하여 그녀의 종이자 제자가 되도록 했다. 그 어린 나이에도 힐데가르트는 빛 가운데의 환상들을 경험하였으나 그것들이 무엇을 의미하는지는 깨닫지 못했다.

맹렬한 빛

힐데가르트는 42세 때 놀라운 환상을 보게 되었다.
그녀는 다음과 같이 고백한다.

> 강렬하게 번쩍이는 맹렬한 빛이 천국의 열린 금고로부터 나와 나의 모든 머리를 통해 부어졌다. 태우지 않으면서도 뜨겁게 타오르는 불꽃처럼 그것은 내 모든 마음과 가슴에 불을 붙였다. … 그리고 불현듯 나는 깨달을 수 있었다.

힐데가르트의 목회는 이 환상을 본 이후 폭발적으로 부흥했다. 그녀의 환상들과 그것들에 대한 해석을 책에 기록하는 것에 더해서 힐데가르트는 의학과 자연과학에 관한 작품들을 적었다. 그녀는 음악을 작곡하고 희곡을 적기도 했다. 그녀의 사역에 있어 가장 논란의 여지가 있는 부분은 그녀가 영적인 남용에 대해 교회 지도자들을 꾸짖었던 라인지방에서의 몇몇 설교 여행이었다.

그녀의 작품중 가장 유명한 것으로 여겨지는 『스키비아스』(Scivias)는 26개의 환상과 그것들에 대한 해석이 담긴 책이다. 이 책의 이름은 『주님의 길을 알라』(Scito vias Domin)의 축약형이다. 이 책 안에서 그녀는 1인칭을 사용하여 마치 하나님을 향하는 듯한 선지자의 음성으로 말하였다.

그녀는 말하고 있다.

> 나는 이러한 것들을 내 마음이나 다른 어떤 이들의 창작으로 말하거나 적는 것이 아니다.
> 이는 하나님의 비밀의 신비에 의한 것인데, 나는 그것들을 천상의 장소에서 듣고 받았다. 그리고 나는 다시 하늘로부터 '그러므로 외치고, 또한 이처럼 적으라'라는 음성을 들었다.

특별한 음성

공공연한 비난에도 불구하고, 힐데가르트는 그녀의 새로운 노래가 "하나님의 숨결 위에서 마치 깃털처럼 퍼져야 한다"고 믿었다. 클레르보의 버나드와 교황 유게니우스 3세는 그녀의 영적 진정성을 인정하고 있었지만, 그녀는 다른 교회 지도자들의 격렬한 반대에 직면하였다.

그녀의 삶의 끝에 이르러, 그녀가 지역 교회 정책에 반대하는 것을 달가워하지 않은 상부의 사람들은 그녀의 공동체가 6개월간 모이지 못하도록 금지 명령을 내렸다. 그 기간 그녀와 그녀의 수녀들은 성만찬도, 음악에도 접근하지 못했다.

힐데가르트는 이를 괘념치 않고 세상을 떠나기까지 그녀의 공동체를 이끌었다.

> 나는 정당한 판단으로 선한 자와 악한 자의 길을 드러내며 내 눈이 그들이 갈망하는 것을 보는 바를 따라 그들의 뜻을 평가한다.

84. 시에나의 카테리나
신비주의자이자 정치적 활동가

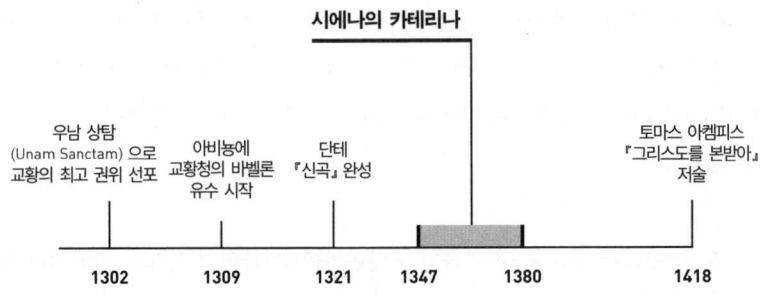

> 너는 네 자신을 위해서 나나 네 이웃을 사랑하지 말고 오직 나를 위해서 나를 사랑하며 나를 위해서 네 자신과 네 이웃을 사랑하라

　어린 소녀였던 카테리나(Catherine)는 종종 그녀의 집 가까이에 있는 동굴에 가서 묵상과 금식 그리고 기도를 했다. 7살 즈음에 그녀는 베드로, 바울 그리고 사도 요한과 함께 계신 예수님의 환상을 보았다고 주장했다. 그리고는 그녀의 부모에게 말하기를 자신은 영적인 삶을 살기로 했다고 선언하였다.

　그녀의 결심을 확신한 부모는 은신처 역할을 하는 집 지하실의 한 작은 방을 그녀에게 주었다. 이 특별한 소녀는 당연케도 영적, 도덕적, 정치적 공헌에 있어 지속적인 영향을 발휘하는 비범한 여성으로 꽃피게 되었다.

신비스러운 아이

　카테리나 베닌카사가 시에나의 한 모직 염색소 중산층 가정에서 태어난 것은 유별난 일이 아니었다. 그녀는 25명의 형제 중 23번째였다. 그녀가 태어난 해의 또 다른 사건인 바실루스 및 페스트균으로 가득한 벼룩의 이탈리아 메시나 항구 유입은 '흑사병'이라 불리는 걷잡을 수 없는 질병을 가져왔다.

그리고 3년 동안인 1348년으로부터 1350년까지 유럽 인구의 3분의 1 이상은 사망하였다. 아이 카테리나는 그 병의 맹습으로부터 살아남았고 성인이 되어서는 온정어린 간호를 통해 많은 전염병 피해자를 살려냈다. 자신의 은신처로 돌아간 후에 그녀는 판자 위에서 자고 통나무를 베개로 삼았으며 그녀의 영적 상징물인 십자가상을 통해서만 묵상을 하였다.

그녀는 그리스도의 상처를 느끼게끔 하는 보이지 않는 성스러운 흔적을

시에나의 카테리나

(겸손을 위하여) 그녀가 받았다고 주장했다. 한때 그녀의 부모는 그녀가 결혼하도록 설득받았으나 카테리나는 완강했고 15살 때는 부모의 계획을 무마시키기 위해 자신의 머리를 잘라버렸다.

카테리나는 사색에 잠겨 사는 삶에 만족스러워하지 않았다. 그녀는 병자와 약자들을 돕고 싶어 했다. 그러나 그녀는 평범한 수녀가 되는 것을 원하지는 않았다. 도미니크회 사제였던 삼촌과 그녀의 첫 번째 고해 신부의 영향을 통해 그녀는 1363년(나중에 도미니크 제3수도회가 되는) 도미니크 고행수도회에 참여했다. 이 '세 번째 방법'은 집에 살면서 구별된 옷을 입고 그들 자신의 행동을 가난하고 약한 자들을 향해 희생하며 섬기는 영적인 평신도들의 조직이었다.

16살부터 19살 때까지 카테리나는 집에서 은둔하는 삶을 살면서 그녀의 거침없는 성품과 모범적인 성결함 때문에 이끌린 많은 추종자를 매료시켰다. 이 기간 동안 그녀는 읽는 것을 배웠고 당대의 저명한 설교자들은 물론 그레고리 대제나 어거스틴 같은 교부들과도 잘 알게 되었다. 이 3년간의 은둔의 끝에 카테리나는 그녀가 훗날 묘사한바 그리스도와의 '영적인 혼인'을 경험하게 되었다.

이 환상 가운데 그리스도께서는 그녀의 손가락에 반지를 끼워주셨고 그녀의 영혼은 하나님과 신비스러운 연합을 이루게 되었다. 그녀는 이 상태를 그

녀가 여행하며 사람들을 돌보았던 모든 삶 가운데 그녀를 지탱해 주었던 "영혼의 내밀한 수도실"이라고 불렀다.

행동이 수반된 신비주의

카테리나는 시에나의 빈자들, 병자들 그리고 투옥된 이들을 향한 적극적인 사역을 시작했다. 1374년 전염병의 물결이 그녀의 고향을 덮쳤을 때 대부분 사람은 도망했지만, 그녀와 그녀의 추종자들은 병자들을 간호하고 죽은 이들을 매장하기 위해 남았다. 그녀는 밤낮으로 지칠 줄을 모르는 가운데 의사들조차 포기한 이들을 치료했다고 한다. 심지어 어떤 이들은 그녀가 죽은 자를 되살렸다고 주장하기도 했다.

위기가 줄어들자 그녀는 죄인들을 개종시키고 교회와 사회를 개혁하기 위해 서신을 적는 사역을 시작했다. 당대의 많은 개혁가처럼 그녀도 교회에 만연해 있던 부패에 대해 염려했고, 그 문제의 근원은 소위 바벨론 유수라 불리는 것에 있다고 보았다. 14세기 초의 정치적 모의로 인해 교황청은 프랑스의 아비뇽으로 옮겨져 있었다.

이는 두 가지 이유에서 사람들을 분개하게끔 했다.

첫째, 교황청이 로마의 특별한 신성함으로부터 떨어져 나가게 되었다.
둘째, 교황들이 점점 퇴폐하고 부패한 프랑스 정치와 삶의 방식에 사로잡히고 있다.

일련의 편지에서 카테리나는 교황에게 교회에 당면한 문제들을 다루라고 촉구했고 그가 로마로 돌아갈 것을 요구했다.

> 당신을 부르는 성령께 응답하십시오!
> 내가 말하노니 오라, 오라, 오라!
> 때가 너를 기다리지 않으니 너는 때를 기다리지 말아라.

1년 후인 1377년 카테리나가 아비뇽에 있는 교황을 방문한 뒤 그레고리 11세는 마침내 로마로 돌아왔다. 이는 그녀의 공적 생활 가운데 아주 위대한 장면이었다. 그녀의 현존하는 383개의 편지들과 그녀가 나의 책이라고 부르며 그녀의 신비한 경험들을 묘사했던 대화에서, 그녀는 하나님을 사랑하도록 만드는 그녀의 강력한 동기를 표현했다.

그녀는 하나님이 자신에게 말씀하셨다고 적었다.

> 네 자신을 위해서 나나 네 이웃을 사랑하지 말고 오직 나를 위해서 나를 사랑하며 나를 위해서 네 자신과 네 이웃을 사랑하라.

카테리나의 가르침의 중심에는 불같은 자비와 열렬한 희생 그리고 무조건적인 용서로 불타오르는 구속자로서 피 흘리시는 그리스도의 형상이 있었다. 또한, 그리스도를 나무에 매단 것은 십자가도 못들도 아니었다. 그것들은 신인인 그리스도를 매달만큼 강한 것이 아니었다. 그리스도를 그곳에 매단 것은 바로 사랑이었다.

그녀는 자신을 향한 하나님의 말씀을 기록하고 있다.

> 나의 아들의 못박힌 발은 네가 그의 옆구리로 올라 그의 가장 깊은 곳에서 드러난 마음을 보게 할 계단이다. 왜냐하면, 영혼이… 네 마음의 창으로 나의 아들의 열린 마음을 바라볼 때 너는 그의 완전하고 말로 형용할 수 없는 사랑 안에서 네 자신으로부터 나오는 사랑을 느끼기 시작할 것이기 때문이다.

카테리나는 33살에 로마에서 세상을 떠났다. 1970년 로마가톨릭교회는 그녀를 단 31명(여성의 경우에는 그녀 말고 한 명만 더 있는)에게만 수여된 명예인 교회 박사로 공언했다.

85. 토마스 아 켐피스
가장 유명한 고전 신앙서의 저자

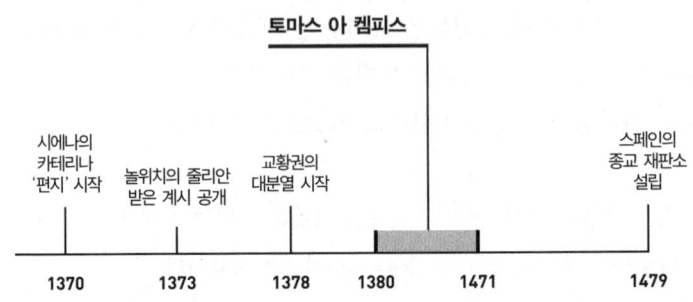

> 우리가 진정으로 개화되어 우리 마음의 어둠으로부터 자유롭게 되었다면 우리는 그리스도의 삶과 그분의 길을 본받아야 한다. 이것이 우리가 하는 일의 가장 중요한 것이 되도록 하자.

(영화 <사계절의 사나이>[*A Man for All Seasons*]의 주인공이기도 한) 헨리 8세의 수하에 있던 영국의 저명한 대법관인 토마스 모어 경은 『그리스도를 본받아』(*The Imitation of Christ*)를 모든 사람이 소유해야 할 세 권의 책 중 하나라고 말했다. 예수회의 설립자 이그나티우스 데 로욜라는 이 책의 한 챕터를 날마다 읽었고 이 책을 복제한 부분들을 선물로 주곤 했다. 감리교의 창시자 요한 웨슬리는 이 책이 그가 읽은 책 가운데 그리스도인의 삶에 대해서 가장 최고의 요약을 한 책이라고 말하기도 했다.

이 토마스 아 켐피스(Thomas a Kempis)의 『그리스도를 본받아』는 50개 이상의 언어로 번역되고 그 판본이 너무나도 많아 학자들이 다 추적할 수도 없을 정도이다(1779년에 이미 이 책은 1800개의 판본이 있었다).

토마스라는 사람에 대해서 아는 사람은 거의 없고 그 역시 다른 것들로는 거의 알려진 바가 없지만, 역사에 있어서는 이 한가지 공헌만으로도 충분해보인다.

겸손이 우선이다

토머스 헤메르켄(Thomas Hemerken)이 태어났던 14세기는 "재난의 세기"라고 불린 때로써 종말의 그림자가 드리워진 때였다. 끊임없는 전쟁과 반복되는 흑사병의 공격은 인구를 감소시켰다. 동서 대분열은 교회를 갈라놓았고 한 교황은 로마에 다른 교황은 아비뇽에 앉아있게 되었다. 시골 지역에서는 방랑하는 약탈자들이 한계를 모르고 날뛰었고 소작농들의 봉기는 도심부가 계속하여 혼돈으로 휘청거리도록 만들었다.

토마스 아 켐피스

일찍이 토마스는 공동생활 형제단으로 불리는 단체와 연관된 독일 어거스틴수도회에 몸을 담았다. 그곳에서 그는 원장의 조수가 되어 수련 사제들의 영적 생활을 지도하는 책임을 맡았다. 그 지위를 맡는 가운데 그는 1420년부터 1427년까지 총 4권의 소책자를 집필했는데 그것들은 나중에 수집되어 첫 번째 소책자의 제목을 따라 이름 붙여졌는데 그것이 바로 『그리스도를 본받아』였다.

『그리스도를 본받아』에서 토마스는 고통스러울 정도로 정확한 영혼에 대한 분석과 신성한 삶의 충만함을 바라보는 분명한 비전을 결합시켰다. 그는 영적인 삶을 묘사할 때 마치 한 발자국이 다른 발자국보다 앞서 가는 것처럼 일직선으로 묘사하지 않았고, 오히려 교향곡 작곡자처럼 주제들을 반복하고 장식하는 모습을 보여 주었다.

첫 번째 논문인 "영적인 삶을 위한 유용한 조언들"(*Useful reminders for the spiritual life*)에서 토마스는 영적으로 진지해 지기 위해 필요한 주요한 요구 사항들을 제시한다.

우리가 진정으로 개화되어 우리 마음의 어둠으로부터 자유롭게 되었다면 우리는 그리스도의 삶과 그분의 길을 본받아야 한다. 그렇다면 예수 그리스도의 삶을 본받는 것이 우리가 하는 일의 가장 중요한 것이 되도록 하자.

다른 모든 미덕이 기인하도록 한 가장 높은 미덕은 바로 겸손이다. 토마스는 우월감에 대한 환상을 떨쳐버리라고 모든 이를 향해 말했다.
그는 적었다.

당신이 만일 진정 당신을 도와줄 무언가를 배우길 원한다면 당신의 교만이라는 왜곡된 거울을 통해서 당신 자신을 보는 것이 아니라 하나님이 당신을 바라보시는 방식으로 자신을 바라보기를 배우십시오.
우리 자신을 진실하게 아는 것과 우리의 약함과 실패를 인정하는 것 그리고 그것들로 인해 우리에게 주어지는 겸손한 의견들을 붙잡는 것은 우리가 배울 수 있는 가장 위대하고 유용한 교훈입니다.

나아가서 겸손은 우리가 고통의 길을 끌어안도록 이끄는 역할도 했다.

당신 마음에 드는대로 계획을 하고 최선의 방식으로 모든 것을 준비하십시오. 그러나 그럼에도 당신은 당신이 원하든 원하지 않든 언제나 고통을 마주하게 될 것입니다. 어느 곳이든 당신이 원하는 곳으로 가십시오. 당신은 언제나 십자가를 찾게 될 것입니다. 하나님은 당신이 안락함 없이 역경을 인내하는 법을 배우기를 원하시고, 당신 자신을 전적으로 하나님께 복종시키길 원하시며, 고난을 통해 더욱 겸손한 사람이 되기를 원하십니다.

당신 자신을 신뢰하지 마십시오

토마스는 계속해서 더욱 깊은 그리스도인의 삶에 다가오는 역설들을 주시하며 그의 수련 수사들에게 어떻게 비난과 실패, 감각적인 욕구들 그리고 복종하는 것에 대한 어려움을 다룰 수 있는지를 가르쳤다.
예를 들어 그는 첫 번째 책의 20장에서 이렇게 말했다.

당신이 만일 열렬한 영적 생활을 목표로 한다면 예수님이 그러셨던 것처럼 대중으로부터 등을 돌려야 한다. 대중 앞에 아무런 문제 없이 모습을 드러낼 수 있는 유일한 사람은 바로 집에 있기를 원하는 사람이다. 침묵하기를 좋아하는 사람이야말로 아무런 문제 없이 말을 꺼낼 수 있다. 복종 가운데 사는 사람만이 아무 문제 없이 다스릴 수 있고 즐겨 순종하는 사람만이 아무 문제 없이 명령할 수 있다.

처음 두 논문은 설교 또는 성찰로 쓰였다. 세 번째 것은 내적 평안에 관한 것으로서 예수님과 그 제자들이 영적인 삶에 관하여 함께 이야기하는 것이 담겼고 네 번째 논문은 성례에 관한 책으로서 토마스는 이 작품을 통해 어떻게 성찬이 신실한 사람들을 그리스도께 더 가까이 이끄는지를 논하였다. 책 도처에서 토마스의 충고는 한결같았다.

당신 자신을 믿지 마십시오. 당신 제멋대로 살지 마십시오. 당신 자신을 앞으로 내세우지 마십시오. 이보다 전적으로 하나님을 신뢰하고, 하나님의 뜻을 향한 사랑으로 하나님이 당신을 두시는 모든 상황 속에서 순종하십시오.

『그리스도를 본받아』는 라틴어, 프랑스어, 독일어, 스페인어, 이탈리어 그리고 영어로 15세기 말까지 출판되었고 오늘날까지 가장 유명한 경건생활 지침서로 남아있다.

86. 아빌라의 테레사
카르멜회의 신비주의자이자 거침없는 관리자

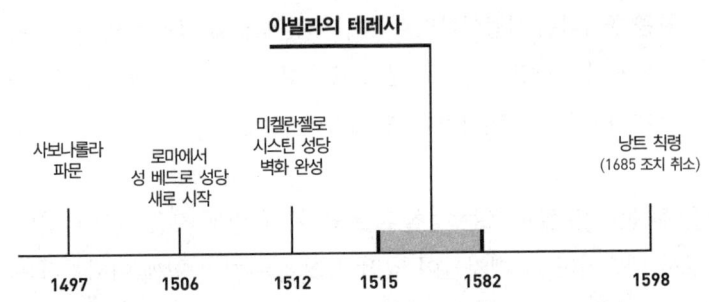

> 누구든 기도 실천을 시작하지 않은 이가 있다면 나는 그가 기도 없이 위대해지는 일이 없도록 주님의 사랑에 간청합니다. 이곳엔 두려워할 것은 없고 오직 갈망할 것만이 있습니다.

테레사(Teresa)의 삶에 있어 초기 40년은 그녀의 인생 후반부에 풍부한 깊이와 생산성에 있어 아무런 실마리도 제공하지 않았다. 테레사 데 세페다 이 아우마다라는 이름으로 스페인 중심부에서 태어난 그녀는 대가족 안에서 주어지는 의무들에 열중하며 어린 시절을 보냈다. 21살에 그녀는 아버지의 바람과는 반대로 아빌라의 스페인 성육신 수녀원에서 카르멜회에 들어가기로 서약했다.

그녀 자신의 설명에 따르면 그녀는 그때까지 영적으로 미적거리는 수준에 불과했다. 그 수녀원은 관대함으로써 유명했는데, 예를 들어 수녀원 밖에 있는 이들과 인간관계를 맺는 것과 세속적인 소유물을 수녀원 안에서 갖는 것도 허용되었다.

테레사는 이 수녀원의 관대함을 즐김으로써 헌신하는 마음이 줄어들게 되었다. 그러자 심각하고 장기적인 질병(그리고 치료 시도에 의한 부분적인 마비까지)이 찾아와 그녀가 영적인 생활 속에 독서를 하며 상대적으로 조용히 3년을 보내도록 이끌었다. 몸을 회복하여 수녀원으로 돌아갔을 때 그녀는 나중에 그녀에게 있어 반쪽 짜리 영성으로 보이게 된 것을 시작했다.

이 기간 동안 그녀는 자서전을 썼는데 거기서 "나는 이 격렬한 바다 한복판에서 20년간을 오르락 내리락하며 항해했다"라고 적었다.

그러던 어느 날 그녀는 수녀원의 복도를 걸어가던 길에 상처 입으신 그리스도의 조각상에 시선이 내리꽂혔고, 이어 그녀의 불안정한 상태 전반에 걸쳐 찾아드는 그의 영속적인 사랑의 환상이 그녀의 가슴을 찔렀다. 부드럽지만 강렬하게, 그녀는 예수님이 자신의 방어벽을 무너뜨리시고 그녀의 영적 기갈의 원인이 무엇인지 자신에게 드러내셨다고 말했다. 그것은 바로 나태함 속에서 죄를 기뻐하는 것이었다.

그녀는 마지막 회심을 겪으며 즉시 그녀의 과거를 청산했다. 이 사건 이후 그녀는 비록 금방 지나가는 것들이긴 했지만 깊은 신비적 황홀경들을 체험하기 시작했다. 그리고 그녀의 여생 가운데 그녀는 자신의 영적 성장과 카르멜회수도원의 갱신을 위해 헌신했다.

영적 유산

테레사는 젊은 여성들이 깊은 기도와 헌신을 통한 깊이 있는 삶을 추구할 수 있도록 하는 수녀원을 세우기를 꿈꿨다.

그녀는 한때 다음과 같이 적기도 했다.

> 누구든 기도 실천을 시작하지 않은 이가 있다면 나는 그가 기도 없이 위대해지는 일이 없도록 주님의 사랑에 간청합니다. 이곳엔 두려워 할 것은 없고 오직 갈망할 것만이 있습니다.

그녀는 카르멜회 수녀원들을 개혁하여 세우면서(또는 더욱 검소하다는 의미에서 "신발을 신지 않게 하며" 또는 "맨발로 만들며") 전원 지대를 며칠 동안 여행했다. 그는 십자가의 요한이 그녀의 이 사역에 함께 한다고 확신했다.

관리자와 개혁가로서의 그녀의 성공(그녀는 14개의 수도원을 세웠다)은 그녀의 천부적인 지도력과 역경 앞에서의 끈기(특히 그녀의 개혁을 반대하던 카르멜회의 이전 세대에 맞선 것) 그리고 예리한 유머 감각을 고려할 때 어느 정도는 운명과도 같은 것이었다.

한번은 그녀의 많은 시험과 고난을 놓고 기도하던 중에 그녀는 하나님이 이렇게 말씀하신다고 느꼈다.

이것이 내가 나의 친구들을 다루는 방식이다.

그리고 그녀는 이렇게 대답했다.

주님의 친구가 많지 않음이 놀랍지 않군요.

그러나 이는 그녀가 수녀들과 개인적으로 그리고 그녀의 저작을 통해 대중적으로 연습하여 오늘날 그녀가 널리 알려지도록 한 영성 관리의 은사이기도 했다.

그녀는 자신의 통찰을 글로 옮기는 데 주저했고 그녀의 상급자로부터 그리 할 수 있는 승인을 받아야 했다. 허나 다행스럽게도 다음 세대를 위해 그녀는 그렇게 하기로 했다. 그녀의 세 작품 『자서전』(*Autobiography*), 『완전의 길』(*Way of Perfection*), 『내면의 성』(*Interior Castle*)에서 이제껏 쓰인 책 가운데 영적인 삶에 관한 가장 깊은 몇몇 통찰을 써 내려갔다.

그녀의 많은 걸작품 가운데 한 가지 예를 들면 이렇다. 『내면의 성』은 우리의 영혼을 "그 안에 많은 방을 지닌 다이아몬드 또는 매우 빛나는 크리스탈로 지어진 성"으로 묘사한다.

어떤 방은 위에 어떤 것은 아래에 어떤 것은 측면에 자리하고 있다.

또한, 정중앙과 중간 지대에는 하나님과 영혼 사이의 아주 은밀한 교류가 이루어지는 주된 거주 공간이 자리하고 있다.

테레사는 이 성에 어떻게 들어갈 것인지에 대해 독자들을 가르치길 원했는데, 이는 곧 어떻게 기도하여 하나님과 보다 친밀하게 교제할 수 있는지를 가르치고자 하는 것이었다.

테레사에게 기도는 그리스도인의 삶의 근원이며 모든 도덕적 미덕의 원천이었다. 기도가 전부는 아니지만, 기도 없이 가능한 것은 아무것도 없었다. 기도를 통해서 영혼은 그 성 안으로 들어갈 수 있고 기도를 통해서 영혼은 그 여정을 지속할 수 있었다. 이 기도의 우산 아래에서 하나님은 신비롭게, 때로는 예상치 못한 방식으로도 일하시며, 영혼도 이를 통해 강하게 역동하는 것이었다. 하나님은(비록, 하나님만이 하셔야 하는 일을 인간의 노력이 행할 수 없더라도) 영혼의 적극적인 순종 없이는 움직이지 않으셨다.

아빌라의 테레사

영혼이 기도를 시작하는 첫 번째 거주 공간으로부터 하나님과의 연합이 이루어져 완전한 평화와 가장 깊은 고통을 접하게 되는 일곱 번째 공간까지, 사람은 기도를 그리고 세속적인 것들로부터의 점진적인 이탈을 쌓아가는 것이었다. 하지만 개혁에 있어서 그녀의 동역자였던 십자가의 요한과 달리 테레사의 이탈은 금욕적이지 않았다.

반대로 테레사에게 있어서 진정한 고난이란 세상 안에 있으면서 다른 사람들을 섬기는 것으로부터 온 것이었다. 영적인 진보란 스스로 만드는 고행이나 신비 경험으로부터 오는 황홀한 기쁨에서 오는 것이 아니라 타인에 대한 지속적인 사랑과 하나님의 뜻을 향한 계속되는 갈망을 통해 성장함으로써 이루어지는 것이었다. 형제, 자매를 향한 이러한 사랑과 하나님과 이러한 연합은 테레사로 하여금 끊임없이 헌신하도록 만들었다.

그녀에게 휴식을 가지라고 충고하는 어떤 이에게 그녀는 이렇게 말했다.

휴식이라니!
나는 휴식이 필요하지 않아요.
내게 필요한 것은 십자가입니다.

그녀는 인생 말미에 그녀의 영향력을 제한하고자 했던 교회 당국자들에 의해 평판이 공격을 받았고, 이와 더불어 건강 또한 고통을 겪었다. 그럼에도 그녀는 또 다른 봉사의 사명을 감당하는 가운데 몸이 쇠약해졌고 아가서의 구절들을 암송하는 가운데 세상을 떠났다.

87. 십자가의 요한
어두운 밤을 지나는 영혼들을 위한 스페인의 신비주의자

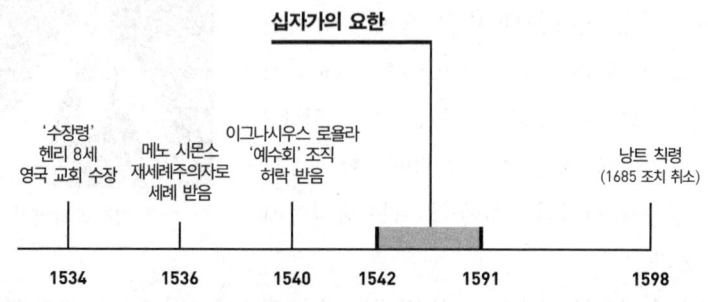

> 가장 쉬운 곳이 아니라 가장 어려운 곳을 향하십시오 …. 더 원하지 말고 덜 가지려 하십시오 높고 고귀한 것이 아닌 낮고 경멸받는 자리를 향하십시오 무언가를 갈망하는 길이 아닌 아무것도 바라지 않는 길을 향하십시오.

스페인의 "시글로 데 오로"(*siglo de oro*)는 실로 '황금기'로서 많은 예술가와 극작가, 소설가, 시인 그리고 탐험가로 기억되는 시기였는데, 세르반테스, 베가, 코르테즈 같은 사람들의 이름이 이 당대의 유명했던 이들 중 세 사람일 뿐일 정도였다. 그 중 다른 수도회들을 개혁하는 데에 자신의 거의 모든 힘을 썼던 한 왜소하고 소심한 수사의 이야기는 쉬이 간과될 수 있다.

그러나 오늘날 십자가의 요한(John of the Cross)은 그가 그렇게 불리는 바와 같이 교회 역사 속 가장 영향력 있는 영적 지도자 중 하나로 기억되고 있다.

더 어려운 길을 택하다

태어났을 당시 후안 데 예페스라는 이름을 가졌던 십자가의 요한은 여러 가지 분야에서 실패를 맛보았고, 처음에는 지역 예수회 학교, 다음에는 그가 거룩한 수도회를 추구하게 된 살라만카대학교에 들어갔다. 그곳에서 그는 카르멜회수도원의 개혁을 위해 자신과 함께하자고 설득하는 아빌라의 테레사를 만났다.

그러한 개혁에 수반될 듯싶은 투쟁과 고통이 영적 성장에 필요하다고 믿는 가운데 후안은 1568년 프레이 후안 데 라 크루즈라는 이름의 십자가의 수사 요한으로서 카르멜수도회에 들어가게 된다.

그리고 요한이 생각한 십자가의 삶은 다음의 말 같았다.

가장 쉬운 곳이 아니라 가장 어려운 곳을 향하십시오…. 더 원하지 말고 덜 가지려 하십시오 높고 고귀한 것이 아닌 낮고 경멸 받는 자리를 향하십시오 무언가를 갈망하는 길이 아닌 아무것도 바라지 않는 길을 향하십시오.

요한은 그 자신이 고통에서 유예되는 것을 허락하지 않았고 오히려 긴 금식과 채찍질을 통해 이를 자기 자신에게 가중시켰다. 그것조차 모자란다면 그는 자기 동료 수사들에게 안락함과 자유와 쾌락을 내려놓으라고 권고함으로써 혹독한 비난을 받고 무시당하기도 하였다.

투옥과 창조성

1577년 교회 당국은 요한에 대해 못 마땅해 하며 그를 납치했고 9개월 간이나 창문도 없고 천장도 낮아 일어설 수도 없는 가로 세로 10피트짜리 감방에 투옥시켰다. 그 돌로 된 감옥은 겨울에는 난방이 되지 않았고 여름에는 통풍도 되지 않았다. 매주마다 이어지는 영양실조와 매질로 인해 요한은 계속해서 아팠다.

그러나 요한은 이 어두운 시간 속에서도 벽 높은 곳에 있는 3인치짜리 구멍에서 내려오는 빛을 통해 두 개의 위대한 시를 적었는데, <영적인 찬가>(Spiritual Canticle, 1578)와 <영혼의 어두운 밤>(Dark Night of the soul)이 바로 그것들이다. 이 특출한 2개의 작품은 그 자신의 어둠과 많은 추종자를 만든 그의 길에 서린 신비를 조명해 주었다.

탈출한 후에 요한은 건강을 되찾고 신비주의의 길을 설명하는 자신의 시에 대한 산문체의 해설인 『카르멜 산 등반』(Ascent of Mt.Carmel)을 집필하는 데 8개월을 보냈다.

하나님께로 오르는 것

요한에게 있어서 신비주의의 길이란 하나님과의 교제에 있어 도움이 되지 않는 것들을 버리는 가운데 더욱 전적으로 하나님을 알고 사랑하고자 전심전력을 다 하는 갈망으로 사는 것을 의미했다. 하나님은 그 결과 이 세상에 대한 환상들을 벗어버릴 갈망과 힘을 가진 개인의 마음에 빛을 비추어 주시는 것이었다. 세속적 환상들은 하나님과의 연합이라는 현실을 왜곡하는 감각적인 교훈들도 포함하는 것이었다.

그의 시 <어두운 밤>(*Dark Night*)에서 요한은 하나님을 향한 갈망을 제외하고 모든 것을 없애버리는 가치를 격찬한다.

> 한 어두운 밤
> 사랑의 긴급한 갈망으로 촉발된
> 아, 순전한 은혜여!
> 나는 눈에 띄지 않게 밖으로 나갔고
> 나의 집은 고요해지고 있도다
> 어둠 속에서 그리고 안전하게, 비밀 사다리에 의해 변장한
> 아 순전한 은혜여!
> 어둠과 감추어짐 속에서 나의 집은 고요해지고 있도다
> 그 기쁜 밤, 비밀하게 아무도 나를 보지 못했기에
> 또한, 나도 내 가슴 속을 타들어간 것 외에는 어떤 빛이나 인도함 가운데
> 무엇도 보지 않았기에
> 이것은 정오의 빛보다 내가 아주 잘 아는 분인 그가
> 나를 기다리시는 곳으로 잘 인도하는구나
> 그 누구도 나타나지 않은 그곳으로
> 오 인도하는 밤이여! 오 새벽보다 더욱 사랑스러운 밤이여!
> 오! 사랑하는 자를 그가 사랑하는 이와 연합시키고
> 사랑 받는 자를 변화시키는 밤이여
> 내가 그를 위해 온전히 혼자 두었던 나의 꽃다운 젖가슴 위에서
> 그는 누워 잠들고, 나는 휘날리는 삼나무에서 산들바람을 맞으며 그를 어

루만진다

내가 그의 머리칼을 가를 때 바람이 작은 탑에서 불어왔고
그것은 그 부드러운 손으로 나를 치며 나의 모든 감각을 정지시켰다
나는 나 자신을 버리고 잊었으며 나의 얼굴을 내 사랑하는 이에게 파묻었다. 모든 것이 멈추었다
나는 나의 근심들을 백합들 가운데서 잊어 떠나보내고 나 자신으로부터 해방되었다.

하나님을 아는 첫 번째 단계는 정화라고 불리는 것인데, 이는 시인이 고요하게 된 집, 즉 정열로 가득한 육체로부터 빠져나가는 것을 뜻했다. 그러면 영혼은 두 번째 단계인 깨달음을 위해 준비가 되는데, 이는 하나님의 존재에 대한 고양된 인식과 그분의 은사들로 말미암은 기쁨으로 특징지어지는 더없이 행복한 상태를 의미한다.

그러나 하나님의 은사들로 말미암는 기쁨은 하나님 자신은 아니며, 하나님의 충만함에 이르지 못하는 것은 그 무엇이든 충분한 것이라 말할 수 없는 것이었다. 거기서 한 걸음 더 나아가기 위해서는 또 다른 정화를 필요로 하는데, 그 정신 중 하나는 이렇다.

이 과정은 "영혼의 어두운 밤" 또는 "부상당한 목" 그리고 "정지된 감각"이라고 불리는 것이었다. 신비주의자는 하나님의 전적인 부재를 느끼는데 이는 마치 태양이 완전히 없어진 듯한 느낌을 갖는 것이었다. 처량함과 절망감이 이 부분에서 일반적으로 찾아드는 감정이었다.

하지만, 그 공허함이 얼마나 길게 지속되든 그 영혼은 하나님께 붙어있게 되는데, 이는 이러한 '영적 십자가형'이 필요하기 때문이다. 사람은 하나님이 가져오시는 행복이 아니라 하나님 그분을 위해서 하나님을 찾는 법을 배워야 한다. 그렇게 할 때 그 사람은 하나님과 완전한 연합을 누릴 수 있게 된다.

요한은 개혁을 수호하며 또다시 10년을 보냈고 전에 그를 싫어하여 그를 수치스럽게 대 하였던 작은 마을로 은퇴하였다(마치 요한은 이 마을을 의도적으로 선택하여 간 것 같다) 그리고 그는 오른발의 심한 감염의 결과로 세상을 떠나게 되었다.

88. 로렌스 형제
하나님의 임재 실천가

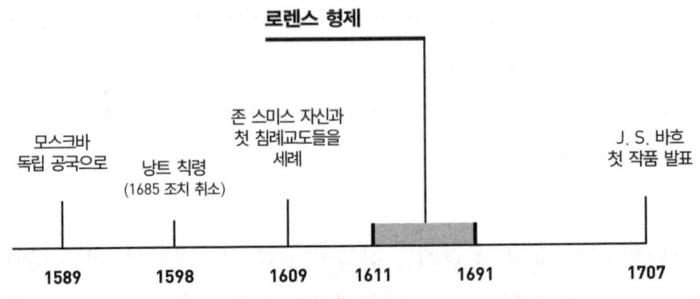

> 하나님의 사랑을 위해서 나는 땅에서 지푸라기 한 올만 집어 올려도 족하다.

　권력 투쟁과 부채, 계속되는 불안과 더불어 격동하는 시기였던 17세기 프랑스에는 오늘날의 현대인들에게까지 영향을 끼치는 지혜를 갖고 있던 몇몇 영적 지도자가 있었다. 프란체스코 살레시오, 블레즈 파스칼, 잔느 구욘 그리고 프랑수아 페넬롱은 모두 그들 당대와 더불어 우리 시대에까지 빛을 비추는 예수님께 헌신하는 내적인 길을 추구했다.
　그러나 그 세기의 모든 찬란한 빛 가운데에서 격동하는 파리 심장부에 조용히 거주했던 한 일반 수도사의 소박함과 겸손한 품위에 대해서 말하는 사람은 없다. 동시대의 그 누구보다도 로렌스 형제(Brother Lawrence)는 일상다반사 속에서 가능한 성결에 관해 잘 이해했던 사람이었다. 로렌스 형제에 대해 알려진 대부분의 것은 노아일스의 추기경의 사절이자 연구원이었던 아베 데 보퍼트의 활동으로부터이다.
　1666년 로렌스 형제의 이례적인 지혜는 추기경의 관심을 끌었고 보퍼트는 이 미천한 주방 일꾼을 인터뷰하도록 지시를 받았다. 버포트의 관심이 정치적 동기에 의한 것이 아닌 순수한 것이라는 것을 확인하자 로렌스 형제는 그의 삶의 방식과 어떻게 그것에 이른 과정을 묘사한, '대화'라고 불리는 4번의 인터뷰를 승낙했다.
　이렇게 기록된 형태로 남겨진 그의 생각들 외에도 로렌스의 동료 승려들은 그의 개인 소지품에서 그가 남긴 유일하게 정리된 문서 자료『교훈집』(*Maxims*)몇 장을 발견했다. 이러한 대화들(지금은 『하나님의 임재 연습』[*The Practice of the Presence of God*]이라는 제목으로 이름 지어진)과 16개의 편지를 로렌스의 아주 많은 가르침을 대표적으로 보여 준다.

하나님은 부엌에 계신다

로렌스 형제는 프랑스 로렌느에 있는 소작농 부모 밑에서 니콜라스 헤르만이라는 이름을 갖고 태어났다. 젊은 시절 그는 집안의 가난으로 인해 군에 입대하게 되었고 그 결과 양식과 적은 급료라도 보장받게 되었다. 이 기간 헤르만은 독특한 영적 경험을 하게 되었는데 이는 특징상 초자연적인 환상은 아니었고, 흔한 일상 속에 들어온 초자연적인 명료함이었다.

로렌스 형제

깊은 겨울날 헤르만은 열매도 잎사귀도 벗어버린 채 고요히 그리고 끈기 있게 풍성한 여름의 희망을 기다리고 있는 한 메마른 나무를 보았다. 헤르만은 그 나무를 바라보면서 퍼붓듯 부어지는 하나님의 은혜와 그분의 섭리 속에 있는 한결같은 주권을 부여잡게 되었다.

그 나무와 마찬가지로 그는 겉보기에 죽은 자와 같았으나 하나님은 그를 위한 생명을 갖고 계셨고 계절의 변화는 충만함을 가져올 것이었다. 그 순간 그는 그 잎사귀 없는 나무를 향해 말하기를 '하나님의 실체가 내 영혼에 처음으로 번뜩인 순간'이라고 했고 하나님을 향한 사랑은 그 후로 멈추지 않고 타올랐다고 말했다.

얼마 후 부상을 입은 그는 군에서 제대하게 되었고, 하인으로서 얼마간을 일하다가 자신의 실패를 견뎌내기 위한 장소를 찾아나섰다. 그는 그 결과로서 파리에 있는 맨발의 카르멜회수도원에 로렌스 형제라는 이름으로 들어가게 되었다. 그곳에서 로렌스는 주방에서 일하도록 배치되었는데 요리와 청소를 비롯한 진저리나는 잡일들을 상사들에게 끊임없이 요구받는 가운데, 그는 영성과 일에 대한 자신의 규칙을 개발시켰다.

그의 『교훈집』에서 로렌스는 말한다.

> 사람들은 하나님의 사랑에 다가가기 위한 수단과 방법들을 지어내고, 그 사랑을 일깨우기 위해 규칙을 배우며 계책들을 세우는데, 하나님의 임재 의식 속으로 들어가는 것은 곤란스러워하는 것처럼 보인다.
> 그런데 이는 아주 간단한 일이다. 하나님을 사랑하기 위해 우리의 일상을 헌신적으로 산다면 그것만큼 빠르고 쉬운 일이 어디에 있겠는가?

로렌스 형제에게 있어서 '일상의 일'은 그것이 평범하고 반복적인 일일지라도 하나님을 사랑하기 위한 매개체였다.

이는 일이 성스러운지 세속적인지를 따지는 것이 아니라 그 이면에 있는 동기에 관한 것이었다.

> 우리가 꼭 위대한 일을 해야 하는 것이 아니다. … 우리는 작은 일들도 하나님을 위해서 할 수 있다. 나는 프라이팬 위에 구워지고 있는 케익을 그분을 사랑하기 위해 뒤집을 수 있으며, 그 일이 끝나고 만일 나를 필요로 하는 일이 없다면 나는 나에게 일할 수 있도록 은혜를 주신 그분 앞에 엎드려 예배할 수 있다. 그 후 나는 왕보다도 행복한 모습으로 일어나게 된다. 하나님의 사랑을 위해서 나는 땅에서 지푸라기 한 올만 집어 올려도 족하다.

로렌스 형제는 하나님의 사랑이 그의 삶 속 모든 세부적인 것을 탁월한 가치로 만들었다고 생각하는 곳으로 떠나갔다.

> 나는 마치 이 세상에서 아무도 하나님과 나를 구하지 않는다는 듯이 살기 시작했습니다.

하나님과 로렌스 형제는 함께 요리를 했고 일상의 일을 감당했으며, 냄비를 닦았고 세상의 조롱을 견뎌냈다. 그는 이 완전한 연합의 길을 가는 것이 쉽지 않음을 인정했다.

  그는 자신의 마음과 정신을 하나님의 임재에 굴복시키고자 수년간을 훈련했다.

  나는 할 수 있는 한 나의 정신을 그분의 임재에 고정하고, 그것이 그분으로부터 떠나려 할 때마다 다시 붙잡으면서 나 자신을 예배자로서 그분 앞에 세웠다. 이는 아주 힘겨운 훈련임을 알았지만 나는 모든 어려움을 견뎌냈다.

  이런 힘겨운 분투와 열망이 자신의 운명이라고 생각하고 나서야 그는 새로운 평화를 찾게 되었다. 그의 영혼은 자신의 집이자 안식할 처소를 찾게 되었다. 그는 그곳에서 80년의 남은 인생을 보냈고, 비교적 알려지지 않은 모습으로 그리고 고통과 완전한 기쁨 속에서 생을 마감했다.

89. 윌리엄 로우
진실하고 경건하며 거룩한 삶의 대변자

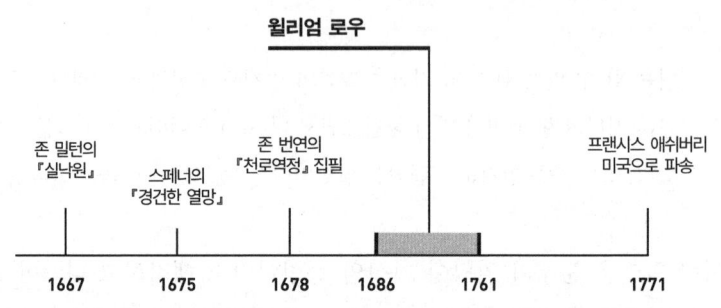

> 그렇기에 그는 자기 뜻이나 방식, 세속적인 정신을 따라 살지 않고, 모든 일에서 하나님을 생각하고 모든 일에서 그분을 섬기며, 모든 일을 하나님의 이름으로 행함으로써 자신의 모든 일상을 경건한 영역들로 만든, 오로지 하나님의 뜻만을 따라 산 거룩한 사람이다.

직업적인 관점에서 윌리엄 로우(William Law)의 삶은 28세 때 끝난 것처럼 보였다. 한 부유한 사업가의 아들이었던 로우는 케임브리지대학교에서 탁월한 교육을 받았고 학자나 성직자로서 보장된 미래를 앞에 두고 있었다. 그때 왕비 앤은 후계자 없이 세상을 떠났다. 독일인 조지 1세가 영국 왕위에 오르는 것을 두고 로우는 충성을 맹세하기를 거부했다. '선서거부자'가 됨으로서 로우는 대학 회원 자격을 포기하도록 강요받았고, 영국 교회와 다른 어떤 학술 기관으로의 진출 여부도 차단되었다.

그가 47년 후 세상을 떠날 때까지 보여 주었던 외적인 삶의 모습들은 쉽게 들을 수 있다. 여러 해 동안 그는 '역사가의 아버지'로 유명한 에드워드 기번의 가정 교사로 지냈다. 에드워드가 집을 떠날 때 로우는 그가 집필에 생을 바쳤던 가족의 곁으로 돌아갔다. 독신주의자이자 엄격하고 고독한 사람으로서 로우는 그의 집필 실력을 연마했다.

삶을 위한 규칙들

대학 공부를 준비하는 젊은 성인으로서 로우는 그의 삶을 인도할 18개의 규칙 목록을 만들었다. 그것들은 하나님의 뜻에 대한 헌신, 성경의 으뜸됨, 시간의 가치, 세상에 대한 불신, 모든 것에서의 절제, 겸손, 자선, 기도 그리고 끝없는 자기 점검을 포함했다.

분명히 로우는 그 당대가 낳은 산물이 아니었다. 로마가톨릭교회, 영국 성공회 그리고 청교도 분파들은 영국 교회 안에서 싸우고 있었다. 도덕성과 독실함은 형식에서는 맞았으나, 영적인 열망은 여러 방면에서 부재했다. 많은 사람이 이신론, 합리주의를 비롯해 자기 구미에 맞는 '철학적 종교'를 찾았다. 로우는 그 중 어떤 것도 받아들이려 하지 않았다.

예를 들어 그는 '철학적 종교'에 관해 말하였다.

> 그런 것은 있을 수가 없다. 종교는 이 세상에서 가장 명료하고 간단한 것이다. 단지 우리는 그를 사랑한다 왜냐하면 그가 먼저 우리를 사랑하셨기 때문이다. 종교에 철학을 더하려는 이가 있다면 그는 그것을 망치는 꼴만 될 뿐이다.

로우의 저작들은 얕은 헌신을 드러내고 독자들이 도덕적 활기와 성결함을 회복할 수 있도록 고무시키는 데 집중되었다. 몇몇 저작은 출판물에 대한 응답이었고 『무대 엔터테인먼트의 절대적 불법성』(*The Absolute Unlawfulness of Stage Entertainment*)과 같은 다른 작품은 보다 광범위한 언급을 담고 있었다. 그러나 그의 작품 중 대부분은 그가 삶의 편안한 구석으로 밀쳐버리기를 거부했던 기독교 영성의 영역에 속해있었다.

윌리엄 로우의 가장 널리 알려진 책 『경건하고 거룩한 삶으로의 진지한 부름』(*A Serious Call to a Devout and Holy Life*)은 그의 많은 사상을 명료하게 집약하여 보통의 그리스도인들에게 보내진 저서였다. 이 책은 그리스도인들로 하여금 영적인 인사불성에서 깨어나 그들의 모든 힘을 거룩한 삶에 쏟도록 도전했다.

그렇기에 그는 그 자신의 뜻이나 방식, 세속적인 정신을 따라 살지 않고, 모든 일에서 하나님을 생각하고 모든 일에서 그분을 섬기며, 모든 일을 하나님의 이름으로 행함으로써 자신의 모든 일상을 경건한 영역들로 만든, 오로지 하나님의 뜻만을 따라 산 거룩한 사람이다.

로우는 그의 요점들을 설명하기 위해 허구의 인물들을 사용했다. 예를들어, '율리우스'는 기도를 빼먹을까 봐 걱정하는 사람이지만 동시에 가장 어리석은 쾌락에 빠져있는 제일로 어리석은 이들의 친구이며, '클라우디우스'는 하루의 모든 시간이 모두 사업과 관련되어 있으며, 매우 건강하게 먹고 마시지만 동시에 매 식사가 급해보이며, 시간이 있으면 기도를 하곤 했다. 이러한 묘사들은 관계, 사업, 노력, 가족 문제, 여가, 의복 같은 그리스도인들의 모든 삶의 양상이 확고한 헌신으로 변모해야 한다는 것을 가르쳤다.

그는 다음과 같이 말했다.

선한 그리스도인은 모든 장소를 거룩하게 여겨야 한다.
하여 그는 자신의 삶의 모든 부분을 거룩함의 문제로서 볼 수 있어야 한다. 한 마음으로 존재해야 하는 모든 것은 한 분 하나님이자 모든 것의 아버지이신분께 찬송과 영광을 드리기 위해 살아간다. 이는 이 세상 모든 사람의 공통된 사명이다.

로우는 인생 말미에 독일 신비주의에 영향을 받아 영혼 안에 내주하시는 그리스도를 강조한 『기도의 영혼』(*The Spirit of Prayer*), 『사랑의 영혼』(*The Spirit of Love*)같은 책들을 써냈다. 하지만 이는 존 웨슬리처럼 이때까지 그의 사역을 열렬하게 따라온 이들을 소외시켰다.

그는 죽기 하루 전 다음과 같이 말했다.

오 무엇을 하신 것입니까?
당신은 나를 집어삼킬 만큼의 신성한 사랑의 불꽃을 깨웠습니다.
내 모든 삶이 사랑에 빠진 순교자로서 끝나게 될 것이라고 누가 생각을 했겠습니까!

90. 앤드류 머레이
그리스도의 기도 학교의 선도적인 학생

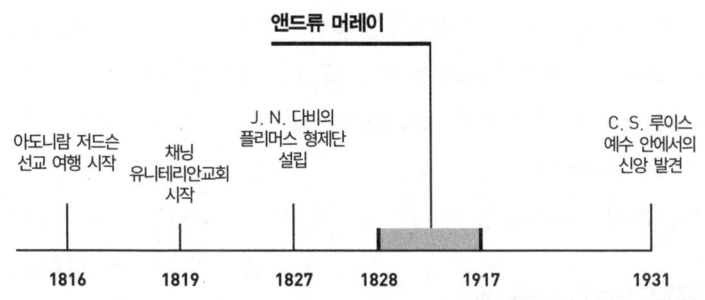

> 내 인생 중 단 한 순간도 그 빛과 사랑 그리고 하나님의 임재로 인한 기쁨에서 떠나 허비되지 않기를 원합니다.

젊었을 때 앤드류 머레이(Andrew Murray)는 목사가 되고 싶어 했으나 그것은 신앙에 의한 동기보다 경력을 고려한 선택이었다. 그가 마음의 회심을 경험한 것은 일반 학업을 끝내고 네덜란드에서 신학 훈련을 시작하고 나서였다. 부모에게 보낸 편지에서 머레이는 "당신들의 아들은 새로 태어났습니다. 저는 제 자신을 그리스도께 바쳤습니다"라고 썼다.

이 "자신을 바침"이라는 표현은 머레이의 삶을 이끄는 주제가 되었다. 남아프리카의 네덜란드 개혁교회에서의 60년 동안의 사역, 그리스도인 영성과 목회에 관한 200권 이상의 책과 간행물들, 폭넓은 사회 활동 그리고 교육기관의 설립, 이 모든 것은 머레이가 자기 자신을 그리스도께 바치는 가운데 누렸던 내적 은혜의 외적 증거들이었다.

그의 기도와 고백 내용이다.

> 내 인생 중 단 한 순간도 그 빛과 사랑 그리고 하나님의 임재로 인한 기쁨을 떠나 허비되지 않기를 원합니다.
> 그분의 성령과 사랑을 담을 그릇으로서 나 자신을 전적으로 그분께 복종시키지 않는 시간이 없기를 바랍니다.

기도 학교

21살 때 머레이는 남아프리카 오지의 5만 평방마일 넓이의 영토인 오렌지 강 자치국의 유일한 목사로서 처음으로 임명되었다. 오지의 주민들과 복음이 전해지지 않은 사람들을 향한 끝없는 봉사 활동은 곧 그의 힘을 고갈시켰다. 한바탕의 질병이 그를 약하게 만들었고 그는 휴식을 위해 잉글랜드로 돌아가야 했다.

남아프리카로 돌아왔을 때 우스터에서 직책을 맡았는데 이곳에서 그는 새로 문을 연 스텔렌보스 신학교와 관계하게 되었다. 기독교 교육을 향한 그의 열정은 그로 하여금 성경 및 기도 연합(성경 공부와 기도를 장려했던 곳) 그리고 젊은 여성들이 교육 사역을 위해 준비할 수 있었던 위그노 신학교 같은 기관들을 잇따라 설립하게 했다.

앤드류 머레이

우스터에서 머레이는 더욱 명망 있는 설교자로서의 위치를 케이프타운에서 가질 수 있게 되었고 7년 후에는 더욱 시골 교구인 웰링턴의 한 교회에서 목사직을 수행하게 되었다. 이곳에서 머레이는 그의 설교 기술을 연마했고 성결 운동을 이끌었다(역사가 월터 홀렌베거는 머레이가 오순절주의의 선구자라고 했다). 그의 설교와 저작을 통하여 머레이는 서서히 국제적인 인물이 되었다.

머레이는 기독교인들이 자유롭게 믿으며 하나님의 은혜를 체험하게끔 성경을 해석하는 글을 썼다. 그는 하나님이 사람들이 하나님의 생명에 참여하는 부유하고 생산적이며 의미 있는 삶을 살도록 모든 필요한 일을 이미 하셨다고 믿었다. 그러한 삶에 대한 장애물들로는 하나님을 향한 성의 없는 복종, 성령의 기름부음에 대한 확신의 부족, 기도의 능력에 대한 깊이 뿌리내린 회의주의가 있었다.

그의 책들 가운데 가장 유명한『그리스도의 기도 학교』(*With Christ in the School of Prayer*)는 기도에 대한 신약성경의 가르침을 받아 독자들이 과거의 얕고 효과적이지 못한 기도로부터 하나님이 그들을 부르신 더 충만한 이해 가운데로 들어가도록 돕는 31개의 교훈들을 조명해준다. 머레이에 따르면 교회는 하나님이 세상을 성도들의 기도를 통해 통치하신다는 사실도, 기도가 사탄을 정복시키는 힘이라는 사실도, 이 땅의 교회가 기도를 통해서 천상의 힘을 수여받는다는 사실도 깨닫지 못하고 있었다.

그는 자신의 영적 통찰들을 개혁주의의 신학에 맞추고자 분투했으나 개혁주의 비평가들로부터 자유의지를 가르치며 하나님이 모든 사람의 구원을 원하신다는 주장을 한다는 명목으로 고발을 당했다.

그러나 그러한 비판 앞에서 머레이는 신자가 성령의 충만함을 받을 것을 기대할 수 있다고 주장했다.

나는 충만해져야 한다. 이는 절대적으로 필요한 것이다. 나는 충만해질 수 있다. 하나님은 복되게도 그것을 가능하게 만드셨다. 나는 충만해질 것이다. 이는 대단히도 갈망할만한 것이다. 나는 충만하게 될 것이다. 이는 너무나 복되게도 확실한 것이다.

91. 오스왈드 챔버스
그의 최상의 것을 준 설교자

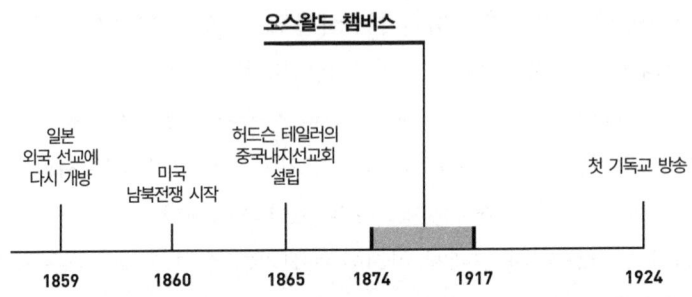

> 예수님이 그의 제자들에게 주신 위대한 말씀은 내맡김이다. 하나님이 우리를 제자로 부르실 때, 우리는 그분의 말씀에 우리 자신을 내맡겨야 한다. 그분을 신뢰하고 그분이 우리를 모험 속으로 이끄심을 지켜보며 우리는 이를 받아들여야 한다.

나는 내가 한동안 묻혀 애매하게 숨겨져 있을 것 같은 느낌이 든다. 그러다가 갑자기 힘을 발휘하여, 나의 일을 하고, 사라질 것이다.

22살의 오스왈드 챔버스(Oswald Chambers)는 설교자로서 세상 가운데로 보냄을 받기 전 외딴 스코틀랜드 마을에서 긴 준비를 시작하는 가운데 이렇게 적었다. 그는 어느 면에서 맞았다. 15년간의 공적 사역 이후 챔버스는 43살에 갑자기 생을 마감했다. 그러나 그는 여전히 죽지 않고 남아있었는데, 그의 묵상집 『주님은 나의 최고봉』(*My Utmost for His Highest*, 이는 그의 이름을 딴 50여개의 다른 묵상집과 마찬가지로 그의 사후 출판된 설교들이다, CLC 刊)은 출판된 묵상집 가운데 가장 유명한 것으로 남아있기 때문이다.

화가의 묘사

스코틀랜드 애버딘에 있는 침례교 설교자의 아들로 태어난 챔버스는 찰스 스펄전의 설교를 듣고 회심했다. 20대 때 그는 하나님의 구속 메시지를 미술적으로 그려보고자 하여 런던과 에딘버러에서 기법을 배우기도 했다.

점차로 챔버스는 자신이 하나님을 위하며 미술을 배우는 것이 하나님이 원하시는 것이 아니고, 오직 그의 뜻만을 위하여 하나님을 추구하는 것이 그분의 뜻이라고 믿게 되었다.

그는 나중에 적은 글에서 다음과 같이 말했다.

> 나는 내가 하나님께 가져간 것들에 대해 하나님은 아무런 관심이 없으시다는 것을 깨닫는 데 긴 시간이 걸렸다. 하나님이 내게 바라신 것은 무조건적인 복종이었다.

그의 결정은 그를 한 작은 초교파 신학교인 더넌대학교로 이끌었다. 머잖아 챔버스 자신도 그의 가족이나 미술가 동료들과 마찬가지로 그 자신이 바보이거나 미쳤다고 믿기 시작했다. 그 지옥 같은 4년 동안 챔버스는 그의 일을 계속 했으나 내면은 그 자신의 타락과 신앙의 무기력으로 인한 예민한 생각으로 인해 압도당한 것처럼 느껴졌다.

그 경험은 챔버스를 영적 우울증 직전까지 몰고 갔다. 그는 하나님이 구하는 자들에게 그의 성령을 주신다고 하신 예수님의 약속에 자기 자신을 철저히 내던졌다. 그 분투는 즉시로 끝났다.

챔버스는 그 결과를 나중에 이렇게 묘사했다.

> 하나님께 영광이 있을지어다. 사람의 마음 속 최후의 고통스러운 심연이 넘치는 하나님의 사랑으로 채워졌도다.

짧고 밝게 빛나는 빛

그의 영적 해방에 곧이어 챔버스는 순회 설교자이자 부흥 기도 연맹의 교사로서 많은 인기를 누리게 되었다.

챔버스는 영적인 의기소침함이란 주로 정신적 무기력함의 결과로 나타난다고 믿었기에 1911년, '기도 연맹'과 더불어 '성경 연구 대학'을 열었다. 제1차 세계대전이 학문적 생활을 방해하자 챔버스는 군대에 군종 목사로 입대했다. 1915년에는 이집트의 자이툰으로 가서 아내와 함께 군인들에게 복음을 전하였다.

그가 말하는 대상이 군인이든 학생이든, 그는 듣는 이들에게 하나님을 위해 적극적으로 살라고 독려했다. 그는 말하기를 하나님의 뜻은 개개인이 그리스도와의 개인적 관계를 기꺼이 맺으려 하고 그들 자신을 철저히 주님께 내맡기면 삶의 모든 상황 속에서 발견될 수 있는 것이었다.

그는 다음과 같이 말하고 있다.

> 예수님이 그의 제자들에게 주신 위대한 말씀은 내맡김이다.
> 하나님이 우리를 제자로 부르실 때, 우리는 그분의 말씀에 우리 자신을 내맡겨야 한다. 그분을 신뢰하고 그분이 우리를 모험 속으로 이끄심을 지켜보며 우리는 이를 받아들여야 한다.

주님은 나의 최고봉

오스왈드 챔버스

1917년 말 파열된 맹장과 뒤따른 합병증들은 그의 삶을 단축시켰다. 약속의 삶은 믿을 수 없을 만큼 비극적인 결말을 맞는 것처럼 보였다. 그러나 그것은 끝이 아니었다. 잉글랜드 수상의 비서가 되고 싶었던 그의 아내의 야망은 그녀로 하여금 놀라운 속기의 기술을 얻도록 이끌었고, 그녀는 챔버스의 설교들을 기록하여 출판했다.

그녀는 그것들을 팸플릿 형태로 만들어 과거 챔버스가 가르쳤던 학생들은 물론 그가 목회했던 많은 병사에게 보내주었다. 그리고 머잖아 그녀는 그 자료들을 책으로 만들었고, 1927년에는 최초로 『주님은 나의 최고봉』을 출간하였다.

제10부

행동주의자

92. 존 울먼
93. 윌리엄 윌버포스
94. 엘리자베스 프라이
95. 소저너 트루스
96. 샤프츠베리 경(안토니 애쉴리 쿠퍼)
97. 윌리엄 글래드스톤
98. 해리엇 터브먼
99. 캐서린 부스
100. 윌리엄 부스
101. 월터 라우션부시

92. 존 울먼
신비주의 퀘이커교도이자 노예 해방론자

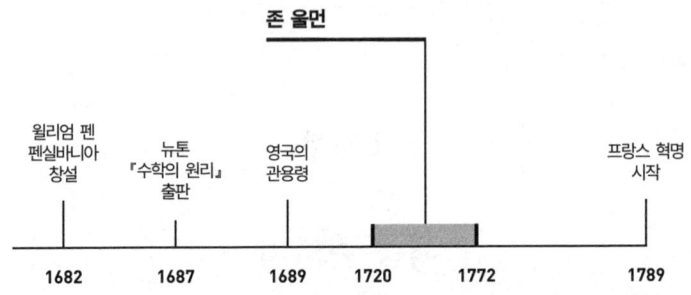

> 내 나이 스물세 살 즈음에 나는 피조 세계 전반과 눈에 보이는 것들 가운데 가장 고귀한 사람에 관한 전능자의 섭리와 돌봄에 관한 생생한 천상의 계시들을 많이 보았다.

생을 마감하기 2년 전 존 울먼은 꿈속에서 천사가 "존 울먼(John Woolman)은 죽었다"라고 말하는 것을 들었다. 깨어났을 때 그는 그 꿈의 의미가 무엇인지를 곰곰이 생각했다.

그리고 나서 그는 말하였다.

> 마침내 나는 신성한 힘이 내 입을 준비시키셔서 나로 하여금 말할 수 있게 하심을 느꼈고, 나는 "저는 그리스도와 함께 십자가에 못박혀 더 이상 내가 사는 것이 아니라 그리스도께서 내 안에서 사시는 것입니다"라고 고백하였다.

그는 자기 일기에 썼다.

> 나는 인식했다. "존 울먼은 죽었다"라는 그 말씀은 나 자신의 의지에 대한 죽음에 지나지 않는 것이었다.

그러한 꿈들과 영적 통찰들은 오늘날 미국의 첫 노예 폐지론자이자 가장 깊은 신비주의자인 울먼의 특징들이었다.

울먼은 뉴저지의 작은 퀘이커 마을에 살았던 독실한 퀘이커교도 가정에서 태어났다. 영적인 체험들은 일찍이 다가왔다. 그는 자신의 일기장에 "나는 7살이 되기 전에 신성한 사랑의 활동에 대해서 알게 되었다"라고 적었다.
21살 때 그는 한 상인에게 고용되었고 2년 뒤에는 그가 "계시"라고 불렀던 영적 체험들을 더 많이 갖기 시작했다.

> 내 나이 스물 세 살 즈음에 나는 피조세계 전반과 눈에 보이는 것들 가운데 가장 고귀한 사람에 관한 전능자의 섭리와 돌봄에 관한 생생한 천상의 계시들을 많이 보았다.

이런 새로운 인식은 그의 고용주가 그에게 한 흑인 여성에 대한 매노 승서를 작성하라고 요구했을 때 시험대에 올랐다. 울먼은 그의 고용주에게 자신은 노예를 두는 것이 기독교 신앙과 일치되지 않는 관행이라고 생각한다며 거절했다. 하지만 그는 또한 그의 고용주를 존경할 의무가 있다고 느꼈기에 그가 시키는 대로 하였다. 그러나 그의 양심은 여전히 불편했고 나중에 다시 노예 매도증서를 쓰라고 요구 받자 이번에는 단호히 거절했다.
독립을 갈망하는 가운데 그는 양복점업을 시작했다. 그는 자신이 공적 사역을 위해 부름받았다고 느꼈기에 의도적으로 지나친 시간을 요구하지 않는 직업을 택한 것이었다. 몇 년이 되지 않아 그의 사업은 번성하기 시작했고 그는 고객들에게 자신의 경쟁자들에게로 가라고 권면했다.
그는 또 썼다.

> 비록, 내 타고난 성향은 판매와 관련되어 있었지만, 그럼에도 나는 진리가 나를 외적인 방해들로부터 자유한 삶을 살기를 원한다고 생각했다.

이 무렵 그는 36세 정도(그의 내면의 여정에 대한 기록인 일기를 쓰기 시작한 해)에 결혼했다. 그는 또한 노예 제도가 땅 위에 드리워진 어두운 우울함이라는 것을 어느 때보다 확신시켜준 미국 남부에서의 두 번의 중요한 여행을 했고, 훗날에는 비통한 결과가 될 것이라고 예측했었다.

1754년과 1762년에 각각 그는 『노예 유지에 관한 몇 가지 고려사항』(UConsiderations on the Keeping of Negroes)들을 적었는데 여기서 그는 기독교와 자유 사이의 관계에 관하여 주장했다. 남녀가 하나님의 형상을 따라 동등하게 창조되었다는 생각은 보편적인 형제애와 서로의 고통에 민감하게 반응하는 것과 곧바로 이어졌다.

'많은 노예에 대한 극도의 억압'에 관한 그의 관심은 또한 북미 원주민들에게로 옮겨졌다. 그는 펜실베이니아 경계에 있는 인디언 마을에 방문하여 모라비안 선교사들의 노고를 후원하였다. 그는 인디언들에 대한 럼주 판매를 축소시키려 시도했고 보다 정의로운 인디언 토지 정책을 위해 일하였다.

울먼은 어느 때든 가능하기만 하면 도보로 여행을 하면서 엄격한 삶의 방식을 고수했다. 그는 무채색 옷을 입었고(왜냐하면, 염료가 노예들의 노동을 통해 생산된다고 들었기 때문이다), 노예 무역과 연결된 어떤 생산품도 사용하지 않았다. 종내 그는 노예를 소유하고 있는 사람들의 환대도 거절했는데 이는 그들이 누리는 사치가 노예 제도로 인한 것임을 인식했기 때문이었다.

노예 제도에 관한 그의 견해는 당대의 백인들에게만 유별난 것이 아니라 그의 동료 퀘이커교도들이 보기에도 독특하기 그지없는 것이었다. 그의 존재는 미국의 퀘이커교도들이 그가 세상을 떠난 뒤 25년도 되지 않아 노예 소유를 자발적으로 폐지한 주된 이유였다. 그의 방법론은 일관된 실천으로 뒷받침된 도덕적 설득이었다. 예를 들어 1758년, 그는 필라델피아와 볼티모어 사이에 있는 한 시골 공동체에서 노예 제도를 반대하는 설교를 했다. 그리고 그는 저녁식사를 위해 토마스 우드워드의 집으로 가게 되었다. 울먼은 흑인 하인들이 사실 노예들이라는 것을 알게되자 아무 말 없이 그 집에서 조용히 빠져나왔다. 집주인은 양심에 가책을 느꼈고 다음 날 아침 그의 노예들을 해방시키겠다고 맹세했다.

1772년 울먼은 설교를 위해 잉글랜드를 방문했는데 특별히 그는 계급 차별에 반대하는 증언으로서 3등 선실을 이용했다. 상대적으로 부유하고 교만했던 런던의 퀘이커교도들은 처음에는 그 소탈한 뉴저지의 설교자에게 쌀쌀맞게 대했지만, 그의 성실함과 영적인 성숙함은 결국 그들의 마음을 빼앗았다. 그러나 그는 도착한지 몇 달이 되지 않아 52살의 나이로 세상을 떠났고 잉글랜드에 장사되었다.

93. 윌리엄 윌버포스
노예 제도를 반대한 정치가

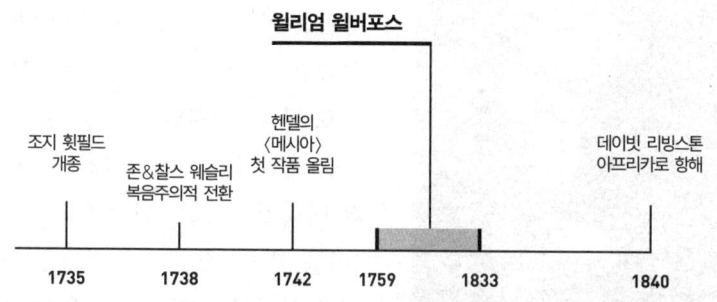

> 너무나 어마어마하고 아주 끔찍하고 돌이킬 수 없는 노예 무역의 사악함은 내 마음으로 하여금 전적으로 그것을 폐지하고자 결정하게 만들었다. 결과는 내버려 두자. 나는 지금부터 노예 제도의 폐지를 단행할 때까지 결코 쉬지 않을 것이다.

1700년대 후반, 윌리엄 윌버포스(William Wilberfforce)가 십 대였을 때, 영국의 무역상들은 기니 만(灣)에 있는 아프리카 해안을 급습하여 3만 5천 명에서 5만명에 가까운 아프리카인들을 포획했고 그들을 대서양 건너편으로 운송하여 노예로 팔아버렸다. 이는 많은 재력가가 의존하고 있는 수익이 많이 남는 사업이었다.

서인도 제도 무역의 한 홍보 담당자는 이렇게 썼다.

> 서인도제도에서 노예 없이 무언가를 하는 것이 불가능하다는 점은 이 무역이 감소하지 않도록 해줄 것이다. 그 필요성, 그것을 계속 수행해야 하는 절대적 필요성은, 다른 이유가 없으므로 그 자체로 근거가 되어야 한다.

1700년대 말 노예 제도의 자본환경은 매우 고착화되어 소수의 사람만이 이와 관련하여 무언가를 할 수 있다고 생각했다. 그 소수의 사람들 가운데에는 윌리엄 윌버포스라는 이도 포함되어 있었다.

목표를 부여잡다

윌리엄 윌버포스

윌버포스를 젊은이로 알고 있던 사람들은 이 사실에 놀랐을 것이다. 그는 부유함 속에서 성장했다. 그는 헐 출신으로 케임브리지의 존스대학교에서 교육을 받았다. 그러나 그는 진지한 학생은 아니었다. 그는 나중에 회고하기를 "나를 학구적으로 만들려는 고통스런 시도가 있었던 것만큼 게을러지기 위한 노력들이 있었다"라고 적었다.

케임브리지에 있는 한 이웃은 이렇게 말하기도 했다.

그(윌버포스)가 늦은 저녁 그의 방으로 돌아왔을 때 그는 나를 자신과 함께 하도록 불렀다. 그는 매우 매력적이고 재미있는 사람이어서 종종 나는 밤의 반을 그와 지새우며 지냈고, 이는 나의 다음날 강의 출석을 방해하기도 했다.

그런데도 윌버포스에게는 정치적 야심이 있어, 1780년에는 연줄을 통해 의회 선거에서 가까스로 당선되기도 했는데, 여기서 그는 훗날 영국의 수상이 되는 윌리엄 피트와의 계속되는 우정을 형성하기도 했다.

그러나 그는 말했다.

의회에서의 1년간 나는 한 것이 아무것도 없다. 목적을 갖고 한 일이라고는 없다. 나 자신의 탁월함이 내가 사랑하는 목적일 뿐이었다.

하지만, 그는 자기 삶을 깊게 반추하기 시작함으로써 강렬한 슬픔 속에 지내는 시간을 갖게 되었다.

"나는 수개월 동안 그 어떤 인간 피조물들이 겪었던 것보다 더 많은 고통을 겪었다고 확신한다"라고 그가 적을 정도였다. 그의 본성에 어긋나는 이런 침울함은 1786년 부활절에 걷혔는데 일반적인 합창이 울려 퍼졌던 그 아침은 마치 모든 자연이 찬양과 감사의 노래를 드높이는 듯 보였다.

그는 영적인 거듭남을 경험한 것이었다. 그는 진지한 그리스도인에게 유익이 된다고 생각하는 가운데 술을 멀리하고 혹독한 자기 반성을 실천했다. 그는 정치 공작과 함께하는 사교활동을 혐오했다.

그는 그가 생각하기에 허영과 쓸데 없는 대화들로 가득찬 끝 없는 저녁 식사 파티인 '테이블 위의 유혹들'에 대해 염려했다.

> 그것들은 삶의 모든 유용한 목적 앞에서 나를 무능히게 민들고, 시간을 낭비하며, 건강을 악화시키고, 그것들을 경험하기 전에는 저항심으로, 경험한 후에는 자책감으로 내 마음을 채운다.

그는 자기 삶의 목적을 바라보기 시작했다.
그는 일기에 기록했다.

> 나의 경주는 공공을 위한 것이다.
> 나의 사업은 세상 안에 있고 그래서 나는 사람들의 모임들 가운데로 섞여 들어가든지 아니면 하나님의 섭리가 내게 부여하신 것 같은 이 자리를 그만두든지 해야한다.

특히 그의 관심을 끌었던 것은 두 가지 요인이었다. 하나는 토머스 클락슨의 영향하에서 노예 제도의 문제에 대해 몰두하게 되었다는 점이었다. 그는 나중에 적은 글에서 적은 바 있다.

> 너무나 어마어마하고 아주 끔찍하고 돌이킬 수 없는 노예 무역의 사악함은 내 마음으로 하여금 전적으로 그것을 폐지시키고자 결정하게 만들었다. 결과는 내버려두자. 나는 지금부터 노예 제도의 폐지를 단행할 때까지 결코 쉬지 않을 것이다.

처음에 윌버포스는 순진무구 하다 싶을정도로까지 낙관적이었다. 그는 빠른 성공의 가능성에 대해서 의심의 여지가 없음을 표현했다. 1789년에 그와 클락슨은 이미 노예 무역에 반대하는 12가지 결의안을 상정했는데 이는 훌륭한 법 조항들을 능가하는 것이었다.

노예 제도 폐지의 길은 기득권, 의회의 방해, 고착화 된 편협성, 국제 정치, 노예로 인한 사회 불안, 개인적 질병 그리고 정치적 두려움에 의해 방해를 받았다. 윌버포스가 도입한 다른 법안들은 1791년, 1792년, 1793년, 1797년, 1798년, 1799년, 1804년, 1805년에 부결되었다.

윌버포스가 노예 제도 문제를 그냥 놔두지 않을 것이라는 사실이 명백해지자 노예 제도 찬성 세력들은 그를 겨냥했다. 그는 반대자들로부터 "윌버포스의 정책은 지긋지긋하고 그의 협력자들은 위선적이다"라는 비방을 받았다. 그들의 반대는 더욱 격렬해져서 한 친구는 어느 날 윌버포스가 인디언 농장주들에게 탄화되고(구워지고) 아프리카인 무역상들에게 바비큐 되어져서 기니의 선장들에게 먹히게 되었다는 소식을 들을까 봐 두려워하기도 했다.

박애주의의 수상

노예 제도는 윌버포스의 열정을 자극한 하나의 요인일 뿐이었다. 그가 받은 두 번째 소명은 '미풍양속의 개혁', 즉 도덕에 관한 것이었다. 1787년 초 그는 '경건과 미덕을 장려하고 악덕과 불경함 그리고 부도덕을 예방하기 위함'이라는 왕실의 선언을 따라 일할 사회를 구상했다. 이는 결과적으로 악덕 탄압 사회로 불리게 되었다.

사실 박애주의자 내각의 총리라 불린 윌버포스는 한때 69개의 박애주의 대의명분을 지지하는 데 적극적이기도 했다. 그는 가난한 사람들에게 자기 연간수입의 4분의 1일을 나누어주었다. 그는 굴뚝 청소부, 미혼모, 주일 학교, 고아들 그리고 비행청소년들을 위해 싸웠다. 그는 빈자들의 조직을 향상시켜주는 모임, 교회 선교사 모임, 영국 해외 성서 선교회 그리고 반노예 제도 모임 같은 파라처치(Para-church) 모임들이 설립되도록 돕기도 했다.

1797년 그는 클래팜에 정착하여 정부 및 사업에 영향력을 행사하는 독실한 기독교인들의 모임인 '클래팜파'의 저명한 일원이 되었다. 같은 해 그는 안일한 기독교를 신랄하게 비판하여 베스트셀러가 된 『자칭 기독교인의 지배적 종교 체계에 관한 실용적인 견해』(U*Practical View of the Prevailing Religious System of Professed Christans*)를 저술했다.

그는 전 생애 가운데 좋지 않은 건강으로 고통을 받으면서 이 모든 일을 감당했는데, 때로는 몇주간을 몸겨누워있기도 했다.

20대 후반의 어느 시기 그는 이렇게 적기도 했다.

> 나는 내가 지금 종사하고 있는 이런 작은 일조차 전적으로 감당하지 못하고 있는 갇혀있는 죄수이다. 게다가 눈이 너무 나빠 어떻게 내 펜을 써내려가야할지 모르겠다.

그는 당시로는 신약이었고 그 효과가 아직 알려지지 않았던 아편의 도움을 통해 심신을 악화시키는 이 병치레로부터 살아남았다. 아편의 환각 능력은 그를 겁먹게 했고 그것이 유발시키는 우울증은 때로 그를 무능력하게 만들었지만, 윌버포스는 곧 그것에 중독이 되었다. 그러나 건강할 때 그는 매우 끈질기고 유능한 정치인이었는데 이는 부분적으로는 그의 타고난 매력이었고 부분적으로는 그의 웅변 때문이기도 했다.

그의 노예 제도 폐지를 위한 노력은 1807년 마침내 열매를 맺었다. 의회가 대영 제국에서의 노예 무역을 폐지한 것이다. 그후 그는 노예 무역 법률이 확고히 시행되도록 힘을 쏟았고, 마침내 대영 제국에서 노예 제도는 폐지되었다. 윌버포스는 세상을 떠나기 3일 전에 노예 해방 법안의 최종 통과가 위원회에서 보장되었다는 소식을 들었지만 건강으로 인해 마지막 책임을 맡지는 못했다.

비록, 몇몇 역사가는 단지 토머스 클락슨과 다른 이들을 노예 제도 폐지를 위한 싸움에서 중요한 인물로 꼽기도 하지만, 역사학자 G. M. 트레벨얀이 세계 역사의 전환점 중 하나라고 언급한 일 가운데에서 윌버포스는 어느 면에 있어서든 핵심적인 역할을 감당했다.

94. 엘리자베스 프라이
감옥 개혁가

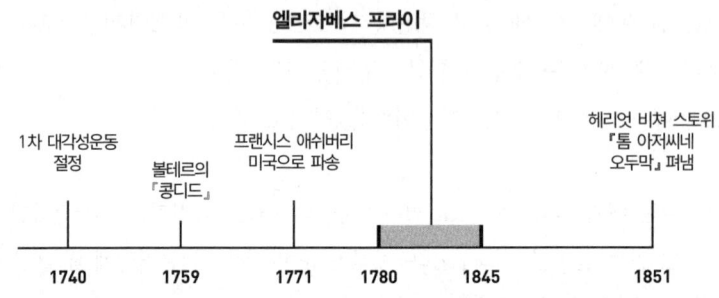

> 가능한 한 그들이 감옥 안에 있을때 그들을 유순하고, 평화롭게 하며, 감옥을 떠날 때에 훌륭한 모습이 되게끔 절제와 질서 그리고 근면성의 습관들을 그들 안에 만들고자 한다.

1800년대 초, 영국의 감옥은 불결함과 야만성으로 찬 구덩이와도 같았다. 그 시대의 사조는 재소자들을 교화시키는 것이 아닌 처벌하는 것에 목적이 있었다.

대부분 사람은 이런 사조가 마땅히 행해져야 할 바라고 생각하거나 고착된 시스템을 바꿀 수 있는 것은 아무것도 없다고 믿었다. 엘리자베스 프라이(Elizabeth Fry)는 이 두 가지 생각 모두에 동의하지 않았고, 우리가 오늘날까지 실행하고 있는 많은 감옥 개혁안을 밀어붙였다.

충격적인 상황들

영국 은행가의 딸로 태어난 엘리자베스는 20살에 부유한 차 상인인 조셉 프라이와 결혼했다. 자녀들도 빨리 생겨서 11명의 아이를 낳게 되었다. 그녀가 그리스도께 자신을 다시 바치게 된 18살 때 그녀는 억압 받는 사람들을 돕기 원했다. 그래서 젊은 신부이자 엄마였던 그녀는 의약품과 의복들을 노숙자들에게 나누어주었고 간호학교인 '데본샤이어 스퀘어 자매회'가 설립되는 데에도 도움을 주었다.

33살이던 1813년 그녀의 관심은 런던의 뉴게이트 감옥 안에 있는 여성 재소자들에게로 향했다. 그녀는 거의 매일 감옥을 방문하길 시작했고, 그녀가 그곳에서 발견한 것은 그녀를 충격에 빠뜨렸다. 뉴게이트에서는 사과를 훔친 혐의로 재판을 기다리는 여성들이 살인이나 위조죄(둘 다 사형에 해당되었던 죄)로 유죄 선고를 받은 여성들과 같은 방 안에 수감되었다.

엘리자베스 프라이

여성들은 비좁은 공간에서 식사와 배변 활동 그리고 수면을 취했나. 만일 재소자에게 자녀가 있다면 그 자녀 또한 그 비인간적인 환경 속에 함께 들어가 그곳에서 똑같이 지내야만 했다.

가족이나 친구, 또는 자선단체의 도움을 받을 수 없던 사람들에게 할 수 있는 것이라고는 구걸하는 것이나 음식을 훔치는 것 또는 죽기까지 굶주리는 것뿐이었다. 많은 여성이 알몸으로 지치고 술에 취한 채 술을 구걸했다. 엄마들이 교수대로 끌려갈 때 아이들이 엄마에게 매달리는 장면은 몇 번이고 재현되는 장면이었다.

수감자들을 위한 더 나은 삶

감옥의 관리자들은 프라이에게 감옥을 방문할 때의 위험(폭력과 질병에 대한 노출)을 경고했으나 그녀는 그것들을 일축했다. 그녀는 여성들을 위로할 뿐만 아니라 그들에게 기초 위생과 바느질 그리고 이불을 만드는 법을 가르쳐주었다(이는 그들이 석방되었을 때 생계를 위해 돈을 벌도록 하기 위함이었다) 그녀는 수감자들에게 성경을 읽어주었고, 또한 성경을 그들에게 나누어주었다. 그녀는 사형 선고를 받은 여성들을 위해 중재했고 그녀의 탄원이 성공적이지 않을 때에는 교수대까지 함께 가서 마지막 순간까지 그들을 위로 했다.

그녀의 노력을 확장하기 위해 1816년 그녀는 '뉴게이트여성재소자개선협회'를 설립하여 운영했다.

의복과 교육, 일자리를 제공하고 그들에게 성경 지식을 소개하며, 가능한 한 그들이 감옥 안에 있을때 그들을 유순하고, 평화롭게 하며, 감옥을 떠날 때에는 훌륭한 모습이 되게끔 절제와 질서 그리고 근면성의 습관들을 그들 안에 만들고자 했다.

그녀가 추진한 구체적인 개혁은 다음과 같다.

첫째, 남자와 여자 재소자들을 구분하기
둘째, 재소자들을 위한 유급 근무
셋째, 여성 수감자들을 위한 여성 교도관
넷째, 범죄에 따른 수감자들의 숙소 배정

뉴게이트를 넘어서

19세기의 관찰자들이 보기에 프라이의 노력은 기적을 만들어 내었다. 거칠고 구제불능이라 불리던 많은 재소자는 그녀의 돌봄 하에서 질서 있고 훈련되며 독실한 모습으로 변화되었다.

주변 지역의 시장들과 보안관들은 뉴게이트를 방문하였고 그들 지역의 교도소에서도 개혁에 착수했다. 1818년 프라이는 영국 교도소의 상태에 관해 서민원에서 증언을 했는데 이는 1823년의 감옥 개혁법에 공헌을 하였다. 프라이의 관심은 사회복지 시설에 있는 여성들에게까지 확대되어, 그녀는 그곳의 사람들에게 교육과 훈련 그리고 성경 교육을 도입했다.

그녀는 1820년 런던에 야간 쉼터가 설립되도록 도왔고 부랑 민 가정들을 섬기기 위한 단체를 설립하기도 했다. 그녀는 또한 그녀의 감옥 개혁 프로그램에 대한 생각들을 프랑스와 벨기에, 네덜란드와 독일에 홍보하였다.

65세의 나이로 세상을 떠날 때까지 그녀는 여성 수감자들을 영국의 식민지로 실어나르는 모든 수감자 선박을 방문하였다. 프라이의 생각들은 이후 세대가 사회복지와 복음 전도를 결합시키도록 고무시켰고, 그 이래 재소자들을 어떻게 다룰 것인가에 관한 문제를 재구성하였다.

95. 소저너 트루스
노예 폐지론자이자 여성 인권 변호가

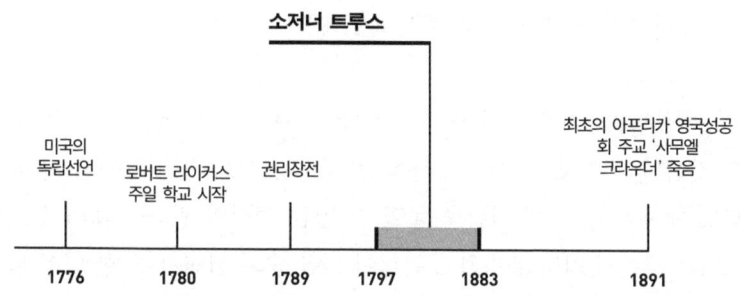

> 주께서 이 민족을 향한 표지를 내게 주심으로 나는 그들의 죄악이 우리 민족을 괴롭히는 것에 대해 증언하며 보여 주고 있습니다.

걸출한 성직자들과 노예 폐지론자들의 모임이 『톰 아저씨의 오두막』(Uncle Tom's Cabin)의 저자인 해리엇 비처 스토의 집에서 있었을 때, 스토는 소저너 트루스(Sojourner Truth)가 아래층에서 자신을 만나길 원한다는 소식을 들었다.

"당신이 저에 관해 들었을 것으로 생각합니다만?"

한때 노예였던 이는 스토가 아래층으로 내려오자 그녀에게 물었다.

"네, 그런 것 같습니다. 당신은 강의 하러 다니곤 하지요."

"그렇지 않습니까?"

네, 친애하는 분이여, 그것이 바로 내가 하는 일입니다. 주께서 이 민족을 향한 표지를 내게 주심으로 나는 그들의 죄악이 우리 민족을 괴롭히는 것에 대해 증언하며 보여 주고 있습니다.

트루스의 이야기와 품행에 감명을 받은 스토는 그 파티에 모인 저명한 목회자 몇몇을 아래층으로 불렀다. 성경을 통해 설교하느냐는 질문을 받자 트루스는 아니라고 대답하며 자신은 글을 읽지 못한다고 했다.

"나는 설교할 때"라고 말 문을 연 그녀는 다음과 같이 말했다.

> 내가 설교할 구절은 그저 하나뿐이며, 나는 항상 이것을 통해 설교합니다. 내 본문은 "내가 예수님을 만났을 때"입니다.

이에 목사들 가운데 한 명은 "당신은 그보다 더 나은 것을 찾을 수 없었을 것입니다"라고 화답했다. 사실, 트루스는 그보다 더 많은 주제 즉 노예제도 폐지와 두 번째 이름을 붙일 수 있는 여성의 권리에 대해 설교했고, 그녀는 당대의 가장 유명하고 논란이 많은 순회 설교자 중 한 명이 되었다.

노예 신분으로부터

뉴욕 남동부에서 이사벨라 바움프리라는 이름의 노예로 태어난 이 미래의 노예 폐지론자는 13살 때 존 더몬트의 소유가 되기까지 어린 시절 동안 많은 주인을 거쳤는데, 그들 중 다수는 잔인한 자들이었다. 그는 17년간을 더몬트를 위해 일하다가 탈출했다.

그녀가 향한 곳은 그녀가 하나님이 자신에게 환상을 보여 주셨다고 말한 곳인 이삭과 마리아 반 와게너의 집이었다. 그 퀘이커 부부는 그녀를 더몬트로부터 사서 자유롭게 만들어주었다. 몇 년 뒤, 그녀는 이제 막 생겨난 그녀의 믿음을 굳건하게 만드는 경험을 했다.

그녀가 받아적도록 지시한 자서전에 기록했다.

> 어느 날 하나님이 그 자신을 섬광의 번뜩임과 같은 갑작스러움 가운데 나타나셔서, 눈깜짝할 사이에 하나님이 모든 곳에 계심을, 온 우주에 만연해 계심을 그리고 하나님이 계시지 않은 곳이 한 군데도 없음을 보여 주셨다.
> 나와 예수님은 꿈속에서 이리저리를 함께 걸어다녔습니다.

일전에 노예였던 그녀는 스토에게 말했다.

"예수님은 저를 사랑하셨어요! 저는 그것을 알았어요, 그것을 느꼈어요."

그러나 젊은 시절 그녀의 신앙은 혼란을 겪었고 어느 순간 그녀는 지도자가 구성원 중 한 명을 살해하는 종교집단에 참여하기도 했다. 또 다른 시기에 그녀는 밀러파를 따랐는데 그들은 그리스도께서 1843년에 재림하실 것이라고 예언하는 자들이었다.

새로운 출발을 갈망하면서 이사벨라는 하나님께 새로운 이름을 구했다. 다시금 그녀는 환상을 보았고 거

소저너 트루스

기서 하나님은 그녀에게 소저너라는 이름을 주셨는데 이는 그녀가 그 땅을 종횡으로 다니며 사람들의 죄를 보여 주고 그들에게 표지가 되도록 하기 위함이었다. 그녀는 곧 하나님께 두 번째 이름을 구했는데, 이는 다른 모든 사람이 두 번째 이름(성)을 갖고 있기 때문이었다. 하나님은 그녀에게 트루스라는 이름을 주셨는데 이는 그녀가 사람들에게 진리를 선포할 것이기 때문이었다.

이런 새로운 사명과 함께 그녀는 뉴욕을 떠나 뉴잉글랜드 곳곳을 여행하면서 지역 기도회 등에 참석했고, 그녀 스스로가 다른 사람들을 소집하기도 했다. 1850년, 그녀는 올리브 길버트와 함께 쓴 그녀의 자서전을 출판했다. 이는 그녀를 유명하게 만들었고 그 명성은 고민거리를 가져왔다.

만일 그녀가 연설 하기로 되어있는 건물에서 실제로 설교를 한다면 그 건물을 불태워 버릴 것이라는 말을 들었을 때, 그녀는 "그렇다면 나는 재를 향해 설교하겠습니다"라고 응답했다. 하지만 그녀의 재빠른 기지와 결정은 그 정도만 성공적일 뿐이었다. 유난히 악랄했던 한 폭력배에게 신체적 폭행을 당한 뒤 그녀는 남은 인생을 지팡이를 짚고 살아야 했다.

한때 노예였던 그녀가 가장 맹렬한 공격을 가했던 것은 바로 노예 제도였다. 그러나 그녀 역시 여성이었기에 다른 여성 노예 폐지론자들을 만나면, 그녀는 여성의 권리를 위해서도 열렬한 지지를 보냈다. 북부 출신의 사람들에게 있어 이는 그녀의 노예 제도 폐지 설교보다도 훨씬 논란거리가 되는 부분이었다.

어떤 이들은 그녀가 1851년 오하이오의 애크론에서 열린 '여성 권리 협의회'에서 연설하는 것을 막고자 시도하기도 했다. 그들은 그녀의 연설이 노예 해방론자들의 운동을 일으킬까 두려워했다.

그러나 트루스는 어쨌거나 연설을 했는데 이는 그녀의 가장 유명한 연설이었다.

> 저기 있는 남자들은 여성들이 마차에 태워지고 도랑 위로 들어 올려져 가장 적절한 장소에 있어야 한다고 말합니다.
> 나를 돕는 사람은 아무도 없습니다.
> 그러면 나는 여성이 아닙니까?
> 나를 보십시오! 내 팔을 보십시오!
> 나는 땅을 갈고 심으며 곳간으로 모아왔습니다.
> 그리고 어떤 사람도 나를 이끈 적이 없습니다.
> 그러면 내가 여성이 아닙니까?
> 나는 그렇게 할 수만 있다면 남자만큼 일하고 남자만큼 먹을 수 있으며 채찍질도 참을 수 있습니다!
> 그러면 내가 여성이 아닙니까?
> 나는 자식들을 낳았고 그들이 노예로 팔려가는 것을 보았으며,
> 내가 엄마로서 슬퍼하며 울부짖을 때 내 음성을 들어주신 것은 오직 예수님뿐이었습니다.
> 그러면 나는 여자가 아닙니까?

남북 전쟁 끝에 트루스는 한 인종차별주의자인 전차 승무원에 의해 팔이 탈구된 상태로 애이브러햄 링컨을 만나 해방된 흑인들이 서쪽 땅을 이용할 수 있게 해달라고 정부에 청원했으며, 아프리카계 미국인들과 여성들을 위해 수많은 연설을 했다. 1875년 그녀는 미시간주 배틀크리크에 있는 자신의 집으로 돌아가 생을 마칠 때까지 거기 머물렀다.

96. 샤프츠베리 경(안토니 애쉴리 쿠퍼)
경건한 영국 정치가

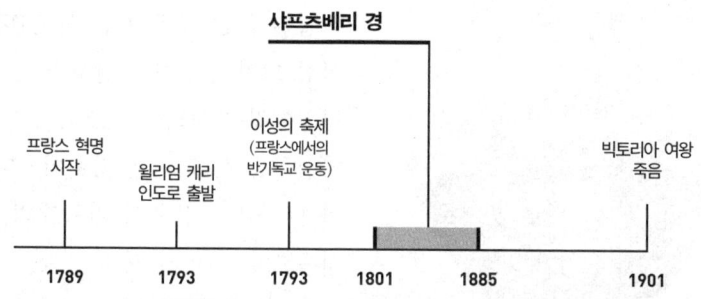

> 사회 개혁은 너무나도 필요하고 굉장히 필수적이기에 마음의 변화뿐 아니라 하나님의 은혜를 필요로 한다.

영국의 위대한 정치가 윌리엄 윌버포스가 1833년 세상을 떠났을 때 그의 장례식에 참석했던 이 중 하나가 나중에 샤프츠베리 경(Lord Shaftesbury)으로 불린 안토니 애쉴리 쿠퍼(Antony Ashley Cooper)였다.

존 펄럭(John Pollock)의 전기에는 그에 대해 다음과 같이 적고 있다.

> 그렇게 두 명의 위대한 사회 개혁가와 두 개의 운동은 잠시나마 그리고 상징적이지만 이어졌고 그것은 끝이자 시작이었다.

윌버포스가 그의 당대에 가장 훌륭한 그리스도인 정치가 중 한 사람이었다면, 샤프츠베리는 그의 시대에 가장 훌륭한 그리스도인 중 하나였다.

싸늘한 가정

윌버포스와는 다르게 샤프츠베리는 그가 하원의원이 되었던 1826년에도 독실한 그리스도인이었다. 그는 하나님이 "약자, 무력한 자, 사람과 짐승 그리고 이들을 도울 것이 아무것도 없는 이들을 위해 그가 받은 어떤 재능을 통해서든 헌신하도록" 자신을 부르셨다고 생각했다.

샤프츠베리 경

그런데 이는 그의 부모로부터 받은 믿음이 아니었다. 샤프츠베리 6대 백작의 아들로 태어난 그는 부모의 애정이 없는 가정에서 자라났다. 사실상 그가 경험하여 알고 있는 모든 사랑이라곤 마리아 밀스라는 이름의 가정부를 통해 받은 것뿐이었다. 그가 나중에 복음주의 기독교의 길을 처음으로 따르기 시작한 것도 그녀를 위한 것이었다.

하원의원으로 있은 지 2년만에 샤프츠베리는 산업 혁명으로 인해 야기된 부당한 일들을 완화시키기 위한 노력에 착수했는데, 여기에는 탄광에 여성과 어린이의 고용을 금지하는 일, 정신 이상자들을 돌보는 일, 공장 노동자들을 위해 10시간의 근무 시간을 정하는 일 그리고 굴뚝 청소부로 어린 소년들을 고용하는 것을 불법으로 규정하는 일 등이 포함되었다.

그는 개인적으로 다세대형 주택과 무숙자들을 위한 빈민학교 건립을(자기 소유지에) 추진하기도 했다. 그는 수년간을 '영국 해외 성서 선교회'의 회장으로 섬기기도 했다. 그는 런던 시티 미션, 교회 선교협회, 기독교 청년회를 열렬하게 후원하였다. 그는 평생 33개의 단체와 연관되어 있었다.

복음을 전하려는 그의 헌신은 그가 극장과 음악당에서 예배를 드리는 운동을 시작하도록 이끌었다. 논란이 이어지자 그는 기독교가 경박한 오락 현장들과 결부될 경우 타협에 이를 것이라는 비난에 대해 귀족원에서 자신의 운동을 변호할 수 밖에 없었다.

그의 형제를 지키는 사람

이 모든 사회 활동을 이끄는 원동력은 그의 신앙이었다.

보다 중요한 지침 원리들이 그의 저작 속에 표현되어 있는데 이는 다음과 같은 사항들을 포함하고 있다.

첫째, 모든 것에 진실하고 모든 것에 거룩함으로써 당신은 형제를 지키는 자가 된다.
둘째, 신념과 피부색, 자유와 속박은 인간의 본질적인 면에 있어 아무런 차이를 만들지 않는다.
셋째, 사회 개혁은 너무나도 필요하고 굉장히 필수적이기에 마음의 변화뿐 아니라 하나님의 은혜를 필요로 한다.
넷째, 도덕적으로 옳은 일은 결코 정치적으로 그른 일이 될 수 없고, 도덕적으로 그른 일은 결코 정치적으로 바른 일이 될 수 없다.
다섯째, 주님 자신의 원천을 통하지 않고서는 어떤 사람도 삶의 시작으로부터 끝에 이르기까지 관대함의 길 또는 미덕의 길을 참아내며 걸어갈 수 없다.

비록, 그는 높은 이상을 가진 사람이었지만, 입법자로서 샤프츠베리는 현실주의자였다. 예를 들어 그는 공립 초등학교 커리큘럼에 성경 교육이 포함되기를 원했다. 그는 주장하기를 "성경의 가르침은 부차적인 것이 아닌 필수적인 것이 되어야 한다"라고 말했다. 문제는 그것을 어느 교파의 해석을 따라 정확히 가르칠 것인가에 관한 것이었다.

종교 교육에 관한 강의 계획서에 대해 교회 그룹은 의견 일치를 보지 못했기에 다음과 같은 타협이 이루어졌다. 성경은 가르쳐지되 특정 교회의 형식을 따라서는 안 된다. 샤프츠베리는 그러한 가르침을 부적격하고 나약하며 무의미한 것으로 간주했으나, 성경 교육이 아예 없는 편보다는 나았다.

샤프츠베리가 그의 이웃 영국인들의 복지를 위해 일생 동안 헌신한 바는 한때 '그의 가망 없는 끈질김'이라고 묘사되었다. 그는 끈질긴 사람이었다. 그러나 가망 없는 사람은 아니었다.

97. 윌리엄 글래드스톤
홈잡을 데 없는 도덕의 수상

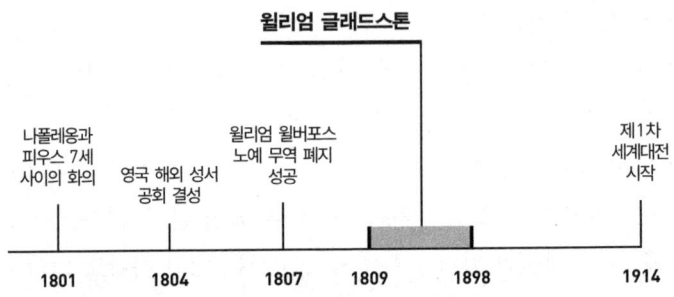

> 저의 정치적인 또는 공적인 생활은 제 삶 가운데 최상의 영역입니다. 저는 주 그리스도께서 제가 행하고 또 물러나도록 하신 바처럼, 최선을 다해 행하고 또 물러나야 함을 이 가운데 자각하게 됩니다.

윌리엄 글래드스톤(William Gladstone)에 있어서 정치 생활을 하는 것은 '가장 복된 소명'이었다.

그는 한때 빅토리아 여왕에게 다음과 같이 말한 적이 있었다.

> 저의 정치적인 또는 공적인 생활은 제 삶 가운데 최고의 부분입니다. 저는 주 그리스도께서 제가 행하고 또 물러나도록 하신 바처럼, 최선을 다해 행하고 또 물러나야 함을 이 가운데 자각하게 됩니다.

거룩하고 논쟁적인 정치가

그는 복음주의 가정에서 성장했고 젊었을 때 자기 자신을 그리스도께 헌신한 사람이었다. 정치 경력을 시작하기 전 그는 성직자가 되는 것에 관하여 진지하게 고려하기도 했다. 그러나 1832년 의회에 들어갔을 때 그는 다시 뒤를 돌아보지 않았다. 그리고 그의 정치 인생은 60년간 지속하였다.

그는 무역 이사회의 회장, 식민지의 비서, 재무장관 그리고 네 번의 다른 시기 동안 총리를 역임했다. 그의 많은 업적 가운데에는 로마가톨릭교도들이 영국성공회에 세금을 내야 하는 것을 자유롭게 하려고 아일랜드 교회를 해체한 것과 소작농을 보호하는 아일랜드 토지법을 지지한 것이 있었고, 또한 경쟁에 의한 공무원 임명, 비밀투표, 군부대 내 판매수수료 폐지, 교육 확대, 법원 조직개편과 같은 중대한 개혁들을 이루었다.

그러나 그런 성공에도 불구하고 그는 논쟁거리가 되는 인물이었다. 빅토리아 여왕은 그를 좋아하지 않았고 벤

윌리엄 글래드스톤

저민 디즈레일리를 포함한 많은 적성이 그의 주변에 있었다. 수년에 걸쳐 글래드스톤은 점차 계급과 특권을 중시하는 토리당의 전통적 신념을 버리게 되었다. 한편 그 신념은 디즈레일리가 열렬하게 옹호하는 것이기도 했다. 이들의 견해차가 커지자 글래드스톤을 향한 디즈레일리의 반감은 커져만 갔다.

글래드스톤이 재무장관이 되자 이전 장관이었던 디즈레일리는 그에게 장관의 예복들을 주기를 거절했다. 글래드스톤은 반복해서 이를 요구했고 디즈레일리는 계속해서 이를 얼버무렸다(그 예복들은 결코 보내지지 않았고 오늘날 그것들은 휴헨넨 영지에 있는 디즈레일리의 집에 전시되어 있다).

글래드스톤의 민중 도덕에 영향을 준 이상들은 유대-크리스천 도덕률에 뿌리를 박고 있었는데, 그 가운데 그가 믿은 바는 다음과 같다.

> 통치자(정치 관료)들은 엄격하고 각별하게 신성하다. 개개인들은 자신이 인정한 높은 진리의 정신을 그들의 행동 가운데 지니고 있을 수밖에 없다. 정치는 가장 복된 소명이며 의회는 당대의 수많은 조치에 기독교 원리들이 적용될 수 있는 장소이다.
>
> 자유의 가치는 인간사 안에 있는 탁월함의 본질적 상태에 있다. 기독교는 빈자들과 약자들 그리고 고난 당하는 자들을 구제하는 의무를 확립했다.

르네상스적 교양인

글래드스톤의 관심사와 은사들은 정치를 초월했다. 그는 뛰어난 언어학자이자 고전학자였다. 그는 또한 논평이나 잡지에 자주 기고하는 다작가이기도 했다. 시, 헌법 정치, 경제, 교회사를 포함한 다양한 주제들이 그의 펜을 통해 흘러나왔다.

그는 야외활동을 좋아했고 활발한 운동의 능력을 믿었다. 게다가 그는 주어지는 일이 아주 많은 가운데에서도 개인적인 자선 활동을 위한 시간을 만들었다. 말년의 그는 기독교 신앙을 변호하기 위해 많은 작품을 쓰기도 했다. 한번은 유명한 불가지론자인 T. H. 헉슬리와 창세기의 창조 내러티브를 두고 공개 토론을 벌이기도 했다.

이 근사한 노인은 1984년 초 정계에서 은퇴하였다. 그는 널리 여행하며 다양한 주제에 대해 계속해서 글을 썼다. 1898년 생을 마감한 뒤에는 웨스트민스터 사원에 묻혔다. 그의 기억 속에 주어졌던 많은 찬사 가운데 아마 가장 짧으면서도 가장 간단했던 것은 가장 웅변적이라는 말일 것이다. 그는 솔즈베리 경이 언급한 바와 같이 위대한 그리스도인이었다.

98. 해리엇 터브먼
자기 추종자들에게 '모세'로 불린 사람

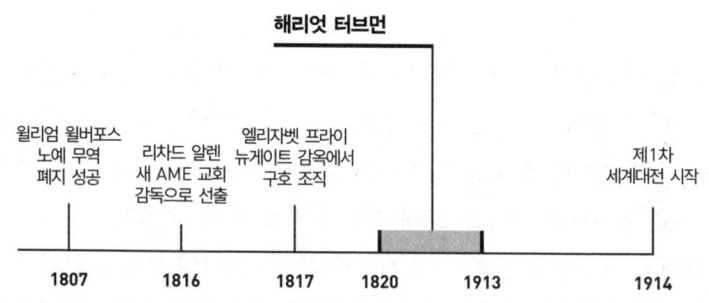

> 저는 항상 하나님께 "저는 당신께 전적으로 매달릴 테니, 당신은 저를 도와주셔야 합니다"라고 말합니다.

1831년 타이스 데이빗스라는 켄터키의 한 노예는 오하이오 강을 수영하여 자유주인 오하이오에서 휴식을 취했다. 그의 주인은 뒤를 바짝 따라와 데이빗스가 해변으로 걸어가는 것을 지켜보았다. 그런데 다시 살펴보니 데이빗스가 온데간데 없었다.

데이빗스의 주인은 격노한 채 켄터키로 돌아와 데이빗스는 "분명히 지하도로로 도망쳤을 것"이라고 친구들에게 소리쳤다. 그 이름은 그렇게 명명되었고 전설적인 '지하철도 조직망'이 탄생하였다. 이것은 지하철도조직의 가장 유명한 지휘자의 영웅적인 공적으로 인해 그 조직이 민족 의식의 일부가 되기 20년 전의 일이었다.

흑인 모세

해리엇 터브먼(Harriet Tubman)은 동부 메릴랜드에서 노예로 태어나 자랐지만 1849년에 탈출했다.

처음 북부에 도착했을 때를 회상하며 그녀는 이렇게 말했다.

나는 나도 똑같은 자유인인지를 확인하려고 내 손을 보았습니다. 그곳엔 모든 것 위에 영광이 가득했고 대지를 비추며 나무를 통과하는 태양 빛은 마치 황금과도 같았습니다. 나는 마치 내가 천국에 있다고 느꼈습니다.

그러나 터브먼은 그녀만의 자유에 만족하지 않았다. 그녀는 남부로 19번이나 다시 돌아가 "나는 한 사람의 식구도 잃어버리지 않았다"라고 자부하며 최소 300명의 동료 노예들을 탈출시키는 일을 도왔다. 수많은 사람을 자유로 인도한 그녀는 '모세'라는 별명을 얻게 되었다.

터브먼의 친구들과 동료 노예 폐지론자들은 그녀의 힘의 근원이 약자들의 구원자이자 보호자이신 하나님에 대한 믿음으로부터 나왔다고 주장했다.

저는 항상 하나님께 "저는 당신께 전적으로 매달릴 테니, 당신은 저를 도와주셔야 합니다"라고 말합니다.

분노한 노예 소유자들은 그녀를 체포하는 데 4만 달러의 보상금을 걸었으나 그녀는 결코 체포되지 않았다. "나는 오직 한 번만 죽을 수 있다"는 그녀의 모토가 되었고 그 철학과 함께 그녀는 노예 구출의 사명을 감당하기 위해 여러 곳을 돌아다녔다. 그녀의 구조 시도는 항상 겨울에 이루어졌지만 실제로 농장으로 들어가는 것은 피했다.

대신 그녀는 8마일이나 10마일 떨어진 곳에서 그녀를 만나기 위해 탈출하는(그녀가 보낸 편지를 받았던) 노예들을 기다렸다. 노예들은 그들이 사라졌다는 사실이 월요일 아침까지 간파되지 못하도록 안식일 후인 토요일 밤에 농장을 떠나곤 했다. 그들의 주인이 그들이 사라졌다는 것을 발견한 월요일 오후는 이미 늦은 때였다.

그러고 나면 그들은 터브먼이 고용한 사내들이 치우곤 했던 현상금 표지판을 걸었다. 그녀의 구출 작전은 위험으로 가득 차있었기 때문에 터브먼은 도망자들에게 엄격한 복종을 요구했다. 어떤 노예가 그의 주인에게로 되돌아가면 그녀가 하는 임무에 관한 정보를 발설하도록 강요받을 수도 있었다. 만일 어떤 노예가 구출 가운데 그만두고 싶어하면 터브먼은 권총을 그의 머리에 겨누고 다시 생각해보라고 말하곤 했다.

주저하는 탈출 노예를 실제로 죽일 것이냐는 물음에 그녀는 대답했다.

그렇습니다. 만약 그가 포기해버릴 정도로 나약하다면 그는 우리와 우리를 도운 모든 사람을 배신할 정도로 나약한 자일 것입니다.
당신 생각에는 내가 그 겁쟁이 한 사람을 위해 수많은 사람을 죽게 할 것 같습니까?

그녀는 자기가 도왔던 어떤 노예도 쏠 필요가 없었으나 한 사람에게는 거의 그럴 뻔하였다.

나는 소년들에게 말하길 총을 준비해서 그를 쏘라고 말했다. 그들은 그 일을 1분 안에 해냈을 것이다. 그러나 그 소리를 듣자 그는 곧바로 뛰어올라 다른 사람들처럼 잘 해나갔다.

터브먼은 말하길 그녀가 노예들을 북부로 인도할 때 하나님의 음성을 주의 깊게 들었으며 오직 하나님이 그녀를 인도하시는 곳이라고 느껴지는 곳을 향해서만 나아갔다고 말했다. 동료 노예 폐지론자 토머스 게렛은 그녀에 대해 말하면서 "나는 하나님의 음성에 관해 그녀처럼 자신 있게 말하는 어떤 인종의 사람도 만나본 적이 없다"라고 하기도 했다.

터브먼은 노예 폐지론자로서 유명한 많은 사람이 그들의 동조자들을 친구로 두었다. 존 브라운은 그의 편지들 가운데 그녀에 대해 언급하기를 "우리가 터브먼 장군이라고 그녀를 부르는 바와 같이 그녀는 이 대륙에서 가장 훌륭하고 용감한 사람 중 한명이다"라고 했다.

남북 전쟁 중에 그녀는 간호사, 세탁부 그리고 사우스 캐롤라이나 연안을 따라 북부군의 스파이로 활동했다. 전쟁 후에 그녀는 뉴욕 주에 있는 오번에 집을 마련했으나 수많은 영예에도 불구하고 인생 말년을 가난 속에 보냈다. 전쟁 후 30년이 되어서야 그녀는 자기가 북부연맹군을 위해 행했던 활동에 대한 인정으로 정부의 연금을 받게 되었다.

99. 캐서린 부스
구세군의 강렬한 설교자이자 공동 창립자

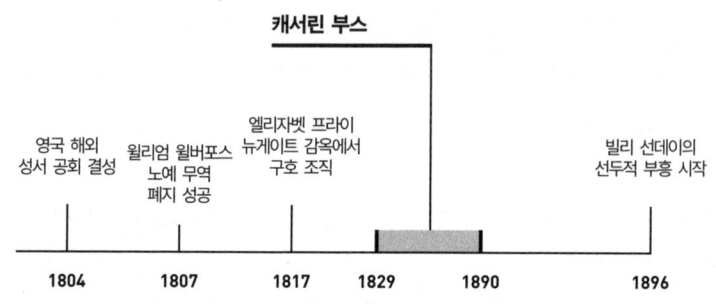

> 만일 하나님의 말씀이 여성의 사역을 금한다면, 주님의 신실한 여종들은 어떻게 성령으로부터 그 일을 감당하도록 강권하심을 받았겠는가?

하나님의 말씀과 성령은 서로 상충될 수 없는 법이다

그들은 복음 전도자들 같지는 않았다. 18세의 로즈 클랩햄은 그녀의 동료 제니 스미스와 함께 서서 세상 일에 지쳐버린 잉글랜드 요크셔의 수백 명의 광부들을 현지 극장에서 열리는 모임에 초대했다. 1878년의 그 모임에서 일자무식의 공장 노동자 로즈는 700명의 사람들로 하여금 그리스도를 위해 결단을 내릴 것을 설득했고, 그 가운데 140명이 새로운 교회의 초창기 일원들이 되었다.

그러나 로즈는 잉글랜드의 가장 눈에 띄는 전도 시설인 구세군의 새로운 '할렐루야 처녀들' 중 한 사람일 뿐이었다.

누가 이 젊은 노동자 계급의 여성들이 이토록 색다른 방식으로 사역을 감당하도록 고무시켰는가?

그것은 바로 구세군의 공동 창립자였던 캐서린 부스(Catherine Booth)였다.

자유롭게 하는 복음

캐서린은 경건하고 근심 걱정이라곤 없는 빅토리아 시대 잉글랜드의 작은 마을에서 성장했고, 그녀의 어머니는 경건한 감리교 신자의 전형이었다. 10대 시절 캐서린은 척추 만곡을 앓았고 수개월 동안을 침대에 누워 지내야만 했었다. 그녀는 그 기간에 열렬하게 독서를 했는데 특히 찰스 피니와 요한 웨슬리의 저작을 많이 읽었고, 자기 자신의 구원만을 확신했을 뿐 아니라 공적 사역에 관한 그녀 자신의 소명을 어렴풋이 갖게 되었다.

캐서린 부스

사람들이 여자들이 머물러야 할 곳은 집이라고 얘기할 때, 그녀는 남자와 여자를 모두 자유롭게 하는 복음을 선포하는 교회가 여성들이 그들의 많은 목회 은사를 표현하는 것을 막을 것인지 궁금해했다. 그녀는 결국 결론짓기를 여성들은 교회에서 잠잠하라고 했던 바울의 언급에 대한 그릇된 해석이 '교회의 손실과 세상의 악 그리고 하나님께 불명예'가 되는 결과를 초래했다고 했다.

1850년대 초, 그녀는 윌리엄 부스라는 이름의 젊고 유명한 설교자를 만나 결혼했다. 그녀가 최근 갖게 된 자신의 확신을 신랑에게 이야기하자, 그는 "나는 어떤 이유로든 여성이 설교하는 것을 막지 않을 것이오"라고 말했다. 그러나 그는 어떤 여성이 설교를 시작하도록 격려하지도 않을 것이라고 말하기도 했다.

그녀의 책 『여성 사역』(Female Ministry)은 곧이어 피비 팔머의 성결운동을 짧고 강력하게 변호했다. 이는 당대의 페니미니스트 주제들이나 기본권에 기초한 호소가 아니었다. 오히려 그녀는 하나님 앞에서의 남성과 여성의 절대적인 동등함에 관한 주장을 세웠다.

그녀는 인류의 타락이 죄의 결과로서 여성을 종속되게 했다는 것을 인정했으나, 그것을 그대로만 내버려두는 것은 그리스도의 은혜가 죄가 앗아가

버린 것들을 회복시켰음을 선포하는 복음의 기쁜 소식을 거부하는 것과 다름없는 것이었다. 이제 모든 남성과 여성은 그리스도 안에 있는 것이었다.

그녀를 비판하는 자들에게 답하면서 그녀는 말했다.

> 만일 하나님의 말씀이 여성의 사역을 금한다면, 주님의 신실한 여종들은 어떻게 성령으로부터 그 일을 감당하도록 강권하심을 받았겠는가. 하나님의 말씀과 성령은 서로 상충할 수 없는 법이다.

피고측 변호인

그러나 캐서린 자신도 공개적으로 설교하거나 가르칠 엄두는 내지 못하고 있었다. 1860년, 마침내 그녀는 저녁 구세군 예배 가운데 처음으로 설교를 하게 되었다. 그녀의 능력은 곧 명백히 드러났고 명성은 퍼져나갔다. 그녀의 청취자들은 그녀의 강력한 호소뿐만 아니라 온화한 태도에도 사로잡혔다.

그녀 회중의 청년 중 하나는 나중에 말했다.

> 그녀는 재소자를 위해 계속해서 판사와 배심원들에게 항변하는 변호인과 같았다. 법정의 주의력, 진실에 대한 숙달, 변호사의 절대적 무사무욕, 감정의 변동, 중대한 대목에서의 침묵, 이 모든 것이 거기에 있었다.

다른 어떤 사람은 이렇게 말하기도 했다.

> 내가 만일 범죄로 기소된다면 어느 훌륭하다는 변호사도 나를 위해 구하지 마시고, 그 여인만을 데려와 주시오.

그녀는 당시 6명의 가정을 돌보았지만(그녀는 8명의 아이를 키워냈다), 그녀의 설교 일정은 계속해서 늘어났다.

그녀는 곧 부담을 느꼈다.

바느질할 여력도 없다면 설교 준비에 시간을 할애할 수 없다. 내가 한 번에 두 가지 일을 할 수 없다는 것을 사람들은 모르는 것 같다.

그밖에 그녀의 남편이 병을 앓기 시작하면서 그녀는 구세군의 행정 일을 그녀의 의무에 포함시켰다. 그리고 그 결과 그녀는 '구세군의 어머니'로서 모계적인 역할을 감당하는 이가 되었다.

그렇기에 수백 명의 '할렐루야 처녀들'이 산업화된 영국의 비참한 거리들과 골목으로 향하면서 구세군의 어머니를 그들의 멘토로 여긴 것은 그리 놀랄 일이 아니다.

한때 자신의 교단과 규율을 기안하는 것에 대해 미온적이었던 윌리엄이 이런 진술들을 포함시킨 것도 놀랄 일이 아니다.

복음을 널리 알리는 사역에 있어서 여성들은 남성들과 동등한 몫의 권리를 갖는다.

100. 윌리엄 부스
최초의 구세군 사령관

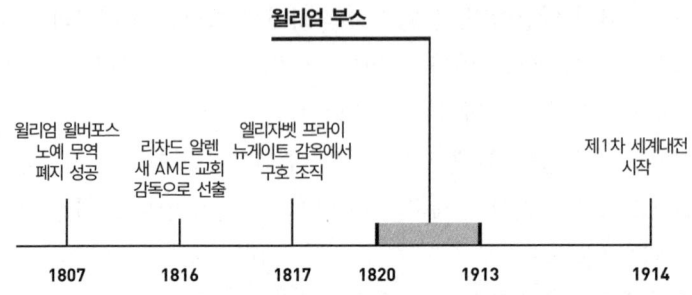

> 나의 귓가에는 이런 음성이 들리는 듯 했다.
> 네가 어디로 가서 이런 불신자들을 찾을 수 있겠으며 너의 노고를 이렇게 많이 필요로 하는 곳이 어디이겠느냐?

그가 세상을 떠난 뒤 15만 명의 사람들이 그의 관 곁을 찾아왔고 메리 왕비를 포함한 4만 명의 사람들이 그의 장례식에 참석했다. 가난 속에 태어나 자신의 모든 인생을 가난의 한복판에서 헌신했던 사람에게 있어 이는 놀라운 마지막 모습이었다.

그러나 "빈자들의 선지자"라는 별명이 붙었던 윌리엄 부스(William Booth)는 주목할 만한 사람이었다. 그는 오늘날 구세군의 창립자이자 첫 번째 사령관으로 가장 잘 알려져 있다.

전당포의 견습생

부스는 잉글랜드 노팅햄의 교외지역인 스나이톤에서 비교적 가난하게 태어났다. 그의 부모는 신앙심이 없었고 기껏해야 교육을 제대로 받지 못한 노동자 계급의 사람들이었다. 윌리엄에 의해 '움켜쥐는 사람, 얻어내는 사람'으로 불렸던 그의 아버지는 윌리엄이 고작 14살일 때 세상을 떠났다. 그때까지 윌리엄은 전당포의 견습생으로서 가족의 수입을 위해 일하고 있었다.

그가 열다섯 살이던 어느 때엔가 윌리엄은 한 웨슬리교파의 부부에 의해 교회에 초청받았고 거기서 회심을 하게 되었다. 그는 일기에 "하나님은 윌리엄 부스의 모든 것을 가지시리라"라고 적었다.

그러고 나서 삶을 변화시키는 또다른 경험이 찾아왔다. 그는 노팅햄의 웨슬리안 교회에서 놀라운 종교적 부흥을 인도하는 미국의 부흥사에 대해 듣게 된 것이다. 복음을 듣기 위해 달려온 영혼들을 보면서 부스는 적절한 수단들이 사용되기만 한다면 영혼 구원의 결과를 맞이할 수 있음을 알게 되었다. 부스는 계속해서 찰스 피니의 체계적 부흥 운동의 방법론에 평생을 헌신했다.

부스와 한 무리의 친구들은 빈자들에게 복음을 전하기 시작했다. 그들은 밤마다 야외 연설을 했고 그 후에는 사람들을 오두막에서의 모임으로 초대했다. 그들이 사용했던 활기찬 노래와 그리스도께 나아오라는 짤막한 촉구, (그들이 이름과 주소를 기록해 놓은) 병든 사람들과 개종자들의 방문은 30년 뒤 부스가 구세군 교단의 조항들에 기록할 것으로 예상되는 방법이었다.

군중들을 끌어모으기 위해 세속적인 방법들을 사용한다는 비난을 받자 그는 말했다.

당신은 세속 음악이 마귀에게 속한다고 생각하시오?
정말 그렇소?
만일 그렇다면 나는 그로부터 그것을 빼앗을 것입니다. 왜냐하면, 그는 일곱 개의 음 중 단 하나도 낼 권리가 없기 때문입니다.

그의 목사가 윌리엄이 직접 안수를 주는 사역을 하라고 제안했을 때, 그는 이를 받아들였고, 그 자신이 스파울딩에 있는 개혁 감리교신자들을 위한 목회자가 되었다. 비록, 그들의 무질서한 방식이 그의 접근을 막기는 했지만 말이다.

이 기간 윌리엄은 캐서린 멈포드를 만났다. 1852년 성 금요일에 가진 두 번째 만남을 시작으로 그들은 종교 역사상 가장 주목할만한 관계로 들어가게 되었다. 그들은 남부 런던의 회중교회에서 1855년 6월 결혼했다.

월리엄 부스

1861년까지 윌리엄은 정착된 사역이 자신에게 맞지 않음을 발견하게 되었고, 이어 사임을 했다. 그와 캐서린은 웨일즈와 콘월 그리고 영국의 소멸된 지역인 중부 지방에서 순회전도자가 되었다.

부스 부부는 미사용 매장지에 있는 나프타로 불을 밝힌 텐트, 건초더미, 비둘기 가게 뒤편의 방 등 어느 곳에서든 "영혼들과 최악의 지경에 있는 이들을 위하여 가라!"는 그의 유명한 말을 수행하기 위하여 말씀을 선포했다.

미로 같은 목회

1865년 캐서린이 영국에서 설교하도록 초청을 받자 그는 임시 사역으로써 평신도 동부 런던 선교부의 지원을 받는 것을 수락했다.

한 작가는 1860년대 런던 동부 지역에 대해 다음과 같이 적고 있다.

> 50만 명의 인구와 290에이커에 이르는 불결한 미로였고, 다섯 집에 하나는 진을 파는 술집이었으며 대다수는 가장 작은 이(어린이들)들 조차 카운터에서 주문을 할 수 있는 별난 발판을 갖고 있었다.

동부 유럽의 진 술집을 보고난 뒤 그는 캐서린에게 이렇게 말했다.

> 나의 귓가에는 이런 음성이 들리는 듯 했다.
> 네가 어디로 가서 이런 불신자들을 찾을 수 있겠으며 너의 노고를 이렇게 많이 필요로 하는 곳이 어디이겠느냐?

윌리엄은 곧 그 자신의 '동부런던그리스도인선교회'를 조직했는데 1870년에 이르러 그것은 '감리교협회'와 닮아있었다. 그러나 그의 선교회는 이 교도 무리들의 마음을 끄는 데 실패했다. 그리하여 1878년에 그는 그것에 '구세군'이라는 이름을 부여함으로써 기운을 북돋았는데 이는 영국의 성공적인 자원 운동에서 차용한 생각이었다.

사령관 윌리엄 부스를 제일 위에 둔 채 군대의 체계가 마련되었다. 그후 2년 동안에는 군용 휴대품들이 추가되었다. 이 생각은 상상력을 붙들었고 10년 안에 구세군은 미국과 캐나다 그리고 유럽에서 역시 설립되게 되었다.

부스는 열심을 내는 데에 있어서 외골수였다.

> 여성들이 바로 지금 그러하듯 눈물을 흘리는 동안, 나는 싸울 것이다.
> 어린아이들이 배를 곯는 동안 나는 싸울 것이다.
> 남자들이 바로 지금 그러하듯 감옥에 들어가고 나오고, 또 들어가고 나오는 동안 나는 싸울 것이다.
> 술꾼이 거리에 있고 가난한 고아 소녀가 길 위에 있으며, 하나님의 빛 없이는 한 어두운 영혼이 남아 있을 때 나는 싸울 것이다!
> 나는 끝까지 싸울 것이다!

그러나 그의 열심은 행복한 인격적 관계를 만들지 못했고 미국 지부에서 긴장과 분열을 자아냈다. 수년에 걸쳐 그는 정교한 사회 구호 체계를 만들었는데 이는 구호 활동이 복음 사역에 박차를 가할 것이라고 믿었기 때문이다. 1890년, 그는 베스트셀러가 된 『가장 어두운 잉글랜드와 탈출구』(*Darkest England and the Way Out*)를 출간하여 그의 사회 구호 계획을 설명하였다.

그가 세상을 떠나던 때인 1912년 8월 20일 구세군은 가족이 경영하는 기독교 왕국이 되어 부스의 여덟 명의 자녀 중 일곱 명이 지도적 위치를 차지하고 있었다. 오늘날 첫 사령관이 설립한 모범을 따라 구세군은 2만 5천 명의 사관과 더불어 91개 국가에서 나아가고 있다.

101. 월터 라우션부시
사회적 복음의 투사

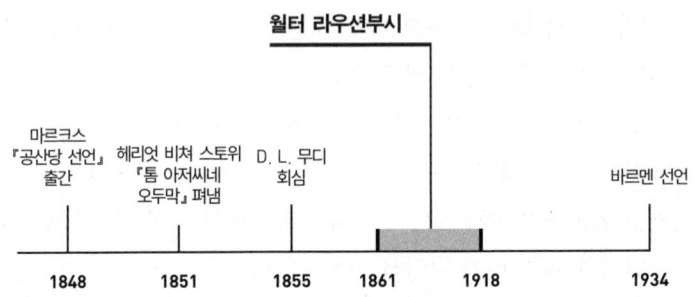

> 그리스도의 하나님 나라 개념은 나에게 새로운 계시로서 다가왔다. 여기에 주님 자신의 마음을 사로잡아온 목적과 생각이 있었다. 나는 이 새로운 개념이 이상하도록 만족스러움을 발견했다. 그것은 내 신앙 생활의 모든 옛 요소와 새 요소에 반응을 가져왔다.

이 책 『기독교와 사회적 위기』(*Christanity and the Social Crisis*)는 1907년에 출판된 이후 3년 동안 가장 많이 팔린 종교 서적이었다. 모두 합해서 5만 부는 팔렸으니 말이다. 인기보다도 더 중요한 것은 그 효과였다. 전국적으로 알려진 뉴욕의 설교자 해리 에머슨 포스딕은 그 책에 대해 말하길 "기독교 사상과 행위에 있어 새로운 시대를 안내함으로써 지성과 양심에 있어 너무나도 사무치는 감명을 주었다"라고 표현했다.

그 책은 월터 라우션부시(Walter Rauschenbusch)의 『기독교와 사회적 위기』였는데 이 저서는 라우션부시와 그가 첫 목회를 시작한 이후 20년간 연마해 온 메시지인 국가의 의식을 향하는 사회적 복음을 격상시켜 주었다.

두 번의 회심

라우션부시는 뉴욕 로체스터에서 루터교 선교사 출신의 독일 침례교도 가정에서 태어났다. 그는 "나는 매우 신앙적인 가정에서 성장했고 이에 대해 나는 하나님께 감사드린다. 우리는 매일 가정 예배를 드렸다"라고 말했다.

젊어서 방황하던 시기가 끝난 뒤 그는 말했다.

나는 내 아버지께로 가서 도움을 간구했고 그것을 얻게 되었다. 나는 나 자신의 영적인 경험을 가진 것이었다.

비록, 그는 나중에 해석하기를 이 때의 회심이 자유주의 신학의 관점에 의한 것이었다고 말했지만 그는 부드럽고 신비스러운 경험이라 불렀던 이 경험을 그의 생애 가운데 소중하게 여겼다.

그는 독일과 그 후 미국에서 공부했고 직업에 관한 투쟁 끝에 결론을 내리면서 다음과 같이 말했다.

학식 있는 신학자가 되어 대단한 책들을 적는 것은 더 이상 내가 바라는 바가 아니다. 나는 목사가 되고 싶고 사람들과 더불어 강인해지며, 사람들의 애정과 기운이 만족을 얻을 수 있는, 모든 인류가 갈망하고 있는 그것을 갖고 계신 분으로서의 그리스도를 그들에게 선포하고 싶다.

그는 1885년 뉴욕의 헬스 키친이라는 이름으로 알려진 암울한 지역 가장 자리에 위치한 제2독일침례교회의 목사가 되었다. 이곳에서 이 경건한 목사는 실직, 빈곤, 영양실조, 질병 그리고 범죄와 마주하게 되었다. 그는 "오 아이들의 장례식이라니! 이는 내 마음을 짓눌렀다"라고 훗날 적었고, 그것은 내가 항상 생각하던 것 중 하나였다.

그는 사회 개혁 문헌에 파고들었고 사회 활동 집단에 참여하기 시작했다. 서서히 그의 사상은 구체화 되었다. 그는 통상적으로 받아들여지는 신앙적 의미에서 영혼을 구원하기 위해 목회지에 왔지만 그가 직면한 모든 문제가 이런 식으로 해결될 수 있는 것은 아니었다. 그의 친구들은 그로 하여금 기독교 사역을 위한 사회활동을 그만두라고 촉구했지만 그는 그의 사회활동이 그리스도의 사역이라고 믿었다.

라우션부시는 복음주의에 관한 그의 오랜 열정(그는 이를 한 번도 저버린 적이 없다)과 그의 새로운 사회적 인식을 결합시키는 것을 추구했다. 그는 성경에 관한 비판적 접근법을 채택했고 알브레히트 리츨과 아돌프 하르낙 같은 자유주의 신학자들과 자신을 동일시했다.

하나님의 나라는 종교와 과학, 경건함과 사회적 행동, 기독교와 문화에 대한 그의 견해를 하나로 모으는 주제가 되었다.

그는 말했다.

> 그리스도의 하나님 나라 개념은 나에게 새로운 계시로서 다가왔다. 여기에 주님 자신의 마음을 사로잡아온 목적과 생각이 있었다. 나는 이 새로운 개념이 이상하도록 만족스러움을 발견했다. 그것은 내 신앙 생활의 모든 옛 요소와 새 요소에 반응을 가져왔다.

라우션부시는 낙관주의자였다. 그는 사회가 완벽해질 수 있다고는 믿지 않았지만, 인류가 신속하게 하나님의 나라를 향해 나아가고 있음을 바라보았다. 그는 사회주의를 받아들였지만 이데올로기로서 받아들인 것은 아니었고 단순히 사회주의자들이 그의 당대의 사회적 질문들에 대해 가장 실용적인 해답을 갖고 있다고 생각했다.

그는 왕국 형제단에 속한 젊은 침례교 목사들과 더불어 새로운 사고의 함의를 생각해냈는데, 이 모임은 매년 개최되었다(그리고 종국에는 국가의 많은 지도자를 그 대열에 포함시켰다). 1897년 그는 모교인 로체스터신학교의 교수진에 들어가 사회적 주제들에 관해 더욱 깊이 있게 읽고 또 강의도 할 수 있었다.

『기독교와 사회적 위기』가 출판되었을 때 그의 사상은 더욱 많은 청중에게 도달했다. 그의 생애 마지막 10년 동안 지속적인 연설 참여와 더불어 더 많은 저작(『사회제도의 기독교화』[Christianizing the Social Order], 『사회 복음의 신학』[A Theology of Social Gospel] 그리고 가장 널리 판매된 『예수의 사회적 신조들』[The Social Principles of Jesus])이 이어졌다.

그는 청중들과 독자들을 언어의 절약, 이해를 돕는 은유, 자신을 반대하는 이들을 향한 공평함 그리고 무장을 해제시키는 유머(이중 몇몇은 그 자신을 대상으로 한 유머였다)와 더불어 감명시켰다.

그는 독일을 사랑했고 군국주의를 싫어했으며 세계 제1차 세계대전 발발로 인해 매우 힘들어했다. 애국심이 미국을 휩쓸고 독일과 관련한 모든 것은 혐오스럽게 취급되자 라우션부시의 인기는 하락했고 심지어 이에 더해 전쟁 후에는 자유주의가 칼 바르트와 라인홀드 니버 같은 신정통주의 사상가들에 의해 공격을 받게 되었다.

월터 라우션부시

비록, 그 후의 역사적 사건들은 라우션부시가 지나치게 낙관적이라는 사실을 보여 주었지만, 그는 여전히 사회적 복음의 여타 옹호자들보다 두각을 나타내고 있다. 마틴 루터 킹 주니어는 그의 저작들에 대해 말하길, "내 사상에 지워지지 않는 자국을 남겼다"라고 말했고 하나님 나라에 관한 그의 이해는 복음주의적 열정을 사회 정의와 결합하고자 하는 이들을 계속해서 매료시키고 있다.

제11부

통치자

102. 콘스탄틴

103. 테오도시우스 1세

104 & 105. 유스티니아누스 1세, 테오도라 1세

106. 레오 1세

107. 그레고리 대제

108. 샤를마뉴

109. 인노첸시오 3세

110. 루이 9세

111. 헨리 8세

102. 콘스탄틴
최초의 기독교 황제

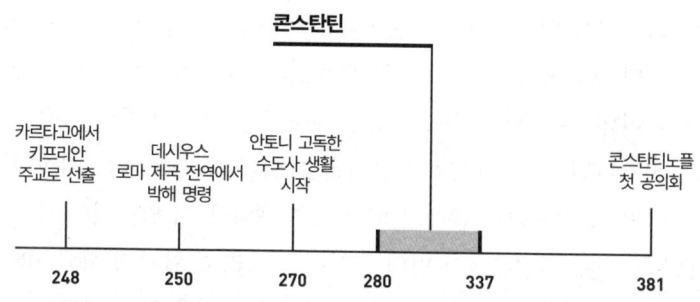

> 나는 의로운 길을 걷지 못했기에 다른 사람과 나 자신에 있어서 이런 일을 경험하였다. 그러니 천국의 궁선에 앉아계신 전능하신 하나님이는 내가 받을 자격이 없는 것을 나에게 수여하셨다.

첫 『콘스탄틴 황제의 생애』(Life of Constantine)는 그 주인공을 "경건함이 부여하는 모든 미덕을 갖춘 찬란한" 사람으로 묘사한다. 이 찬사로 가득한 전기는 아마 콘스탄틴(Constantine)의 가장 열렬한 찬미자일 팔레스타인 가이사랴의 주교 유세비우스에 의해 기록되었다. 이는 천 년 이상 동안 동방 기독교에 우세했던 고전적인 이미지이다.

오늘날의 역사가들은 최초의 그리스도인 황제가 과연 그리스도인이었는지를 놓고 논쟁하고 있다. 어떤 이들은 그를 원칙도 없이 권력만 쫓아가던 황제로 생각한다. 많은 이는 그가 가졌던 종교가 기껏해야 순전히 정치적 목적에서 이교주의와 기독교를 혼합시킨 것이었으리라 주장하기도 한다.

확실히 콘스탄틴은 우리가 더는 공유하지 않는 이상을 고수했었다. 그는 정치를 뺀 종교나 종교를 뺀 정치에 대해서는 생각하지 않았다. 그런데도 그는 자신이 그리스도인이라고 분명히 믿었고 그의 인생에 있어 새로이 발견된 신앙의 결정적 순간으로서 로마의 성벽 바로 바깥에 있는 밀비우스 다리에서의 전투를 되돌아보았다.

들판의 환상

콘스탄틴의 어린 시절에 대해서 우리가 아는 것은 그가 발칸 반도에 있는 일리리아에서 태어났다는 것뿐이다. 그의 아버지인 콘스탄티우스 클로루스는 이미 상승세에 있는 로마의 관료였다. 여관 주인의 딸이자 콘스탄티우스의 아내였던 헬레나는 280년경 다뉴브강 바로 남쪽에 있는 나이수스에서 콘스탄틴을 낳았다. 콘스탄틴은 31살이 되었을 때는 서방 제국의 황제 그리고 그보다 더한 존재가 되기 위한 대열에 서 있었다.

311년 봄, 콘스탄틴은 4만 명의 군사를 거느리고 자기 병사의 4배나 되는 적과 맞서기 위해 로마로 진군했다. 서구의 패권을 두고 다퉜던 막센티우스는 그의 이탈리아 군대와 일급 근위병과 더불어 로마에서 기다리고 있었는데 그는 누구도 로마를 성공적으로 침공할 수 없다는 확신을 하고 있었다. 그러나 콘스탄틴의 군대는 그가 수도를 향해 진군할 때 이탈리아에서 이미 적들을 압도하고 있었다.

콘스탄틴

막센티우스는 로마인의 적이 멸망할 것이라는 예언을 찾아 이교도 신탁을 의지했다. 그러나 콘스탄틴은 아직 몇 마일이나 떨어져 있었다. 그리하여 예언에 의지하여 막센티우스는 그의 적을 대면하고자 로마를 떠났다.

그동안에 콘스탄틴은 오후의 하늘로부터 환상을 보게 되었는데 그것은 밝은 십자가와 함께 "이 표식과 더불어 이기라"라는 음성이었다. 소문에 의하면 그리스도 자신이 콘스탄틴의 꿈에 나타나 십자가를 그의 깃발로써 전투 가운데 세우라고 그에게 말씀하셨다고 전해진다.

비록, 설명은 다양하지만 콘스탄틴은 분명히 그 예언이 하나님에게서 온 것이라고 믿었다. 그가 다음 날 아침 일찍 일어났을 때 그 젊은 사령관은 자신이 받은 메시지에 순종하여 오늘 날 '카이로'(Chi-Rho)로 유명해진 십자가의 표식을 자기 병사들의 방패에 표시하도록 명령하였다.

막센티우스의 부대는 혼란에 빠져 물결치는 티베르강을 향해 도망했다. 황제가 되려 했던 자는 강을 건너기 위해 세워놓은 목재 다리 위로 도망쳤으나 그의 군대가 벌떼처럼 좁은 통로로 밀어닥침으로 인해 물에 빠져버렸고 갑옷의 무게로 인하여 익사하고 말았다.

확고한 서구의 통치자로서 로마에 입성한 콘스탄틴은, 황제로서는 처음으로 그의 왕관에 십자가를 달았다.

흔들리는 신자

한때 서구의 최고 통치자였던 콘스탄틴은 발칸 지방의 통치자 리키니우스를 만나 그 유명한 밀라노 칙령을 발표했는 데 이는 그리스도인들에게 예배의 자유를 주고 디오클레티안의 극심한 박해가 있었던 시절 몰수했던 그리스도인들의 모든 재산을 되돌려주라고 총독들에게 지시하는 내용을 담고 있었다.

유세비우스는 그의 『교회사』(Church History)에서 그리스도인들의 기쁨의 축전에 관해 기록했다.

> 모든 인류는 폭군들의 억압으로부터 자유롭게 되었다. 하나님의 그리스도께 소망을 고정시켰던 우리에겐 특히나 말할 수 없는 기쁨이 있었다.

콘스탄틴의 신앙은 여전히 모호했지만, 그 진위에 의문을 제기하는 사람은 거의 없었다. 314년, 콘스탄틴은 아를 공의회에 모인 주교들에게 서한을 보냈다.

그는 하나님이 어떻게 사람들이 어둠속에서 방황하도록 허락치 않으시고 그들에게 구원을 계시하시는지를 기록했다.

나는 의로운 길을 걷지 못했기에 다른 사람과 나 자신에 있어서 이런 일을 경험하였다. 그러나 천국의 궁전에 앉아계신 전능하신 하나님이는 내가 받을 자격이 없는 것을 나에게 수여하셨다.

그러나 그의 신앙은 10년간을 흔들렸다. 가령 밀비우스 다리의 승리를 기념하는 콘스탄틴의 아치 구조물에는 보통 로마의 기념물에 묘사되는 이교도 제사가 부재해있기는 하다. 그런데 또 한편 거기에는 그리스도인 상징이 자리하지 않고 있고 승리와 태양신이 영광을 받고 있기도 하다.

그는 자기가 새로이 발견한 신앙을 국교로서 강요하고 싶은 갈망은 없었다. 그는 말하길 "불사를 위한 투쟁은 자유로워야 한다"라고 했다. 그는 그의 아버지가 떠난 자리에서부터 시작하는 듯 보였다. 그는 다소간 우상들에 반대하는 일신교 신봉자였고 또 다소간 그리스도인들에게 우호적인 사람이었다. 세월이 흐른 뒤에야 그의 기독교 신앙은 성장했다.

선전 전문가

323년, 콘스탄틴은 리치니우스를 누르고 로마 제국의 유일한 통치자가 되었다. 이 승리는 콘스탄틴이 정부의 위치를 고대 그리스의 도시인 비잔티움(오늘의 이스탄불)으로 영구히 옮길 수 있게 했다. 그는 막대한 비용을 들여 도시를 확장하고 풍요롭게 만들었고 동방 전역에 걸쳐 웅장한 교회들을 지었다. 새로운 수도는 로마로 헌정되었으나 모두들 곧 그 도시를 콘스탄티노플이라고 불렀다.

그리스도인들은 로마에서보다 동방에서 더욱 인구도 많고 발언권도 높았기에, 그의 마지막 통치기 14년 동안 그 '자라목' 황제는 자신이 그리스도인이라고 공공연히 선언할 수 있었다. 그는 우리가 국교회라고 부르는 조건들을 만들기 위한 일을 진행했고 천년 간을 지속할 그 이상을 그리스도인들에게 남겨주었다.

325년, 아리우스 논쟁은 새로이 연합된 제국에 분열의 위협을 가져왔다. 이 문제를 해결하기 위해 콘스탄틴은 수도 근처의 도시였던 니케아에서 주교들의 공의회를 소집했다. 그는 직접 회의의 진행자로 나섰다. 그는 그들에게 "당신들은 교회 안에서 관할권을 갖고 있는 주교들이오"라고 말하고, 나아가 "그러나 나 또한 교회 바깥의 사람들을 감독하기 위해 하나님께 임명을 받은 주교요"라고 했다.

콘스탄틴은 장엄하게 회의를 주도했는데 정교한 예식, 극적인 입장과 행렬 그리고 화려한 예배를 준비했다. 그는 재능있는 중재자여서 오늘날 그의 선전 기술은 교회 사무 관리에 접목되고 있다.

하지만, 안타깝게도 그는 추상적인 논의나 미묘한 사안들은 이해하지 못했고 이에 이런 공의회들 가운데에서 중대한 불이익을 경험하기도 했다.

연기된 침례

콘스탄틴은 죽음이 가까워실 때까지 기다렸다가 그리스도인으로서 세례를 받았다. 많은 그리스도인이 세례 후에는 용서 받을 수 없다고 믿었던 당대에 그가 내렸던 결정은 예사로운 것이 아니었다. 세속적인 사람들, 특히 공적으로 책무를 가진 사람들의 죄는 기독교적 미덕과 양립할 수 없는 것으로 여겨졌기 때문에, 일부 교회 지도자들은 그러한 사람들에 대한 세례를 미루었다.

그는 아들들에게 정통 기독교 교육을 했고 어머니와의 관계는 대체로 행복했으나, 그는 여전히 전형적인 로마 황제로서의 행동을 지속했다. 그는 자기 장남과 둘째 부인 그리고 그가 가장 좋아하는 누이의 남편을 처형하라고 명령했다. 아무도 그 이유에 대해서는 충분히 설명할 수 없을 것 같다. 그의 많은 행위가 변호될 수는 없지만, 그는 옛 로마의 신들과 작별을 고하고 십자가를 세계의 승리의 상징으로 만든 장본인이었다.

103. 테오도시우스 1세
기독교를 로마의 국교로 만든 황제

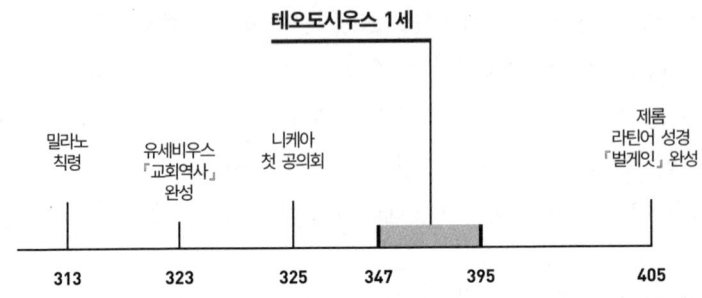

> 그는 기독교에 대한 독실함으로 인해 '대제'라는 호칭을 얻었다(마이클 그랜트).

로마 황제들 가운데에서 테오도시우스(Theodosius)는 가장 주목할만한 인물과는 거리가 멀다. 한 역사학자는 이 반역죄로 살해된 한 황제의 아들은 "열정적인 활동과 게으른 나태함, 단순하고 군인다운 삶 그리고 궁정의 화려함 등 반대파 사이에서 당황스럽게 행동했다"고 지적했다.

그러나 거의 알려지지 않은 이 황제는 기독교 역사의 진로를 한부분에서만이 아닌 두 부분에 있어 영원히 바꾸어놓았다. 그는 자신의 권력을 통해 정통 기독교를 공식적으로 강제했지만 종국에는 천년이 넘는 기간동안 그의 권력을 교회 권력 아래에 두게 되는 기준을 설정했다.

군인

금발의 품위 있는 테오도시우스는 평범한 방식으로 그의 제국에서의 경력을 시작했다. 그는 스페인 북서부에서 유력한 군사령관 아버지 밑에서 태어났다. 그는 브리튼과 다른 지역에서 그의 아버지의 참모들과 함께 전투에 참여함으로써 군 교육을 받았다.

동방의 황제로(379년에) 등극한 뒤 그는 북방의 게르만 부족들과 계속 전투를 벌였으나, 결국에는 그들과 다음과 같은 독특한 협정을 맺어냈다. 즉 땅과 식량을 얻기 위해서는 게르만의 군사들이 로마의 깃발 아래에서 복무를 해야한다는 것이었다. 이는 당시로서는 참신한 생각이었고, 후대의 황제들이 점점 더 의존하게 될 방식이었다.

그러나 이 확장된 군대에 급여를 지불 하기 위해서 테오도시우스는 잔혹할만치 세금을 올렸다.

> 어느 누구도 과세가 면제되는 재산을 소유할 수 없다.

그는 공포했다. 세금을 걷어야 하는 행정장관들이 효율적으로 징세를 하지 않을 때에는 채찍질을 가하기도 했다. 그러나 그의 관심을 끈 대상에는 탈세자뿐만이 아니라 이단자들과 이교도들도 있었다.

그리스도를 위한 황제

재위 초기, 중병을 앓던 가운데 테오도시우스는 기독교의 세례를 받아들였다. 380년에는 자신이 니케아 신조를 따르는 그리스도인이라고 선언했고 380년에는 반세기 넘도록 제국을 분열시켰던 아리우스의 이단성(니케아 신조와는 반대로 예수가 창조되었다고 주장함)을 종결짓기 위해 콘스탄티노플 공의회를 개최했다.

150명의 주교가 모여 325년의 니케아신조를 개정하여 우리가 오늘날 알고 있는 신조로 만들었다. 그때로부터 아리우스주의는 한 번도 심각한 피해를 준 적이 없게 되었다.

그 승리를 거둔 테오도시우스는 콘스탄티노플 대주교를 세우려는 그의 선택을 강행하려 했으나 주교들은 반기를 들었고 자신들이 만든 후보자 명단 가운데에서 주교를 임명해 줄 것을 요구했다. 이는 테오도시우스의 재임 시절 교회가 그를 이겼던 많은 사례 중 하나의 경우였다.

가장 유명한 사례는 387년에 나왔다. 한 인기 있는 전차 경주자가 동성애를 이유로 투옥되자 데살로니가시에서 폭동을 일으켰는데, 테오도시우스는 다음과 같이 복수를 했다. 전차 경주 대회를 열었고, 시민들이 경기장으로 모여들었지만 경기장 문은 잠겨 있었고, 병사들이 군중들을 습격한 것이다. 그 날이 저물 때까지 7천 명의 사람이 목숨을 잃었다.

테오도시우스 1세

테오도시우스의 영적 그리고 정치적인 조언자였던 밀라노의 주교 암브로시우스는 격노했다. 그는 황제가 공적으로 참회하기 전까지는 테오도시우스에게 성찬을 베풀기를 거절했다. 그는 왕복을 벗고 보자기를 뒤집어쓴 채 공적으로 하나님의 자비를 간청해야 했다.

테오도시우스가 동의했을 때 이는 교회와 국가 역사의 새로운 흔적을 남긴 것이었다. 최초로 세속 통치자가 교회에 굴복한 것이다. 1세기 전만 해도 황제들은 교회를 박멸하고자 했는데 말이다.

테이블을 돌리다

테오도시우스는 자기 입장에서 이단자와 이교도들을 박해함으로써 과거 이력을 뒤집고자 했다. 아리우스 주의자들과 마니교도(이원론자들)들은 정죄되어 쫓겨나게 되었다. 어떤 칙령은 공적으로 종교적 질문을 하는 것을 일절 금지하기까지 했다.

마침내 391년에는 이교도 신전들이 폐쇄되고 그들의 예배는 금지되었다. 이후 조시무스와 같은 로마 역사가들은 로마의 몰락 원인(어거스틴이 하나님의 도성에서 반박한 내용)으로써 제국의 기독교화를 돌이켜보기도 했다.

테오도시우스는 서방에서 그의 정적들을 물리친 뒤 그의 통치를 끝낸 결과 394년에는 다시금 단결된 제국의 황제로서 홀로 서게 되었다. 그러나 그 시기는 짧았는데 이는 테오도시우스가 5개월이 못되어 세상을 떠났기 때문이다.

104 & 105. 유스티니아누스 1세, 테오도라 1세
위대한 비잔틴 제국의 통치자

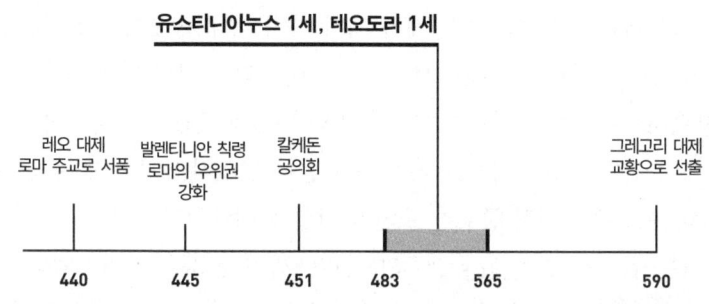

> 하나님이 그분의 사랑 가운데 하늘로부터 인간에게 부여하신 위대한 선물이 두 가지 있다. 그것은 바로 세사장직과 왕의 위엄이다(유스티니아누스 1세).

이전의 많은 황제가 실패했던 바를 "우리는 전능하신 하나님의 도움을 통해 세계에 전하기로 결정하였다"라고 야심찬 유스티니아누스 1세(Justinian I)와 그의 아내 테오도라(Theodora I)는 공포하였다.

제국이 시간이 흐름에 따라 분열되고 금이 가는 모습에 만족하지 않고 그는 법률적으로, 군사적으로, 건축적으로 로마 제국을 다시 만들고자 했고 그것을 다시금 영광스러운 왕국으로 통합시키고자 했다. 그리고 그는 대체로 성공했다.

농부와 연기자

유스티니아누스는 '플라비우스 페트루스 사바티우스'라는 이름으로 한 농부의 아들로 태어났는데, 아이가 없었던 그의 삼촌은 유스티누스 1세라 불리는 황제가 될 예정이었다. 유스티니아누스는 10대 때 수도로 불려갔고 받을 수 있는 최고의 교육을 받았다. 그는 유스티누스의 핵심 세력 인물이 되었고 이름을 바꾸었으며 유스티누스의 가장 영향력 있는 고문이 되었다.

유스티니아누스는 꼼꼼하고 인내심이 많으며 천성적으로 고독한 사람이었다. 또한, 그는 비록 위험 가운데 불안함을 느끼긴 했지만 심각한 패배에도 불구하고 장기적인 계획을 견지하면서 끈기있게 나아갈 수 있었다. 그는 휴식이 거의 필요 없었던, 그래서 그의 신하들로부터 '절대 잠들지 않는 황제'라 불린 사람이었다.

유스티니아누스는 527년 황제가 되자 자기 아내 테오도라를 공동 섭정자로 이름을 올렸다. 그녀는 그보다 15살 아래였고 거의 모든 면에서 그와는 정반대의 인물이었다. 그녀는 사교적이고, 재치있으며 지극히 자신만만했으며 위기 가운데에서도 흥분하는 법이 없었다. 그는 그녀를 사랑했고 그녀는 그에게 가장 중요한 조언자 역할을 해주었다.

그녀는 밑바닥 인생에서 왕후의 자리에까지 올라온 사람이었다. 그녀의 부모는 자유 사회의 가장 낮은 계층에 속했던 연기자들이었다. 아버지는 그녀가 어릴 때 세상을 떠났고 그녀는 생계를 위해 무대에 올랐어야 했다. 대다수의 여배는 매춘부였고 그런 영향에 관한 쑥덕거림이 평생 그녀의 삶에 따라다녔다.

그리스도인이 되었을 때 그녀는 양털을 짜기 위해 이전의 삶을 포기했다. 522년, 그녀는 자기에게 깊이 매혹된 유스티니아누스를 만났고, 그는 여배우들이 상류 사회 사람들과 결혼할 수 있도록 법을 바꾸었다.

그리고 다음 해 그는 그녀와 결혼했다.

성경과 국가

유스티니아누스는 부분적으로는 교회와 국가에 대한 그의 철학으로 인해 제국을 다시 연합시키기를 갈망했다.

그는 말했다.

> 하나님이 그분의 사랑 가운데 하늘로부터 인간에게 부여하신 위대한 선물이 두 가지 있다. 그것은 바로 제사장직과 왕의 위엄이다.
> 전자는 신성한 것을 섬기고 후자는 인간사의 일들을 향하며 그것들을 다룬다. 그러나 둘 모두는 공통된 근원에서 나와 인류의 삶을 풍요롭게 만든다.

만일 교회와 국가가 각자의 의무를 잘 수행하면, 총체적인 조화가 결과로서 나타나게 된다. 유스티니아누스가 노력을 기울인 것은 이 총체적인 조화를 추구하기 위함이었다. 유스티니아누스는 약화된

유스티니아누스 1세, 테오도라 1세

반달족으로부터 아프리카를 되찾기 위해 533년에 그의 군대를 보냈다. 동쪽으로는 그의 페르시아 대적들과 평화 협정을 맺었고 아랍 왕국 또는 슬라브 왕국을 차례로 정복했다.

535년에는 이탈리아 반도를 침공하여 고트족과 25년간을 싸웠는데 이 싸움은 그들을 내어쫓고 사실상 반도를 멸망시킬 때까지 이어졌다. 그의 통치 말기에 유스티아누스는 로마 제국의 경계를 거의 절정에 다다를 만큼 되찾았으나 이는 국고를 모두 비우는 비용을 지불한 대가였다.

528년에 유스티아누스는 3개의 왕실 법률 학교를 세웠고 법 제도 개편을 위한 위원단을 임명했다. 그는 오늘날 『로마법 대전』(Corpus Juris Civilis)이라고 불리는 것을 만들었는데 이는 서유럽에서 로마법의 권위 있는 진술의 일부로써 점진적으로 받아들여졌다. 그 대전에는 독단적으로 기독교적인 것들이 많이 포함되었다.

"하나님을 바르게 섬기지 않는 자들은 세속적인 이익을 박탈 당하는 것도 옳다"라고 유스티아누스는 말했고 이에 법규는 이단자들과 비기독교인들의 삶을 어렵게 만들었다. 그는 또한 이교도 사상의 중심지인 아테네의 유명한 대학 문을 닫아버렸고 이단 몬타니스트들을 기소하기도 했다.

그러나 신자들에게 있어 그는 자애로운 사람이었다. 그는 그리스도인 노예들을 해방하는 일을 더욱 쉽게 만들었고 여성들과 아이들에게 법적인 권리를 더 많이 주었으며 이혼은 어렵게 만들고 중범죄의 숫자를 감소시켰다.

만족스럽지 못한 타협

여전히 유스티니아누스는 그의 제국을 종교적인 사안에 있어서 연합시키길 추구했다. 유스티니아누스에게 있어 가장 골치 아픈 분열은 정통 기독교 신자들과 단성론자들 사이의 분열이었다. 칼케돈 공의회의 결론을 존중하는 정통 신자들은 그리스도가 한 위격 안에 두 본성을 갖고 있다고 말했다. 단성론자들은 그리스도가 하나의 본성을 가지고 있고 그의 신성이 마치 "바다 위에 떨어지는 와인 한 방울"과 같이 그의 인성을 잠식한다고 말했다. 유스티니아누스는 이들의 논쟁이 오해로 인함이라 생각하며 양측을 화해시키길 원했다.

그러나 신학보다도 위태로운 것이 있었다. 이집트를 중심으로 한 단성론자들이 제국의 곡물 수출 지역을 통제 했던 것이다. 나아가 거기에는 유스티아누스가 사랑했던 테오도라가 있었는데 그녀 역시 단성론자였다.

544년, 유스티아누스는 『삼장 논쟁』(The Three Chapters)으로 알려진 소책자를 출간하여 그 가운데에서 타협의 기초를 찾으려 했으나 이는 누구도 만족시킬 수 없었다. 교회 공의회인 제2차 콘스탄티노플 공의회(533년)를 통해서 그의 견해를 밀어붙이고도 이 사안은 해결되지 않은 채 남아있었다.

위대한 건축가

38년의 재위 기간 유스티니아누스는 웅장한 건물들을 제국 도처에 세웠는데, 비잔틴 건축물에서 왕관의 보석으로 여겨지는 상크타 소피아(거룩한 지혜)를 포함하여 콘스탄티노플에만 25개의 대성당을 지었다.

유스티니아누스가 세상을 떠났을 때 지중해는 다시금 제국의 호수가 되어있었다. 그러나 제국은 진정한 의미에서는 결코 통일 되지 않았고 2년이 되지 못해 다시 분열되기 시작했다. 그럼에도 유스티니아누스와 테오도라의 통치는 비잔틴 역사상 가장 위대한 것으로 여겨진다.

106. 레오 1세
교황 및 국제적인 외교관

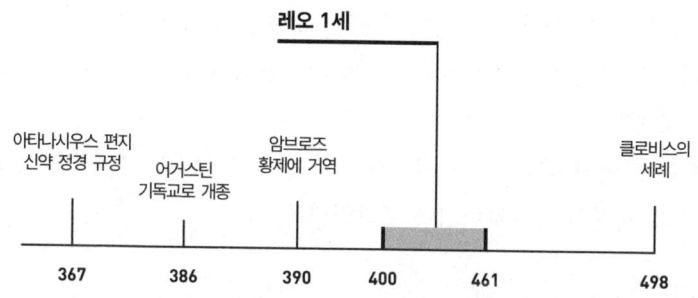

> 사도의 으뜸 됨은 축복받은 베드로의 작위에 기초하고 있음에 따라, 이 권위를 찬탈하려는 어떤 불법적인 시도도 있을 수 없다.

교황 재임 기간 레오 1세(Leo I)는 이단자들을 정죄하고 황제들을 설득하여 공의회를 소집하게 한 다음, 그 공의회의 특정 결정들을 무시했는데 이는 모두 로마의 주교를 논쟁의 여지가 없는 교회의 수장으로 만들기 위한 노력이었다. 그러나 그가 대의를 실천한 바 중 가장 훌륭했던 것은 악명높은 훈족의 아틸라와 반달족의 장군과 대화를 가진 것이었다.

동등한 자들 가운데 첫째가 되기를 거부하다

역사가 레오를 알게 될 무렵 그는 로마 또는 투손 유산(Tucsan heritage)의 자랑스러운 귀족이었다(교황으로서 그는 한때 노예였던 이들이 주교로 승격되는 것을 금지했는데 그러한 비천함이 신성한 예배를 오염시킬 수 있다는 의견에서였다). 그는 민사와 교회 문제에 있어 깊이 관여하고 있는 영향력있는 부제였으며 이단에 대항하는 사람이었다.

레오는 교황 첼레스티노 1세를 설득하여 네스토리아인에 대한 자신의 보고를 듣게 했고, 교황 식스토 1세의 펠라기우스 주의자들에 대한 결심을 굳히는 것을 돕기도 했다. 그가 교황직을 승계한 일은 마땅한 일이었다.

그는 즉위 연설에서 그의 통치의 주요 주제인 모든 주교 위에 있는 '베드로 좌'의 으뜸됨에 관해 말하였다.

"반석이신 그리스도께서 반석으로 만드신 사람에게 주신 확고부동함은 그 사람의 후계자들에게로 이어진다"라고 그는 주장했고 "그들의 확고부동함이 나타나는 모든 곳에서는 그 목자의 능력이 분명히 드러난다"라고 말하기도 했다.

레오는 로마의 주교가 '동등한 자들 가운데 첫째'라는 전통적인 교리를 버리고 그 자신이 베드로처럼 선포하였다.

우리의 성무 일과 가운데 우리가 나타내는 사람, 말하는 사람이 바로 그분 자신이라고 믿으라.

베드로의 권위

교황으로서, 레오는 이단과 싸움을 계속했고, 동시에 그의 권위를 확장하기 위해 싸웠다.

443년 그는 제국의 국경 바깥에서 너무 많은 자주성을 실천한 힐러리의 아들을 훈계하였고, 445년에는 자신의 권리들을 제국 안에서 인정받게 되었다.

사도의 으뜸 됨은 축복 받은 베드로의 작위에 기초하고 있음에 따라, 이 권위를 찬탈하려는 어떤 불법적인 시도도 있을 수 없다.

그후 몇 년에 걸쳐 그는 발렌티아누스 3세 황제에게 마니교도에게 민사 처벌을 실행할 것을 설득했다. 마찬가지로 스페인의 주교는 프리스킬리안들을 레오의 요청에 따라 근절하기 시작했다. 그와 관련한 가장 중요한 사건은 단성론자 이단으로서 그리스도가 오직 신성만을 가졌다고 주장한 것을 가르친 결과 기소된 한 수사에 의해 시작되었다.

레오는 에우티케스라는 이름의 그 수사를 긴 서신(레오의 책)을 통해 반박했고, 막 부임했던 오랜 친구 마르시안 황제에게 교회 공의회를 소집해달라고 호소했다. 453년, 500명 이상의 주교들이 콘스탄티노플 교외의 칼케돈에 모였다. 그리고 그들은 에우티케스를 정죄하고 단성론자들을 규탄했다.

그러나 칼케돈의 28개 규범은 레오를 기쁘게 하지 못했는데 이는 그것이 콘스탄티노플 주교에게 '총 대주교'라는 호칭을 주고 그 직분이 로마의 주교 바로 다음에 해당하는 위치를 부여했기 때문이다. 콘스탄티노플에 거주하는 황제와 동방의 대부분의 그리스도인과 함께 레오는 콘스탄티노플 주교의 영향력이 커지는 것은 자연스러운 것이라 추론했다. 레오는 단지 그 규범을 인정하는 것을 거부했을 뿐이었다.

정복자들을 내려다보며

이 몇 년 동안 서구 제국은 무너지고 있었고 야만인 군대는 로마의 약점을 이용하고 있었다. 452년 훈족이 로마를 위협했을 때 레오는 그들의 지도자이자 '하나님의 채찍'이라 불리던 아틸라를 만났고 그가 다뉴브 너머의 지역으로 철군하도록 설득시켰다.

3년 후 반달족의 지도자인 가이세리크가 로마로 진군했을 때 로마의 군사들은 공황 상태에 빠져 황제를 살해하고 도시에서 도망쳤다. 레오는 가이세리크를 만나 도시가 격전 없이 무너졌고 민간인만이 남아 있다는 점을 언급하며 자비를 구했다.

그는 반달족에게 백성을 학살하거나 집을 불태우지 말 것을 요청했다. 가이세리크는 잠자코 듣고 있다가 어깨 너머로 '14일간 약탈'이라고 외친 뒤 말을 달려 갔다. 2주 뒤 로마인들은 그 도시를 살려두신 것에 대해 엄숙히 추수감사예배를 드렸다.

이런 정치적 위기 속에서 레오의 리더십은 중세 시대에서 로마의 주교가 서구의 가장 강력한 인물이 되는 긴 과정을 시작하는 데 도움을 주었다. 이것은 교리적 순수성 및 행정적인 판단력에 대한 왕성한 추구와 함께 오직 두 명의 교황과만 더불어 그를 '대제'라고 부르는 결과를 가져왔다.

107. 그레고리 대제
하나님의 종들의 종

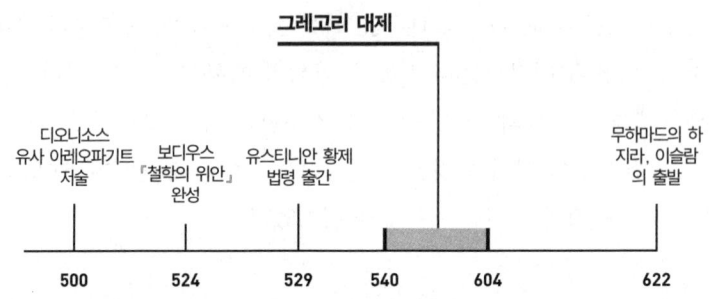

> 당신의 겸손이 연약함으로 보이지 않게 행동하며 당신의 권위가 혹독함으로 보이지 않게 하십시오. 겸손은 정의를 매력적으로 보이게 하기에 정의는 겸손을 반드시 수반해야 합니다.

그레고리(Gregory the Great)는 교황이 되기 전 로마의 시장에서 팔리고 있던 앵글로색슨인 노예들을 보게 된 적이 있었다. 그는 그 주목할만한 금발 남자들의 인종을 물어보았고, 그들로부터 '앵글로스'라는 대답을 들었다.
"앵글로스가 아니라 천사들이군요."
그는 이렇게 대답했다고 전해진다. 결과적으로 이는 그레고리가 잉글랜드에 선교사들을 파송하도록 영감을 주었다고 전해진다. 비록, 이 이야기는 출처가 불분명하지만 독실했던 그레고리가 기독교 신앙의 확산에 관심을 두었음을 보여 준다. 그러나 이는 그레고리의 비범한 재능과 에너지의 한 단면에 불과했다.

고귀한 시작

그레고리는 기독교 신앙의 강력한 유산을 간직한 로마 귀족 집안의 후손이었다. 그는 과거 두 명의 교황(펠릭스 3세와 아가피토 1세)과 관련이 있었고 그의 고모들은 수녀였으며 부모님은 노년에 이르러 수도원 생활을 했다. 그는 이전의 영광에 비하면 껍데기에 불과하던 때의 로마에서 성장했다.

30세가 되었을 때 그는 도시의 재정, 치안, 식량 공급 그리고 공공사업을 담당하는 최고위 행정 관료가 되었는데 이 경험은 그가 행정 기술을 연마하도록 도움을 주었고 그의 개인적인 부와 더불어 6개의 수도원을 창설할 수 있는 기회를 주었다.

그러나 그레고리는 여전히 만족하지 못했고, 574년 그의 아버지가 돌아가시자 집을 수도원으로 개조하였고 사색과 기도의 삶을 위하여 은퇴하였다. 그레고리는 자신의 삶 가운데 가장 행복했던 이 시기 동안 심도깊은 성경 연구를 시작했다. 또한, 그는 여기서 금식과 더불어 그의 건강을 손상시키게 되었는데 이는 그의 이른 죽음에 일조하게 될 희생적인 행위였다.

그레고리 대제

공무로 다시 부름을 받다

그의 행정 능력은 베일에 감추어져 있을 수가 없었다. 577년 교황 베네딕토는 그레고리를 로마의 7대 부제 중 한명으로 임명했고 교황 펠라지오 2세는 578년 그를 왕실의 대표자로서 콘스탄티노플에 보냈으며 나중에는 신망을 받는 고문자로서 일하도록 그를 다시 불러들였다.

589년 홍수가 로마의 곡물 저장고를 파괴하여 기근을 초래하더니 전염병이 로마 전역을 휩쓸고 교황 펠라지오의 죽음에 이르게 했다. 그레고리는 그의 후임으로 선출되었다. 그는 그 자리에 오르는 것을 거절하려 했으나 막상 선출되고 난 뒤에는 왕성하게 활동했다.

기근에 대한 대책을 세우는 과정에서 그레고리는 전 도시적인 속죄를 시작했고 교회의 곡물 저장고를 통해 사람들에게 먹을 것을 공급했으며 빈자들을 위한 체계적인 구호품을 조직했다.

그리고 나서 그레고리는 교회를 개혁하기 시작했다. 그는 자만과 악행을 따라 사는 고위 관료들을 쫓아냈고 독신을 강제했으며 평신도 직원들을 수도시로 대체하고 교회가 소유한 광활한 토지인 교황령의 개편을 실시했다. 이들 토지에 대한 효율적이고 인도적인 관리는 제국 정부가 소홀히 하고 있는 업무 수행뿐만 아니라 교회를 운영하는데 필요한 수입을 가져왔다.

592년 롬바르드 침략자들의 공격과 제국 대표들의 무대책은 그레고리가 로마의 포위공격에 대한 종식을 놓고 협상을 하도록 이끌었다. 제국의 대표들이 593년 협정을 깨뜨리자 그레고리는 교회의 금고로부터 나온 공물을 통해 단독 강화를 맺었다. 로마 역사상 이 시기에 교황은 이탈리아 반도의 비공식적인 민사 통치자가 되어 장군들을 임명하고 구제를 주선하며 방위를 위해 도시를 집결시키며 군사들에게 급여를 주는 역할을 했다.

목회적 돌봄

그레고리는 또한 성직자들의 사역에 대해서도 적극적으로 신경을 썼다. 그는 주교들을 위한 교훈집인 목회적 돌봄에서 다음과 같이 적었다.

> 당신의 겸손이 연약함으로 보이지 않게 행동하며 당신의 권위가 혹독함으로 보이지 않게 하십시오. 겸손은 정의를 매력적으로 보이게 하기 위해 정의는 겸손을 반드시 수반해야 합니다.

이는 중세 전반에 걸쳐 거룩한 삶을 위한 설명서가 되었다.

그레고리는 설교가 성직자들의 주요 임무 중 하나라고 생각했고 그 자신이 지역 교회들을 다니며 순회 설교를 하였다. 그의 『복음에 입각한 설교집』(Homilies on the Gospels)은 591년에 출간되어 수백년간 널리 사용되었다.

593년 그레고리는 그의 에스겔서와 아가서 설교집뿐만 아니라 이탈리아 성인들의 삶의 역사인 그의 대화편을 출간하였다. 595년에는 욥기서에 대한 그의 비유적 해석서인 『욥기 주해』(Moralia)를 출간했고 예배식에 변화를 만들어냈다. 교회 음악에 관한 그의 관심도 마찬가지로 존중을 받고 있는데 그의 이름은 수백 년에 걸쳐 발전한 단성 성가(그레고리 성가)에 붙여졌다.

세계를 가로질렀던 그의 빈번한 서간은 그가 영국에서의 복음 전도의 기회를 잘 알고 있었음을 잘 보여 준다. 그러므로 그가 596년에 어거스틴을 40명의 수사와 더불어 '세상의 저쪽 구석 지역' 선교를 위해 보낸 것은 놀라운 일이 아니다.

다양한 유산

그레고리는 중세 교황권에 있어 높은 점수를 남겼다. 그는 베드로의 수위권에 관해서는 아주 사소한 것에서라도 맞서서 변호했다. 그는 겸손한 호소를 통해 많은 독립 주교를 로마와 화해시켰는데 이는 그의 개인적 권리들을 변호하면서가 아니라 그 기관의 주교들을 옹호함으로써 이루어졌다. 그는 자신을 '세르부스 세르보룸 데이', 즉 오늘날까지 사용되는 '하나님의 종들의 종'이라는 칭호로 자신을 부른 첫 번째 교황이었다.

그가 교회의 토지 관리를 위해 마련한 행정 체계는 교황령의 발전을 가능케 했다. 그의 수도자적 삶에 대한 격려와 스페인 및 갈리아 왕들과의 우정, 공손하면서도 독립적이었던 황제와의 관계는 수 세기에 걸쳐 나타날 교회와 국가 사이의 관계의 전형을 확립하였다.

그는(암브로시우스, 어거스틴, 제롬과 더불어) 4명의 위대한 교회 박사로 꼽히며, 그가 세상을 뜨자마자 대중의 칭송에 따라 성인으로 임명되었다.

108. 샤를마뉴
신성 로마 제국의 기독교 통치자

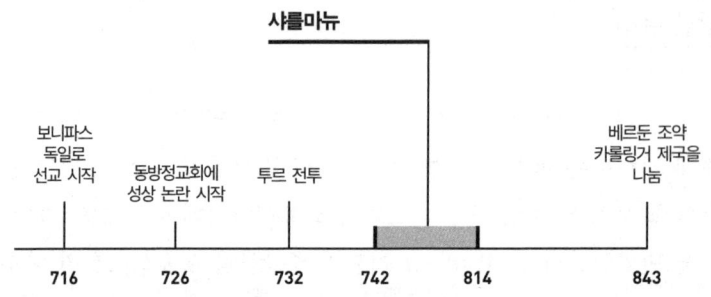

> 세속 통치자로서 우리가 할 일은 외부적으로는 하나님의 도움을 통해 사방 이교도의 공격으로부터 그리고 이단자들의 파괴로부터 그리스도의 거룩한 교회를 우리의 무기를 갖고 지키는 것이다.

프랑크인의 왕 피핀 3세는 사무엘 선지자 앞에서 기름부음을 받았던 다윗 왕을 의식적으로 모방하여 임명을 받기 위해 자기 아들들과 더불어 교황 스테파노 3세 앞에 무릎을 꿇었다. 그리고 다윗의 아들 솔로몬이 그랬듯 피핀의 아들 찰스는 이름 높은 문화적, 종교적 전성기를 주도할 사람이었다.

경계를 확장하다

찰스는 그의 어머니와 생드니의 수도사들로부터 교육을 받았다. 그는 라틴어와 그의 모국어인 게르만어를 말하고 읽을 수 있었으나 평생토록 노력했음에도 글을 쓰는 것은 배우지 못했다. 그리고 그는 아버지의 왕좌 가까이에서 군사 및 정치 기술을 익혔다.

768년 피핀이 죽었을 때 그는 활기 있고 정력적인 20대 중반의 나이였고 키는 6.35피트(193cm)에 달해 신하들의 키를 훨씬 넘어서 있었다. 그의 형제 카를로만이 771년에 세상을 떠나자 찰스는 프랑크 왕국의 유일한 통치자로 남게 되었다.

찰스의 초기 통치는 그의 지배를 사방으로 확대 시킨 끊임없는 전쟁으로 점철되어 있었다. 그의 가장 길었던 전쟁(772-785년)은 현대 덴마크 바로 아래에서 있었던 색슨족과의 전쟁이었다. 그가 그들을 정복했을 때 그는 그들에게 칼을 겨누어 기독교로 개종시켰다.

그러자 교황 하드리아누스는 찰스가 자신을 롬바르드족으로부터 구해줄 것을 촉구하면서 남부로부터 도움을 요청했다. 찰스는 롬바르드 왕으로 하여금 재빨리 수도원으로 돌아가도록 만들었다. 그는 774년에 스스로 왕관을 차지했고 오늘날 이탈리아 반도의 대부분에 해당하는 곳을 통치하게 되었다.

그 해 부활절에 로마를 방문했을 때 그는 교황으로부터 다음과 같은 말과 함께 환영을 받았다.

> 보라! 우리 시대에 일어난 또 한 명의 콘스탄틴이다.

778년 스페인 무어인들을 상대로 한 찰스의 군사행동은 잘 진행되지 않았고 그는 철수 할 수 밖에 없었다(피레네 산중에서 있었던 하찮은 패배는 『롤랑의 노래』[The Song of Roland]라는 영웅적 서사를 만들어 내었는데 이는 중세 시대에 가장 널리 읽혔던 시 중 하나였다). 찰스는 피레네 남쪽에 안전한 국경을 세우기로 결심했고, 801년, 바르셀로나를 점령했을 때 결국 그 일을 해냈다.

그 사이에 그는 자기 영토의 남동쪽 국경으로 관심을 돌려 바이에른을 정복하고 흡수했다. 남동쪽을 바라본 그는 다뉴브강을 따라 동쪽으로 더 먼 아바르족의 영토로 밀고 들어갔다. 이 사나운 전사들에 대한 그의 승리는 그로 하여금 금과 은으로 된 15개의 전차를 획득하게 했을 뿐 아니라 동쪽 비잔틴 제국에 그의 정치적, 군사적 우월성을 돋보이게 하는 역할을 했다.

신성 로마 제국의 황제

그의 승리는 중세의 가장 유명한 장면 중 하나인, 교황 레오 3세가 샤를마뉴(Charlemagne)를 로마인의 황제로 추대했던 800년 크리스마스에 절정에 달했다.

샤를마뉴

찰스는 그의 전기 작가에게 말하길 그는 교황이 이런 일을 할 것을 모르고 예배에 참석했다고 말했지만, 현대 역사가들은 이를 지나친 겸손으로 치부하고 있다. 찰스가 그 칭호를 원했던 데에는 정치적 이유도 있었지만 신학적인 이유도 있었다. 찰스는 어거스틴의 훌륭한 학생이기도 해서『하나님의 도성』(City of God)으로부터 나온 사상에 크게 사로잡혀 있었던 것이다. 그는 교회와 국가가 사회를 연합시키는 힘으로서 유착되어야 한다고 생각했다.

찰스는 교황 레오에게 보낸 편지에서 국가와 교회의 역할을 다음과 같이 설명했다.

> 세속 통치자로서 우리가 할 일은 외부적으로는 하나님의 도움을 통해 사방 이교도의 공격으로부터 그리고 이단자들의 파괴로부터 그리스도의 거룩한 교회를 우리의 무기를 갖고 지키는 것이며, 내부적으로는 가톨릭 신앙에 대한 인정을 통해 교회를 강화하는 것이다. 교황 성하의 몫은 모세가 고대에 그러하였듯이 하나님을 향해 당신의 손을 들어올려 우리 주 예수 그리스도의 이름이 온 세계에 영광을 받으시도록 하는 것입니다.

찰스는 또 로마인들의 황제라는 칭호가 자신을 로마 황제들의 후계자로 만든다고 생각했다(비잔틴의 황제들이 수 세기 동안 자신들을 그런 존재로 똑같이 생각했음은 문제가 될 것이 없다).

교회의 수호자

찰스는 "내부적으로 교회를 강하게 한다"는 그의 사명을 진지하게 받아들였다. 실제로 그의 왕국 안에서 그는 교황보다 교회 일에 있어 더욱 영향력이 있었다. 찰스는 주교들을 임명하기도 퇴위시키기도 했고 성경 본문의 개정을 지시했으며, 예배에 변화를 가져왔고, 수도원에서의 삶을 위한 규칙들을 제정했으며 학습 또는 경건함이 부족한 사제들을 면직시키기 위해 조사관들을 파송했다.

그는 자기 부제인 바울로 하여금 왕국 도처에서 사용할 수 있는 설교집을 출간하도록 하면서 다음과 같이 말했다.

> 가톨릭 신부들의 저작들을 정독하고 마치 꽃다운 목초지에 있는 것처럼 그 가운데 가장 아름다운 꽃들을 꺾어 만들 수 있는 화환을 하나 짜라.

찰스는 또한 그의 시대에 있었던 두 개의 중요한 신앙 논쟁인 양자론(예수께서 '하나님으로부터 나온 하나님'이 아니라 그의 생애 가운데 하나님의 아들로 입양되었다는 주장)과 성상파괴에 관해 적극적인 관심을 가졌다. 그의 개혁 가운데에서 찰스는 콘스탄틴과 마찬가지로 자신이 교회의 군주라고 믿었음을 보여 주었다. 그는 교육도 세심하게 살폈다.

부분적으로 문맹이었던 찰스는 그의 정치적, 종교적 개혁의 성공이 학습에 달려있다고 믿었다.

> 비록, 올바르게 행하는 것은 지식보다 나은 것이지만, 지식은 행함보다 선행한다.

찰스는 학자들의 후원자이기도 해서 그의 많은 아이를 위한 학교를 왕궁에 만들고 장엄한 도서관을 쌓아올렸다. 우리가 오늘날 보유하고 있는 많은 고전 문헌의 유일한 사본은 그가 작업에 착수시켰던 수도사들의 펜을 통해서 나온 것이다. 그는 각 성당과 수도원에 학교를 세우도록 요구했고 귀족들의 자녀들에게 참석을 강요했다(이렇게 하지 않았다면 그들은 학교를 자신들 아래에 있는 것으로 취급했을 것이다).

찰스의 정부는 봉건제도를 깊이 정착시키는 데 도움을 주었다. 그의 군대는 귀족들로 이루어져 있었고 맹세에 의해 그에게 종속되어 있었으며, 그들 자신과 사병들을 부양할 수 있는 토지가 있었다.

그는 자기 법들을 『가(假)교령집』(capitularies) 안에 출판하였고 이것을 왕국 순찰사, 즉 그의 명령이 각 성들과 교회들에서 잘 지켜지는지를 확인하도록 보냄받은 짝지어진 조사관들을 통해 왕국 도처로 보냈다.

이 열정 넘치는 정치적, 문화적, 종교적 개혁은 오늘날 카롤링거 르네상스로 알려져 있으며 이는 그가 라틴어로 '대제'라는 호칭인 샤를마뉴라는 호칭을 얻은 한 가지 이유이기도 하다.

109. 인노첸시오 3세
투쟁하는 그리스도의 대리자

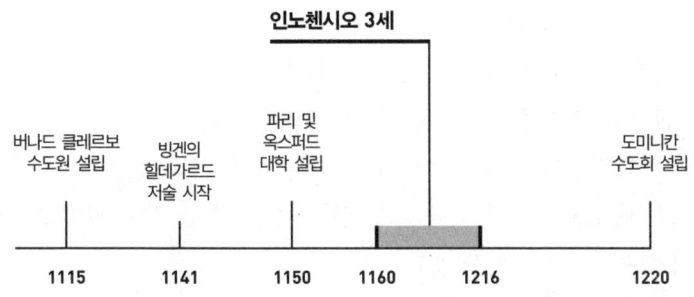

> 진정으로 그리스도의 대변인이자 베드로의 후계자, 주님의 기름 부음 받은 자이며 피리오의 신은 하나님과 사람 사이에 있으며, 하나님보다는 아래이지만 사람보다는 위에 있고, 하나님보다는 못하지만 사람보다는 우월하고, 모두를 판단하지만 그 자신은 누구에게도 판단 받지 않는다.

잉글랜드의 국왕 존이 1208년 인노첸시오(Innocent) 교황이 캔터베리의 대주교로 임명한 사람을 거절하자 인노첸시오는 국가를 파문시켜버렸다. 교회는 그 누구의 혼례에도, 세례에도, 장례에도 관여하지 않게 된 것이다. 존은 대부분 주교를 추방함으로써 보복했지만 이는 상황을 더욱 악화시킬 뿐이었다. 인노첸시오는 국왕을 출교시켰고 왕좌가 비어있다고 선언했으면 잉글랜드를 침략하도록 프랑스를 불러들였다.

존은 1213년 마침내 인노첸시오가 그보다 우위에 있음을 인정했다. 그러나 그때조차 교황은 언쟁을 그치지 않고 '대헌장'이 무효라 선언했는데 이는 국왕 존이 그의 승낙 없이 그것을 시작했기 때문이었다. 이것이 바로 자신을 최초로 그리스도의 대리자라고 자칭한 인노첸시오 3세의 힘이었다.

타고난 통치자

로타리오 스코티는 이탈리아 귀족 집안에서 태어나 최상위의 학교에서 공부했다. 그는 파리에서 신학을, 볼로냐에서 교회법을 공부했다. 그는 교황 루치오 3세와 그레고리 8세에 의해 중대한 임무를 부여받게 되었다. 그가 30세였을 때 그의 삼촌이었던 교황 클레멘스 3세는 그를 추기경으로 만들었다. 교황 첼레스티노 3세가 죽은 다음 날 인노첸시오는 베드로 좌에 앉도록 선출된 최연소 사람들 가운데 하나가 되었다. 그는 재빨리 사제 서품을 받았고 다음 날 인노첸시오 3세로 서임되었다.

인노첸시오는 통치를 위하여 태어난 사람이었다. 그는 지적 능력과 의지 그리고 리더십에 있어서 유별나게 재능이 있었다. 그는 당대의 가장 유명한 교회 변호사였다. 동시에 그는 전투적인 기질을 갖고 있었고 우울증에 걸리기 쉬운 사람이기도 했다.

그는 자신에게 충성하지 않는 교회 관료들을 숙청하고 자기 가정의 무절제함을 억제함으로써 그의 통치를 시작했다. 금 그릇들은 목재 그릇으로 바꾸었고 왕가의 귀족들은 수도사들로 대체되었다. 그는 교황 영지에 대한 통제권을 분명히 주장했지만, 인생 가운데의 시도 끝에 주요 도시들에 대한 책임을 그의 가족에게 맡겼다.

보편적 통치자

인노첸시오는 교황을 모든 세속 통치자의 봉건적 지도자로 보았는데 그 통치가 보편적 교회뿐만 아니라 온 세계에 이른다고 보았다.

그는 자기 관청이 반(半)신성의 빛이라 생각했다.

> 진정으로 그리스도의 대변인이자 베드로의 후계자, 주님의 기름부음 받은 자이며 파라오의 신은 하나님과 사람 사이에 있으며, 하나님보다는 아래이지만 사람보다는 위에 있고, 하나님보다는 못하지만 사람보다는 우월하고, 모두를 판단하지만 그 자신은 누구에게도 판단 받지 않는다.

1197년 신성 로마 제국의 황제 헨리 6세가 사망한 일은 인노첸시오가 제국의 왕좌를 두고 경쟁하던 자들을 중재하게 함으로써 그의 이론을 실행에 옮길 기회를 주었다. 그는 왕실 유권자들이 후보를 선정할 권리를 인정했지만, 자신이 마지막 임명을 할 것이라고 주장했다. 그는 처음에는 브런스윅의 오토를 선택했는데 그는 확장된 교황령을 인정할 것과 사망한 교회 관료에 대해서는 어떤 권리도 주장하지 않을 것을 약속한 인물이었다. 오토가(인노첸시오에게 한 약속을 깨고) 이탈리아를 침공했을 때 인노첸시오는 그를 출교시켰고 그 자신의 후견자인 프리드리히 2세를 신성 로마 제국의 황제로 등극시켰다.

인노첸시오 3세

인노첸시오는 황제들이 하나님과 교황의 은혜 덕분에 왕위를 차지할 수 있었다고 진정으로 선포할 수 있었던 인물이었다. 그는 유럽의 군주들을 체스판의 졸개들처럼 다루었고 스페인이나 헝가리 같은 나라들을 의당 선물로 받아들였다. 그는 프랑스 왕 필리프가 이혼한 아내와 재결합하도록 강요하기도 했다.

인노첸시오는 4번째 십자군이 방향을 이집트로 돌리고 1204년 콘스탄티노플의 약탈을 그만둘 때까지 동방의 황제에게 재결합을 두고 서신을 주고받았다. 『기정사실』(fait accompli)을 그에게 있어 최고의 이점으로 만든 인노첸시오는 폐허 위에 라틴 예식 교회를 세웠다.

개혁가

13세기는 종교적 소요 시기였는데 이때는 교회의 타락에 대한 반응으로써 여러 종파, 즉 정통파, 이단파, 분리론자가 폭발적으로 나타났다. 인노첸시오는 이단 알비파들을 설득하려 시도한 끝에 그들을 상대로 유혈이 낭자한 십자군을 결성시켰다. 한 마을에서만 15,000명 이상의 소작농들이 살육을 당했다.

인노첸시오는 일련의 광범위한 교회 개혁을 단행했다. 호화로운 의복을 입은 사람에서부터 술 취해 흥청거리는 자에 이르는 넘쳐나는 성직자들도 개혁의 대상이 되었다. 그는 교회에서 정직한 사업 관행을 고쳐시키고, 지방과 전국의 공의회를 장려했으며 매 4년마다 주교들로 하여금 로마를 방문하게 했고 수도원에서 법규를 준수하는 것을 회복시켰고 학교의 설립을 권장했다.

그는 재위 기간 동안 두개의 새로 설립된 개혁 그룹을 인정하고 그들을 후원했는데 이는 프란체스코수도회와 도미니크수도회였다. 그는 6000개 이상의 법령을 발표했고 '화체'(化體, 성찬 때의 빵이 실제 그리스도의 몸이 된다는 뜻)라는 용어가 처음 공식적으로 사용된 제4차 라테란 공의회를 포함한 여러 개혁을 공식화했다. 그는 자신의 다음 십자군을 방해할 것이라 우려했던 피사와 제노바 사이의 분쟁을 해결하기 위해 여행하던 중 반복된 열병으로 인해 세상을 떠났다.

110. 루이 9세
성스러운 프랑스의 국왕

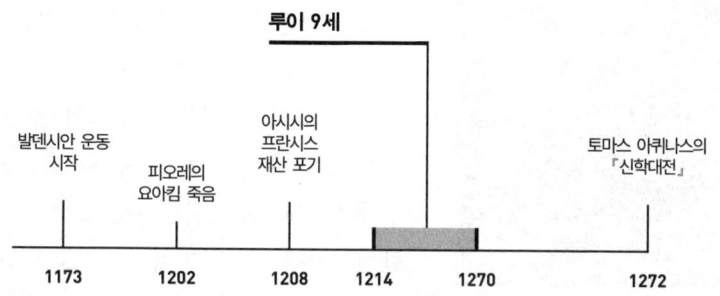

> 예루살렘, 예루살렘아 (루이 9세가 죽어가며 남긴 말).

그는 왕처럼 행동하지 않는 사람이었다. 그는 고행복(苦行服)을 입었고 병원을 방문했으며 때로는 요강을 직접 비우기도 했다. 그는 성유물을 수집했고 그것들을 비치하기 위해 예배당을 지었다. 이런 왕 같지 않은 행동들은 루이 9세(Louis IX)가 가장 그리스도인다운 통치자였다는 명성을 얻도록 했다.

10대 기독교 군주

루이 8세와 블랑카 왕비의 11명의 자녀 중 넷째로 태어난 루이는 그보다 세 살 많은 친형이 죽은 뒤 왕위를 이을 후계자가 되었다.
블랑카는 그녀의 아들을 신앙적으로 매우 엄격하게 키웠는데 아들을 향해 이렇게 말할 정도였다.

> 내 사랑하는 아들아, 나는 엄마가 자기 자녀를 사랑할 수 있는 만큼 너를 사랑한단다. 그러나 네가 큰 죄를 짓는 것을 볼 바에는 차라리 네가 내 발 앞에서 죽는 것을 볼 것이다.

사춘기를 겪기 전 12살 때 루이는 왕이 되었는데 그의 곁에는 독실하지만 그를 숨막히게 만드는 어머니가 있었다. 루이는 20살 때 그가 빠르게

루이 9세

빠져든(외모도 예뻤지만 신앙은 더욱 아름다웠던) 프로방스의 마가렛과 결혼했다. 그녀는 그에게 11명의 아이들을 낳아주었다. 그가 십자군 원정을 떠났을 때 그는 아내와 아이들도 데리고 떠났다.

루이는 신앙 생활을 했고 그의 명성은 퍼져갔다. 콘스탄티노플의 라틴 황제는 1238년 루이에게 가시 면류관을 주었고 루이는 장엄한 생트샤펠 성당을 지어 그리스도의 십자가 죽음을 간직한 이 성스러운 유물을 비치했다.

1242년 잉글랜드의 헨리 3세는 앙주를 침략했다. 루이는 가까스로 이 영국 왕을 몰아냈으나 그를 거의 죽일 뻔했던 질병에 걸렸다. 그는 서원하기를 만일 그가 나으면 그의 가문의 사람들이 거의 150년 동안의 세대에 걸쳐 해 온 일, 즉 십자군을 이끄는 일을 할 것이라고 했다.

실패한 원정

15,000명의 군사와 말들, 물자들을 실은 36대의 함대를 이끌고 루이는 모슬렘 세력의 중심지이자 예루살렘으로 향하는 관문인 이집트로 향했다. 다미에타를 장악한 뒤 그는 카이로 내륙을 향해 군대를 이끌었다. 그러나 전염병이 발생해 루이가 퇴각하도록 만들었다. 왕은 이질로 인해 매우 심하게 앓았는데 바지 뒤쪽에 구멍을 내고 호위병과 함께 걸어야 했을 정도였다.

루이와 그의 군대 일부는 함대로 돌아가기 전 사로잡히게 되었다. 그들의 몸값은 매우 높아서 소문에 의하면 그 금을 세는 데만 이틀이 걸렸다고 한다. 루이의 신하 중 하나는 자신이 모슬렘들을 속였다고 자랑했는데, 이에 왕은 화를 내며 몸값 전체를 제대로 지불하라고 명령하기도 했다.

그 패배는 루이가 절망과 더 깊은 경건함으로 몰두하게 했다. 그는 자기 패배에 대해 자책하며 하나님이 자신의 죄에 대하여 자신을 벌하실 것이라 생각했다. 그는 평범한 옷차림을 했고 소탈하게 식사했으며 빈자들을 돕기 시작했다. 고향으로 가는 대신에 루이는 그의 군대를 팔레스타인으로 향하게 하여 몇몇 연안 도시에 주변에 벽들과 망대들을 세웠다. 그는 그렇게 4년을 머물렀고 그가 부재했던 시절 프랑스를 통치했던 그의 어머니의 죽음의 소식을 듣고 나서야 프랑스로 돌아왔다.

잿더미 위에서 죽어가다

고향으로 돌아온 루이는 그의 속죄 행위와 거룩한 나라를 만들기 위한 노력을 더욱 강화 시켰다. 그는 관습법을 체계화시켰고 선례들을 기록에 남겼으며 싸움을 통해 재판을 서약 하의 증인 심문으로 대체시켰다. 그는 돈을 극도로 높은 이자와 함께 빌려주는 고리대금업을 불법화했고, 신성모독을 하는 자들의 입에 낙인을 찍도록 명했으며 봉건 영주들이 서로 사적인 전쟁을 벌이는 것을 금지했다.

모든 봉건 영주는 자선과 선행을 자랑했다. 루이를 다르게 만든 것은 그의 겸손과 인내였다. 매년 그는 생드니수도원을 맨발과 맨머리로 순례했다. 루이는 그의 식탁에서 빈자들에게 음식을 베풀었을 뿐 아니라 그와 그의 아들들은 걸인들의 발을 씻기기도 했다. 특히 그는 십자군의 미망인들에게 관대했다. 루이는 설교에 특별한 열정을 갖고 있어서 이를 성행시킨 후 설교 수도사들을 고무시켜 그의 식탁에서 그가 좋아하는 설교를 반복하도록 하기도 했다.

마가렛 왕비의 고해신부는 그녀가 종종 밤에 일어나 긴 시간 기도하고 있는 왕을 망토로 덮어주었다고 기록했는데, 이는 왕이 추위를 인지하지 못할 정도로 기도에 몰두해 있었기 때문이었다.

그의 첫 십자군 원정 이후 22년이 지나, 루이는 다른 사람들과 화해하고자 시도했다. 그는 1270년 여름의 더위 속에 북아프리카 튀니스에 당도했다. 이질 또는 장티푸스는 신속하게 비위생적이었던 막사를 휩쓸었다. 루이는 병에 걸려 잿더미 위에 누워 참회하는 가운데 숨을 거두었는데 자신이 한 번도 차지하지 못했던 도시의 이름을 읊조리며 죽어갔다.

"예루살렘, 예루살렘아."

그는 머잖아 로마가톨릭교회에 의해 성자로 명명된 유일한 프랑스의 국왕이 되었다.

111. 헨리 8세
신앙의 수호자

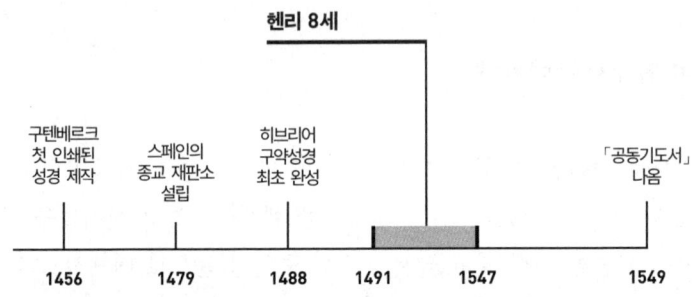

> 나는 나에게 명령할 권한을 가진 그 누구도 선출하지 않을 것이며, 나 자신이 이를 감내하는 일도 결코 없을 것이다.

많은 이는 헨리 8세(Henry VII) 왕이 그가 사슴을 사냥하는 동안 장관들에게 나라를 운영하도록 맡겨놓기나 하는 호사였다고 생각한다. 그러나 사실 그는 자신이 중요하다고 판단한 것에는 어떤 것에든지 세세한 부분에 있어서까지 적극적으로 관여한 사람이었다. 헨리는 사안의 본질이 무엇인지를 요약하라고 명령했다. 그리고는 그 사안에 대해 듣고 빠른 결정을 내렸는데 이는 보통 그가 말에서 내리는 시간에 불과했다.

하지만 재위 기간 중 내렸던 가장 중대한 결정에 대해서만큼은 그도 몇 년을 고민했다. 그러나 한번 마음을 정하자 그는 자기 나라를 영원토록 바꾼 질풍 같은 결정들을 뒤이어 내렸다.

상서로운 시작

헨리는 헨리 8세는 헨리 7세의 둘째 아들로 태어났다. 그는 명석했고 잘생겼으며 신체적으로도 강건했고 음악에도 소질이 있었으며 사냥과 운동에 열심 인 사람이었다. 그는 잉글랜드의 유일한 통치자였고 18세의 나이에 세계에서 가장 부유한 사람이 된 자였다.

잉글랜드와 스페인의 동맹을 강화하기 위해서 헨리는 스페인 왕의 이모였던(그의 형의 미망인이기도 했던) 아라곤의 캐서린과 혼인했다. 잇따른 전투에서 헨리 8세는 프랑스와 스코틀랜드를 격파했고 그의 명성은 솟구쳐올랐다. 그후 10년 동안 헨리는 평화 협정을 체결하기도 하고 파기하기도 했으며 신성 로마 제국의 황제 후보자가 되었고 유럽의 정치 권력에 관여했으며 나아가 그의 관심을 종교로 돌렸다.

헨리 8세

헨리는 언제나 신앙심이 깊은 사람으로 지내왔다. 그는 사냥을 나가지 않는 한 하루에 5번씩 미사를 보았다(사냥을 나가면 세번의 미사를 보았다). 그는 또한 신학 논쟁에 매우 깊은 관심을 보였다. 1521년 루터교가 영국 대학들을 뒤덮자 헨리는 루터에 대항하여 『일곱 성례전에 대한 변호』(Defense of the Seven Sacraments)를 저술했다. 사면초가에 빠졌던 교황은 감사하면서 그에게 '신앙의 수호자'라는 호칭을 부여했다.

후계자 생산

1526년에 이르러 헨리는 캐서린과의 결혼을 끝낼 방법을 찾기 시작했다. 스페인과의 동맹은 그의 국제적 활동을 제한했고, 그는 19세의 앤 볼린과 사랑에 빠져있었으며 가장 중요하게는 캐서린이 그에게 아들 후계자를 낳아주는 데 실패했기 때문이었다(그녀는 메리라는 이름의 딸을 출산했다). 잉글랜드는 최근 유혈이 낭자한 내전을 겪었기에 헨리는 그가 죽은 뒤에도 평화의 지속을 담보할 수 있는 남자 후계자를 필요로 했다.

결혼을 무효로 선언하는 것은 쌍방이 합의만 한다면 16세기에는 꽤나 쉬운 일이었다. 그러나 캐서린은 이를 원치 않았고 조카였던 황제 카를 5세의 도움을 청했다. 카를 5세는 자신의 이모가 불명예를 당하는 것을 보려 하지 않았고 교황의 군대를 보냈다. 교황 클레멘스는 진상을 보고 난 뒤 헨리의 결혼 무효 요청을 거부할 수 밖에 없었다.

1532년 앤이 임신하자 헨리는 그 자신이 직접 일을 밀고 나갔다. 그는 이미 성직자들에게 교회의 모든 문제에 있어서 그의 패권에 복종하라고 강요한 바 있었다. 이제 그는 앤과 비밀리에 결혼 했는 데 캔터베리의 대주교 토머스 크랜머로 하여금 그와 캐서린과의 결혼이 무효라고 선언하게 했고 1533년에는 앤 여왕에게 왕관을 씌어주었다. 이제 헨리와 교회는 분열 직전에 놓인 것이었다.

통치를 위한 싸움

교황이 파문하겠다며 협박했을 때 헨리는 자신이 먼저 상황을 몰아붙였다. 그는 자신의 새로운 혼인을 통해 나올 자녀들을 왕위의 후계자들로 삼겠다는 것을 모두에게 주지 시키는 한가지 법률을 통과시켰다. 그가 통과시킨 또 하나의 법률은 그를 영국 교회의 수장으로 삼는다는 것이었다. 그는 수도원들을 해산시키고 그들의 재산을 그의 귀족들에게 주어 그들의 충성심을 강화시켰다. 저항하던 수도사들은 처형되었고 그들의 금고에 있던 돈은 그의 재원이 되었다.

그럼에도, 종교 개혁 시대에 있었던 그의 교회 개혁은 보수적인 편 이었다. 그는 로마가톨릭교회가 항상 그와 잉글랜드에 충성하기를 원하는 것처럼 보였다.

그는 한때 이렇게 말한 적도 있었다.

> 나는 나에게 명령할 권한을 가진 그 누구도 선출하지 않을 것이며, 나 자신이 이를 감내하는 일도 결코 없을 것이다.

그리하여 그는 로마로부터 탈주하는 동안에도 화체설과 성직자의 독신주의를 계속해서 고수했다. 그 사이 헨리는 앤에게도 싫증이 났는데 왜냐하면 그녀가 엘리자베스라는 이름의 딸만 출산했기 때문이었다. 그는 그녀가 부정을 저질렀다고 날조하여 그녀가 참수되게 했고 제인 시모어라는 여성과 결혼했다. 그녀는 아들 에드워드를 출산하고 세상을 떠났다. 헨리 8세는 죽기 전까지 세 번을 더 결혼했다.

헨리가 로마와 결별을 선언한 것은 본질에서 영국교회 전반에 대한 통치를 의미하는 것이었다. 비록, 그는 자기 재위 기간 동안 몇몇 개신교적 조치(영어 성경을 모든 교회에 도입하는 것 같은)를 취했고 개신교 성향을 가진 캔터베리의 대주교 크랜머를 늘상 지지했지만, 교리와 실천의 핵심 사안들에 관해서는 항상 로마 편을 들었다.

그러나 그가 취한 조치들은 잉글랜드가 다시는 과거로 돌아가지 못하게 만들었다. 그의 아들인 에드워드 6세가 통치하던 시기(1547-53)에 잉글랜드는 확실히 개신교로 돌아섰다. 메리 1세가 통치하던 시기(1553-1558년) 잉글랜드는 로마가톨릭교회로 잠시간 회귀했으나 그의 딸 엘리자베스 1세는 잉글랜드로 하여금 개신교의 길을 영속적으로 걸어가도록 만들었다.

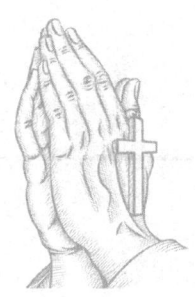

제12부

학자 및 과학자

112. 오리겐
113. 가이사랴의 유세비우스
114. 제롬
115. 베다 베네라빌리스
116. 에라스무스
117. 니콜라스 코페르니쿠스
118. 윌리엄 틴데일
119. 존 폭스
120. 프란시스 베이컨
121. 갈릴레오 갈릴레이

112. 오리겐
성경학자 겸 철학자

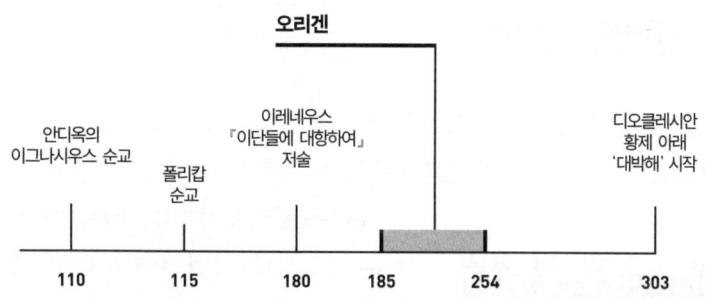

> 전쟁을 격동시키고, 서약을 어기며, 평화를 방해하는 모든 귀신을 기도로써 쳐부수는 우리들은 실제로 싸움을 하고 있는 것처럼 보이는 저들보다 더욱 황제들에게 도움이 되는 사람들이다.

이 3세기의 '종교적 광신도'는 자기 직업을 포기하고 바닥에 누워서 잤으며 고기를 먹지 않았고 와인을 마시지도 않았으며 2주에 한번은 금식을 했고, 자기 신발이 없었으며 전해지는 바에 따르면 신앙을 위하여 스스로를 거세시켰다고 한다. 그는 또한 당대에 가장 다작하는 학자였으며(수백 권의 저작이 그의 것으로 여겨짐) 일류 기독교 철학자이자 성경의 심오한 연구자였다.

어린이 영재 오리겐(Origen) 아다만티우스(강철 같은 남자)는 185년 경 알렉산드리아 근처에서 태어났따. 일곱 자녀가 있었던 기독교 집안의 장남으로서 그는 성경과 헌신의 의미를 배우며 성장했다. 202년 그의 아버지 레오니다스가 기독교 신앙으로 인해 처형되었을 때 오리겐은 그 또한 순교자로서 죽기를 원했다. 그러나 그의 어머니는 그의 의복을 숨김으로써 그가 집을 떠날 수조차 없게 막았다.

가족을 부양하기 위해 18살의 오리겐은 문법 학교를 열고 문서들의 사본을 만들며 교리문답 수강생(교회의 일원이 되고자 하는 사람들)들을 지도했다. 그 자신은 이교도 철학자 암모니우스 사카스 밑에서 공부했는데 이는 이교도들의 주장에 대항하여 그의 신앙을 더욱 잘 변증하기 위함이었다.

한 부유한 개종자가 비서들과 더불어 그를 후원하기 시작하자 그는 글을 쓰기 시작했다.

성경 연구자이자 비평가

오리겐은 기독교를 비판하는 유대인들 및 영지주의자들에게 답하기 위해 쓰인 방대한 구약성경 분석서인 '헥사플라'를 20년 동안 연구했다. 성경 문헌을 살펴보자 거기에는 6개의 병행하는 기둥들이 있었는데 하나는 히브리어로 다른 5개는 다양한 그리스어 번역으로 되어있었으며 그 가운데에는 그가 여리고의 항아리에서 발견한 것도 포함되어 있었다.

오리겐

이는 기독교 정경과 성경 번역의 발전에 있어 중대한 계기가 되었으나 불행히도 소실되고 말았다. 그것은 너무나 방대한 작품이어서 학자들은 이것 전체를 옮겨 적은 사람이 있었는지를 의심할 정도이다.

이 초기 성경학자는 성경을 세 단계, 즉 문자적, 도덕적 그리고 풍유적으로 분석하였다. 그는 "사람이 몸, 혼, 영으로 이루어지듯이 성경도 같은 방법으로 보아야 한다"라고 말했다.

사실 오리겐은 풍유적 분석을 선호했는데 이는 그 분석이 더욱 영적인 해석을 가능하게 했을 뿐만 아니라 문자 그대로 읽을 수는 없는 많은 본문을 그가 발견했기 때문이었다.

오늘날 어떤 지성인이 성경의 첫째 날과 둘째 날, 셋째 날에 태양과 달 그리고 별들 없이 존재했다고 믿겠는가?

좌우간에 오리겐의 해석 방법은 중세시대의 표준이 되었다. 오리겐의 주요 작품인 『제일 원리』(On First Principles)는 이제껏 쓰인 기독교 신학의 첫 체계적 설명이었다. 이 안에서 그는 그리스 기법과 성경의 가정들을 종합한 기독교 철학을 만들어냈다.

이 방대한 작품들에 그의 설교들과 주석들까지 더하면, 어째서 그가 7명의 비서를 바쁘게 만들었다고 평판이 나있는지 그리고 제롬(354-420)으로 하여금 "오리겐의 저작 전부를 읽어본 사람이 그 누구라도 있었는가?"라는 좌절이 담긴 찬사를 말하게 했는지를 분명히 알 수 있다.

이단 교회의 아버지

오리겐은 늘상 논란의 여지가 있는 인물이었다. 마태복음 19:12("천국을 위하여 스스로 된 고자도 있도다"에 대한 응답으로 그가 행했던 자해 행위는 성경 본문의 극단적인 오역으로 정죄 받았다)

그는 팔레스타인에서 사제 서품도 받지 않은 상태로 설교를 하였고 이에 그의 주교 데메트리우스에 의해 극심한 비난을 받았다. 두 번째 여행에서 그는 첫 번째 방문 때 그를 초청했던 주교들에 의해 서품을 받았고 데메트리우스는 그를 유배보냈다. 그의 저작 중 일부는 가설로 여겨지지만 오리겐은 모든 영이 동등하게 창조되었고 탄생 이전에 존재했으며 은혜로부터 떨어져나갔다고 가르쳤다.

나아가 그는 말했다.

> 죄를 짓고 원래의 상태에서 타락하게 된 그 이성적 존재들은 그들의 특정한 죄에 비례하여 육체 속에 거하는 노예 상태의 형벌을 받게 되었는데 일부는 귀신, 일부는 사람, 일부는 천사가 되었다.

더불어 그는 모든 영, 심지어는 사탄조차 구원을 받을 수 있다고 생각했다. 그는 또한 "선과 악 사이에서 선택하는 능력은 우리 모두에게 있는 것이다"라고 적기도 했다.

그러나 가장 주목할만한 점은 오리겐이 삼위일체를 성부, 성자, 성령의 동등함이 아닌 위계로써 이해했다는 점이었다. 그리고 비록 그는 영지주의 신앙을 공격했으나 그들과 마찬가지로 그 역시 물질세계의 선함을 거부했다.

그가 세상을 떠나고 3세기가 지나 콘스탄티노플 공의회(553년)는 그를 이단자라고 공포했다.

> 귀신들과 악인들의 형벌이 영원하지 않을 것이라고 말하거나 생각하는 이가 있다면 그가 누구든지 저주를 받을 것이다.

어떤 이들은 오리겐이 단지 그의 당대의 사고 속에서 신앙을 규정하고자 시도했다고 주장한다. 그럼에도 그의 저작들은 그가 받은 이단 정죄와 더불어 억압되었고 이에 현대적 판단을 내리는 것은 불가능하다.

이단 정죄에도 불구하고 오리겐은 "나는 그리스도의 것이라 불리는 교회의 사람이 되고싶다"라고 말했다. 그의 『콘트라 셀숨』(*Contra Celsum*)은 사실 초기 교회 시대에 나온 책들 중 가장 탁월한 기독교 변증서 중 하나이다.

기독교인들이 군복무를 거부함으로써 좋은 시민의 자격에 부합하지 못한다는 고발에 답하면서 그는 강조했다.

> 전쟁을 격동시키고, 서약을 어기며, 평화를 방해하는 모든 귀신을 기도로써 쳐부수는 우리들은 실제로 싸움을 하고 있는 것처럼 보이는 저들보다 더욱 황제들에게 도움이 되는 사람들이다.

그러나 당국자들은 이를 확신하지 못했다. 250년 데키우스 황제는 오리겐을 가두고 고문하였다. 그가 신앙을 저버릴 것을 바라보면서 당국자들은 그를 의도적으로 살려두었다. 하지만, 데키우스가 먼저 죽었고 오리겐은 자유의 몸이 되었다. 그러나 오리겐 역시 건강을 잃어 석방된지 얼마 되지 않아 생을 마감하였다.

113. 가이사랴의 유세비우스
교회사의 아버지이자 제작자

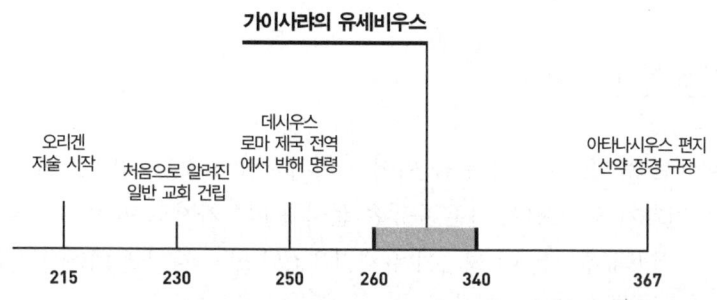

> 나는 이 일에 처음 착수하는 사람이자 그 누구도 밟지 않은 외로운 길을 여행하는 한 사람으로서 이 일(『교회사』)을 제대로 감당하기에 적합치 않은 사람이라고 느낍니다.

지난 3세기의 종합적인 기독교 역사를 저술하는 것을 상상해보라. 그 다음으로 이제껏 누구도 그런 역사를 저술한 적이 없기에 어떤 주요 문서들이나 주요 인물에 관한 책, 주요 사건들에 대한 연대기, 심지어는 연대에 관한 확실한 체계 하나 참고할 것이 없다고 생각해보라. 가이사랴의 주교였던 유세비우스(Eusebius)가 그런 일에 착수했던 것이었고 당시 그는 굉장한 두려움을 느꼈다.

그는 『교회사』(Ecclesiastical History)의 서문에서 이렇게 적기도 했다.

> 나는 이 일에 처음 착수하는 사람이자 그 누구도 밟지 않은 외로운 길을 여행하는 한 사람으로서 이 일(『교회사』)을 제대로 감당하기에 적합치 않은 사람이라고 느낍니다.
> 오직 나는 하나님이 나를 인도해 주시고 주의 능력이 나를 도우시기를 기도합니다. 저는 이 길을 앞서 걸었던 그 누구의 자취도 발견하지 못했고 오직 몇몇 사람이 그들 당대에 살면서 남긴 이야기의 여러 흔적만을 찾았기 때문입니다.

이 10권의 저작을 통해 유세비우스는 '교회사의 아버지'로 알려지게 되었다. 그러나 그가 살았던 당대에 그는 교회 역사의 기록자는 물론이고 그것의 제작자이기도 했다.

박해를 받다

한때는 유세비우스의 뒤를 이어 가이사랴의 주교가 되었던 이가 적은 그의 전기가 있었으나, 다른 수많은 문서와 마찬가지로 이 또한 유실되었다. 그리하여 우리는 이 역사가 유세비우스의 젊은 시절에 대해서는 알 수 있는 바가 없다.

그는 아마도 팔레스타인에서 태어났을 것이고 확실히 가이사랴에서 세례를 받았으며 그의 스승이자 친구이기도 했던 팜필루스에 의해 장로로 임명았다. 그는 이 열렬한 오리겐 추종자를 아주 가까이 따라다녔고 자기 자신을 유세비우스 팜필리, 즉 팜필리우스의 아들이라고 불렀다.

그러나 303년 디오클레티아누스 황제는 '대박해'를 시행했고 팜필리우스는 7년만에 순교하게 되었다. 유세비우스 역시 투옥되었으나 그의 멘토와 같은 운명이 되는 것은 간신히 피할 수 있었다. 콘스탄틴의 밀라노 칙령이 공포되었던 313년 경 유세비우스는 팔레스타인 시의 주교가 되었다.

그곳에서 그는 자신이 박해기간 동안 시작했던 교회사 집필을 지속했다. 또한, 그는 『대비』(Preparation), 『복음 증명』(Demonstration of the Gospel)으로 불린 이교도주의를 반박하는 15권의 책 또한 저술했는데 여기서 그는 구약 예언을 성취하신 그리스도에 대해 설명하였다. 그는 또한 세계 역사의 『연대기』(Chronicle)를 완성하기도 했다.

유세비우스가 기술한 역사는 단순히 그리스도의 승천 이후 교회의 행보를 담은 기록을 적기 위한 것이 아니었다. 그는 콘스탄틴의 회심과 더불어 기독교가 인류의 기나긴 등반의 최정점임을 보여 주기를 원했다. 교회는 과거에는 억압받는 소수파였으나 이제는 평화의 시기에 들어서게 되었다.

평화 추구자

유세비우스가 이교도에 대한 기독교의 승리에 대해 서술하고 있을 때 이에 관한 가장 큰 위협은 내부에서 전개되고 있었다. 리비아의 장로였던 아리우스가 "성자가 존재하지 않았던 시간이 있었다"라고 가르치며 제국 전역에서 추종자들을 얻고 있었던 것이다.

이집트의 주교 알렉산더와 그의 집사였던 아타나시우스는 그 가르침에 격노했다. 이 논쟁은 제국 전역으로 퍼졌고 교회를 둘로 쪼개놓을 지경에 이르렀다. 유세비우스가 보기에 하나님의 택함을 받은 도구였던 콘스탄틴은 이 균열을 메우고자 니케아 공의회를 소집했다.

팜필루스와 함께했던 젊은 시절로부터 유세비우스는 삼위일체기 동등함이 아닌 위계리는 믿음으로 인해 1800년간을 비판받은 사람인 오리겐의 가르침에 매료되었다. 그렇기에 유세비우스는 교회의 분열 위협에 비해서 아리우스 이단에 대해서는 신경을 덜 기울였다. 아리우스가 정죄를 받자 이 모든 논쟁이 기독교에 가장 수치스러운 조롱을 가져올 것이라 생각했던 유세비우스는 가장 먼저 그를 복직시켜달라고 요청하였다.

'신실한 자'라는 이름을 가졌던 유세비우스는 니케아 공의회에서 아리우스주의와 정통신앙을 중재하고자 시도했다. 그러나 공의회가 끝나고 아리우스가 파문당하자 유세비우스는 그 결정에 동의해야 할지를 놓고 망설였다. 그러다 그는 마침내 "평화가 우리 앞에 세워진 목표다"라는 공의회로부터 나온 문서에 서명을 했다.

하지만 몇 년 뒤 판세가 뒤집히고 아리우스가 유명세를 타자 유세비우스는 니케아 공의회의 영웅이었던 아타나시우스를 비판했다. 심지어 그는 아타나시우스를 물러나게 만든 공의회에도 참석했다. 유세비우스 자신은 아리우스주의자가 아니었고 그는 "성자가 존재하지 않았던 시간이 있다"는 사상 및 그리스도가 무로부터 창조되었다는 것에도 반대했다. 아리우스 논쟁이 계속해서 격렬해지는 동안 유세비우스는 가이사랴에 머물렀고 안디옥의 주교로 승격하는 것을 거부하면서 저술 활동을 했다.

이 시기 그의 유명한 저작들 가운데에는 또 하나의 명저가 있는데 그것은 찬사로 가득한, 그가 흠모했던 정치 지도자 『콘스탄틴의 생애』(*Life of Constantine*)였다.

114. 제롬
천 년을 지속한 성경 번역을 완성한 사람

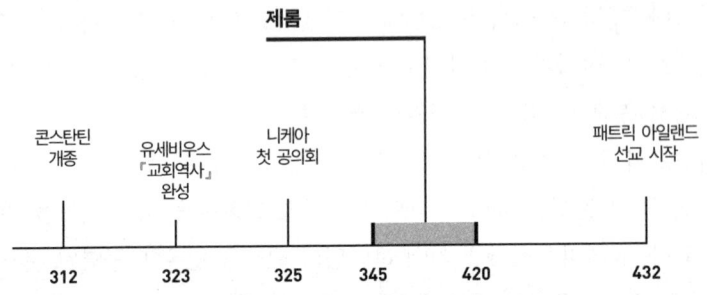

> 성경에 대한 지식을 당신의 사랑으로 삼으라. 그것과 함께 살고, 그것을 묵상하며, 그것을 당신의 지식과 연구의 유일한 목적으로 삼으라.

다행스럽게도 우리에게 제롬(Jerome)이라는 짧은 이름으로 알려진 '유세비우스 히에로니무스 소프로니우스'(Eusebius Hieronymus Sophronius)는 그가 30대 중반이었을 무렵 아마도 세계에서 가장 위대한 기독교 학자였을 것이다. 성경 번역의 역사에서 가장 위대한 인물로 꼽힐 그는 천년 이상 동안 표준이 되었던 라틴어역 성경을 만드는데 30년을 보냈다. 그러나 이 사람은 책만 읽어대는 인텔리가 아니었다. 그는 자신의 대적자들에게 빈정댐과 욕설을 퍼붓는 고약한 기질의 극단적인 금욕주의자이기도 했다.

키케로에게서 전갈에게로

제롬은 달마티아의 스트라이던(오늘날 슬로베니아의 류블랴나)에서 부유한 그리스도인 부모 밑에서 태어나 로마에서 문법, 수사학, 철학을 공부했다. 그리고 그곳에서 19살 때 그는 세례를 받았다.

다른 학생들과 마찬가지로 제롬은 여행과 더불어 학업을 수행했다. 그러나 그는 제국 안에서 감각적인 기쁨을 발견하는 것보다는 여행 중에 만났던 금욕주의자들에게 끌리게 되었는데 그 가운데에는 (오늘날 독일 남서부의) 트리어에 있던 사람들 그리고 이탈리아의 아킬레이아에 있던 사람들이 있었는데 그는 여기에서 엘리트 금욕주의자들의 모임에 가담했다. 그 모임 가운데에는 오리겐의 작품을 번역한 것으로 유명한 루피니우스가 있었다. 그러나 그 모임은 373년에 해체되었고 제롬은 다시금 여행을 시작했는데 이번에는 성지의 은둔자가 되고자 감당했던 불확실한 여행이었다.

기진맥진해진 결과 그는 안디옥까지만 갈 수 있었고 거기서 그리스어 연구를 지속했다. 심지어 그는 라오디게아의 아폴리나리우스(그리스도가 오직 인간의 육체만 가졌을 뿐 인간의 마음이나 의지는 갖지 않았다고 가르친 설과 훗날 이단으로 정죄된 사람) 밑에서 연구하기도 했다. 그러나 그의 그리스어 연구는 그가 꾸었던 한 꿈에 의해 중단되었는데, 이는 교회사 가운데 가장 유명한 꿈들 중 하나로서 375년 사순절 기간에 있었던 것이다.

제롬

그는 꿈 속에서 하나님의 법정에 서게 되었는데 그 자리에서 그는 기독교보다 이교도의 고전 문학들을 더 선호한다는 죄명으로 유죄 선고를 받았다. "너는 키케로의 추종자이지 그리스도의 추종자가 아니다"("Ciceronianus es, non Christianu")라고 그의 재판관은 선언했다. 제롬은 두려움에 떨며 맹세하기를 다시는 이교도 문학을 읽지도 소유하지도 않겠다고 했다.

그러나 10여 년 후 제롬은 그 꿈을 대단치 않은 것으로 생각하며 다시금 고전 문학들을 읽기 시작했다. 그후 그는 시리아 사막으로 물러가 전갈과 야생동물 동지들 외에는 누구도 없는 감옥에서 금욕주의자의 기쁨을 다시 발견하였다. 그는 할키스에 정착했는데 그곳에서 인생의 고초로 인해 진이 빠져버렸다. 그는 외로움을 달래기 위해 편지 받기를 구걸하다시피 했고 사막의 거친 음식들을 싫어했으며 평화를 누리지 못했다.

그는 이렇게 적었다.

> 비록, 나는 외로운 사막의 성벽에 둘러싸여 있었지만, 죄의 재촉과 내 본성의 극렬한 열기를 견딜 수가 없었다.

나는 그것들을 빈번한 금식을 통해 쳐부수고자 했으나, 내 마음은 항상 상상 속 소란 가운데에 있었다.

그런데도 그는 유대인 개종자로부터 히브리어를 배우고 기도하고 금식하며 사본을 필사하고 수많은 서신을 적었다. 할키스에서의 행복하다는 거듭된 확신에도 불구하고 그는 몇 년 뒤 안디옥으로 돌아왔는데, 이는 다른 은둔자들이 제롬을 두고 비밀 이단자로 의심하기 시작한 직후였다(그 의심은 어떤 사람들이 주장한 바, 삼위일체의 세 위격에 대한 부분을 훼손하면서까지 하나님의 통일성을 강조했다는 그의 견해 때문이었다).

신랄한 비서

그때까지 제롬은 권위있는 학자이자 수도사로서 인정을 받았다. 주교 파울리누스는 서둘러 그를 사제로서 임명했으나 제롬은 자신이 사제로서의 임무를 수행하도록 강요받지 않는다는 조건에서만 그것을 받아들이려 했다. 대신 제롬은 학문, 특히 성경에 관한 학문에 몰두했다. 그는 주석 강의를 들었고 복음서 양피지들을 조사했으며 다른 유명한 성경 해석가 및 신학자들을 만났다.

382년, 그는 로마로 부름을 받아 비서가 되었고 교황 다마소의 후계자가 될 수 있는 사람 중 하나가 되었다. 그러나 3년이라는 짧은 시간을 그곳에서 일하는 동안 제롬은 쾌락을 사랑하는 로마인들을 그의 독설과 직설적인 비판으로 공격했다. 한 역사가가 적었듯, 그는 대부분의 로마인을 혐오했고, 그들을 혐오한다는 사실에 대해서 사과하지 않았다.

그는 성직자들의 자비심 부족("나는 믿음도 없고 자비도 없으나 내가 가진 것은 은과 금 같은 것들인데 이것 또한 너에게 줄 수 없기는 마찬가지다"), 그들의 허영심("그들의 유일한 생각이라곤 의복에 관한 것뿐이다. 거기에 기분좋은 향이 나는가? 신발은 매끈하게 들어맞는가?"), 턱수염에 대한 그들의 자만("턱수염에 성결함이 조금이라도 깃들어 있을 수 있다면 염소보다 성결한 사람이 있을 수 있겠는가!") 그리고 그들의 성경에 대한 무지("너희들이 모르는 것을 가르치는 것도 나쁘기 그지 없는데 더욱 심각하게도 … 너희들이 모른다는 사실조차 자각하지 못하는구나")를 조롱했다.

심지어 그는 "다마소 교황은 내 입에 불과하다"라고 공언하면서 자신의 영향력을 자랑하기도 했다. 비록, 성경을 교정하는 그의 관심에 이미 회의적이기도 했지만, 그를 지지했을 수도 있는 사람들은 그의 여제자 중 하나가 극심한 금식 중에 세상을 떠나자 모두 떠나버렸다. 384년 다마소 교황이 죽자 제롬은 바빌론에서 도망해 성지를 향해 나아갔다.

불가타 성경 역본의 제작자

제롬의 한 부유한 제자는 베들레헴에 수도원을 설립하여 그로 하여금 그곳을 운영하게 했다(이곳은 여성들을 위한 세 곳의 수도원과 순례자들을 위한 숙소를 포함했다). 이곳에서 그는 그의 가장 위대한 공헌을 완성했는데 그것은 (382년 다마소의 지시로 시작한) 성경을 일상적인 라틴어(훗날 "일반적인"이라는 뜻을 가진 불가타로 불리게 된)로 번역한 것이었다. 비록, 라틴어 번역 성경들이 당대에도 있었지만, 그것들은 정확도에 있어서 광범위한 차이를 보였다. 다마소는 한때 이런 글을 제롬에게 보낸 적이 있다.

> 만약 우리가 우리의 믿음을 라틴어 성경에 고정시킬 수 있다면, 우리의 대적자들이 우리에게 말을 걸도록 만들 수 있을 것인데, 이는 라틴어에는 거의 복사본만큼이나 많은 형태가 존재하기 때문이다.
> 다른 한편으로 우리가 만일 많은 사람의 비교를 통해 진리를 캐내려고 한다면 왜 본래 그리스어 역본으로 돌아가 부정확한 번역가들이 야기한 실수와 자신만만하지만 무지한 비평가들이 만든 서투른 개정들을 바로잡지 않겠으며, 나아가 필사가들에 의해 삽입되거나 변화된 부분들을 깨우지 않고 그대로 잠재워 두겠는가?

처음에 제롬은 그리스어 구약성경인 70인 역을 갖고 일했다. 그러나 곧 그는 후대의 번역가들을 위한 선례를 만들었는데 그것은 구약을 본래의 히브리어를 갖고 번역해야 한다는 것이었다. 그의 탐구에 정확성을 더하기 위해서 제롬은 유대 랍비 및 다른 이들과 상의하기도 했다.

그가 보기에 70인역과 본래의 히브리어 사이의 가장 큰 차이는 유대인들이 오늘날 외경이라고 알려진 책들을 그들의 성경 안에 정경으로서 포함시키지 않는다는 점이었다. 비록, 그는 그 책들을 정경에 포함시켜야 할 것 같은 느낌을 받기도 했지만, 제롬은 그것들이 교회의 책은 맞지만 완전히 영감을 받은 정경은 아님을 확실하게 표명했다(종교 개혁가들은 훗날 이 책들을 그들의 성경에서 완전히 제외시켰다).

23년 후 제롬은 그리스도인들이 1000년 이상을 사용한 그의 번역을 완성했고 1546년 트리엔트 공의회는 제롬의 이 번역본만이 유일하게 정확한 라틴어 성경이라고 선언했다. 안타깝게도 중세 시대 동안 널리 읽힌 불가타 역본은 필사가들의 오류로 인해 제롬의 본래 역본으로부터 변질된 형태였다(16세기 후반에 오류를 수정한 개정판이 출간되었다).

제롬의 작업은 크게 존경을 받았고 종교 개혁기에 이르기까지 번역가들은 불가타 역본을 사용하였고 천 년에 이르는 시간 동안 학자들이 그리스어 신약성경으로부터 직접 성경을 번역하는 일은 없었다. 그러나 아이러니하게도 제롬의 성경은 서구 교회가 언어 사용에 있어 라틴어를 채택하도록 하는 자극제가 되었고 그 결과 수세기 후 평신도들은 예배와 성경을 이해할 수 없게 되었다. 이는 제롬의 본래 의도와는 정확히 상반되는 것이었다.

그러나 제롬에게 있어 그의 연구는 그가 여생 가운데 지녔던 하나님의 말씀에 대한 진가를 알 수 있게 해준 것이었다.

> 성경에 대한 지식을 당신의 사랑으로 삼으라. 그것과 함께 살고, 그것을 묵상하며, 그것을 당신의 지식과 연구의 유일한 목적으로 삼으라.

115. 베다 베네라빌리스
영국 역사의 아버지

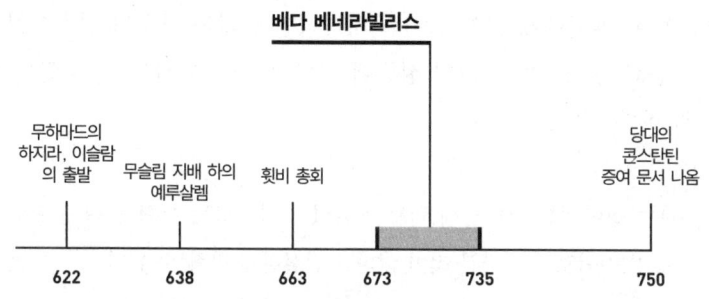

> 배우거나 가르치는 것 또는 글을 쓰는 것은 언제나 나의 기쁨이었다.

베다(Bede)는 7살 때 성별된 자로서 웨어마우스수도원으로 보냄을 받았다.

> 그때로부터 나는 그 수도원 안에서 평생을 보내며 성경을 연구하는 것에 온 힘을 쏟았고 수도원의 규율과 교회에서 찬송을 불러야 하는 매일의 의무 가운데에서 배우거나 가르치는 것 또는 글을 쓰는 것은 언제나 나의 기쁨이었다.

정말로 그랬다. 베다는 바쁜 생활 속에서도 40여개의 저작들을 완성했는데, 그 중 가장 영향력있는 작품은 『영국교회와 그 사람들의 역사』(History of the English Church and Its People)이다. 베다는 영국 최초의 역사가로 간주될 뿐 아니라 최고의 역사가 중 한 사람으로 여겨지는 사람이다.

일터에서 가장 열심히 일하는 사람

보다 구체적으로 말하면 어린 베다는 세련된 취향을 가졌던 베네딕트 비스콥이라는 수도원장에게 맡겨진 것이었는데 그는 베다에게 세상과 학문의 아름다움을 소개해준 인물이었다. 베다의 교회 예배를 향한 사랑은 베네딕트를 제외한 모든 수도사가 페스트에 굴복하고, 다른 사람들이 베다와 베네딕트를 돕도록 보냄받을 때까지 예배를 지속하기 위해 두 사람이 함께 노력했던 전염병 초기에 확고해졌다.

성인이 된 베다에게 있어 삶이란 지속적인 헌신과 연구의 연속이었다.

그의 동료 수도사들이 그의 성품에 관하여 증언한 바는 한 사람이 이렇게 말한 바와 같다.

> 나는 살아계신 하나님께 이토록 끝없이 감사하는 사람을 내 눈으로 본적도 없고 귀로도 들어본 적이 없다고 진실하게 말할 수 있다.

베다 자신은 오직 열심을 다한 학자로서 그의 명성을 얻었다.

> 나는 정말로 "밤낮없이" 일하지는 않지만 내가 읽은 것에 대해 올바른 판단에 도달하기 위하여 열심을 다합니다.

베다는 르네상스 학자였다. 그는 대중들 및 그의 학생들을 위하여 문법학, 수학, 시, 교회 음악, 수사학에 관한 글을 썼다. 그의 학생 중 한명이었던 알퀸은 나중에 샤를마뉴의 궁정에서 영향력있는 인물이 되었다.

그렇지만 오늘날 가장 잘 알려져 있고 가장 소중하게 간주되는 작품은 그가 쓴 영국 역사다. 역사에 관한 그의 흥미는 부활절을 기념하기 위한 올바른 날짜에 대한 호기심으로부터 시작한 것이었고, A.D. 연대 표기(라틴어로 Anno Domini, 주님의 해)를 처음으로 사용한 역사가도 베다였다. 그가 저술한 역사는 B.C. 55년에서부터 A.D. 731년까지 이르는데 이것이 없었다면 우리는 영국 기독교의 이른 세기, 특별히 켈트 기독교의 역사, 영국대륙을 향한 초기 선교, 켈트교회가 로마에 굴복했던 시기인 위트니의 시노드의 정확한 시기를 알 수 없었을 것이다.

그의 철저함과 정확성은 그의 저작의 강점이고, 당대의 한계를 고려했을 때 베다의 업적은 놀라운 것이다. 그는 144여개의 개별 작품을 인용했고 의심의 여지없이 더 많은 참고를 했다. 그는 순례하는 수도사들에게 그를 위하여 바티칸 기록 보관소를 조사해달라고 부탁했고 유럽에 흩어진 많은 증인으로부터 증언을 들었다. 또한, 그는 그의 필사가들에게 촉구하여 그의 인용구들을 보존해달라고 했다. 그 이유에 대해 그는 "왜냐하면 나는 실제로 그들의 것을 나의 것인양 가져다 쓴 도둑으로 여겨지고 싶지 않았기 때문이다"라고 했다.

베다 베네라빌리스

비록, 역사가로서 기록되기는 했지만 베다가 가장 큰 기쁨으로 삼았던 것은 성경 연구였다. 그의 저작 다섯 개중 네 개는 성경 해석에 관한 것이었다. 이 기운데에는 모세오경과 복음서들, 사도행전 그리고 요한계시록의 주석들이 포함되어 있다.

그는 임종 때에 요한복음을 라틴어에서 영어로 번역했는데 이를 두고 영국의 한 성서학자는 '영어 성경 역사가 시작되는 장면'이었다고 표현하기도 했다. 그는 그가 정기적으로 기도했던 수도실 바닥에서 죽음을 맞이했는데 세상을 떠나기 직전에 그의 귀에는 글로리아 찬가가 들려왔다.

116. 에라스무스
종교 개혁을 촉발시킨 경건한 인문주의자

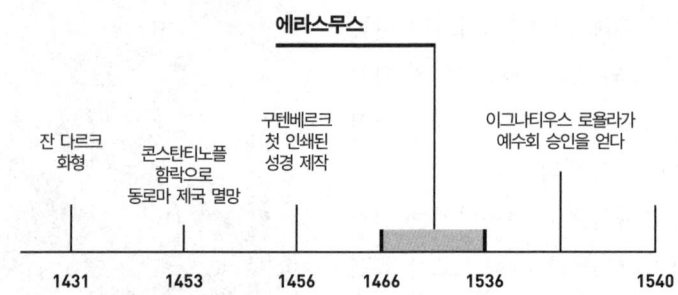

> 농부가 그의 쟁기를 잡고 성경 구절을 노래하며 방직공이 그의 북의 음에 맞추어 성경 구절을 흥얼거리고, 여행자는 성경의 이야기를 통해 자기 여정의 피로를 덜 수 있었으면 좋겠다.

나는 돈이 조금 생기면 책을 산다, 만약 남은 돈이 있을 경우에는 음식과 옷을 산다.

이는 성인 시절 데시데리위스(Deiderius)라는 이름을 썼던 로테르담의 에라스무스(Erasmus)가 한 말이다.

한 네덜란드 신부의 사생아였던 그는 지식을 찾고 경건을 추구하며 책을 사랑하고 빈곤에 대한 두려움에 눌려 살았다. 그 과정에서 그의 저작과 학문은 서방 기독교 제국이 분열될 때까지 멈추지 않았던 신학적 격변을 일으켰다.

수도원 생활을 좋아하지 않은 사람

로테르담에서 태어나 전염병으로 인해 고아가 된 에라스무스는 고전 학문과 인문학을 가르치는 성 레부인의 사제단 학교로부터 수도원의 공동생활 형제단이 운영하는 학교로 보냄을 받았다. 그는 하나님과의 개인적인 관계에 깊이 빠져들었으나 수도원 생활의 엄격한 규칙들과 편협한 신학자들은 싫어했다. 그는 나중에 회고하기를 그 사람들은 학생들의 사기를 꺾음으로써 겸손을 가르치고자 의도했다고 했다.

그러나 그는 가난했고 그와 그의 형제는 수도원에 들어갈 수밖에 없었다. 에라스무스는 어거스틴수도회에 들어가기로 결심했다. 그는 여행하는 것과 학문적인 자유를 원했고 그가 고전을 공부하지 못하도록 막는 야만인들을 떠나고 싶어했다. 그리고 그는 1492년 사

에라스무스

제 서품을 받자마자 캉브레의 주교의 비서가 되어 자신이 원하는 바를 행했고, 그 주교는 에라스무스를 파리로 보내 신학을 공부하게 했다.

하지만, 그는 그곳도 싫어했다. 기숙사는 오줌으로 악취가 났고 음식은 형편없었으며 학업은 기계적이었고 규율은 잔인하기 그지없었다. 그러나 그는 거기서 집필과 유럽 대부분의 국가를 여행하는 이력을 시작할 수 있었다. 비록, 그는 허약한 건강에 대해 종종 불평하기는 했지만 당대의 최고 신학자들을 찾아내겠다는 열망에 이끌렸다. 1499년 잉글랜드를 여행하면서 그는 맛 없는 맥주와 미개함, 우호적이지 않은 기후로 불평했지만 그곳에서 평생의 친구가 된 토마스 모어를 만나기도 했다.

같은 여행에서 그는 파리에서 공부했던 해석의 나열들이 아닌 성경 자체를 가르치는 존 콜렛의 강의를 들었다. 훗날 성 바울 성당의 주임사제가 되는 존 콜렛은 이 네덜란드인 학자를 고무시키기를 논쟁적인 스콜라 철학자들처럼이 아닌 교부들과 같이 성경을 연구하는 '원초적인 신학자'가 되라고 했다. 그 후로 에라스무스는 신약성경이 쓰여진 언어인 그리스어를 배우는데 깊이 몰두했다.

그는 그의 새로운 친구에게 곧 이렇게 적었다.

> 친애하는 콜렛, 나는 내가 모든 돛을 펴고서 거룩한 작품을 향하여 어떻게 나아가고 있는지 말로 다 표현할 수가 없습니다.

> 나를 막고 지체시키는 것들을 나는 얼마나 싫어하는지요.

이런 일의 결과로써 나온 것은 그의 가장 의미있는 작품으로 1516년 출판된 신약성경 그리스어 원어 판이었다. 이와 더불어 나온 것은 제롬의 불가타 성경 번역에서 600여 개의 오류를 수정한 그 자신의 라틴어 번역 성경과 그의 연구 노트였다.

서론에서 에라스무스는 자신은 종국에 모든 사람이 성경을 읽게 하기 위하여 그 일에 착수한다고 말했다.

> 이 모든 것이 각각의 언어와 방언으로 번역되기를 … 농부가 그의 쟁기를 잡고 성경 구절을 노래하며 방직공이 그의 북의 음에 맞추어 성경 구절을 흥얼거리고, 여행자는 성경의 이야기를 통해 자기 여정의 피로를 덜 수 있었으면 좋겠다.

에라스무스의 저작에 대한 가장 주목할만한 찬사는 교황 레오 10세와 1년 뒤 종교 개혁을 시작할 마틴 루터라는 이름의 한 독일인 수사에게서 나왔다.

어리석은 비평가

종국에 인문주의자들(당대에는 다른 모든 것보다 인문학에 찬사를 보내는 사람이 아닌 인문학 연구가를 의미했다)을 소멸시켜버린 그 전환점 이전에 에라스무스는 그의 다른 저작들로 인해 유명해졌다. 그에게는 유명해질 거리가 많이 있었다. 1530년대에 팔린 책들의 10-20퍼센트는 그의 이름으로 되어있었다.

그는 주로 물리적인 것들에 대한 의식 및 준행으로 이루어진 신앙을 갖고 있는 사람들의 오류 및 경건함으로 나아가도록 이끄는 것을 도외시하는 자들의 잘못을 바로잡기 위해서 글을 썼다.

그는 수도원과 교회의 부패를 공격한 그의 저서 『바보예찬』(*Praise of Folly*)에서의 신랄한 풍자로 유명해졌다. 그는 이른바 성상에 의해 수행되었다는 기적들과 면죄부에 대해 호되게 비난했고 그가 느꼈던 바는 쓸데없는 교회 의식들이 있다는 것이었다.

그의 성경과 마찬가지로 그의 책들은 그에게 명성을 가져다주었다. 이런 저작들과 교회를 향한 그의 비판은 그에게 지원을 요청했던 루터의 관심을 끌었다.

스킬라와 카리브디스 사이에서

두 사람은 단 한번도 만난적이 없지만 그들의 운명은 온 역사 속에서 얽히게 되었다. 에라스무스의 적들은 그가 교회를 분리시키는 루터를 고무시킨다고 고발했다. 그리고 정말 에라스무스는 그 독일인 수사의 저작의 많은 것을 좋아했고, 교황 레오 10세에게 '복음 진리의 웅장한 트럼펫'이라고 묘사하기도 했다. 동시에 그는 자신의 인쇄업자에게 루터의 저작들을 인쇄하는 것을 멈추라고 긴밀히 말했는데 이는 자신의 노력들이 그 개혁가의 것과 뒤엉키는 것을 원치 않았기 때문이었다.

4년 동안 에라스무스는 양쪽에 절제할 것을 간청했다. 그러나 압박을 받자 그는 교황 편을 들었다. "나는 그리스도의 대리자 앞에서 날도록 지음받지 않았다"라고 말하며 그는 교황 레오에게 붙었다.

그런데도 그는 양측의 언쟁과 편협함을 싫어했다.

나는 불화를 싫어한다. 이는 그리스도의 가르침과 본성의 숨겨진 경향에 어긋나는 것이기 때문이다. 이 논쟁에서 한 측이 중대한 손실 없이 굽혀질 수 있는지 나는 의심스럽다. 루터가 부르짖는 많은 개혁이 시급하다는 것은 분명하다.

그러나 중재자 위치에 있는 그는 양측 모두에게 만족을 주지 못했다.

내 유일한 바람이 있다면 이제 나도 나이가 들었으니 내 노력의 결과들을 만끽하고 싶은 것이다. 그러나 양 측은 나를 책망하며 나를 강요하려 든다. 어떤 이들은 내가 루터를 공격하지 않기에 내가 그를 지지한다고 주장하며, 루터를 따르는 자들은 내가 복음을 저버린 겁쟁이라고 선언한다.

실제로 루터는 그를 향해 약속된 땅에 들어가지 못하고 광야에서 죽을 모세와 같은 인간이라고 비난했다. 그리고 로마가톨릭교회는 그의 저작들을 금했다.

그는 이렇게 적었다.

나는 그것을 보지 않았다. 그러나 나 자신이 그것을 직접 느꼈다. 신학자들이 그토록 미쳐버릴 수 있다고 말하는 이들을 나는 결코 믿지 말았어야 했다.

117. 니콜라스 코페르니쿠스
혁명적인 천문학자

> 하나님이 그것을 인간 이성에 부여하신 이상, 모든 만물 안에서 진리를 찾는 것은 나의 즐거운 의무이다.

역사학자 헤이코 오베르만은 "종교 개혁 시대의 가장 위대한 두가지 전환점인 루터교회들과 코페르니쿠스 추종자들은 인류에게 다름 아닌 굴욕을 가져온 것처럼 보인다. 전자는 자신의 힘을 빼앗긴 뒤 창조세계의 변방으로 밀려났다"라고 기록했다.

루터와 대조적으로 니콜라스 코페르니쿠스(Nicholas Copernicus)는 대담하고 대중적인 제스처를 취한 사람이 아니었다. 오히려 그는 상대적으로 조용히 인생을 보냈고 인생의 마지막 나날들에 이르기까지 자신의 혁명적인 견해를 출판하는 데 주저했다. 하지만 그럼에도 코페르니쿠스는 루터만큼이나 유럽인들이 자신들에 대해서 그리고 자신들의 세계와 하나님에 대해 생각함에 있어 대혁신을 일으킨 사람이었다.

세계적인 학자

코페르니쿠스는 폴란드 동부의 토룬에서 태어났는데 그의 아버지는 그곳에서 아주 영향력있는 사업가였다. 코페르니쿠스는 맨 처음 그가 천문학(그는 천문학을 "가장 아름답고 알아가기에 가장 가치있는 것"이라고 말했다)에 관심을 갖게 된 크라코우대학교에서 수학했고 그 다음에는 그리스어, 수학 그리고 더 풍부한 천문학을 배우게 된 볼로냐대학교로 갔다. 볼로냐에서 그는 아리스토텔레스의 우주론이 아주 어색하다고 생각하는 학자들과 어울렸는데, 코페르니쿠스의 표현에 따르면 그 우주론은 "가장 훌륭하고 질서정연한 만물의 창조자가 우리를 위해 만든 세계 장치의 움직임에 그 어떤 확실한 목적도 없다는 것"이었다.

성당 참사회의 회원(성당에서 영속적으로 봉급을 받는 위치)이 되기 위해 잠시 고향을 방문한 뒤 그는 그의 법학 박사 과정을 끝마치고 파두아대학교에서 의학을 공부하기 위해 이탈리아로 돌아갔다. 1506년에는 폴란드로 다시 돌아왔는데 30대에 불과했을 때 그는 당대의 수학, 천문학, 의학 그리고 신학의 모든 지식에 통달한 사람으로 불리게 되었다.

취미로써의 천문학

성당 참사회 회원으로서 그는 주교이자 빈자들의 의사였던 자신의 삼촌을 친구이자 비서로서 도왔다. 비록, 행정 및 의료의 직무를 감당하면서 그는 압박을 받았지만, 그가 『짧은 해설서』(Little Commentary)라고 불렀던 책자 안에서 천문학에 관한 그의 생각들을 체계적으로 주장할 수 있는 시간을 가졌다.

그는 대중적 기반을 갖고 있지는 않았는데 이는 대개의 중세 신학자들이 하나님의 관심의 중심에는 인류가 있다는 증거로서 태양계의 중심에는 지구가 있다는 주장을 정설로 삼았기 때문이었다. 코페르니쿠스는 말하길 "나는 그 움직임들을 지구의 것이라고 보는데(이 말은 지구가 태양 주위를 돈다는 말이다), 어떤 사람들은 그것을 알게 되자마자 즉시로 내게 소리를 치며 내 의견에 콧방귀를 뀔 것이다"라고 말했다. 그럼에도 그는 "하나님이 인간의 이성에 그것을 부여하신 이상 모든 만물 안에서 진실을 탐구하는 것은 즐거운 의무"라고 생각했다.

1514년 교황은 코페르니쿠스에게 달력을 개정하는 것을 도와줄 수 있냐고 물었다. 코페르니쿠스는 "수많은 해와 달은… 충분한 정확도와 더불어 측정된 적이 없습니다"라고 답했다. 그러나 그는 이 작업을 개인적인 도전으로 받아들였고 그의 탑상형 거주지를 야간 천문대로 삼았다. 낮 동안의 시간은 병자들을 돌보는 공적 직무 및 행정일 그리고 튜턴 기사단과 폴란드 왕 사이의 전쟁을 통해 교구를 지도하며 보냈다.

종국에 코페르니쿠스는 그의 공적 직무를 젊은이들에게 맡기고 그의 개인 관측소에서 반은퇴 생활을 했다. 한 젊은 루터교 수학자와 제자 하나가 나이든 천문학자인 그를 방문하지 않았다면 이는 그의 삶의 마지막이 되었을지도

니콜라스 코페르니쿠스

모른다. 그 만남을 통해 활기가 붙은 코페르니쿠스는 마침내 그가 전 생애에 걸쳐 발전시킨 이론들을 출간하는 데에 동의한다.

『천구의 회전에 관하여』(On the Revolutions of the Celestial Spheres, 1543)에서 그는 교황에게 호소하기를 수학에 대해 전혀 아는 바가 없음에도 성문서의 몇몇 구절의 정신을 자신들의 목적에 끼워맞추기 위해 왜곡하고 자신의 작품을 공격하는 '잡소리를 하는 사람들'과 자기 사이에서 판단해달라고 했다.

그의 작품들은 덜 용기있는 자들에게로 넘어갔다. 그의 편집자는 이 작품이 태양계가 실제로 어떻게 움직이고 있는지를 기술한 것이 아니라 행성의 움직임들을 더욱 잘 설명하기 위한 수학적 구성물이라는 것을 나타내는 익명의 서문을 삽입했다.

코페르니쿠스의 사상들(비록, 고대의 천문학자들이 예상한 것이긴 하지만 그가 그의 연구 가운데 발견했던 것)은 당대의 사람들에게는 너무나도 벅찬 것이었다. 심지어 마틴 루터 같은 혁명가조차 지구가 아닌 태양이 태양계의 중심이 된다는 사실을 믿을 수 없는 것이라 생각했다.

갈릴레오(1564-1642) 때가 되어서야 코페르니쿠스의 사상들은 있는 그대로 인식되게 되었는데 이는 인류가 어떻게 스스로를 상상한 바에 관한 혁명이었다. 어떤 이들에게 있어 이 사상은 멀리 계신 하나님께 중심이 아닌 지구는 그저 중요하지 않은 점에 불과하다는 암시가 되었고 또 다른 사람들은 무한한 우주의 창조주가 모든 창조의 변두리에 서 있는 것처럼 보이는 행성에 그토록 풍성한 관심을 주실 수 있는지에 대해 경이로워했다.

118. 윌리엄 틴데일
최초의 영어 신약성경 번역가

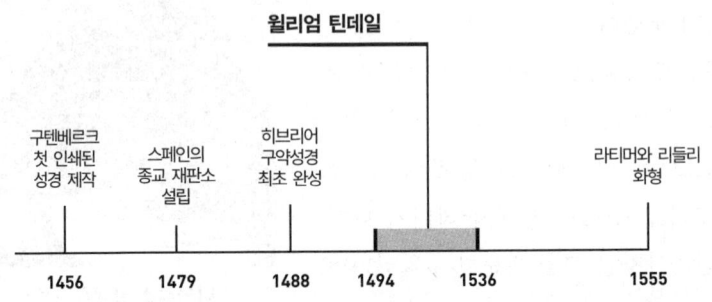

> 독자들이여! 당신의 영혼의 건강을 위해 이 말씀을 읽는 것이 삶과 소유의 고통 속에서 좌절하거나, 하나님의 평안을 깨뜨리거나, 주님께 반역하는 일이 되지 않도록 하십시오. 하나님이 우리 편이 되신다면, 우리에게 대항하는 이가 주교이든, 추기경이든, 교황이든 무엇이 대수이겠습니까?

윌리엄 틴데일(William Tyndale)은 7개국어를 말할 수 있었고 고대 히브리어와 그리스어에 능통했다. 영국의 남녀들에게 믿음으로 의롭게 된다는 복된 소식을 가르치겠다는 한 가지 강박만 없었더라면 그의 지적 재능과 절제된 삶은 교회에서 탄탄대로를 걷게 했을 것이다. 틴데일이 이신칭의 교리를 발견한 것은 에라스무스의 그리스어 신약성경 역본을 읽었을 때였다.

이 메시지를 자기 동포들과 나눔에 있어 영문판 신약성경을 그들의 손에 들려주는 것보다 나은 방법은 없었을 것이다.

사실상 틴데일의 평생의 열망이 되었던 이 일은 그의 멘토였던 에라스무스에 의해 다음과 같이 적절히 요약되었다.

> 그리스도께서는 그의 신비가 가능한 한 널리 온 세계에 출판되기를 바라신다. 나는 그것들(복음서들과 바울서신들)이 모든 언어로 번역되어 모든 그리스도인이 그것을 읽고 알기를 바란다.

그러나 이는 틴데일이 막대한 비용을 지불해야 할 열망이었다.

천재 번역가

그는 글로스터 출신으로 1510년 옥스퍼드에서 학업을 시작했고, 이후 케임브리지로 옮겨갔다. 1523년에 이르러 그의 열정은 점화되었는데 그 해에 그는 런던의 주교에게 신약성경을 번역하는 허가와 자원을 요청했다. 주교는 그의 요청을 거절했고 이어진 질문들은 틴데일로 하여금 그 작업이 잉글랜드 어느 곳에서든 환영받지 못할 것이라는 확신을 갖게 했다.

보다 우호적인 환경을 찾아서 그는 유럽의 자유 도시들인 함버그, 비텐베르크, 쾰른을 여행했고 마침내 루터교회들의 도시인 보름스 시로 갔다. 1525년 그곳에서 그의 신약성경이 나오게 되었는데 이는 그리스어를 영어로 번역한 최초의 성경이었다. 이 책은 잉글랜드로 빠르게 밀반입되었는데 그곳의 당국자들로부터는 전혀 열성적이지 않은 반응을 받았다.

그 가운데에서도 헨리 8세, 추기경 울지, 토마스 모어 경은 심히 격노했다. 모어 경은 이에 대해 말하길 "이는 그리스도의 성경이라 불릴 가치가 없는, 틴데일 자신의 성경 또는 그의 주인인 적그리스도의 성경이라 불려야 한다"라고 했다. 당국자들은 그 번역 성경의 복사본들을 사들였고(역설적으로 이는 틴데일의 추후 작업을 재정적으로 뒷받침해줄 뿐이었다) 틴데일을 잠잠하게 만들 계획을 세웠다.

그동안 틴데일은 잉글랜드 당국자들과 신성 로마 제국 사람들로부터 비교적 자유로울 수 있는 안트베르펜으로 옮겨갔다. 그리고 9년 동안을 친구들의 도움을 통해 당국자들을 피하고, 그의 신약성경을 개정하며, 구약성경 번역을 시작하는 일을 해낼 수 있었다.

그의 번역은 영문 성경의 역사 및 영어의 역사에 있어 결정적인 역할을 한 것으로 드러날 작품이었다. 약 한 세기 후 흠정성서 또는 킹제임스 성경의 번역가들이 어떻게 원문을 번역할 것인가를 놓고 토론했을 때 열에 여덟은 동의하기를 틴데일의 것이 이를 시작하기에 가장 훌륭하다고 언급했다.

배신

이 시기에 틴데일은 체계적으로 선행에 힘을 쏟았는데 이는 그가 말한 바 "만일 내 마음이 내가 가르치는 것을 따라 살지 않으면 나는 그리스도의 것이 아니다"라는 말 때문이었다. 월요일마다 그는 잉글랜드에서 온 다른 종교의 난민들을 방문했다. 토요일에는 안트베르펜의 거리를 걸으면서 돌봄이 필요한 곤궁한 사람들을 찾았다. 주일에는 상인들의 집에서 저녁식사 전후로 성경을 읽었다. 그외 주중의 시간에는 소책자와 책을 쓰고 성경을 번역하는 데 전념했다.

우리는 누가 틴데일을 죽음에 이르게 할 계획을 세우고 그 일에 자금을 댔는지 모르지만(영국인일 수도, 유럽 대륙의 당국자들일 수도 있다), 그의 아버지를 강탈하고 도박을 통해 이를 탕진한 것으로 기소된 헨리 필립스라는 남자에 의해 이 일이 자행되었음을 알 수 있다.

필립스는 식사 자리에서 틴데일의 손님이 되었고 곧 틴데일의 책과 문서들을 볼 수 있는 몇 안되는 특권층 중의 한명이 되었다.

1535년 필립스는 틴데일을 그의 안전한 숙소로부터 꾀어내어 군인들의 손아귀로 넘겼다. 틴데일은 곧바로 저지대 국가의 엄청난 주립교도소인 빌보르드 성으로 넘겨져 이단으로 기소되었다.

네덜란드에서 이단에 대한 재판은 신성 로마 제국의 특별 위원들의 손에 맡겨졌다. 그 재판이 처리되는 데에는 수개월이 걸렸다.

이 기간 동안 틴데일은 많은 시간을 두고 자신이 가르친 바를 숙고했는데 그의 책자 중 하나에는 이런 구절이 있었다.

> 독자들이여! 당신의 영혼의 건강을 위해 이 말씀을 읽는 것이 삶과 소유의 고통 속에서 좌절하거나, 하나님의 평안을 깨뜨리거나, 주님께 반역하는 일이 되지 않도록 하십시오.
>
> 하나님이 우리 편이 되신다면, 우리에게 대항하는 이가 주교이든, 추기경이든, 교황이든 무엇이 대수이겠습니까?

1536년이 되었을 때 틴데일은 결국 이단으로 정죄받아 사제직에서 면직되고 세속 당국자들에게 처벌받도록 넘겨지게 되었다.

10월 6일 금요일, 지역 관료들이 자리에 앉고 틴데일은 마을 광장 중앙에 있는 십자가로 끌려와 자기 입장을 철회할 기회를 부여받았다. 그는 그것을 거부했고 잠시 기도할 시간을 가졌다.

잉글랜드의 역사가인 존 폭스는 그가 이렇게 외쳤다고 했다.

주님, 잉글랜드 국왕의 눈을 열어주십시오!

그러고 나서 그는 대들보에 묶였고 그의 목에는 쇠사슬과 밧줄이 둘러지게 되었다. 솔과 통나무에 화약이 더해졌다. 한 관료가 신호를 보내자 틴데일 뒤에 서 있던 사형집행자는 빠르게 올가미를 옥죄며 그의 목을 졸랐다. 그리고는 한 관료가 불을 밝힌 횃불을 들어 사형집행자에게 건넸고 그는 그것으로 나무에 불을 붙였다.

윌리엄 틴데일

그 먼 광경에 관해 우리에게 내려오는 또 하나의 짧은 보고가 있다. 그것은 두 달 뒤 한 영국인 요원이 크롬웰 경에게 보낸 편지에서 발견된 것이다.

그는 거기서 이렇게 적었다.

그들은 거장 틴데일이 그의 처형의 순간에 가졌던 끈기 있는 인내심에 대해 많이 이야기합니다.

119. 존 폭스
순교사가

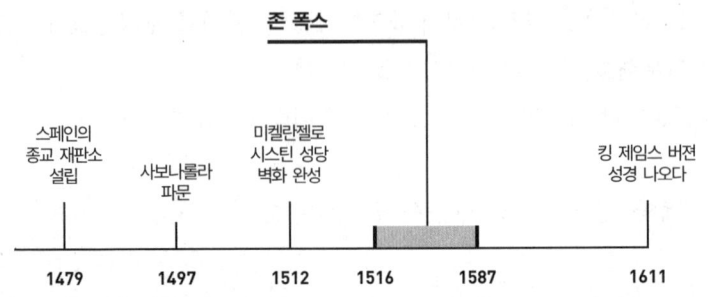

> 그것(교회)이 지나온 폭풍과 풍파를 보는 것은 참으로 경이로운 일이다.

교회사가들의 작품은 거의 일반 역사에 영향을 끼치는 일이 없지만, 존 폭스(John Foxe)의 행적과 업적들 그리고 흔히 폭스의 순교사로 알려진 『교회에 있었던 일들의 행적과 기념비적 존재들』(Acts and Monuments of Matters Happening to the Church)은 예외이다. 역사가 데이비드 로드는 "1563년 출판된 이후 20년 동안 교회에 있었던 일들의 행적과 기념비적 존재들이 끼친 영향은 아무리 강조해도 지나치지 않다"라고 말했다.

두 번째 개정판(1570)이 나올 때까지 그 책은 민족 신화의 일부에 불과했다. 폭스는 개혁주의의 승리하도록 역사와 신학 모두를 제공했다.

주목할 만한 이적들

폭스의 삶 자체는 시련으로 점철되어 있었다. 그는 어릴 때 아버지를 잃었고 새아버지와의 관계는 냉랭했다. 옥스퍼드에서 그의 탁월함과 지칠줄 모르는 열정 그리고 근면함은 석사 학위와 더불어 동료들을 얻게 했지만, 그가 갓 태동한 프로테스탄트주의와 발걸음을 함께하자 그의 동료들은 떠나갔고 가족들은 그와 의절했으며, 개인 교습을 하게되면서 지속적인 직업을 찾는 것이 어렵게 되었다.

마침내, 처형된 서레이 백작의 가족이 백작이 막 고아가 된 백작의 아이들을 교육하고자 그를 고용했고, 또한 정치적인 분위기를 따라 그를 그들의 집에 숨겨주었다. 에드워드 6세(1547-1553)의 재위 기간 동안 그는 자유하게 살 수 있었고 종교 개혁가의 박해 역사를 다룬 저작을 쓰기 시작했다.

존 폭스

가톨릭교도인 메리가 즉위하자, 폭스는 유럽 대륙으로 도망쳤다. 그는 거기서 존 녹스와 다른 프로테스탄트 망명가들을 만났고 인쇄업자로서 일하며 생계를 유지했다. 1554년 폭스는 자기가 연구한 바를 212페이지 분량의 라틴 순교사로 출판하였다. 폭스의 친구들이었던 영국 프로테스탄트들에 대한 메리의 박해는 폭스로 하여금 즉시 개정판 작업을 시작하도록 이끌었다.

프로테스탄트의 동조자였던 엘리자베스가 왕위에 오르자 폭스는 잉글랜드로 돌아갔고 한때 학생이기도 했던 노퍽 공작을 도왔다. 1563년, 그는 인쇄업자 존 데이와 더불어 오늘날에는 1,800페이지에 이르는 그의 걸작품의 영문판을 만들어냈다.

그것은 메리의 재위기간 동안 순교한 300명의 순교자들 중 다수의 이야기를 포함하여 광범위한 기록, 마음을 뒤흔드는 묘사, 충격적인 목판화가 담긴 놀라운 작품이었다. 폭스는 교회가 모든 시험과 박해 가운데에서도 "견뎌내고, 감내했다는 것! 교회가 지나온 폭풍과 풍파를 보는 것은 참으로 경이로운 일"이라는 것을 독자들에게 묘사하길 원했다.

그러나 사실상의 오류와 논쟁적 어투로 인해 그 작품은 논쟁에 휘말렸는데 특히 그가 이전의 영국 여왕들을 다룬 부분에 있어서 그랬다.

> 우리는 어떤 나라의 역사도, 교회나 이교도의 역사도 교황의 권력을 위한 사람들의 반복되는 희생으로 얼룩지지 않기를, 또한 메리의 성정을 붙잡고 있는 혐오감이 뒤이을 군주들로 하여금 광신주의의 암석들을 피하게 하는 표지가 되기를 간절히 기도한다!

폭스의 저작은 이 가톨릭 여왕이 피의 메리라고 불리게 된 원인 중 하나였다. 그 책은 수많은 프로테스탄트 순교자에 관한 극적인 이야기를 담고 있었기에 엘리자베스의 프로테스탄트 설립에 있어 강력한 성원이 되었다. 1570년판(초기교회부터의 박해 역사를 다룬 2,500여 페이지로 개정·확대)은 교회와 공동회관, 대학마다 전시됐다.

역사가 더글라스 캠벨(Douglass Campbell)은 말했다.

『천로역정』(Pilgrim's Progress)이 나올 때까지 성경과 폭스의 순교사를 제외하곤 일반인들이 읽을 거리가 거의 없었다는 점을 누군가가 생각할 수 있다면, 이 책이 만들어낸 인상이 얼마나 깊은 것이었는지를 이해할 수 있을 것이다.

글을 읽을 줄 아는 사람들은 프로테스탄트 개혁가들에게 가해진 잔혹행위의 모든 세부사항을 알 수 있었고, 문맹자들은 다양한 고문 기구, 형벌대, 석쇠, 끓는 기름 그리고 화염 가운데에서 영혼을 뿜어내는 거룩한 사람들을 그린 저돌적인 삽화들을 볼 수 있었다.

그의 후원자가 세상을 떠나자 폭스의 재정은 불안정해졌다. 비록, 영국 성공회에서 두 번의 생활비를 제공했지만, 그는 청교도적 가르침으로 인해 이를 거부하였다. 그는 자기 친구들이 그를 길에서 알아보지 못할 정도로 힘든 일을 하며 자신을 혹사시켰다. 그러나 세상을 떠나기 전 그는 두 편의 방대한 저작을 더 써냈고 30개 이상의 다른 작품들을 출간했으며 설교와 선행을 위한 모든 일정을 수행했었다.

120. 프란시스 베이컨
과학철학자

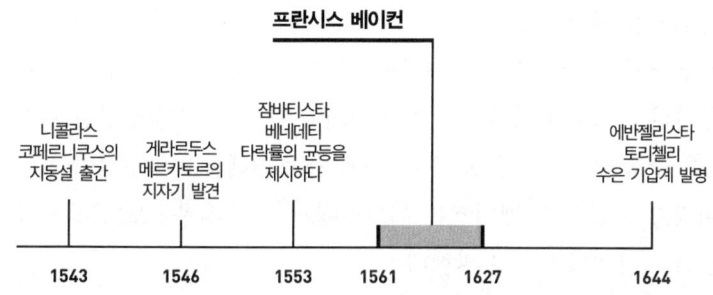

> 지식은 창조주의 영광과 성년이 안식을 위한 풍성한 보고(寶庫)이다.

프란시스 베이컨(Francis Bacon)은 그의 공적인 실패 및 위대한 과학적 사고로 인해 알려진 독실한 영국성공회 교도였다.

그는 다음과 같이 말했다.

> 사람들 중에 가장 훌륭한 사람은 보석들 중 최고의 것과 같아서, 거기에 있는 결점들은 전반적으로 더럽고 부패한 이들의 것에 비해 더 많이 언급될 것이다.

좌절의 시기

베이컨의 시작은 훌륭했다. 그의 아버지는 엘리자베스 여왕을 섬기는 고위 관료였고 어머니는 예리한 지성의 소유자였다. 그러나 프란시스는 그의 지도교사들에게 싫증을 느꼈고 과학을 무시하는 스콜라철학 논쟁에 경악을 금치 못했다. 그는 15살에 케임브리지대학교를 중퇴했고 프랑스 대사 밑에서 일하기로 아버지와 약속을 했다.

젊은 시절의 이러한 특권들은 1579년 그의 아버지가 세상을 떠나면서 사라져버렸고 그는 빈곤한 상태가 되었다. 그는 새로운 목적을 갖고 학교로 돌아갔고 이후 7년 안에 법정 변호사, 국회의원 그리고 법학 교수가 되었다. 그러나 그는 그의 명예나 수입 그 어느 것에도 만족하지 않았다.

그의 출세를 향한 노력들은 여왕이 그를 좋아하지 않은 결과 좌절되었다. 그러나 여왕은 그의 후원자였던 에식스 백작은 무척 좋아했다. 에식스는 베이컨을 자기 아들처럼 대했고 그가 반란을 주도하기 전까지는 그의 좋은 멘토가 되어주었다. 엘리자베스는 베이컨을 그의 친구의 기소 사건에서 가벼운 직무를 맡겼지만 그는 열의를 갖고 그 사건에 헌신했다.

교황 알렉산더는 그를 '모든 이 중에 가장 지혜롭고 총명하며 기막힌 사람'이라고 불렀으나, 베이컨은 에식스에게 그들의 우정보다도 조국의 이익을 더 사랑해야 한다고 말했다.

성취의 시기

제임스 국왕의 즉위는 베이컨에게 새로운 시작이었다. 이 통치자는 그를 좋아했기에, 정치 권력의 정점을 향한 베이컨의 도약은 아찔할 정도가 되었다. 그는 1607년 법무차관, 그 다음에 성법원 서기, 법무장관, 국새상서 그리고 1618년에는 대법관까지 되었다. 또한, 그는 이 기간 중에 그의 가장 유명한 문학 작품들을 출판하기도 했다. 『위대한 부흥』(Great Revival)은 그야말로 지식 이론의 집약이었다. 그가 완성지은 것은 두 부분뿐이었지만 그 안에서 그는 학습의 정도와 인간 이해의 결여를 요약했고 실험과 귀납적 추론, 인간 상태의 개선을 기초로 한 새로운 과학을 제시하였다.

하원은 1620년, 그를 상대로 부패 고발장을 제출했다. 그는 자신이 '가장 정의로운 법관'임에도 불구하고 시대착오에 가담했다는 점을 언급하며 유죄를 인정했다. 1년이 되지 않아 그는 사무실을 빼앗기고 재정적으로 파산해으며 정치적으로도 쇠락하게 되었다.

그는 다시 글을 쓰는 데 착수했다. 그는 수필 형식을 영어에 접목시켰고 새로운 아틀란티스를 완성했는데 이는 그의 과학적 접근법과 기독교 신앙을 합친 작품이었다. 베이컨은 지식을 철학이나 자연 지식 그리고 신성이나 영감된 계시로 나누었다.

비록, 그는 철학과 자연계는 반드시 귀납적으로 연구해야 한다고 주장했지만, 종교와 관련된 영역에서는 하나님의 존재를 위한 주장만 연구할 수 있다고 주장했다.

하나님의 본성과 행동 그리고 목적에 대한 지식은 오직 특별 계시를 통해서만 온다. 그러나 베이컨은 지식이란 축적되어 있다고 믿었고 그렇기에 그 연구는 단순히 과거의 것을 보존하는 것을 넘어서는 것을 망라한다고 생각했다. 그는 말하기를 진정한 학문은 궁극적으로 인류에 이바지한다고 했다.

프란시스 베이컨

그는 또한 "지식은 창조주의 영광과 성년의 안식을 위한 풍성한 보고이다. 얕은 철학은 사람의 마음을 무신론으로 기울게 하지만, 깊은 철학은 사람을 신앙으로 이끈다"라고 말했다. 1626년, 그는 눈 속에서 음식 보존 실험을 하다가 병에 걸렸고 부활절에 세상을 떠났다.

그의 유언에는 다음과 같은 마지막 기도가 포함되어 있었다.

내가 무사안일과 명예를 생각했을 때 당신의 손은 내게 무겁게 다가와 옛적의 자애로운 인자함을 따라 나를 겸손하게 만드셨습니다. 이는 나의 죄로 인한 당신의 심판일 뿐이었습니다. 나의 구주로 인해 내게 긍휼을 베푸시고 나를 당신 품에 품어주소서.

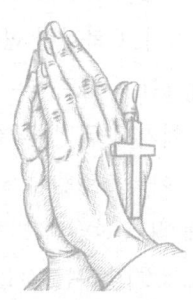

121. 갈릴레오 갈릴레이
오해받은 천문학자

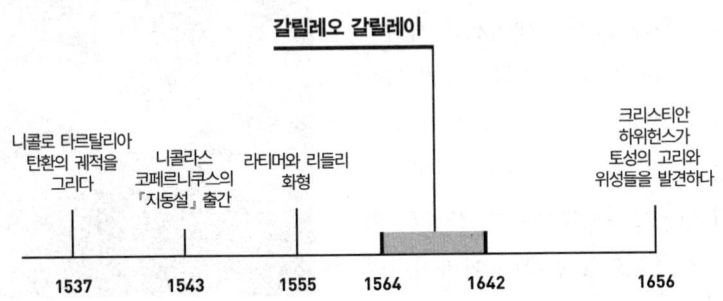

> 하나님은 그분이 하시는 일 가운데 자연을 통해 그리고 그분이 드러내신 말씀의 교리를 통해 알 수 있다.

갈릴레오 갈릴레이(Galileo Galilei)는 천문학, 수학 그리고 물리학 분야에 있어 그의 과학적 공헌으로는 명성이 있고, 교회와의 논쟁으로는 오명이 있지만 사실은 과학과 종교의 결별이 아닌 건강한 연합을 추구했던 독실한 그리스도인이었다.

> 하나님은 그분이 하시는 일 가운데 자연을 통해 그리고 그분이 드러내신 말씀의 교리를 통해 알 수 있다.

성가신 젊은 천재

갈릴레오는 대학 학위를 취득한 적이 없다. 그는 4년간을 공부하다 중퇴했고 2년간은 가정교사로 일하고 복잡한 문제들에 대한 해결책을 출간하면서 독학을 했다. 그의 탁월함은 그로 하여금 피사대학교의 수학부 학과장직을 맡게 했는데, 그는 여기서 금방 적들을 만들게 되었다. 그의 당대에 있었던 자연 철학자들은 아리스토텔레스의 작품들을 갖고 논쟁을 벌이면서 자신들의 철학을 전개했다. 갈릴레오는 통제된 조건하에서 자연을 관찰하고 그 결과를 수학적으로 기술하는 것을 믿었다.

이러한 차이만으로도 마찰이 생겼지만 오히려 갈릴레오는 자기 적들의 오류를 공개적으로 드러냄으로써 그들에게 창피를 주었는데, 예를 들어 갈릴레오는 아리스토텔레스와 대조적으로 무게가 다른 물체가 같은 속도로 땅에 떨어질 것이라는 것을 입증해냈다. 그의 적들은 2년 만에 그를 쫓아냈다.
 친구들은 그로 하여금 보다 진보적인 기관인 파우다에서 수학 학장을 맡게 했는데, 그는 여기서 18년을 지냈다. 이 시절은 그의 가장 행복하면서도 생산적인 시기였는데, 이 때 그는 물리학을 탐구하여 그 가운데에서 많은 성과를 내었다.

망원경에 의해 우회하다

 1609년 갈릴레오는 멀리 있는 물체를 가까이서 나타나게 해주는 장치에 대해 듣게 되었고 그런 기구를 곧바로 응용해보는 것은 갈릴레오에게 있어 흥미로운 일이었다. 그는 재빨리 망원경을 조립하여 그것을 베네치아 원로원에 전시했는데 그것은 큰 감명을 불러일으켜서 곧 그의 월급은 두 배가 되었다.
 그해 겨울 그는 망원경을 하늘로 올려 놀라운 발견을 했다. 용인되던 믿음을 전적으로 거스르는 것으로서 그는 달이 매끄러운 구가 아니며, 목성에 달들이 있고 금성은 위상들이 있어 그것들이 태양의 궤도를 돌고 있다고 보았다. 그는 자신이 발견한 바를 작은 소책자로 1610년에 발간했는데 이는 그로 하여금 국제적인 명성을 얻게 했다.
 20년 간의 조용한 연구 후, 46세 때 그는 수요가 많은 사람이 되어있었다. 막대한 봉급과 더불어 투스카니로 유혹된 갈릴레오는 아내를 저버리고 딸을 수녀원에 들여보냈다. 그는 의기양양하게 로마를 방문하자 교황청은 그에게 경의를 표하고자 경쟁했다. 교회 천문학자들 가운데 수장은 그의 발견들을 확증했고 예수회 천문학자들은 망원경을 보고자 서로를 거칠게 떠밀었다.
 그러나 학문에 있어 그의 적들은 아직 끝을 내지 않았다.
 그들은 도미니크회 수사들로 하여금 갈릴리 사람들이여 왜 하늘을 바라보고 있는가?

이와 같은 본문으로 설교하도록 유도했고 갈릴레오의 견해, 특히 지구가 태양을 중심으로 회전한다는 코페르니쿠스의 발견에 대한 그의 지지를 존재할 수 있는 최악의 발견이라고 묘사했다. 로마가 받은 느낌은 코페르니쿠스의 견해가 루터나 칼빈의 것들보다도 교회에 파괴적일 수 있다는 것이었다. 교황 바오로 5세는 종교 재판소에 그 문제에 관해 조사하라고 명령했다.

재판과 침묵

갈릴레오는 주장하기를 성경의 적절한 해석은 관찰된 사실과 조화를 이룰 수 있다고 했다.

수학의 언어로 쓰여진 자연에 관한 책은 사람들의 일상 언어로 쓰여진 성경책과 조화를 이룰 것이었다.

> 성경은 사람들에게 어떻게 해야 천국을 가는지 가르치지, 어떻게 천국이 움직이는지를 가르치지 않으며 만약 사람들이 어떤 만들어진 죄를 믿도록 강요 받았다는 사실을 알게 된다면 그것은 끔찍한 해악이 될 것이다.

그러나 1616년 종교 재판소는 그에게 불리한 판결을 내렸다. 이것은 보이는 것만큼 불합리하지 않았다. 그의 지위는 상식과 1500년에 걸친 학문과 맞닥뜨려 날아가 버리게 되었다. 그것은 통용되는 물리 법칙을 위반하는 것이었다. 이 시스템이 요구하는 항성 시차는 관측 될 수 없었다(이는 1838년까지 불가능했다). 종교 재판소는 코페르니쿠스의 체계를 정죄했고 갈릴레오로 하여금 그것을 사실로 가르치는 것을 금지시켰다.

하지만, 이 과학 투사 갈릴레오는 결코 포기하지 않았다. 1623년 그의 친구가 교황이 되자 갈릴레오는 그를 찾아갔지만 우르바노 8세는 교회의 권위가 손상되는 것이 두려워 그 판결을 폐지하지 않았다. 갈릴레오는 프톨레마이오스와 코페르니쿠스의 체계 둘 다를 포함한 '세계의 두 체계'에 관해 글을 쓸 허가를 받았는데, 거기에는 그것들을 애매하게 논하며 교황이 미리 지시하는 결론에 도달해야 한다는 조건이 붙었다.

그 결론이란 사람은 세상이 실제로 어떻게 만들어졌는지를 추측해서는 안 된다는 것이었는데, 이는 하나님이 사람이 생각하지 못한 방식으로 세상을 창조하셨을 수 있기 때문이며, 인간은 하나님의 전능하심을 제한해서는 안된다는 이유에서였다.

그래서 갈릴레오는 『두 가지 주요 세계관에 관한 대화』(Dialogue Concerning the Two Chief World Systems, 1632)를 시작했다. 이 책은 출간되자마자 검열관들의 전폭적인 승인과 더불어 유럽의 모든 지역에서 문학적, 철학적 걸작품으로 대 찬사를 받았다. 그러나 비록 공식적인 언질은 없었지만 이는 명백히 코페르니쿠스의 체계를 옹호하고 있었고 교황 자신이 매우 대단한 존재로 여겼던 프톨레미의 따분하기 그지없는 변호자를 특색화하고 있었다.

갈릴레오 갈릴레이

갈릴레오는 1633년 종교 재판 전에 다시 소집되었다. 그리고 코페르니쿠스 체계에 대해 어떤 것도 쓰지 않겠다고 약속했다는 내용의 문서(훗날 역사가들에 의해 위조품으로 입증된 것)가 제작되었다. 이제 70세가 된 이 나이든 투사는 공개적으로 그의 가르침을 철회하고 가택 연금에 복종하라는 명령을 받았다.

인생 말미에 그는 초기 물리학 작품의 개요서이자 그의 가장 위대한 성취인 『새로운 두 과학』(Dialogue Concerning Two New Sciences)을 출간했고 곧 시력을 잃었다. 로마가톨릭교회는 1981년이 되어서야 갈릴레오의 사건을 다시 조사하도록 하는 위원회를 꾸렸고, 갈릴레오의 판사들의 오류를 인정하기까지는 11년이 더 걸렸다.

제13부

순교자

122. 안디옥의 이그나티우스

123. 폴리캅

124. 퍼페투아

125. 보니파시오

126. 토마스 베켓

127. 얀 후스

128. 토마스 크랜머

129 & 130. 휴 레티머와 니콜라스 리들리

131. 디트리히 본회퍼

122. 안디옥의 이그나티우스
신약성경 기록 이후 가장 초기의 순교자

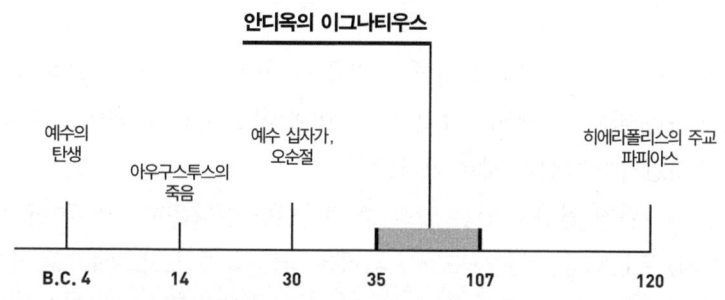

> 나는 이제 제자가 되기 시작했다. 내가 그리스도께 도달할 수만 있다면 불길과 십자가, 짐승의 떼와 골절 및 사지가 잘리는 것 그 무엇이든 감수하리라.

이그나티우스(Ignatius)는 곧 죽을 운명이었다. 그도 알고 있었다. 그는 그것을 원했다.

그가 본 바 유일한 문제는 그리스도인들이 관여하는 것이었다.

    나는 나를 해칠지도 모르는 여러분의 친절함이 두렵습니다.

그는 자신을 자유롭게 해달라며 로마의 기독교인들에게 이렇게 적었다.

    여러분은 여러분이 계획하는 바를 이룰 수 있을지도 모르나, 나의 요청을 염두에 두지 않는다면 그것은 나로 하여금 하나님께 나아가는 것을 매우 어렵게 만들 것입니다.

죽음으로써 우리의 하나님이신 예수 그리스도를 따라가는 것은 진실로 이그나티우스가 지향했던 바였다. 만일 그리스도인들이 진정 그를 위해 무언가를 하고싶다면 그들은 그가 신실함을 지킬 수 있도록 기도해야 할 것이었다.

> 만약 여러분이 나에 대해 침묵한다면 나는 하나님의 말씀이 될 것이나, 내 육신을 붙들고자 하는 사랑에 의해 여러분이 흔들린다면 나는 사람의 목소리에 지나지 못하게 될 것입니다.

이그나티우스가 진정 그렇게 죽기를 원했던 바는 우리가 그의 순교에 대해 아는 바와 상응한다. 그럴 가능성이 있어 보이긴 하지만 그가 죽임을 당한 것인지가 확실한 것은 아니다.

당대의 가장 영향력 있는 교회 중 하나였던 안디옥교회의 두 번째(또는 세 번째) 주교로서 그는 사도들을 뒤이은 당대의 그리스도인들 중 가장 유명한 사람 중 하나였다. 그러나 안디옥은 몇몇 신앙 논쟁의 본거지이기도 했고, 이그나티우스가 분열을 두고 '악의 시작'이라고 비난하는 동안 주교는 집요하게 논쟁을 벌였다.

그는 에베소와 가까운 마그네시아 교회에 편지하여 유대의 규율들을 지킬 것을 요구하는 에비온파 사람들을 통렬하게 비판했다.

> 유대주의 가운데 살면서 예수 그리스도의 이름을 언급하는 것은 아주 터무니없는 일이다.

유사한 공격은 그리스도가 오직 인간의 모습으로만 나타났다고 주장하는 가현설주의자들에게도 가해졌다. 그리스도가 고통 당한 것처럼 보이기만 했을 뿐이라는 터무니없는 소리를 믿는 사람들은 진실로 순교자라 불릴 수 없다고 그는 단언했다. 그는 아마 로마의 신들을 부인하는 "무신론"으로 기소되어 10명의 병사들에 의해 안디옥에서 로마로 끌려간 것 같다. 로마로 가는 도중의 모든 체류지에서 그는 지역교회의 지도자들을 만났고 그 여정 가운데 비서의 도움을 받아 펜을 들어 7편의 편지를 썼다.

그는 교회의 초창기 순교자 중 한명으로도 유명하지만, 그의 편지들은 교회의 위계질서의 급속한 발전에도 기여를 했다. 그는 스미르나(오늘날의 터키 이즈미르)에 있는 폴리캅의 교회에 "모든 이여, 예수 그리스도께서 아버지를 따르셨듯이 주교를 따르라"라고 적었다.

그리스도 예수께서 계신 곳은 어느 곳이든 보편 교회가 있는 것처럼 주교가 나타나는 곳이 어디든지 그곳에 사람들이 있도록 하라. 주교가 없이 세례를 베풀거나 애찬(교회의 식사)을 갖는 것은 적법하지 않다.

안디옥의 이그나티우스

그는 스미르나를 향해 이렇게도 적었다. 그의 가르침은 '가톨릭(보편적이라는 의미)교회'라는 표현을 처음 기록한 것으로써도 주목할만하다(그는 또한 신약성경 바깥에서 예수의 동정녀 탄생을 말로 표현한 첫 인물이었다).

이그나티우스의 죽음에 대한 상세한 사항은 역사 가운데 유실되었지만, 그가 목숨을 걸고자 열망했던 바까지 잃어버리지는 않았다.

나는 이제 제자가 되기 시작했다. 내가 그리스도께 도달할 수만 있다면 불길과 십자가, 짐승의 떼와 골절 및 사지가 잘리는 것 그 무엇이든 감수하리라.

123. 폴리캅
서머나의 연로한 주교

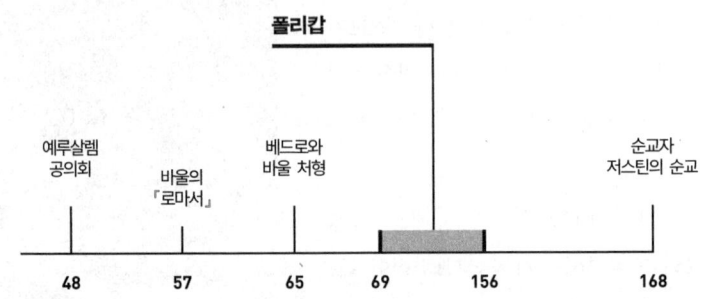

> 내가 불을 견디도록 허락하신 분은 나로 하여금 너희들이 못을 통해 기대하는 안전장치 없이도 장작더미 위에서 움직이지 않게 하실 것이다.

폴리캅(Polycarp)은 어린 시절부터 그리스도인이었지만 로마인들은 그가 80대가 되기까지 그를 죽일 생각은 하지 않았다. 지체된 이유가 무엇이든 간에 그의 죽음은 여전히 교회 역사 가운데 신약성경 이후 첫 번째 순교로 기록되어 있다.

무지하나 직설적인

그는 교회가 두 번째 신자들의 세대로 중대한 전환을 맞이하고 있던 때, 즉 초기 사도들의 시대의 말미이자 교회가 극도로 발달하고 있던 시기에 살았다. 전통에 따르면, 그는 사도 요한에 의해 개인적으로 훈련을 받았고 초기 사도들 중 일부에 의해 스미르나(오늘날 터키의 이즈미르)의 주교로 임명되었다고 전해진다.

인생 말미에 그는 부활절 기념일에 대한 논쟁을 종결짓고자 시도했고, 로마에서 마주쳤을 때 그가 '사탄의 장자'라고 불렀던 교회의 가장 골치아픈 이단 중 하나인 영지주의자 마르시온에 맞서기도 했다.

폴리캅은 또한 많은 이를 영지주의로부터 회심에 이르도록 한 사람이기도 했다. 유일하게 현존하는 그의 저작인 빌립보 교회에 보낸 목회서신은 그가 정규 교육은 거의 받지 못했으나 가식이 없고 겸손하며 직설적인 사람이었음을 보여 준다.

이런 특성들은 그가 세상을 떠난 지 1년 안에 기록된 그의 순교에 관한 이야기에서 특히나 명백하게 드러난다. 그가 왜 86세의 나이에 이르러 체포되었는지는 정확히 알 수 없지만, 그는 로마 당국자들이 그를 체포하고자 꾀한다는 소식을 들었을 때 집에서 그들을 기다리기로 했다. 공황상태에 빠진 친구들은 그에게 도망하라고 간청을 했고, 이들을 안심시키기 위해 폴리캅은 마을 밖의 작은 영지로 몸을 옮기는 데 동의했다.

그러나 그곳에서 기도하는 가운데 그는 어떤 환상을 보게 되었다. 그가 무엇을 보거나 들었는지 우리는 모른다. 그는 간단히 그의 친구들에게 그가 이해한 바를 말하기를 "나는 산채로 불태워져야 한다"라고 전했다.

로마군은 결국 폴리캅의 근거지를 발견하고 그의 문 앞에 이르렀다. 그의 친구들이 그에게 도망치라고 촉구했을 때 폴리캅은 "하나님의 뜻이 이루어질 것이다"라고 말하며 병사들을 맞았다. 그는 로마총독 스타티우스 쿠아드라투스에게로 인솔되었는데 그는 폴리캅을 호기심으로 가득한 구경꾼들 앞에서 심문했다.

폴리캅은 그 심문에 전혀 동요하지 않는 것처럼 보였다. 그는 재치있는 대화를 이어갔고 쿠아드라투스는 성질을 이기지 못하고 폴리캅을 협박했는데, 맹수들에게 그를 던져넣겠다고, 화형대에서 그를 불태우겠다는 등의 협박이 이어졌다.

폴리캅은 쿠아드라투스에게 말하길 총독의 불은 잠시간만 지속할 뿐이지만(그가 은밀히 덧붙인 바 "경건하지 않은 자들을 위해 마련된") 심판의 불은 끌 수 없을 것이라고 했다. 폴리캅은 "그런데 무엇을 주저하는 것이오? 이리 와서 당신이 하고자 하는 바를 하시오"라고 결론을 내었다.

그러자 병사들이 폴리캅을 붙들었고 그를 화형대에 못으로 고정 시키려고 했으나 폴리캅은 그들을 저지했다.

> 나를 이대로 두라. 내가 불을 견디도록 허락하신 분은 나로 하여금 너희들이 못을 통해 기대하는 안전장치 없이도 장작더미 위에서 움직이지 않게 하실 것이다.

그는 큰 소리로 기도했고 불은 점화되었으며 그의 육체는 불타게 되었다. 이 순교의 장면을 기록한 사람은 말했다.

> 이는 육체의 불탐이 아닌 빵이 구워지는 것 또는 금이나 은이 용광로에서 제련되는 것과 같았다.

폴리캅의 이야기는 그의 죽음이 오늘날 모든 사람에 의해 기억되고 있다는 말과 함께 끝이 난다. 그는 심지어 도처에 있는 이교도들에 의해서도 회자되었다.

124. 퍼페투아
상류사회 신자

> 피고인석에서 모든 것이 하나님의 뜻대로 이루어질 것이고 우리가 우리 스스로를 의지함이 아닌 그분의 능력 안에 있음을 아버지도 보게 되실 거예요.

우리는 무엇이 퍼페투아(Perpetua)를 그리스도 안에 있는 신앙으로 이끌었는지, 그녀가 그리스도인으로서 얼마나 지냈는지, 그리스도인으로서 그녀는 어떻게 살았는지에 대해서 거의 아는 바가 없다. 그녀의 일기 및 다른 재소자들의 일기 덕분에 우리는 그녀의 인생 말미에 대해 알 수 있는데 이는 그 유명한 어거스틴으로 하여금 너무나 감동한 나머지 그녀의 죽음을 두고 4편의 설교를 하게 했을 만큼의 일이었다.

퍼페투아는 3세기 초에 남편, 아들 그리고 그녀의 종인 펠리시타스와 더불어 카르타고(오늘날의 튀니스)에 살았던 그리스도인 귀족 여성이었다. 이 시기 북부 아프리카는 생기넘치는 기독교 공동체의 중심지였다. 그렇기에 셉티미우스 세베루스 황제가 기독교(그는 기독교가 로마인들의 애국심을 약화시킨다고 생각했다)를 무력화 시키고자 결심했을 때 북아프리카에 초점을 둔 것은 놀랄만한 일이 아니다.

처음으로 체포된 사람들 가운데에는 세례를 받기 위해 교육을 받던 5명의 새로운 그리스도인들이 있었는데 그중 하나가 퍼페투아였다.

그녀의 아버지는 즉시로 그녀가 있는 감옥으로 찾아왔다. 그는 이교도여서 퍼페투아가 자신을 구할 쉬운 방법을 발견했다.

그는 그녀에게 간청하기를 그저 그녀가 그리스도인이라는 사실을 부인만 하라고 말했다.

아버지, 이 꽃병이 보이세요?
이것이 있는 그대로 말고 다른 이름으로 불릴 수가 있나요?
그녀는 이렇게 되물었다.
그럴 수 없단다라고 아버지는 대답했다.
그렇다면 저 역시 제 모습 그대로인 그리스도인 외에 다른 것으로 불릴 수가 없어요.

다음날 퍼페투아는 더 나은 조건을 가진 감옥으로 옮겨갔고 아이들에게 모유를 먹일 수 있도록 허락도 받았다.

그녀의 공판이 다가오자 그녀의 아버지는 다시금, 이번에는 보다 격렬하게 애원했다.

내 희어진 머리를 가엾게 여겨주거라. 내가 네게 아버지라 불릴 자격이 있다면, 내가 너를 네 오빠들보다 더 총애한 것을 기억한다면, 내가 너를 이 빛나는 시기까지 키운 것을 기억한다면, 네 아비인 내게 자비를 베풀어다오.

그는 몸을 엎드려 그녀의 손에 입을 맞추었다.

나를 사람들의 치욕거리가 되도록 버리지 말아다오. 네가 죽으면 살아갈 수가 없는 네 형제들과 엄마와 이모, 자녀를 생각해보거라. 너의 자존심을 내려놓아다오!

퍼페투아는 감격에 북받쳤지만 흔들리지 않았다. 그녀는 이렇게 말하며 아버지를 위로하려 했다.

피고인석에서 모든 것이 하나님의 뜻대로 이루어질 것이고 우리가 우리 스스로를 의지함이 아닌 그분의 능력 안에 있음을 아버지도 보게 되실 거예요.

그러나 아버지는 낙담한 채 감옥을 빠져나갔다. 공판일이 되고, 퍼페투아와 친구들은 총독 힐라리아누스 앞으로 끌려갔다. 퍼페투아와 친구들이 먼저 질문을 받았고 그들 각각은 자신이 그리스도인임을 인정했으며 또 각각 제사(황제 숭배 행위) 드리는 것을 거부했다. 그러자 총독은 퍼페투아에게 질문을 던지고자 했다.

그 순간 그녀의 아버지는 퍼페투아의 아들을 그의 손에 안은 채 그들이 있던 방으로 뛰어들어 왔다. 그는 퍼페투아를 붙잡고 간청하기를 "제사를 행하거라. 내 아이를 불쌍히 여기거라!"라고 했다.

아직 아기에게 젖을 먹이고 있었던 엄마에게 사형을 집행하는 불편함을 피하길 원했던 것으로 보이는 힐라리아누스는 이렇게 덧붙였다.

네 아버지의 흰 머리를 불쌍히 여기거라. 아직 어린 네 아이를 불쌍히 여기거라. 황제의 안녕을 위해 제사를 드리면 된다.

퍼페투아는 간단히 답했다.
"나는 그러지 않을 것입니다."
총독이 물었다.
"그렇다면 너는 그리스도인이라는 것이냐?"
퍼페투아가 대답했다.
"네 그렇습니다."

그녀의 아버지는 다시금 끼어들었고 그녀에게 제사 드리라고 애원했으나, 힐라리아누스도 한계에 다다랐다. 그는 병사들을 시켜 그 아버지를 때려 조용히 시켰고 퍼페투아와 친구들로 하여금 경기장에서 죽임을 당하도록 그들을 정죄하는 선고를 내렸다.

퍼페투아와 친구들 그리고 그 뒤에 체포된 그녀의 종 펠리시타스에 띠를 두른 겉옷이 입혀졌다. 그들이 경기장 안으로 들어서자 맹수들과 검투사들이 경기장 위를 배회했고 관중석에서 군중들은 피를 보고자 함성

퍼페투아

을 질렀다. 그들은 오래 기다릴 필요가 없었다.

금방 야생 암소 한 마리가 그들 무리를 향해 돌진했다. 퍼페투아는 공중으로 튕겨 나가 땅에 떨어졌다. 퍼페투아는 일어나 앉아 찢어진 옷을 정돈하고 펠리시타스를 돕기위해 나아갔다. 그러자 표범 한마리가 풀려났고 그 그리스도인들의 의복은 얼마가지 못해 피로 얼룩지게 되었다.

이는 안달하는 군중들을 위한 매우 의도적인 시도였는데 이를 통해 그리스도인들의 죽음을 외치는 것이 시작되게 되었다. 퍼페투아, 펠리시타스 그리고 친구들은 줄을 이루어 섰고 한 명씩 칼날에 의해 죽음을 맞았다.

125. 보니파시오
독일의 사도

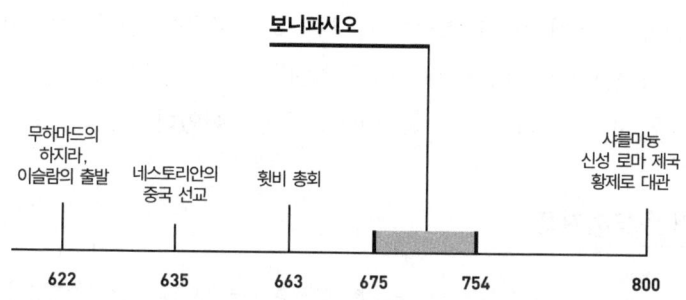

> 당신은 우리 주님께서 이 땅에 가져오신 구원을 가져오는 불과 더불어 빛나는 사람 같소(그레고리 2세가 보니파시오에 한 말).

선교사로서 그의 첫 번째 직업은 실패로 돌아갔다. 보니파시오(Boniface)는 다섯 살 때 수도사들이 그의 집을 방문했을 때로부터 순회 복음 전도자가 되고 싶었다. 그는 그의 귀족 부모가 잉글랜드 웨식스에서 그를 향해 가졌던 세속적인 꿈을 포기했다. 그리고 그는 영국에서 제작된 최초의 라틴어 문법, 몇 편의 시 그리고 운율학에 관한 논문을 쓴 베네딕트 수도사로서의 성공적인 삶을 포기했다.

40대 초가 되자 보니파시오는 선교사가 되고 싶었는데 특히 프리슬란트(네덜란드 북부)로 가는 선교사가 되고 싶어 했다. 그러나 프리슬란트인들은 반란을 일으켰고 보니파시오는 개종자를 한 명도 얻지 못한 채 고향으로 돌아와야만 했다.

그가 떠나있는 동안 그의 수도원장은 세상을 떠났고 보니파시오는 그 자리를 그를 대체할 인물로 선출되었다. 그것은 매우 명예로운 것이었지만 보니파시오는 여전히 선교사가 되고 싶어 했다. 그는 마지막으로 영국을 떠나 항해했는데 이번엔 로마에 있는 교황을 만나기로 했다.

교황 그레고리 2세는 보니파시오를 향해 "당신은 우리 주님께서 이 땅에 가져오신 구원을 가져오는 불과 더불어 빛나는 사람 같소"라고 언급하면서 그의 선교를 허가했다. 영국 수도사들은 켈틱어가 아닌 로마어를 세례를 위한 공식용어로 사용해야 한다는 확증을 받은 뒤 교황은 보니파시오가 타락한 자들과 기독교 신앙의 겉모습 하에서 우상을 숭배하는 자들 그리고 거룩한 세례의 물로 씻음을 받지 못한 자들에게 복음을 전하도록 했다. 교황은 또한 윈프린스라고 불렸던 그의 이름을 '선한 일들'이라는 의미를 가진 보니파시오로 바꾸어주었는데, 이는 아리우스 논쟁 가운데 순교한 한 로마 기독교인의 이름을 따서 지은 것이었다.

열성적인 도끼질꾼

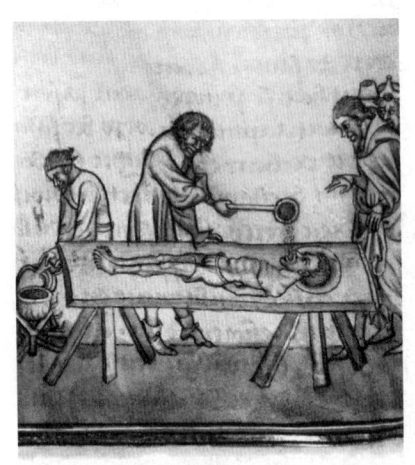

보니파시오

그는 프리스랜드와 독일로 돌아가 이단자들을 진압하며 복음을 전했다. 교회와 베네딕트수도회를 설립하는 동안 그는 우상을 파괴하고 이교도들에게 세례를 주었으며 '야심에 가득 차 내키는 대로 살아가는 성직자들'을 공격했다. 이단자들에 대항하는 그의 열심은 종종 무자비하고 혹독한 행위로까지 나아갔다.

그는 두 명의 이단성이 있는 선교사들로 하여금 출교를 당할 뿐 아니라 독방에 수감되도록 다그치기도 했다. 심지어는 오늘날의 호의적인 역사가들 사이에서도 그는 어렵고 다루기 힘들며 무뚝뚝한 사람으로 평판을 받고 있다.

동시에 그는 이교주의에 맞서는 그의 선교에 있어 열성적이었다. 게이스마에서 그는 토르 신의 성지로 여겨지는 아주 거대하고 신성시되는 떡갈나무를 발견했다. 그는 즉시로 그 나무에 도끼 질을 했다. 고작 몇 번을 강하게 찍자, 그 나무는 땅으로 넘어져 네 조각으로 쪼개져버렸고 나무가 안에서부터 썩어가고 있음도 보여지게 되었다.

보니파시오의 전기 작가인 윌리바드는 기술했다.

거기에 있던 거대한 이교도 무리는 그가 자신들의 신들의 적이라는 이유로 그에게 심한 저주를 퍼부었다.

그런데 그를 저주했던 그 이교도들은 그 나무가 쓰러지는 것을 보자 그를 저주하기를 멈추고 하나님을 축복하며 믿기 시작했다.

보니파시오는 그 떡갈나무를 사용해서 예배당을 지었고 이는 그의 새로운 수도원의 중심이 되었다. 그는 계속해서 이교도들, 이단자들 심지어는 동료 정통 그리스도인들(소문에 따르면 보니파시오에 의해 복음이 전해진 지역을 자신의 공로라 주장했던 마인츠의 주교와 같은 이들)과도 부딪치는 가운데 교회 개혁이 복음화의 필수적인 부분이라는 사실을 확신하게 되었다.

그가 낭도하기 진 프링크 왕국에서는 수십 년간 교회협의회가 열리지 않았다. 보니파시오는 742년에서 747년 사이에 5명을 소집했다. 보니파이스의 촉구에 따라 공의회는 성직자들을 향한 엄격한 규율을 채택했고 지역 이단자들을 정죄했다. 마침내 보니파시오 자신은 그의 경쟁자를 대체하여 마인츠의 대주교가 되었다.

다시 선교사로

윌리바드에 따르면 몇 년간의 통치 이후 보니파시오는 다시금 프리스랜드가 자신을 부르는 것을 느꼈는데 그 땅은 그가 한때 몸으로서는 버렸지만 진정 마음으로서는 한순간도 떠난 적이 없었던 땅이었다. 70대 후반에 그는 북쪽을 향해 나아가고자 다시금 그의 직책에서 사임했다. 다시 한번 그와 그의 추종자들은 시골지역을 다니며 사당들을 파괴하고 교회를 설립하며 수천 명의 사람에게 세례를 주었다.

이 새로운 개종자 그룹들 가운데 하나는 보르네 강에 있는 도쿰에 도착할 예정이었다. 그러나 보니파시오와 그의 52명 동료가 신개종자를 기다리는 동안, 한 이교도 약탈자 패거리들이 노획물을 획득하고자 강변에 도착했다. 일찍이 프랑크 통치자의 보호 하에 그곳을 여행한 적이 있었지만 지금은 그런 손길이 미치지 않는 때였다.

보나파시오

보니파시오는 그의 첫 번째 종교회의에서 성직자들이 무기를 소유하지 않도록 확정했으므로 그가 자신을 방어하기 위해 가진 것이라고는 자기 품속에 있는 책뿐이었다.

그 습격자들을 보고 도망쳤던 새로운 개종자들은 보니파이스와 그의 동료들이 학살당한 것을 보고자 돌아왔다. 그들의 주교 옆에는 암브로시우스의 저작 『죽음의 이로운 점』(The Advantage of Death) 사본 하나가 놓여 있었는데 그 책에는 두개의 깊이 베인 칼자국이 남아 있다. 이 책은 독일의 풀다에서 지금도 전시되고 있다.

사실 보니파시오는 그의 삶 가운데 적은 부분을 선교사로 살았다. 그의 역사적 중대성은 그가 교회에서 로마의 규율을 강하게 변호했음과 프랑크 교회에 관한 그의 개혁, 독일 남부와 중심부 교회들의 연합 사역, 유럽 북부에 있던 명목상의 그리스도인들에게 다시 활력을 불어넣었던 사실에 있었다. 그러나 그는 자기 자신을 모범 선교사로 인식했고 수많은 다른 사람도 그렇게 생각했다. 8세기부터 11세기에 이르기까지 그는 선교사들의 최고의 롤모델 중 한 사람이 되었다.

126. 토마스 베켓
켄터베리의 살해당한 대주교

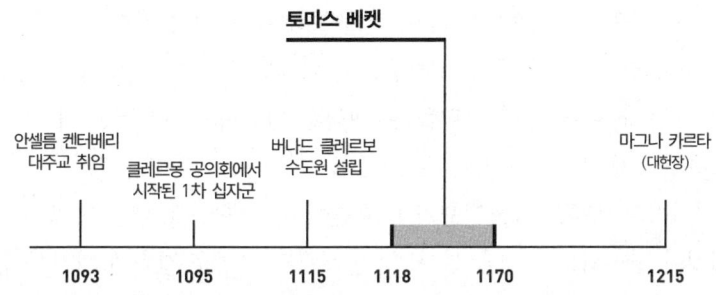

> 예수 그리스도의 이름과 교회의 보호를 위해 나는 죽음을 끌어안을 준비가 되어있다.

20세기 노벨상 수상자였던 T. S. 엘리엇은 그의 희곡 <대성당의 살인>(Murder in the Cathedral)에서 토마스 베켓(Thomas Becket)의 순교를 극적으로 묘사했고 장 아누이의 희곡 <베켓>(Becket)은 오스카 수상작이 되었다. 중세 시대에는 베켓의 명성이 더욱 굉장했다. 켄터베리 대성당에 있는 그의 사당은 수 세기 동안 유럽에서 가장 인기 있는 순례지 중 하나였다(그리고 이는 시인 제프리 초서의 작품 『켄터베리 이야기』[Canterbury Tales]의 순례지이기도 했다).

그때나 지금이나 베켓의 지명도는 상당하지만, 아이러니와 반전으로 가득 차 주요 연극들과 영화의 소재가 될 가치가 있는 그의 이야기에 대해 아는 사람은 거의 없다.

한 마음 한 뜻

베켓은 런던에 정착한 한 프랑스 상인의 아들로 태어났다. 그는 영국과 프랑스에서 사제가 되기 위해 공부했고 1154년에는 켄터베리의 부주교가 되었는데 그곳에서 그의 행정 능력과 지도력은 곧 분명하게 드러났다. 동시대인들은 그를 키가 크고 말랐으며 어두운 머리 색과 흥분으로 홍조를 띤 창백한 얼굴을 가진 이로 묘사했다.

그의 기억력은 집요했고 논쟁과 말재주에 뛰어났다. 그러한 특성들은 1155년 베켓을 영국수상에 임명했던 헨리 2세에게 깊은 인상을 남겼고 베켓은 즉시로 그의 비범한 재능을 왕을 섬기는 일에 사용하면서 전 국토에 걸쳐 왕의 권력을 공고히 했다. 이 일을 통해 두 사람은 가까운 친구가 되었다. 동시대인들은 총리와 그보다 12살 아래인 주권자의 이 관계를 두고 놀라워했는데, 이에 대해 사람들은 "그들은 한 마음과 한 뜻을 가졌다"라고 말하기도 했다.

켄터베리의 대주교 테오발드가 1161년에 사망했을 때, 헨리는 그 대체자로 베켓이 임명되도록 힘을 썼다. 왕이 베켓과 가까운 결속에 의지하여 교회를 그의 나머지 왕국 영역과 함께 자신에게 복종시키고자 함이 분명했다.

그러나 베켓은 이를 꺼려했는데 이는 그가 헨리에게 다음과 같이 말한 바와 상통했다.

> 나는 교회를 향한 당신의 계획들을 알고 있습니다. 당신은 내가 만일 대주교라면 반드시 반대해야 하는 요구들을 주장할 것입니다.

그러나 헨리는 그의 뜻대로 했고 베켓은 그 자리에 임명되었다.

대주교에 임명되자 베켓은 그가 헨리를 위해 일하며 보여 주었던 똑같은 에너지를 교회의 지도자가 되기 위해 사용하며 헌신했다. 총리로서 그는 영적 훈련에 힘을 썼었지만, 이제는 대주교로서 금식과 헤어셔츠의 사용, 장기간에 걸친 기도 그리고 기도에 힘을 쏟았다.

얼마 안 가 친구였던 이들은 각자가 추구하는 의무를 다하는 가운데 충돌하게 되었다. 결정적인 단절은 교회와 성직자에 관한 국가 통제의 범위를 명시하고 중범죄로 기소된 성직자들이 관습대로 교회에 의해 재판을 받는 것이 아닌 국가에 의해 재판을 받도록 확정하고자 했던 클라렌든법(1164) 논쟁에서 일어났다.

당시 관습은 심지어 살인 같은 범죄에도 질책이나 성직 박탈 같은 가벼운 선고로 성직자들을 풀어주곤 했다. 압박을 받는 가운데 베켓은 처음에는 굴복했지만 곧 이를 철회하면서 교회는 교회의 성직자들을 재판할 권리를 갖는다고 주장했다. 이는 격렬한 분쟁으로 이어졌고 베켓은 프랑스로 6년 간 망명을 가게 되었다.

그동안에 헨리는 누가 자신의 뒤를 이을지 염려했고, 1170년 요크의 대주교에 의해 그의 아들 헨리가 왕위를 잇도록 했다. 이는 켄터베리가 대관식을 주제할 권리를 침해하는 것이었다. 결국, 헨리는 굴복할 수 밖에 없었고 베켓과의 화해가 이루어졌다. 베켓은 영국으로 돌아갔고 즉시로 왕의 명령을 수행했던 주교들을 출교시키기 시작했다. 이는 나렬질의 왕을 격노히 게 했다.

토마스 베켓

1170년 12월 29일 왕의 기사 4명은 켄터베리로 가서 그 자신의 성당에서 베스퍼스 예배를 드리고 있던 대주교를 맞닥뜨렸다. 그러나 그들이 헨리의 직접적 명령을 따라 간 것이었는지, 아니면 그들 자신의 충성심에 의해 간 것이었는지는 분명하지 않다.

"반역자는 어디에 있는가?"

그들의 화난 질문에 베켓은 다음과 같이 답했다.

"반역자가 아니라 하나님의 사제이자 대주교인 내가 여기 있다."

그들은 베켓을 교회 바깥으로 끌고 가려 했으나 실패했고, 결국 그가 서 있던 자리에서 그를 살해했다. 베켓은 죽어가면서 말했다.

"예수 그리스도의 이름과 교회의 보호를 위해 나는 죽음을 끌어안을 준비가 되어있다."

유럽은 그 살인 사건으로 인해 충격에 빠졌다. 교황은 헨리가 베켓의 무덤에 가서 속죄 행위를 하도록 지시했고 베켓은 교황 알렉산더 3세에 의해 매우 짧은 시간 안인 1173년에 성인으로 공표되었다. 현장에는 곧 기적이 보고되었고 헨리 8세가 이를 파괴했던 1538년까지 영국에 있는 거의 모든 성지와 더불어 그 성지에 대한 헌신도 부풀어 올랐다.

127. 얀 후스
종교 개혁 이전의 개혁가

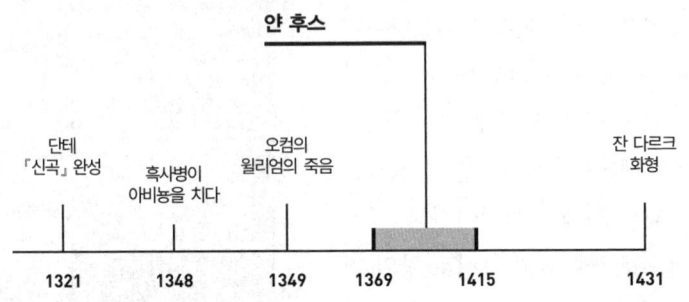

> 주 예수여! 나는 당신을 위해 이 잔혹한 죽음을 견딥니다. 나는 당신께서 내 원수들에게 긍휼을 베푸시기를 기도합니다.

수도원 생활 초기에, 도서관 책더미를 뒤지던 마틴 루터는 이단자로 비난받았던 보헤미안 얀 후스(Jan Hus)의 설교집을 우연히 접하게 되었다. 루터는 나중에 쓰고 있다.

> 나는 놀라움에 압도되었다. 나는 어떻게 그런 엄청난 엄숙함과 실력을 갖고 성경을 설명했던 그 훌륭한 사람을 그들이 화형시켰는지 이해할 수가 없었다.

후스는 루터와 다른 많은 종교 개혁가에게 영웅이 되었는데 이는 후스가 종교 개혁의 핵심 주제들(가령 면죄부에 대한 적개심 같은 것)을 루터가 그의 『95개조 반박문』(*95 Theses*)을 발표하기 1세기 전에 설교했기 때문이엇다. 그러나 종교 개혁가들은 또한 후스의 삶에 주목했는데 특히 교회의 교활한 야만성에 직면했을 때 그가 보여 주었던 확고한 헌신에 관심을 기울였다.

우둔함에서 믿음으로

후스는 오늘날 체코 남부의 후시네츠인 '거위 마을'에서 소작농 부모 밑에서 태어났다. 20대 때 그는 자신의 이름을 '거위'라는 뜻의 후스로 짧게 만들었고 그와 그의 친구들은 그 이름을 두고 장난을 치며 즐거워했다. 이는 특히 자신의 추종자들에게 교황을 거역하기 위해 요리된 거위를 상기시켰던 루터와 더불어 지속되는 전통이 되었다.

후스는 빈곤에서 벗어나고자 사제가 되려 훈련했다.

> 나는 버젓한 생계와 의복을 확보하고 사람들에게 존경심을 얻기 위해 빨리 사제가 되야겠다고 생각했었다.

그는 학사 학위와 석사 학위 그리고 마침내 박사 학위까지 취득했다. 그 길을 따라 그는 1401년에 사제 서품을 받고 3,000명을 수용했던 프라하의 베들레헴 예배당에서 설교자가 되었는데, 이 예배당은 유럽 최대의 도시들 중 하나에서 가장 유명한 곳이었고 보헤미아의 개혁 중심지였다. 한 예로 설교는 라틴어가 아닌 체코어로 설교되었다. 이 기간 후스는 변화를 겪었다. 비록, 그는 그가 칭한 바 '우둔한 종파'와 더불어 어느 정도 시간을 보냈지만 마침내 성경을 발견했다.

> 주님께서 내게 성경 지식을 주셨을 때, 나는 내 우둔한 마음으로부터 그러한 어리석음을 방출할 수 있었다.

존 위클리프의 저작들은 성경에 관한 그의 관심을 고무시켰고 동시에 그것들은 보헤미아(엄밀히 말하면 오늘날 체코 공화국의 북동부 지역, 그러나 일반적인 용어로는 체코어와 문화가 우세했던 곳)를 휘저었다. 프라하대학교는 이미 체코인들과 독일인들을 갈라놓았고 위클리프의 가르침들은 그 분열을 가중시켰을 뿐이었다. 초기의 논쟁들은 철학의 다섯가지 주제와 결부되어 있었다(체코인들은 위클리프와 더불어 현실주의자였고 독일인들은 명목론자들이었다).

얀 후스

그러나 체코인들은 후스와 더불어 위클리프의 개혁 사상에 대해서도 열을 올렸다. 비록, 그들은 전통적인 교리를 바꿀 의도를 갖고 있지 않았지만 성경을 더욱 중시하고 교회 공의회의 권위를 확장하며, 동시에 교황의 권위를 약화시키고 성직자들의 도덕적 개혁을 촉진하길 원했다. 이에 후스는 점점 더 성경을 신뢰하기 시작하여 "내가 숨쉬는 한 이를 붙들고 믿으며 그 안에 기록된 것은 무엇이나 주장하길 원한다"라고 말했다.

이어서 정치적 투쟁이 있었는데, 이는 위클리프와 그의 추종자들을 이단자로 낙인찍은 독일인들에 의한 것이었다. 보헤미아의 왕의 후원과 더불어 체코인들은 우위를 점하게 되었고 독일인들은 다른 대학들로 쫓겨나게 되었다.

이 상황은 두 명의 교황이 기독교 왕국을 통치하기 위해 경쟁하던 것을 지켜보던 유럽 정치가들에 의해 복잡성을 띠게 되었다. 1409년 이 문제를 해결하기 위해 피사에서 교회 공의회가 소집되었다. 이 공의회는 두 교황 모두를 폐위시키고 알렉산더 5세를 합법적인 교황으로 선출했다. 비록, 다른 교황들은 이 선거를 반대하며 자신들의 파당을 계속해서 통치했지만 말이다.

알렉산더는 곧 뇌물을 받았다는 의미로 회유되었는데, 이는 후스가 계속해서 비판을 가했던 보헤미아교회 당국자들의 편을 들기 위함이었다. 후스는 설교를 금지당하고 출교당했으나 이는 단지 서면상으로 그러했을 뿐이었다. 지역 보헤미아인들은 그를 지지하였고 후스는 베들레헴 예배당에서 계속하여 설교하고 목회할 수 있었다.

알렉산더 5세의 후계자 대립 교황 요한 23세는 자신의 경쟁자 중 하나에 대적하기 위한 그의 십자군 자금 조달을 위해 면죄부 판매를 승인했고 이에 후스는 분개하여 더욱 급진적이 되었다. 교황은 그저 사리사욕을 따라 움직이고 있었고 후스는 더 이상 교황의 도덕적 권위를 정당화시켜줄 수가 없었다.
 그는 그가 교회를 위한 최종적 권위로써 선포한 성경을 더욱 비중있게 연구했다. 나아가 후스는 체코 사람들이 교황의 면죄부에 의해 이용당하고 있다고 주장했는데, 이는 면죄부 수익금 중 일부를 가져간 보헤미안 왕에 대한 그다지 베일에 싸이지 않은 공격이었다.

성경 혁명가

 그 일로 인해 후스는 왕의 지지를 잃어버렸다.
 암묵적으로 묻혀있던 그의 출교 건은 다시 되살아났고 프라하 시에는 다음과 같은 내용의 명령서가 붙었다.

> 후스가 목회를 지속하는 한 어떤 시민도 성찬을 대할 수 없고 교회 땅에 매장될 수도 없다.

 이에 후스는 도시를 구하고자 1412년 말 시골지역으로 물러났다. 그는 다음 2년을 수많은 논문을 쓰면서 열띤 문학 활동으로 보냈다. 그 가운데 가장 중요한 작품은 그가 프라하로 보내 공적으로 읽히도록 했던『교회』(The Church)였다. 이 책 가운데에서 그는 오직 그리스도만이 교회의 머리이시며 교황은 '무지와 돈을 사랑함'으로 인하며 많은 실수를 만들 수 있다고 했고 그런 과오를 범하고 있는 교황에게 반대하는 것이 곧 그리스도께 복종하는 것이라고 했다.
 1414년 11월, 콘스탄츠 공의회가 소집되고 후스는 신성 로마 제국의 황제 지그문트로부터 거기에 참석해 그의 교리를 설명하라는 촉구를 받았다. 안전 통행에 대한 보장을 받았고, 공의회가 갖는 중요성(그 공의회는 중대한 교회 개혁들을 약속했다)으로 인해 후스는 그 공의회에 참석했다. 그런데 그는 거기에 도착하자마자 느닷없이 체포되었고 수개월 동안 감옥 생활을 했다. 공청회 없이 그는 사슬에 묶여 당국자들 앞에 끌려 나왔고 그의 견해를 철회할 것을 요구받았다.

후스는 공정한 공청회는커녕 자신의 견해를 설명할 토론의 장조차 허락되지 않으리라는 것을 확인하고 이렇게 말했다.

> 나는 예수 그리스도, 전능하시고 완전하게 공정하신 유일한 재판장께 호소합니다. 나는 그분의 손에 내 소송을 탄원드리며, 거짓 증인들과 부정한 공의회가 아닌 진리와 정의에 의해 그렇게 합니다.

그는 감옥으로 끌려갔고 많은 이가 그로 하여금 의견을 철회하라고 호소했다. 1415년 7월 6일, 그는 성당으로 끌려가 사제복을 입혀진 다음 그것을 하나씩 벗김 당했다.

그는 화형대에서 물러날 마지막 기회를 거절했고 그곳에서 기도했다.

> 주 예수여, 나는 당신을 위해 이 잔혹한 죽음을 견딥니다. 나는 당신께서 내 원수들에게 긍휼을 베푸시기를 기도합니다.

그는 불길이 자신을 휘감을 때 시편을 읊조리는 음성을 들었다. 그의 처형을 집행한 사람들은 그 '이단자'의 것은 어느 것도 남지 않도록 하기 위해 그의 유해를 쓸어모아 호수에 던져버렸으나, 몇몇 체코인은 후스가 죽었던 곳의 땅에 있는 약간의 흙을 모아 기념으로 보헤미아로 가져갔다. 보헤미아인들은 후스의 처형 소식에 격노했고 그 공의회를 거부했다.

그 후로 몇 년간 후스파 연합, 급진 타보르파 그리고 다른 이들은 신성 로마 제국의 황제나 교회의 권위에 복종하기를 거부했고, 세 번의 군사 공격을 막아내기도 했다. 보헤미아는 비록 그들 나름의 조건(예를 들어 그들은 성찬에 있어 빵과 와인 모두를 제공한 몇 안 되는 곳 가톨릭 지역 중 하나였다. 기독교 왕국의 나머지는 단지 빵만을 받았다)이 있었지만 결국 서부 기독교 왕국의 나머지 부분들과 타협을 보았다. 이 마지막 절충안을 거부했던 이들은 '형제회 연합'을 형성했는데 이들은 모라비아 형제회(모라비아는 체코 공화국의 지역)의 기초가 되었으며 특히 웨슬리 형제의 회심에 있어 중요한 역할을 할 이들이었다.

128. 토마스 크랜머
영국성공회 배후의 천재

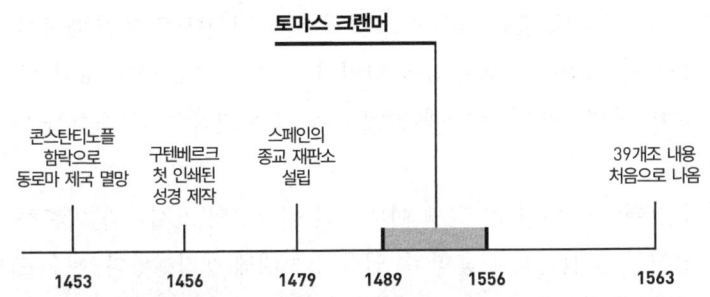

> 우리가 그것을 배울 수 있도록 모든 성경으로 하여금 쓰여지게 하신 복 되신 주님, 우리가 지혜 가운데 그것을 듣고 읽고 표시하고 배우며 내적으로 그것을 소화하도록 인도해 주시고.

토마스 크랜머(Thomas Cranmer)는 몇 달간의 재판, 심문, 투옥으로 인해 지쳐 있는 가운데 옥스퍼드 감방의 평범한 목재책상 앞에 앉아 그의 삶을 이해해 보고자 노력했다. 그의 앞에는 내일 아침 전하기로 한 연설문이 놓여있었는데 이는 가톨릭의 가르침을 부정하는 그의 저작들을 버리겠다는 내용이었다.

또한, 그 앞에는 다른 연설문도 놓여있었는데 거기에서 그는 교황을 일컬어 '그리스도의 원수이자 적그리스도'라고 선언하였다.

크랜머는 종종 위선은 아니더라도 모호한 태도로 인해 고발을 당하곤 했다. 그러나 다음 날 아침 그가 내린 결정은 그의 가장 유명하고 오래 지속되고 있는 작품인 영국성공회 기도서만큼이나 그가 종교 개혁에 있어 정말로 어디에 서 있는지를 분명하게 해주는 역할을 했다.

학자에서 유명 인사가 되다

크랜머는 그 일이 있기 66년 전 노팅햄셔의 애슬랙턴에서 태어났다. 그는 케임브리지대학교에 갔고 1510년에는 지저스대학교의 학생이 되었으며 사제 서품을 받았다. 그는 연구에 몰두하여 비록 독창적이지는 않았지만 두드러진 신학자이자 방대한 지식을 가진 사람이 되었다. 1520년 어간에 그는 유럽 대륙을 향한 루터의 신학적 혁명을 두고 정기적으로 만나 토론하는 학자들과의 모임을 시작했다.

크랜머의 개혁에 관한 지식은 그가 당대의 정치에 말려들 때까지 단순히 학문적인 영역에만 국한되어 있었다. 1529년 8월, 헨리 8세 왕은 마침 크랜머가 방문했던 동네에 있었는데 그는 결국 왕과 대화를 나누게 되었다.

헨리는 어떻게 하면 첫 번째 아내였던 아라곤의 캐서린과 이혼하고 새로운 정인인 앤 볼린과 결혼할 수 있을지에 대해 생각해왔다. 왕은 크랜머의 추론에 감명을 받아 그로 하여금 왕이 이혼할 수 있는 권리가 있음을 뒷받침하는 논문을 쓰도록 명령했고, 크랜머를 그의 유럽 대사들 중 하나로 만들었다.

이 지위 가운데 크랜머는 독일을 여행했는데 거기서 그는 루터교회 개혁가였던 안드레아스 오시안데르와 그의 조카딸인 마가렛을 만났다. 오시안데르의 개혁 신학과 그의 조카딸은 크랜머에게 강한 호소를 일으켜 사제의 명령에도 불구하고 그는 그녀와 1532년에 결혼을 하게 되었다. 그러나 당시 영국의 복잡한 정치적 상황으로 인해 그는 자신의 결혼을 수년간 비밀로 했다.

1532년 나이든 켄터베리의 대주교가 세상을 떠나고 이듬해 3월 크랜머는 새로운 대주교로 세워졌다. 크랜머는 즉시 왕과 아라곤의 캐서린의 결혼이 시작부터 법적 효력이 없었다고 선언했다. 그리고 그는 왕이 앤 볼린과 결혼(비밀리에 1월에 이루어진)하는 것이 유효하다고 공언하였다.

크랜머는 왕실 절대주의를 신봉하여 그의 주된 직무는 하나님이 선택하셔서 나라와 교회를 이끌도록 하신 왕에게 복종하는 것으로 생각했다. 헨리의 험난한 통치는 계속해서 되풀이되었고 크랜머는 그 자신이 개인적으로 못마땅해 한 종교 정책들을 지지하도록 명령을 받기도 했으나 늘상 왕에게 복종하였다.

1536년 그는 다소 석연찮은 증거에 의해 앤이 간통을 저질렀음을 확신했고 그 결혼을 무효화했다. 1540년 그는 헨리 왕이 클리브스의 앤에게 청혼한 것을 두고 적법이라고 판결을 내렸다. 나아가 헨리가 6개월 뒤 이혼을 원하자 그는 이를 승인했는데, 이는 왕의 처음 결혼이 합법적이지 않았다는 이유에서였다.

그러나 크랜머가 하인에 불과한 자는 아니었다. 헨리의 고문들 가운데에서는 크랜머만이 몇 번에 걸쳐 토마스 모어 경, 앤 볼린 그리고 토마스 크롬웰 같은 왕실의 환심으로부터 떨어져 나간 사람들의 목숨을 위하여 간청했다. 심지어 그는 나라를 다시 가톨릭의 방향으로 되돌리고자 고안된 헨리의 여섯개 조항(Six Articles)에 공적으로 반대론을 펼치기도 했다.

하지만, 여섯 개 조항이 의회에서 통과되자 그는 왕의 정책과 노선을 함께 했다. 한편 헨리는 궁중 정치가들이 크랜머의 위치와 목숨을 위협했을 때 그를 위해 이를 막아서기도 했다. 그리고 헨리가 그의 임종 때에 찾은 이 역시 크랜머였다.

개혁과 역전들

1547년 에드워드 6세의 즉위와 더불어 크랜머의 때도 당도했다. 그 젊은 왕의 후견자였던 에드워드 시모어 서머싯 공작(그리고 그의 뒤를 이은 노섬벌랜드 공작)은 영국 교회를 분명하게 개신 교회로 만드는 작업을 시작했다.

크랜머는 교리 문제를 다룸에 있어 주요한 역할을 맡았다. 1547년 그는 자기 『설교집』(Book of Homilies)을 출간했는데 이 책은 성직자들로 하여금 개혁 교리를 강조하는 말씀을 선포하도록 요구했다. 1549년 그는 개신교 중도 노선에 해당하는 「공동기도서」(Book of Common Prayer)를 썼고, 뒤이은 1552년에는 더욱 분명하게 개신교 노선인 두 번째 책을 냈다.

크랜머는 또한 『42개 조항』(Forty-Two Articles, 1553)을 썼는데 이는 영국교회로 하여금 더욱 개혁적인, 칼빈주의자의 방향으로 나아가도록 이끈 교리적 진술들이었다.

이 문서들은 영국성공회 형성에 있어 중요한 역할을 했고, 「공동기도서」는 비록 여러 해에 걸쳐 개정되었지만, 여전히 크랜머의 뚜렷한 특징을 보유하고 있으며 전 세계의 수 백만 영국성공회 교도들에 의해 사용되었다.

「공동기도서」는 기독교 왕국에서 가장 널리 알려진 기도들 중 몇을 포함하고 있는데, 가령 다음과 같은 기도문이 있다.

> 우리에게 그것을 배울 수 있도록 모든 성경이 쓰여지게 하신 복되신 주님! 우리가 지혜 가운데 그것을 듣고, 읽고, 표시하고, 배우며 내적으로 그것을 소화하도록 인도해 주시고, 당신의 거룩한 말씀의 인내와 평안에 의해, 당신이 예수 그리스도 우리 구세주 안에서 우리에게 주신 영생의 복된 소망을 끌어안고 붙들게 하옵소서. 아멘.

1553년 에드워드 6세가 죽고난 뒤 크랜머는 개신교도 공녀 제인 그레이(헨리 8세의 조카의 딸)를 새로운 주권자로서 후견하였다. 그러나 공녀 제인 그레이는 9일만에 퇴위되었고 메리(아라곤에 캐서린에 의해 낳은 헨리의 독실한 가톨릭교도 딸)가 당당하게 런던으로 입성했다.

즉시 의회는 헨리 8세와 에드워드 6세의 법률을 폐지하고 이단 법을 재도입했다. 메리의 정부는 개신교도들에 맞서 가차없는 캠페인을 시작했다. 크랜머는 반역죄로 기소되어 1553년 11월 투옥되었다. 거의 2년간을 감옥에서 보낸 뒤 크랜머는 길고도 지루하기 그지없는 재판을 받게 되었다.

미리 예측된 결정이 1556년 22월 선고되었고 치욕을 주고자 정교하게 고안된 의식에서 크랜머는 그의 주교 및 사제직에서 강등되어 사형에 처해 지도록 넘겨졌다. 지치고 활기를 잃어버린 크랜머는 화형대에 서는 것을 피하기를 바라는 가운데 가톨릭의 주권자에게라도 복종하고 종교 개혁을 거부해야 한다고 확신하게 되었다.

그는 한 문서에 서명했는데 거기엔 이렇게 적혀있었다.

> 나는 하나의 거룩하고 보편적이며 가시적인 교회를 믿고 고백한다. 나는 모든 신자가 그에게 종속되는 로마의 주교이자 그리스도의 대리자인 교황을 지상 최고 권위자임을 인정한다.

하지만 아직도 정부는 크랜머가 그가 야기한 혼란으로 인해 처벌받아야 한다고 생각했다. 그는 가톨릭 신앙에 관한 그의 공언 하나를 서약한 후에도 여전히 화형에 처해져야 할 인물이었다.

그의 사형이 집행되던 날 크랜머는 교회로 인도함을 받았는데 그에게 말할 수 있는 기회가 오자 그는 종이 한 장을 꺼내 읽기 시작했다. 그는 자신을 위해 기도해 준 이들에게 감사를 표하고 다음과 같이 말했다.

"나는 내 인생 속에서 내가 말하고 행하였던 그 어느 것보다 내 양심을 곤경에 처하게 했던 그 커다란 사항 앞에 이르렀습니다."

토마스 크랜머

자신이 서명했던 철회문을 언급하는 가운데 그는 불쑥 말했다.

"내가 내 손으로 쓰고 서명한 그 모든 법안은 모두 가짜입니다."

커다란 웅성거림이 회중 가운데 퍼져나갔으나 크랜머는 계속해서 말했다.

"교황에 관해 말하자면 나는 그가 그리스도의 원수이자 적그리스도이기에 반대하며 그의 모든 거짓된 교리 또한 반대합니다. 또한, 성례전에 대해서는 … ."

크랜머는 곧 무대로부터 끌려 나와 화형대 앞에 섰다. 불은 점화되었고 화염은 빠르게 솟아올랐다. 크랜머는 그의 오른팔과 손을 화염 가운데로 뻗어 불꽃을 붙들며 이렇게 말했다.

"이 손이 범죄하였나이다."

단 한번 그의 얼굴을 닦기 위해 그 손을 다시 가져왔을 뿐 그는 다시금 그것이 타서 잘릴 때까지 불길에 내주었다.

"주 예수여, 내 영혼을 받으시옵소서!"

그는 기도하는 가운데 세상을 떠났다.

2년이 되지 않아 엘리자베스 1세는 영국 국왕으로 즉위하여 교회를 다시 개신교 방향으로 이끌었고 크랜머의 42개 조항을 39개로 개정했으며 그의 「공동기도서」를 예배를 위한 지침으로 채택했다. 오늘날 영국성공회의 신앙을 고백하는 사람들은 전 세계에 5천 100만 명에 달한다.

129 & 130. 휴 레티머와 니콜라스 리들리
함께 죽음을 맞은 영국의 개혁가들

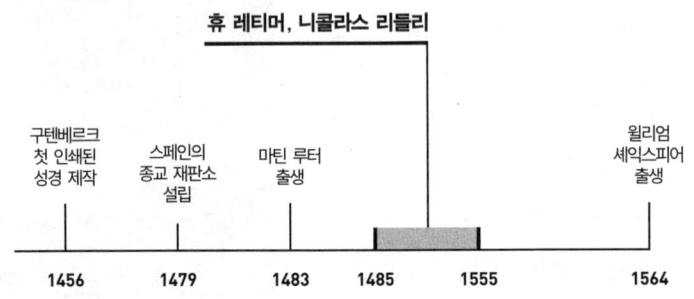

> 평안하시오 리들리 씨 그리고 당당하시오! 우리는 오늘 하나님의 은혜로 영국에 이 촛불을 밝힐 것이며, 나는 이 불이 절대 꺼지지 않을 것이라 믿습니다.

이 두 사람의 삶은 아주 비슷하지는 않았지만 죽음에서는 나란히 함께 했는데 아마도 이는 종교 개혁 시기 가운데 가장 널리 알려진 순교일 것이다. 초기에 니콜라스 리들리(Nicholas Ridley)는 영국에서 가장 뛰어난 지성을 가진 사람이었다는 점이 분명했다. 케임브리지와 프랑스의 소르본대학교를 다닌 뒤 그는 케임브리지대학교에 정착해 학자로서의 경력을 쌓았다. 1534년 경 그는 처음으로 개신교에 관심을 보였고 1537년에는 개혁 성향을 가진 캔터베리의 대주교 토마스 크랜머에 의해 사제로 임명을 받았다.

1540년대에 이르러 헨리의 통치 기간 중 로마가톨릭교회에 대한 반발이 시작되자 리들리는 이단으로 의심을 받았으나 에드워드 6세의 개신교 통치기에는 로체스터의 주교로 그리고 나아가서는 런던의 주교로 또한 임명을 받았다.

리들리는 그의 영향력을 통해 개신교의 이상을 증진 시켰다. 그가 당시 최근 나온 「공동기도서」(Book of Common Prayer)에 끼친 영향은 특히 성찬에 관한 섹션에서 두드러진다. 그는 그리스도의 제사는 로마가톨릭교회의 성례전처럼 반복되는 것이 아니라 했고 오히려 예배자들이 찬양과 감사의 제사를 드리는 것이라고 말했다.

런던의 주교로서 그는 성찬을 기념하기 위한 석조 제단을 목재 식탁으로 대체했는데 이는 도시 내 로마가톨릭교도들 사이에서 엄청난 소동을 일으켰다. 그는 또한 도시에 목회지를 세워 빈자들을 돕고 병원과 학교들을 설립했다.

에드워드의 죽음으로 인해 로마가톨릭교도인 메리 튜더가 여왕이 되었을 때 리들리는 런던 탑에 수감되었다. 이후 휴 레티머(Hugh Latimer)와 토마스 크랜

휴 레티머

미가 합류했고 그들 셋은 모두 옥스퍼드로 끌려가 그곳에서 그들의 이단적 의견들을 조사받게 되었다. 자기 주장을 철회할 기회를 받았으나 리들리는 이를 거절했다.

휴 레티머는 열정적인 로마가톨릭교도로서 삶을 시작했다. 케임브리지 대학교에서 시간을 보내던 당시(그는 1506년에 입학했다) 그는 금욕주의자이자 특출난 설교자로서 명성을 얻게 되었다. 1524년 신학 학위를 받은 그는 독일의 루터교도인 필립 멜랑히톤의 성경을 높이 보는 견해를 맹비난하는 강의를 했다.

그런데 레티머의 강의를 듣는 사람들 중에는 '케임브리지 개신교 협회'의 지도자였던 토마스 빌니가 있었다. 강의가 끝난 뒤 빌니는 레티머에게 가서 자신의 신앙고백을 들어달라고 요청했다. 놀란 라티머는 자신의 강의가 복음주의자를 개종시켰다고 생각하며 선뜻 응했다. 그런데 그 신앙고백이란 사실 성경이 가져오는 평안과 자신감에 대해 살며시 말해 주는 설교였다. 레티머는 눈물을 흘렸고 개신교로 귀의했다.

이제 레티머의 설교는 가톨릭주의와 사회 정의를 목표로 삼았다. 그는 담대하게 설교했는데 1530년에는 폭력이 하나님의 말씀을 보호하는 수단이라 했던 강압적인 헨리 8세 왕을 비난하는 설교를 하기도 했다. 이것으로 인해 그는 왕의 존경을 받게 되었다.

이 농부의 아들은 왕이 로마와 결별을 고하고 난 뒤 곧 헨리의 주요 고문 중 한 사람이 되었다. 워세스터의 주교로 임명된 후 그는 헨리의 수도

원 해체를 지지했다. 그러나 그가 왕의 여섯개 조항(헨리의 개신교로부터의 후퇴)을 반대하자 그는 가택 연금에 처해져 6년을 보냈다.

두 순교자의 이야기

존 폭스의 유명한 책 『순교사』(Acts and Monuments)에 따르면 리들리는 사형 집행장소에 제일 먼저 도착했다. 레티머가 도착하자 두 사람은 서로 끌어안았고 리들리는 말했다.

"마음을 단단히 먹으십시오, 형제님! 하나님이는 그 화염의 분노를 누그러뜨리시든지 아니면 우리로 하여금 그것을 견뎌낼 힘을 주실 것입니다."

그들은 설교자의 권고(이는 이단자에 대한 처형을 집행 하기 전에 있었던 관습이었다)를 듣기 전에 함께 무릎을 꿇고 기도했다.

설교가 끝난 뒤 한 관리가 간청했다.

"리들리 씨 만일 당신이 잘못된 견해들을 철회한다면 당신에겐 자유가 생길 뿐 아니라 당신의 생명 또한 건지게 될 것입니다. 다른 방법은 없소?"

리들리는 물었다. 그 관리는 대답했다.

"만약 당신이 그리하지 않으면 그땐 아무런 대책이 없습니다. 당신은 응분의 대가를 치뤄야만 할겁니다."

리들리는 결론지었다.

"그렇다면 내게 숨이 붙어있는 한 나는 결코 내 주 그리스도와 그가 알리신 진리를 부정하지 않겠소. 하나님의 뜻이 내게 이루어질 것이오."

대장장이는 쇠사슬로 리들리와 레티머의 허리를 묶었다. 리들리의 발이 놓인 나무에 불이 붙자 레티머는 말했다.

"평안하시오 리들리 씨 그리고 당당하시오. 우리는 오늘 하나님의 은혜로 영국에 이 촛불을 밝힐 것이며, 나는 이 불이 절대 꺼지지 않을 것이라 믿습니다."

불길이 올라오자 레티머는 외쳤다.

"오 하늘의 아버지시여, 내 영혼을 받으소서!"

그리고 그는 즉시 세상을 떠났다. 한편 리들리는 그의 하체 대부분이 탈 때까지를 버티다 세상을 떠났다.

131. 디트리히 본회퍼
독일의 신학자이자 저항 운동가

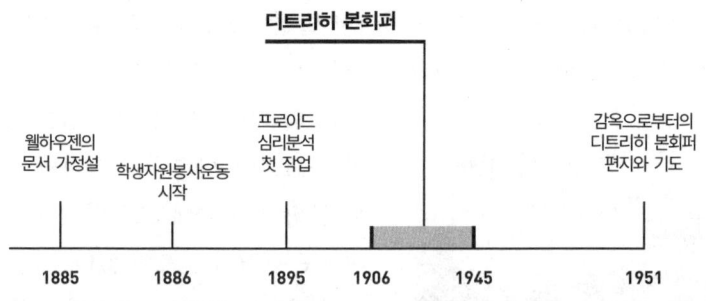

> 값싼 은총은 회개 없는 용서를, 권징 없는 세례를, 신앙고백 없는 성찬을 설교한다. 값싼 은총은 제자도 없는 은총이며, 십자가 없는 은총이자, 살아계시며 성육하신 예수 그리스도 없는 은총이다.

히틀러의 독일 국민에게 있어서는 때가 찼다. 돕는 자이자 구원자이신 하나님 그리스도가 우리들 가운데서 역사하심은 히틀러로 인함이다. 히틀러는 독일인에게 그리스도의 교회로 들어가게 하는 하나님의 뜻이자 성령의 통로이다.

독일인 목사 헤르만 그루너는 이렇게 말했다.
또 다른 목사는 이를 더욱 간결하게 표현하기도 했다.

그리스도는 아돌프 히틀러를 통해 우리에게 오셨다.

제1차 세계대전의 패배와 잇따른 불황 이후 실의에 빠진 독일인들에게 카리스마 있는 히틀러의 등장은 국가의 기도 응답으로 보였다. 적어도 대부분 독일인에게는 그랬다. 한 명의 예외가 있었는데 이는 그런 생각 자체를 반대했을 뿐 아니라 히틀러를 실각시키고자 했던, 그것이 그를 죽이는 것을 의미할지라도 그렇게 하려고 했던 신학자 디트리히 본회퍼(Dietrich Bonhoeffer)였다.

평화주의자에서 공모자로

본회퍼는 특별히 급진적인 환경에서 자라지는 않았다. 그는 귀족 집안에서 태어났다. 그의 어머니는 카이저 빌헬름 2세 궁정의 설교자의 딸이었고, 아버지는 베를린대학교의 저명한 신경학자 겸 정신의학과 교수였다.

디트리히 본회퍼

8명의 아이 모두는 자유롭고 명목상의 종교적인 환경에서 자라났고 위대한 문학과 미술에 조금씩이라도 손을 대보도록 격려 받으며 컸다. 사실 본회퍼의 피아노 솜씨는 그의 가족 중 일부로 하여금 그가 음악계에서 경력을 쌓을 길을 가고 있다고 믿게 만들 정도였다. 14살 때 디트리히는 자신이 목사이자 신학자가 되기를 원한다고 공언했는데 가족들은 이를 기뻐하지 않았다.

본회퍼는 21살이던 1927년 베를린 대학교를 졸업한 뒤 수개월을 스페인에서 독일 교인들을 섬기는 보조 목사로 지냈다. 그런 후 그는 논문을 쓰기 위해 독일로 돌아갔는데 이는 그로 하여금 대학 임용의 자격을 부여해 주었다. 그후 그는 베를린대학교의 강의직으로 돌아오기 전까지 미국 뉴욕에 있는 유니온신학교에서 1년을 보냈다.

이 시기 동안 히틀러는 1933년 독일 수상이 됨으로써 권력이 부상했고 1년 반 후에는 독일의 총통이 되었다. 히틀러의 반유대적 언행은 그가 신학자 칼 바르트, 목사 마르틴 니묄러 그리고 젊은 본회퍼에게 보였던 적대감과 더불어 더욱 극렬해졌다.

다른 목사들 및 신학자들과 더불어 그들은 바르멘 선언(1934)을 공언하는 고백 교회를 설립했는데 여기서는 예수 그리스도에게 우선적인 충성의 고백을 했다.

우리는 교회가 이 하나의 하나님 말씀과 동시에 다른 행위들, 권력들, 인물들 그리고 진리들을 신적 계시로써 인정할 수 있고, 또 그러해야 한다는 거짓된 가르침을 거부한다.

그 사이 본회퍼는 『제자도의 대가』(The Cost of Discipleship, 1937)를 썼는데 이는 그리스도를 향한 보다 신실하고 급진적인 순종을 촉구하고 안주하는 기독교에 대해 엄히 책망하는 책이었다.

값싼 은총은 회개 없는 용서를, 권징 없는 세례를, 신앙고백 없는 성찬을 설교한다. 값싼 은총은 제자도 없는 은총이며, 십자가 없는 은총이자, 살아 계시며 성육하신 예수 그리스도 없는 은총이다.

이 기간 본회퍼는 비인가 신학교인 핀켄발데에서 목회자들을 가르쳤다(정부는 그의 공개적 가르침을 금지시켰다). 그러나 그 신학교가 발견되어 문을 닫게 된 뒤 고백 교회는 히틀러에 대항하여 말하는 것을 점점 주저하게 되었고 도덕적 항의가 갈수록 효과적이지 않다는 사실이 입증되자 본회퍼는 그의 전략을 바꾸기 시작했다. 이때까지만 해도 그는 평화주의자로 지내왔고 신앙적인 행위나 도덕적 설득을 통해서 나치에 저항하는 것을 시도해왔다.

이제 그는 독일 첩보부에 가입했다(이는 이중 요원으로 활동하기 위함이었는데, 그는 유럽 도처에 있는 교회 연맹을 여행하는 동안 그가 방문한 장소들에 대한 정보를 수집하기로 되어있었으나 실제로는 유대인에게 나치의 억압에서 벗어나도록 도우려 했다). 본회퍼는 또한 전복 계획의 일부가 되었는데 나중에는 히틀러를 암살하는 계획에 가담했다. 그의 전략이 변화하고 있던 시기, 그는 초청 강사로 미국에 갔었다. 그러나 그는 자기 조국을 향한 책임감을 떨쳐낼 수 없었다.

그는 도착한 지 몇 달이 되지 않아 신학자 라인홀트 니부어에게 편지를 보내 이렇게 말했다.

나는 미국으로 오는 실수를 저질렀소. 나는 독일인들과 함께 이 국가 역사의 힘든 시기를 살아내야 하오. 만일 내가 내 국민들과 함께 이 시험을 함께 하지 않는다면 이 전쟁 후에 있을 독일인들의 신앙 생활 재건에 참여할 자격이 내겐 없을 것이오.

비록, 본회퍼는 히틀러의 목숨과 관련된 다양한 계략에 비밀이 관여했었으나 그 계획들의 중심에 있었던 적은 한 번도 없었다. 결국, 그의 저항 시도들(크게는 그가 유대인들을 구출하던 역할)은 들통이 났다. 1943년 4월 오후 검은색 메르세데스에 탄 두 명의 남자가 와서는 본회퍼를 차에 태워 테겔 교도소로 끌고 갔다.

근본적 성찰

본회퍼는 교도소에서 2년을 보내면서 가족 및 친구들과 서신을 주고받았고 동료 수감자들을 돌보았으며 오늘의 예수 그리스도의 의미에 대해 성찰했다.

수개월을 보내며 그는 역사 속 기독교 신앙 행동의 본질을 성찰하는 가운데 받은 영감으로, 수수께끼 같은 글들을 쓰며 새로운 신학의 개요를 그리기 시작했다.

> 하나님은 자신을 세상으로부터 십자가로 밀어내신다. 그분은 세상 가운데에서 힘없고 무기력하게 되셨는데 그것이 바로 정확히 그분이 우리와 함께 계시고 우리를 도우시는 방법이자 유일한 방법이다.
> 성경은 그리스도의 도우심을 상당히 명확하게 증언하는데, 이는 그의 전능하심의 미덕을 따라서가 아니라 그분의 약함과 고난의 미덕을 통해 이루어진다. 성경은 사람에게 하나님의 무력하심과 고난을 향하게 한다. 고난받으시는 하나님만이 우리를 도우실 수 있다.

다른 구절에서 그는 이렇게 말했다.

> 그리스도인이 된다는 것은 특정한 방식으로 종교적으로 된다는 것을 의미하지도, 누군가를 어떤 방법이나 다른 무엇을 기초로 하여 특정 형태로 만

드는 것(죄인, 참회자, 또는 성자)도 아니다.

오히려 그리스도인이 된다는 것은 사람이 되는 것인데, 이는 어떤 유형의 사람이 아닌 그리스도께서 우리 안에 창조하시는 사람이 되는 것을 의미한다. 그리스도인을 만드는 것은 종교적인 행위가 아니라 세속에서의 삶 가운데 하나님의 고통에 참여하는 것이다.

결국, 본회퍼는 테겔에서 부헨발트로 그리고는 플로센부르크의 강제 수용소로 보내졌다. 1945년 4월 9일 독일이 항복하기 한 달 전, 그는 다른 6명의 저항운동가와 더불어 교수형에 처해졌다.

10년 뒤 본회퍼의 교수형을 목격했던 수용소의 의사는 그 장면을 다음과 같이 묘사했다.

수감자들은 그들의 감방에서 끌려 나왔고 군법회의 판결이 그들에게 읽혔다. 감방 중 문이 반쯤 열린 한 방을 통해서 나는 죄수복을 벗기 전 바닥에 무릎을 꿇고 자기 하나님을 향해 맹렬히 기도하던 본회퍼 목사를 보았다. 나는 하나님이 자기 기도를 들으실 것을 전적으로 확신하는 가운데 아주 경건한 모습으로 기도하고 있던 이 매력적인 사내에게 아주 깊이 감격했다. 사형집행 장소에서 그는 다시금 기도했고 이어 교수대로 올라갔는데 그 모습은 담대하면서도 차분했다. 그의 죽음은 몇 초 만에 이루어졌다. 의사로서 일해온 거의 50년간의 세월 동안 나는 그토록 전적으로 하나님의 뜻에 순종하여 죽는 사람을 본 적이 없었다.

본회퍼의 교도소 시절 서신들은 결국 편집되어 『옥중서신』(Letters and Papers from Prison)이라는 책으로 출판되었는데 이는 1960년대의 '신의 죽음 운동'(비록, 본회퍼의 가까운 친구와 주요 전기작가인 에버하르트 베트게는 본회퍼가 그런 것을 함축한 적이 없다고 일축했으나)과 많은 논쟁을 일으켰다. 그의 책 『말씀 아래 더불어 사는 삶』(Life Together)(비인가 신학교에서 그가 가르쳤던 기독교 공동체에 관한 책)과 더불어 『제자도의 대가』(Cost of Discipleship)는 신앙의 고전으로 남아있다.

역자 후기

최상준 박사
한세대학교 역사신학 교수

"악마는 디테일에 있다"는 꽤나 알려진 말이 있다. 물론 첫머리에 나오는 '악마'란 단어 때문에 기독교인이라면 "더 볼 것도 없다"며 이 말을 쳐다보지도 않을 수 있다. 그렇다 하더라도 이 말의 전체적인 의미는 상당히 중요한 의미를 담고 있다. 원래 이 말은 프랑스 소설가 귀스타브 플로베르가 "선한 하나님은 디테일에 있다"라고 했다는 설도 있다.

누가 어떻게 그 디테일(Detail)을 쓰느냐가 중요하지 않을까?

역자 후기에 '디테일' 얘기를 꺼낸 것은 "선하신 주님은 참으로 디테일이 대단하시다"는 말을 하고 싶어서다. 어쩌면 131명밖에 안되는 인물이 여기 작은 이 책 한권에 담겨 있는데도 주님의 '디테일 사용법'에 놀라울 뿐이다. 여기 131명은 정말 다양하다. 짧거나 길거나, 유명, 무명이거나 ('유명 무명' 여부도 순전히 내가 알면 유명, 내가 모르면 무명일 수 있다), 여기 실린 131명의 '디테일'은 정말 대단하다. 독자들은 이들의 '디테일'을 더 깊게 "디테일하게" 알고 싶다면 큰 수확이 될 것이다.

이 책의 짧지만 요점 정리 같은 '디테일'은 번역자를 계속 궁금하게 만들어 주었다. 다음 등장 인물의 '디테일'이 또 궁금했기 때문이다. 이제 남은 숙제는 내 인생의 '디테일'이다. 이들과 감히 비교조차 할 수 없는 내 초라한 삶에 "디테일"이 될 만한 것이 있기라도 한가 말이다.

그러기에 이 책이 꼭 필요하지 않을까?

이 시대에는 "영적 거인이 없다. 본받을 만한 인물이 없다"고 저마다 한 소리 하지만, 여기에 나온 "영적 거인들"만이라도 읽어보고 생각부터 고쳐잡을 수 있다면 엄청난 변화의 시작이 가능할 같다.

"소소하고 평범하게 산다"고 자화자찬하며 속고 속아주는 이 시대에 역사의 거친 광야에 굵은 발자국을 쿡쿡 눌러 찍어 놓은 이들을 먼 발치에서나마 엿볼 수 있다니 감사하다.

번역 과정과 책을 통한 비전을 그래도 나눌 수 있었던 여의도순복음교회 국제신학원의 김연중 연구원, 한세대학교의 동료들께 감사드린다. 그리고 특별히 출판을 담당해 주신 기독교문서선교회(CLC) 대표 박영호 목사님과 수고한 직원들에게 감사를 드린다.

2021년 8월

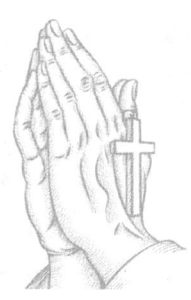

색인

ㄱ

가난 47, 86, 103, 108, 125, 140, 141, 142, 143, 166, 168, 169, 178, 184, 199, 211, 215, 267, 293, 302, 303, 307, 310, 323, 324, 347, 373, 375, 381, 397, 416, 433, 438, 441, 499

가족 47, 56, 89, 108, 112, 123, 125, 128, 139, 140, 164, 170, 173, 174, 179, 184, 199, 210, 211, 219, 220, 236, 239, 242, 261, 262, 263, 281, 282, 301, 322, 327, 337, 353, 359, 360, 371, 388, 400, 402, 407, 419, 438, 441, 472, 483, 510, 511, 552, 554

가톨릭주의 35, 549

가현설 522

감리교 64, 99, 147, 148, 231, 233, 265, 268, 269, 270, 271, 272, 273, 274, 275, 286, 326, 327, 367, 384, 435, 439, 441

값싼 은총 551, 553

개종 20, 24, 25, 30, 56, 87, 94, 108, 189, 197, 198, 211, 232, 251, 260, 263, 270, 273, 276, 278, 279, 300, 301, 302, 303, 306, 339, 348, 349, 350, 351, 353, 354, 358, 359, 361, 363, 382, 413, 439, 459, 467, 484, 490, 492, 531, 533, 534, 549

개혁 53, 54, 55, 56, 61, 62, 63, 71, 72, 100, 111, 129, 130, 158, 252, 255, 267, 299, 305, 319, 359, 361, 382, 389, 391, 392, 393, 395, 403, 405, 416, 418, 420, 425, 427, 429, 439, 443, 463, 469, 470, 473, 474, 480, 501, 510, 533, 534, 539, 540, 541, 544, 545, 548

개혁가 50, 54, 59, 62, 138, 143, 173, 248, 295, 297, 309, 317, 382, 389, 418, 425, 473, 494, 501, 511, 512, 538, 544, 548

건강 85, 96, 123, 125, 174, 208, 233, 257, 296, 360, 366, 371, 391, 393, 402, 415, 417, 463, 486, 499, 506, 508, 516

결정론 63

겸손 42, 52, 80, 295, 296, 300, 301,

색인 559

303, 314, 336, 381, 385, 386, 396, 401, 462, 464, 465, 468, 477, 499, 515, 525
경건 23, 31, 57, 58, 65, 89, 92, 122, 142, 152, 159, 165, 177, 222, 229, 230, 261, 263, 265, 266, 300, 301, 355, 387, 400, 401, 402, 416, 425, 435, 443, 444, 447, 469, 476, 498, 500, 525, 555
고난 40, 184, 249, 309, 311, 333, 386, 389, 391, 429, 554
고통 122, 123, 125, 178, 179, 180, 184, 220, 245, 249, 273, 278, 285, 292, 327, 330, 331, 332, 333, 334, 360, 375, 385, 386, 391, 393, 399, 407, 412, 414, 415, 417, 506, 508, 522, 555
공동기도서 22, 50, 255, 478, 545, 546, 547, 548
공동체 20, 35, 52, 83, 84, 215, 256, 260, 261, 262, 263, 264, 273, 296, 343, 377, 379, 412, 527, 555
공산주의 178, 371
공장 노동자 426, 434
과학 79, 88, 89, 90, 237, 378, 444, 513, 514, 516, 518, 519
과학자 89, 482
관습 51, 124, 319, 332, 350, 353, 536, 550
관습법 477
광신도 248, 276, 483
광신주의 511

교단 46, 66, 93, 96, 104, 109, 111, 144, 150, 189, 235, 244, 253, 263, 268, 275, 281, 283, 287, 289, 328, 329, 347, 437, 439
교도소 72, 266, 420, 508, 554, 555
교리 25, 26, 49, 54, 58, 59, 62, 72, 84, 94, 128, 139, 153, 171, 190, 216, 220, 247, 248, 261, 263, 267, 282, 301, 309, 311, 319, 333, 348, 353, 460, 461, 481, 483, 506, 516, 540, 541, 545, 547
교육 80, 106, 107, 110, 112, 123, 127, 140, 141, 143, 147, 199, 200, 206, 237, 246, 266, 283, 303, 339, 345, 348, 350, 358, 361, 400, 403, 404, 414, 420, 427, 429, 438, 451, 452, 455, 466, 469, 511, 525, 527
교황권 22, 203, 313, 384, 465
교회 공의회 53, 84, 458, 460, 540
교회론 145
교회 역사 10, 19, 64, 81, 265, 321, 345, 392, 488, 524
교회와 국가 120, 454, 456, 457, 465, 468
구세군 25, 97, 190, 285, 286, 329, 434, 436, 437, 438, 439, 441
구약성경 22, 56, 245, 250, 347, 478, 484, 493, 506, 507
군인 338, 408, 452, 508
권력 72, 113, 125, 203, 207, 396, 447, 452, 479, 511, 514, 536, 552

극단 71, 127, 128, 146, 181, 248, 485, 490
근본주의 105, 111, 151, 153
근본주의자 26, 112, 113, 146, 152, 153
금욕주의 119, 343, 490, 491, 549
기독교화 21, 42, 444, 454
기쁨 90, 163, 165, 306, 318, 322, 327, 334, 367, 391, 395, 399, 403, 449, 490, 491, 495, 497
기적 37, 83, 87, 171, 180, 292, 293, 338, 353, 420, 500, 537

ㄴ

낙관주의 102, 444
내맡김 406, 408
내적 조명 258, 259, 260
네덜란드 62, 63, 156, 245, 366, 403, 420, 498, 499, 508, 531
노예폐지 94, 410, 421, 422, 423, 433
논란 21, 29, 38, 41, 62, 95, 127, 128, 141, 149, 150, 153, 164, 166, 171, 173, 186, 220, 252, 297, 300, 345, 378, 422, 423, 426, 466, 485
니케아 공의회 21, 32, 118, 122, 345, 489
니케아신조 453

ㄷ

대각성운동 24, 134, 273, 281, 418

대통령 111, 112, 113, 114, 172, 237, 287
도미니크회 381, 517
독일 2, 21, 30, 53, 54, 70, 72, 89, 103, 159, 160, 161, 162, 163, 164, 183, 203, 228, 240, 248, 261, 265, 307, 317, 319, 320, 344, 346, 367, 378, 385, 387, 400, 402, 420, 442, 443, 444, 466, 490, 500, 501, 531, 532, 534, 539, 540, 544, 549, 551, 552, 553, 555
동방정교회 38, 41, 84, 181, 345
두려움 80, 318, 331, 332, 339, 355, 416, 487, 491, 498
드라마 149, 239, 242

ㄹ

러시아 21, 42, 177, 178, 180, 181, 346, 367
로마서 19, 26, 34, 51, 52, 63, 70, 267, 524
리더십 43, 84, 272, 297, 298, 370, 461, 472

ㅁ

망원경 517
면죄부 52, 53, 170, 208, 311, 500, 538, 540, 541
명성 35, 43, 59, 104, 123, 138, 141, 151, 152, 171, 183, 218, 229, 233, 246, 252, 270, 286, 293,

298, 322, 343, 345, 348, 352,
423, 436, 475, 476, 479, 496,
501, 516, 517, 535, 549

모더니즘 112, 150, 154

목사 1, 4, 10, 24, 25, 56, 59, 63, 66,
67, 70, 71, 72, 95, 98, 100, 111,
112, 113, 117, 127, 132, 135,
139, 140, 141, 144, 147, 150,
152, 153, 164, 169, 170, 171,
173, 176, 183, 184, 191, 208,
210, 214, 215, 216, 217, 227,
229, 250, 251, 253, 255, 259,
260, 261, 265, 272, 273, 277,
282, 287, 355, 403, 404, 407,
422, 439, 443, 444, 551, 552,
555, 557

목회 상담 154

목회직 152, 213, 257

무신론 197, 515, 522

무신론자 196, 241, 283

문학 54, 80, 141, 173, 174, 175, 177,
178, 183, 188, 197, 198, 199,
200, 201, 206, 221, 239, 323,
491, 514, 519, 541, 552

미국 24, 25, 65, 66, 67, 68, 72, 92, 93,
94, 95, 96, 97, 103, 104, 105,
107, 109, 111, 112, 113, 115,
137, 139, 151, 153, 154, 182,
183, 186, 199, 200, 222, 223,
225, 226, 229, 231, 239, 241,
254, 260, 265, 269, 270, 271,
272, 274, 275, 276, 281, 284,
285, 286, 328, 355, 356, 362,
365, 366, 371, 400, 406, 410,
411, 412, 418, 421, 424, 439,

441, 443, 444, 552, 553

미국 남북전쟁 25, 272

미사 319, 322, 324, 344, 440, 479

민족주의 71, 166

믿음 40, 43, 46, 48, 50, 51, 52, 57, 58,
63, 90, 100, 103, 228, 242, 260,
265, 266, 267, 278, 279, 306,
311, 327, 332, 333, 334, 337,
339, 367, 422, 426, 432, 489,
492, 493, 506, 517, 539

ㅂ

바로크 159

박해 19, 28, 35, 58, 59, 72, 79, 82,
83, 84, 126, 128, 170, 210, 211,
247, 256, 259, 260, 348, 350,
375, 447, 449, 454, 483, 487,
488, 511, 512

반대파 31, 146, 204, 229, 261, 452

반유대주의 72

베네딕트회 377

변증학 70, 191

복음주의 4, 24, 26, 72, 100, 103, 104,
112, 114, 134, 135, 136, 142,
143, 189, 201, 232, 246, 270,
353, 358, 413, 426, 428, 443,
445

복음주의자 61, 72, 109, 114, 115,
141, 146, 232, 549

부도덕 82, 251, 292, 416

부패 112, 204, 205, 307, 342, 382,
500, 513, 514

부흥 23, 25, 66, 67, 95, 97, 99, 100,

101, 102, 105, 111, 138, 142,
147, 151, 261, 273, 307, 349,
378, 407, 434, 439, 514
부흥사 65, 67, 92, 96, 99, 102, 104,
137, 138, 173, 285, 286, 439
부흥 운동 97, 329
부흥회 25, 94, 95, 100, 104, 108, 110
분리주의자 128, 169, 255, 256, 257
분쟁 30, 44, 54, 127, 311, 474, 536
비전 68, 79, 80, 84, 93, 104, 114, 182,
324, 371, 385
비판 36, 49, 71, 86, 88, 90, 95, 100,
112, 113, 119, 128, 141, 145,
146, 149, 152, 176, 179, 180,
190, 193, 194, 207, 213, 223,
229, 241, 255, 268, 332, 350,
368, 405, 417, 436, 443, 484,
489, 492, 501, 522, 540

ㅅ

사막의 교부 373, 374
사상가 34, 42, 83, 127, 345, 445
사회주의 71, 72, 178, 444
산업화 142, 267, 437
삼위일체 28, 29, 61, 84, 135, 248,
336, 485, 489, 492
선교 8, 19, 20, 21, 23, 24, 25, 26, 42,
62, 88, 93, 98, 105, 106, 137,
141, 142, 182, 232, 263, 269,
272, 291, 307, 328, 338, 340,
346, 347, 349, 350, 351, 352,
355, 358, 359, 361, 362, 364,
365, 367, 369, 370, 371, 403,

406, 416, 426, 440, 441, 465,
466, 490, 496, 531, 532, 557
선교사 24, 26, 49, 67, 92, 105, 112,
136, 140, 142, 231, 263, 264,
268, 269, 273, 335, 336, 337,
339, 341, 342, 345, 347, 348,
350, 351, 359, 362, 363, 364,
367, 368, 369, 370, 371, 412,
416, 442, 462, 531, 532, 533,
534
선행 43, 58, 96, 477, 508, 512
설교자 4, 17, 85, 86, 94, 95, 100, 107,
108, 110, 111, 117, 119, 138,
139, 141, 147, 149, 169, 210,
213, 232, 235, 246, 251, 252,
254, 256, 259, 267, 269, 281,
287, 303, 381, 404, 406, 407,
412, 422, 434, 435, 442, 539,
549, 550, 552
섭리 68, 124, 397, 410, 411, 415
성결운동 435
성경 번역 20, 22, 159, 206, 345, 346,
360, 361, 484, 490, 500, 506,
507
성경 연구 51, 266, 407, 463, 484,
497
성공 24, 51, 87, 96, 107, 108, 112,
141, 164, 166, 168, 174, 178,
184, 190, 191, 192, 219, 242,
267, 302, 328, 339, 342, 345,
346, 347, 351, 353, 362, 389,
416, 419, 423, 428, 429, 431,
434, 438, 441, 448, 455, 469,
531
성만찬 146, 158, 319, 379

성서 24, 40, 54, 172, 233, 312, 367,
   416, 426, 428, 434, 497, 507
성육신 30, 40, 119, 241, 388
성인 31, 32, 75, 79, 84, 105, 152, 195,
   197, 199, 201, 257, 282, 308,
   310, 313, 314, 315, 316, 319,
   325, 336, 350, 362, 373, 381,
   401, 464, 465, 484, 496, 498,
   537
성지 40, 297, 491, 493, 532, 537
성찬 53, 59, 67, 95, 134, 144, 174,
   182, 184, 231, 246, 262, 263,
   266, 269, 281, 286, 387, 454,
   474, 541, 542, 548, 549, 551,
   553
성화 267, 319, 326
세대주의 105, 143, 145, 146
세례 22, 23, 34, 53, 72, 80, 85, 88,
   119, 121, 127, 148, 197, 255,
   257, 258, 278, 282, 348, 356,
   361, 392, 396, 451, 453, 459,
   471, 488, 490, 523, 527, 531,
   532, 533, 551, 553
속죄 29, 45, 134, 150, 463, 477, 537
수도원 20, 21, 31, 35, 41, 42, 43, 44,
   46, 54, 85, 86, 123, 246, 291,
   292, 293, 294, 296, 297, 298,
   300, 340, 342, 343, 344, 345,
   376, 389, 392, 397, 462, 463,
   467, 469, 471, 474, 477, 480,
   493, 495, 498, 499, 500, 533,
   535, 538, 549
수사들 386, 393, 517
순교자 23, 78, 79, 147, 212, 245, 334,
   402, 483, 511, 512, 520, 521,
   522, 524, 527, 550
순수 이성 비판 24, 65, 261
순회 강사들 272
스캔들 114, 157, 288
스코틀랜드 23, 95, 104, 140, 142,
   183, 210, 250, 251, 252, 253,
   254, 260, 281, 341, 355, 364,
   406, 479
스파이 433
슬픔 156, 157, 184, 189, 200, 213,
   272, 414
신비 43, 80, 119, 124, 180, 182, 184,
   307, 337, 379, 380, 381, 383,
   389, 391, 393, 443, 506
신비주의 295, 299, 334, 378, 380,
   382, 388, 392, 393, 394, 395,
   402, 410
신앙 고백 41, 67, 257
신약성경 319, 334, 358, 361, 404,
   494, 499, 500, 506, 507, 521,
   523, 524
신정통주의 71, 154, 445
신조들 151, 444
실존주의 330, 333
십자군 21, 298, 299, 302, 306, 378,
   473, 474, 476, 477, 535, 540

아리스토텔레스 47, 48, 504, 516,
   517
아리안주의 28, 29, 119

아일랜드 20, 23, 104, 138, 143, 196, 260, 281, 291, 336, 337, 338, 339, 340, 341, 342, 344, 429, 490

알미니안주의 64, 101, 139

야구 107, 108

야심 215, 287, 365, 414, 455, 532

어거스틴 20, 27, 31, 32, 33, 34, 35, 36, 37, 45, 85, 86, 89, 90, 121, 296, 302, 381, 385, 454, 459, 464, 465, 468, 499, 527

어린이 82, 96, 103, 109, 149, 171, 185, 229, 247, 272, 426, 440, 483

언어 35, 87, 175, 191, 212, 221, 222, 228, 231, 279, 285, 287, 343, 345, 346, 350, 359, 360, 361, 368, 384, 430, 444, 494, 499, 500, 506, 518

역경 124, 386, 389

역사 1, 2, 3, 4, 6, 10, 17, 18, 19, 25, 31, 48, 50, 52, 58, 64, 67, 72, 81, 94, 102, 120, 121, 122, 143, 145, 188, 201, 204, 205, 207, 221, 240, 255, 268, 274, 277, 281, 284, 302, 313, 338, 341, 350, 361, 376, 384, 392, 417, 445, 452, 454, 464, 487, 488, 490, 495, 496, 501, 507, 510, 511, 512, 523, 524, 534, 551, 553, 554, 556, 557

역사학자 69, 417, 452, 503

역설 70, 90, 161, 187, 188, 239, 250, 254, 334, 386, 507

연옥 53, 193, 205

연합 127, 128, 144, 190, 262, 263, 275, 281, 282, 283, 284, 319, 381, 391, 394, 395, 398, 404, 450, 456, 458, 468, 516, 534, 542

열정 50, 72, 90, 99, 138, 140, 141, 156, 157, 164, 190, 191, 223, 228, 237, 299, 326, 376, 404, 416, 443, 445, 452, 470, 477, 507, 510, 549

영감 136, 157, 171, 184, 185, 229, 259, 305, 329, 340, 371, 462, 494, 514, 554

영국성공회 55, 93, 104, 127, 128, 129, 132, 135, 143, 144, 147, 169, 171, 184, 188, 189, 198, 211, 212, 226, 227, 241, 243, 255, 256, 257, 265, 266, 268, 269, 270, 355, 358, 401, 421, 429, 512, 513, 543, 545, 547

영성 247, 321, 322, 323, 325, 376, 388, 390, 398, 401, 403

영지주의 79, 80, 485, 524

영지주의자 80, 484, 524

영혼 45, 51, 53, 75, 76, 81, 97, 125, 132, 138, 156, 172, 180, 215, 230, 234, 235, 236, 250, 261, 265, 272, 279, 288, 292, 323, 325, 338, 367, 370, 374, 381, 382, 383, 385, 390, 391, 392, 393, 395, 397, 399, 402, 439, 440, 441, 443, 506, 508, 512, 547, 550

예수회 22, 24, 90, 255, 321, 323, 324,

325, 347, 348, 349, 350, 351, 352, 353, 354, 384, 392, 498, 517
예언 77, 84, 118, 145, 146, 174, 237, 276, 278, 315, 378, 422, 448, 488
예전 120, 184, 283, 345, 346
오순절주의 115, 286, 329, 404
온건주의자 128
외경 494
용서 126, 149, 247, 291, 383, 451, 551, 553
우정 112, 114, 200, 237, 347, 414, 465, 514
원주민 264, 355, 362, 364, 412
유머 61, 186, 190, 192, 224, 389, 444
유배 28, 30, 203, 204, 346, 485
은총 62, 63, 89, 90, 91, 551, 553
은혜 36, 52, 58, 62, 63, 64, 130, 132, 137, 139, 143, 159, 170, 216, 230, 394, 397, 398, 403, 404, 425, 427, 435, 473, 485, 548, 550
음악 67, 75, 82, 104, 118, 155, 159, 160, 161, 162, 163, 164, 165, 166, 218, 222, 229, 237, 238, 287, 378, 379, 439, 464, 478, 496, 552
의심 31, 34, 40, 46, 48, 50, 58, 100, 128, 167, 200, 226, 245, 297, 314, 315, 329, 331, 336, 338, 339, 340, 349, 369, 416, 484, 492, 496, 501, 548
이교주의 337, 447, 532

이단 19, 28, 29, 30, 32, 35, 41, 54, 75, 85, 87, 125, 139, 144, 180, 248, 251, 300, 301, 302, 310, 312, 313, 315, 323, 344, 373, 375, 453, 454, 457, 459, 460, 466, 468, 473, 483, 485, 486, 489, 491, 492, 508, 509, 524, 532, 533, 538, 540, 542, 546, 548, 549, 550
이민자 103
이성 23, 24, 43, 47, 48, 67, 76, 88, 90, 91, 194, 198, 218, 220, 330, 425, 485, 503, 504
이신론 165, 214, 276, 401
이혼 192, 198, 199, 200, 220, 286, 457, 473, 544
인문주의자 62, 498, 500
인종차별주의자 113, 424
일본 23, 25, 62, 347, 349, 350, 351, 406

ㅈ

자선단체 165, 419
자선 활동 430
자유 6, 25, 36, 53, 56, 58, 63, 67, 68, 69, 70, 71, 80, 110, 115, 127, 128, 131, 137, 139, 141, 142, 151, 152, 153, 154, 165, 169, 179, 180, 216, 219, 220, 245, 249, 273, 274, 275, 294, 325, 330, 339, 361, 384, 385, 393, 404, 411, 412, 422, 427, 429, 431, 432, 435, 443, 444, 445, 449, 450, 456, 486, 499, 507,

511, 521, 550, 552
자유의지 139, 146, 405
자유인 241, 274, 432
재림 143, 145, 146, 153, 276, 277, 279, 280, 422
재림파 17, 25, 280
재세례파 22, 59, 255, 257
저작 8, 31, 32, 37, 41, 43, 47, 119, 126, 128, 331, 333, 390, 401, 404, 426, 435, 444, 445, 469, 483, 485, 486, 488, 489, 495, 496, 497, 498, 500, 501, 502, 511, 512, 524, 534, 539, 543
전도 집회 238
전쟁 3, 23, 30, 70, 72, 88, 95, 103, 110, 153, 154, 171, 172, 180, 197, 207, 240, 271, 276, 278, 292, 301, 302, 305, 313, 315, 357, 363, 368, 374, 385, 424, 433, 445, 467, 477, 483, 486, 505, 553
전천년설 145, 146
절망 239, 241, 476
정경 20, 373, 459, 484, 487, 494
정치 4, 30, 33, 34, 42, 44, 58, 114, 115, 118, 119, 125, 133, 181, 186, 204, 206, 211, 220, 251, 271, 298, 316, 345, 380, 382, 396, 414, 415, 416, 417, 427, 428, 429, 430, 447, 454, 461, 466, 467, 468, 469, 470, 479, 489, 511, 514, 540, 544
제자도 113, 198, 551, 553, 555
존 칼빈 22, 27, 56, 60, 62, 248, 252,

295, 317
종교 개혁 22, 51, 189, 246, 247, 248, 254, 255, 261, 263, 312, 317, 320, 480, 494, 498, 500, 503, 511, 538, 543, 546, 548
종교 재판관 21, 203, 300, 304
종교 재판소 245, 309, 317, 321, 323, 347, 384, 478, 506, 510, 518, 543, 548
죽음 34, 42, 45, 73, 78, 84, 86, 91, 108, 121, 122, 126, 129, 161, 167, 171, 174, 179, 182, 184, 196, 200, 205, 210, 213, 215, 221, 249, 255, 267, 285, 297, 303, 307, 308, 314, 327, 410, 421, 425, 451, 463, 475, 476, 477, 497, 508, 521, 523, 524, 526, 527, 530, 534, 535, 537, 538, 542, 548, 549, 555
중국 23, 26, 88, 105, 195, 239, 347, 349, 351, 352, 353, 354, 363, 367, 368, 369, 370, 371, 531
지구 152, 264, 504, 505, 518
지성 44, 65, 122, 138, 152, 195, 197, 199, 201, 303, 442, 484, 513, 548
지식 2, 25, 43, 46, 47, 48, 56, 58, 79, 119, 127, 174, 205, 248, 301, 325, 339, 352, 353, 368, 420, 469, 490, 494, 498, 504, 513, 514, 515, 539, 544
지옥 44, 99, 110, 156, 180, 182, 193, 203, 205, 407
질병 115, 139, 178, 272, 307, 360, 380, 388, 404, 416, 419, 443, 476

ㅊ

찬송가 41, 49, 67, 82, 92, 130, 226, 229, 231, 234

참회 158, 324, 343, 454, 477, 554

창조 145, 181, 184, 190, 193, 237, 303, 307, 375, 412, 430, 453, 485, 489, 503, 504, 505, 519, 555

창조주 48, 192, 505, 513, 515

천국 50, 51, 52, 53, 96, 124, 166, 193, 205, 221, 224, 236, 336, 338, 351, 353, 377, 378, 432, 447, 450, 485, 518

천문학 75, 229, 352, 503, 504, 505, 516, 517

천재 88, 89, 159, 160, 162, 181, 187, 217, 226, 227, 229, 231, 268, 269, 507, 516, 543

철학 4, 20, 25, 28, 33, 34, 47, 48, 57, 75, 76, 78, 79, 80, 83, 88, 121, 142, 180, 186, 197, 205, 229, 249, 328, 330, 331, 332, 334, 342, 345, 401, 432, 456, 462, 485, 490, 513, 514, 515, 516, 519, 539

철학자 43, 47, 51, 65, 75, 76, 90, 186, 239, 309, 331, 483, 499, 513, 516

청교도 61, 127, 148, 165, 168, 169, 170, 189, 218, 220, 221, 222, 223, 224, 225, 229, 355, 356, 401, 512

초월 73, 216, 430

치유 72, 139, 142

침례교도 23, 88, 127, 148, 245, 248, 255, 257, 258, 259, 396, 442

ㅋ

칼빈주의 62, 63, 64, 94, 98, 99, 101, 132, 139, 147, 148, 151, 183, 253, 267, 545

퀘이커교도 103, 410, 411, 412

ㅌ

타락 33, 178, 342, 407, 435, 473, 485, 513, 532

타협 35, 112, 122, 166, 192, 426, 427, 458, 542

탐험가 211, 362, 363, 364, 372, 392

탕자 23, 65, 157, 158, 159, 261

태양계 504, 505

투옥 323, 346, 382, 393, 453, 488, 543, 546

ㅍ

평등 273, 274

평화주의 62, 103, 245, 246, 260, 552, 553

포스퀘어 285, 286, 287, 289

폭력 246, 250, 253, 268, 271, 419, 423, 549

풍자 90, 164, 211, 219, 242, 500

프란체스코 290, 304, 305, 306, 307, 308, 322, 353, 396, 474

ㅎ

하나님의 나라 444

하나님의 뜻 36, 56, 68, 323, 324,
　　　387, 391, 400, 401, 402, 408,
　　　525, 527, 529, 550, 551, 555

하나님의 임재 374, 396, 397, 398,
　　　399, 403

합리주의 88, 401

허구 341, 402

헌신 40, 66, 85, 98, 105, 113, 144,
　　　162, 270, 316, 327, 370, 388,
　　　389, 391, 396, 398, 401, 402,
　　　425, 426, 427, 428, 438, 439,
　　　483, 496, 514, 536, 537, 538

혼인 381, 479, 480

혼합주의 71

환상 90, 182, 229, 246, 305, 321,
　　　322, 324, 341, 377, 378, 379,
　　　380, 381, 386, 389, 394, 397,
　　　422, 448, 525

회개 60, 63, 105, 120, 138, 149, 305,
　　　307, 339, 551, 553

휴거 146

희생 113, 150, 210, 215, 381, 383,
　　　463, 511